法国
哲学研究

05

第五辑

莫伟民——主编
姜宇辉——本辑执行主编

上海人民出版社

本书获评“复旦大学哲学学院源恺优秀著作奖”，
由上海易顺公益基金会资助出版

Études de Philosophie Française

№ 5

Sous la direction de Weimin Mo

Shanghai People's Publishing House

目录

利科专栏 | Paul Ricœur

巴塔耶专栏 | Georges Bataille

阿克塞洛斯专栏 | Kostas Axelos

其他 | Autre

SOMMAIRE / CONTENTS

Jacques Rousseau

Gilles Deleuze

René Descartes

Henry Bergson

Maurice Merleau-Ponty

卢梭专栏 | Jacques Rousseau

“人民之为人民”：*demos* 之谜 ①

——霍布斯、洛克与卢梭

[法] 布莱兹 · 巴修凡　熊道宏* 译

引言

在哲学史上，民主一直饱受批评。“民主”(democracy) 一词自出现始就往往带有贬义。首部政治哲学，即柏拉图的思想，表现出对民主激烈的批判。② 列奥 · 施特劳斯 (Leo Strauss) 将道德与政治哲学的出现，即对 “人类事务的行为” 的理性反思，与雅典民主政治的背景联系起来，这一背景有两

---

① 本文原为作者的未刊演讲稿，原文为法语，中译是依据作者友人克里斯托弗 · 洛德 (Christopher Lord) 先生的英译版本译出的，感谢作者授权我们在此发表其中译版本。作者布莱兹 · 巴修凡 (Blaise Bachofen)，法国塞尔吉巴黎大学法律系副教授、巴黎第一大学法律与政治研究所以及现代哲学史研究中心研究员。

* 译者熊道宏，北京大学政治学理论专业博士，中央党史和文献研究院副研究员，主要从事政治学理论、中共党史等研究。

② 参见 Nicole Loraux，*The Invention of Athens*，1981，Chap. IV：“就其名称而言……它被称为民主制 (democracy)。” trans. Alan Sheridan，New York：Zone Books，2006。此章节标题引自修昔底德在他的《伯罗奔尼撒战争史》(*History of the Peloponnesian War*，II，XXXVII，1) 中描写的伯里克利所作那场著名葬礼演说：“[*Η Αθήνα*] *ήταν κατ'όνομα δημοκρατία.*” Loraux 考证 *δημοκρατία* (民主) 概念首次在希腊文中出现已算很晚了，因为早在埃斯库罗斯 (Aeschylus) 的《乞援人》(*The Supplicants*) 里就能首先找到关于它的委婉表达 (line 604，“*δήμου κρατοῦσα χεὶρ ὅπῃ πληθύνεται*”：“人们通过举手表决的投票如何占优势？”)。Emmanuèle Caire 认为，“很难确定其 (*δημοκρατία*) 产生的确切时间。然而，人们可以把它定位于公元前 5 世纪上半叶。[……] 从一开始民主制 (*demokratia*) 就是作为一个引起论辩的术语出现的，其主要含义和它的产生时期一样充满争议：它要么表达人民 (*demos*) 获得统治 (*kratos*)(即扩展至尽可能多的职能队伍中的人，以使城邦中权力得以有效行使)，因此是寡头制 (*oligarchia*) 的反义词；要么用以污蔑普通等级中的民众将应该保留给 ‘最好的’ 公民的权力据为己有，也即贵族制 (*aristokratia*) 的对立面。这两个含义同时被支持和反对民主制的人广泛使用。” («Entre démocratie et oligarchie. Les enjeux politiques de la définition du demos à Athènes au Vesiècle», *Cahiers d'études romanes*，trans. Christopher Lord，vol. 35，2017，pp.41—42.)

个相反的方面，两者都与人民（*demos*）① 作为自己命运主人的制度的出现联系在一起。② 首先，在民主政体中，公共演讲、辩论、说服与论证发挥着重要作用，而这在传统、宗教或对神权服从占据主导的社会，或像斯巴达这样的军事寡头制政权中是不存在的。但另一个因素说明了哲学在雅典民主政治背景下的兴起。正是因为雅典城邦经历着越来越频繁的危机，以至于一些智者开始思索这些危机的缘由，并试图解决它们。柏拉图认为，所有自由成年人参与政治决策的原则是荒谬的。这一原则是基于对平等的误解，是一种不考虑人的能力、优点、美德等客观差异的算术性平等。③ 柏拉图基本上拒斥人民（*demos*）拥有作为政治行为者的能力，直接行使立法权，并构成行政和司法权力重要组成部分的主权者凸显出一个本质性困难，这仍然是所有民主社会面临的问题，即使是现代民主国家也不排除在外。我们能否假定，任何一个公民，仅仅基于他或她的公民身份而被挑选出来，不管其能力如何，都可以对影响城邦行为的复杂事务作出决定？这提出了关于人民作为统治的对象和政治行为者的存在的问题。当我们说“人民的权力”时，“人民”(people）指的是什么？

“人民”(*demos*）一词有着复杂的历史和内涵。它最初主要指一片领土性和行政的区域，即城邦的一片区域。④ 因此，人民（*demos*）的权力最初

---

① 文中 *demos* 都以“人民（*demos*）”标注。——中译注

② 参见 L. Strauss，*Natural Right and History*，Chicago & London：The University of Chicago Press，1953，Chap. III，pp.90—93。

③ Plato，*The Republic*，Book VIII，544c—569b. 参见 Leo Strauss，*op. cit.*，pp.123—125。

④ *demos* 一词并不是描述古希腊人的唯一方式。在迈锡尼时代及史诗世界中，*demos* 与 *laos* 共存。[……] *laos* 指的是一个人数众多的群体，它在与领导者的关系中来定义自身。没有 *laos* 就没有领导者，反之亦然。由于 laos 也表达了一种运动的观念，所以人们经常认为 *laos* 是武装的人民。另一方面，迈锡尼的 demos，包含了一种分享的理念。因此，它指领土的一部分，指占领它的团体，也指一定领土范围内的团体。因此，与代表个人集合的 *laos* 相反，*demos* 从一开始就指涉一个真正的共同体，其具有自身真实性。然而，在《伊利亚特》(*Iliad*）中，*demos* 观念中的暧昧性就已开始出现：国王（巴昔琉斯，*basileis*）是这一由人、人民（*demos*）组成的共同体中的一部分，但同时他们也身处其外，因此 *demos* 开始指代一个特定的范畴，对立于由 *basileis* 构成的精英群体：*demos* 中的人，与国王相比，是平民百姓，他除了归属于 *demos* 之外没有其他特质，而国王除了属于 *demos* 之外，还是一名 *basileis*。因此，*demos* 是一种构想共同体的方式，其显然包括了多数人的意涵，但同时也包含组成这一多数人中个人的无个性特征，这体现在与那些领袖、精英们的对比中，这些人也作为个人存在，但使自身与多数人分离开来。(E. Caire，«Entre démocratie et oligarchie…»，article cited above，trans. Christopher Lord，pp.43—46.）参见 the bibliography of the work of Caire，*Penser l'oligarchie à Athènes. Aspects d'une idéologie*，Paris：Les Belles Lettres，2016，pp.37—42 and Jacqueline Bordes，*Politeia dans la pensée grecque jusqu'à Aristote*，Paris：Les Belles Lettres，1982。

是作为城邦领域内某一选区成员的所有自由成年人的权力。换句话说，人民（*demos*）具有两个特征：（1）它是一种法律建构，是根据法律规定的标准在人口内进行的界定，因此有一定的随意性和可变性；（2）它是人为构成的一个单元（人口中不同于其他部分及外来人口的一小部分），这个单元的选择标准主要基于事实而非规定，是一批被认为有能力做出好的集体决策（也即决定什么有益于城邦共同的善）的人。这相当于认为这部分人能够胜任且可以做出政治判断，从而赋予他们一些重要的品质；然而，是否属于人民（*demos*）的标准是纯粹形式的，其并不允许对这些能力进行验证。人民（*demos*）的这两个方面是迄今为止所有论述人民权力的理论家们分析和思考的主题，特别是我将要讨论的这几位现代民主政治原则的奠基者：托马斯·霍布斯，约翰·洛克和让-雅克·卢梭。

授权圈：霍布斯和卢梭

让-雅克·卢梭在《社会契约论》中引述了霍布斯和格劳秀斯来建立自己的政治理论。之前的这几位社会契约理论家认为，主权者从人民的同意中获得他的权力。这些作者都是绝对君主制的拥护者。但他们打破了古代和中世纪的传统，否认主权的起源是神权。对他们来说，正是人民为了维护自己的权利和利益，才让主权者垄断了制定法律和使用暴力的权力。①

《社会契约论》中最重要的章节之一是第一卷的第六章，在其中卢梭利用这一传统构建了他自己的社会契约理论。有趣的是，他之前从未声称政治社会必须建立在契约的基础上。在前几章中，他只是驳斥了关于政治社会基础的错误理论：神法和父权、最强者的权利和征服权、奴役的权利。只是在提到格劳秀斯的论点时，卢梭引入了社会公约的假设，并且阐明如果这个论点是正确的，那么就不能像格劳秀斯与霍布斯那样从中推出关于绝对君主制

---

① 参见 Robert P. Kraynak, *History and Modernity in the Thought of Thomas Hobbes*, Ithaca, NY: Cornell University Press, 1990; Mark Stephen Jendrysik, *Explaining the English Revolution. Hobbes and His Contemporaries*, Lanham, MD: Lexington Books, 2002。

的正当性，而应得出人民应当成为其自身的主权者的原理。

> 镇压一群人与治理一个社会，这两者之间永远有着巨大的差别。即使分散着的人们——相继地被某个个人所奴役，无论他们的人数可能有多少，我在这里就只看到一个主人和一群奴隶，我根本没有看到人民和他们的首领；那只是一种聚集，如果人们愿意这样称呼的话，而不是一种结合；这儿既没有公共幸福，也没有政治共同体。这个人，哪怕他奴役了半个世界，也永远只是一个个人；他的利益脱离了别人的利益，就永远只是私人的利益。[……]格劳秀斯说，人民可以把自己奉送给一位国王。然则，按照格劳秀斯的说法，在把自己奉送给国王之前，人民就已经是人民了。这一奉送行为的本身就是一种政治行为，它假设有一种公共的意愿。因此，在考察人民选出一位国王这一行为以前，最好还是先考察一下人民是通过什么行为而成为人民的。因为后一行为必然先于前一行为，所以它是社会的真正基础。①

这个段落中只提到了格劳秀斯，但卢梭系统地将格劳秀斯与霍布斯联系起来。在《爱弥儿》第五卷的概述《社会契约论》之处，他首先写道，他的论点都是针对这两位的，因为“他们的理论原理完全相同”。②《社会契约论》与《爱弥儿》这两段文字，清楚地回应了本文引言中提出的问题。事实上，卢梭这本主要政治著作是将一个世纪前发明的契约主义观点展现为一个有问

---

① J.-J. Rousseau，*The Social Contract*，I，5（译注：此处原文有误，应为5），trans. and ed. Victor Gourevitch，in *The Social Contract and Other Later Political Writings*，Cambridge，UK：Cambridge University Press，1997，p.49. 中译引自［法］卢梭：《社会契约论》，何兆武译，北京：商务印书馆，2003年版，第17页，下同。

② “当听说人们一方面把格劳秀斯捧上了天，另一方面把霍布斯骂得狗血淋头，我能看到根本就没有几个明理的人读过了或理解了这两个人的著作。事实是，他们两个人的理论原理完全相同，只不过表达方式不同罢了。他们的论证方法也有所不同。霍布斯采取的是诡辩的方法，而格劳秀斯则采取诗人的方法，其他的一些则完全一样。”（J.-J. Rousseau，*Emile*，*or On Education*，Book V，trans. and ed. Christopher Kelly and Allan Bloom，*The Collected Writings of J.-J. Rousseau*，Hanover and London：The University Press of New England，vol. 13，2010，p.649）中译参考［法］卢梭：《爱弥儿：论教育（下卷）》，李平沤译，北京：商务印书馆，1978年版，第703—704页。

题的假设来展开论述的。书的其余部分显示了他是多么清楚这个假设的问题本质。他强调以下这种理论具有的根本问题：这种理论赋予人民（*demos*）一个“有机体”或“联合体”的地位，它能够像一个自然人那样表达和形成自己的意志，最重要的是，其能够以堪比自然人为自己的利益行事的方式，基于整个共同体的共同利益来行动。

因此，在卢梭政治理论的根基上，只有一个绝对确定的论点（一个理性的“原理”[principle]，因为它是基于分析逻辑的）。如果我们承认主权者权力的合法化及法律权威之基础是人民的意志，因此如果作为整体的人民如某个人一样被赋予了意志，那么与格劳秀斯、霍布斯的观点相反，剥夺人民的自由、剥夺他们行使意志的权利是自相矛盾的。但是卢梭清楚地展示了一个假说，从中演绎出了作为一种假设（*hypothesis*）的论点（推理的前提）。整部《社会契约论》乃至他所有的政治著作都致力于检验这一假设。很多文本都表明卢梭并不是绝对肯定这个前提预设的真实性。卢梭关于拥有普遍意志（general will）的人民主权者的理论，并非像常说的那样是一种教条式的理论，而是一种康德意义上的批判性理论：它考察了可能性的条件，也考察了这种假设的局限性。①

卢梭清醒地认识到能够形成统一集体意志的人民（*demos*）的存在所产生的问题，这证明了他对托马斯·霍布斯的政治理论的高度关注。他经常批评霍布斯，但也对他十分钦佩。他强调霍布斯的主要论点，也即授权（*Authorization*）理论的重要性和内在困难。“授权”是霍布斯用来指人民授予君主对一群人和领土行使主权及制定法律的权利的行为。当霍布斯分步阐述社会公约时，他将其描述为好像人人都在告诉其他每一个人：

> 我承认这个人或这个集体，并放弃我管理自己的权利，把它授予这个人或这个集体，但条件是你也把自己的权利拿出来授予他，并以同样

① 参见 Joseph Reisert，“Rousseau's Political Science”，in *The Rousseauian Mind*，ed. Eve Grace and Christopher Kelly，London and New York：Routledge，2019，pp.340—342。

的方式承认他的一切行为。[1]

然而，正如卢梭所清楚地看到的，为了产生表述行为效果，这一授权过程预先假定那些"授权"并因此"创造"了主权者权威的人有资格这样做。因此，在创造主权者之前，这些人就被认为是拥有权利的人，且因此被授权来进行这一授权。根据三个世纪后奥地利法学家凯尔森（Kelsen）重新制定的原则，只有一个其身份资质被一个公认有效的规范所确定的人，才能创造一个有效力的规范。[2]然而，当霍布斯回答这个人民（*demos*），也即这群被赋予"授权"君主权力之权的人可能是谁这个问题的时候，他面临着一个循环论证。正是君主，而且只有君主，创造了人民（*demos*），并赋予其有别于普通人群的身份地位：

> 我们必须考虑［……］一个人群（a multitude of men）究竟［……］是什么？也就是说，它并不是单个的实体（body），而是一群人，其中每个人对可能提出的一切问题都有自己的意志和独特的判断。［……］我们也不能把任何行动看作是这个人群自身的行动，但如果他们全体或其中多数人都同意，那也进行的不是一种行动，而是有多少人就有多少种的行动。［……］尽管人们常说，在某些大规模的叛乱中，那个国家的人民拿起了武器；然而，真正反叛的只是那些实际拿起武器的人或与他们勾结在一起的人。因为作为一个人格的国家，是不可能拿起武器反叛自己的。因此无论这一人群做的是什么，都必须被看成是由组成它的每一个人所做的［……］。人群不是一个自然人，但是如果同一群人彼此订立契约，那么一个人的意志，或人群中多数人的一致的意志，将为全体的意志而接受，那么人群就拥有了一个人格。因为它被赋予了一个意志，因此可以自愿开展行动，例如颁布命令、制定法律，取得和转让权

---

① Th. Hobbes，*Leviathan*，chap. XVII，New York：Dover，（1651）2006，p.96. 中译引自［英］霍布斯：《利维坦》，黎思复、黎廷弼译，杨昌裕校，北京：商务印书馆，1985 年版，第 131—132 页。

② 参见 Hans Kelsen，*Reine Rechtslehre*，1934，Title V，§ 34 a—c。

利，传递权利、行为等等；比起人群，它更常被称作为人民（people）。[①]

《利维坦》的卷首图是一幅按照霍布斯的说明来绘制的版画，其很好地显示了，在他看来，领土和人民（*demos*）的统一是通过君主的具象化身来实现的。君主的身体由全体公民构成，因此没有公民，君主将不复存在。但从另一个角度来看，组成政治体的公民联合，正是由君主的肉身所创造的。

《利维坦》卷首图
亚伯拉罕·波瑟（Abraham Bosse），1761

根据这个推论，必然会出现这样的问题：谁是创造者，谁是被创造者。人民既是创造者又是被创造者，君主也是如此。[②] 这里碰到了一个循环论证。这种循环论证可以被称为“授权圈”（Circle of Authorization），我们可以将其表示为如下示意图：

---

① Th. Hobbes，*De Cive*，1642，Chap. VI，§ 1. See also *Leviathan*，Chap. XVII，*op. cit.*，pp.95—96. Cf. H. Kelsen，*Reine Rechtslehre*，Titel VI，§ 41-a.

② 参见 David P. Gautier，*The Logic of Leviathan*，Oxford：Clarendon Press，1969，pp.120—177；Daniela Coli，“Hobbes's Revolution”，in *Politics and the Passions*，1500—1850，ed. Victoria Kahn，Neil Saccamano and Daniela Coli，Princeton：Princeton University Press，2006，pp.86—88。

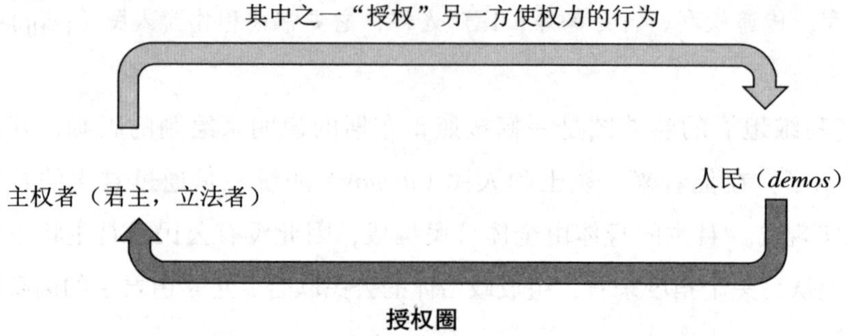

起义是一种在其中人们将自己展现给自己的行为：洛克

对授权问题很自然想到的一个答案是，革命进程的作用。事实上，民主的近代史与革命史紧密相连。无论是自由民主、代议制民主，还是马克思主义激发的人民民主，革命事件都在"人民权力"的出现中发挥了重要作用。这其中的第一次革命，即英国的1688年革命，对我们的思考尤其重要，因为这是第一次在革命发生之前及发生过程中有一种关于革命合法性理论的革命。这一理论正是约翰·洛克在《政府论（下篇）》中所阐述的，这本书出版于1688年革命之后，但写于革命之前，并在革命的支持者中秘密传播。在洛克的作品之前，据我所知，没有任何著作论证革命进程的正当性。即使是对现政权最具批评态度的作者们（例如拉博埃西［La Boétie］）也从不主张通过暴力起义推翻政权。当然，在1688年之前，历史上也发生过叛乱、政变和一些革命。但在政治理论中，直到洛克为止，革命本身被认为是一种非法行为，因为它破坏了权力和法律，从而终结了法律的统治。革命者被认定为"造反者"（rebel），其词源意思是"挑起战争的人"（*bellum*），一个破坏法治的人，而法治则被认为是缔造和平的主要因素。

对暴力破坏政治秩序的谴责源于柏拉图的思想（主要是《克力同》，其中肯定了即使是不正义的城邦和法律也要比自由更宝贵和神圣），圣保罗认为"一切权力都出于上帝"，[①]《上帝之城》的作者圣奥古斯丁特别指出，没有

① Saint Paul，*Epistle to the Romans*，XIII，1.

理由在此世建立正义，因为唯一的正义之城是天国之城。在近代时期，直至17世纪，除这些在原则上对革命的谴责之外，还多了一些更实际的观点：例如帕斯卡和笛卡尔，认为即使在一个不完美的或不公正的国家，对正义的寻求及对改变事物秩序的渴望只能导致一个甚至更糟糕的处境：内战——帕斯卡认为这是“最大的罪恶”。①

洛克观点的独创性尤其体现在，他用霍布斯的理论来批判绝对君主制，指出它包含着内在的矛盾。正如列奥·施特劳斯所言，“正是基于霍布斯关于自然法的观点，洛克反对霍布斯的结论。他试图表明霍布斯的原则——自我保护的权利——远不是支持绝对政府，而是需要有限的政府”。② 霍布斯认为，基于人民意志的权力必然是一种绝对的君主权力，因为这样一种权力能确保民众的安全从而满足了公民最强烈的愿望，同时它也是最难实现的。洛克并不否认国家对于确保安全的必要性，但也如他那个时代的其他作家，特别是阿尔杰农·西德尼（Algernon Sydney）所说的那样，他指出绝对君主制并不能保证个人权利和自由的维存：

> 使用绝对的专断权力，或不以确定的、经常有效的法律来进行统治，两者都是与社会和政府的目的不相符合的。如果不是为了保护他们的生命、权利和财产起见，如果没有关于权利和财产的经常有效的规定来保障他们的和平和安宁，人们就不会舍弃自然状态的自由而加入社会和甘受它的约束。不能设想，如果他们有权力这样做的话，他们竟会有意把支配他们人身和财产的绝对的专断权力交给一个人或较多的人，并给予官长以力量，由他任意地对他们贯彻他的毫无限制的意志。这是要把自己置于比自然状态更坏的境地，在自然状态中，他们还享有保卫自己的权利不受别人侵害的自由［……］可是，如果假定他们把自己交给了一个立法者的绝对的专断权力和意志，这不啻解除了自己的武装，而

① B. Pascal，*Pensée* 320，ed. Brunschvicg，trans. Christopher Lord.

② L. Strauss，*op. cit.*，Chap. V，p.237.

把立法者武装起来，任他宰割。[①]

洛克指出了霍布斯所描述的“授权”过程面临的一个根本性挑战。人们转送自身的自然权利在实践中意味着他们将一种双重垄断委托给了主权者：一是对在特定的领土范围内及对特定的人群决定什么是合法及什么是非法的权利的垄断；二是对使用暴力权利的垄断（“他们解除了自己武装，而把立法者武装起来”）。这种双重弃权及其造成的双重垄断是必要的，因为没有这些，主权者就无法确保每个人的安全和权利。但是，对霍布斯来说，这种权利的转让必须是无条件的，因为任何对权力的对抗、任何对权力的限制都会削弱国家，并可能成为国内冲突的根源。为了实现公民对他的期望，霍布斯认为，主权者必须是 *absolutus legibus*，即法律的创造者，但自身不受实在法规则的约束。如果不这样，主权者就无法成为主权者，真正的主权者应是把这些法律强加给他，并迫使他遵守这些法律的人。所以要么实际上有另一个主权者（同样有绝对性），要么就不存在主权者。霍布斯反对将君主置于基本法之下的观点（这种观点自中世纪以来就渗透到英国政治史中）并非毫无意义。事实上，在自由民主制国家中建立国家的自我义务原则是有困难的，且时至今日仍然造成司法和政治性问题：尤其是通过宪法文本的程序；任命宪法或最高法院成员的方式，以使其保证尊重基本性权利，并有权审查或判决行政和立法权力；司法机关真正独立所需的条件。[②]

无论如何，霍布斯提出的削弱国家的风险是真实存在的，但对洛克来说，这相比最重要的风险而言是次要的，这一风险就是国家成为一个掠夺性的国家，而其中的人民，本应将国家作为手中的工具，却成为主权的“猎物”，其中的个人仅仅作为个体而存在，被剥夺了保护自己的一切权力。他

① J. Locke，*Second Treatise of Civil Government*，Chap. II，§ 137，in *Two Treatises of Government*，ed. Mark. Goldie，London：Everyman，（1924）1993，p.185. 中译引自［英］洛克：《政府论（下篇）》，叶启芳、瞿菊农译，北京：商务印书馆，1964 年版，第 86 页，下同。

② 参见 Herbert Wechsler，“Toward Neutral Principles in Constitutional Law”，*Harvard Law Review*，vol.73/1，1959，pp.1—35；Ronald Dworkin，*The Supreme Court Phalanx*：*The Court's New Right-Wing Bloc*，New York：New York Review Books，2008。

们既不能援引主权者会违反的法律，也不能诉诸法院来执行这些法律，也不能在身体上保护自己，因为他们已经放弃“私人之剑”（*gladii privati jus*），并授权国家建立一种公共劝阻力量，即“正义之剑”（*gladium justitiæ*），也是一把“战争之剑”（*gladium belli*），就像《利维坦》卷首图中那把被国王瞩目挥舞的剑一样。洛克提出的风险指的是非常真实的情况。例如，在他写作《政府论》时詹姆斯二世政权就证明了这种情况：其作为一个不宽容的天主教国王不尊重新教徒的权利，作为一个独裁者不尊重议会的权利，因此英国人民当时饱受其施政的折磨。

约翰·邓恩（John Dunn）和理查德·阿什克拉夫特（Richard Ashcraft）令人信服地证明了《政府论》两篇的主要目的是为反对詹姆斯二世的革命提供哲学上的辩护。[①] 这种辩护意在表明，反抗暴君的行为如何能与行政权力在公民社会背景下运用实在法来惩罚罪犯的行为相媲美。在洛克看来，专制者就像他自己人民的敌人一样行动；他与他们作战。因此，正如洛克所说，他是词源学意义上真正的“叛逆者”（rebel）。反抗专制者的起义是一种重建法治的行为，更确切地说，是一种私自执法（vigilante justice）的行为。《政府论（下篇）》几段文字体现了洛克对此十分清楚。[②] 但他认为这种起义不仅仅是暴力和无序的抗议。洛克仔细地确认了革命可以合法地发生的情况。在一些君主向他的人民发动战争并因此成为“法外之徒”的例子中，革命需要人民介入，人民因此证明是最初拥有权利来创造权利的人，并通过具体地证明他们是正当权利的最终拥有者，进而打破了“授权圈”。革命揭示了这样一个事实：在某些情况下，人民可以如同一个有自己意志的人一样按照自身主动性来行动，因为在这些情况下，人民显示了他们具有理性和判断力。

洛克在其书的开头表明，在自然状态下，个人有权利作为个人来参与暴力。在自然状态下，这种暴力行为是对罪犯实施自然法。[③] 换言之，对于洛

---

① 参见 John Dunn，*Locke：A Very Short Introduction*，Oxford，UK：The Oxford University Presse，1984；Richard Ashcraft，*Revolutionary Politics and Locke's Two Treatises of Government*，Princeton：Princeton University Press，1986。

② 参见 J. Locke，*Second Treatise of Civil Government*，§ 204，209 and 226。

③ *Ibid.*，§ 10—13 and 20—21.

克来说，即使在自然状态下，也存在着一种根据法律来判断和执行法律的能力，这是所有人共有的能力。这正是他们在暴政的情况下要求归还的能力。所有的人，或者至少其中的大多数人，都能很好地判断合法和非法。因此，一旦公民社会被“解散”，他们就可以代替法官和实在法。这就是在反暴政革命中出现的情况。洛克说，人们可以假设，人类不会愚蠢地拿起武器反抗主权者。如果他们这样做了，那也是根据自己的良心并以要求正义的名义进行审判。这里，洛克的人类学乐观主义得到了很好的阐释：好人占多数；罪犯是例外。因此，当人民起来反抗时，我们有充分的理由相信，他们的行为是负责任的，且根据正义来行事的。①

卢梭对反叛与革命的批判

人们可以认为卢梭关于人民作为政治体的论断主要是受到洛克的启发。事实上，对卢梭和革命这一话题的误解由来已久。②卢梭在世时，伏尔泰称他为“小叛逆者”，并称呼他是“非社会契约”（Unsocial Contract）③的作者。然而，在许多场合，卢梭已经相当清楚地表明了他对革命原则的立场。他在童年时受到日内瓦暴力起义的影响，对国内动乱产生了极大的不信任。在《忏悔录》中有很多地方都证明了这一点。④在《对话录》（以第三人称描述自己）中，他谴责了将自己的思想解读为号召反叛的这种“扭曲”：

> 他总是坚持要保留现有的制度，认为破坏这些制度只会消除权宜之

① 参见 J. Locke，*Second Treatise of Civil Government*，§ 223，225 and 230。

② 正如评论家让·鲁塞尔（Jean Roussel）所指出的，卢梭的哲学在革命斗争中被各个派系所借用和扭曲。他们尤其与罗伯斯庇尔的独裁统治以及随之而来的时代联系在一起。将卢梭的灵柩移入先贤祠的政令是在共和历二年芽月 25 日（1794 年 4 月 14 日）颁布的，几周后罗伯斯庇尔发表了热情的悼词。但是，直到罗伯斯庇尔倒台后，即共和历三年酿月 17 日（1794 年 10 月 8 日），卢梭的遗体才被真正移入。Cf. *J. Roussel*，*J.-J. Rousseau en France après la Révolution*，Paris：Armand Colin，1972，pp.11—15.

③ Voltaire，Letters of November 6，1766 to Taulès and of November 12，1766 to Damilaville，cited by Robert Osmont in note 4 of p.706 of the *Dialogues*，in J.-J. Rousseau，*Œuvres complètes*，Paris：Gallimard-Pléiade，vol. I，1959，1639.

④ 见《忏悔录》第 5、9、12 卷。

计，同时留下罪恶，并用抢夺代替腐败。[……] 人们固执地将一个世界上最尊重法律和国家宪法、最厌恶革命和各种各样阴谋的人，看作是动荡和骚乱的推动者。①

那么，为什么卢梭经常被认为是一个典型的革命人物，不仅是法国大革命的创始人，而且是19世纪和20世纪改变世界的许多革命的创始人？当卢梭发表反对内乱和革命的宣言时，他这样做难道是出于预防、怯懦或矛盾吗？或者，我们才是回忆错觉的受害者，这种错觉源于法国大革命将卢梭用作一种象征符号？②

即使卢梭某些反对革命的论点与《克力同》中的观点类似（尤其在《爱弥儿》中③），他无疑是处于一种现代理论域之中，是在反暴君派（the monarchomachs）、阿尔杰农·西德尼或约翰·洛克之后，将实在法和政治权威去神圣化，使其合法性受制于人民的同意。他抛弃了如帕斯卡称为法律"权威的神秘基础"④的所有残余部分。此外，他认为反对当时欧洲君主制的革命迫在眉睫，这是显而易见且不可避免的。他在《爱弥儿》中写道："我们正在接近一种危机状态和革命时代。"在一个脚注中，他补充道："我认为欧洲伟大的君主政体不可能长久存在。"⑤

在这个预言中，人们可以为他身死十多年后发生的事件找到理由。但这样的预言本身是正当理由吗？如果卢梭活得久一点，他会积极参加革命活动吗？为了试图解决这些难题，我们需要考察卢梭描述和分析革命现象的方式，并将其与前述约翰·洛克的解释进行比较。早在《爱弥儿》之前，他就

---

① J.-J. Rousseau，*Rousseau*，*Judge of Jean-Jacques*，*Third Dialogue*，trans. Judith R. Bush，Christopher Kelly and Roger D. Masters，ed. Roger D. Masters and Christopher Kelly，*The Collected Writings of Rousseau*，Hanover and London：The University Press of New England，vol. 1，1990，p.213.

② 参见 James Swenson，*On J.-J. Rousseau Considered as One of the First Authors of Revolution*，Stanford，CA：Stanford University Press，2000，pp.159—171。

③ "噢，爱弥儿，那个对他祖国没有任何亏欠的好人在哪里？无论在哪个国家，他都欠这个国家对人类而言最珍贵的东西——他行为的道德性与对美德的热爱。"（*Emile*，Book V，*op. cit.*，p.667.）Cf. Plato，*Crito*，50a—52a. 参见 Clifford Orwin，"Rousseau's Socratism"，*The Journal of Politics*，vol. 60 /1，1998。

④ B. Pascal，*Pensée* 294，ed. Brunschvicg，trans. Christopher Lord.

⑤ *Emile*，Book III，*op. cit.*，p.343.

已经明确地预言了未来的革命，在一段文字中他对自己关于这个预言的立场给出了重要的暗示。这段文本出现在《论人类不平等的起源和基础》的末尾，在描述完权力和法律建立的理性基础之后，卢梭解释了合法的制度如何走向衰败，以及基于功绩的合理的不平等如何逐渐退化为异常的和无法忍受的不平等，最终恶化为专制统治：

> 这里是不平等的最后一个阶段，也是不平等的顶点，它是封闭一个圈的终极点，与我们所由之出发的点相连。在这里一切个人重新变得平等，因为他们什么都不是；臣民除了统治者的意志外不再有任何法律，统治者除了自身的欲望外也没有任何规则，善的观念和正义的原则又重新消失了。在这里一切都回到了仅有最强者的法则上来，因而又回到了一种新的自然状态。[……] 而且，[……] 政府契约已经被专制统治破坏到这种程度，以致专制者只有在他是最强者的时候才是主人，一旦他被驱逐，他是不能抗议暴力的。以绞杀或废黜苏丹而告终的起义行动，与苏丹前一天处置臣民生命和财产的行为同样合法。只有强力支持他，仅用强力也能推翻他。因此，一切都是按照自然的顺序进行着；无论这些短促而频繁的革命结果如何，任何人都不能抱怨别人的不公正，而只能怨恨自己的轻率或不幸。①

有趣的是，在这段文字中，卢梭以一种新的方式将两种政治传统和两种词汇结合起来。卢梭从洛克那里借用了一种观点，即专制是“自然状态”的一种伪装形式，推翻专制者的合法性不亚于专制者行使权力：这两种情况都涉及对敌人的战争行为。对专制者的反抗是人民对先发动战争的敌人的一种防御战争。但是在借用洛克对革命现象的描述时，卢梭在他的文本中插入了一个完全不同的视角，这一视角揭示了来自另一方面的影响，即孟德斯鸠。

---

① J.-J. Rousseau, *Discourse on Inequality*, Second Part, trans. Roger D. Masters, Christopher Kelly and Terence Marshall, ed. Roger D. Masters and Christopher Kelly, *The Collected Writings of Rousseau*, Hanover and London: The University Press of New England, vol. 3, 1992, p.65.

卢梭使用的词汇本身就证明了这一点。他谈到“以绞杀或废黜苏丹而告终的起义”。“苏丹”一词是专制主义的传统象征，就如同他在奥斯曼帝国中不受限制地行使权力一般。孟德斯鸠没有将“绞杀或废黜苏丹”描述为一种反抗压迫的防御行为。这不是一种解放的行为。相反，它是一种暴力和无政府的方式，以使另一种非法的或被篡夺的权力取代原有的非法的或被篡夺的权力。因此，推翻苏丹不被描述为一种导向恢复法治的行为，而是纯粹粗野的强力（force），是用一种篡权行为代替另一种而已。①

这完全改变了推翻专制者的意义。卢梭在前引《论人类不平等》的文字中明确指出：“只有强力支持他，仅用强力也能推翻他。”因此，并没有所谓一方面是基于强力的权威而另一方面是重建法治的行动，而是只有两种都仅仅纯粹使用强力的行为。“强力是一种物理力量；我看不出道德能从它的影响推导出来。屈服于强力是一种必要的行为，而不是出于意志；最多是一种明智行为。”② 诚然，严格来说卢梭并没有谴责导致暴君被推翻的强力行为，因为它们是暴君以暴力方式使用权力的可预见的结果。一个完全以强力为基础的政权有被强力推翻的危险，因此这种推翻和暴君行使权力一样都不是非法的。但是，不谴责不等于为之辩护。

我们现在从几处关键的地方来理解卢梭和洛克立场的不同。很明显，卢梭并不认同这种对革命的分析，这是有几点原因的。可以肯定的是，那些反抗并推翻暴君的人，如果他们被迫抵抗一种压迫的强权，并不必然会做出应受谴责的行为。但是，没有什么能保证这种具有正当性的防卫将导向建立一个更具有正当性的政权。没有什么能保证叛乱的目标是建立法治和政治自由。③ 没有什么能阻止人们思考这次起义的结果只是以一种压迫代替另一种压迫。卢梭几次明确谈到这一点。在《山中书简》中，他写道：“在大多数国家，国内问题都源自粗鲁而愚昧的民众，[……] 并由熟练的麻烦制造者

① 参见 Charles de Montesquieu，*The Spirit of the Laws*，V，p.14。

② *The Social Contract*，I，3，*op. cit.*，p.44. 中译参见《社会契约论》，第 9 页。

③ 参见 Robert Derathé，*Rousseau et la science politique de son temps*，Paris：Vrin，（1950）1988，pp.176—180。

秘密煽动，他们被赋予了某种权威，并且想要将其扩大。”[①] 在《社会契约论》中，他用历史来支持这一观点，尤其是17世纪的英国历史。在“公民宗教”一章中，他将克伦威尔（Cromwell）比作卡提里那（Catiline），并将他描述为“一个野心勃勃的人”和操纵无知大众的“伪君子”。[②] 在另一章中，他毫不内疚地谴责“[……]一个聪明的无赖或一个阿谀奉承的空谈者能用以诱说巴黎人或伦敦人的种种无稽之谈”。[③] 因此，他强调了这样一种风险：大众的抗争很容易被潜在暴君的野心所利用。他也不赞成1688年的“光荣革命”。在卢梭看来，这场革命并没有建立一个更具正当性的政权，也没有废除奴役。与大多数18世纪的法国哲学家相反，卢梭并不欣赏英国的政治制度。形成鲜明对比的是，他以严词将其描述为一种欺骗，一种人民权力的虚假版本：“英国人民自以为是自由的；他们大错特错了，他们只有在选举议员期间是自由的；议员一旦选出，就将其奴役，他们就什么都不是。”[④]

人民的自我制度（auto-institution）

卢梭对近代起义和革命的论述很有启发性。对他来说，真正的问题不是知道人们是否有能力反抗暴虐强权。革命只是建立民主的可能性手段之一，但它既非必要的，也不是绝对可靠的。民主的真正条件是卢梭所说的人民的“制度”（institution）。

这一复杂的概念在卢梭的术语中有两层含义：一是一种政治或司法体制，二是“教育”。在第一种意义上，人民的制度赋予他们政治地位，使他们处于为自己要求并做出决定的境地。这个卢梭称之为“初生民族”（a nascent people）[⑤] 到来的境地，是历史环境发生不可预测变化的结果。这可

① J.-J. Rousseau，*Letters Written from the Mountain*，*Ninth Letter*，trans. Christopher Kelly and Judith R. Bush，ed. Roger D. Masters and Christopher Kelly，*The Collected Writings of Rousseau*，Hanover and London：The University Press of New England，vol. 9，2001，p.299.

② *The Social Contract*，IV，8，*op. cit.*，p.148.

③ *Ibid.*，IV，1，p.121.

④ *Ibid.*，III，15，p.114. 中译参见《社会契约论》，第121页。

⑤ *Ibid.*，II，7，p.71. 中译注：何兆武将其译为“新生的民族”。《社会契约论》，第53页。

能是一场解放战争（像科西嘉人和波兰人那样）；可能是从一个漫游的无组织群体中创造了一个由普遍意志所引导的国家（像希伯来人和罗马人一样）；也可能如同加尔文领导日内瓦人的情况那样，是一次内部的改革，通过它，人们接受了新的法律和一种新的生活方式。无论是哪种情况，问题在于要识别出那个初生民族的意志。可以注意到，在这一点上卢梭和霍布斯有某种相似之处。一个人如何能确定，一群民众，一批无组织的群体，表达了政治体的意志？一批松散的民众不能声称自己是“人民”（the People）：

> 凡不是由负有这种责任的行政官依法定形式所召集的人民集会都应该认为是非法的，而且它所决定的一切也都应该认为是无效的；因为召集会议的命令本身就应当是根据法律的。[……]人们不会有那么多的小心谨慎来遵守各种必要的形式，以便把正常的、合法的行为与叛乱的骚动区别开来，把全体人民的意志与派系的叫嚣区别开来。①

《社会契约论》第三卷的最后几章和第四卷的第一章（特别是关于罗马人民大会的那一章，《关于波兰政体的思考》中讨论领地议会和议会的章节，以及《山中来信》中的几个篇章）谴责了“骚乱”，同时试图保留关于审议讨论（deliberation）的具体工作的可能性。人民（*demos*）被认为只能在法律规定的集会和议会的框架范围内发言，并且必须剔除那些使公民的发声变成令人难以理解的杂音或仅仅是狂怒叫喊的暴民或乌合之众的现象。“（公民）不再讨论，他们在赞颂或咒骂”，② 以及“首领……以对恐怖呼喊替代（为职责发声）” ③ 的情况都应避免。没有某种制度形式赋予其一个公认主权者的地位，就没有一个政治体的存在。

使人民具体化的首要条件是建立人民发展共同意志的能力，这就是使将

---

① *The Social Contract*，III，pp.13 and 18，111 and 119.《社会契约论》，第 115—116、128 页。

② *Ibid.*，IV，2，*op. cit.*，p.123.

③ J.-J. Rousseau，*Political Economy*，trans. and ed. Victor Gourevitch，in *The Social Contract and Other Later Political Writings*，Cambridge，UK：Cambridge University Press，1997，p.14.

这种意志现实化的立法（*legislation*）成为首要行动的重要原因。“当我说法律的对象总是普遍的，我的意思是法律是考虑臣民的共同体以及抽象的行为，而非考虑作为一个个体的人或个别的行为”。[①] 因此，在立法活动中明显可以看到，个体的总和成了一个政治体。事实上，法律的形式本质影响了完成这一过程的方式，也影响了参与其中的人。法律的制定引入了一个调解的过程，以反映作为审议讨论主题的问题。“当全体人民对全体人民作出规定时，他们只考虑的是他们自己，这时如果形成了某种对比关系的话，那也只是从某种观点来看的整个对象对于从另一种观点来看的整个对象之间的关系”。[②] 法律的创立迫使个人在智力和心理上将自己提升至法律所规定的普遍性水平，从而将自己想象为公民。集体寻求共同利益不仅仅是假设它存在，而是已经开始使得它存在了（*beginning to make it exist*）。一个民族以自主方式管理其事务的能力本身就是一种政治善好（political *good*），它证明了政治体的活力及其成员的公民意识。[③] 在激发共同利益的过程中创造了关于个体的集合并非仅仅是数量的叠加这一事实的感知，公民因此在讨论过程中发现他们有共同的利益，发现有关乎他们所有人并且能够集体决议的事情要解决。[④] 人们存在于他们做出决定之时，但也存在于他们在此之前审议讨论的时候。因此，最重要的是考察“人民大会应以何种方式投票和计票”。[⑤]

《山中来信》中对这一审议讨论过程进行了有意思的说明。“在骚乱中形成的一大群主持集会的人会造成很大的危害。在人数众多的集会中，即使井然有序，但如果每个人都能发言，并且按照自己的意愿提出意见，大家就会把很多时间浪费在听愚蠢的话上，而且会有做蠢事的危险。”[⑥] 因此，必须对辩论进行规制……但要确保不过度管理。人民议会的成员，而非行政长官，必须建立规范的监管并使大家尊重它。这种对辩论的监管不应被神圣化到阻

① *The Social Contract*，II，6，*op. cit.*，p.67.

② *Ibid.*

③ 参见 *ibid.*，II，1，p.57；IV，1，p.121。

④ 参见 *ibid.*，II，1，p.57。

⑤ *Ibid.*，IV，3，p.126.

⑥ *Letters Written from the Mountain*，*Seventh Letter*，*op. cit.*，p.249.

止所有人的声音自由表达的地步，而限制辩论的对象或时长。“将一切置于规则之下的结果，就是破坏了各项规则中的第一规则，即以正义和公共利益为第一要义。”① “改善对议会和领地议会的管理（administration）② 肯定是最有用的；但是，我不厌其烦地重申，不应该同时想要两件相互矛盾的东西。管理是好的，但是自由更有价值，你越是用形式来束缚自由，这些形式就会为篡权提供更多的手段。[……] 浪费宝贵时间的冗长空洞的长篇大论固然是一种莫大的罪恶，但对一个好公民来说要进善言却不敢张口则是更大的罪恶。”③

社会公约中全体一致的同意是唯一条件。④ 至于其他方面（税收、经济、教育、管理、刑法等），不可能事先决定哪些法律适合每个人或者每个情境：这种类型的法律，只有通过审议讨论来使在不同意见之间寻求平衡和妥协点成为可能。⑤ “当涉及立法方面，可能至少需要四分之三多数，当涉及国家事务时需要三分之二多数，⑥ 而对于选举以及其他例行的和关涉眼前利益的事务上，简单多数即可。”但卢梭补充道：“这仅仅是以一个例子来说明我的想法，而不是我要确立的比例。”⑦ 因此，规定投票形式的法律本身必须由立法程序通过。在这里，我们再次看到“授权”机制的循环，不可能完全摆脱它，但在卢梭那里，一种主要的、创造性的或创始性制度的社会学直觉对这种循环进行了补充完善：一种由社会政治习俗、公众舆论和公共教育同时传承、激发或培养的习惯性、传统性的类政治性的社会性（infra-political sociability）。

---

① *Letters Written from the Mountain*，*Seventh Letter*，*op. cit.*，p.249.

② 法语单词是“police”，卢梭经常在“高效、合法的法律或政治组织”的意涵上使用这个词，该词源自于古希腊词语 *πολιτεία*。在这里，这个词带有“适当的管理”“规范的监督”的意思。

③ J.-J. Rousseau，*Considerations on the Government of Poland and its Proposed Reformation*，Chap. VII，trans. and ed. Victor Gourevitch，in *The Social Contract and Other Later Political Writings*，Cambridge，UK：Cambridge University Press，1997，p.205. 中译参考《关于波兰政体的思考》，崇明、胡兴建译，载［法］卢梭：《政治制度论》，刘小枫编，崇明、胡兴建、戴晓光等译，北京：华夏出版社，2013 年版，第 72 页。

④ *On The Social Contract*，I，5，*op. cit.*，p.49；*Considerations on Poland*，Chap. IX，*op. cit.*，p.217.

⑤ 参见 *On The Social Contract*，II，pp.8 to 10 and III，p.9。

⑥ 卢梭写这篇文章时，利用了一篇描述波兰制度的论文，“国家事务”表达的是与诸如关税或汇率有关的法律。参见 J. Fabre，note 3 of p.996 of *The Considerations on Poland*，in J.-J. Rousseau，*Œuvres complètes*，Paris：Gallimard-Pléiade，vol. III，（1777）1964。

⑦ *Considerations on Poland*，Chap. IX，*op. cit.*，p.218.

在《第二篇论文》中，卢梭已经强调了这种自发社会性的存在，尤其出现在年轻人在井边和树下的会面，以及没有实际目的而专注于调情游戏、音乐和舞蹈的聚会中。现代社会也有类似的存在。[①] 因此，人们也许会提到卢梭在《致达朗贝尔的信》中所写的关于公共演说的非正式形式，关于形成于私下谈话中，或者在非正式但对民主生活至关重要的集会框架中形成的政治论辩。例如，在日内瓦的“圈子”里就是如此，如1734年反对派混乱之后诞生的民众反对派团体的集会，更普遍的是在私人公司中，通过团体或近亲将公民和中产市民聚集在一起，在射击俱乐部，狩猎聚会，或者在沙龙里举行一时兴起或例行的会面。“在公共场所，[……]，在乡村，在花园”，[②] 人们自由地说话，他们有在公共场合行使言论自由的习惯，他们甚至不知道政治时就学会了从事政治。当人们授权自己在这种半私人、半公共的环境中谈论政治时（卢梭强调，做出这一行为时必须尊重形式，不是法律意义上的，而是道德或习俗的），这就会自发地、自主地进入（非循环）运动状态，即进入使其成为人民（*demos*）的“授权”机制中。

个体意志的普遍化（generalization）进程

这就是为什么卢梭所说的“制度”可能不同于严格意义上的法律和政治制度。[③] 例如，卢梭认为，摩西通过宗教制度和法律，赋予了希伯来人一个普遍意志，并将一群游荡的民众转变为他所说的“共和”政治体。[④] 当卢梭谈到摩西为希伯来人民“制度”或加尔文为日内瓦人民“制度”时，他使用了“制度”这个词的第二种含义，也就是形塑（*formation*）或教育

---

① 参见 Jean Starobinski，*La transparence et l'obstacle*，Paris：Gallimard，pp.116—120。

② J.-J. Rousseau，*Letter to D'Alembert on the Theater*，*in Letter to D'Alembert and Writings for the Theater*，transl. and ed. Allan Bloom，Ithaca：Cornell UP，1968，pp.98—101.

③ 参见 Victor Goldschmidt，*Anthropologie et politique. Les principes du système de Rousseau*，Paris：Vrin，(1973) 1983，pp.774—775。

④ 参见 J.-J. Rousseau，*Considerations on the Government of Poland and its Proposed Reformation*，Chap. II，transl. and ed. Victor Gourevitch，in *The Social Contract and Other Later Political Writings*，Cambridge，UK：Cambridge University Press，1997，p.180。

（*education*）。[1] 没有对政治思想和政治自由的教育就没有真正的共和，而这种教育是稀有和困难的。换句话说，自由的政治体不是——或者不仅仅是——一个将自己从暴力行为的屈服中解放出来的政治体。一个自由的政治体是在道德上能够自由。这正是洛克所忽视的问题，即自由的道德前提，或者换句话说，自由不是人类普遍渴望的目标，恰恰相反，对自由的渴望才是最困难和最罕见的。这就是为什么法律中“最重要的”一部分“铭刻在公民的内心里，它形成了国家的真正宪法；它每天都在获得新的力量；当其他的法律衰老或消亡的时候，它可以复活那些法律或代替那些法律，它可以保持一个民族的创制精神，而且可以不知不觉地以习惯的力量取代权威的力量。我说的就是风尚、习俗，而尤其是舆论；这个方面是我们的政论家所不认识的，但是其他一切方面的成功全都有系于此”。[2]

需要一种人民的道德制度，需要形塑和保持一种可被定义为“公民”的精神，这就解释了对如同存在于罗马共和国的“监察官制”的赞扬，即职责是“防范公共意见的腐化，以贤明的措施来保持它们的正确性，有时候甚至于在它们尚未确定的时候就把它们固定下来”[3] 的审判庭。对波兰和科西嘉的规划中很大一部分是其民族的道德建设。“人民意见的引领者也是人民行动的引领者。[……]告诉人民应该崇尚什么，就是告诉人民应该做什么。”[4] 这种思想形塑是通过体现在那些“孩子们的游戏”（children’s games）中的特殊规则的社会习俗来完成：“在肤浅的人看来微不足道的制度，却培养了珍贵的习惯和不可遏制的依恋。”[5] 卢梭还建议，以更古典主义的方式，通过由国家组织和资助的“公共教育”来鼓励这种对人民的形塑。“这是一个重要的主题，”他在《关于波兰政体的思考》中写道：“教育，必须把民族形式赋予人们的心灵，从而引导这些心灵的品味和意见，以至于其依靠偏爱、激情

① 在法语中，instituteur 意思是学校老师。当卢梭使用“公共制度”（institution publique）的表达时，意指“公共教育”。参见 *Emile*，Book I，*op. cit.*，p.165。

② *On The Social Contract*，II，12，*op. cit.*，p.81. 中译引自《社会契约论》，第 70 页。

③ *Ibid.*，IV，7，p.141. 中译引自《社会契约论》，第 164 页。

④ J.-J. Rousseau，*Constitutional Project for Corsica*，trans. and ed. Frederick Watkins，in *J.-J. Rousseau*，*Political Writings*，Madison：The University of Wisconsin Press，1986，p.326.

⑤ *Considerations on Poland and its Proposed Reformation*，Chap. II，*op. cit.*，p.179.

和需要就具有爱国品质。”①

难点在于将个别意志的总和转换为普遍意志。②依据其执行效果，它可以是一种奴役的训练，也可以是一种自由的教育。③在这个时代，道德教育通常是为奴役做学徒训练。在他的《论政治经济》中，卢梭写道：“显然，人民久而久之就会成为政府所塑造的样子。如果政府愿意，人民可以是战士、公民或人；只要政府高兴，他们可以是暴徒或贱民。”④这说明了为什么人类的真实境况往往是对奴役的调适：用我认为对卢梭影响很大的作家拉博埃西的说法，⑤是一种“自愿为奴”（voluntary servitude）。考虑到卢梭写过自由和人性是一体的，这一观点可能看起来很矛盾。但卢梭并不相信，人类实际上总是热爱并真正渴望自由，且意识到了实现自由的要求，并准备为此付出代价。所有的人都是潜在地自由的，但所有人并非是完全真正自由的：“人是生而自由的，但却无往不在枷锁之中。”⑥这些枷锁本质上不是物理上的和外在的；它们是道德的和内在的。

我们现在明白了为什么卢梭如此怀疑他那个时代伟大的欧洲诸民族，特别是城市人口，领导革命的能力，这些革命不仅仅是为新型的屈服做准备的叛乱。巴黎或伦敦居民的主要热情与真正行使政治自由几乎是不相容的。在他关于科西嘉的文章中，卢梭写道：“自私使（城市居民）变得卑贱，懒惰使他们坐立不安；他们不是奴隶就是反叛者，从来都不是自由人。”⑦成为“反叛者”本身并不能使人“自由”。相反，叛乱作为一种对自由的渴望突然和短暂的表达，证明了这种对自由的渴望脆弱和肤浅之本质。基本上，对卢

---

① *Considerations on Poland and its Proposed Reformation*，Chap. IV，p.189.

② 参见 Judith Shklar，*Men and Citizens：A Study of Rousseau's Social Theory*，Cambridge，UK：Cambridge University Press，1969。

③ 参见 Maurizio Viroli，*Jean-Jacques Rousseau and the "Well-Ordered Society"*，trans. D. Hanson，Cambridge，UK：Cambridge University Press，1988，pp.197—200。

④ *Political Economy*，*op. cit.*，p.13. 中译参考《论政治经济》，崇明译，戴晓光校，载［法］卢梭：《政治制度论》，刘小枫编，崇明、胡兴建、戴晓光等译，北京：华夏出版社，2013 年版，第 153 页。

⑤ 参见 Blaise Bachofen，*La condition de la liberté. Rousseau*，*critique des raisons politiques*，Paris：Payot，2002，pp.20，228—230。

⑥ *The Social Contract*，I，1，*op. cit.*，p.41.

⑦ *Constitutional Project for Corsica*，*op. cit.*，p.291.

梭来说，如果人们需要参加反叛，那是因为他们让奴役占据了上风。

在这里，“自愿为奴”的概念再次成为理解其观点的关键。当人们被奴役时，当他们允许暴政横行时，这不仅仅是坏运气的结果。对于洛克来说，我们可以说暴政是坏运气的结果，是一个不幸的事件，从而论证了人民例外觉醒（awakening）的正当性。他们的主权不再“休眠”（dormant），直到推翻暴君为止。[①] 对于卢梭来说，如果人们需要觉醒，这通常意味着已经太迟了。一个只偶尔唤醒自身的政治体，往往对自身的自由不感兴趣。在《社会契约论》中，为了阐释人民代表的制度，提到了“[……] 爱国心的冷却、私人利益的活跃”。[②] 一个政治体，如果只短暂地唤醒自己，那么其大部分时间都在沉睡，因此也就没有自由的能力：因此，他们的反抗也就没有机会给他们带来自由。为了避免奴役，这样简短而猛烈的觉醒是不够的。还有一些东西是必要的，也就是那些时刻保持清醒、警惕的人民。我们所需要的是一个对政治自由有着极大和持续关注的政治体。现代人只关心自己的私事，对公共事务的关注只是片段偶发式的。

因此，我们可以理解对那些“认为自己是自由的”，但“是奴隶”和“什么都不是”的英国人严厉的评判。卢梭写道，即使是抱怨小议会滥用职权的日内瓦“公民”，“也完全沉浸在自己的家庭事务中，对其他事情总是漠不关心”。他们“只有在自身利益受到侵害时才考虑公共利益 [……] 他们时常三心二意，老是受骗上当，一直把心思放在其他事情上，他们让自己在最重要的事情上被带入歧途，总是在不知道如何预防疾病的情况下去寻求药方”。[③]

在这里，卢梭的逻辑再次与拉博埃西非常接近，后者拒绝用厄运、命数或暴君的权力来解释暴政。暴政总是源于人们的懒惰、盲目或道德败坏。根据拉博埃西的说法，要打倒暴君，只有一件事是必要的，那就是人民想要自

---

① 关于“休眠的人民主权”（dormant sovereignty of the people）的概念，参见 Leo Strauss，*Liberalism Ancient and Modern*，Chicago and London：The University of Chicago Press，（1968）1992，p.192。

② *The Social Contract*，III，15，*op. cit.*，p.114. 中译参见《社会契约论》，第 120 页。

③ *Letters Written from the Mountain*，Ninth Letter，*op. cit.*，p.293.

己的自由："决心不再为其服务，你将发现自己是自由的。"① 卢梭不相信任何宿命论，尤其不相信历史或社会决定论。他在《社会契约论》中写道：

> 有人会说，把人民都集合在一起，这是多么妄想！在今天，这是一种妄想；但是在两千年以前，这却不是一种妄想。那么，难道是人性改变了吗？精神事物方面的可能性的界限，并不像我们所想象的那么狭隘。正是我们的弱点、我们的罪过、我们的偏见，把它们给束缚住了。卑鄙的灵魂是绝不会信任伟大的人物的；下贱的奴隶们则带着讥讽的神情在嘲笑着自由这个名词。②

如果说从罗马共和国时期到现时代，人的"本性"一直保持不变，那是因为在这两个时代，人的本性都拥有未被认识到的道德和政治资源。③

现代人大多不知道，自由不是出于某种必然性。这相当程度上是因为一种占主导地位的哲学和文化倾向："偏见"将由于缺乏天才和想象力而产生的事物描绘成一种必然。因此，卢梭反对这样一种观点，即政治自由，在他所理解的强烈意义上，已经过时了，且是应被归入古代历史的不合时宜之物。从这个意义上说，他甚至反对洛克思想的另一个方面，这个方面对后来的思想家如本杰明·贡斯当（Benjamin Constant）和以赛亚·伯林（Isaiah

---

① É. de La Boétie, *On Voluntary Servitude*, *in Freedom Over Servitude. Montaigne*, *La Boétie and On Voluntary Servitude*, trans. and ed. David L. Shaefer, Westport, Connecticut and London: Greenwood Press, 1998, p.196.

② *The Social Contract*, III, 12, *op. cit.*, p.110. 中译引自《社会契约论》，第 114 页。

③ 卢梭在关于波兰的文中也谈到了这些："阅读古代史时，人会相信自己被带入另外一个世界、置身于其他存在之中。法国人、英国人、俄国人与罗马人、希腊人之间有什么共同之处呢？除了形体之外他们几乎毫无相似之处。罗马人和希腊人强健的灵魂在其他人看来是历史的夸张。"但他补充道："然而他们确实存在过，而且他们和我们一样是人。是什么阻止我们不能成为像他们一样的人物？我们的偏见，我们的卑劣哲学，对蝇头小利的激情，这一切和利己主义一起被荒谬的制度塞到所有人的心里，而对这些制度天才决不与闻。"（*Considerations on Poland*, *op. cit.*, Chap. II, pp.179—180.）他在结论中写道："所有这些重要的大臣们通常从自己或自己身边的人来判断人，他们相信自己洞察人心，他们远不能想象对祖国的热爱和对美德的激情能赋予自由的灵魂何等的活力。虽然他们经常地被他们关于共和政体的低劣评价所欺骗，在所有的事业中都遭到他们没有预料的一种抵抗，但他们都从来不会放弃一种基于鄙视的偏见，他们感到自己配得这一鄙视并以此鄙视来判断人类。"（*Ibid.*, p.257.）中译引自《关于波兰政体的思考》，崇明、胡兴建译，载［法］卢梭：《政治制度论》，第 39、133—134 页。

Berlin）很重要。[①] 他反对的是，认为民主就是现代人民的命运的观点，只是一种残余的、极简的形式，他也反对代议制民主，因为在其中。人民通常处于半睡半醒状态。因此，他并不断言现代人会身处奴役之中。这一点可以从他对科西嘉和波兰的起义表现出的兴趣，以及他支持日内瓦人反对小议会篡权的论述中找到证据。

然而不应当忽视，在这三个例子中，他在站在这些国家一边之前是如何仔细考察它们的道德和文化情景的。他写道，波兰民族“敢于为建立政府并颁布法律呐喊，就像它刚刚诞生一样。它身处枷锁中，却争论着保持自由的方法！它感受到自身中一种暴政强力也无法折服的力量”。[②] 卢梭推断：“在波兰这样的国家［……］，人们的心灵仍然有很大的韧性。”[③] 实际上，波兰人“刚刚树立了一个永远值得纪念的榜样”，即关于“由与之密不可分的美德所激发的对祖国和自由的爱”[④] 的榜样。科西嘉和波兰起义的特殊性质，即它们有组织的、几乎是制度化的形式，以及所表现出的纪律和勇气的道德倾向，很难让我们将其看作非正式的、无政府的叛乱。基于对这些最初经验证据的信念，卢梭决定从理论转至实践，发挥自己的智慧来为争取政治自由效劳。[⑤]

卢梭同时告诉我们，实现民主是困难的，比我们通常认为的要困难得多，但也不是绝对不可能的。历史真正隐藏的动力是社会和政治制度塑造道德习惯的方式。人民（*demos*）同时具有作为人民（*demos*）的形式，主要是因为其有使自己掌握自己政治命运的历史事实来支撑自我。这其中有偶然、

① 参见 Benjamin Constant，*The Liberty of the Ancients Compared with that of the Moderns*，in *Political Writings*，trans. Biancamaria Fontana，Cambridge，UK：Cambridge University Press，（1819）1998；Isaiah Berlin，“Two Concepts of Liberty”，in *Four Essays on Liberty*，Oxford：Oxford University Press，（1958）1969，pp.118—172。

② *Considerations on Poland*，*op. cit.*，Chap. I，p.178.

③ *Ibid.*，Chap. IX，p.218.

④ *Ibid.*，Chap. XII，p.238.

⑤ “我相信我自己正在对一个虽然不能免于邪恶却也仍然还有活力和美德的民族讲话，在此前提下，我的计划是好的。但是如果波兰已经到了一切都沾染铜臭气并败坏到根部的地步，那么视图改革其法律和保存其自由都是白费工夫，它应当放弃这些努力并俯首屈服于枷锁。”（*Ibid.*，Chap. XIII，p.242. 中译引自《关于波兰政体的思考》，崇明、胡兴建译，载［法］卢梭：《政治制度论》，第 116—117 页。）

机运或无计划的成分。但是，正如马基雅维利所说，民族的命运一半由机运决定，一半由意志决定。[①] 在卢梭看来，"想要自由的意志"（will to be free）主要基于每个公民无休止地反复开始作为一名公民来进行思考（think as a citizen），即把其个人思想提升到政治意识，也就是集体意识的水平。卢梭将这种努力命名为"意志的普遍化"（generalization of the will）。[②] 追求共同利益，并赋予个体的聚集以结合的形式的普遍意志，并非一种全体意见一致的政治体的意志；这是展现于每一个公民的意志。它是一个进程的结果，是教育和努力思考的结果，这种思考使每个人发现共同利益也是他自己的利益，且是其中最重要的部分。

结论

人民（*demos*）肯定只不过存在于思想中，但这种思想并非只是白日梦。这种思想，或政治意识，使每个个体成为一名公民，使每个社会原子成为社会整体的一部分，让每个人意识到自己对社会整体的亏欠和责任。人民（*demos*）存在，是因为每个公民都相信自己是一名公民，而他相信自己是公民，是因为他相信人民（*demos*）存在。这看起来像是另一个循环，但实际上不是。在现实中，它是一种心理和思想的相互作用，在某些情况下，其也许会被个人的激情所抑制，或者相反，会被构造任何个体存在的集体和政治层面的意识所唤醒和培养。人民（*demos*）是一群人的规划事业（project），他们通过历史的偶然事件聚集在一起，并赋予自身开展集体行动的手段，这就预先假定了，无论是私人利益和共同利益，还是私人自由和公共自由，都不可分离。

① 参见 Machiavelli，*The Prince*，Chap. XXV。

② "使意志得以普遍化的与其说是发表意见的人的数目，不如说是把他们结合在一起的共同利益。"（*The Social Contract*，II，4，*op. cit.*，p.61.）

卢梭与《论不平等的起源》[①]

[美] 克里斯托弗·凯利　王幸华*　译

到 1754 年卢梭写《论不平等的起源》时，他已经因为《论科学与艺术》和他的歌剧《乡村巫师》而声名鹊起。甚至他的戏剧《纳尔西斯》的失败也产生了出版额外作品的机会：一个带有重要序言的戏剧版本。在《忏悔录》中，卢梭把这个序言称为“我的佳作之一”，[②] 并且补充说，在这个序言里“我对我遵循的原理的阐述，比我在直到那时为止的其他文章中的阐述详细得多”（*C*，326）。[③] 这个只逐渐揭露他思想背后的原则的激进特征的过程是卢梭本人有意识的决定。这个过程在《第二篇论文》的写作中达到顶峰，关于这本书，卢梭接着说：

> 没过多久，我又有了一次机会在一部更为重要的作品里把它们加以更详细地发挥。……我要驳斥人们胡言乱语的谎言，我要如实展现人原本的天性，充分揭露使人的天性大变其样的时代和事物演变的过程。我

---

① 本文原载于 Grace，E. and Kelly，C.（eds.）*The Rousseauian Mind*，Routledge Philosophical Minds Series，London：Routledge，2019，pp.165—174。中译版经作者授权发表。作者克里斯托弗·凯利（Christopher Kelly），多伦多大学博士，*Collected Writings of Rousseau* 的主编之一，*Rousseau's Exemplary Life*（1987）和 *Rousseau as Author*（2003）的作者，现任波士顿学院政治科学系教授。

卢梭《论不平等的起源》的全称是《论人类不平等的起源和基础》。本文按照凯利教授的原意，有时把它简称为《论不平等的起源》《第二篇论文》或《论文》。本文脚注均为译者所加。

* 译者王幸华，美国田纳西大学博士，中国社会科学院哲学研究所、应用伦理研究中心助理研究员，主要研究伦理学和政治哲学。

② 此处译文参见［法］让-雅克·卢梭：《忏悔录》（下册），李平沤译，北京：商务印书馆，2011 年版，第 504 页。

③ 同上书，第 504 页。

要把生活在人类社会中的人和生活在大自然环境中的人加以比较，以便使人们看到他们在所谓人的完善化的过程中所遭到的苦难的真正原因。[1]

因此根据卢梭自己的说法，《论文》是一部非常大胆和开放的著作，特别是与他早期的出版物相比。它甚至可以被看成理解他整个思想体系的关键。

然而，尽管《论文》如此大胆，这部著作却令人惊讶地没有吸引到书信和审查共和国的注意。卢梭说，它“在全欧洲只有很少几个人读懂了，而在读懂的读者当中，也没人对它发表什么意见”。[2] 他后来对一部像《社会契约论》这样的著作可以被迫害表达了愤怒，因为里面的每一句大胆的言论都“在《论不平等的起源》中早就有了”（*C*，342）。[3] 因此《论文》的重要性似乎逃过了几乎所有早期读者的注意。很可能他们中的许多人都和伏尔泰对卢梭的“反人类的新书”有同样的反应。当他从卢梭那里收到一本《论文》时，他回复说，“人们读了你的著作之后开始有了用四只脚走路的欲望”（《伏尔泰的来信》，*CW*，3：102）。这个形象因为帕利索（Palissot）的戏剧《圈子》（*Le Cercle*）而广为人知，该剧描绘了一个以卢梭为原型的角色，他用手跟脚趴在地上吃生菜。伏尔泰和帕利索显然都错过了第一部分的开头，在那里卢梭拒绝思考人类是否曾经用四只脚走路，并随后在注释中嘲笑了那些认为他在倡导回到丛林与熊一起生活的人。从那时起直到今天，许多第一次阅读这部著作的读者都认为它不合情理地试图把人类表现为完全非社会的，并且认为野兽的状况似乎才最合适人类。简而言之，这些读者更把《论文》看成鲁莽而不是大胆的。

卢梭为了让其论证更加清楚，他的大胆更加明显，遵照他的提议——即这部著作完整地发展了他的原则——将是有帮助的；它揭示了人类在所谓的完善化的过程中所遭到的苦难的真正原因，它也前所未有地注意到了“时

①② 此处译文参见［法］让-雅克·卢梭：《忏悔录》（下册），李平沤译，北京：商务印书馆，2011年版，第505—506页。

③ 同上书，第530页。译者对译文略有改动。

间和事物”在歪曲人类本质上的作用。为了发展这些观点，有必要对学者们花了大量笔墨的、三个相互关联的概念——自然状态、可完善性和人类自然的善——有一个清楚的看法。没有人会否认这三个概念是《论文》论证的核心，但它们如何相互关联却并不明显。

纯粹的自然状态

《第二篇论文》的全称是《论人类不平等的起源和基础》。在给这部著作命名时，卢梭遵循他在《第一篇论文》中采用的做法，它也是第戎科学院资助的比赛的参赛作品。在两部著作中，卢梭都重新表述了科学院所提出的问题，以适合他自己的目的。这一次，科学院的问题是：“人与人之间不平等的起源是什么；这一现象是否为自然法所容许？”① 在《论文》的正文部分，卢梭确实提到了不平等的“根源”，这可能表明他把他的标题改成“起源”并没有重要的意义，尽管标题的这个版本确实暗示了一个年代起源。更重要的是，卢梭的新标题默默地把对自然法的注意力转移到了一个更开放的、关于“基础”的讨论上。

他以其序言中对自然法的论述来证成偏离科学院对这个话题的兴趣的理由（Grace，2013）。在那里，他坚持认为没有一种可用的自然法学说——古代的或现代的——建立在合理原则的基础之上。这些学说没有确立任何共识，自相矛盾，并且——最能说明问题的是——仅仅假设了它们一开始要证明的东西。特别是，现代的学说依赖“社会性”的主张，这些主张模糊到可以支持作者选择得出的任何结论。卢梭坚持认为，“自然权利的规则”而不是自然法，“在不引入社会性的主张的条件下”，可以从先于理性的两个原则中推导出来。这两个原则中的第一个原则“极力推动我们关心我们的幸福和保存我们自身”，而第二个原则“使我们在看见有知觉的生物尤其是我们的

① 此处译文参见［法］让-雅克·卢梭：《卢梭全集》（第 4 卷），李平沤译，北京：商务印书馆，2012 年版，第 186 页。译者对译文略有改动。

同类死亡或遭受痛苦时产生一种天然的厌恶之心”。[①] 这些原则比社会性的模糊概念更简单、更清楚、更无可争议。卢梭在第一部分对纯粹自然状态的论述中阐释了这些原则，大部分读者都认为这个论述是荒谬的。

没有人会质疑《第二篇论文》的第一部分是在不涉及社会性的条件下说明人的本质的一种尝试。最让卢梭研究者产生分歧的问题是，他是否认真地把这个论述看成是对事实存在过的状况的描述，作为人类的前历史（Kelly, 2006）。卢梭陈述了其任务的困难性，他说：

> 因为要分辨人的天性中，哪些是原有的东西，哪些是人为的东西，而且能很好地描绘现在已不复存在，而过去也许根本就没有过、将来也大概不会有的状态，并不是一种轻易的事情，然而，我们必须对这种状态有一个正确的概念，才能很好地审视我们现在的状态。（*SD*，13）[②]

从这个陈述可以清楚地看出，自然状态现在并不存在，这是一个没有人会质疑的结论，但是其他两个说法却令人疑惑。为什么说它“将来也大概不会有”并且它“过去或许根本就没有过”？第一个说法开放了自然状态在将来存在的可能性，而第二个说法质疑了它在过去是否真的存在过。

尽管在它们之间存在严肃的差别，几乎所有的研究者都试图通过默认或明确声称卢梭所说的话并不是他要表达的意思来解决由卢梭的自然状态“或许过去根本就没有过”所产生的难题。一些人毫无疑问对接下来的自然状态论述的古怪感到震惊，坚持认为卢梭的真正意思是自然状态事实上从来没有存在过，而他的“或许”仅仅混淆了这个问题。他的论述在任何意义上都不是历史的；相反，它是一种假设性的建构，以便说明灵魂的这两个原则。根据这个观点，自然状态不仅从未存在过，而且在原则上它跟物理中假设的无摩擦表面一样，根本不可能存在。此外，因此当卢梭补充说，它“将来也大

---

① 此处译文参见［法］让-雅克·卢梭：《卢梭全集》(第4卷)，李平沤译，北京：商务印书馆，2012年版，第222页。

② 同上书，第219页。译者对译文略有改动。

概不会有”，他的真正意思是，或者至少本应该说，它肯定将来不会存在。第二组解释者，被卢梭的论述中激进的反伊甸园特征所震惊——他明确地要求人们注意这一特征——坚持认为他的真正意思是自然状态确实存在过，但他出于谨慎的目的加上“或许”，以避免太过冒犯教会的权威。第三种解释认为，卢梭的纯粹自然状态既不是事实的状态也不是假设性的建构，而是一种虚构或神话，旨在激发对某种从未存在过的事物的怀念。所有这些解释都能在文本里找到另外的证据支撑它们；它们只在这一点上有一致的看法，即卢梭故意或无意地，没有清楚表达他自己。解释者们试图通过重写《论文》使他的立场更加合理。

但或许人们不应该太快忽视卢梭的“或许”，它似乎暗示，与第一组和第三组解释相反，自然状态是一种可能的状态，不仅是一个抽象的概念或一个虚构，而且与第二组解释相反，它可能并未真正存在过。这句话的含义可能是什么？要掌握这一点，重要的是考虑卢梭后来在《忏悔录》中解释《论文》时极其强调的“时间和事物的过程”。在《论文》本身中，甚至在引入“自然状态”这个技术性术语之前，卢梭就提出了一个普遍的问题，即“从时间的推移和世事的沧桑在人的本质上引起的变化着手研究”，了解“大自然所创造的”[①]人（*SD*，12）。他使用柏拉图和奥维德（Ovid）早先使用过的一个形象来说明他的观点，即因为“遭到时间和海水的侵蚀与狂风暴雨的吹打”改变了形状的“格洛巨斯（Glaucus）的雕像”。[②]这个形象强调了雕塑因为外在于自身的自然原因而不是内在的发展过程改变了形状。海水和暴风雨代表了随着时间的推移作用在人的本质上的“事物”。

后来在为《论文》辩护、反对批评者时，卢梭将他对社会发展的描述与个人的衰老进行了比较，后者当然是内在发展的结果。他这样证明他的对手的不完美：

---

① 此处译文参见［法］让-雅克·卢梭：《卢梭全集》（第4卷），李平沤译，北京：商务印书馆，2012年版，第217页。

② 同上书，第217页。译者对译文略有改动。

> 其间的区别在于，社会的衰老来自人类的本质，不过，不是像你所说的那样直接来自人类，而是像我所证明的那样，是某些外部环境造成的：这种环境可能存在也可能不存在，但或迟或早总会到来。（*SD*，128）[①]

换句话说，随着时间的推移，发生形状的改变是偶然的，因为它不是人类本质必然的内在结果。至少，与衰老不同，它可以无限期地推迟。同样，在《爱弥儿》中，卢梭说教育来自三个因素：自然、人类和事物。他用自然指的是“我们的才能和器官的内在的发展”；用事物指的是“我们对影响我们的事物获得良好的经验”。[②]（*E*，162）自然和事物之间的区别与《让-雅克·卢梭答费罗波里斯先生书》中的自然和外在环境之间的区别相同，也与自然和引入格洛巨斯形象的“时间和事物的连续”之间的区别相同。因此卢梭在《论文》中断定的是，随着时间的推移，在人类本质之外的环境因素产生的关键影响，相当于“时间和事物的连续”对人类状况的发展方式产生的关键影响。诚然，孟德斯鸠甚至亚里士多德等早期思想家都注意到了人类与他们的环境相互作用的事实，但他们都没有像卢梭那样重视这种相互作用。事实上，他断定这种相互作用是人的含义的核心。

只有外在于人类本质的原因让人类脱离纯粹的自然状态的事实意味着这个状态的存在可能取决于这些原因。随着时间的推移肯定存在着人类能力的发展，但是一种没有从一开始就改变人类而是把他们维持在自然状态的、外在的环境是否存在？卢梭并没有声称自己知道，这就是他说“过去也许根本就没有过”的原因。这种状态会持续多久？一方面，正如《论文》第一部分所描述的，它似乎特别持久，因为人类本质中没有任何内在于它的东西可以使它改变。这一点被总结在第一部分的结尾，在那里，卢梭说自然人的潜在能力“是不可能靠它们本身发展的，而必须要有几种或迟或早终将发生的外因的综合作用才能发展；没有这些外因的推动，原始人将永远停留在原

---

① 此处译文参见［法］让-雅克·卢梭：《卢梭全集》（第4卷），李平沤译，北京：商务印书馆，2012年版，第356—357页。译者对译文略有改动。

② 此处译文参见［法］让-雅克·卢梭：《爱弥儿》，李平沤译，北京：商务印书馆，1996年版，第7页。

来那个样子”。[①]（*SD*，42）这给我们留下了人类本质永恒持久的印象，但是它没有回答这些外部原因何时产生或者它们可以如何被避免的问题。另一方面，正如第二部分所描述的，自然状态是脆弱的，因为在长远看来，时间和事物的偶然性必然会导致巨大的改变压力。事实上，在第一部分的两段总结之后，卢梭开始第二部分的论证，他说“困难很快产生了”（*SD*，43）。这些困难包括小事，例如树木的高度，但也包括大事，例如地形、气候和季节的变化和火山爆发以及由闪电引起的大火等灾难性事故。因此卢梭的立场似乎是，纯粹的自然状态存在了无限长的时间还是不到一瞬取决于这些时间和事物的偶然性。如果它存在了很长时间，那仅仅是因为没有发生第二部分所描述的那种自然灾害来破坏它。但是，很可能人类从一开始就受到了外在偶然性对人类本质的干扰。换句话说，当卢梭说，或许纯粹的自然状态从未存在过，他在非常准确地表达自己的立场。卢梭的最后一句话清楚地表达，后者的可能性远大于前者——纯粹的自然状态从来没有存在过——但即使前者是真的，他对自然状态的持久性和脆弱性的解释仍然有效；当考虑它本身时，它是持久的，但当考虑它与外部偶然性的关系时，它是脆弱的。

这一点可以被卢梭在《论语言的起源》（一部以《论文》草稿的一部分开头的著作）中所说的一些话所阐释。在那里，卢梭说，想象地球上四季如春是可能的，在那里人们将过一种离群索居的懒散生活。然而，这个假设要求，相对于围绕太阳的轨道，地球的轴线不是倾斜的。这种倾斜意味着事实上地球上大部分地方存在着季节的变化，而没有永远的春天。因此卢梭说，“有人用手指轻轻一拨，地球的轴线遂偏离了宇宙的中轴，使人类成为了社会性的。”（*EOL*，310）[②]简而言之，社会性对于人类而言不是自然的；他们是因为那些可能还没有发生的环境改变才具有社会性的。地球轴线的这种倾斜什么时候发生？或许它总是存在，但是如果是这样的话，仍然是这种倾斜，

① 此处译文参见［法］让-雅克·卢梭：《卢梭全集》（第4卷），李平沤译，北京：商务印书馆，2012年版，第267—268页。

② 此处译文参见［法］让-雅克·卢梭：《论语言的起源》，洪涛译，上海：上海人民出版社，2003年版，第62页。

而不是人类本质导致人类具有社会性。这就是为什么《论语言的起源》与《论文》是一致的，即使它一点也没有暗示纯粹的自然状态。卢梭通过提及地震、洪水或火山喷发等事件以及地球轴线的倾斜来说明人类变得具有社会性，这一事实强调了这种发展的偶然特征。但是，正如第二部分的开头提到树的高度时所表明的那样，这些灾难性事故对他的论证根本不是必要的。他坚持"当非常微小的原因在没有干扰的情况下起作用时，它们会产生令人惊讶的力量"（*SD*，42），就像他坚持大规模的干扰一样（*SD*，42）。时间和事物都是重要的。

事实上，《论文》的第二部分也提供了相同的观点，在那里，卢梭讨论了他所谓的"新产生的社会"。这种状态，它是社会的，但是在没有政府和法律的技术意义上却仍然保留在自然状态之中，代表了在第一部分中描述的从纯粹的自然状态发展而来的一种替代状态。它不能被描述为纯粹自然的，因为它是外在环境对人类生存有转化作用的一种状况。在这种状态下，国家是由因地而异的"气候的影响"形成的。但是，这种状态而非纯粹的自然状态，才是"最幸福的时代，同时也是持续的时间最长的时代"。[①] 卢梭总结他的描述时说：

> 关于这一点，我们愈是深入研究，便愈是发现这种状态是最不容易发生剧变的状态，因此，对人类来说是最好的状态。只是由于某些后果严重的偶然事件相继发生（为了共同的利益，它们永不发生就好了），人类才脱离了这种状态。（*SD*，48）[②]

这种状态提供了《论文》卷首的主题。有重大意义的是，它比纯粹的自然状态更少受到偶然性的干扰。不像或许从没有存在过的、纯粹的自然状态，这种状态继续存在于欧洲人正在探索的世界大部分地区。

卢梭把"新产生的社会"而不是纯粹的自然状态称为"人类真正的青年

①② 此处译文参见［法］让-雅克·卢梭：《卢梭全集》（第4卷），李平沤译，北京：商务印书馆，2012年版，第277页。

时期”。[①] 卢梭对它的衰落的论述在某种程度上体现了这个词的重要性，它的衰落是由冶金业和农业的发展带来的“革命”引起的，它是一场由某种“特殊情况”导致的革命，而不仅仅是人类的创造力（*SD*，49）。在第一部分中，卢梭用缺乏农具和如何耕种的知识作为纯粹的自然状态的显著标志（*SD*，28—29）。这个较早的段落给我们一种印象，即任何在冶金业和农业发展之前的状态都够资格作为一种几乎纯粹的自然状态。

总之，卢梭对纯粹自然状态的描述是他对自然法理论家的回应，后者依赖关于社会性的一种模糊和不可证实的学说。他在表达了解释语言起源的困难之后清楚地表明了这一点。他的结论是“从大自然不急于使人类通过相互需要而彼此接近；不急于使人早一点掌握语言，就可看出，它为人类准备的社会性是很少的”（*SD*，33）。[②] 他的观点并不是否认人类总是生活在一种或另一种社会环境下，而是坚持认为随着时间的推移，环境因素而非人类本质是他们所生活的任何环境的最重要的贡献因素。在第二部分中，卢梭发现语言的起源没有那么令人困惑了，他说事实上可以推测“许多种特殊的原因是如何使语言的使用得到推广并加速它的发展的”（*SD*，46）。[③] 这些特殊的原因包括地球上的洪水、地震和革命。外在于人类本质的这些环境因素的重要性仍然是关键的，无论人类从无限长的时间开始就作为孤立的个体生活，还是环境因素从一开始就导致他们住在一个前农业的社会群体之中。在任何一种情况下，人类本质本身都不急于使人类相互接近。这是卢梭的自然状态学说的真正意义。

可完善性

从对卢梭的自然状态学说的这种解释中，我们可以看到他对自然状态的

① 此处译文参见［法］让-雅克·卢梭：《卢梭全集》（第4卷），李平沤译，北京：商务印书馆，2012年版，第277页。

② 同上书，第254页。

③ 同上书，第274页。译者对译文略有改动。

描述中一个最令人疑惑也最有特点的部分：他声称“自我完善的能力”或“可完善性”是把人类与其他物种区分开来的非常独特的、毫无争议的特质。他说这种能力“在环境的帮助下，可以使其他的能力不断发展”（*SD*，26）。[①] 他随后又立刻说：

> 这种能力，当初曾使人类随着时间的推移脱离了他终日平平静静无忧无虑的原始状态，然而随着时代的前进，它又使人在获得启蒙的同时，也产生了许多谬误；既培养了道德，也犯了过错，最后终于使他成为他自己和大自然的暴君。[②]

这个段落似乎赋予了可完善性巨大的力量。它也似乎对上述自然状态的描述提出了质疑，即依靠人类本质的能力解释社会生活的发展。然而，重要的是要记住，卢梭说可完善性是“在环境的帮助下”做到这一点的。在接下来的段落中，他甚至更严格地说，人类灵魂将被限制到它与所有动物的共性之上，“除非新的环境导致它新的发展”（*SD*，27）。在这第二个表述中，关键是环境而非可完善性。这似乎暗示可完善性只是对环境影响的易感性。在这个意义上，它是被动的；它只有在受到它所响应的外在因素的影响时才变得主动。人们不必成为一个卢梭主义者就可以关心环境的问题，但不可否认的是，卢梭的可完善性学说把与环境的相互作用放在了理解人类本质的含义的中心位置。

正如自然状态在环境迫使人们脱离它之前是稳定和永久的，可完善性在环境导致它变得主动之前也是静止的。可完善性远远不是描述自然状态的一个偶然或反常的要素，而是卢梭描述的必要组成部分。事实上，它是这种描述的意义所在。人类的独特之处在于一种被环境所影响或响应环境影响的独一无二的能力，这些环境的影响本身对于人类本质而言也是偶然发生的。对

① 此处译文参见［法］让-雅克·卢梭：《卢梭全集》（第4卷），李平沤译，北京：商务印书馆，2012年版，第242页。

② 同上书，第242—243页。译者对译文略有改动。

其他物种而言，外部的障碍或者可以被直接克服或者不能被直接克服。在后一种情况下，这些物种会灭亡。对于人类而言，外部的障碍可以激发可完善性，因此可以改变人类，人类反过来又改变环境，接下来环境又再次改变人类。就像卢梭所说，长远看来，可完善性使他们成为他们自己和自然的暴君。应该强调的是，这意味着可完善性本身并不是这种暴政的自然驱动力。如果它是的话，那么把它放在关于自然状态的解释中就没有任何意义，这种状态的稳定性只能被偶然事故所干扰。相反，可完善性是一种对环境做出响应的能力。再一次地，或许原始环境是那种永恒的春天，它没有从可完善性中引出任何东西；但更可能的是它们不是永恒的春天。这就是为什么当卢梭把人类与其他物种相比较时，他强调了他们的可塑性和适应性，但当他把自然人与文明人相比较时，他看到的是他们的本质的稳定性。

在下一个段落中，卢梭解释了可完善性如何运作的一个重要部分。他坚持激情和理解的相互依存。在没有欲望或恐惧推动理解的情况下，没有人会运用理性。欲望、恐惧和其他激情最初都依赖非常有限的需要，但理性可以无限地扩大这些激情，因为它既赋予了满足欲望的力量，又提供了新的、可以被渴望的事物。因此人类本质并不是由我们在我们周围观察到的、膨胀的激情和发达的理性组成的。这些东西源于外在环境支持或阻碍我们最基本的欲望的方式。这种加速的过程一旦开始就几乎没有限制。正如卢梭在这段话的注释中所说，“首先这是必须把生活必需品拿到手的问题，其次是越多占有越好的问题，然后是享乐问题、积聚巨大的财富问题和拥有更多的臣民及奴隶问题”（*SD*，75）。[①] 可完善性是对外部原因导致的、对欲望和满足欲望的能力之间的和谐的干扰的一种回应。尽管它在原则上可以恢复这种和谐，随着知识的每一次进步，这种回应却一般通过形成一组新的欲望增加了干扰。

在第一部分的末尾，卢梭至此总结了他论证的基本内容。他说，他已经表明“人的可完善性、社会道德和他的种种潜在的能力是不可能靠它们本

---

① 此处译文参见［法］让–雅克·卢梭：《卢梭全集》（第4卷），李平沤译，北京：商务印书馆，2012年版，第319页。

身发展的，而必须要有几种或迟或早终将发生的外因的综合作用才能发展”（*SD*，42）。[1] 这种外部原因的偶然结合何时开始运作的问题与卢梭的论证并不相关。雅克·德里达（Jacques Derrida）等人说卢梭的论述表明可完善性和它的后果在纯粹的自然状态下一定已经是主动的，这并不能证明卢梭的论述中存在矛盾或问题（参见，例如，Derrida，1976）。相反，他们提出的证据表明他所说的话的意义和一致性。

自然的善

关于自然状态和可完善性的紧密关系的考虑产生了卢梭所描述的这一立场的另一后果。正是在他对可完善性的讨论中，卢梭插入了一个注释，宣布他已经证明了人类的自然的善。这个宣告让人惊讶，因为他在此之前还根本没有提到过这个原则，而他后来又声称这个原则对他的思想如此重要。事实上，除了在这个注释中，在《论文》的第一部分并没有提到这个原则。在整个文本中（除了这个注释）只有在包括这个注释的段落的十几页之后的另外一处明显提到了这个原则（*SD*，48）。这里所讨论的注释是介绍可完善性是独特的人类品质的这个段落，更具体地说，是提到可完善性是美德和罪恶的根源的这个句子。这个注释附在卢梭关于人最终变成了他自己和自然的暴君的断言之上。这个注释不仅包含卢梭关于自然善的第一个明确表述，而且它也是他所提供的这个原则的最生动的陈述之一。从这个注释的位置，我们可以明显看出卢梭把自然善的学说看作可完善性观念的必然结果。但我们仍然需要了解什么是自然的善以及它如何与可完善性的学说相互关联。

卢梭声称，他已经在这个注释的第二个段落证明了人类自然的善。他通过揭露与反对者的分歧来为这个观点做准备，即如果一个人比较“人生的欢乐与忧患的数目”，他会发现“总起来看，人的生命是上天给予人类的一个

---

① 此处译文参见［法］让-雅克·卢梭：《卢梭全集》（第 4 卷），李平沤译，北京：商务印书馆，2012 年版，第 267 页。

相当坏的礼物”（*SD*，74）。[①] 卢梭对作为这一观点基础的观察没有异议。他不仅承认，而且坚持认为，“现今的人都变坏了；这一点，已经有过去痛苦的经验为证，用不着再多赘述”。[②] 这个观察并不是一个反驳，或者甚至他的观点的反面，它是推论自然善的必不可少的起点。问题是，这种邪恶和痛苦的根源可能是什么。卢梭否认的是，我们生活于其中的无可否认的邪恶和痛苦本身内在于人类的本质。他坚持认为，如果一个人寻找它们的根源，他会发现“除了人自己给自己的之外，他几乎没有别的邪恶”。实际上，这是他声称在可完善性和自然状态的论述中已经证明的东西，尽管他一直坚持认为他在此归于我们的属性是外在环境因素或偶然事件相互作用的结果。正如我们所看到的，可完善性可以通过主动或被动的术语来表达，卢梭根据上下文中他的修辞的要求在这两种术语之间交替使用。无论如何，自然善的学说是可完善性学说的必然结果，正如可完善性是卢梭自然状态的论述的必要补充一样。

卢梭的学说的重要性可以通过比较它与他明示或默许的立场看出。文明人的两个特征是痛苦和邪恶。卢梭通过声称第一个特征不是自然的，来攻击大部分认为所有人类经验背后都是不满或不安的早期现代思想家，这些思想家包括霍布斯、洛克，但也可以扩展到莫佩尔蒂、伏尔泰和达朗贝尔。卢梭通过声称第二个特征也不是自然的，否认了邪恶是人类本质的主要部分。就像他在《答博蒙特书》中所说，“原罪解释了一切，除了它自己的原则，而正是这个原则需要解释”（*B*，31）。他对自然的善和它相对于外部力量的脆弱性的描述解释了这个原则。可完善性是原罪的替代概念。人类的本质本身并不导致邪恶和痛苦；导致邪恶和痛苦的是，随着时间的推移，人类与它们的环境的相互作用。

可完善性与自然的善的关系中还有另一个方面需要解释，即它与美德的关系。正如我们看到的，卢梭说可完善性是美德和启蒙的根源，也是邪恶和错误的源头。这意味着自然的善并不蕴含美德，除非一个人把美德称为有利

①② 此处译文参见［法］让-雅克·卢梭：《卢梭全集》（第4卷），李平沤译，北京：商务印书馆，2012年版，第317页。

于保存的品质。在他正文中唯一提到自然的善的地方，卢梭通过区分他所谓的“自然善的格言”与正义和美德来表明善与美德之间没有联系（*SD*，38）。这个格言分为两部分。第一部分，“做对你好的事情”，仅仅是表达我们对自己福祉的热切关心，它是灵魂的第一原则。第二部分，“尽可能不损害他人”，[①] 仅仅是我们对看到任何有知觉的生物死亡或痛苦的反感的结果。这并不意味着人类自然地不相互竞争或相互伤害；它只意味着这种竞争或伤害是他们追求福祉的偶然。我们自然不经反思地遵循这个格言。在关于自然的善的注释中，卢梭说社会关系导致了不同的准则，“每个人都从其他人遭受的损害中捞到他的好处”（*SD*，74）。因此自然的善是我们自己的福祉和非常微小的、伤害他人的意愿之间的和谐。这意味着自然有可能满足我们对福祉的渴望。说善是自然的，也就是说，干扰这种和谐的不是我们的本质而是外在的偶然性，它要么阻碍我们的欲望，要么使它们与其他人的欲望的相悖。可完善性是当偶然事件干扰了这种平衡时试图恢复这种平衡的名称；这些尝试通常——但不会总是——让干扰变得更糟。

可完善性可以恢复这种平衡——对福祉的渴望与在不伤害其他人的情况下满足它的能力之间的平衡——的一个更成功的方式是通过可以控制这些欲望的道德美德的发展。可以肯定的是，这只是相对成功的，因为美德并不保证幸福。归根结底，善优于美德。然而，值得注意的是可完善性如何导致美德，当卢梭在第一部分提到这个主题时，他并没有解释这个问题，在第一部分，他只说可完善性不仅带来启蒙也产生谬误，既培养了道德也犯了过错。他在第二部分回到了这个主题，并不是为了提供他在第一部分中所缺少的解释，而是说“如果在这里应当谈一下细节的话”，他会在这里提供这个解释（*SD*，63）。[②] 在这里他重申社会存在迫使人们“互相比较，必然会从继续不断的彼此利用中发现他们之间的诸多差异”。[③] 这种比较导致“对名望的普遍欲望”，一种“想被谈论的强烈欲望”，简而言之，它导致自尊的发展，自尊

① 此处译文参见［法］让–雅克·卢梭：《卢梭全集》（第 4 卷），李平沤译，北京：商务印书馆，2012 年版，第 261 页。译者对译文略有改动。

②③ 同上书，第 300 页。

是一种来源于比较的后天情感。在这个地方，卢梭说，正是因为可完善性的这个产物而非可完善性本身，“所以才产生了人间最好的事物和最坏的事物：我们的美德和恶行，我们的科学和谬误，我们的征服者和哲学家，都是由此产生的，这就是说，一大堆坏事和少量的好事”。[①] 这个清单反映并建立在先前的清单之上：恶行和谬误相对于美德和科学（科学现在取代了“启蒙”）。一个典型的卢梭做法是，他把征服者和哲学家增加到这个清单上，但是二者的顺序使人们很难确定其中哪一个（如果有的话）属于人间最好的事物。就像他说的，这个问题的完全解决“将是一项相当大的工作的主题”。我们在此可以说的是，自尊既提供了善的机制，也提供了恶的机制。

我们可以通过总结自然状态、可完善性和自然善之间的联系来得出结论。卢梭的纯粹自然状态学说只是对可完善性学说的戏剧性描绘。通过表明彻底脱离社会的人类生活在一种只能被外在于人类本质的“偶然性”所干扰的状态下，卢梭所说的并不是这个状态过去曾经存在过或者从来没有存在过。正如他所说，或许它从来没有存在过。他的描述表明了人类本质和这些外在偶然事件相互作用的重要性。这种复杂的相互作用的存在只是因为人类独有的可完善性能力，一种需要被偶然性所激活，但一旦激活就有超常力量的能力。可完善性是美德和邪恶的根源，这个事实意味着人类是自然地善的，因为在没有偶然性的情况下，他们可以实现他们对福祉的热切兴趣，而不会不必要地伤害其他人。总之，可完善性的学说是描述自然状态的基础，也是自然善学说的根基。我们不能在卢梭的论述中对这些要素进行挑拣和选择；它们彼此之间有紧密的联系。这一点只有当一个人恰当地注意卢梭关于自然状态的精确用词——包括他对“或许”这个词的使用——才能了解。

进一步阅读

Neuhouser，F. *Rousseau's Critique of Inequality*：*Reconstructing the Second*

① 此处译文参见［法］让-雅克·卢梭：《卢梭全集》（第 4 卷），李平沤译，北京：商务印书馆，2012 年版，第 300—301 页。译者对译文略有改动。

Discourse. Cambridge：Cambridge University Press，2014. 这是对《论文》最新近的、最完全的解释。

Plattner，M. F. *Rousseau's State of Nature*：*An Interpretation of the Discourse on Inequality*. DeKalb：Northern Illinois University Press，1979. 这是一个有价值的解释，它考虑了对卢梭的论证的直接回应。

Scott，J. T. "The Theodicy of the Second Discourse：The 'Pure State of Nature' and Rousseau's Political Thought". *American Political Science Review*，1992（86），pp.696—711. 这是对神意的证成问题的一种精妙解答。

参考文献

Derrida，J. *Of Grammatology*. Baltimore：Johns Hopkins University Press，1976.

Grace，E. "Built on Sand：Moral Law in Rousseau's *Second Discourse*". In：Grace，E. and Kelly，C.（eds.）*The Challenge of Rousseau*. Cambridge：Cambridge University Press，2013，pp.168—193.

Kelly，C. "Rousseau's 'Peut-être'：Reflections on the Status of the State of Nature". In：*Modern Intellectual History*，2006，3（1），pp.75—83.

危险的替补性——德里达“解构”卢梭的文本

尚 杰*

德里达细致考察了卢梭关于说话与文字之间关系的相关文本。卢梭认为，说话的地位高于文字，因为说话是鲜活的在场，就像某个人现场发言。如果他怕口才不好照着稿子念，他就用书面语的流畅取代了口语中可能会出现的结结巴巴。但是当他这样做的时候，还是付出了代价，这就是为什么人们更喜欢在会议上脱稿讲话，因为这样会有某些即兴的、难以把握的东西，这些东西距离说话人的身体生命更近。说话能力是我们身体器官的一部分，它不仅有含义，还有音色。文字不是我们身体的成分，文字是我们身体器官在外部世界的延伸。

念稿子显得不伦不类，念稿子的人像是一个被文字操纵的木偶，但这木偶却由活人扮演，这就使得读的人和听的人都感到拘谨，仿佛有一个模型要将我们套进去。如果他将稿子放下即兴说话，这是现场直播的语言姿态。这姿态，例如嗓音、手势、眼神。站在即兴说话的角度观察文字，文字就像是一个小偷，它偷走了说话人的眼神和肢体语言。书面语是间接的语言，比如这样一句话：“这个人有一双传神的眼睛”，但人的天性，不喜欢以间接性取代真实的生活。人们更喜欢直接生活，直接看到某个人的眼睛，或者看电影。直接生活中的轻松自在与休闲懒惰，是相互为伴的。人们不愿意选择读书，更不愿意写作，因为读写能力并不来自人的原始天性，读写能力是学习、思考、修炼的结果，它把四处飘零的休闲与懒散，集中到某一个固定的

* 作者尚杰，哲学博士，郑州大学哲学学院特聘教授，博士生导师，全国现代外国哲学学会会长，主要研究欧洲大陆哲学、现象学、后现代哲学等。

方向，这不是先天具有的能力，而是后天刻苦训练的结果。这种自主性以记录的方式讲述生活，这就得集中思考，而不能像生活本身那样随机而懒散地思考。“或者生活，或者讲述生活”，人们往往选择前者，而选择后者的人，或者称知识分子，以贡献自身独有的价值的方式，延伸了自身的别一种生命。读书尤其写作，是真实生活的替换，而知识分子以这种替换度过自己的一生，卢梭以敏锐的观察力，指出这是一种“危险的替补性”。

文字是说话的重新在场，文字不在说话现场，文字以疏远的方式取代说话功能。在《忏悔录》中，卢梭描述了自己如何成为一个作家，因为他不合群，不善于说话甚至经常说一些不合时宜的蠢话，于是他选择了写作，因为这对于胆小的人特别方便，而身处人群之中，别人就很难知道他的真正价值。卢梭通过如此的不在现场，通过如此的缺失，而通向另一种在场——文字的在场，这是以另一种方式证明自己的价值。

为什么说以上过程是“危险的替补性”呢？因为它用笔下从容地斟酌词句，取代了真实而具体的生活。这种重新占有，就像死而复生，用“这个人有一双传神的眼睛”这句话，取代这个人在具体生活中传神的眼神。这句话取自一本书，而这本书在图书馆的书架上布满灰尘。这就是知识分子的价值，就像萨特相信在他死后100年，人们还会读他的书。在《忏悔录》里，卢梭说过类似的话：“只有在我将自己看成一个活死人的时候，我才开始活着。”[①] 写作既死又活，写作开创了一种新生活。写作是自己原有生命的“自杀”，并且对自身生命以另一种方式重新占有。生活的真谛，就是永远都从现在开始——从决心当一个作家的时刻开始，这使得卢梭与自己从前的生活断裂了。这是一个关键时刻、生命的切口，它也是“重估生命价值”的初始条件。写作过程中的发明创造，也可以被称为奇遇，而真实的生活本身只是永恒轮回、周而复始，没有奇遇。

让我们回到“念稿子”的情景：既在生活，又在讲述生活；既没有完全隐退，又没有完全在场，这是半死半活状态、十字路口状态、亦此亦彼状

---

① 转引自 Jacques Derrida，*De la grammatologie*，Minuit，1967，p.199。

态。它揭示出我们生活的某种真相。换句话说，不能说“或者生活，或者讲述生活”，因为真相是一边生活一边讲述。或者说，当我们做某件事的时候，我们当然知道自己正在做这件事。知与行、身与心是不可分割的。

以上的亦此亦彼，就是说两方面都是真实的，却又是割裂的。当一方面为真的时候，从这种真出发，对方为假。我们来看卢梭的《忏悔录》，其中肯定有卢梭出于某种冲动或者害羞，从而不知不觉地说了假话的地方。假话是对于真相的置换，是重新占有，这是危险的，但我们不要忘了他的冲动或者害羞、爱面子等情感的细节，是真实的。如果老年卢梭在《忏悔录》中回忆自己在不更事的年纪做了某件荒唐事，细节他已经记不清了，于是他用想象弥补记忆力的不足，他会这样想：“当时一定会是那样的。”或者，“要是那样的，还有多好！”就这样，卢梭就发明了一种被后人称为“浪漫主义”的新感情，它甚至影响了歌德的《少年维特之烦恼》。

于是，在“让-雅克”后面的是不是真实的卢梭呢？这是一个问题，真相是有两个卢梭，甚至不止，而且他果真出版过这样一本“自述”书。“让-雅克”与卢梭联系起来，他的名字既结合又分离。他在真实生活中显得木讷，进而求助于写作。写作是对真实在场的重新占有。在这个过程中，“替补”始终是一个关键词，它粘贴出一个神奇的统一性。卢梭是自相矛盾的，他求助于文字，等于依仗某种危险的手段，而他真正的初衷，却是面对面的感动。“当说话不能支持在场时，文字就必不可少。我们迫切需要用文字来补充说话。”①

如上所述，说话是最自然的表达，文字是说话的誊写与再现。在这个意义上，文字是不自然的，是“伪装”。卢梭在《爱弥儿》中坚持不要让小孩子过早学会识字，因为文字更便于说谎，而当面撒谎，脸会红的。

人们往往说，知识分子胆子小，成不了大事。在学理上，这个判断有某种道理，因为讲述生活毕竟取代不了真实的生活。讲述生活时，私下胆子大，因为它只是动动心眼。写作过程中的心眼从出生时刻起，就是脱离实际

① Jacques Derrida，*De la grammatologie*，Minuit，1967，p.201.

的，这是因为作为真实生活的替代品，文字比口语更为抽象，更具有象征意义。这种“纸上谈兵”具有稀奇古怪的危险性，微妙的不切实际。文字就像是用孤僻词语组成的象牙塔，而与人说话大都使用通俗易懂的日常用语。知识分子的心思比较微妙，说了不做，这并非道德问题，而是作为思想的媒介，文字决不同于说话。似乎人有两套语言，口语或日常说话，是见什么人，说什么话。而书写文字，却具有我行我素的倔强。

就其实用价值而言，以书籍体现其价值的知识分子仿佛是社会上多余的人，文科无用的说法，其学理基础就如以上。很多人即使说不清这个道理，但在效果上，对文科怀有某种轻视。但这轻视是不对的，就像人们会青睐奢侈品。奢侈品实用吗？显然不实用，人们愿意花更大的价钱，只是为了享受更为美观的设计、形状，获得眼睛和身体更惬意的舒适度。但奇怪的是，人们为什么轻视精神上或者念头上的奢侈或高难的心灵动作呢？

一枚金戒指是奢侈的，并不在于它的金子的度数更纯，而在于它的设计感，但这只是戴在手指上的、作为剩余物的“圆圈”。文字作品是说话的剩余物。人们为什么抛弃物美价廉的经典著作而去青睐同样奢侈的金银首饰呢？这其中肯定有其他原因，我们不必去追究这个原因，而将目光聚集到奢侈的剩余物本身，现在它彻头彻尾出场，因为我手里正拿着卢梭的《忏悔录》，这里有文学，还有历史，更有哲学，是精神奢侈物的典型。它是自然事件的替补，就像金指环中间的洞，或者是设计感极强的“圆圈”剩余物。缺了这个洞，就无法命名金指环，而没有微妙想象力的文字，就没有卢梭的《忏悔录》在文学史与哲学史中不可代替的地位。

如上的置换或者交换，只具有象征意义，我们不要单纯就事论事，因为置换活动广泛存在着。例如，商品与货币、罪与罚、图像与文字、电影或电视与历史事件……缺少了这些置换过程，就没有人类文明。纯粹自然物只是以自在的方式存在，物质没有自己的世界，而人拥有自己的世界，是人类将精神的生命与意义，给予感觉物。于是，替代物成为更有价值的东西，剩余物必不可少，不断补充奢侈的意味，这个过程活跃着一条人类欲望的历史之链。

卢梭向往人类“天真无邪”的自然状态，但他又是一名作家，他的个人价值几乎全都来自替代，以写作取代与他人说话。卢梭生动描述了种种替代过程——他却同时在笔下批评替代、疏远、异化，这是自相矛盾的。一个人写东西，只要表达出来，文字在读者那里的意味，就由不得作者本人了。德里达在《论文字学》中高度肯定的，正是“危险的替补性”（或者替代性）过程本身，而这在卢梭看来，却是不道德的。对此，卢梭给出很多例子，他在《爱弥儿》里指出，“母爱是无法替代的。”[①] 这似乎是事实，但就像德里达在这里指出的，卢梭在这里假设了母爱的自足性，一个没有尘埃的内在系统。但我们知道，在任何一个自洽的系统内部，都具有不完备性，有某些不确定的因素，使无法替代的母爱不可能完全自洽。这些不确定因素既不能证明，却也不可能证伪，但它真实存在。也就是说，一方面，母爱是不可替代的。另一方面，在父母与子女的关系中，爱的程度不可能完全对称或者对等，就像如上我们已经列举过的各种置换过程。置换不可能发生在真空之中，而是实实在在地存在于生活世界。那么，一定会出现“无法替代的替代”，就像说话就是不断寻找替换词的过程，就像母语总得不断被译为外语，这些也是危险的替补性，因为词语的原义同时增加与减少了某些意思，这种不忠实的忠实必然会发生，否则任何翻译都不可能。把“翻译”与“母爱”一并理解：代替它们的东西不会等于它们。在这个意义上，自足已经意味着缺失，就像害羞的卢梭在人群中的在场已经意味着不在场。此时此刻，卢梭正忙，逃回书房书写《忏悔录》。

以上替换不符合传统哲学的同一性原则。叔本华曾经这样批评黑格尔的“同一性”——只是将左手已经有的东西，用右手又拿了回来。某样东西不能原封不动地自我替换，否则任何新鲜事物都不会发生。于是我们说，教育就是对于大自然的替换，卢梭的《爱弥儿》就是讲这个道理。大自然带给人的缺陷，由人对人的教育来填补。在这个过程中，人类文明程度的提高，得以人的自然原始感官的敏锐度的下降作为代价，这是交换过程中“必要的丧

① 转引自 Jacques Derrida，*De la grammatologie*，Minuit，1967，p.202。

失”。在卢梭看来，这种疏远或者异化，同时是人类的进步与退步。

卢梭在《爱弥儿》中写道：“植物有赖于栽培，人有赖于教育。即便人生来高大健壮，他的身躯和力气也只有在人学会使用之后才有用处……我们抱怨童年阶段；我们并没有看到，如果人不从童年开始，人类就会消失。”[①]

孩子的成长过程形成某种倒错。他们从成年人那里学会了把他人当成任由自己支配的工具，以满足自己的欲望，他们变得专横跋扈，难以管教：“他们的成长并不依赖他们天生爱好统治的头脑，相反，是他们的成长过程赋予他们这种头脑，因为无需太多经验就能使他们意识到，借他人之手行事，而且只是动动嘴巴就能推动世界，想想看，这该有多快乐！”[②]

也许卢梭不曾料到，以上段落也针对他自己。他写《社会契约论》，不过也就是动动脑子，动动笔，结果却推动了近现代人类的政治制度设计，并且因此影响了我们的现代生活。

“危险的替补性”——这是卢梭在《忏悔录》中的措辞。他没有给这句表达下一个定义，而是使用了类似这样的描述：它是“一种理性几乎难以理解的状态”，“总之，我与我最爱的情人之间，只有一种差别，但却是本质的差别，这差别使我陷入几乎不可理喻的状态”。[③]用卢梭另一个更明白的说法：只有当华伦夫人不在现场的情形下，他才感到自己是多么爱她——这有悖于常识，就像卢梭不善于与人交际，而更擅长躲在人们背后奋笔疾书，看似不相似的情景是相似的——这使我们想到自恋，激情貌似扑向某个不是自己的他人，却不承想爱上的是自己的热情本身，但这是理性不能理喻的，因为它说不通，但这种强烈的感觉却给卢梭和纳西索斯（来自古希腊神话故事，一个美少年爱上了自己在河水里的倒影，日日思念，茶饭不思，最后溺水而死，变成了一株美丽的水仙花）以不可思议的真实幸福。可是，这激情只是想象力的产物，它太奢侈、不实用。看似不相似的情景是相似的，卢梭的遣词造句之间，往往有着不相似的相似性。此情此景并没有什么高尚与低

① 转引自 Jacques Derrida，*De la grammatologie*，Minuit，1967，p.204。

② 转引自同上书，p.205。

③ 转引自同上书，p.207。

俗之分，因为卢梭也用以上那句话掩盖一个说不出口的隐私——他有手淫的恶习：

> 我感到年龄的增长，我那易于激动的性情终于表现出来，它的最初爆发实非情愿，它使我对自己的健康警觉起来，这比其他事情更清楚地表明我直到那时仍多么无知。不久，我心里才感到踏实，我学会了危险的替补，这种方法是对自然的欺骗，并且防止像我这类性格的年轻人因放荡不羁而牺牲了健康，精力乃至生命。①

还有更过分的，卢梭继续写道：

> 这种恶习容易导致羞耻和胆怯，它对生动的想象有着极大的诱惑，即它可以随心所欲地安排性行为，并且使吸引他们的美女去满足其快乐，而不必征得她们的同意。②

针对以上，德里达写道："卢梭也将这种危险的替补称为'不幸的优点'，确切地说，它是诱人的：它导致欲望脱离常规，使它远远偏离自然途径，把它引向消失或灭亡，惟其如此，它是一种失检或丑闻。它因此毁灭自然。但理性的丑闻在于，没有什么比对自然的这种毁灭更加自然。"③

后一句话，是丑闻中的丑闻，是丑闻的叠加，它加重了卢梭那句名言："这差别使我陷入几乎不可理喻的状态。"一个人拼命想摆脱大自然给予自身的力量，但一种理性不可理喻的感觉，紧接着出现了，它是双重的不可思议性，可以与丑闻中的丑闻相媲美。卢梭在《忏悔录》中曾说，这毁灭他的东西，与拯救他东西，完全是一样东西。④卢梭说的这东西，或者说这行为不

---

① 转引自 Jacques Derrida，*De la grammatologie*，Minuit，1967，pp.208—209。
② 转引自同上书，p.209。
③ Jacques Derrida，*De la grammatologie*，Minuit，1967，pp.209—210.
④ 转引自 Jacques Derrida，*De la grammatologie*，Minuit，1967，p.213。

单纯，它同时具有好几个意思，其作用力与反作用力大小相等，但方向相反。这种解读卢梭著作的方式，就像卢梭书写他的作品时的心境一样，其效果难以预料，但书写的内容，都是真实的所思所想，它既是文学的也是哲学的，给予生活的行为以某种想象的意义，而这些意义是对人类自然状态的增补。

所谓“解构式的阅读”，以卢梭为例，他自己不会认为他的这些隐私有什么深刻的价值，他将它们隐藏在犄角旮旯，只是为了忏悔自己的罪过，而如实记载下来，就像蒙田说的，以便使自己以后再次读到它们的时候，自感羞愧。卢梭真正想写的，是那些在他自己看来更有价值的著作——《社会契约论》与《论人类不平等的起源与基础》。相比之下，《忏悔录》似乎显得无足轻重。但其实不然，《忏悔录》相当于坦露真性情的心理日记。作为潜意识的流露，它比思辨色彩很浓的《社会契约论》更坦露卢梭自己，而《社会契约论》只是在写“公意”。个别在一般之前，个别属于发生学。也许这就是卢梭“危险的替补性”的意义，它甚至超越了卢梭所处时代，因为卢梭的时代，是崇尚确定性的光明世纪，即启蒙世纪。但是，卢梭发动了一场黑色启蒙，它朝向焦虑不安的不确定性，以至于我们可以接着卢梭的话头说，“危险的替补性”中，有一种感性的逻辑，它区别于形式逻辑。

危险的替补性与自然决裂。在《忏悔录》中，对于自然的疏远采用了具有戏剧性的描述手法，很像一幕哲学剧场。青年卢梭称华伦夫人为“妈妈”，这所谓“妈妈”当然不是他的妈妈，只是被他当成“妈妈”。这个称呼揭示了卢梭用“妈妈”的称谓，完成双重缺失的填补。卢梭从小就失去母爱，而华伦夫人雍容华贵的美貌又激起卢梭的爱情。这种复杂的感情具有并不名副其实的“乱伦禁忌”味道，以至于卢梭痛苦而又热情地认为他自己就是一个乱伦的罪人，这又是感情起源问题上的原初复杂性。

华伦夫人的出现，意味着填补母爱，但卢梭承认母爱不可取代。这不可取代的取代，意味着真正母亲的消失，因为华伦夫人还是卢梭的情人。卢梭在接近华伦夫人的同时，就已经意味着疏远。或者说，母爱与情人是两种相互排斥的感情，为了享受其中之一，另一个就得不在现场。但这是不可能的，因为同一个人不可能分身。既然华伦夫人不可能分身，那么卢梭就只好分神，在两种角色之间转换。当他沉浸于一种角色时，另一种角色也许会不请自到，突然袭来，这会使卢梭内疚自责，觉得自己就像是一个乱伦的罪人，这来自卢梭内心对自己是不透亮的，也就是想不通。

德里达赞同对卢梭某些不可思议的心理举止做精神病学的分析，而这种分析的重点，就是心理生活中的替代性——分神、移情，转向自身所缺失的东西，对其投入不可思议的巨大热情。这热情不受意识的支配，也不寻求合理性，正因为此，才具有感情治愈作用。因其不合理，显得愚蠢可笑——在华伦夫人不在场时，卢梭亲吻她碰过的窗帘、床、家具甚至地板——这些举止填补了感情的缺失，卢梭从中获得满足感，从而具有精神治愈性。这种治愈的原因，无法用理性或者合理性加以解释，但却实际起着心理抚慰的效果。卢梭转向替换的东西：窗帘、家具、地板——这些无生命的东西，因其曾经留有她的痕迹，而具有某种不合理的魅力一美丽。但是这一切，与华伦夫人本人已经没有关系了，因为是卢梭真心感到只有当华伦夫人不在现场时，他才更爱这个贵妇。换句话说，这可笑的恋爱其实朝向卢梭自己，而替代品只充当了道具。作为道具，替代品可以是任意别的东西，我们已经无法判定卢梭更爱的究竟是华伦夫人，还是他自己。或者说卢梭更喜欢具有随心所欲支配那些道具（窗帘、床、地板……）的方便与能力，而不必事先经过这些没有拒绝能力的死物的同意，因为这所有过程只有卢梭独自参与，这些行为其实只是卢梭内心独白延伸到生活世界，是卢梭心里的“五官四肢”的延伸。但是独白不能在外部世界原样出场，否则就会像卢梭这样显得愚蠢可笑。它们是在感情起源问题上的原初复杂性的变异形态——我们其实并不真的知道自己缺失的或者想要的到底是什么，却可能不知不觉地被某种或隐形或明显不合理的情形所吸引。

如果感情的真相并不在于它是合理的，那么这真相相当于承认感情的不透明性（自相矛盾、既排斥又吸引）比透透亮亮更能返回感情的家园。它不是对的或错的，而只是感动与触动人。

卢梭独处时，他所拥抱的只是爱的象征物，推迟了真人的在场，但这却给了卢梭能够随心所欲支配所爱之人的方便。但是，这非常方便得到的，只不过是一个象征物，拥抱象征物只不过是在拥抱自己的热情、一个幻想。在这里，无论是恋人的思念，还是写作的过程，或者任何一种创作，都是在用幻觉诱惑自己，而思念者或创作者心甘情愿接受这样的诱惑。所有这些，使我们想到一个关键词——“亲自性”。亲自性不是合理性，合理性来自不同个人之间协商的结果。但亲自性与他人无关，是自我感受，即使在他人看来，是不合理的。独创性的思想写作，来自这样的亲自性而非合理性。

德里达写道：“通过语言来恢复在场，既是象征性的恢复，又是即刻的恢复。我们必须注意这一矛盾。它之所以是即刻的体验，是因为这个体验已经发生。它作为体验，作为意识，来自人们的自身感受，自我接触，自恋行为（auto-affection）被认为是纯粹自我满足。如果它给自己提供的在场是另一种在场的替换性符号，它决不可能在这种替换活动和对自恋行为的象征性体验之前‘亲自’追求那种在场。”①

在这个时刻，笔下流淌的文字就相当于物，这物的热情取代了真人在场的热情。一切其他的感受，亦然。这就是疏远与异化。在这个意义上，写作就相当于卢梭亲吻华伦夫人碰过的窗帘，而奇妙的是，这种情景就是卢梭此刻写出来的句子，这情景与句子不是两回事，它们直接就是一回事，是同一个过程——这既可以是卢梭在生活世界中的真实举止，同时却又可能是卢梭在笔下创造出来的情景，但在这两种情况之下，效果都是同样的：享乐即刻到来，却又永远推迟。既是禁欲又是享受，这不是真实的真实，既是惬意的，又令人失望。于是，“事情岂不越弄越复杂？象征成了直接性，在场成了缺席，未曾推迟的东西被推迟了，享乐成了死亡的威胁”。② 如果怀疑自己的身体能力能够满足异性，那么可以用写作间接地实现这样的满足，卢梭和萨特或明或暗地都谈到这个问题，但这是一个副产品，他们的写作初衷是自我满足。

替补活动居间，在两者之间，亦此亦彼，它是德里达所谓“原初文字”“痕迹”“延异”活动的另一种说法，由于它既不完全在场，又非完全缺

---

① Jacques Derrida, *De la grammatologie*, Minuit, 1967, p.214.

② 同上书，p.215。

席，而在两者之间，从而使二元对立的形而上学失效，使传统哲学显得不真实。这也就是卢梭在《忏悔录》中所谓的处于理性不可理喻状态。以下是德里达关于替补性逻辑这一“感性的逻辑”的正面阐述：

> 这里提出“替补”一词的使用问题：提出卢梭在语言和逻辑上的地位问题，这种逻辑确保“替补”一词或概念具有惊人的灵活性，以致句子的假定主词始终可以通过使用“替补”说出多于、少于或不同于他想说的东西。因此，这个问题不仅涉及卢梭的作品，而且涉及我们的阅读。我们一开始就应该周密考虑这种进占活动（prise）或意外事件：作者以某种语言和某种逻辑写作，他的话语本质上无法完全支配这种逻辑的体系、规律和生命。他在使用它们时，只是在某种程度上勉强受到这种体系的支配。阅读始终必须关注作者使用的语言模式中他能够支配的东西，与他不能支配的东西之间的关系（作者尚不了解这种关系）。这种关系不是明暗强弱的量的分配，而是批判性阅读应该创造的指称结构。①

上段引文的重要性，同时适用于写作和对于文本的阅读分析。它是解构式的，在于它是增补性的——就写作过程而言，由于从初衷到落实在笔端，之间有一个时间差，这细微的差别使作者写出了原始动机中不曾有过的句子，而这个过程相当灵活，它始终朝向莫须有。就阅读过程而言，读者读到一句话而想到的意思，显然原作者无法预判。这两种过程都属于增补。要填补空白，在原文中蕴含着但作者却不曾想到那些句子还能转到别的方向。这是由于作者的初衷与写出的句子的意思之间，有所偏差，而这个“错误”是读者原创性写作与阅读的“触发器”。但是，不能将原创理解为随心所欲，创造存在于本文与重新理解之间。关键在于阅读文本的方式不可以像复制，解构式的阅读更像读出言外之意——它们是一些替补、痕迹，还有替补的替补，以致无穷。

① Jacques Derrida，*De la grammatologie*，Minuit，1967，p.219.

重问卢梭之问[①]

——纪念《社会契约论》发表 260 周年

汪　炜*

伟大作品的声名往往是它不得不背负的诅咒。它很少被我们重新翻开，因为它不再让我们感到惊异。当大革命的实践者们想要将《社会契约论》（1762）变成一本实用的行动指南时，当法国《人权宣言》的起草者们将这位政治权威的只言片语写入他们的纲领时，一段循环往复的传奇命运也就此展开。《社会契约论》以其似乎难以兼容的双重形象不断地在每个时代的政治意识中重演：它既被用来支持一种高于个人意志的集体性意志，也被用来肯定每个人的不可转让的自由；在前一种情况下，绝对性的要求有可能蜕变为形形色色的以“人民主权”为幌子的国家“决断论”（Dezisionismus），而有效地应对这种风险的政治规范也难以从扎根于个体道德属性的普遍人权观念中被寻得，因为诉诸于此的种种理论已在捍卫其独立于政治领域之外的自主性的过程中耗尽了自己的资源，它所提供的限制性标准无力引导真实的公共行动。集体自主与个体自主这两个原则之间的紧张关系贯穿于现代政治的整个历史进程（比如作为其极端体现的魏玛共和国），而现代性正是通过主权这类概念才逐渐认识到社会自我创造、自行建制的潜在力量。

《社会契约论》应该为这一对延续至今的双重表象承担责任吗？哲学家

---

① 本文是作者为“企鹅经典小黑书”（Penguin Little Black Classics）系列之《社会契约论》（即将由广西师范大学出版社出版）所撰写的导读，原文无副标题，这里发表的版本略有改动。

* 作者汪炜，哲学博士，中山大学哲学系副教授，主要研究早期现代哲学（尤重 17—18 世纪）、法国认识论传统、政治哲学与伦理学、艺术哲学，获第十二届傅雷奖（PRIX FU LEI）。

们习惯于夸大观念与实践之间的因果关联；不论是批判还是颂扬，他们总能轻而易举地从卢梭那些抽象的表述中演绎出精神的现实意义（这些源于共同概念的不同演绎本身却时常相互对立）：对于他们当中的许多人来说，缺乏理念的个体性谵妄“一旦得时得势，就发生了人类有史以来第一次不可思议的惊人场面”（黑格尔语）。在这个问题上，不少政治学家和公法学家们则出于不同的理由告诫我们，正是卢梭的“形而上学国家观”（狄骥语）为雅各宾派和专制主义的政治机器提供了极具误导性的意识形态幻象。另一方面，20世纪后半叶的历史学家们找到的大量证据早已表明，在法国大革命爆发之前的年代，卢梭的所有著作中最被世人忽视的一本恰恰是《社会契约论》（相比之下，他的《新爱洛漪丝》和《爱弥儿》在那个时代要有名得多）；即便是在1789年的革命者队伍里，也很少有人认真读过它：无论是在原理还是在行动的意义上，《社会契约论》的真实观点都没能得到应有的贯彻，但这却并未妨碍它的作者被后世奉为大革命与共和国的先驱者。革命年代不仅如傅勒（F. Furet）所说的那样给这本著作“增添了知识上的光辉”，也给它投下了人类理解的暗影。不是《社会契约论》影响了历史，而是历史塑造了《社会契约论》，是我们将那些未经反思的重大承诺归入它的名下。这当然不是一个消极的结论；相反，我们由此被赋予了向这个比它看上去更陌生、更融贯的作品重新发问的权利。不幸的是，这并非一项轻松的权利；它难以争取，又易于滥用。当事人必须不断脱离自身，才能短暂地回归自身。当我们能够超越大革命留下的那些教条式的遗产，冷静地审度自身所处的时代，不再将现世的血与火、罪与罚、恐怖或喜悦归咎于观念的魔力——一句话，不再把本该由自己背负的责任推脱给无法自辩的书本、先人乃至某种“法律虚拟”时——这种权利才会在现代获得更为明晰的表述。卢梭思想的一个基本前提也正在于此：人们不得不自己承担起他们被抛入的政治境遇。但是，被现代性的紧张关系深刻裹挟的我们只能在事后才隐隐地意识到，究竟是哪种潜在的秩序或转折曾经暂时占据了上风。《社会契约论》留给我们一对看似矛盾的启示：没有哪个共同体和它的制度可以在时代精神之外寻求自身的合法性，也没有哪个历史性的存在者能够站在历史潮流之内把握失落之物的现实性。

卢梭的读者们常常过于迫切地想要在他的作品中找到答案，却忘记了他是如何设定并展开自己的问题的；他的那些仿佛不容辩驳的论断被人们孤立起来并当作坚定的结论，而这些看上去彼此矛盾的观点仅仅构成一系列相关问题的条件、变量或临时推论。既然“人是生而自由的，但却无往不在枷锁之中”，既然我们从今往后都不得不戴着镣铐生活在社会状态之中，那么又该如何建立起一套不再奴役人的政治制度呢？简单地说，《社会契约论》所要解决的根本问题就在于，如何才能够找到一种尊重并保护自由的结合形式（forme d’association），每个参与结合的自由人在其中都合法地承担自己的义务。这是可能的吗？这并非一个“政治社会是什么”或者“它怎样运作”的问题，而是它如何得以“合法化”的问题。从《论不平等的起源》到《社会契约论》，卢梭显然转换了问题的关键设定，但从未在原则上改变他探究问题的一贯做法：“抛开所有的事实不谈，追根究底。”政治社会究竟在哪些条件下才是可能的呢？当卢梭在《社会契约论》第一卷远未结束的某个地方宣称“这就是社会契约所要解决的根本问题”时，这并不意味着“社会契约”本身就是他给出的最终解决方案；恰恰相反，卢梭只是将它视为一个必要的理论“假定”和亟待解释的“困难”——尽管这可能会令卢梭的许多读者感到惊讶（他们面对的毕竟是一本被命名为《社会契约论》的名作），但我们至少可以通过两个相互联系的理由而作出简要的说明。

就消极的理由而言，卢梭认为以往那些持“约定论”立场的政治学家和法学家们关于政治生活所作的各种论证并不能让人信服；他们在理解作为人类智慧产物（*artefactum*）的契约创制以及由此形成的社会结合时，总是将其建立在某种对于作为私人的个体关系的人类学观察之上：这种关系的形成，要么是出于恐惧和不安全感（“契约”沦为了不可转让的自由与法律之间的交易），要么是基于人们相互之间保护“财产权”（蕴含生命和自由）的自然义务（自然状态下的占有关系和存在关系都被不当地理解成财产权），要么是源于道德共同体所带来的归属感或满足感（人的“正当理性”被认为能够使他天然地意识到自身所肩负的缔结契约的义务）——无论属于哪种情况，人在社会状态下才可能发展出来的理性能力（利益计算、合理性、实践理性等）都被错误地当成了人的自然本性。自然人不知何谓真理和幸福，也没有什么恶意、义务感或道德要求。所以，社会契约的政治理论在卢梭看来根本不能建立在这种非常可疑的个体人类学之上。“自然沉默之时，意志还在说话”；人类社会的形成、发展和不幸只能用浸入时间流变的社会自身的目的与规则来解释。这就造成了卢梭的《社会契约论》与其他契约论著作之间的一个显著差别：他没有像其他人那样从对自然状态的描述或对国家起源的追溯而开始其政治推理。当卢梭在第一卷第一章的第一段话中声称自己并不清楚政治社会的起源，而仅仅是想解释其合法性的根源时，他便从一开始就将自己与他的先辈们区分开来。“抛开所有的事实不谈”，这个原则对于卢梭来说首先就意味着抛开前人的种种成见。熟悉卢梭创作过程的读者都知道，他在撰写《社会契约论》时曾对这个书名颇为犹豫：他最早选择的标题其实是《公民社会论》，随后才将其改为《社会契约论》，但他又一度在手稿中将这个标题划掉。一些重要的研究者认为，卢梭对《社会契约论》这个题目的犹豫不决体现了他的某种忧虑，即担心读者会由于书名所带来的先入为主的印象而把他的这本著作也当成契约论传统中的一次普通变奏而已。如果这确实是卢梭彼时的考量，那么他恐怕并非是在杞人忧天。

在更为积极的意义上，“抛开所有的事实不谈”这一原则指向了思想经验自主建构的行为基础。“是什么才使这种变化成为合法的？我自信能够解答这个问题”：这种“变化”的合法化意味着我们需要探究政治社会所应符合的规范性，而这种探究活动不能预先设定任何超出或先于政治秩序本身的统一格式，相反，它必须扎根于主权和政治义务的基础之中，以便得到确实的阐明：“政治生命的原则就在于主权的权威”；即便是回到十六世纪的政治理论语境中，这一原则也会显得有些平淡无奇。但卢梭不同于前人的一个关键之处就在于，他认为主权者并不在人民之上，社会大众并不是因为履行了服从主权的义务才成为“政治体”和“人民”；人民就是主权的持有者，主权即人民主权：这首先是因为主权权威直接来源于由社会公约所造就的人民全体；其次，从目的上来看，它的对象乃是具有实质内容的公共利益；再次，从本质上来看，它不再是一种上位者的“命令”，而是受到自行设定其规则的“一般意志”（volonté générale 这一概念在汉语里通常被译为“公意”或“普遍意志”）的指导。可麻烦在于，社会公约是共同体与它自身所有成员之间的约定，而共同体在任何情况下都不会先于社会公约存在，它的形成本身就是这一约定的结果；作为主权者的人民正是在行使其权力的同时将自身创制为真正的“人民”。因果循环问题在卢梭的各种著作中屡见不鲜。在法律技术的意义上，与自己订约显然是一种无效的行为。而在认识论的意义上，社会契约之创制本身所蕴含的这一循环难题要求我们“必须能够倒果为因”：作为一般性政治存在的人民同时也是构成共同体存在条件之集体行动的能力形态，然而真实的政治社会不可能仅仅由主观性的抽象政治能力所确立和维持；政治确实只是历史和环境的一个偶然结果，但在卢梭看来，具有必然性的道德原因正是由那些例外的、自然的原因累积发展而来。规范性基础必定已然具备实践意义，这使它始终能够朝着有别于自身的东西敞开。“主权者正由于它是（est）主权者，便永远都是它所应是（doit être）的那样。”政治存在的真理就存在于政治的规范性要求之中。合法性与现实性的统一不只关乎政治体最初的创制行为（并无“立法权”的立法者问题在此时出现），它也是政治体为了持续存在并免于衰败、解体而必须一直面对的难题（并不直接介入政治原则和法律意志的公民宗教问题在此时无可回避）。因此，卢梭所关切的问题不能被单纯地理解为主权的客观化；立法权与行政权、一般意志与个别意志之间始终存在着冲突性的、历史性的复杂规划机制，而这种机制既不是以往的一些政治哲学家所设想的那种精密的、几何学式的理性机器（比如霍布斯的机械论），也无法被还原为纯粹的普遍形式与其具体表现之间的关系（就像康德在知性范畴与感性杂多之间所设想的那种综合）：卢梭不是一个“前”康德主义者，倘若我们出于理解和分类的便利——海勒（H. Heller）、奈格里（A. Negri）等法学家和哲学家正是这么做的——将人民、一般意志等概念简化为某种预先存在的“先验意志共同体”、非时间性的“先验理论”，那么，这种不断重复的康德式的解释方案除了会削弱卢梭政治沉思的内在张力和丰富潜力，令我们低估卢梭本人对实际问题难度的清醒认识，忽略其理论与我们时代之间被长久遮蔽了的联系之外（这种遮蔽恰恰源于他被公认留下的那些格外鲜明的伟大遗产），又能给予我们别的什么意义呢？卢梭也不同于主权概念的决断论者；尽管制宪权问题已经在他的政治理论体系当中表现出相当激进的绝对形式，但它显然没有被卢梭等同于任何“形成规范的非规范化的”先存实体（正如我们所见，它既是人民施行的权力，同时也在不断地创制人民）；主权者必然承担着社会公约之本性所要求的义务，主权决断总是会受到作为其前提的事实秩序所形成的公共权威结构的临时限制（这种限制性关系体现了权力生产和制度化过程的辩证维度）。

政治存在本身所固有的这种复杂状况似乎意味着任何试图探究政治之可能性条件的理论反思都注定会是一项不可能的任务。卢梭在《爱弥儿》中承认，他曾雄心勃勃地想要建立的这门“科学”不仅“尚未诞生”，而且恐怕“永远都不会诞生了”。这门科学不能被抽象化为关于政治合法性的纯粹先验理论，因为政治社会的正义基础必须被置于它自身的动态历史进程中才能够得到确切的解释；但它也不能变成考察政治社会历史的纯粹实证研究，因为缺少批判性维度的政治研究很容易被当权者利用，从而沦为不义的现实社会制度的合法化工具。“如果一个人想要依据各个政府的真实状况而对它们作出合理评判，那么他就不得不将这两类研究结合在一起。”卢梭把他“以前不自量力从事而后来又久已放弃了的”这门科学称为“政治法学”（他原计划要将这项研究落实于被他命名为《政治制度论》的宏大著作中），《社会契约论》作为其“撮要”，它所探讨的内容正是这门科学的基本原理：《社会契约论》的副标题即为《政治法的原理》（*Principes du droit politique*）。正如我们已经看到的那样，“社会契约”对于卢梭而言并不是理所当然的理论方案；作为一个具有悠久历史的政治“假定”和有待考察的“困难”，它实际上被卢梭用来界定其著作究竟处于何种历史语境以及问题域之中。而“政治法的原理”则指明了这本著作的核心概念与论点，它们共同构成了一门“学科”的基本对象、方法和框架。这里的“政治法”（droit politique）概念不应被混淆为《社会契约论》第二卷第十二章中所谈到的“实在政治法”（lois politiques），否则这本探讨政治法原理的政治哲学著作便无异于一个近代自然法学家或者实证主义法学家的公法学论著了，而可以肯定的是，这两者都是卢梭极力想要避免的政治道路。卢梭一贯善于从传统的政治和法律思想中提炼出现成的概念，并对其进行根本的改造（比如他的主权、一般意志等概念都是如此）：他既不同意自然法学家们把政治法解释为从统一的自然法原则当中推演出来的内部公法（相对于作为外部公法的国际法），也反对将政治法的原理降格为宪法性法律或任何一种制定法（loi）。对于卢梭来说，政治法所指向的根本原则就在于，主权者不能要求与它自身相反的原则：因为保障并维护其每一个成员的生命和自由不仅是这种政治结合体的内在目的，更是它得以可能的条件——这显然不是一个事实陈述，但它同样也不以任何超验的或者外部的规范性作为其参照。

在卢梭的所有作品中，《社会契约论》是格外抽象和艰涩的一部。即便我们在这里只能以相当简略的方式回顾它的基本思想，甚至不得不以牺牲其中的关键命题和论证细节为代价，我们仍然可以强烈地感受到它所提出的那些根本问题蕴含的巨大困境与现实性：它们是人类政治生活境况的永恒写照，它们也赋予我们去不断追寻最佳生活方式的无限可能。在《社会契约论》教给我们的那么多重要的事情当中，头一件或许就是：公民不只是政治生活的实践者，他也是一个观察者；他必须有能力对那些规范他生活的法律和制度作出正当的理解与判断——这种认知行为本身便具备规范性意义。作为一个政治共同体中的普通一分子，“不管我的呼声在公共事务中的影响是多么微弱”，不论我的生命和地位有多么平凡，生活于其中这件事实本身便足以“使我有义务去研究公共事务”，去讨论政治生活应该是什么样子，以及它可能会是什么样子。《社会契约论》的历史旅程远未结束，它所提出的那些未决的问题应当被我们每个人不断追问。

从自然教育到道德教育——论《爱弥儿》的教育哲学

黄琼璇*

引言

在由《爱弥儿》所引发的一系列争议之中，有一个问题始终备受关注，而对这一问题的回答也直接决定了研究者对这本书的基本解读路径。这个问题就是：《爱弥儿》的教育目的究竟为何？尽管与此相关的研究著作可谓汗牛充栋，但概而言之，我们还是能够从中梳理出两种最为经典的解读路径。第一种解读路径主张《爱弥儿》的教育目的在于培育出“完全为自己而活的”自然人（*OC*，4：249）。① 这一路径虽然能够说明《爱弥儿》前三卷的自然教育，但却难以解释后两卷的道德教育，② 因为后两卷的目的在于将爱弥儿“这个原子式的个体引入人类社会，并使他承担道德责任”。③ 换句话说，这本书不只是为了将爱弥儿培养成为自然人而已。第二种解读路径认为卢梭试图通过《爱弥儿》培育出作为“共同体的一部分”的公民（*OC*，4：249）。④

---

* 作者黄琼璇，复旦大学哲学学院外国哲学专业博士，现就职于苏州科技大学马克思主义学院，主要从事卢梭研究。

① 本文所引用的卢梭著作原文均出自伽利马出版社“七星文丛”版《卢梭著作全集》(Jean-Jacques Rousseau，*Œuvres complètes*，éd. Bernard Gagnebin et Marcel Raymond，Paris：Gallimard，Bibliothèque de la Pléiade，1959—1995），在引用时，本文将直接在引文后的括号内注明出处。此外，本文将按照国际卢梭研究的惯例，将这套全集简称为 *OC*，并采用卷数加页码的格式。例如 *OC*，1：3 指的是全集的第一卷的第三页。

② 这一解读路径的代表性著作包括：Judith N. Shklar，*Men and Citizens*，New York：Cambridge University Press，1969；Arthur M.Melzer，*The Natural Goodness of Man*：*On the system of Rousseau's Thought*，Chicago：University of Chicago Press，1900。

③ Allan Bloom，“The Education of Democratic Man：Emile”，*Daedalus*，vol.107，no.2，1978，p.138.

④ 这一解读路径的代表性著作包括：Frederick Neuhouser，*Rousseau's Theodicy of Self-love*，*Evil*，*Rationality*，*and the Drive for Recognition*，New York：Cambridge University Press，2008；谈火生：《公民教育：卢梭美德共和国的微观基础》，《学术月刊》，2016 年第 5 期，第 94—109 页。

相对于第一种路径的解释不足，这一路径则有过度诠释的问题。尽管爱弥儿在第五卷的末尾，学会了用合法政治秩序的原理去评判现实政治体的好坏，然而，“游历不足以培育出公民，仅仅在理智上理解了公民身份的原则也不足以培育出公民”。① 因此，公民也并非《爱弥儿》的教育归旨。如果《爱弥儿》既不是为了培养自然人，也不是为了培养公民，那它的真实目的究竟为何？② 在笔者看来，其真实目的在于培养能够克服自身私欲以履行普遍道德义务的道德个体。③ 接下来，笔者将在第一、二节中分别介绍《爱弥儿》的自然教育与道德教育的主要内容，并说明这两个教育阶段是如何被“培养道德个体”这一共同目的所统领的。此外，由于在这本教育论著的末尾，卢梭还专门让爱弥儿学习了他的政治理论，因此，本文的最后一节还将澄清卢梭的教育理论同其政治理论之间的关联。

一、自然教育

（一）自然教育的目的：为道德教育做准备

自然教育发生在爱弥儿 15 岁之前，它覆盖了《爱弥儿》前三卷的内容，

① Bjorn Gomes，“Emile the Citizen? A Reassessment of the Relationship between Private Education and Citizenship in Rousseau’s Political Thought”，*European Journal of Political Theory*，vol.10，no.2，2018，p.5.

② 除了这两种经典解读之外，还有少数研究者认为《爱弥儿》的教育目的是培养立法者，但由于爱弥儿与立法者之间存在着人格特性上的巨大差异，所以笔者认为这一解读也没有揭示出《爱弥儿》的教育宗旨。欲了解这一解读路径，参见刘小枫：《〈爱弥儿〉如何“论教育”——或卢梭如何论教育“想象的学生”》，《北京大学教育评论》，2013 年第 1 期，第 126—146 页。胡君进：《爱弥儿是谁？——教育学情境中卢梭教育思想研究的理论分歧及其澄清》，《现代大学教育》，2019 年第 1 期，第 39—45 页。关于爱弥儿与立法者在人格特性上的差异，参见 Benjamin Storey，“Rousseau and the Problem of Self-Knowledge”，*The Review of Politics*，vol.71，no.2，2009，pp.251—274。

③ 事实上，卢梭曾明确地表示过他要将爱弥儿培养成为一个道德个体，“我们同自然同心协力地工作，当它培养物理意义上的人（l’homme physique）时，我们努力地培养道德意义上的人（l’homme moral）”（*OC*，4：636）。据笔者目前所知，在国内外研究者中，只有吴增定与阿兰·布鲁姆也认为《爱弥儿》的教育目的是培养道德个体，但吴增定并没有对《爱弥儿》进行全面的分析，而只分析了第四卷的“信仰自白”；布鲁姆虽然对《爱弥儿》做了较为全面的分析，但却没有明确地指出自然教育同道德教育的关联，以及卢梭的教育理论同其政治理论的关联，而本文的研究恰好可以弥补这部分的研究空白。参见吴增定：《利维坦的道德困境》，北京：生活·读书·新知三联书店，2017 年版，第 311—371 页。Cf. Allan Bloom，“The Education of Democratic Man：Emile”，*Daedalus*，vol.107，no.2，1978，pp.135—153.

并且它的核心任务是在爱弥儿身上培养出自然人的生活方式和思维方式。在正式分析该阶段的内容之前，我们有必要先回应一个关键问题，即既然卢梭的意图是将爱弥儿培养成为一个道德个体，那他为什么要大费周章地探讨自然教育，而不直接探讨道德教育呢？其原因就在于只有拥有理性能力的人才适合接受道德教育。在卢梭看来，即使是获得了最好教育的爱弥儿，也只能在 15 岁之后才能够被培养出“最难发展和最晚发展”的理性能力（*OC*，4：317）。而在这之前，如果有人硬要对他施加道德教育，对他讲他根本无法理解的理性语言，那这只会让他“习惯于玩弄字眼，咬文嚼字，认为他和老师一样聪明，并变得好辩与反叛；所有一切你想要用合理动机让他去做的事，今后只能以贪婪、恐惧、虚荣的动机促使他去做”（*OC*，4：317）。而一旦染上这些恶习与偏见，无论何种教育手段，都无法将它们从爱弥儿身上根除，而这将给之后的道德教育带来难以弥补的损坏。毕竟，“习俗一旦形成，偏见一旦扎根，任何试图改变它们的举措，都是危险和徒劳的”（*OC*，3：385）。而自然教育能够把爱弥儿培养成为自然人，使他避免由过早的道德教育和其他社会交往活动所引发的堕落与败坏，并为随后的道德教育打下良好的根基。[①] 由此可知，自然教育对于道德教育而言是必不可少的，并且这一教育“应当是纯粹消极的，它不在于教授美德或者真理，而在于防止心灵沾染恶习，防止思想产生谬误”（*OC*，4：323）。

通过以上的分析，我们已经了解到自然教育的确是为了将爱弥儿培养成为自然人，但它的终极目的却是为之后的道德教育做准备，换句话说，无论是自然教育，还是道德教育，都指向培养道德个体这一根本目的。弄清楚这一点之后，我们就可以来说明卢梭是如何开展他的自然教育的。

---

① 卢梭的教育哲学是建立在“自然使人幸福与良善，社会使人堕落与不幸”这一原则之上的。卢梭通过这一原则试图表明，人就其自然本性而言是幸福与良善的，只是在社会交往之中才变得堕落与不幸，因此，卢梭才认为通过自然教育，可以让爱弥儿避免社会生活所带来的堕落与不幸。关于该原则的进一步阐释，参见 Arthur M. Melzer，*The Natural Goodness of Man*：*On the System of Rousseau's Thought*，Chicago：University of Chicago Press，1900，pp.15—17。

（二）自然教育的指导原则：欲望与能力的持平

1. 自然人的根本特征

既然自然教育究其实质是以自然人作为培养爱弥儿的范本，那只要抓住自然人的根本特征，我们就能够找到贯通《爱弥儿》前三卷内容的核心线索。对于这一根本特征，卢梭在第二卷中有非常明确的揭示：

> 大自然总能做出最好的安排，所以它起初才会这样安排人。它仅仅直接赋予人维持其生存所必需的欲望和足以满足这些欲望的官能，并将其他欲望和官能储藏于灵魂的深处，直到需要时，才让它们发展起来。只有在这一自然状态中，人的能力和欲望才处于平衡之中，人才不会感到痛苦（*OC*，4：304）。

由此可知，自然人的根本特征在于自身欲望与能力的平衡，因此将爱弥儿培育成为自然人的关键就在于让他持有这一平衡。而相对于自然状态中的自然人，卢梭要在爱弥儿身上实现的是一种更高层次的平衡，因为“生活在自然状态中的自然人和生活在社会环境中的自然人有很大的区别。爱弥儿并不是一个要被驱逐到荒漠中的野蛮人，而是一个要居住在城市中的野蛮人”（*OC*，4：483—484）。具体而言，在能力的方面，原始的自然人的触觉、味觉往往非常迟钝，其理性能力也远未觉醒（*OC*，3：140—143）。而爱弥儿的各项官能，在经过一系列精心安排的训练后，将会得到全面彻底的开发，以此保证他在任何时候都能够独立自主地满足自身所需。而在欲望的方面，身处现代社会的爱弥儿会面临更多的诱惑与挑战，因此，他需要经过许多的引导与努力，才能够将其欲望限制在自身的能力范围之内。由此可知，相对于原始的自然人，爱弥儿的能力有了极大的提升，他的欲望也经过了精心的培育和引导，故他所实现的平衡自然是一种更高层次上的平衡。

一旦以实现更高层面的能力与欲望的平衡为线索去把握前三卷的论述，

原本看似涣散庞杂的论述也变得有条理起来。借助这一线索，我们将发现卢梭在前三卷所提出的绝大部分教育方案，如果不是为了发展爱弥儿的各项官能，就是为了引导爱弥儿的欲望往健康无害的方向发展。由于篇幅所限，我们无法将卢梭所提及的众多教育方案一一列举，但即使有足够的篇幅，我们也没有必要将它们一一列举，因为卢梭的教育哲学的精髓并不在于这些方案的具体内容，而在于它们背后共同的指导原则。“我的计划并不是要阐发所有的细节，而只是解释总的原则，并在难以理解的地方列举一些例子”（*OC*，4：329），这说明，我们只需要揭示指导这些教育方案的基本原则即可。

2. 能力的培养

卢梭在前三卷中提出了许多教育方案以提升爱弥儿的体能、感官能力以及理性能力。这些方案表面上看起来相差甚远，例如通过夜间做游戏来训练爱弥儿的触觉，通过跑步比赛和画画来训练爱弥儿的视觉，但实际上，它们分享了共同的指导原则。所以，卢梭才会说，“我对于我们最常使用和最为重要的两种感官（指触觉与视觉）所作的讨论，也可以用来说明如何训练其他的感官”（*OC*，4：403）。通过比较这些教育方案，我们可以发现它们都遵循了以下几个原则：第一，要多加训练小孩的官能。许多父母或者出于溺爱，或者出于习俗的规定，而不让小孩去做许多能够训练其官能的事，这种做法在卢梭看来，只会让小孩变得非常脆弱无能，毕竟“只有在使用过我们的器官后，我们才知道如何使用它们。只有长期的经验才能够教会我们如何发挥自身的能力”（*OC*，4：402）。因此，如果想要小孩成人之后有足够的能力应付社会生活的种种挑战，我们就必须从小训练他的各项官能。第二，要将训练方案设计得充满趣味。卢梭认为，在任何情况下，我们都不能强迫小孩参加训练，而只能够通过训练本身的趣味性吸引他们自愿加入，所有的训练“只是或只应该是一种游戏，一种对大自然要求小孩去做的运动的轻松的引导，一种多样化他们的娱乐的艺术，这一艺术能使得娱乐变得更令人愉悦，同时也不会带来任何使娱乐变成苦役的强制”（*OC*，4：403）。第三，要根据官能的特性来设计训练方案。例如，夜间做游戏就是训练触觉的最佳方式，而这是因为人只有在夜晚无法利用其视觉时，才会最大限度地利用其触觉来认识周围环境；而做游戏则可以调动爱弥儿的积极性，同时转移他对黑暗的恐惧，避免他因为不感兴趣或者害怕而不能充分发挥触觉的功用。[①] 第四，要让小孩利用自身官能来习得知识。卢梭从来不会直接传授知识给爱弥儿，他只会激发爱弥儿的兴趣，引导他利用自身的官能去发现答案和获取知识，而爱弥儿正是以这种方式掌握了天文、地理、物理、化学等各门现代科学的基本原理的。这种做法不仅可以充分地发挥他的各项官能，还可以帮助他形成独立自主的人格。通过这四项基本原则，我们已经知道卢梭如何提升爱弥儿的能力的，接下来，我们还需要了解卢梭如何引导他的欲望。

3. 欲望的引导

卢梭对爱弥儿的欲望的引导，建立在人类欲望发展的一般规律之上，因此，我们有必要先弄清卢梭是如何理解这一规律的。卢梭认为，人在纯粹的自然状态之下，只拥有驱使我们追求自我保存的自爱（amour de soi），而这一自然情感并不会让人类陷入互相伤害的冲突之中。因为每个人凭借自然所赋予的能力就足以保存自身，他不需要通过竞争或者伤害他人就能够满足这一欲望，“在自然状态中，我们对自我保存的关心，最不会妨碍他人对自我保存的关心了”（*OC*，3：153）。但一旦人进入社会生活，原初的自爱就会逐渐转变为“促使人相互比较”的自尊（amour propre）（*OC*，4：493）。由于自尊会让人陷入同他人无限度的比较与竞争当中去，所以它“永远无法被满足和实现”（*OC*，4：493），并且它还会“促使人相互作恶”（*OC*，3：219）。由此可知，既然卢梭想要把爱弥儿培养成为欲望在自身能力范围之内的自然人，那他就需要想办法使爱弥儿的自爱不会过早地转变为自尊。卢梭的确也想出许多教育方案来避免和延迟这一转变，而这些教育方案主要遵循以下几个原则：第一，避免爱弥儿参与会滋长自尊的社会交往活动。卢梭主张在乡村培育爱弥儿的方案，最能够体现这一原则。在他看来，“城市是人类的深渊”（*OC*，4：277），因为它充满了

① 《爱弥儿》的内容如此复杂和丰富，最重要的原因之一就在于，卢梭根据不同官能的特性，设计出了各具特色的训练方案。

各种不良的风俗和品行败坏的人，而乡村环境不仅更加自然，没有那么多诱惑和败坏人心的因素，而且也更加稳定和规律，因而更容易被安排成有利于爱弥儿身心成长的环境。第二，避免让爱弥儿产生“统治和奴役的观念”（*OC*，4：261）。权势和奴役的观念极易唤起和助长人的自尊，而只要我们不试图去支配小孩，也不让小孩任意使唤我们，那就不会让他产生支配和服从他人的观念以及欲望。所以，卢梭才会一直不断地强调，在小孩成长的任何一个阶段，我们都不应该宠溺他以至于让他养成役使他人的恶习，也不应该利用自身的力量强迫他做任何他不愿意做的事。第三，让爱弥儿养成从自然人的视角看待事物的习惯。自然人只拥有自然欲望，只追求能够满足自然欲望的事物，而没有任何由自尊所滋长的不必要的欲望，因此，如果爱弥儿能够像自然人那样去看待事物，那他就能够避免自尊的影响。卢梭认为培养这种自然人的视角的最有效方式，就是让爱弥儿模仿鲁滨逊在荒岛上的生活。

经过自然教育，爱弥儿一方面充分地开发了他的各项官能，另一方面其自爱还未转变为自尊，因而没有滋长出过多的欲望，所以，他完全能够像自然人那样，仅凭自身的能力就足以满足自身的欲望。只要爱弥儿能够像自然人那样生活和看待事物，那他就不会被文明社会中所流行的各种偏见和恶习所败坏，而这对于随后的道德教育而言是至关重要的。

二、道德教育

道德教育开始于爱弥儿 15 岁之际，它对应于《爱弥儿》第四卷和第五卷的内容。顾名思义，这一教育阶段的基本任务是将爱弥儿培养成一个道德个体。而要理解该阶段的内容，我们首先需要弄清何谓道德个体。在卢梭看来，一个有道德的人“知道如何克服自身的情感，[①] 因为只有这样，他才能遵

① 值得注意的是，卢梭这里所说的情感并不是指所有的情感，而是特指与自私自利紧密相关的一类情感，如后文所谈及的妒忌、贪婪、仇恨等情感，至于像同情、博爱、仁慈等关爱他人的情感，其实是有助于主体转变为道德个体的。对于卢梭来说，道德行为不需要完全排除情感的影响，因此我们不能够用一种康德哲学的视角去理解卢梭的道德学说，参见 Robin Douglass，*Rousseau and Hobbes*：*Nature*，*Free Will*，*and the Passions*，Oxford：Oxford University Press，2015，pp.237—240。

循自身的理性和良心，履行自身的义务，维持自身行为的秩序，并且没有任何东西能够让他偏离这一秩序”（*OC*，4：818）。那卢梭是如何将原为自然人的爱弥儿培养成为道德个体的呢？首先，他通过情感引导在爱弥儿身上培养出一系列关爱他人的道德情感；其次，他通过宗教教育让爱弥儿学会恪守自身的道德义务。

（一）情感引导：培养道德情感

性需求的萌动使得爱弥儿不得不结束自然人的生活方式，并投入社会生活中为自己寻求一个伴侣。在这一社会化的过程中，他所拥有的两种基本情感——自爱（追求满足自然需求的自我关心）与自尊（追求胜过他人的自我关心），既可以转化为“善良、博爱、怜悯、仁慈以及所有一切自然而然使人感到喜悦的温柔动人的情感”，又可以转化为“妒忌、贪婪、仇恨以及所有让人厌恶和残忍的情感”（*OC*，4：506）。前一类情感不仅能够促使爱弥儿去关爱他人和行善，还能够帮助他明辨是非善恶，毕竟，“一个人越是关心他人的幸福，他就越开明和明智，也就越少弄错什么是善的和什么是恶的”（*OC*，4：547—548）。而后一类情感则会让爱弥儿变得自私又暴虐，让他形成“依据自身的利益来规定是非善恶”的偏见（*OC*，4：547），甚至还会让他“为了自身微小的愉悦，他们可以牺牲自己的父亲、母亲和整个世界”（*OC*，4：502）。由此可知，为了促进爱弥儿了解是非善恶，也为了让他拥有充分的情感动力去行善拒恶，卢梭有必要让他的自爱和自尊最大限度地转化为“善良、博爱、怜悯、仁慈”等这类关爱他人的道德情感，并避免它们转化为“妒忌、贪婪、仇恨”等这些有害于理智和品行的败坏情感。

那如何在爱弥儿身上培养出尽可能多的道德情感呢？在谈及卢梭所采取的教育方案之前，我们有必要先了解它们背后的指导原则：

> 将他早期的情感引向人类时，不要以为后者从一开始就包含了所有人，不要以为人类这一词对他来说具有意义。不，这种情感最初只限于同他相似的人，同他相似的人于他而言不是一些他不认识的人，而是那

> 些与他有关联的人，是那些他一贯珍视和需要的人，是那些他清楚地看到与他有共同想法和情感的人，是那些与他同甘共苦的人。简而言之，是那些本性与他更为一致因而让他更为喜欢的人。只有用多种多样的方式对他的天性进行培养之后，只有在他对自己的情感和在其他人身上所观察到的情感进行深思之后，他才能够将个人的观念纳入人类这一个抽象的观念之下，才能在对个体的爱之外，发展出视人类与自身为一体的爱（*OC*，4: 520）。

由此可知，爱弥儿只会把对自身的爱扩展到同他相近相亲的人身上，但经由恰当的指引，他会按照渐进的次序把越来越多的人看作他的同伴，并最终把对自身的爱扩展至全体人类，当达到这一步时，爱弥儿就会成为一个富有道德情感的人。很明显，在这一过程中，关键的难题在于如何让爱弥儿去关爱其亲友以外的人。毕竟关爱亲友，乃人之常情，但关爱亲友以外的人则困难许多。在卢梭看来，克服这一难题的关键在于让爱弥儿意识到人类的共同境遇，亦即“所有人都要遭受生命的不幸以及各种各样的悲伤、疾病、匮乏和痛苦。最后，所有人注定都会死亡”（*OC*，4: 504）。只有了解到这一点，爱弥儿才会把所有人都看作同他相亲相近的人，进而才能把对自身的爱扩展到所有人身上。为了实现这一点，卢梭提出了三个紧密相关的教育方案，它们分别是让爱弥儿接触穷人的疾苦病痛、学习历史以及阅读寓言。

在进入社会生活之后，爱弥儿会很自然地比较自身与周围人的境况，如果他首先接触到的都是一些境况远优于他的权贵人士，那他就会感到羞耻和愤愤不平，进而产生虚荣、妒忌、贪婪、仇恨等一系列腐化人心的情感（*OC*，4: 506）；但如果他首先接触到的是穷人的疾苦病痛，那他的想象力就会帮助他“以一种弱化的方式体验到这些痛苦”，① 而这一方面会让他因为自身没有遭受这些痛苦而感到庆幸，另一方面则会让他“将目前不需要用之于自身的情感给予他人”（*OC*，4: 514），也就是说把对自己的爱分享给他人。

① Allan Bloom，“The Education of Democratic Man：Emile”，*Daedalus*，vol.107，no.2，1978，p.148.

这就是卢梭让爱弥儿接触穷人的原因所在，但这个方案也不一定能够在爱弥儿身上激发出道德情感，因为如果他由于盲目的骄傲，认为只有穷人才会遭受这些痛苦，而伟大的人以及他自己却不会遭受这些，那他就会蔑视穷人，而不会去同情他们，毕竟，“对于他人的痛苦，我们只会同情那些我们认为自己也难以免除的痛苦”（*OC*，4：507）。所以，为了确保爱弥儿会将其自爱扩展到更多人身上，卢梭还安排爱弥儿去学习历史与阅读寓言。通过学习历史，爱弥儿将发现人类中最有权势和能耐的人不仅无法摆脱生老病死，而且往往会因为过多的欲望和残酷的权力斗争而遭受更多痛苦。对这一点的觉知，一方面能够让爱弥儿消除伟大的人可以摆脱疾苦病痛的偏见，另一方面则能够促使他不去嫉妒和羡慕他们，而是去同情他们，毕竟“伟大的人也同样是受苦者”。[①] 在意识到穷人和伟大的人都要遭受各种苦难后，卢梭认为爱弥儿还需要经受磨难和学习寓言。亲身经历的磨难配合上寓言的道德教化，才能够让爱弥儿充分地意识到他和其他人一样，都无法幸免于生命中的各种苦难。通过这三个教育方案，爱弥儿将了解到人类所共享的真实命运，并自然而然地将其自爱扩展至整个人类群体。由此，爱弥儿将成为一个富有道德情感的人。

（二）宗教教育：培养道德义务

在爱弥儿身上培养出丰富的道德情感之后，卢梭并没有结束对他的道德教育，而这是因为道德情感虽有助于他辨别是非善恶，并驱使他行善拒恶，但却不能够保证他在任何情况下都坚定不移地为善，“情感给承担义务提供一个动力，但它不是义务的根基”。[②] 一旦他在社会生活中发展出各种更为强烈的私欲时，其道德情感就可能被前者所压制，在这种情况下，他就很有可能不顾他人的感受与利害，只求满足自身所需。只有当爱弥儿将关爱他人当作自身的义务，并且学会克制各种私欲以履行自身的义务时，他才能够成为

① Allan Bloom，“The Education of Democratic Man：Emile”，*Daedalus*，vol.107，no.2，1978，p.150.

② Jonathan Marks，“Rousseau’s Discriminating Defense of Compassion”，*American Political Science Review*，vol.101，no.4，2007，p.734.

一个真正的道德个体。而在卢梭看来，只有真诚地信仰上帝的人，“才能即使牺牲生命也要履行他的义务，才能把美德牢记在心”。[①] 换句话说，卢梭还需要对爱弥儿实施宗教教育，才能够让他转变为真正的道德个体。

由于基督教教义充斥了太多的偏见、谬误与争议，加上其宗派斗争制造出了太多的罪恶，所以，卢梭反对在爱弥儿身上实施由教会所主导的传统宗教教育。同时，他也不认可自然神论者的基本主张，即人单凭其理性就能够获得真理和确立信仰，而这不仅是因为人在理性上的局限性，亦即理性在追问形而上学的问题时会陷入二律背反的困境，它根本无法为我们确立真理所需的“首要观念和基本原则”；[②] 还因为人在使用理性时往往会受到强烈的自尊情感的影响，这使得他们无法客观地探寻真理（*OC*，4：568）。如果教会的权威和理性的判断都不足以成为可靠的信仰的根基，那我们还能够凭借什么来获得信仰？卢梭认为笛卡尔的方法有助于我们解决这一难题，即通过怀疑一切来寻得一些可靠的基本原理，并以它们为根基建立起整个知识大厦。尽管卢梭认可笛卡尔的哲学方法，但却不认同他确立基本原理的标准，笛卡尔诉诸逻辑上的不可怀疑来确立基本原理，而卢梭则借助一种最真诚的自我追问来确立基本原理，“我决定将我内心深处都无法否认的知识视为自明的，并把与这种知识有必然联系的知识视为真实的”（*OC*，4：570）。[③] 在卢梭看来，相对于教会所规定的权威教义和有限理性所断定的基本原理，每个人真心诚意所接受的那些信念更适合作为探讨宗教真理的根基，因为这些信念有

---

① 在卢梭看来，大多数启蒙思想家认为“科学、艺术、奢侈、商业、法律”等社会交往活动能够给人们提供“互惠的需求和共同利益”，并“促使每个人为其他人的幸福做出贡献，以便获得自身的幸福”（*OC*，2：968—969）。这背后的逻辑其实是指，在社会这一利益共同体中，每一个理性人都必须关心他人的利益，因为只有这样，他才能够实现自身利益。因此，这些思想家认为不需要信仰的约束，单凭理性计算，每个人就会选择去做符合道德规范的行为。而在卢梭看来，这只是启蒙思想家的美好幻想罢了，因为在大多数时候，关心他人不仅不能实现自身利益，还需要主体做出一定的牺牲。而在这些时候，理性人是不会愿意为他人做出一点牺牲的，相反，他们宁愿“让整个人类在痛苦和不幸中死亡，以免自身遭受片刻的疼痛和饥饿，这就是不信神的人推理的内在逻辑”（*OC*，4：636）。正是由于启蒙哲学所提供理性路径不能重建道德，所以卢梭才会选择回归古老的传统，即利用宗教来为道德奠基。参见吴增定：《利维坦的道德困境》，北京：生活·读书·新知三联书店，2017 年版，第 320—322 页。

② Rousseau，“Letter to M. Verne”，*Citizen of Geneva*：*Selections from the Letters of Jean Jacques Rousseau*，ed. Charles W. Hendel，Oxford University Press，1937，pp.147—148.

③ Arthur Melzer，“The Origin of the Counter-Enlightenment：Rousseau and the New Religion of Sincerity”，*American Political Science Review*，vol.90，no.2，pp.353—354.

内在强烈的直觉与情感做支撑，因而就算是偏见，也比由迷信权威和理性所得的偏见“更具说服力”。[①] 此外，卢梭还认为，由于我们缺乏获得绝对真理的能力，因此当我们做了最真诚与最彻底的自省之后，依旧无法获得真理，那我们也不会受到惩罚，因为如果上帝存在，那他必然会是正义，也就是说他不可能会因为我们做不到自身所无力完成的事情而惩罚我们，“只要我心怀至诚……我就不怕在末日审判的时候会因为我在心中亵渎过上帝而受到惩罚”（*OC*，4：628）。但如果我们滥用上帝所赋予的才能，比如放弃独立思考而盲信权威，或者为了显示自身的高明而提出各种谬论，那我们就应当受到谴责。这是我们可以依托真诚和彻底的自省来获知基本原理的另一个原因所在。论述至此，我们就不难理解卢梭为什么要以一位神父的“信仰自白”来开展他对爱弥儿的宗教教育了，这不仅是因为以他人的名义来表达背离主流的观点，可以在一定程度上保护自身免于言论审查和宗教迫害；[②] 还因为神父对自身的信仰历程的坦诚能够激发爱弥儿也去做一种真诚和彻底的自省，进而走向信仰的道路。

那爱弥儿如何能够通过真诚和彻底的自省而走上信仰的道路，并最终成为一个坚守自身义务的道德个体呢？“信仰自白”向我们展示了这一历程是如何可能的。“信仰自白”袒露了一位神父探寻宗教真理的哲思历程，这位神父渴望获得宗教真理以指导自身的生活，然而基督教的教义和哲学家的论说不仅无助于他求得真理，反而加深他的怀疑。直到他经过一番最真诚和彻底的自我追问，发现了三条他无论如何都无法不相信的原理之后，他才克服了自身的怀疑，并建立起牢固的信仰体系。第一条原理肯定了“有一个意志使宇宙运动，使自然具有生命”（*OC*，4：576）；第二条原理进一步确认上帝，

① Rousseau，“Letter to M. Verne”，*Citizen of Geneva*：*Selections from the Letters of Jean Jacques Rousseau*，ed. Charles W. Hendel，Oxford University Press，1937，pp.147—148.

② 卢梭借助一个本堂神父的告白来阐发自身的宗教思想，是因为 18 世纪的法国依旧盛行言论审查与宗教迫害，假借他人之口来表达自身的观点在一定程度上可以保护自身。这种写作方式为当时许多激进的知识分子所采用，参见普拉特纳：《卢梭的自然状态》，刘小枫、甘阳编，尚新建译，北京：华夏出版社，2008 年版，第 19—26 页。对于本堂神父的告白在多大程度上反映了卢梭本人的思想这一问题，参见马斯特：《卢梭的政治哲学》，刘小枫、甘阳编，胡兴建、黄涛等译，上海：华东师范大学出版社，2013 年版，第 88—92 页。

亦即推动宇宙运动的意志，不仅富有力量和智慧，而且饱含善意（*OC*，4：581）；第三条原理则肯定了人的自由意志（*OC*，4：586—587）。正是依靠这三条原理，神父解决了他长久以来的困惑，即如果上帝是全能且仁慈的，那为什么人类社会不能如自然世界那样和谐有序，反而充满各种冲突、罪恶与痛苦？回答这一问题的关键就在于理解为什么上帝要赋予人以自由意志。人既然被赋予自由意志，那他就可以选择为善或者作恶，正因为有些人选择作恶，所以人类社会才会出现诸多冲突、罪恶与痛苦，这说明是人而不是上帝造成了人类社会的败坏与混乱。上帝本可以通过取消人的自由意志来避免这些问题，但他却没有这样做，因为他不想因此就剥夺人的优良的天性，让他们失去修持道德的机会（*OC*，4：587）。由此可知，上帝赋予人自由意志，是为了让人自主地为善弃恶，但人却滥用这一自由去做坏事，并造成了人类社会的失序。正是通过挖掘内在最为真诚的信念，神父才解决了长久以来的困惑，并明确了人所要履行的宗教与道德义务，亦即“任何国家和任何教派的法律总纲都是爱上帝胜于一切，以及爱人如爱己。没有宗教可以免除道德的职责，只有这一职责才是最为重要的”（*OC*，4：632）。卢梭认为爱弥儿在聆听了这番自白之后，也会去做一番真诚而彻底的自省，并且他的良心——每个人生来就有的“正义和道德的原则”——会促使他接受神父的观点，并由此走上信仰的道路（*OC*，4：598）。而一旦爱弥儿确立了信仰，他就会深刻地认识到他不能够只由道德情感来决定自身是否要关爱他人，而应当在任何时候都要考虑到他人的利益和处境，并履行自身的道德义务。

前文已经指出，爱弥儿进入社会生活的原动力是要为自身寻求一个伴侣，但直到他获得丰富的道德情感和坚定的宗教信仰之后，卢梭才让爱弥儿踏上寻求伴侣的旅程。而这样的安排也是有必要的，因为在接受道德教育之前，爱弥儿会选择任何一个能够满足他的生理冲动的对象，但在接受道德教育之后，他所要选择的对象同时还需要“具有道德和美的观念”。[①] 而对后者的爱慕和追求，会进一步加强爱弥儿对道德的热爱。但爱弥儿的寻爱历程的

① Allan Bloom，“The Education of Democratic Man：Emile”，*Daedalus*，vol.107，no.2，1978，p.151.

意义并不局限于此，它同时也是一次至关重要的道德训练。因为在爱弥儿找到他的理想伴侣苏菲之后，在他的欲望即将获得满足之际，卢梭却让爱弥儿离开苏菲到各国去游历，而这正是为了充分地检验和锻炼他克制自身欲望的能力。由此可知，寻爱历程是为了检验和巩固先前的道德教育的成果。

三、卢梭的教育学说与其政治理论之间的关联

论述至此，我们已经证明《爱弥儿》的前三卷的“自然教育”与后两卷的“道德教育”都有一个共同的归旨，即将爱弥儿培养成为一个道德个体。但我们还有一些疑难需要回应，即卢梭为什么要让爱弥儿在游历期间学习政治理论呢？此外，《爱弥儿》以学习政治理论作为最后的环节，这难道不能证明其教育目的是培养公民吗？最后，卢梭曾经说过，《爱弥儿》与《社会契约论》构成了一个不可分割的整体，[①] 我们该如何理解这一表述呢？只有澄清了卢梭的教育学说同其政治理论之间的关联，我们才能够回应这些疑难。

卢梭认为，一个好的政治共同体不仅要保障每个公民的“人身与财产”安全，还要确保每个公民“和以往一样的自由”(*OC*，3：360)。乍看一下，这种观点不无悖论，因为共同体要按照反映公共利益的公意去行事，并且要求每个公民服从公意以实现共同体的有效运转，但个人自由却要求所有人都不应当服从除自己之外的任何意志。因此，除非共同体的每个公民都能克制自身的私欲，并自主地选择按公意行事，也就是说，将公意当作自己的意志，他们才能够保有个人自由。[②] 由此可知，只有对共同体及其成员怀有强烈的爱和认同，愿意为了公共利益而牺牲私欲，并将公意视为自身选择的公民才能够建立卢梭的理想共同体。

但鼓励所有人追求私人利益的现代商业社会却只能培养出一个又一个的

---

① 马斯特：《卢梭的政治哲学》，刘小枫、甘阳编，胡兴建、黄涛等译，上海：华东师范大学出版社，2013年版，第13页。

② Frederick Neuhouser，*Foundations of Hegel's Social Theory*：*Actualizing Freedom*，Cambridge：Harvard University Press，2000，pp.58—60.

布尔乔亚。所谓布尔乔亚，就是“想在社会秩序中将自然情感放在首位的人”，这种类型的人内心只想着为自己谋取尽可能多的好处。但为了实现这一点，他又不得不同他人合作、不得不考虑他人的利益，这就使他“不断地在自然倾向和社会责任之间徘徊”（*OC*，4：249—250）。很显然，作为现代社会最常见的人格类型，布尔乔亚是不可能转变为公民的，但经由自然教育与道德教育而转变为道德个体的爱弥儿却可以，因为他能够克服强烈的私欲以履行自身的义务。由此可知，卢梭之所以会花费如此多的功夫去写一部教育著作，一方面是为了说明如何培养出比布尔乔亚更加可取的人格类型——道德个体，借此来克服现代商业社会给人带来的异化和败坏；另一方面则是为了补充自己的政治理论，正如前文所说，卢梭的理想共同体是由公民这类特定的人格类型来实现，但由于现代社会“不再有公民”（*OC*，3：26），所以卢梭必须提供培养这种人格类型的教育方案，否则他的政治理论就会有一个难以填补的漏洞。[①] 然而，《爱弥儿》只能培养出可以转变成公民的道德个体，却不能直接培养出公民，因为道德个体要转变为公民，他不仅需要对某个共同体及其成员产生强烈的归属感和爱，还需要对该共同体有充分的了解才能够辨别出公意。但在爱弥儿在游历期间，他只是学会了辨别政治秩序之好坏的理论知识，但却没有被真正地整合到任何一个共同体之中去。因此，作为道德个体的爱弥儿要转变为公民，他还需要接受卢梭在其政治著作中所提及的公民教育，而公民教育是由能够改变人的天性的立法者所开展的，他“能把每一个就其本身而言是完整和孤立的个体，转变为一个更大的整体的一部分，从而使之按一定的方式从这个整体中获得自身的生命和存在”（*OC*，3：381）。

至此，我们终于可以来回应由卢梭的教育理论及其政治理论之间的关联所引发的一系列疑问。首先，卢梭之所以安排爱弥儿在游历期间学习政治理论，是因为他必须生活在一个政治共同体中，而这个共同体会直接左右他的幸福与自由，因此爱弥儿必须掌握辨别共同体的好坏的知识，由此才能选择

① Keith Ansell-Pearson，*Nietzsche contra Rousseau*：*Nietzsche's Moral and Political*，New York：Cambridge University Press，1991，pp.53—54.

加入可以保障其幸福与自由的共同体。其次，《爱弥儿》将学习政治理论作为最后一个环节，并不能证明该书的教育目的乃培养公民，就算不谈占据这本书的绝大部分内容的"自然教育"与"道德教育"都是为了将爱弥儿培养成为道德个体，即使只是关注学习政治理论的这一部分，我们也可以得出《爱弥儿》的目的不在于培养公民，因为它根本不涉及将爱弥儿整合到共同体中的公民教育。最后，卢梭主张《爱弥儿》与《社会契约论》构成了一个不可分割的整体，是因为《爱弥儿》为《社会契约论》培养出适合转化为公民的道德个体，而《社会契约论》则探讨了如何建立一个可以保障道德个体的幸福与自由的政治共同体。

结语

如果将《爱弥儿》的教育目的把握为培养自然人，那我们会很容易将它同卢梭的政治著作对立起来，例如朱迪斯·N. 施克莱（Judith N. Shklar）在《人与公民：对卢梭的社会理论的研究》一书中就主张，为了对抗现代文明给人带来的不幸与败坏，卢梭构想了两种互相对立的社会形式，一种是由爱弥儿这类充分保留了自然人性的人所组成的原始乡村社会，另外一种则是由克服了自然人性的公民所构成的斯巴达式的共同体。[①] 然而，这种解读却与卢梭本人的主张相违背，因为卢梭明确地表示过，《爱弥儿》与《社会契约论》构成了一个不可分割的整体。而将《爱弥儿》的教育目的视为培养公民的研究者，尽管在解释卢梭的教育著作同其政治著作的关联时，不会遭遇太大的理论困难，但他们却忽视了另外一个事实，即爱弥儿还没有接受能够将他整合到共同体中的公民教育，换句话说，他还不是一个公民。相较于前两种解读路径，将《爱弥儿》的教育目的解读为培养道德个体的做法，则既可以融贯地解释卢梭的教育著作同其政治著作之间的关联，又不会对《爱弥儿》做出不恰当的过度诠释。

---

① Judith N. Shklar，*Men and Citizens*，New York：Cambridge University Press，1969，p.3.

试论卢梭的神学复魅：与法国唯物论相对的另一种启蒙

朱明远*

一般认为，现代性的展开是一个祛魅（Entzauberung）[①] 的进程，这一进程由近代的笛卡尔所开启，经过一个半世纪的发展，最终在 18 世纪的法国启蒙运动中达到高潮。据此，启蒙与祛魅被认为有着相同的旨趣，前者要求人勇于使用自身的理性，后者则旨在祛除一切与理性相悖的蒙昧与迷信。无可否认，启蒙、理性与祛魅三者密不可分，因为作为启蒙阵营中的激进派，18 世纪的法国唯物论正是以理性为武器，以祛魅为手段，以启蒙为己任的。然而事实上，理性与祛魅只是启蒙的一个面向，启蒙还有另一个面向——信仰与复魅。只不过与前者相比，后者较少受到关注，卢梭是这一面向的典型代表。法国唯物论者猛烈地抨击基督教（包括天主教与新教）神学，使得信仰岌岌可危；卢梭则力挽狂澜，在新的基础上重建了基督教信仰，完成了神学的复魅。双方在神学问题上的对立根源于他们不同的形而上学立场。物质能否自己运动？这是双方在形而上学问题上争论的核心。对这一问题的不同回答决定了是主张唯物一元论，还是坚持心物二元论，继而也就决定了是拥抱无神论，还是做上帝的虔诚信徒。

---

* 作者朱明远，复旦大学哲学学院外国哲学专业博士生，主要从事卢梭思想研究。

① 韦伯最早在《学术作为一种志业》这篇演讲中使用了“世界的祛魅”（Entzauberung der Welt）这一表述。在韦伯那里，祛魅被视为“理知化”（Intellektualisierung）与“合理化”（Rationalisierung），亦即用技术性的方法与计算取代魔法与巫术。参见韦伯：《韦伯作品集 I：学术与政治》，钱永祥等译，桂林：广西师范大学出版社，2004 年版，第 167—168 页。然而，本文并非是在严格的韦伯的意义上使用这一概念，而只是在宗教语境中使用它，旨在用它说明基督教信仰，尤其是上帝存在与灵魂不灭这两个信条，自笛卡尔以来受到的冲击与挑战。

一、唯物一元论与法国唯物论的祛魅

现代性的祛魅是由笛卡尔所开启的。古代西方人的世界是一个迷魅的世界，他们认为自然世界像人一样具有灵魂："……他们说自然界不仅是活的，而且是有理智的（intelligent）；不仅是一个有'灵魂'（soul）或自己生命的巨大动物，还是一个具有自己'心灵'（mind）的理性动物。"① 古代人的这种朴素观念在近代遭遇到笛卡尔的挑战。在《第一哲学沉思集》中，笛卡尔将灵魂与身体区分开来，认为灵魂的属性是思维，身体的属性是广延，二者彼此独立，互不沟通。② 如此一来，精神（灵魂）便被从物质（身体）中抽离了出来，物质沦落为被动的广延（空间）。在《论世界》中，笛卡尔进一步论述了物质的这种被动性质。他宣称："……物质的每一个别部分总是延续同一状态，除非与外物的碰撞迫使它改变自己的状态。"③ 亦即说，物质本身并不是能动的，它的运动（或静止）依赖于外在的力。笛卡尔的这种看法为牛顿所继承，并且后者成功地以数学为基础构建了一套经典力学体系，以此奠定了物质宇宙的机械运动原理。应当说，自然哲学的数学原理是可能的，恰恰是由于物质被抽离掉精神之后，剩下的只是一些同质的量的堆积，从而能够被数学化。由此，牛顿在科学领域中巩固了笛卡尔式祛魅的合法性。然而，无论是笛卡尔抑或是牛顿，他们的祛魅都仅限于自然界，对于超出这一领域的魅，例如神学领域中的上帝，二人均深信不疑。这是因为他们都面临如下这一难题：如果运动是外在于物质的，物质之间只能传递力，而不能产生力，那么第一推动力从何而来？笛卡尔不得不求助于上帝，认为上帝是运动的根源。④ 同样地，牛顿也不得不将宇宙的结构归之于一个"理智的主宰"

① Robin G. Collingwood，*The Idea of Nature*，Oxford：Oxford University Press，1960，p.3.

② René Descartes，*Œuvres de Descartes*，vol.9，ed. Charles Adam & Paul Tannery，Paris：J. Vrin，1996，p.62. 为求简便，下文将缩写为 *OD*，并给出相应卷数与页码。

③ *OD*，11：38.

④ *OD*，11：34.

（an intelligent agent）。[1] 由此可见，尽管笛卡尔开启了现代性的祛魅，但他并未在这条道路上走得太远，他虽祛除了自然世界的魅，却并未祛除神学领域中的魅。

18 世纪法国唯物论者一方面是笛卡尔和牛顿的追随者，他们赞赏笛卡尔与牛顿的理性精神与科学实验方法所带来的知识上的进步；但另一方面，他们也“修正”了后者在神学问题上的“不彻底性”，将祛魅推进到了极致。他们认为，笛卡尔和牛顿最后不得不启灵于上帝，正是因为他们坚持惰性物质说，亦即认为运动是外在于物质的。在他们看来，要想驱逐上帝这个精神世界中最大的魅，必须坚持唯物一元论，亦即认为物质本身就具有运动的能力，运动是物质的固有属性。当然，这种观念并非凭空产生，而是有其时代根源。首先，彼时的欧洲流传着洛克关于一种能够思维的物质的假设，此外还有莱布尼兹的活力单子论，它们是形成唯物一元论重要的思想资源。[2] 此外，科学上的新发现是直接的诱因。1740 年，生理学家特朗布雷（Trembley，1710—1784）发现了水螅虫的再生现象，他将水螅虫分割成数段，结果每一段都发育成了一个完整的个体。这种再生现象不可能不引起哲学家拉美特利（同时也是一名医生）的兴趣。[3] 如何从哲学上来解释上述再生现象？如若遵循笛卡尔和牛顿的解释，那么被分割的水螅虫只不过是一堆惰性物质的堆积，因而是死的。但这与事实相冲突：被分割的水螅虫非但不是死的，它的每一部分甚至还长成了一个新生命。在拉美特利看来，要解释这种再生现象，就要抛弃自笛卡尔以来的惰性物质说。他声称，被切断的水螅虫各部分中的活力已然证实了：物质本身就具有运动的能力。与笛卡尔主义者、施塔尔主义者、马勒伯朗士主义者以及各种不值一提的神学家的意见相反，现在已经清楚表明：物质是能够自己运动的，不仅有组织的物质（例如一个完整

---

① Isaac Newton，*The Correspondence of Isaac Newton*，vol.3，ed. H. W. Thurnbull，F. R. S.，Cambridge：Cambridge University Press，1961，p.240.

② Ann Thomson，“Introduction” in *Machine Man and other Writings*，Cambridge：Cambridge University Press，1996，pp.xii—xiii.

③ Aram Vartanian，“Trembley's Polyp，La Mettrie，and Eighteenth-century French Materialism”，in *Journal of the History of Ideas*，1950，pp.259—286.

的心脏）是这样，甚至当这种组织遭到破坏时，也是这样。[①]

不难看出，拉美特利用活的物质取代了笛卡尔的惰性物质。拉美特利的这种新物质观为狄德罗与霍尔巴赫所接受。在《关于物质和运动的哲学原理》中，狄德罗声称："物体就其本身来说，就其本身固有的性质来说，不管就它的分子来看，还是就它的全体来看，都是充满着活动和力的。"[②]霍尔巴赫在《自然的体系》中同样主张，"物质由于它自己特有的力而活动，无须任何外在的推动力使它运动。"[③]如此一来，以拉美特利、狄德罗与霍尔巴赫为代表的法国唯物论者就用唯物一元论取代了笛卡尔的二元论。

不难预料，这种取代在神学上的后果就是走向无神论。因为如果物质本身就具有运动的能力，如果天体能够按照牛顿所描绘的轨迹自行运动，那么何以还要多此一举假设上帝（作为第一推动力）的存在呢？于理性而言，无神论完全能够自圆其说。尽管拉美特利声称自己并不怀疑最高实体的存在，然而实际上，无神论已经呼之欲出了。[④]较之于拉美特利，狄德罗与霍尔巴赫对自己的无神论立场则显得更加坦诚。狄德罗声称，"要假定任何一个处在物质宇宙之外的实体，都是不可能的。"[⑤]在《谈盲人的信》中，他借盲人桑德斯之口，以讽刺的口吻否定了上帝的存在："您如果想要我相信的话，一定得让我摸得到他。"[⑥]霍尔巴赫在其《自然的体系》中直言不讳地写道，人们对上帝的观念不过是"幻象"（phantômes）而已。[⑦]基于上述立场，唯物论者对同时代包括自然神论（déisme）在内的有神论展开了批判。在他们看来，无论是法国的天主教神学，抑或是日内瓦、德意志的各派新教神学，都荒谬

---

① De La Mettrie，*Œuvres philosophiques*，Londres，1751，p.67. 亦可参见 Ann Thomson 的英译本 *Machine Man and other Writings*，p.33。

② Denis Diderot，*Œuvres philosophiques*，ed. Michel Delon & Barbara de Negroni，Paris：Garllimard，2010，p.448. 为求简便，下文将缩写为 *OP*，并给出相应页码。

③ D' Holbach，*Système de la nature*，tome 1，Londres，1793，p.19.

④ 诚如 Ann Thomson 在《人是机器》英译本导言中所指出的："他对狄德罗立场（狄德罗早期自然神论的立场——笔者注）的批评和他提出的质疑充分表明了他的无神论立场。" Ann Thomson，"Introduction" in *Machine Man and other Writings*，p.xviii.

⑤ *OP*，451. 狄德罗经历了一个从自然神论到无神论的转变，这个转变的标志是《论盲人的信》（1749），本文论及的是狄德罗无神论阶段的思想。

⑥ *OP*，159.

⑦ D' Holbach，*Système de la nature*，tome 1，p.136.

可笑，因为它们都建立在神启与教俗两界的权威之上，是愚昧与迷信的混合物。如果说旧的启示神学不可信，那么牛顿与克拉克（Clarke，1675—1729）的自然神论[①]是否可信呢？自然神论所依仗的是理性，并且与科学（尤其是天体物理学与生理学）发现紧密结合，因而在当时赢得了一批追随者。然而在狄德罗等人看来，自然神论只不过是一种权宜之计，是向旧宗教势力低头与妥协的产物。狄德罗对此嘲讽说，自然神论从宗教的九头蛇身上砍下了八个头，但从残存的一个头上还会重新长出另外八个头。[②]显然，在狄德罗看来，只有无神论才能完成自然神论未能完成的任务，亦即将宗教的九个脑袋全部砍下，使宗教神学寿终正寝。

不难看出，较之于笛卡尔与牛顿，法国唯物论者的祛魅显得更为彻底。前者借由惰性物质说将“灵魂”逐出了自然界，而后者则大胆地更进一步，将“上帝”也一并驱逐。如若用一个本身能够运动的物质实体就能说明问题，那么何以还要假设一个第一推动力呢？法国唯物论者就是这样从唯物一元论走向了无神论，使信仰的地位变得岌岌可危。

二、复魅的准备：批判理性及科学

卢梭之所以反对法国唯物论与无神论，努力构建一种新神学，并非出自对笛卡尔式二元论的怀旧，抑或宗教上的守旧主义倾向，而是由于他敏锐地觉察到法国唯物论与无神论的危险后果。在卢梭看来，法国唯物论终将导致物质决定论。而如若人的行动不是自由的，而是被决定了的，那么善行有什么可称赞的？相应地，恶性有什么可谴责的？此外，如果像无神论者那样驱逐了上帝，那么道德上的至善要如何保证？仅仅依靠自然的法则就能够使善人得福、恶人得祸吗？应当说，这些问题切中法国唯物论的要害。法国唯物

① 自然神论主张神在创造了宇宙及其规则之后，放任其自己运行，不再对之进行干预。人通过运用理性，通过对自然世界与自身的研究，就能够体认到神的存在。

② 参见 Ernst Cassirer，*The Philosophy of the Enlightenment*，trans. Frits C. A. Koelln & James P. Pettegrove，Princeton：Princeton University Press，1951，p.134。

论者以祛魅为己任，试图将人从迷信与盲目的宗教信仰中解救出来，但同时却用自然的必然性吞没了人的自由与道德，最终使人变成了物。于卢梭而言，这是无法接受的，必须予以驳斥。但关键是要从何处着手？卢梭看到，法国唯物论与无神论的形而上学基础是唯物一元论，而后者所仰仗的正是理性与科学的声势，是理性与科学在近代的胜利促成了上述一元论的时髦。这种新哲学之所以显得更具说服力，恰恰在于它借助理性的论证与科学的证据，而非权威和迷信。因而，要驳倒法国唯物论与无神论，就需首先驳倒唯物一元论；而要驳倒唯物一元论，就需从批判理性和科学入手。

卢梭首先对人的理性能力展开了批判。理性主义在中世纪后期抬头，经过早期近代的发展，及至18世纪已取得空前的地位。法国唯物论者是坚定的理性乐观主义者。他们满怀信心地认为，世界的真理要么已经被理性所把握，要么终将被理性所把握，眼前暂时的阴霾迟早会被理性的光芒所驱散。他们想当然地认为追求真理就是用理性之光驱逐蒙昧与晦暗。例如，狄德罗在其《对自然的解释》中就写道："我把科学的广阔园地，看作是一个广大的原野，其中散布着一些黑暗的地方和光明的地方。我们的工作的目的，应该是扩大光明地方的界限，或者在原野中增加光亮的中心。"[①] 然而在卢梭看来，上述看法无非是理性的自大与狂妄而已，因为"世界的机制不是人的头脑所能够理解的"。[②] 卢梭深知，理性有其界限，一旦超出这一界限，它就会碰壁。在《萨瓦牧师的信仰自白》中，卢梭借牧师之口说道：

> 我们丝毫没有度量这个庞大机器的尺度，我们无法计算它的关系。无论是对它的诸首要法则，还是对它的终极因，我们都一无所知。我们没有自知之明，我们不了解我们的天性，也不了解我们能动的原则。就连人是一个简单的存在还是一个复合的存在，我们也几乎不知道。不可捉摸的奥秘从四面八方笼罩着我们，它们高于感性的领域。我们以为我

① *OP*，293.

② Jean-Jacques Rousseau，*Œuvres complètes*，vol.4，ed. Bernard Gagnebin & Marcel Raymond，Paris：Gallimard，1969，p.578. 为求简便，下文将缩写为 *OC*，给出引文卷数和页码。

> 们具有穿透它们的理智（l'intelligence），然而我们所具有的只不过是想象。……我们只是一个伟大整体（它的界限我们无法触及，它的作者使我们陷入了疯狂的争论）渺小的一部分，我们竟然虚妄到想要断定这个整体本身是什么样子以及我们同它处在何种关系之中。①

显然，在卢梭看来，我们所具有的理性能力是有限的，存在着理性无法知晓的事物。人们渴望获得全部真理，但理性实际上无力满足人的上述愿望。当然，对于理性的批判并非卢梭独创，而是有着漫长的历史。我们知道，在基督教神学传统中，理性始终处于从属地位，尽管早期教父、中世纪神学家，以及后来的天主教与新教神学家对理性的看法有较大出入，但在信仰高于理性这一点上是一致的。即便是在哲学家阵营中，对于理性的批判与质疑也并不罕见。古代的怀疑论者与近代的蒙田②都曾经论述过理性的局限性，甚至洛克与休谟，都或隐或显地对理性的认识能力提出过质疑。因而在对理性进行批判方面，卢梭并非孤立无援。尽管卢梭不是进行理性批判的第一人，然而他却是第一个在那个理性的时代痛斥理性的人。以狄德罗为代表的启蒙哲学家坚信理性无往而不胜，理性之光终将照亮所有人的心智。而在卢梭看来，这不过只是哲学家的主观臆想而已。卢梭认为，哲学家之间无休无止的争论已然说明了这一点，虽然他们谁也没有把真理抓在手里，但他们都认为唯有自己才是真理的代言人，彼此攻讦和诋毁，结果导致了哲学与神学上的战争状态。

卢梭对科学的批判集中体现在其早年的论文《论科学与艺术》中。科学与理性相伴而生，相互促进。同理性一样，18世纪的自然科学业已取得很大进展。然而，在《论科学与艺术》的开篇，卢梭在描绘了18世纪崇尚理性、科学与乐观进取的精神后，并未接着去赞美和吹捧这种精神，而是转而对之大加挞伐。启蒙思想家认为科学的进步使得现代人更加文明和有教养，卢梭则提出了完全相反的看法：科学的进步带来的是社会风俗与道德的腐化堕落。在《论科学与艺术》的第二部分，卢梭对科学本身进行了深入的考察，

---

① *OC*，4：568—569.

② 卢梭对蒙田十分赞赏，称之为“一个有见识的人”。参见 *OC*，3：22。

希望借此说明科学的进步与道德的堕落是有必然联系的。首先，科学起源于人类的罪恶，全部科学（甚至包括伦理学）都根源于人类的骄傲。[①]骄傲是激情，是非自然的情感。自然的情感是好的，而骄傲、自私等激情是败坏了的情感。自然人只听从自然情感的呼唤，因而自然状态中不会产生科学，科学是由败坏了的文明人所发明的东西。因而，科学从其出身来说就是有问题的。其次，科学想要到达的目标——真理——亦是虚妄的。由于理性的限度，科学不可能达到永恒的真理，注定有一些永久的黑暗是科学所无力穿透的。科学妄称自己抓在手中的是真理，其实只是尚未被拆穿的谬误而已。况且，为了得到一条看似真理实则谬误的认识，就要首先生产成百上千条谬误。最后，科学带来了危险的后果：公民道德的沦丧。科学产生于有闲阶层的自尊心（amour propre），反过来又助长他们的闲逸，并且刺激他们争强好胜的激情。从事科学研究的人享受社会的供养，却一心只想依靠才华出人头地，由此败坏了社会的风气："我们不再问一个人是不是正直，而只问他有没有才华。"[②]科学的兴盛使得人们争着炫耀才情，继而导致了德性无人问津。总而言之，无论是从起源来看，还是从目的来看，抑或是从实际后果来看，科学都是不值得信任的。

卢梭就这样批判了唯物一元论的基础：理性与科学。法国唯物论者赋予了理性与科学无可争辩的优先性，卢梭却对此提出了质疑。在卢梭看来，理性与科学本身的合法性尚有待确立，它们如何能够为世界祛魅？通过批判科学与理性，卢梭除去了法国唯物论所仰仗的最强有力的两项武器。如果说理性无法把握世界的结构，科学无法令人信服，那么仰仗理性与科学声势的唯物一元论便失去了信誉，继而法国唯物论的祛魅也将会是失败的。

三、心物二元论与卢梭的复魅

在上述强有力的一击之后，卢梭转而在法国唯物论的废墟上进行一种神

---

① *OC*，3：17.

② *OC*，3：25.

学上的复魅。卢梭深知，自然世界业已被祛魅，这种祛魅是如此彻底，以至于任何想退回到古代万物有灵论的尝试都将会以失败而告终。因而，卢梭并不是一个古代的泛神论者，而更像是一个十七世纪的自然神论者。[①]不过，在探讨卢梭的神学复魅之前，有必要先交代其形而上学的基础。为了反对唯物一元论，卢梭重新引入了笛卡尔的二元论。法国唯物论者将精神视为物质的功能，认为思维是物质以一定方式结合的产物。然而，在卢梭看来，精神与物质有别，这是不容争辩的事实。同笛卡尔一样，他主张惰性物质说，认为物质本身不具有运动的能力，只有精神才具有这种能力。他这样写道："运动的诸首要原因不在物质之中，它接受和传递运动，但它不产生运动。"[②]既然物质的自然状态是静止，而运动在现实中又极为普遍，那么运动的发生必然要依赖于某种非物质的能动的存在，亦即精神。因而在卢梭看来，除了物质宇宙之外，一定还存在着另一种实体——"意志"（volonté），否则就无法解释物质的运动。[③]这就是卢梭在《萨瓦牧师的信仰自白》中提出的第一个信条。对于"意志"如何能够使物质运动，卢梭坦言说自己并不知道，因为"……这两种实体的结合方式是绝对无法理解的"。[④]尽管它们的结合方式不是人所能把握的，但宇宙中存在着两种实体，这一点在卢梭看来是无可辩驳的。不难看出，卢梭的这一信条针对的正是当时狄德罗等人的唯物一元论，通过重新引入笛卡尔的二元论，卢梭为灵魂与上帝（作为精神世界中两个主要的魅）的存在留出了余地。

基于上述二元论，卢梭首先为上帝的存在作了辩护。卢梭并未采用传统理性神学的路径，因为他深知，上帝超出了人的认识范围。"每当我想就他本身来思考他的时候，每当我想找出他在何处，想知晓他是什么以及他的实质是什么的时候，他就躲开了，我那混乱的头脑便什么也察觉不到了。"[⑤]也正因如此，不仅法国唯物论者对上帝的否证不可信，而且理性神学关于上帝

---

① 将卢梭视为一个自然神论者是较为流行的看法。然而本文认为，尽管卢梭的自然宗教中吸取了自然神论的很多因素，但是二者有着根本的区别，详见本文第四节。

②③④ *OC*，4：576.

⑤ *OC*，4：581.

存在的本体论、宇宙论与第一因等传统的证明亦不足取。在上帝是否存在这一问题上，理性无能为力。诚如学者罗纳德·格里姆斯利所指出的，于卢梭而言，“他（即上帝——引者注）是一个绝对的他者”。① 卢梭清楚地意识到，要证明上帝的存在，理性这条道路已然行不通了，必须另辟蹊径。② 于是，他转向自己的内心，选择倾听“内心的情感”（le sentiment intérieur）的声音：

> ……哪一个健全的心灵会罔顾它的证据呢？没有先入之见的眼睛难道还看不出显然存在的宇宙的秩序表达了至高的智慧？任你怎样诡辩，也不能使人们看不出万物的和谐，也不能使人们看不出每一个部分为了保存其他部分而进行紧密配合！你爱怎样给我讲化合和偶然，就随你怎样讲，但是，如果你不能使我信服，即使把我说得哑口无言，又有什么用呢？我的自发的情感始终要驳斥你，这是我控制不住的，你能消除我这种情感吗？③

如此一来，上帝就不是由理性获得的知识，而是一种由情感所确证的信念。面对这个有条不紊、井然有序的宇宙，人们不可能不油然而生出一种敬佩之情。宇宙的秩序不正说明了有一种最高的智慧在统治它吗？④ 这就是卢梭在《萨瓦牧师的信仰自白》中的第二个信条。通过对宇宙秩序的观察，通过诉诸心灵（le cœur）而非理性（la raison），⑤ 卢梭为上帝的存在作了辩护：“……这个推动宇宙和安排万物的存在，不管它是什么，我都称之为上帝（Dieu）。”⑥

卢梭继而着力为灵魂的存在作辩护。法国唯物论者通过将灵魂身体化，

---

① Ronald Grimsley，*Rousseau and the Religious Quest*，Oxford：Clarendon Press，1968，p.109.

② Ernst Cassirer，*The Philosophy of the Enlightenment*，p.151.

③ *OC*，4：579.

④ *OC*，4：578—580.

⑤ 在其晚年作品《一个孤独漫步者的遐思》中，卢梭回忆说，“这些无神论的传教士……他们并未说服我，但却使我感到不安。他们的论据动摇了我，却从未使我信服。……我的心灵比我的理性更好地回答了他们。”参见 *OC*，1：1016。

⑥ *OC*，4：581.

从而消解了人的灵魂，进而也取消了人的自由意志。通过证明人是自由的，卢梭希望借此说明灵魂的存在。首先，卢梭通过区分知觉与比较两种能力来证明人具有能动性，从而使人区别于其他存在。他主张，“去知觉，就是去感觉；作比较，就是下判断；判断和感觉不是一回事儿。”① 有感觉的生物能够同人一样进行知觉活动，它们能够通过感觉，将物体一个个孤立分散地呈现出来，但是它们不具有在此基础上进行区分和比较诸物体的能力，也不具有下判断的能力。诸如“长一点”“短一点”这类比较性的概念，有感觉的生物是没有的。它们虽然能够感觉，但却不能下判断，只有人才能使“是”这个词具有意义。② 这就说明人是区别于其他生物的，是能动的。其次，卢梭从人会犯错这一事实来进一步论证人是自由的。根据唯物一元论对人体及其官能的机械理解，外部对象作用于身体产生感觉，身体将接收到的刺激（信号）如实地传达给大脑，大脑对信息进行处理和判断，随后大脑发出指令，指导身体做出反应。这里的问题是：如果感觉器官如实地反映着客观对象本身，如果“对象—身体—大脑—身体—对象”这个机制是严格按照必然性规则来运行的，那么人的行为何以会出错？卢梭对此解释道，这是因为下判断的时候人是能动的，他在作比较的时候出了错。严格按照因果必然性行事就不会出错，人会犯错，正是因为在下判断的时候是自由的。由此，卢梭得出了他在《萨瓦牧师的信仰自白》中的第三个信条：“人在他的行动中是自由的，并且受到一种无形的实体的推动。”③ 显然，这个“无形的实体”不是别的，正是灵魂。

卢梭就是这样为上帝和灵魂（自由意志）的存在作了辩护。法国唯物论者用唯物一元论将灵魂与上帝消解，走向了决定论与无神论，完成了神学上的祛魅。与之相对，卢梭则通过复活笛卡尔的二元论，通过严格地区分物质与精神，不仅为灵魂和上帝的存在留出了余地，并且以新的方式为它们作了申辩，由此完成了神学上的复魅。

---

①② *OC*，4：571.

③ *OC*，4：586—587.

四、复魅的自然宗教：另一种启蒙

卢梭的神学复魅并不是要回到旧神学那里去，他既不是法国天主教的信徒，也不是日内瓦加尔文教的信奉者。同法国唯物论者一样，卢梭是一个启蒙思想家。所以在《萨瓦牧师的信仰自白》中，在证明了上帝与灵魂的存在之后，卢梭并未去拥抱旧神学，而是基于上述三个基本信条建立了一种新宗教——自然宗教（la religion naturelle）。尽管卢梭的自然宗教因其虔信主义倾向遭到了启蒙哲学家的嘲讽，它却与旧的基督教神学是对立的。这就是《爱弥儿》刚一出版就被教俗当局禁止和焚毁，并且使卢梭遭到各方攻击与迫害的原因。应当说，尽管卢梭的自然宗教与狄德罗等人的无神论彼此冲突，然而与后者一样，它也是一种启蒙。这看似不合常理，但却是可能的，这是因为：人类精神生活的整全性使得启蒙运动不仅仅只有单一面向。

卢梭的自然宗教之所以是启蒙的，首先在于它是一种合乎理性的宗教。这一点似乎与上文中卢梭对理性的批判相矛盾，也与学界的一般看法相去甚远，因而需要着力澄清。有一种比较流行的看法认为，卢梭的自然宗教是建基在情感之上的宗教，这种宗教沉溺于个人的情感体验，主张挣脱理性的束缚。新托马斯主义者马利坦就持这种观点，他声称，“卢梭发现了同时代人所遗忘的基督教真理，但却歪曲了它。”[①] 这种“歪曲”在思想上的直接后果就是浪漫主义：“浪漫主义是精神上的邪恶，卢梭是其直接来源。”[②] 马利坦的上述论断与另一位当代哲学家罗素的看法彼此呼应。罗素认为，将信仰建基在情感之上这种当代做法滥觞于卢梭，并称之为“感性的不合逻辑”（sentimental illogicality）。[③] 然而，上述看法实则有失偏颇，因为他们二人是带着对浪漫主义的偏见来审视卢梭的。卢梭虽然批判理性，但他却并不反对理性。因为卢梭深知，哪怕仅仅是为了对理性进行批判，我们也需要使用理

① Jacques Maritain，*Three Reformers*：*Luther-Descartes-Rousseau*，London：Sheed & Ward，1944，p.141.
② *Ibid.*，p.115.
③ Bertrand Russell，*History of Western Philosophy*，London & New York：Routledge，2004，p.743.

性，他反对的是理性的滥用。卢梭这样写道："他（指上帝——引者注）既然赋予我理解力（l'entendement），就不是要禁止我使用它。要我放弃理性无异于是在侮辱它的作者。"① 由此可见，虽然在上帝存在、意志自由、灵魂不灭这类神学问题上，理性是没有发言权的，但卢梭不否认理性有其固有的价值及应用范围。如前所述，自然宗教的地基不是人的理性，而是"内心的情感"，但同时卢梭也指出，仅仅依靠"内心的情感"建立起来的信仰是不坚定的，"信仰借由理解力而得到保证与巩固"。② 可见，在卢梭那里，"内心的情感"与理性二者并不是非此即彼的敌对关系，而是一种彼此互补，互相成全的合作关系。③ "内心的情感"呼唤了信仰的出现，理性的正当使用则在观念层面给出了相信上帝存在、意志自由、灵魂不灭等信条的进一步的理由。

其次，卢梭的自然宗教之所以是启蒙的，同时也在于它对旧的宗教神学进行了持续且有力的批判，这也就解释了何以对基督教教义的批判与对宗教不宽容精神的驳斥构成了《萨瓦牧师的信仰自白》的第二部分。在卢梭的时代，法国与罗马的天主教仰仗教权压抑人的理性、宣扬宗教奇迹，以路德宗与加尔文宗为代表的新教则要求将《圣经》奉为绝对的神圣，不容侵犯。尽管天主教与新教在具体的教规教义方面有诸多差异，但在信仰不宽容与宗教迫害方面，双方并无二致。对于上述神学教义，卢梭逐一展开驳斥。首先，他认为人天生具有"内心的光明"（la lumière intérieure），④ 人凭借自身的能力就能找到通往上帝的道路，无须教会、教皇与牧师等宗教权威作为中介。接着，他批判了宗教奇迹，认为上帝不可能一方面给自然确立了法则，另一方面又用奇迹去打破自己确立的法则。否则，上帝就是自相矛盾的。最后，卢梭对《圣经》文本的权威性提出了质疑，他声称自然这本大书比《圣经》更具有说服力，因为前者出自上帝本人之手，后者则出自人之手，而且在漫长的历史中很可能遭到了别有用心之人的篡改。由此，卢梭将传统基督教神学的许多教义斥之为迷信、愚昧与偏见的混合物，他写道："个别教义不

①② *OC*，4：614.
③ 参见 Timothy O'Hagan，*Rousseau*，London & New York：Routledge，1999，pp.252—258。
④ *OC*，4：569.

仅不能阐明伟大存在的观念，反而使之变得混乱；……除了笼罩在伟大存在周围的不可思议的奥秘之外，他们又增添了种种荒谬的矛盾。”[①]除了批驳上述基督教教义之外，卢梭还批判了基督教各派的不宽容精神与宗教迫害。他明确指出，由于神学问题超出理性的范围，因而理性注定要在这些问题上陷入无休止的争论。鉴于谁也无法彻底说服谁，因而较为明智的做法是相互宽容。我们知道，早在《波斯人信札》中，孟德斯鸠就曾提出过几种宗教共存于一个国家之中的设想，[②]后来在《论法的精神》中，他认为，“当一个国家的法律相信它们应该允许多种宗教存在时，它们也必须迫使这些宗教相互容忍。”[③]由此不难看出，在批判基督教神学与倡导宗教宽容方面，卢梭与启蒙思想家是一致的，双方有着共同的敌人。这就无怪乎作为法国启蒙运动旗手的伏尔泰（Voltaire，1694—1778）对卢梭的《萨瓦牧师的信仰自白》赞赏不已，声称要将其中的50页用羊皮革装订起来，并于1765年将其收录进一本反基督教的文集中了。[④]

最后，卢梭的自然宗教之所以是启蒙的，还在于它是建立在“良心”（la conscience）之上的宗教。如前所述，在信仰问题上，卢梭认为“内心的情感”比理性要更可靠，因为“理性欺骗我们的时候太多了，我们有充分的理由拒斥它；但是良心从来没有欺骗过我们，它是人类真正的向导”。[⑤]在卢梭看来，理性固然有其用武之地，然而理性容易犯错，需要臣服于良心，接受良心的统辖。然而，卢梭所说的“良心”究竟是指什么呢？这是一个较为棘手的问题。卢梭很多时候称其为“内心的情感”，他曾强调说：“良心的运作并不是判断，而是情感。”[⑥]据此，马利坦与罗素将卢梭的自然宗教斥之为非理性的宗教。然而在别处，卢梭又给出了全然不同的定义：“在我们的灵魂深处生来就有一种正义和美德的原则，……我将这一原则称为良心。”[⑦]

① *OC*，4：607.

② Baron de Montesquieu，*Lettres persanes*，Amsterdam：nouvelle édition，1789，p.235.

③ Montesquieu，*De l'esprit des lois*，tome 2，Paris，1834，p.355.

④ Henri Gouhier，*Rousseau et Voltaire*：*Portraits dans deux miroirs*，Paris：J. Vrin，1983，pp.188—189.

⑤ *OC*，4：594—595.

⑥ *OC*，4：599.

⑦ *OC*，4：598.

据此，“良心”似乎又是一种先验的道德原则。例如，新康德主义者卡西尔就曾主张卢梭的自然宗教是建基在理性之上的宗教。当然，卡西尔在这里所说的理性并非英法思想家所鼓吹的知识理性，而是康德的实践理性。尽管卡西尔的解读无疑是“太康德了”，但他从道德的角度去解读卢梭的“良心”概念无疑是可取的。本文认为，虽然卢梭并未给出十分清晰的界定，但基于他在不同语境下的表述，“良心”应当被视作一种先天的道德情感。亦即说，一方面，它是一种独立于理性的情感；另一方面，它是“先天的”和“道德的”，以区别于后天的身体感觉和心理体验。如若这种理解是正确的，那么“自然宗教”中的“自然”与其说是自然世界，毋宁说是人的自然本性。如此一来，卢梭的自然宗教就与十七世纪以来的自然神论有着根本的区别，因为后者是建基在宇宙设计论证之上的理性神学，而前者则是建基在人的道德本性之上的道德神学。卢梭的这种新神学宣扬爱上帝胜于爱一切，爱邻人如同爱自己，要求摈弃一切外在的教规教仪，要求放下种种教义上的繁琐争论。卢梭坚信，一颗善良的心就是神的居所。由此可见，卢梭的自然宗教实则是各派宗教信仰的最大公约数，体现的是宗教生活中那些最普世的价值观。

结论

综上所述，虽同为启蒙思想家，卢梭却是18世纪法国唯物论者的真正敌手。随着自然科学（主要是医学、生理学、物理学、化学等）的发展，笛卡尔的二元论被唯物一元论所取代，这种新哲学因其建基在理性以及新科学发现的基础上，在当时的知识界一度变得十分时髦，其中的典型代表是拉美特利、狄德罗与霍尔巴赫。他们的唯物主义一元论远比笛卡尔那种扭扭捏捏的二元论要彻底得多，笛卡尔虽然认为动物是机器，但他还未勇敢到声称人是机器，而是把人看作某种身心二元的存在，而前者则果断地向前一步，将灵魂、精神视为身体的功能，从而取消了身心的二元对立。他们也比牛顿更加大胆，牛顿最终不得不诉诸上帝的第一推动力来解释天体的运行，而他们则将运动视作物质固有的属性，并由此走向了无神论。然而，卢梭却在这里嗅到了危险。如果像法国唯物主义者那样将运动变化的根源归之于物质本身，那么整个自然界无非就是受必然性统辖的运动着的物质集合体。自由意志在此处无容身之地，道德也无从谈起。另外，如果像法国唯物主义者那样将第一推动力驱逐，那么势必会拥抱无神论。然而没有了上帝，那么道德上的德福一致要如何保证？较之于法国唯物主义者所描绘的过于冰冷严酷的宇宙，卢梭心中的宇宙是充满温情的。站在自由与道德的立场上，他首先对理性及科学展开了批判，指出理性的能力是有限的，科学也是不可靠的，如此一来，以它们为武器的唯物一元论也将站不住脚。继而，卢梭重新引入了笛卡尔的二元论，将物质视作被动的惰性物质，认为运动的原因只能到与物质不同的精神实体那里去寻找，这样一来，卢梭就为自由意志和上帝的存在留出了位置。

卢梭对法国唯物论与无神论的批判有其深刻洞见。这种批判并非源于对笛卡尔二元论的怀旧，也并非是要回到旧的基督教神学那里去，而是要回应法国唯物论所造成的人的道德困境。法国唯物论者以启蒙为己任，挥舞着理性和科学的大棒，旨在用唯物一元论为旧世界祛魅，但是他们过于用力，在打倒敌人的同时也重伤了自己。他们虽然将人从宗教蒙昧与宗教迫害中解救了出来，但却是以牺牲人的自由与信仰为代价的，他们将人变成了物。卢梭批判理性与科学的神话就是要重新划定自然必然性的界限；他重新引入一种二元论，为的是要完成对灵魂与上帝的复魅，并最终在“良心”的基础上建立起一种新的宗教。可以说，卢梭的自然宗教是在经历了信仰危机之后重新建立起来的信仰，这种获得重生的信仰更能应对来自理性与科学的挑战，因而它是为现代人创立的宗教。这种信仰由于经过了启蒙精神的洗礼，是传统基督教信仰的简化，是后者剪除了细枝末节之后剩下的精神主干，因而是一种最普世的信仰。或许只有在这种意义上，我们才能够理解卡西尔那句著名论断：“启蒙运动强有力的精神力量不在于它摈弃信仰，而在于它宣告的新的信仰形式，在于它体现的新的宗教形式。”①

① Ernst Cassirer，*The Philosophy of the Enlightenment*，pp.135—136.

由此可见，18 世纪的法国启蒙运动远非一场整齐划一的理性祛魅运动，信仰的复魅同样也是贯穿其中的一个向度。实际上，人类精神本身具有一种整全性，这就使得一种时代精神不可能仅仅只有一个维度，启蒙精神亦是如此。如果说法国唯物论者的神学祛魅是启蒙运动中“显”的那一面，那么卢梭的神学复魅就是其中“隐”的那一面。理性与信仰，二者虽彼此冲突，但却是启蒙运动的一体两面，不可偏废。也正是由于启蒙运动内部充满着上述纷争与歧义、矛盾与张力，它才值得我们不断地回到它，审视它并从中寻求思想启发。鉴于启蒙运动的“显”的那一面向已广为人知，并且在很大程度上遮蔽了“隐”的那一面向，这就使我们有必要将后者重新揭示出来，以期呈现出启蒙运动的精神全貌。或许只有这样，我们对于启蒙运动的得失利弊的评判才会是言之有物的。

德勒兹专栏 | Gilles Deleuze

从卢梭到德勒兹：流动的“感受性”

马彦卿 *

引言

如果说20世纪的“法国理论”预示了今后西方人文学科各类纷繁复杂的思潮该如何“生动地”前行，那么与此相对的是，这一时代的法国学界仍在“审慎地”回应一种“直面卢梭”的召唤，仿佛德里达在《论文字学》中用巨量篇幅讨论的“卢梭时代”一直在到来之中。与德里达之论卢梭相比，德勒兹对卢梭作品的阐释仅见于《荒岛》《卢梭：卡夫卡、塞利纳和蓬热的先驱》等若干文本，称不上形成一套解构卢梭的理论；德勒兹理论文本中的卢梭思想痕迹，也不如尼采或斯宾诺莎的学说那般明显。但不可否认的是，德勒兹极为重视卢梭对心灵和情感的论述。1959—1960年，德勒兹在巴黎索邦大学专门开设了卢梭哲学课程，其讲稿[①]着重梳理了卢梭构建思想体系的原则——“智者的唯物主义”。实际上，这一名称源自《感性伦理学或智者的唯物主义》(*La morale sensitive ou le matérialisme du sage*)，它是卢梭构思了写作纲要却未完成的一部“形而上学”论著，被卢梭在《忏悔录》里命名为“真正的哲学”。这是卢梭与德勒兹的思维交汇点，也是贯穿本文论述的线索：卢梭构思的智者的唯物主义既然未能成稿，它如何在德勒兹的理论中彰显存在感？虽然德勒兹秉持的反等级体系的立场为人熟知，但他的索邦讲稿

---

* 作者马彦卿，上海交通大学—巴黎第一大学哲学系联合培养博士生，研究方向为美学和卢梭哲学。

① 参见德勒兹在1959年至1960年巴黎索邦大学的课程讲稿（扫描版本）：Cours sur Rousseau donné à la Sorbonne（en ligne），https://www.webdeleuze.com/textes/232。下文引用简称 *Lecture*。

还是抛出了两个不可回避的问题：（1）在微观的探索概念的生成过程中，如何吸纳卢梭的系统精神？（2）在宏观的“后启蒙”时代，卢梭的思想火种预示了法国现代哲学场景的何种走向？

一、德勒兹索邦讲稿中的卢梭问题

从1758年起，卢梭选择与一些百科全书派所宣称的唯物主义公开论战，并且在《社会契约论》中反对启蒙哲人们的无神论立场，但同样也是卢梭，选择用“智者的唯物主义”为题，来创作一部“对人真正有用”的具有实际意义的作品。有趣的是，先于“智者的唯物主义”，这部论著还被冠以另一个名字“感性伦理学”。这种看似相互矛盾的编排来自卢梭“对自己的观察”：人由于外部原因会不断变化，但人可以对自身采取行动，使自己变得更好。[1]因此，它是一部具有双重目的的伦理学论著：使自身更好地为他人服务，并通过学习美德而增长自身的幸福。卢梭在《爱弥儿》中更直接地解释了这种“智慧”：“（它）既是感受性的又是动态的，是与一切时髦的哲学观点相抵触的，时下流行的哲学总是把他们所谓的人文主义建立在视人性为先验实例的错误观念上。”[2]所以，被卢梭用以检验纯粹思想的条件的前提之一在于思考动态的感受性体验。

如何接近卢梭关于体验的逻辑？一般来说，卢梭的“人论”（以《爱弥儿》为代表）和“社会政治论”（以《社会契约论》为代表）共同搭建起卢梭哲学既分化又同源的理论体系，所以卢梭的研究者们也往往围绕这种独特的体系性来整合卢梭的思想。然而在对“系统”“整体”等词有着强烈逆反的德勒兹这里，对卢梭体系的挖掘与批判，成为德勒兹索邦讲稿的张力所在。在20世纪60年代出版的《尼采与哲学》和《差异与重复》中，德勒兹贡

① Jean-Jacques Rousseau，*Les Confessions*，*Œuvres complètes I*，sous la direction de Bernard Gagnebin et Marcel Raymond，Gallimard，Bibliothèque de La Pléiade，1959—1995.

② Jean-Jacques Rousseau，*Émile ou de l'éducation*，*Œuvres complètes IV*，sous la direction de Bernard Gagnebin et Marcel Raymond，Gallimard，Bibliothèque de la Pléiade，1959—1995，pp.82—83.

献的“普遍的反黑格尔主义”宣称差异哲学和体系之间存在着根本的不相容性，然而也是德勒兹本人在1990年修正了他此前的见解：“我相信哲学是一个系统。我不喜欢与‘同一的’‘相似的’和‘类似的’坐标相关联的系统的概念……对我来说，系统不仅必须处于永久的异质性（hétérogénéité）中，而且还必须成为一种突变（hétérogenèse）。”① 可见德勒兹追求“系统性”是为拓宽差异哲学的范畴，在异质性的取向中更关注生成的动态性和变异的发生动作，对系统的构建提出了更高的要求。

德勒兹的索邦讲稿正是组建“突变的系统”的初步尝试。讲稿对卢梭思想的概念和类别进行了拆分和整合，既把卢梭式的“表达机器”引入认识论领域，也充分佐证了德勒兹本人早期批判态度的关键动机，② 以及酝酿系统“突变”的思想源头。在讲解“自然状态”概念的部分，德勒兹援引了黑格尔的批评来进入卢梭作品的系统性：黑格尔指出，卢梭在《社会契约论》中的讨论只适用于公民——这一批评也许针对《社会契约论》来说是合理的，但明显不适用于评价卢梭的整体作品。③ 德勒兹认为，卢梭系统的统一性是由他的各部体裁不一的作品共同完成的。所以德勒兹的研究视角不只停留于卢梭的政治论著，还从卢梭的虚构作品中提取材料来还原卢梭哲学的完整逻辑：比如分析《新爱洛伊丝》中与“客观情况”相冲突的美德、自然之善、意志和需求等概念；承认朱莉与圣普乐的爱情主题的经典性，将其中带有悲剧性的叙事与柏拉图《斐多篇》相结合，以“黑马”指代圣普乐，以“心”指代朱莉，以“努斯”（noûs）指代沃尔玛，质问“美德如何能与社会利益相协调？”；④ 德勒兹还十分认可卢梭论述人类自然之善时构想的伦理秩序，不同于孟德斯鸠在《论法的精神》中试图恢复的“自然法则”多少暗含了18世纪欧洲思想界对自然的迷恋，卢梭“自然之善”的逻辑超越了自然神论：自然状态是一种近乎完美的纯粹的善，其中不包含邪恶的条件，所以当（恶

① Gilles Deleuze，*Deux régimes de fous. Textes et entretiens 1975—1995*，Minuit，2003，p.338.

② 20世纪50年代至60年代是德勒兹的早期创作阶段，在这一时期，德勒兹出版了《经验主义与主体性》（1953）、《尼采与哲学》（1963）、《普鲁斯特与符号》（1964）、《斯宾诺莎与表达问题》（1968）、《差异与重复》（1968）等著作。

③④ Deleuze，*Lecture*，p.3.

的）条件缺失时，人怎么可能是邪恶的？[1]自然状态从根本上来说是一种与周遭世界分离的状态：自然人的天性并不促使他与同类们聚集到一起，恰恰相反，自然人的巨大孤独为他提供安宁和自足。

与此相对，德勒兹也指出了卢梭"美好心灵"概念中暗藏的矛盾：虽为美好的心灵，却仍不满足于自然状态，反而还梦想着拥有人类关系——这也如同斯塔罗宾斯基剖析的那样，卢梭选择与世隔绝，而内心却渴望一份与世界诚挚的和解。对此，德勒兹的阐释落脚于卢梭的"智者的唯物主义"，并以此回答了"美好心灵"中各个阶段层次的问题。首先，他为"美好心灵"区分了两对状态：心灵的原初之善与自然之善（或对美德之爱）；美德与智慧。这也是德勒兹在对卢梭思想进行"系统化"时做的最富原创性的解读：

（1）第一对状态是心灵的原初之善与自然之善。原初的善是心灵在自然状态下的善，在这个层面上，邪恶不可能存在，因为此时每一个体都为一个整体，个体的直观不允许恶的出现。而自然之善不是绝对的，是有条件的和有残余的，因为它是在退出自然状态之后，在当下的社会状态中持续存在的。所以"原初之善"和"自然之善"有着根本的不同。德勒兹认为，社会建立了一种相互依赖的关系制度，使人不再成为一个整体，而成为与其他部分相关的部分。有了这种"残余"，自然之善是有程度的：一般来说，一个人越是孤独（独处），自然之善就越能得到保存。而在这两种状态之外，德勒兹提出了一种"中间状态"："好的心灵会选择它的社会关系，并对之抱以怀疑的态度。但它也可能在决定论的驱使下，被当下的形势打个措手不及，而对自己的'善'再做出反应。"[2]

（2）第二对状态是美德与智慧。美德本身即实现爱美德的"方法"，是一种斗争，即使卢梭怀疑把美德用作"斗争"的有效性。德勒兹借"方法"一词呈现了朱莉和圣普乐各自的爱情理念，为解读《新爱洛伊丝》提供了一种新的系统假设：将"朱莉方法"视为一种柏拉图式爱情的逃避，将"圣普

---

① Gilles Deleuze，«Causes et raisons des îles désertes»，*L'Île déserte. Textes et entretiens 1953—1974*，Minuit，2002，p.14.

② Deleuze，*Lecture*，p.3.

乐方法”视为一种凭借意志对命运的改造。鉴于朱莉和圣普乐的爱情在小说中不可避免地走向失败，这种包含两种方法的系统都被德勒兹抛弃了。他转而寻求另一个解决方案，即小说中另一位主人公、朱莉的丈夫沃尔玛观察和处理生活的方法，其本质是美德和享乐的完满结合。何为“沃尔玛方法”？最具代表性的情节便是沃尔玛竟允许圣普乐在自己的爱人朱莉身边待上几天，来治愈圣普乐对朱莉的爱。这种大胆而自相矛盾的方法只有放在卢梭的体系中才能被理解。德勒兹认为沃尔玛在“当下”的境况和关系中做出了最为智慧的选择：沃尔玛的思考模式，是用“现在”的视角覆盖“过去”，是剥落地点场所的神圣性并为其赋予亲和力，从而允许个体将时间和地点调整为最契合自身实存的物质性考量。

德勒兹认为，沃尔玛处理现实事物的方法便遵循了“智者的唯物主义”。这种唯物主义的“物质”是激发生命内在潜能的材料，它滋养了每个个体的存在之乐。这些材料早在善与恶形成其价值观念之前、在转化为理念的概念之前，就已经构成了主体生命的经验。沃尔玛的“智慧”就是将自身从由外在物质组成的迷宫中解放出来，建立起一个真空让生命感受内在的自我激发（auto-affection）。这一真空关乎当下的主体生命的在场，关乎生命的诚挚，如卢梭所言：“活着，并不就是呼吸，而是行动，那就是要使用我们的器官，使用我们的感觉、我们的才能，以及一切使我们感到我们的存在的本身的各部分。”[①] 可见，“智者的唯物主义”与霍尔巴赫式的唯物主义自然观区别在于，它的“物质”不是由物质的客观性决定的，而是由实存的感受性（享受自身）转化成形的，并且，它所要解决的是“人”自身（生命）生发的问题。

德勒兹的讲稿推进至这一阶段，已经涉及“当下时间之中的自身体验”这一主题，这是他在《卢梭：卡夫卡、塞利纳和蓬热的先驱》一文中没有充分展开的。德勒兹认为，《遐想录》描摹的“实存的情感”（sentiment d’existence），是一种基于时间流逝的感受性。这就是《新爱洛伊丝》和《遐

① Jean-Jacques Rousseau, *Émile ou de l’éducation*, *Œuvres complètes IV*, sous la direction de Bernard Gagnebin et Marcel Raymond, Gallimard, Bibliothèque de la Pléiade, 1959—1995, p.253.

想录》之间深层的逻辑关联：沃尔玛的方法将时间从对象境况的连续性中剥离出来，来充实当下时间切分之中主体的即时体验。这一体验充满了“突变”的潜能，通过维持差异的原则来克服“异质性”的静态倾向。由此，卢梭的体验表达借德勒兹之口延宕开一种对主体性的构想：进入多变的当下生活世界，体验布满差异的身体实存。

二、动态的感性伦理学——以“出神”事件为例

德勒兹眼中的“智者的唯物主义”与传统哲学的概念保持着一定距离，它并未像斯宾诺莎的理性主义那般发展成一个庞大的整体。甚至卢梭在构思出这一概念框架的同时就排斥将它最终发展为一套典型的形而上学理论。这很大程度上是由于，假如要完善这一理论，卢梭就必须像自柏拉图以来的哲学家那样，首先界定身体与心灵、物质与非物质、理性与感性之间非此即彼的划分。但他并未驻足于此，而是选择了另一个方向——搁置一元论和二元论的对立。这个意义上，德勒兹讲稿与其说是为还原一个整全的卢梭思想，倒不如说是从卢梭的系统理念中继承了一种具有搁置功能的中间性，从而开辟出一个个不断将异质性元素相连接的中介场所。为了考察卢梭对“中间状态”的书写，本节将借助卢梭自己所书写的感受性体验来进入这种搁置。

定义上的模棱两可往往使读者忽略卢梭式的矛盾背后的逻辑。例如在《爱弥儿》中，卢梭展示了他的一元决定论：“（共通的感觉）是由其他的感觉的很好的配合使用而产生的，是因为它能通过事物的种种外形的综合而使我们知道事物的性质。因此（它）只是存在于人的头脑里；这种感觉完全是内在的，我们可以称它为‘知觉’或‘观念’。我们的知识的广度，就是以这种观念的多少来衡量的。”① 所以这里卢梭对感觉和智性的定义不是泾渭分明的，他将二者视为从一个阶段到另一个阶段的过渡形态，头脑是每个阶段的理性来源。但同时，卢梭又倾向于接受意识与物质实体（substance）的二

---

① Jean-Jacques Rousseau, *Émile ou de l'éducation*, *Œuvres complètes IV*, sous la direction de Bernard Gagnebin et Marcel Raymond, Gallimard, Bibliothèque de la Pléiade, 1959—1995, p.417.

元论："人在他的行动中是自由的，而且在自由行动中是受到一种无形的实体的刺激的。"[①] 从人类是思想的自由主体这一前提得出的结论是，实体中必定包含物质和非物质之区分。其实卢梭在处理心理学、教育学、宗教信仰和政治革命的各个概念之时，保持着一种迥异于折衷主义的中间性。卢梭在这种模棱两可中秉持的不是机械的决定论，而是通过与环境的互动，使个体朝着"美德"的理念与自身的主体性相遇。

换言之，卢梭在构建理论时更关注生命自身在实存中瞬息万变的体悟与反思。最佳佐证便是他在晚年创作《遐想录》的方法：在充满未知的空间与时间中重新生成自身的实存。此书不仅预见了夏多布里昂将在书信中完成的"坟墓之外的记忆"，更批判了一种源于蒙田的写作理念。卢梭为其漫步式写作定下的基调是："(蒙田)写作随笔只是为了他人，但我写作遐想是只为我自己。"[②] 相比蒙田，卢梭通过漫步之思获得自身的过程需要与外界的物质环境达成交流与融合。

最具代表性的例子就是卢梭在《遐想录》中描写自己在梅尼孟丹山岗上散步时被撞倒在地，经历了晕倒、丧失意识、体验痛苦、苏醒后的陶醉等一系列身心活动。这是知觉、意识、理性、情感与外部环境相互渗透并相互塑造的过程。卢梭将这一丧失意识瞬间体验到的"无法表达的狂喜"[③] 称为"出神"(extase)。该词源自希腊语 ἔκστασις，拉丁语写作 ecstasis，意为"运输、激动"以及"心醉神迷"。托马斯·阿奎那的《神学大全》曾对 extase 及其近义词 ravissement 做出详细的区分，[④] 虽然两者都可以用来表示"出神"或"狂喜"，但阿奎那将 extase 划分为属，将 ravissement 划分为成为种，后者代表人类自然倾向的外在原则，并向 extase 施加暴力，而 extase 与一种心灵与神直接结合的神秘状态有关，用来形容人发现心智世界的某种启示，或通

---

① Jean-Jacques Rousseau，*Émile ou de l'éducation*，*Œuvres complètes IV*，sous la direction de Bernard Gagnebin et Marcel Raymond，Gallimard，Bibliothèque de la Pléiade，1959—1995，pp.586—587.

② Jean-Jacques Rousseau，*Les Rêveries du promeneur solitaire*，*Œuvres complètes I*，sous la direction de Bernard Gagnebin et Marcel Raymond，Gallimard，Bibliothèque de la Pléiade，1959—1995，p.1001.

③ *Ibid.*，p.1065.

④ Saint Thomas d'Aquin，*Somme théologique. La prophétie. 2a-2æ*，*questions 171—178*，Cerf，2005.

过参与一种认同的体验，与超验的真实合二为一，这是中世纪时期对于“出神”这一情感的认知与区分。

从事件书写的角度来讲，《遐想录》为摆脱蒙田随笔式的“还原人之本来面目”的外在枷锁提供了一种切断连续性的时间体验，使卢梭的遐想不止于所谓记录自传体式的“故事”（histoire）的社会属性，而突显纯粹的个体自身所讲述的生命与生机。同时，个体生命随着不断生产和融合的叙事完成从原始体验到自然诗意的转换，由内在感受完善而成的感性超越了纯粹生理感知的感性。换言之，“出神”超越了通过感官捕捉的修辞文法，使得卢梭的迷醉体验成为一种不知是创造却已在创造之中的完全体。由感受的激情带动思维的雄辩，痛苦与愉悦以消解其情感构成为代价，对神启、智性、欲念进行僭越，以意识出离自身的趋向实现意识向自身的直接回归。

所以正如亨利·古耶指出，这种回归体现了一种自身意识以及对自身的爱，[①] 它构成了生命内在接纳外部性的基础。尽管卢梭在这一事件中受伤流血，但他认为自己的身体的变化运动，与自身的意识活动共享着全部的实存：“我既不感到疼，也不感到害怕和不安；我像观看小溪的流水那样，看着我的血往外流，而意识不到那流淌的血是我自己的血。我心中有一种非常安详平静的美妙感觉。”[②] 如此，以感性为线索的实存的“我思”首先面对的是自身存在的感知，这一情感维度与先于理性的心灵直接性原则相关，并且通过该原则与物质环境产生交换，最终认识“人”的道德秩序。

有了对出神事件的理解基础，“感性伦理学”和“智者的唯物主义”两个名称看似矛盾的并列开始显得颇为合理。卢梭设置这一矛盾也是出于对中间状态的追求：从纯粹的思辨领域中提取出“理性”的概念，让“感受性”（sensibilité）与其相遇、重组，从而为生命的新体验与创造开拓空间。将物质理性和道德理性相结合，是为了突破单边的物质和机械主义的限制，正如主体在出神的瞬间挣脱教条的理性，却出乎意料地实现物质之必然与道德之

① Henri Gouhier，*Les méditations métaphysiques de Jean-Jacques Rousseau*，Vrin，1970，p.101.

② Jean-Jacques Rousseau，*Les Rêveries du promeneur solitaire*，*Œuvres complètes I*，sous la direction de Bernard Gagnebin et Marcel Raymond，Gallimard，Bibliothèque de la Pléiade，1959—1995，p.1005.

自由二者之间的辩证关系。反过来，智者的唯物主义为了克服动物性和道德自由之间的冲突，修正了“出神”等知觉体验的功能，使其不再局限于物理功能（对外部世界的感知）或形而上学功能（对自身内在的认识），还囊括了道德功能。于是，感性既阐明了对外部世界的意识（感觉的秩序），又阐明了朝向自身的意识（情感的秩序），并为记忆和想象这两种能力赋予连结心灵内在与身体外部的中介功能。

这一中介功能如何调和道德的不同理念，即调和一种承认智慧体现于使用理性能力的伦理与另一种承认智慧是基于感受直接性的伦理?“理性”所扮演的角色，无疑成了理解“智者的唯物主义”的关键。卢梭一直在为维持两种伦理的平衡而修正自身的思想系统。他在心灵体验的书写中引入“感性理性”，既保留了感性与理性这两种能力各自的自主性，又确保了感性经验和理性经验之间的平滑衔接：从一个到另一个的过渡，不是跳跃的转变，而是自然的延伸。如此，感性理性就不再是服务于知识理性的、一旦智性形成就注定要被超越被抛弃的阶段。卢梭要强调的是感受性在这种过渡中的连接作用，它连接外在与内在、物质与精神、智力与想象，并使这些元素相互流动转化，来抵御一种精心推演的同一的形而上学。将智慧植根于生命的感受性，这就是卢梭建立“心灵秩序”事业的基石。

所以，“智者的唯物主义”中的“物质”不是由物质本身揭示的，而是由与它相对立的感受性收集起来并为其赋予精准的“形式”。这种形式并不表现为与自身本能或欲念的斗争，它追求在自然能力（感性和理性）之间寻求动态的平衡，使精神层面的“我思”照亮主体内在性的同时也流入当下的感知、气质、习惯、情景、社会生活，最终塑造一个循环修正的人—社会模式。它能既不忽视感性的倾向，也不违背理性的规则。

三、“荒岛”：精神分裂的运动系统

至此，可以暂时将智者的唯物主义视作启蒙时期经验主义的变体，它为感受性的实践功能辩护。那么，德勒兹的讲稿在继承卢梭思想遗产的同时，是如何将这种对身体体验的定位应用于自身的理论创建的呢？他选择用“荒岛”这一概念来观察追索自身的欲望：“分离与重新创造没有相互排斥，人类只有被分离时才确实该关怀自身。”[①] 荒岛的意象在卢梭晚期作品《遐想录》中有大量体现，而德勒兹在重构这一意象时，侧重用岛屿的分离感带出“反辩证法”与“高级综合”之间的暧昧立场，本节将围绕这种微妙性，探究德勒兹组建自身理论的动机。

对于卢梭来说，他的岛屿意象偏重人与外部性相隔绝的“孤立性”，被福柯概括为语言和空间面临消失危机的场所，[②] 为了克服这一苦恼，卢梭通过感知极具野性和浪漫主义色彩的比尔湖来解决这一危机。街头、山林、湖泊，漫步所至的空间营造出精神“场所”，使《遐想录》得以容纳复杂多样的思维和话语构想。“地点”为个体提供了一个外部物质世界的思考“场所”，让卢梭进入让-雅克自身（soi），来修正实存中可能遇到的败坏和危机。

对于德勒兹来说，荒岛隐喻了海洋与大地之间永恒的冲突。卢梭的荒岛之梦（遐思）既是分离之梦，又是新起源之梦，人可以与原始的岛屿分离，也可在衍生的岛上重新创造。在此意义上，每一个荒岛都具备生命的潜能——重新成为原创性起源的可能。人走向岛屿的运动深化了将岛屿抽象为荒岛的动力，人最终成为岛屿的纯粹意识。卢梭向“自身”出发的起点，也是他所抽离与退出之地，这一运动也演变成了孕育分离与再创造的“场所”，破坏整体性的分离成为重组系统性的出发点。在思想的动态生成中，自身性的裂缝由于时空的切分显露出最大的危机和最大的机遇。在德勒兹看来，荒岛的思想冒险，是绝对的表达，是原始差异的重复，是世界的再创造。如果思想者的世界是荒岛，它反而布满了完全被解放的强度，以及从主体和客体中剥离的非个人和前个体的奇异性。这种奇异性是生成突变的必要条件。

也许是对索邦讲稿的另一种呼应，德勒兹在《荒岛》中同样强调卢梭的自然状态不是独立状态，而是疏离状态。自然状态的语境先天暗含“社会状

---

① Gilles Deleuze，«Causes et raisons des îles désertes»，*L'Île déserte. Textes et entretiens 1953—1974*，Minuit，2002，pp.12—13.

② Michel Foucault，*Introduction à Rousseau juge de Jean-Jacques. Dialogues*，Colin，1962，pp.ix—x.

态”之并行存在，卢梭“成为自身”“回归自然或本性（nature）”的设想始终处于与另一参照对象分离或正在分离的状态。这种运动着的疏离状态意味着卢梭无法摆脱自身旧状态与新状态之间的相互对抗和相互影响。两种状态被“水域”分隔——水域通过对个体自身造成“侵蚀”（érosion）和“断裂”（fracture）而使自身与社会保持距离，① 这一断裂蕴含着主体性的潜能，岛屿虽荒芜但不死寂，充满有待重新发现的元素以及重新创造的欲望：荒岛“本身能够容纳最活跃的水源、最敏捷的动物群、最斑斓的植物群、最令人惊奇的食物、最具活力的野蛮人以及如其最珍贵的成果一样的遇难者”。② 因此，《遐想录》中卢梭自身相对外部世界的空间位移和切分时间一同属于继续“智者的唯物主义”的一部分。它意味着将外在世界中的物质与境况转化为自身体验与创造的直接性，这是卢梭在创造系统时的微妙精神：如《爱弥儿》的开端写道，人必须保持处于自己内心的状态，③ 以及人在自然状态下的开端，其首要情感是“爱自身”（l’amour de soi），一种朝向自身之欲念、激情。就像皮埃尔·何塔（Pierre Rétat）的说法，卢梭的遭遇总是在重大的断裂中显露出来，断裂“瞬间”的潜在力量是压倒性的，直至实存产生“分离与创造的辩证法”。④

在这场荒岛的残酷戏剧中，所有的分离都成为高级综合的对象。不过德勒兹在 20 世纪 60 年代末提出，“高级综合”这一表达方式是有待完善的，因为它未能充分回答如何从单一意义或事件的不育性（stérilité）转向其遗传能力。当存在（l’être）在实际的体验路径中发展为单一性，这种哲学体系的创造性如何得到保障？于是他在《意义的逻辑》中为修正该系统而补充了三个层次：⑤

① Gilles Deleuze，«Causes et raisons des îles désertes»，*L’Île déserte. Textes et entretiens 1953—1974*，Minuit，2002，p.11.

② *Ibid.*，p.14.

③ Jean-Jacques Rousseau，*Émile ou de l’éducation*，*Œuvres complètes IV*，sous la direction de Bernard Gagnebin et Marcel Raymond，Gallimard，Bibliothèque de la Pléiade，1959—1995，p.246.

④ Pierre Rétat，«Le temps des Rêveries du promeneur solitaire». *Voix et mémoire*：*Lectures de Rousseau*，Lyon，2012，p.145.

⑤ Gilles Deleuze，*Logique du sens*，Minuit，1969.

（1）在静态起源（genèse statique）中，意义既作为事态产生的效果，又作为身体和命题的生产原则出现。意义或事件被定义为语言的可能性条件在于：它区分说话和吃饭，区分声音和身体、命题和事物。简言之，被表达者使表达成为可能。如果我们没有看到这种区别是如何在经验上构成的，那么事件将仅仅是一种可能性的条件，一种无用的基础。而且，仅对事件或意义的性质进行逻辑阐述，还无法理解其表达方式的实际发生。为此，有必要确定个人是如何开始表达自身的话语逻辑的。

（2）静态起源的概念是以动态起源（genèse dynamique）为前提的。动态起源才能表现有效的运动，使事件在其无身体的光辉中得到解放，然后通过某个词语被表达出来。哲学体系要求在逻辑和动态的连续综合中超越它们的不连续综合。尽管卢梭的出神和德勒兹的荒岛都提取了与经验性存在相对应的纯粹事件，也通过解决纯粹的思想问题将物理经验转化为形而上学的真理，但“出神”侧重展现一种通往“最终的启示”过程中的熔炼，而德勒兹的逻辑是在获得“最终的启示”之后再次展开真理的冒险。所以德勒兹是先揭示出哲学的真理，再在经验中追溯通向真理的路线，即追寻意义之后的意义，次级的、下层的意义（infra-sens）。

（3）从不育性到起源，从形式到先验，从可能性的条件到有效的生产，都依赖于追问“下层意义”时思想的精神分裂（schizophrénie）——如荒岛一样都是最大的危机和机遇所在。对这种精神分裂的探索实际上指明了进入一种深度的无意义（non-sens）的旅程时刻，这是思想赖以生存的形而上学的无底洞，同时思想又从此处把纯粹的事件带到表象世界。一旦精神分裂的过程取代倒错的结构而形成有效的思维模式，就可以说它实现了《差异与重复》的预言：“我们已经进入了理所当然的精神分裂症，它表征了思想的最高力量。”①一切都在时间中发生，思想者越来越深入分裂的深处，以便带着更冷酷和更纯粹的思想回来。

德勒兹尝试用“卢梭方法”解读环境，为生命的行动设定了创造的主

① Gilles Deleuze，*Différence et répétition*，PUF，1968，p.192.

题，并开辟了两条组建系统的途径：第一条，在优化运动过程的空间和时间之中激发生命创造的潜能；第二条，确定一种前瞻性的方法（精神分裂症）来关注环境中各类“成为”（devenir）的遗传性。

四、修正与回归：智者的生命体系

无论是卢梭还是德勒兹，他们对于思想体系的创建理念似乎总是遵循这样一个规律：当一个体系超出了理性的实际构建能力的极限，生命主义的潮流便会逐渐在系统中显示出创造性的效果；当封闭的概念丧失描述未知的能力，意识自然会转向拥抱世界的开放性。巴迪欧曾对此做过解释：如果“系统性”是指部署一致的思想意愿，通过审慎地使用普遍存在的资源来拓宽人类丈量自身与世界的尺度，那么在这个意义上哲学是体系的。① 相对地，一旦哲学的功能不局限于学术知识和论点的罗列，而是针对全人类的“理解力的改革”（réforme de l’entendement），那么此时的哲学又是超越体系的。

卢梭为自己设定了一系列艰巨的哲学任务来与“哲学家”这份职业和“系统精神”为敌，但是他采用了循环生产“修正”（modification）的系统来超越系统性本身。总体上，卢梭的“智者的唯物主义”体系，可从三个方面理解：（1）结构上，它构想了一个人的本性形成方式和其转变限度的模型，再自然延伸为一个社会机构运作的模型。很难保证人们能在这一结构中找到应对各种突发问题的答案，甚至也无法承认这个模型具有完美统一的框架性，但这个结构以感受性为基础，在启蒙理性主义背景下捍卫“突变”的创造权，使事物得以完整地亲自给予自身、显示自身，为法国哲学提供了生命“亲在性”（intimité）的思想土壤；（2）这种亲在性就是“智者的唯物主义”的本质所在，它因生命对自身最热忱的爱而得到激发，其具体逻辑在个人体验生活实践中形成，由连接理智和感觉的感受性对其进行修正。换言之，根据生命体验自身的方式来建造理解世界的基础，再让世界的规律适用于各类

① Alain Badiou，«Système du système»，*Les Temps Modernes*，1（2015）：172—179.

领域中的运动与变化。因此，这一全体性的法则召唤出个人与社会互动的元理论（或者元反思）；（3）在理论之后，当具体的思想需求越出哲学范畴的边界而延伸过渡到泛文学与泛人类学的表达与应用，“智者的唯物主义”继续维持流动的感受与实践方式。流动便意味着，这种“智慧”认同绝对他者在体系中的差异性与不可还原性，同时又认同差异之间互相转化与合成的可能。

这种流动性如何干预“后卢梭时代”？同在后结构主义思想语境里，德里达处理“差异”时，为语言和思想的主体设置了无限推迟“死亡”的任务，他用无休止的提问法，不断地把差异重新注入一个佯装要取消自身的系统。相反，德勒兹切割出一连串的“有限性”过程，让每一个过程都释放出构成生命本质的内部差异，并保证有限性之间的沟通，从而宣告“死亡”的无效性。在对尼采“永恒回归”的解释上，二者思考差异的视角分歧更为明显：受海德格尔的启发，德里达把永恒的回归视作不可能被消除的差异运动，这种差异不能被合成，没有起源或结束。然而对德勒兹来说，永恒的回归不仅标志着不可消除的差异，它实际上在其晦涩的真理中进行了残酷的选择，只有那些被带到权力意志的强度世界中的事物才注定要回归。

20世纪60年代，在法国哲学界普遍存在的反黑格尔主义氛围中，德勒兹思想体系的独创性体现为，哲学不仅必须完全从表象中解脱出来，而且还须用精神分裂来抵御精神分裂本身（例如陷入教条主义或对极端抽象思辨的狂热）。认为思想能够产生差异的综合，也即认为，在思想的综合能力和它所面对的纯粹差异之间没有矛盾。然而，“存在”和“思想”也没有因此成为“同一”，因为它们的差异从来没有被取消，而是一直处于分离的运动之中。思想能够通过内化它所产生的差异来完成对其自身条件的回归运动，这就是荒岛真正隐喻的分离的综合或永恒的回归。

卢梭《遐想录》的名言“只有在全体中才能去看，去感受”，亦即在全体中朝向多种面孔的差异化理解，正是德勒兹在卢梭体系中挖掘并发展的：在满是分离的当下体验中，唯有承认事实集合内部的不兼容与生命力的流通，才能在分裂的倾向中揭示出真理之后的活生生的真实性（authenticité）。

这也是为何在20世纪50年代末德勒兹初步构想自己的哲学体系时，选择从启蒙时期卢梭的“智者的唯物主义”中解译纯粹思想体系的组建方式，来应对表象世界和精神分裂症的危机。从那时起，德勒兹就为自身思想体系的建构定下了方向：更具超越性的经验主义、差异的哲学与表达的哲学。

小结

与欧洲启蒙时期的理性主义哲学家们不同，卢梭更强调感受性对于实存的重要性。但真正令“卢梭主义”与其他哲学思想区分开来的，当属卢梭在组建他的哲学体系时，怀着对智慧与美德的爱来尊重各领域之间的差异，将一种流动于各个学科之间的“知识”扩大到了“可理解性”（intelligibilité）以外的领域，即一种与客观世界紧密相连却又不可置换的突变性。“出神”的例子便是这种突变在真实生活世界的再现。卢梭在《遐想录》中展示的生存与思考的态度，更像是基于物质性载体的身心交换模式，反而不自觉地推进了理性与感性之间的交往。对德勒兹来说，这两个方面既不能合并，也不能对彼此保持冷漠：哲学既无权用黑格尔的思辨系统那样将经验还原为概念的运动，也无权如经验主义那样将思想体系视作经验的外部性。哲学必须生产出一种系统中承认绝对差异的分离的综合。

即便卢梭的体系在形式上自相矛盾，但他仍凭借对生命感受性的激情迎接否定性的到来：论证矛盾是存在的法则，是生命的特征，是辩证的成为。德勒兹哲学将思想中的差异内化运动进行到底，意在释放经验的永恒真理，征服永恒的回归。这种差异系统实际上延续了卢梭的论证，使分裂的论点合并繁殖为活生生的流动性。因此，这种感受性的运动为“启蒙之后”的理论体系生成微观性和偶然性的批判视角提供了条件。

非相称与奇异性——西蒙东和早期德勒兹哲学中的差异概念

田争争*

长期以来，在对德勒兹思想来源的研究中，西蒙东及其所代表的法国自然哲学和科学技术哲学传统并未占据特别重要的地位。但随着西蒙东的哲学贡献在20世纪90年代逐渐为研究者们所重视，他和德勒兹思想之间更为深刻的关联也逐渐清晰。作为最早认识到西蒙东思想价值的读者，德勒兹在1968—1969年间出版的《差异与重复》(*Différence et répétition*)和《意义的逻辑》(*Logique du sens*)集中体现了二者相近的旨趣：一方面，如同西蒙东借助提出个体化（individuation）的本体发生学（ontogenèse）来反对亚里士多德的形质论（hylémorphisme）和实体主义（substantialisme）对个体（individu）的同一性预设那样，德勒兹用无人称的个体性（les individualités impersonnelles）取代我思的主体（Moi/Je），用前个体的奇异性（les singularités préindividuelles）取代由属差加种差的共谋所建立的表象差异和概念同一，建立了关于强度（intensité）的差异哲学；另一方面，西蒙东提出的前个体实在、奇异性（singularité）、非相称（disparation）、成问题（problématique）、亚稳态（métastable）等概念星丛或直接引用或间接地被德勒兹改造为龃龉化（disparation）、前个体场域等，为其差异哲学的建立提供了概念工具的同时，也促使德勒兹在法国学院派哲学史和古代哲学

* 作者田争争，复旦大学—巴黎一大联合培养博士生，主要从事当代法国哲学研究。

研究[①]的基础上涉猎法国自然哲学和科学哲学认识论的思想资源。

然而，二者思想的亲缘性容易导致读者以德勒兹的视角单方面解读西蒙东哲学，而忽视了概念之间的流转、变迁。问题便是：我们能够将西蒙东的个体化哲学当作差异哲学的先声吗？或者说，西蒙东所理解的差异能够被解释为德勒兹所提出的内在差异吗？回到各自的文本中我们会发现，有关奇异性的论述集中体现了二者关于差异概念的不同理解。首先，就概念的来源和基本含义来说，西蒙东所谓的奇异性和非相称、亚稳态等概念一样直接来自现代科学。它被定义为通过具体的外界环境输入到亚稳态系统内部的信息（information）；而德勒兹所讨论的“前个体的奇异性”[②]这一表述深受法国数学哲学家劳特曼（Albert Lautman）的影响，因而“奇异性”一词总是以复数形式出现，成为不可还原为同一个体的繁复性。其次，在概念的用法上，西蒙东所说的奇异性—信息将外在的差异引入了每一次个体化的场景中，通过内部能量的转导（transduction）实现跨领域的生成，以描述系统内外两个不同层级之间的交流何以可能；而德勒兹则将之视为先验场域中的奇点—事件（singularités-événements），其自身包含着能在不同系列中分配差异的潜能。因此前个体差异从潜能到现实的分配并不遵循人称同一性的原则，而是微分/分化的差异原则。本文将通过对二者文本及概念的分析指出，西蒙东的个体化哲学确实可以被视为一种关于差异的哲学，但差异存在于潜能—内在（非相称）的同时也具有外部性（奇异性—信息），差异的问题从根本上来说是个体化生成的必要组成部分；而德勒兹在《差异与重复》中则是将生成论的差异解释为先验场域内的奇点—事件，其在现实化过程中并不以同一性为中介，而是分配异质的系列本身，由此完成了先验哲学的建构。

---

① 德勒兹在索邦大学时的导师之一就是法国古代哲学专家舒尔（Pierre-Maxime Schuhl）；而西蒙东更是在其著作中展现了深厚的古代哲学功底，并在巴黎高师求学期间由戈胡（Martial Guéroult）指导写作了关于前苏格拉底时代的时间观念的古代哲学论文。

② 在数学和数学哲学语境中，复数形式的“singularités”应作“奇点”，即在数学对象中一个无法被定义的点。无法定义或是由于其值在数学上没有定义，或是由于这个点破坏了数学对象的整体一致性。

个体化与生成的逻辑

个体化是西蒙东哲学的核心，它以生成的逻辑串联起了从物理、生理、心理—集体到技术的各个领域。围绕个体化，德勒兹和西蒙东各有阐发，体现了二者对同一性和差异问题的思考。对于西蒙东来说，个体化并非一个概念或法则，而是一种本体发生论。个体化哲学和基于个体的实体主义哲学之间的差别在于：后者总是以某个给定的在场作为出发点，通过提出一系列的原则来解释个体与自身的统一；而前者则是通过描述始终在发生的个体化过程来取代先于个体存在的原则，将差异的外部要素纳入个体生成的活动。

在西蒙东看来，亚里士多德的形质论是实体主义形而上学传统解释个体发生的主要路径。形质论以实体的在场性出发，将个体界定为物质和形式原则（或称为实体形式，substantial form）的结合，从而将事物分解为“质料”“形式”这两个要素，从两端推进个体从潜在到现实的变化。在西蒙东看来，这是一种“本体论发生学的颠倒”(ontogénèse renversée)。[①] 举例而言，如果我们像亚里士多德那样思考船舵的生成，我们首先把它认定为已经形成了的船舵，然后再去思考形成这样一个船舵需要什么样的工具、什么样的木料，木料需要什么样的形式才能适合做成船舵，等等。对于这样的个体来说，不存在某种脱离了质料的纯粹形式，也不存在无形式的质料，它们总是以某种方式聚合在实体之中。[②] 可以说，实体主义的逻辑起点就是实体本身；实体必然存在，而实体又必然是由形式和质料的先验原则所决定的。实体主义哲学的提出跳出了前苏格拉底自然哲学的思维方式：重要的不是个体起源之前那无法被明确的“自然”动力（φύσις，如赫拉克利特的“火”、阿那克西曼德的“无定”[ἄπειρον]），而是要着眼于万事万物的存在本身，应当总是

---

① Gilbert Simondon，*L'individuation à la lumière des notions de forme et d'information*，Paris：Millon，2005，2013，p.21. 后续注释中简称为 *ILFI*。

② 参见米歇尔·弗雷德：《亚里士多德的个体》，聂敏里译，载《世界哲学》，2012 年第 6 期。另参见 Aristotle，*Metaphysics*，trans. W.D. Ross，Beijing：Central compilation & Translation Press，2012， 及 Aristotle，*Physics*，trans. Robin Waterfield，Oxford：Oxford University Press，2008。

将现有的个体作为要素构成的终点（terme）和构成新个体的起点。如是，实体意味着更多地关注现实而非潜能、个殊而非理念，并从个体反过来推演个体化的条件和规则，借助于这样的原则创造新的个体。

然而在西蒙东看来，本体发生论的颠倒存在两个相互关联的弱点：（1）它在逻辑上是颠倒的：个体本应该（de juri）在个体化之后才会产生，但在事实上（de facto），哲学家们又是从个体的在场出发找到了形质论的图示，将这一后天建构的原则升格为先验原则；（2）这样的逻辑颠倒让形质论的原则外在于个体生成的真实过程。正如西蒙东所生动形容的那样，“形质论的图示对应的是一个门外汉的目光：他站在匠人的工坊之外，考虑的只是什么东西进去了什么东西出来了。”① 作为设计者，哲学家们将形质论当作模子递给作坊里的工匠，等到成型的器物依照模子做出来后，他们便宣称这些器物来自自己提供的模子——对普遍原则的关心反而吞噬了其最初的目的，即关心个别在场实体的生成而非先验于个体的理念或神秘的力；个体的生成要么被归属于形式，要么被归属于质料，却从未被归属于个体化的运作（opération）本身——至于工坊内发生了什么，对站在门外的人来说是晦暗不明的区域（une zone obscure）。然而，即便有这两个问题的存在，形质论仍旧试图将自己奠基为个体产生的原则，由此导致（3）个体—实体陷入了同一性的空洞设定之中。西蒙东指出，实体主义理所当然地“认为存在者与其统一性（unité）相一致，这种统一性是它自我赋予、自我奠基的和**非创生的**（inengendré），因而抵抗着一切非自身的事物”。② 这种自我设定的同一性总是从个体本身内在的规定性出发（即便这种规定性事实上来自外部的设定而非其真正的内在性），其中并未包含个体所处的外部条件的差异——它既非真正的内在性，也没有融合个体生成之中的外部要素，却声称自己建立起了内部外部相统一的“个体”。哲学家们关心实体的原则胜过关心实体本身，

① 同时，西蒙东犀利地指出了亚里士多德提出形质论背后的社会历史条件：真正参与个体生成也就是制造技术物件的人从来都不是提出了形质论的、拥有闲暇的哲学家，而是在工坊中劳作的匠人和奴隶。实体主义和它所提出的形式、质料原则本身代表的就是一种“观察者眼中的技术活动”，这也能从历史情景上帮助我们理解为什么这些原则都是外在的。

② *ILFI*，23.

然而这一原则所要求建构的却是一个同一但失真的个体：“只有作为**已经被建构成个体的个体**才是我们感兴趣研究的现实（réalité intéressante），才是我们要解释的现实。”[①] 总而言之，以上三点揭示了以个体化取代个体的必要性：“当我们预设了质料和形式的外在性以及质料对于超越之形式的阶级性从属之后，我们就会回到个体化的原则来解释已建构的个体，而前者则是先于（antérieur）后者的。而一旦我们诉诸预先形成、超越个体化行动的个体化原则，那我们就无法解释作为真实过程的个体化之生成。”[②]

在德勒兹看来，西蒙东所批判的个体原则隶属于同一性哲学的谱系，后者实际上是用属和种差的分类方法将差异还原为同一性。德勒兹认为，分类的核心是一种在判断中进行的类比（analogie，虽然亚氏本人并未在存在论中讨论过类比的问题）。在这种认识论框架中，差异之典型被描述为种与种之间的“种差”。虽然种差规定了一种绝非偶性差异的本质性差异，但它始终需要以属的同一性为基础；并且在描述新的种时，我们总是需要借助类比的认识论将其反思地归纳为某种已经存在的概念的同一性之下：“类比自身是判断中的同一性的类比物……当种差满足于将差异纳入未规定概念一般之同一性中时，（分配与等级的）属差则满足于将差异纳入最为一般的可规定概念的准同一性之中，亦即纳入判断自身的类比之中。”[③] 也就是说，当我们试图认识某一个对象的种并对其做出规定的时候，我们其实是以更上一级的属的概念之中的同一性来反思它，得到一个同已有概念具有类似性的准一概念。他认为，这种认识论不仅“假定了一种由判断在抽象表象中施行的特征遴选（choix de caractères）”，而且还“假定了具体表象中的感性直观的连续性”，[④] 即事先已经用本质的同一性特征来构想表象之中的个体，因此透过形质论原则所看到的只有表象中与属的本质同一性相符合的部分。与西蒙东对形质论的批判类似，这种基于同一性和连续性的类比在德勒兹看来“不可避

① *ILFI*，23.

② Anne Sauvagnargues，*Deleuze. L'empirisme transcendantal*，PUF，2010，p.243.

③ Gilles Deleuze，*Différence et répétition*，PUF，1968，pp.50—51. 后续注释中简称为 *DR*。

④ *DR*，51.

免地陷入到一种无法解决的困难之中：它应当在本质的层面上将存在与特殊的实存者关联在一起，但同时它又不能说出是什么构成了它们的个体性。因为，类比只把与一般之物（形式与质料）一致的东西持留在了特殊之物中，它在既成个体的某一具体元素中寻找个体化原则”。① 与类比所带来的表象同一性相对，个体化因素应当被理解为“与个体化过程共时的、无政府的、游牧的、可塑的原则”，行个体化者（individuant）“既有能力消解、摧毁诸个体，又能将它们暂时构成”。② 属的同一性吸纳了种之中的差异，将之还原为相同的本质；这种同一性的本质又让我们在判断中将表现在种差中的偶性剔除，在诸分殊个体之间建构起具有同一性的表象，由此完成了从本质同一性的预设到表象同一性的闭环，将差异统摄于其中。而真正的差异被德勒兹规定为一种理念，它应当属于纷繁的偶性而非抽象的同一性本质；并且德勒兹进一步颠倒了本质和偶性之间的关系：运动着的偶性才是个体的本质，因为个体始终应该是个体化，即行分化者。③

对比西蒙东和德勒兹对形质论的理解，我们不难看出二者共通之处：他们都发现了实体主义形而上学中虚假的本质和表象同一性掩盖了真实的差异之来源，并且都希望通过用个体化的生成运动取代建立在先验原则之上的个体来颠倒差异和同一之间的关系。但在更为关键的问题上——差异的来源是什么？它又是如何在个体化的生成运动中运作的？——二者既有相同之处，又有着各自的见解。

非相称与奇异性：差异的表达

西蒙东的个体化哲学并非是要用古希腊自然哲学来取代实体主义，而是从现代科学的进步中吸取思想资源，以包含了亚稳态（métastabilité）的前个体实在（réalité préindividuelle）代替实体主义哲学的个体原则。西蒙东对亚

①② *DR*, 56.

③ 关于德勒兹对亚里士多德的分类方法的颠倒，参见安靖：《论德勒兹哲学中理念论和单义性存在论的同一——以德勒兹对亚里士多德主义的颠倒为线索》，《南京社会科学》，2019 年第 12 期。

稳态的理解受到维纳（Nobert Wiener）的控制论与热力学的启发：当温度、压力和其他决定体系状态的因素稍微离开其真正平衡数值时，在某种条件下，体系仍可具有一定的稳定性。此时体系所处的状态被称为亚稳态，也被称为介稳状态。[①] 西蒙东提出，形质论这种由外在的形式为被动的质料赋形（in-form）的本体论逻辑是古代科学发展不充分的产物，有着内在的时代局限性；而当代物理学对亚稳态的发现能够为哲学和形而上学对个体发生的解释提供一种新的认识论基础：

> 个体化没能被以恰当的方式思考和认识，其原因是人们只知道一种平衡的形式，即稳定态的平衡（équilibre stable），而不知道亚稳态的平衡（équilibre métastable）。稳定的平衡排斥生成，因为它对应的是尽可能低的潜在能量等级。这种平衡达成的时候，系统内全部可能的转换都已经实现并且不再有任何的力（force）。所有的潜在都变成了实在，而有着最低能量等级的系统也不可能再转换为新的东西。古人只知道不稳定和稳定，运动和静止，却不理解纯粹的、客观的亚稳态。[②]

与稳态及其相应的个体原则相对，亚稳态的系统为解释个体发生带来了新的路径：（1）亚稳态揭示了系统内部潜能以差异的方式存在，它保存于质料之内，是可沟通的不同能量级之间还未发生交流的状态。（2）这两个或多个不同的部分之间存在着冲突、不协调，处于“非相称”[③]（disparation）的关系之中。（3）因此前个体实在中必然存在着不止一个能量级，它们之间具有关系的实在性和繁复性（multiplicité）。单数的个体（individu）必须为个体化这一表述所取代，因为并不存在一个单一的个体，而只存在非相称的诸数量级。个体从来

---

① 亚稳态是用以描述结晶过程的重要概念。在晶体的形成过程中，处于亚稳态的母液（或气体）在受到外界扰动（如投入晶核）时，就会按照特定的几何形状生成固体。如不与冰接触的过冷水，不与纯溶质接触的过饱和溶液等，都处于这种亚稳态。

② *ILFI*，26.

③ disparation 一词其原意是“不相称、不对称”，而在德勒兹《差异与重复》的中译本中，译者将其翻译为“龃龉化”或“龃龉性”。本文中除引用中译本处作“龃龉化”翻译之外，其余情况仍作“非相称”和“不相称”。

都不是“一”（un），也不是“非一”（non-un），而是“不止于一”（plus qu’un）。更为重要的是，（4）非相称对于系统来说是“成问题的”（problématique），它需要系统通过创造新的维度来解决这一问题。因而亚稳态就可以被视为个体化的动力，在解决问题的过程中创造出新的个体化。在视觉系统中，三维深度的产生是由于二维平面中的视差需要通过创造三维的空间来解决；① 同样，前个体实在中不同能量级之间的不对称关系需要借助新维度的创造来调和。对差异的解决并不是对差异的否定或还原，而是将其展开在新的个体化阶段内，带入一个新的创造性维度之中——这一新的维度从来不以任何先在的（a priori）方式包含在已存在的个体内部，而是共在于每一次的个体化行动中——让原先以前个体形式存在的两种不同实在能够在新的维度中找到各自的表达。

那么西蒙东个体化哲学中的差异是否可以被理解为前个体的潜能中的先验差异呢？换言之，西蒙东的生成哲学中是否同样存在一种差异本体论呢？事实上，作为西蒙东最早一批关注者的德勒兹（以及一部分研究这一问题的德勒兹主义者们 ②）从一开始就将个体化哲学视为差异哲学的先声。早在还未出版《差异与重复》的 1966 年，德勒兹在《评吉尔伯特·西蒙东的〈个体

① “非相称”一词来自生理—心理学对人类知觉的研究，西蒙东用人类视觉成像的粒子来解释生命体个体化中的非相称概念。根据 Sauvagnargues 的分析：“每一个视网膜都被一个二维图像覆盖着，但由于视差的原因，这两个图像无法达成一致。因此，任何二维图像都无法解决西蒙东所说的‘二维性公理’，即两个图像之间的互不协调性。用西蒙东的术语来说，这一公理意味着一个成问题场域（这里就是视觉）的客观构成，意味着一个需要被解决的‘成问题者’或客观亚稳态状况的呈现……为了消解两个视网膜之间的这种客观亚稳定性，人的大脑将其整合为一种新的公理，即三维性的连贯性条件。因此，体积视觉和深度知觉作为问题的解决登场了。它们提供的解决方式就是创造出一个新的，并且是不可预见的第三维度，其并不包含在之前的两个视网膜图像中。”引自 Anne Sauvagnargues，“Hegel and Deleuze：Difference or Contradiction”，in *Hegel and Deleuze：Together again for the First Time*，ed. K. Houle，Evanston：Northwestern University Press，2013。需要注意的是，虽然西蒙东在谈到生命体个体化时以双目视觉作为例子，但并不意味着非相称指的就是两个不对称的部分，系统内具有不同数量级的两个或多个部分都可以被认为是非相称的。另参见 *ILFI*，204。

② Sauvagnargues 也遵循德勒兹的说法，认为非相称的结构为个体化提供了发生的动力学来源，因此整个本体生成论的核心正是以潜能形式存在的差异：“处于不平衡之中的亚稳态的存在揭示了这一根本性的**差异**（différence），这一非对称的不平衡状态说明了潜在和现实之间的张力以及新事物的生产。”（224）Emmanuel Alloa 和 Judith Michalet 将西蒙东和德勒兹的差异理论分别称为“转导的差异”（transductive difference）和“强度的差异”（intensive difference），cf. “Differences in Becoming，Gilbert Simondon and Gilles Deleuze on Individuation”，*Philosophy Today*，61：3，Summer 2017。Bowden 则持有较中性的态度，他承认西蒙东非相称概念和德勒兹差异本体论之间的联系，而没有强调前者也创造了某种差异哲学。Cf. Bowden Sean，“Gilles Deleuze，a Reader of Gilbert Simondon”，in *Gilbert Simondon：Being and Technology*，Edinburgh：Edinburgh University Press，2012，pp.135—153.

及其物理—生物学的发生〉》一文中已经在思考如何把非相称所揭示的潜能差异进一步改造为关于强度差异（différence d'intensité）的理论：

> 但是，本质上对亚稳系统进行界定的，就是存在一种“歧异化”（disparation），至少存在量的两种秩序、实在性的两种歧异的标度，在这两者之间尚未存在相互作用的沟通。因此，亚稳态系统蕴含着一种根本的差异，就像一种非对称的状态一样。不过即便它是一种系统，那么这在下述的情况下才会成为可能，即差异在这种系统之中就像潜在的能量（énergie potentielle）一样、就像分布在不同极限之中的潜在的差异（différence de potentiel）一样。在这一点上，西蒙东的构想在我看来接近一种有关诸强度量的理论；因为每种强度量本身就是差异。[①]

在西蒙东的理论中，亚稳态指的就是由于不同能量级在同一系统内的共存；换言之，它表明了一个系统内部的能量并不是稳定、同一、均匀地分布的，而是存在着能量等级上的不对称。正是这样的想法与德勒兹的强度概念不谋而合，后者反对将一切质的差异还原为量的差异，因为强度就是“在自身中包含着不等（inégale）。它表现了量之中的差异，也就是在量的差异中无法取消的东西，或量自身当中不可均等的东西”。[②] 也就是说，亚稳态系统中不同的能量级之间并非是量上的不同，而是如同光的波粒二象性那样，是无法相互还原的不同状态。整个个体化哲学，在德勒兹看来，就是这种内在强度差异（在德勒兹那里，强度和差异是同义词）从潜能到现实的展开：“内强量的本质过程就是个体化。强度是个体化的，内强量是个体化因素”，“个体化从本质上来说是内强的，而前个体的场域从本质上说则是理念的—潜能的，或者说，它是由微分比［差异关系］构成”。对于德勒兹来说，个体化

---

① Gilles Deleuze，*L'Île déserte*，Paris：Les Éditions de Minuit，2002，p.121. 后续注释中简称为 *ID*。中译参考德勒兹：《〈荒岛〉及其他文本：文本与访谈（1953—1974）》，大卫·拉普雅德编，董树宝、胡新宇、曹伟嘉译，南京：南京大学出版社，2018 年版。其中，disparation 翻译为“歧异化”系保留中译本原文。

② *DR*，392.

哲学和强度概念的结合能够真正让他找到一条途径，来确立属 + 种差的分类方法中个体性（个体差异）的差异，而不至于回归到本质同一性之中。因为属的同一性在个体的差异之中充当了一般性的保证，让个体性能够借助上一级范畴中稳定的连续性而被认识和归类；而一旦我们用亚稳态的前个体实在取代属，用生成的个体化取代被属的形式原则所规定的种和个体，那么我们就不会将个体的偶性从属性之中剔除，而是颠倒二者之间的从属关系，真正让差异行分化作用（différencier），成为差异本体论的核心："差异仍然具有流动性或重新具有了流动性；在它发挥作用的地方，它发挥作用的方式就是规定差异或使差异发散。"①

可是对于西蒙东来说，非对称的潜在差异并不是个体化的全部。因为仅仅具有可以发生个体化的结构本身并不足以让潜在的能量直接向个体化的现实转换：这一运动仍然缺乏动力来源，差异需要找到自我表达的方式；另一方面，在潜能和现实的转换过程中，必然会遭遇到个体所处的环境要素，后者不可避免地会影响个体的塑造过程。可以说，个体化既具有内在特征，也有外在要素的参与。但问题是，这两个不同的层面是如何构成了统一体的？两种不同类型的差异又是怎样让个体得以相互区分呢？"外在和内在的方面是否真的是相互分别因此可以在事实层面上被认为是外在和内在，或者说它们应该被理解为揭示着某种更加深刻、更加根本的存在模式，而个体化中的两个方面则是其表现？"② 想要回答这个问题，就要理解西蒙东所谓的奇异性是如何参与个体化过程的。如果说质料之中的亚稳态作为内在性的差异为个体化的展开提供了条件，那么来自质料外部③的奇异性（singularité）则作为由缔和环境（milieu associé）带来的外部差异参与个体化，为整个系统接

① *DR*，415—419.

② *ILFI*，60—61.

③ 在这里，我们虽然将奇异性视作来自系统外部，但这仅仅是因为受到实体主义传统的影响，我们倾向于将质料视为某种"内在"的团块，把质料内部的能量特征视为一个独立的系统。实际上，西蒙东的个体化哲学最重要的特征之一就是反对这种内外之间的区分，而是将个体和它的缔和环境（milieu associé）结合在一起视作个体化的系统。缔和环境不仅包含了质料，也包含了由环境带来的具体的信息—奇异性，并且这一奇异性从前个体实在阶段就已经参与了个体化的生成，为个体化赋形。所以对于个体化来说，并不存在内部和外部的区分。

下来的生成方向提供了形式。西蒙东受到中世纪哲学家所讨论的 *haecceitas* 概念——“这个”的名词形式，来自拉丁文的 *haec*（“这个东西”）——的启发，指出了所谓个体其实就是“这个东西”“这个事物”，它在具体时空中、具体过程中获得了自己的个体性（eccéité）。奇异性既具有无法还原的、不可替换的个体性，又具有经验上的“厚度”，是“这个东西”“这个事件”。[①]

用西蒙东的观点看来，首先，奇异性来自质料的外部，是异质的；其次，奇异性给个体化带来了形式的原则，或者用他改造过的信息（information）概念来说，是一种赋形（in-form）作用。奇异性—信息沟通了分别作为发送者和接收者的两种不同的数量级，使其进入交流之中；最后，奇异性作为一种赋形，并不像形质论中的形式原则那样来自外在，并且普遍地作用于每一个个体，而是具体地存在于每一次个体化的发生时刻，调节（module）着个体生成的方式和形式。西蒙东这样形容奇异性在个体化中的角色：“正是在不同的数量级之间的互动之中——或者在个体的层面上说，力的遭遇之中——让个体化在一种奇异性或曰形式原则的支持下发生。起中介作用的奇异性（singularité médiatrice）在这里就是模具（moule）；或者在其他情形——比如在大自然中，它可以是让沙丘得以成型的石头，在一条充满沉积物的河流中塑造出岛屿的砾石。”[②] 可以说，正是奇异性给生成的对象带来了个体性（eccéité），使其成为“这个东西”“这个对象”，让前个体中的潜能差异在现实中表达为个体性。举例而言，在结晶过程中，奇异性就是在“此时此刻”被投入过饱和溶液中的晶核，其中包含的“信息”在加入溶液中后会引发结晶，而随后生成的晶体则是可被视为对这一奇异性的“延伸”（prolongement），即晶体会依照晶核的结构来组织自身在各个方向上的

---

① 个体性（eccéité）一词来自邓斯·斯各脱。关于这一词源和翻译，德勒兹和加塔利在《千高原》中也讨论过，参见 *MP*。对奇异性概念的更多分析可参考 Emmanuel Alloa & Judith Michalet，“Differences in Becoming，Gilbert Simondon and Gilles Deleuze on Individuation”，*Philosophy Today*，61：3，Summer 2017。

② *ILFI*，44：note 5.

生成——这一过程被西蒙东称为转导（transduction）。[①] 而如果我们放在前个体的亚稳态系统中来看，这一来自质料外部的奇异性向其内部引入了一个裂隙，这一方面导致系统内的两个或多个异质部分（非相称的不同能量级）在个体化时进入交流之中，另一方面——作为这一交流的结果——使系统内的潜能在缔和环境中现实化，并直接取消了内部和外部的区分，形成一个新的具有奇异性的个体。[②] 总而言之，西蒙东实际上提到了两种不同的差异观念：（1）非相称的内在差异，它揭示了个体化在能量和质料要素上的条件；（2）来自环境中的奇异性则是信息—赋形意义上的差异，它为个体化带来了具体的结构与形式。正如西蒙东所概括的那样，"奇异性与能量和质料条件之间可兼容的遭遇"，[③] 作为这一遭遇之结果的个体则"在自身中包含着（enferme）能量和质料条件的综合，另外还有一种信息条件（condition informationnelle），后者往往不是内在的"。[④] 这两种不同的差异在西蒙东的理论中共同服务于个体化的生成，同时也用系统（由个体及其缔和环境共同构成）层级上的视角来取代种属分类法中静态的差异观念。

事件和前个体场域

我们已经提出，德勒兹在对西蒙东的理解中将亚稳态和非相称的潜能结构改造成了前个体实在中的强度差异。但作为富有原创性的哲学家，德勒兹同时也对奇异性概念做了改造。概括而言："西蒙东将奇异性视为在一个围绕特定潜能而建构起来的场域中促使赋形过程运作起来的催化剂，而德勒兹则认为这一潜能场域本身已经充满了一系列不同的奇异性，后者将以事件的

---

① 转导概念对于理解个体生成来说十分关键。"转导指的是一种物理、生物、心理和社会的运作（opération），即某种活动在某一个领域内一步步地展开。这种传播（propagaton）建立在某一领域内从一个位置到另一个位置的结构化之上：每一个已经建立起结构的领域都为下一个领域提供了建构原则，即便调控也会在这一结构化运作中逐步发生。"（*ILFI*，32）晶体就是转导在物理领域中典型的例子：投入过饱和溶液的晶核为结晶提供了基本的结构，诱使结晶过程围绕着这一结构逐步展开。

② *ILFI*，78.

③ *ILFI*，82.

④ *ILFI*，79.

方式现实化并创造差异。”[①] 德勒兹这样阐述自己对奇异性的理解：

> 通过发现个体化的前提条件，他（西蒙东）严格区分了奇异性（singularité）与个体性（individualité）。因为正是被界定为前个体的亚稳态具有与潜能的实存和分布相一致的诸奇异性（在微分方程理论中，“奇点”[singularités] 的实存和分布具有一种不同于它们邻域[voisinage] 内的诸积分曲线“个体的”形式的性质，难道这与西蒙东描述的情况不一样吗？）。奇异但又不是个体，这便是前个体存在的状态。[②]

结合同一时期写作的《意义的逻辑》我们可以看出，[③] 在个体与奇异性之间的关系问题上，德勒兹虽然是在评论西蒙东的哲学，但其实他所思考的是如何建立一种先验原则以描述未被大写的“我”的主体性所规定的内在差异。在奇异性这一概念上，德勒兹在阅读西蒙东的同时，吸收了数学哲学家劳特曼（Lautman）的理论，后者所使用的奇异性一词指是数学中的“奇点”（这也揭示了为什么德勒兹总是用其复数形式），即一个无法在现实的数学对象中被直接定义的点，它破坏了这个数学对象的一致性，使其无法再维持稳定的性质。劳特曼在研究向量场内奇点和积分曲线的关系时提出，二者虽然存在互补（complémentaire）的关系，但它们首先应该被当作完全不同的两个实在，[④] 即我们无法在一个积分曲线的同一数学现实中找到与之互补的奇点。

---

① Emmanuel Alloa & Judith Michalet，“Differences in Becoming，Gilbert Simondon and Gilles Deleuze on Individuation”，*Philosophy Today*，61：3，Summer 2017.

② *ID*，121.

③ 相比于 *DR* 及 *ID*，在《意义的逻辑》“第十五系列：奇异性”一章中，德勒兹更完整地阐述了对劳特曼和西蒙东哲学关于奇异性—奇点问题的理解。与 *DR* 中将奇异性同强度相互关联的做法不同，德勒兹提出了在事件概念下理解这一问题的新角度。但无论是强度还是事件，德勒兹始终在用奇异性勾勒出一个先验的场域，构建关于纯粹内在性的差异哲学；也正是在这个意义上，我们可以将这两部同一时期的著作放在一起讨论。参见 Gilles Deleuze，*Logique du sens*，Paris：Les Éditions de Minuit，1969，pp.122—142。后续简称为 *LS*。

④ “对微分方程理论的几何解释清楚地揭示了两种绝然不同的实在：其一是向量场，其二则是可能发生在其中的拓扑学意外（accidents topologiques）。就好像平面中既有不从属于任何方向的奇点，也有积分曲线，后者从邻域内处于矢量场中的奇点那里获得了其形式……奇点的存在和分布与由微分方程所定义的矢量场相关；积分曲线的形式则关联着该方程的解。二者当然是互补的，因为向量场内奇点的性质正是由其邻域内曲线的形式所定义；毋庸置疑，矢量场和积分曲线是两种不同的数学实在。”*LS*，127：4，引自 Albert Lautman，*Le problème du temps*，Hermann，1946，pp.41—42。

正是在这个意义上，劳特曼将奇点的实在称为“先验的”(transcendental)：“抽象之物参与了具体之物的起源，对这种支配关系的‘先验’解释可以更好地说明问题。”[①] 德勒兹将奇点所处的向量场称为前个体场域，强调其是前个体、无人称，因而也无同一性规定的先验场域：“我们试图找到一个无人称的、前个体的先验场域，它完全不类似于与之相对应的经验场域。”[②] 在此基础上，德勒兹进一步从哲学上将先验场域中的奇点视为个体化得以产生的差异事件：“奇点是真正的先验事件（ événements transcendantaux ）……奇点远非个体的或人称的，而是先于个体和人称的起源；它们从‘潜能’中再出发，在其中没有‘我’(ni Moi ni Je ）的人称，而只有自我实现、自我实行的产物，而这一现实化的形象看上去完全不是某种被现实化了的潜能。”[③] 德勒兹对于先验事件的理解有两个关键点：（ 1 ）从潜能到现实的同一性逻辑会让潜能中的各个要素与现实中的个体建立对应关系，其做法实际上还是从现实的个体出发，以同一性和连续的“我思”(即德勒兹强调的作为人称的“我”，一个能够保证同一性的平面 ）为基础去建立一个关于个体的“起源神话”——这也是德勒兹和西蒙东批判的实体主义所采用的做法；（ 2 ）而作为事件的奇点它是一种与被现实化的潜能不同的纯粹内在差异，因为后者不会按照特定的建构性原则而实现为诸个体，而是始终在分配异质的系列即差异本身。因此来源于先验的场域，在经验世界的个体中总是“游牧的分配（ distribution nomade ），后者激进地与固定的、定居的（ sédentaire ）分配相区别”。[④] 最终，奇异性的事件和先验场域相结合，共同形成了关于差异的先验建构：“当充满了无人称、前个体的奇异性之世界向我们打开的时候，我们终于能够行走在先验的场域之中。”[⑤]

到这里，我们才能真正看清德勒兹改造个体化哲学的全貌：内在差异—强度是差异的来源，它存在于前个体实在中，后者被当作一个充斥着

① Albert Lautman，“New Research on the Dialectical Structure of Mathematics”(1939)，in *Mathematics*，*Ideas*，*and the Physical Real*，trans. Simon B. Duffy，New York：Continuum，2011，p.200.

② *LS*，124.

③④⑤ *LS*，125.

奇点的先验场域。从其中，奇点以游牧的方式分配自身，而非从某一主体或个体的同一性原则出发来分配差异。因此，如果我们站在西蒙东哲学的角度看，甚至可以说《差异与重复》时期的德勒兹，在很大程度上"误读"（mésinterprétation）了西蒙东。一方面，西蒙东对奇异性的理解与德勒兹的解读可以说是完全不同。巴特雷米就提出："德勒兹一上来就曲解了西蒙东。他写到前个体'具有奇异性'（le préindividuel «est pourvu de singularité»）；而在西蒙东那里，奇异性其实是将会诱发作为前个体的场域（champ）之个体化的东西，而与这一过程对应的图示则是结晶。"① 正如我们已经分析过的那样，西蒙东的个体化哲学既有代表了内在差异的亚稳态，也有从外部引入差异的奇异性。后者充当了从潜能到现实的分配原则，即从外部引入的信息—奇异性激发了潜能差异的运动，并为之赋形。西蒙东始终是在系统层面上理解个体生成，因为即便差异的来源不同，对于差异的分配也就是个体化生成的运动始终是个体和其缔和环境所形成的系统的运动。这种系统遵循着反馈—调控的机制，并不区分内在、外在要素。另一方面，在概念的来源和使用方式上，无论是前个体、非相称、亚稳态还是奇异性—信息，西蒙东都有着科学和技术上的理论基础：亚稳态是客观存在的，它能通过波粒二象性和热力学研究被揭示出来；信息—奇异性则是和控制论、信息论之间的对话。而阅读西蒙东的文本就会发现，其对个体化中各个环节的论述总是有着具体的研究案例或图示（结晶、水力发电机等）作为支撑，并在此基础上将之扩充为某种百科全书主义的自然哲学。总而言之，西蒙东并非是一个形而上学家，也并不在用做哲学史的方式创造自己的哲学概念，而是以生成的视角重新发展自然哲学的传统，提出理解技术、生命和认识论问题的完整理论系统。

结论

对于《差异与重复》时期的德勒兹哲学来说，西蒙东的个体化理论对差

---

① Jean-Hugues Barthélémy，*Simondon，ou le symptôme d'une époque*. Chronique d'une redécouverte，*Hermès*，*La Revue*，2014/3 n° 70，Paris：C.N.R.S. Éditions，pp.191—196.

异本体论的建立影响深刻。这不仅体现在德勒兹对西蒙东哲学文本的引用上，也体现在二者关于差异概念的理解上。一方面，二者都反对建立在个体原则上的同一性哲学，强调生成和差异在个体发生过程中的重要性；另一方面，西蒙东使用的诸多概念如前个体、非相称、亚稳态、奇异性等在德勒兹的著作中经过改造重新出现，成为理解德勒兹差异哲学的关键。然而，回到我们一开始提出的问题，德勒兹的理论虽然借助了很多来自西蒙东的概念，但为什么最终呈现的结构却如此不同？西蒙东哲学虽然可以被视为差异哲学的先声，但并不代表西蒙东是差异哲学的拥趸。我们可以从两个角度总结：从哲学史角度说，差异哲学这个提法本身就有强烈的德勒兹主义色彩，对西蒙东的这种解读实际上仍是德勒兹所做的工作，即在哲学史中找到能够帮助建立一种关于内在差异的形而上学的资源。另外，德勒兹使用的概念虽然是来自西蒙东，但并不仅仅取材于后者，其做哲学的方式就是对哲学史中的概念、理论甚至是人物进行分析、拆解、重组，生成一个难以辨认的“畸形婴儿”。以奇异性概念为例，通过分析我们看到，其中既有西蒙东的思想，也有劳特曼的思想，但德勒兹引用他们的概念只是为了服务于自己对先验差异的构造。从概念的内容上说，与德勒兹所重视的内在差异不同，西蒙东个体化哲学中所理解的差异既有内在的层次也有外在的方面，这一点能够在二者对奇异性概念的分析中找到最好的例证。差异哲学本身有着德勒兹强烈的问题意识：如果我们仅仅指出个体的生成有着差异的来源是不够的。同一性哲学从来不是对差异视而不见，相反，他们总是在以各种各样的方式肯定差异的存在，又同时以理论的强力把差异重新纳入某种固定的原则，这也是类比、“我思”、辩证法的强大魔力所在。因此，如果要逃脱同一性哲学的禁锢，作为潜能的差异必须同样以差异的方式被分配到个体之中，才能保持差异不会在现实化的过程中被同一性所中和。因而真正重要的问题是让差异保持其在先验场域中的奇异性，让差异彻底和现实的分配逻辑断裂。

何为虚在：从德勒兹到梅亚苏与布莱恩特的思想暗线

苏　丹*

随着主体哲学的没落和后现代主义思潮的冷却，越来越多的思想家又开始重新反思本体论的问题。特别在万物互联的当下，我们应该用什么样的方式建立与物之间的联系，建立与世界之间的联系，是我们的切实之问。从德勒兹对先验性起源的反思开始，世界因主体中心的破碎而显得丰富了起来。而最近十几年兴起的欧陆新唯物论与实在论，则接续了德勒兹的思辨性与反思传统，试图在超越德勒兹的基础上，形成新的思考世界的可能。埋藏在传统主体之下虚在的物与后人类，对当代人发出新的思想召唤。

一、主体：生机性与思想

在过去的二十余年中，似乎没有什么能够抑止住德勒兹机器的运转了，它将一切拖入一个游牧场域内进行疯狂碾压，差异的碎片填充在永动的混沌体（chaosmos）中。我们不得不承认德勒兹对笛卡尔传统的深刻威胁，只有在一个完全破碎的自我中才能够兑现尼采“上帝已死”的承诺。他把矛头指向了继承笛卡尔血脉的康德，对康德以降的先验传统进行了反思。“形而上学和先验哲学达成了一个共识，即去思考**那些仅仅已经被禁锢于一个至高无上的自我（Moi），或一个卓绝的我（Je）之中的诸可确定的奇点**

* 作者苏丹，南京大学马克思主义学院国外马克思主义专业博士研究生。

（singularités déterminables）。”[①] 通过对一个统一性的自我进行追溯，德勒兹把康德的先验统觉与形而上学视为一物。而只有回到一个充满奇点的“荒岛”中，先验性的起源才变成可思之事。对传统“我思”的无限分裂，使人们被迫面对“习惯”之外的诸事实，这里是在经验不再发生效用的一刻所展现出的实在：“在一个极为短暂的时刻里，我们进入到了这种原则性精神分裂（schizophrénie de droit）之中，它彰显着思想之最高强力，并使**存在**直接向差异敞开，且全然无视概念的一切中介和一切和解。”[②]

那么，思想是对“习惯”的溢出，我们并不是一个笛卡尔式的主动性的高贵的“我思”，反而是一种“被迫思”。“世界上有某种强制人们去思考的东西，它们不是认知的对象，而是遭遇（rencontre）的对象。”[③] 我们遭遇了先验主体在起源上的模糊性，从而被迫面临着一个差异性的世界，这里布满了思考的奇点，我们需要新的内在性平面以创造新的概念。在此意义上，思想是一种后知后觉的东西，一个充满着复多差异的世界在不断地激起我们的思想能力。笛卡尔的“我思故我在”被调转成“我在故我思”，内在于“我思”中的求善与求真，则成为一种被生产之物，而绝非什么使人存在的先在价值。对笛卡尔的颠倒，致使欲望的安那其主义倒转为本体，“我思”与上帝也只是一种产品。整个世界中只剩下德勒兹式的欲望奔流，差异无止境地生产着诸物。

梅亚苏明显发现了这个问题。要想让这台机器降降温，就必须重新回到笛卡尔的“我思”中。而事实上，梅亚苏将恢复笛卡尔的“我思”视为己任，认为只有重新竖起这面大旗，才能防止人类的价值被碾碎。在此意义上，梅亚苏在他《有限性之后》的开篇，就开始在笛卡尔那里保证事物真实的广延性上做文章，并重新赋予数学以“神圣意义”：“为了用现代术语激活笛卡尔的论题，也为了以我们打算捍卫的术语来对其进行言说，我们主张如下：**一切能够被数学术语表达出的物（l’objet）的属性，同样可被理解**

① Gilles Deleuze，*Logique du sens*，Paris：Les Éditions de Minuit，1969，p.129.

② 德勒兹：《差异与重复》，安靖、张子岳译，上海：华东师范大学出版社，2019 年版，第 110 页。

③ 德勒兹：《差异与重复》，第 244 页。

为物自体（l'objet en soi）的属性。”[1] 用数学来为真实性保驾护航，从而让“我思”重新具有实在论意义上的求真能力，正是梅亚苏激活笛卡尔的动机。正如其后来所坦言的：“多年来，我主要的关注点都放在思想的能力（the capacities of thought）上：思想到底能做些什么？我的论文（它们看起来可能有些古怪的古典气息）之归旨在于表明思想有能力触及‘绝对’，甚至有能力产生某些‘永恒的真理’；尽管在过去的一个半世纪中，所有传统的形而上学都经历了各种各样的破坏和解构。”[2]

梅亚苏当然不是要恢复形而上学传统，但他决不允许人类的价值因形而上学的倒塌而寂灭。对于梅亚苏来说，思想是我们赖以生存的本源，生命不在于其生成，而在于其怎样生成。如果没有思想的保证，我们无法看到世界的多样性，更无法希望一个新世界的出现。因而，内在于“我思”的求真与求善维度被梅亚苏重新提及。正如其所说：“我的目标很简单：我试图拒绝任何形式的相关主义——这意味着我试着证明思想，在非常特殊的情况下，可以进入自在的实在，而不依赖于任何主体性行为。”[3] 我们知道，梅亚苏通过其独特的思辨方法，构建了一个充斥着超偶然性（surcontingence）的世界，利用这种方式，梅亚苏清算了构建有限理性的相关主义，从而试图打开人类思想通往无限的大门。而正因为世界之万物及规则是绝对偶然的，人类才有可能欲求一个符合人类价值的新世界之诞生：“**正义的世界本身是可能的，条件是它必须在当今世界的行动中得到渴望**。”[4] 如此，梅亚苏将思想的求真与求善统一到了一处，使思想重新作为人类存在的依靠。

显然，梅亚苏必须要拆解掉德勒兹的立论基底。我们知道，德勒兹赋予生成以本体论意义，而诸物之生成完全在于作为微分和自在差异的强度。德

---

① Quentin Meillassoux，*Après la finitude*：*Essai sur la nécessité de la contingence*，Paris：Éditions du Seuil，2006，p.16.

② Quentin Meillassoux，*Iteration*，*Reiteration*，*Repetition*：*A Speculative Analysis of the Meaningless Sign*，trans. R. Mackay，Berlin：Public Lecture at Freie Universität，2012，p.1.（https://cdn.shopify.com/s/files/1/0069/6232/files/Meillassoux_Workshop_Berlin.pdf.）

③ Quentin Meillassoux，*Time Without Becoming*，ed. Anna Longo，Milan：Mimesis International，2014，p.12.

④ Quentin Meillassoux，“The Divine Inexistence”（Excerpts），trans. Graham Harman，*Quentin Meillassoux*：*Philosophy in the Making*，Edinburgh：Edinburgh University Press，2011，p.215.

勒兹将这种强度差异无限地一分为二的共振状态称为龃龉（disparité）：“龃龉。亦即差异或强度（强度差异），是现象的充足理由，是显现之物的条件。”① 德勒兹将强度视为自在差异，而我们所认定的广延实际上是强度的一种现象，这一现实的现象下面还龃龉着未被现实化的强度。追溯先验主体的形成与追溯广延性的形成在这里合流。既此，我们思想到的广延无法成为第一性质，因为这一质性掩盖了真实的差异：“也正是在广延那里，差异被置于自身之外，被质所覆盖。”② 所以德勒兹说：“思想应当思考差异，应当思考思想的绝对不同——后者强迫思考发生并给出思想。”③ 明显可见，德勒兹把思想定位在藏于广延性之下的深层差异中，只有差异才是思想的目标。而因为差异在无限地一分为二，也即差异在不断地对现实与非现实做出区分，这使得思想必须不断地被迫发生更变。但是，如果我们的思想丧失了对事物“清楚明白”的直接认识能力，转而成为差异的附庸，这也就意味着思想先在地伏置于差异之中，一切都在差异的生成中被平面化。在其中，思想不可能作为一种异质性的东西而获得特殊地位，一切都在强度差异中被数平。这也正是德勒兹高扬司各脱和斯宾诺莎的原因所在，只有恢复一种“单义性”传统，才可能让一切都平等地并置于强度之中：“实体根据属性之本质而被所有的属性平等地意指，根据样式之强力程度而被所有的样式平等地表现。就此而言，任何等级、任何卓绝都被否定了。”④ 万物都平等地在强度差异中生成，这也正是德勒兹一元多元论和活力论之主旨。而梅亚苏这个反形而上学的斗士，毫不客气地将这种思想斥为继承贝克莱遗产的主体性论（subjectalism），他把凡是以某种主体性或人类性的东西作为世界本身加以绝对化的思想都置于此词之下，而其中最主要的两大派别就是观念论（黑格尔）与活力论（尼采、德勒兹）。

---

① 德勒兹：《差异与重复》，第 376 页。
② 同上书，第 384 页。
③ 同上书，第 382 页。
④ 同上书，第 79 页。

这样的“主体批判”是矛盾的。这种把主体性放之四海而皆准的方式，只是用一种主体性（意志、生命、知觉）对抗另一种主体性（意识、自由）。并且**这**也被称作自然的“去人类化”：拒绝自然中的（在此意义上的意图的和主体的）终极原因，但却使我们人性的另一种形式（感觉、意识、知觉、创造）实在化以贯穿全部的实在；以这种实在化主体性的方式洞观世界，人类与非人类之间只有程度（或者“强度”）上的差异。显然，由于大量的具有模糊性的主体性术语被应用，这种人类学化的观点被掩盖了。①

梅亚苏认为德勒兹批判主体的方式是有问题的，因为他用来替置先验主体的东西只是另一种主体性（生机性）而已。因而，这一德勒兹式的去人类中心主义，反而在梅亚苏这里成为对主体性的推波助澜。稳定的统一的主体变为流动的差异的分主体破裂到整个宇宙之中。也正是在这个意义上，梅亚苏挖掘出德勒兹立论的基底——作为自在差异的强度。“在这种奇怪的反人类中心主义中，人只是把自己从人的身上解放出来，然后按照纯粹的强度的尺度，把自己散发到世界各处，甚至散发进岩石和粒子之中。”② 只有在这个意义上，梅亚苏的思辨唯物主义才具有了明确所指，正如他自己总结的：“真正对主体的批判，一定是一种对主体性及其本质的批判：因此这种批判不能**不是**唯物主义，因为只有唯物主义能绝对化纯粹的非主体性——纯粹且简单的**死亡**，没有意识和生命，没有哪怕一丝一毫的主体性，它表现为无机物的状态——也就是说，物质先于且独立于任何主体和生命。”③ 这也是他写《有限性之后》的初衷——我们能够知道无人世界的什么？

因而，德勒兹所构建的生成的本体论在梅亚苏这里变成了一种取巧的策略，因为前者通过强度差异实现了思想、生命与物质三者的自然统一，这也即梅亚苏所说的，把万物皆主体性化，即主体性的绝对化（《有限性之后》

① Quentin Meillassoux，*Iteration*，*Reiteration*，*Repetition*：*A Speculative Analysis of the Meaningless Sign*，p.4.
② *Ibid.*，p.5.
③ *Ibid.*，p.6.

中的把相关性自身绝对化）。通过这一方式，我们作为一种强度的生成，能够天然地进入这个世界中，因为我们和世界本是一体。那么思想与实践则自然地被视为一种赘物，我们无需强调思与行的额外意义，因为没有什么是溢出强度差异的，它们只是不同的强度表现而已。从梅氏的角度来说，任何的形而上学所强调的必然性，作为一种意识形态或象征秩序让我们不再能接触传统哲学中的伟大外部，也就是他所批判的“相关性时代”（Era of Correlation），① 而将世界一元化为强度差异的生成当然不外于此。尽管这一本体论是振奋人心的，因为它肯定了生命涌入世界的强大动能，但它却是以还原论和一元论的形式完成的。针对于此，梅亚苏说：

> 我相信我们必须承认**纯粹的异质性，这种异质性可以打破任何程度的或强度的差异**，从而承认**本质的**差异——这是唯一真正的差异，此诸差异不会偷偷地把（本质的）同一性降低为（程度的）他异性。我们不需要一元论——或者德勒兹式的一元多元论，“一元论 = 多元论”最终被归结为“多元论 = 一元论”。相反，我们需要**无处不在的二元论**——这是本质上的纯粹差异，在诸如物质、生命、思想、社会等无数的实在领域中，没有任何的连续性，而诸领域内的可能的协调并不允许我们将之当作和谐的一体，除非我们采用一种无视事实的野蛮模式。不要一元多元论，而要复二元论（poly-dualism）。我们需要去打破那种陈见，从而使让一种存在方式归变于另一种存在方式（将生命还原为物质，思想还原为生命，等等）的还原论成为不可能，并允许我们世界的诸实体壮然地逃离任何将我们世界中的诸存在还原为一个独特的本质之企图［……］。异质性转而对抗强烈性，本质的差异性转而对抗程

① 梅亚苏在《有限性之后》中称其批判的首要目标是康德以来的相关主义，后来其在《迭代、反复、重复：无意义的符号之思辨性分析》中，对这一概念做了详细的再探讨。他把他的对手重新定调为自贝克莱至今的“相关性时代”，并认为相关主义只是其中的一种，另一种即上文所说的主体性论。主体性论对应梅亚苏在《有限性之后》中提到的主观主义形而上学，在该书中，梅亚苏笼统地将二者都置于广义的相关主义中。但在《迭代、反复、重复》里，梅亚苏表示，相关主义这个词以后只在狭义上使用，即专指自康德以来的先验哲学、现象学与后现代主义思想等。

度的差异性；超混沌（Hyperchaos）永恒可能的复二元论要对抗混沌体（Chaosmos）虚假必然的一元多元论。[①]

显然，梅亚苏指名道姓地批评德勒兹正在于德勒兹在当今世界的影响力，而梅亚苏也暗示了德勒兹的本体论是其要克服的最大阻碍。梅亚苏指出，德勒兹的本体论实际上是将世界简单化了，这一简单化的根源在于德勒兹的一元多元论，因为它将世界的所有差异都统归于强度差异，我们看不到世界的其他可能性，这同时也造成了我们思想的简单化，即前文所说的思想可以自然地内生于世界之中。也正是因此，德勒兹所谓的内在性方能实现，因为思想、物质与生命已然统一。而梅亚苏坚决地认为："所有的涌现之物……可以被归为三种**秩序**，这三种秩序表明了生成的本质性断裂：**物质**、**生命和思想**。此三者中的每一个都是作为一个统一体（Universe）而出现的，它们不能在**性质上**被归结为任何先于它们的东西。"[②] 这就是梅亚苏的复二元论，其标示着思想在根本上异于生命和物质，我们不能用强度差异将它们统合于一处。而只有在这一复二元论之下，这个世界才变得丰富起来，我们才可以思考梅亚苏所说的"没有生成的时间"。

这正是梅亚苏建立偶然性的必然性，也即超偶然性自身的绝对性之目的，这意味着任何可能的时间和世界都可能偶然地涌现。混沌体是一元多元论的形象表达，德勒兹与加塔利用其表达出无限差异的生成本身之秩序必然性，而在梅亚苏看来，这自然也只是超混沌可能生成出的一种规则。一切的必然性在超偶然性的超混沌面前尽皆成为一种偶然的生成，因此，思想和行动并不天然地被置纳于世界中，因为绝对的偶然性无法向我们做出除了其自身以外的任何必然性的保证。而面对这一二元性的分裂，梅亚苏则想要用数学重新为思想和实在建立联系，希图用希望（欲望）为人的行动与价值目的

---

① Quentin Meillassoux, *Iteration*, *Reiteration*, *Repetition*: *A Speculative Analysis of the Meaningless Sign*, p.15.

② Quentin Meillassoux, "The Divine Inexistence"(Excerpts), *Quentin Meillassoux*: *Philosophy in the Making*, p.187.

重建关联。

那么这就产生了另一种本体论，这一本体论拒绝了经过德勒兹充分肯定的单义性，转而强调一种根本性的差异。这一差异不是强度，因为强度差异将本质差异量化从而转变为同质性；这一差异是拒绝任何还原论的绝对异质性。我们在这种异质性中找到了思想自身的特质，它不能再被归约于任何先于它的无机物与有机生命。但这一断裂绝非向古旧的形而上学回退，对存在单义性的否斥绝不能被视为对阿奎那式的存在的类比理论之恢复，因为存在本身在梅亚苏的视域中也仅仅是一个偶然的生成，无论单义性存在或多义性存在，实际上都是一种将存在必然化的形而上学。换言之，只要去讨论存在，无论是单义的还是复义的，这实际上已经形成了对同质性的坚持。而同质性包含的两个派别，无非只是对它的不同注脚。

> 自泰勒斯（Thales）和赫拉克利特（Heraclitus）以来，存在和生成就成为两种哲学的特征，我们通常认为二者在根本上是互相对立的，但二者只不过是形而上学的两种概念变体：要么声称某些实体性的东西是永恒不变的，要么认定事物必然根据某些永恒不变的潜在过程而诞生和消亡。在二者之中，人只能坚称一个实在的 X（事物或生成）必须是这样的或那样的（或实体性的本质，或本质性的过程）。但与此相反，超混沌的时间认为，实体与生成本身就是**存在的东西**（existents），这些存在的东西可以无缘无故地诞生或消亡。[①]

由此可见，这一本体论可以被描述为沿着德勒兹挖掘广延性或先验主体来源的路途进行的更深层次的挖掘。德勒兹运用强度差异瓦解了一切实体和多义性，使得它们统归于生成的单义性。但梅亚苏认为，这一形而上学的另一言说方式并没有让我们看到更为丰富多彩的世界。梅亚苏沿着这条路继续挖，从而用超混沌使任何的生成与存在成为偶然的存在者，这一存在者并非

① Quentin Meillassoux, *Iteration*, *Reiteration*, *Repetition*: *A Speculative Analysis of the Meaningless Sign*, p.16.

是某一实在，而是诸实在的规则。通过这种持续性的破坏，梅亚苏认为，只有坚持超混沌的本体论地位，我们才可能真正看到世界的全貌，其中，任何异质性的东西都不足为奇，因为超混沌无所不能。正如梅氏所说："这就是**异质性的工作**，它将平滑的强度粉碎成千万个碎片，而这些强度总是试图含纳万方。强度实际上只是个体的、次要的。"[①] 这样，思想作为一种在根本上异质于物质与生命的东西，得到了其合法的特殊地位，而这一特殊性在梅亚苏这里保证了我们介入实在且践行人类价值的可能性。

但是，梅亚苏的这一超混沌的本体论虽然为思想找到了落脚点，但并未与德勒兹主义割裂开。正如前文所述，梅亚苏也只是沿着德勒兹的挖掘路径继续深挖，在强度之下重新建立起一个囊括一切的超混沌。而这一超混沌不向我们保证任何东西，不设置任何的必然性，其中的一切都只是一种无中生有，而没有任何深层次原因。因而，梅亚苏的复二元论并不设置任何的思想鸿沟，思想虽然异质于思想之外的东西，但并不意味着思想对世界的介入需要某种外在的保障，也正是在这个意义上，梅亚苏排除了任何保障我们认识真实事物的笛卡尔式的上帝。"这是所有二元论之谜——这个谜以及其所有的宗教意蕴仍然存在——除非我们明白**只有凭空**而生恰是完全理性的和完全内在的。"[②] 换言之，如果德勒兹将思想与世界都纳入统一的强度差异，使我们天然地就能够与世界交往，从而取消了内部世界与外部世界的隔阂，那么梅亚苏则将思想及思想之外的一切都置于超混沌之中，这意味着对我们来说的内部世界与外部世界都是毫无原因凭空出现的，这是一种取消了统一体（存在或生成）的统一。我们完全有可能去介入世界中的诸实在，因为任何东西背后都没有什么我们认识不了的原因，诸物皆为偶然生成而已。这一取消了任何奇迹的超混沌，成为梅亚苏提出其内在性伦理的终极保障，毕竟在超混沌中，任何规则都可能毫无理由地偶然涌现，那么人类完全可以欲求一个普遍价值或绝对正义突然涌现的事件。这是梅亚苏给出的终极本体论，它能够

---

① Quentin Meillassoux, *Iteration*, *Reiteration*, *Repetition*: *A Speculative Analysis of the Meaningless Sign*, p.16.

② *Ibid.*, p.15.

实现我们的欲望不受拉康的实在界的折磨。“只有思想达到比偶然性更高的真理层面，我们才能重历思想对动物性造成的断裂。只有我们充分地考虑了全能上帝的不可能性，我们才可能跨越第三世界的存在，就如跨越第二世界一样。”①思想的能力因世界的偶然性而得到释放，人从而能思考跨越第三世界的绝对正义的第四世界。②

二、现实与虚在

这样，我们看到了两种平滑的本体论：一种是德勒兹的，它将万物都纳入差异强度，从而使一切都处于强度的生成中，这是一种生机性的平滑；一种是梅亚苏的，它将万物都纳入超混沌，从而使一切都没有了深层原因，使思想能够介入一切，这是一种思想的平滑。而在二者之外，另一种本体论作为反对二者的强烈力量而鲜明地提出了自己的见解，此即布莱恩特（Levi R. Bryant）的本体学（onticology），其后与哈曼提出的物向哲学（object-oriented-philosophy）等合流入更为广义的物向本体论（object-oriented-ontology，OOO）。

布莱恩特认为：“如果差异不产生差异，差异又如何能成为差异呢？我把这个假设称为‘本体原则’（Ontic Principle），……没有不产生差异的差异是一个本体论的主张。这句话的意思是，‘存在’（to be）就是要制造或生产差异。”③如德勒兹一样，布莱恩特强调差异的本体论意义。但是，布莱恩特却不认可德勒兹的一元差异论。

> 差异的**存在**绝不依赖知识和意识。在宇宙的另一边，最微不足道的

① Quentin Meillassoux, “The Divine Inexistence”(Excerpts), *Quentin Meillassoux: Philosophy in the Making*, p.190.

② 梅亚苏认为，绝对偶然性的世界造就了第一世界即物质世界，第二世界即生命世界，第三世界即思想世界，每个世界都是完全异质性的，是对前一个世界的断裂。因而，我们可以以人类的普遍价值（不朽）为导向去思考一个新的事件之发生，即第四世界（正义世界）的出现。

③ Levi R. Bryant, “The Ontic Principle: Outline of an Object-Oriented Ontology”, *The Speculative Turn: Continental Materialism and Realism*, eds. Levi Bryant, Nick Srnicek and Graham Harman, Melbourne: re.press, 2011, p.263.

夸克制造了它的（诸）差异，而此（诸）差异与我们对该夸克的意识和知识毫无关联。差异由此只是“物自己”的问题，而并非事物与**我们的关系**。在此方面，非人类原则（the Principle of the Inhuman）并非只是要**排除**人——尽管人及人之造物也会制造差异——而是要强调人只是**处于**诸差异这个群体**之中**的存在者，且在这些差异中并没有什么特殊或特权地位。①

可见，布莱恩特将差异多元化了，也就是说，我们不可能用一种差异将万物穷尽。如果我们认为万物同处于一种差异关系中，那其实就默认了人类与事物关系的中心地位，即人类用差异产生的特有的认识论框架排除了其他“物自己”的差异问题，这里与梅亚苏所说的德勒兹用主体性的生机性使世界单一化了类似。布莱恩特说：“如果存在是单义性的，那么这就意味着存在不会以第二种方式言说那些存在物。比如存在不能被区分为表象和实在。”② 因而，布莱恩特认为，德勒兹所说的虚在和现实在此根本无法被区别开。

在这一切之中，唯一的危险就是混淆了虚在（le virtuel）和可能。由于可能对立于实在（réel），可能的过程就是一种“实在化（réalisation）”。相反，虚在不与实在对立，其自身就具有完满的实在性（réalité），它的过程是现实化（actualisation）。如果仅把这看作一种语词上的争论那就错了：这可关涉到实存（existence）自身。③

从上述文字的语气中我们也能得知德勒兹为这一概念辨析所寄予的厚望。德勒兹试图将虚在作为深藏于强度差异之中的尚未现实化的东西。“可能

---

① Levi R. Bryant，“The Ontic Principle：Outline of an Object-Oriented Ontology”，*The Speculative Turn：Continental Materialism and Realism*，p.267.

② *Ibid.*，p.269.

③ Gilles Deleuze，*Différence et répétition*，Paris：Presses Universitaires de France，1968，pp.272—273. 中译本将“virtuel”译为“潜能”，即本文所说的“虚在”。笔者将之译为“虚在”，是为了区分“virtuel”与“potentiel”；而不将之译为“虚拟”，是因为“拟”自带有“人为的”意思。

和虚在仍然是有区别的，因为一个指的是概念中同一性（identité）形式，而另一个指的是理念（l'Idée）中纯粹的复多性（multiplicité），这一复多性从根本上排除了作为先决条件的同一性。”[①] 德勒兹以为只要将同一性调转一下变为复多性，把现实颠倒一下变为虚在，就能够打破同一性对现实的束缚。但正如前文所述，梅亚苏和布莱恩特对此予以反对：前者指出，德勒兹只不过把存在的同质性转变为生成的同质性，把主体的统一性转变为主体性的生机性的统一性；后者指出德勒兹用同一的差异取代了差异的诸差异，用我们与世界诸物统一的关系遮蔽了世界中诸物之间的关系。我们前面说过，梅亚苏是在德勒兹的通道上继续挖掘，从而挖出了一个他称作超混沌的东西。

> 我将**偶然性**（contingency）界定为一个被编序了的事例集合所具有的属性（而不是从属于一个被编序的集合的某个事例所具有的属性），而这个事例集合本身并非一个更大的集合的一部分；我将**虚在性**（virtuality）界定为在生成过程中涌现的所有事例集合所拥有的属性，而此生成过程并不受任何预先建构起来的可能的总体性之支配。[②]

梅亚苏只有挖出了超混沌，才能破除“任何预先建构起来的可能的总体性之支配”，从而建立起偶然性与虚在性的对立。所谓偶然性，是指超混沌偶然生成的某种规则（如我们当下的物理定律）；而虚在性，则是超混沌的一切生成力量，即它既可以偶然地生成某种规则世界，也可以生成非规则的世界，只不过诸多规则与非规则还偶然地没有被生成出来，它们仍处于虚在

---

① Gilles Deleuze，*Différence et répétition*，p.273.

② Quentin Meillassoux，“Potentiality and Virtuality”，trans. Robin Mackay，*Collapse II*，ed. R. Mackay，Oxford：Urbanomic，2007，p.72. 和德勒兹探讨可能与虚在如出一辙，梅亚苏在此篇文章中探讨了潜在性（potentiality）和虚在性（virtuality）两个概念。说“如出一辙”，是因为正如文中所说，梅亚苏不过是沿着德勒兹的路径继续深挖，他想将德勒兹的差异替换为自己的超混沌。因此，梅亚苏认为，potentiality 和德勒兹讲的可能一样，是现实的但尚未实在化的东西；而 virtuality 则不同，它和德勒兹所说的虚在类似，其不与实在化与否在同个层次，它与现实对立，是尚未进入现实视域之中的东西。只不过梅亚苏在此深挖了一层，将 virtuality 与 contingency 对立，认为德勒兹所说的现实与虚在是极其偶然的，因为它们都是被编序的，德勒兹的生机一元论就是这一定序。除此之外，还有无数种非编序的规则，它们的绝对无序性让德勒兹主义也无法承担。

之中。而对于梅亚苏来说，偶然性的规则自然是真实的，无数种世界藏匿于虚在性之中同样也是真实的，只不过它们可能并非现实秩序性的。这样我们就又回到了前面的论述，梅亚苏通过跟着德勒兹继续挖，越过了德勒兹掩埋同一性的生成性（二者被梅亚苏称为同质性或总体性），最终用超混沌所保障的偶然性与虚在性埋葬了德勒兹的现实与虚在。

我们可以看到，德勒兹为反对同一性，论述了虚在这一概念，从而打破与之对立的现实的同一，进而又让二者统归于差异性；而梅亚苏为了反对德勒兹等人的主体性论，拓展出虚在性这一概念，从而将一切的生成放在与之对立的偶然性中，进而又让二者统归于超混沌。差异所导致的生机性的平滑和超混沌保证的思想的平滑都将人自身放到了中心的位置，而这一平滑性完全是建立在非扁平性的基础之上的。也即是说，德勒兹与梅亚苏仍处于柏拉图与康德[①]的传统中，他们只是重新诠释了理念—现实物，或者物自体—现象这样的关系。在德勒兹那里，这种关系表现为虚在—现实，在梅亚苏那里，这种关系表现为虚在性—偶然性。只不过，德勒兹与梅亚苏用一种平滑的方式，让人能够自然无碍地洞观世界的诸实在，从而取消了理念世界—现实世界、上帝—人、物自体—现象之间的对立。这是一种非常吊诡的思维模式，一方面，它强调存在的等级性，一方面它又要否定这种等级性发生作用。有趣的是，当梅亚苏称康德是相关主义的开创者，说德勒兹是主体性论的代表者时，他自己却已然陷入某种康德主义和德勒兹主义之中。

布莱恩特看到了这一玄机，在他那里，德勒兹的虚在与现实仍然处于实在与表象这一关系当中。他说："最初，我们可能认为德勒兹会反对柏拉图，因为柏拉图声称超越诸表象的模式之首要性。然而，让我们非常惊讶和震愕的是，德勒兹并不反对柏拉图建立或声称一种存在的等级体系，而是反对其以一种神话为基础来建立这一等级体系。"[②] 他借用德兰达（Manuel Delanda）

---

① 这里特别提一下康德，是因为梅亚苏的伦理学说在一定程度上重述了康德。简而言之，梅亚苏在《神之非在》中，取消了康德意义上保障我们至高伦理的上帝的绝对律令，而代之以个人自我成神所发出的追求绝对正义的伦理要求。

② Levi R. Bryant, *Difference and Givenness*: *Deleuze's Transcendental Empiricism and the Ontology of Immanence*, Evanston: Northwestern University Press, 2008, p.26.

的说法，试图建立一种绝对的扁平本体论："我们声称，存在只由诸独特的个体构成而不由其他什么构成，诸个体以不同程度的规格存在着，但尽管如此，它们**平等地**拥有真实的地位。这些实体在它们之中互为区分，但是它们并没有或'多'或'少'的存在性，以让它们产生诸如实在和表象这样的差别。"① 对于布莱恩特来说，实在或形式与表象这样的二元关系所彰显的是一种等级性的垂直关系，绝非扁平的或平等的关系，而"本体原则下的本体论是**扁平的**（flat）而非**垂直的**（vertical）"。② 也正是在这个意义上，他要实现一种真正的存在的单义性，一种真正使万物平等的本体论。布莱恩特认为，不能只把种类的差异转变为强度或程度的差异，还要摧毁这种差异的根基，即存在的等级体制。当然我们知道，布莱恩特的方法就是用诸差异来替置唯一性差异。也就是说，并不存在一种超出万物的自在差异，差异只能在诸物中存在。由于诸物之不同，差异也就不同，因而差异总是复数的。那么问题的关键就在于，德勒兹实际上就如梅亚苏指出的，将强度差异本身必然化了，形成了梅氏所说的主观主义形而上学或主体性论。这一必然化使万物成为一种被生产出的东西，而布莱恩特也指出了德勒兹那里的柏拉图式的关系。布莱恩特说："然而，如果认为差异，即那些产生差异的差异，是由一个前个体或先验场构成的，在这个场中出现的或构成的诸物（objects）只是一些本身没有任何力量（potency）的赘物，那就错了。如果我们这样想，那么真实世界将再一次被分为真正的实在和那些由真实的凝结所构成的作为副现象的诸物。"③

很明显，布莱恩特需要做的是把德勒兹先验经验论中的先验的差异，转变为万物自身的差异，只有这样，诸物才不是在一个先验场域中被创造出的，而是自身拥有了其存在的力量。正是在这个立场上，借助哈曼的论证，布莱恩特提出："诸物也必须在它们的内在关系（endo-relations）或内在本

① Levi R. Bryant, "The Ontic Principle: Outline of an Object-Oriented Ontology", *The Speculative Turn: Continental Materialism and Realism*, pp.269—270.

② *Ibid.*, p.268.

③ *Ibid.*, p.270.

体（intra-ontic）结构方面被思考，而二者是完全独立于诸物的外在关系（exo-relations）和本体间（inter-ontic）关系的。”① 也就是说，想要把差异从一个先验场域拽回到诸物自己那里，就必须强调物本身所拥有的力量，以防将这一生成的力量归结为外于物的其他。这也是 OOO 的基本原则，即哈曼所说的："对 OOO 来说，真实物总是从直接的路径中回撤（withdraws）。”② 也就是说，物总是与他物处于某种关系中，但其自身总是保留着并未暴露在某种关系下的东西。这就是哈曼所讲的回撤：真实的物总是要从某种直接关系中撤回来，真实的物不能被某种显在的关系所囊括。布莱恩特说："德勒兹的虚在（the virtual）概念为我们提供了思考无性质的实体的方法。我把产生于虚在结构的性质称为‘局部显现’（local manifestation），并将诸物某方面的事件、行动或活动归结于它。”③ 在此，布莱恩特借用德勒兹的方法，取消了第一性质的合法性，因为任何显现出的性质只是一种“局部显现”，这里没有初性与次性这样的等级架构。而布莱恩特与德勒兹的根本差别就在于对虚在位置的判定。布莱恩特虽然借用了德勒兹的虚在概念，但他只是为了表明，物局部显现出的性质就和德勒兹所说的现实一样，并非全部的真实，而物还有虚在的真实。但二者的共同点到此就为止了。因为德勒兹的虚在和现实一样，是统属于一个先验的力的场域或强度差异的，也就是说，德勒兹的虚在是外于物的，虚在之物只是强度差异的结果；而布莱恩特则将德勒兹颠倒过来，认为并不存在任何先验的力域或差异，一切差异和力只能是物自身所载有的，虚在虽然也对立于局部显现（相当于德勒兹那里现实），但二者的存在并非依赖于什么形而上的差异前提，而完全是物自身在不同差异关系中的表现。布莱恩特给这个内属于物的虚在起了个名字，叫虚真存在（virtual proper being）。

① Levi R. Bryant，“The Ontic Principle：Outline of an Object-Oriented Ontology”，*The Speculative Turn：Continental Materialism and Realism*，p.273.

② Graham Harman，*Object-Oriented-Ontology*：*A New Theory of Everything*，London：Penguin Random House UK，2017，p.87.

③ Levi R. Bryant，*The Democracy of Objects*，Ann Arbor：MPublishing（Open Humanities Press），2011，p.31.

至此，我们就能够明显看出德勒兹、梅亚苏与布莱恩特三人之间的关联了，因为三者都是在围绕虚在（virtual，virtuality［virtuel，virtualité］）在做文章。德勒兹将虚在与实在对立，并将二者统一于力或强度（差异）；梅亚苏将虚在性与偶然性对立，并将二者统一于超混沌（超偶然性）；而布莱恩特将虚真存在与局部显现对立，并将二者统一于物。那么接下来的问题就是，为什么物具有这种统一性，它和德勒兹的差异与梅亚苏的超混沌又有什么内在的关联？

三、前个体、实体与内在性

我们现在已经知道，对于三位思者来说，现实之物只是部分之物，除此以外，尚有未被现实化的虚在之物。只不过德勒兹与梅亚苏为物的这种分化提供了一个统一性的保证，即强度与超混沌。而布莱恩特则认为这个保证是多余的，我们只需要将现实与虚在定位在物自身之中就可以了。那么，我们必须要重新强调一下在德勒兹和梅亚苏那里的保证性力量。柏拉图将一切置于存在之中，又把现实归结为理念世界的造物，现实与理念虽统摄于存在这一绝对本源之中，但真正的存在却只在于理念世界，我们无法在现实世界这个理念世界的影子下寻找存在。如柏拉图一般，当德勒兹将现实与虚在归因于强度，梅亚苏将偶然性与虚在性归结为超混沌时，他们并非将二者等量齐观。因为当虚在转变为现实时，差异就隐没了，我们不能用现实的差异（种属差异、广延差异等）来替置真正的自在差异；而当虚在规则转变为一种偶然规则时，超混沌也退居暗位了，我们不能用现实的偶然性（物理定律下的某一种偶然事件）来替置超偶然性。由此更可见，梅亚苏与德勒兹的路径竟无二致。而这也正是布莱恩特所批判的垂直的或等级的本体论。如此，我们就能够理解德勒兹所说的："虽然强度即差异，但差异却倾向于在广延中和质以下自我否定、自我取消。"①

① 德勒兹：《差异与重复》，第 377 页。

> 虚在的实在由差异的（différentiels）元素和关系以及与它们对应的奇异点（les points singuliers）组成。结构是虚在的实在性。对于那些形成了结构的元素和关系，我们应当避免给予它们不具有的现实性，也应当避免取消它们具有的实在性。我们已经看到，相互规定和完全规定的双重过程定义了这一实在性：虚在远非无规定的，而是完全规定的。当艺术作品声称它浸入这样一种虚在性时，它不会乞用任何混乱的规定，而是诉求于被完全规定了的结构，这一结构是由其发生性（génétiques）差异元素、"虚在化"(virtualés)、"胚胎化"元素形成的。诸元素、诸关系的多样性（variétés)、诸奇异点共存于作品或物（l'objet）之中，共存于二者的虚在部分之中，且人们不能指定一个优先于其他视点的视点，一个统一其他中心的中心。但是人们如何能够同时言及"完全规定"和"物的仅仅一部分"呢？规定应当是一种物的完全规定，然而它却只形成了物的一个部分。根据《致阿尔诺的信函》(*Réponses à Armauld*）中笛卡尔的指示，这在于人们应该仔细区分作为完全者（complet）的物和作为完满者（entier）的物。完全者只是物的理念性部分，它在理念中与物的其他部分（其他关系、其他奇异点）共存，但它从未构成一个如此的完满性（intégrité)。在完全规定当中所缺少的，正是专属于现实实存的规定之整体（l'ensemble)。①

虚在之物虽然没有现实性，却拥有实在性，而这一实在性是得到完全规定的，具有一个完全规定了的结构。而作为虚在的完全规定再加上作为现实的实存规定，也就构成了物的完满形态。这样看上去，德勒兹这里已经存在了一个统一性的物了，它能够将现实与虚在统纳到一处。实际上，德勒兹确实认为物自身饱有着这种虚在的强度，但它不是通过现实的规定性所饱有的，而是通过其虚在的意义生成性所汇聚的。德勒兹曾说："我们认为个体

① Gilles Deleuze, *Différence et répétition*, pp.269—270.

化本质上是内强的（intensive），而前个体场域本质上则是理念—虚在的，或说，它是由差异关系构成的。……个体化，乃是强度的活动……”[①] 显然，德勒兹认为，作为理念—虚在的物是处于前个体一端的，通过个体化也即强度的不断活动，这一虚在之物不断地向现实转化，成为某种个体。换句话说，这里并不是像布莱恩特所说的，个体统一了虚在与现实，个体只是个体化在现实的结果。德勒兹想说的是，物统一了虚在与现实，虚在之物处于前个体的理念场域之中，通过强度—个体化的不断作用，现实之物被生产出来成为个体。这正是德勒兹的“意义的逻辑”。

但这个完满规定到底是什么，物能够成为自身完满的规定者吗？这仿佛回到了古旧的形而上学之中。而答案就在德勒兹对强度的定义上。德勒兹给强度下了三个特征定义，而强度最重要的特征就是其第三个特征——内含，因为这个特征概括了另外两个特征——自在的不等与肯定差异。德勒兹认为，强度“首先被内含于自身当中，它既是行内含的东西（impliquante），又是所内含的东西（impliquée）。我们应当将内含构想为一种得到了完满规定的存在形式”。[②] 质言之，这个完满规定的内含是施动者和受动者之统一体，其仍然指向着强度自身。也就是说，物的完满性并非是指某一具体之物自身的完满性，而是指其所依借的强度的完满性。

> 这种前个体（pré-individuel）状态并不缺乏奇异性：潜势存在的实存和分派界定了特异点或奇异点。由此便出现了由异质秩序间的距离规定的客观的“成问题”场域。个体化作为这样一个问题的解决活动出现，或者换句话说，它作为潜势存在的现实化和龃龉存在的交流化［被置于交流状态当中］出现。个体化活动的宗旨不是消除问题，而是将各种龃龉化元素（éléments de la disparation）整合到一种耦合状态当中，这种状态为它们的内共振提供了保证。因此，个体与一个前个体的半身（moitié）连接在了一起。这个半身不是个体之中的无人称存在，而是储

① Gilles Deleuze, *Différence et répétition*, p.317.

② 德勒兹：《差异与重复》，第 400—401 页。

藏个体的奇异性的场所。①

个体化作为强度的活动联结着虚在与现实，因而一种耦合状态的个体必然和前个体有所关联，这一关联就使个体联结到了德勒兹所说的“完全规定了的结构，这一结构是由其发生性差异元素、‘虚在化’、‘胚胎化’元素形成的”。因此，物并非指一个现实的个体，个体必然通过强度活动渗透着前个体领域中的虚在和差异元素，从而使作为整体的物的意义不断地通过强度活动而得到涌现。这样我们就能理解德勒兹说“当艺术作品声称它浸入这样一种虚在性时，它不会乞用任何混乱的规定，而是诉求于被完全规定了的结构”的意思了。艺术作品的完满性并不来自其自身，而来自强度完满性。只有把艺术作品作为强度活动的体现，把艺术作品作为和它前个体的半身紧紧相连的东西，艺术作品才不仅仅是被某一话语体系或观看形式剖析出来的现实的东西，而能具有被前个体的半身所赋予的虚在的结构性力量，正是这一力量使艺术作品呈现为强度显现的艺术。当然，这个作为自身完满者的强度，在以前有诸多别名，这一关于艺术的说法在柏拉图那里就成了作为理念显现的艺术，在安瑟伦那里就变成作为上帝显现的艺术。总之，任一艺术作品其现实物本身并不具有这一统一性，它必须被赋予一个强大的总体性背景。借鉴梅亚苏抨击形而上学时的分类法来说就是，艺术作品要不就显现存在之真，要不就显现生成之真，但二者其实都是总体性之真。强度差异就如理念和上帝一般，一旦暴露在现实之中就被取消了，它永远只能处于虚在之中。

“德勒兹倾向于把现实的、个体化的东西，说成是不促成其自身差异的东西，而仅仅是虚在的一种刻板的分泌物（sterile secretion）。”② 物自身的差异被统一性的虚在这一根本性差异取消了。而这一形而上学的进程，仍没有脱离阿维森纳式的断言。“阿维森纳认为，使事物获得实存的原因是形而上学的原因而非事物自身，而**自然**（ṭabīʿī）原因（亚里士多德意义上的原因）

① 德勒兹：《差异与重复》，第415—416页。

② Levi R. Bryant，*The Democracy of Objects*，p.98.

只是导致事物现存状态的原因，这些状态可被归类为数量、质量、处所、方位等。”[①] 而破除这一形而上学的方法，梅亚苏和布莱恩特则各持一种。我们现在已经知道梅亚苏的路径了，他只是将形而上学的原因替换成超混沌的无原因。但这对于追求扁平本体论的 OOO 来说，并不是一个值得信赖的方案。我们前面说过，这种替置方法与德勒兹在路径上并无二致，德勒兹将形而上学原因归为自在差异或强度，梅亚苏将之归为超混沌或无原因性。也就是说，德勒兹的虚在并不是事物生成的因果律上的原因（亚里士多德意义上的原因），而是事物生成的形而上学原因；梅亚苏的超偶然性也是事物生成的形而上学原因，只不过这个原因既然是偶然性的必然性本身，那就等于没有原因。所以，布莱恩特想要破除掉这一具有等级性的本体论，就必须否认任何外于物本身的力量，这就等于说力量和差异本身也不在物之外。

想要实现这点，布氏就需要瞄准德勒兹那里处于前个体场域中的虚在。只有破除前个体的场域，让虚在彻底地回归于物本身，才能让虚在自身成为个别物的，而不是像德勒兹那里一元统一的，这也就实现了虚在的诸物向诸物各自的虚真存在之转变，即“各物有其自身的虚在维度”。[②] 要实现这一点，即不让任何外于物本身的东西对物产生作用，布莱恩特把这一期望寄托于一个古老的名词上：实体（substance）。每一个物都是一个实体，我们不能用物的外在关系即布莱恩特所说的局部显现来定义物——“实体的存在在其自身的实体性（substantiality）当中，它是异于这些外部联系（exo-relations）的东西”。[③] 反之，我们应该把物看作其自身力量的持存者，物永远保持着自身虚在的动能。

> 在本体学（onticology）的框架下，我们说虚在是真实的是指虚在总是**某个**实体或个体存在的虚在性。换句话说，这一说法认为虚在是真实

---

① Ayman Shihadeh, *Doubts on Avicenna: A Study and Edition of Sharaf al-Din al-Mas'udi's Commentary on the Isharat*, Leiden: Brill Publishers, 2016, p.89.

② Levi R. Bryant, *The Democracy of Objects*, p.112.

③ *Ibid.*, p.107.

的并非是说虚在是一种**潜在的存在**（potential being），而是说虚在总是一**种**存在或实体**的**虚在性或潜在性。[①]

很明显，布莱恩特的实体指的就是个体，这近似亚里士多德的实体概念，而绝非斯宾诺莎式的实体。实体是物的持存，它不能被性质（外在关系）所定义，物作为实体总是饱有其本质（内在关系）的。将虚在归结为诸实体或个体当中，破除掉凌驾于诸个体之外的前个体，破除掉诸实体之外的唯一实体，从而实现唯一性差异向诸物的诸差异的转变，就是布莱恩特的反形而上学路径。而在这一点上，我们很难不联想到奥康的个体学说——剔除一切多余的实体，只留下个体自身。无论如何，通过对诸物之实体性的普遍强调，布莱恩特自认为实现了一种扁平本体论。在其中，没有任何超出诸物本身的东西，而诸物都是平等地存在着的，所有物都在回撤中自持。他认为这是一种内在性（immanence）本体论。

没有任何实存能够完全地自我呈现，反之，任何实存都是必然地包含盲点或对其自身是不透明的。这里的回撤是诸实存的必要结构，而非一个实存与另一个实存之间的偶然关联。简而言之，此种本体论是内在性本体论，因为没有实存能够逃避回撤，无论其是自为还是自在。[②]

在超越性（transcendence）本体论中，回撤是诸物的偶然特征。在此，虽然诸物可能确实**从我们这**回撤，诸物却完全地**对它们自身**显现。而且，在此类本体论中，主体、心灵、语言总是被视为在场的或免疫回撤的。相反，在内在性本体论中，回撤并非万物的一种偶然的特征，而是基本的特征。回撤构成了它们存在的完全结构或存在自身。[③]

---

① Levi R. Bryant，*The Democracy of Objects*，p.105.

② *Ibid.*，p.265.

③ *Ibid.*，p.266.

布莱恩特同哈曼一样，把物的回撤作为物维持其自身存在的根本方式。既然世界上没有任何东西能够超脱于这一点，那么也就意味着任何超越性的东西都不存在。换言之，诸物之存在皆在于其自身的回撤使其饱有的自持性，物不需要任何超越的和形而上学的原因来获得任何存在性。从这个意义上，物获得了完全的内在性，此内在性不是通过打通物与物的界限来实现的，而是通过物与物的平等地位来实现的。也正因此，布莱恩特说："说世界是不存在的是指，没有一个超然物（super-object）能够将所有其他物聚集到一个单独的、和谐的统一体当中。"① 通过对统一性世界的否认，布莱恩特暗示对任何必然规则的拒斥。换句话说，由于物能在一定的关系下或系统中进行局部显现，故而我们所谓的世界只是对这些局部显现的呈现，我们无法判定物还有什么其他的局部显现，因为在一个可能的新的系统或关系之下，这些显现不能被任何我们能理解或能预测的规律或框架所捕捉。这也就意味着，物的局部显现是无限的，它不能被任何超越性力量所架构，而只内在于其自身的虚在当中。一旦我们认为一个世界是一个统一体，那么就等于把我们自己的认识框架凌驾于物之上了，而把人类凌驾于诸物之上，正是OOO极力反对的给予人特殊地位的人类中心主义。

对统一性世界的拒斥正是梅亚苏的一贯追求。在其偶然性哲学中，任何规则都不必然存在，超混沌作为无所不能的东西可以偶然地生成和毁灭任何规则。但梅亚苏决不是否斥任何的统一性，他只是否认任何必然的统一性。因为在其看来，人不能被还原为万物中的一分子，因为这恰恰让人在世界中没有立锥之地，人成了世界安那其场域中的一个无名者，而这也正是布莱恩特对德勒兹安那其主义的因袭。梅亚苏之所以死死地抓住异质性和统一性这两个概念，就在于他想表达：必须要承认人的思想之独特性。只有超混沌能生产出诸多的统一性和异质性，人才能够保持其独有的思想地位，使之完全异于任何的物质和无思想生命，同时，人也才能希求一个符合人类普遍价值的新的统一体。而OOO的这种回撤论，恰恰把物质、生命与思想全都归为

① Levi R. Bryant, *The Democracy of Objects*, p.246.

一处，正如齐泽克所说，没有给人留下任何的空间。在梅亚苏看来，哈曼等人的 OOO 也只是主体性论的一种。

> 特别是哈曼，他发展出了一种非常新奇和矛盾的主体性论，因为他将我们与事物的关系实在化，而根据他的说法，这些事物不断地从我们与它们的接触中回撤。但是这种回撤的内在形式是由**我们与事物的关系**决定的。他打造了我们与事物之间的主体性关系，而事物却是从其与我们的（全部）关系中，从全部的物与物之间的关系中回撤出来的——这是一种典型的主体性论者的姿态，尽管其采用了一种精妙绝伦的新形式进行表达，但是其仍然处于我所说的“相关性时代”之中。现在，我坚决的想要逃离这个时代，因而我不再相信我与事物的关系是万物的一部分。哈曼用“路径哲学”（philosophies of access）这一表达指代那些基于人与物的关系而形成的哲学，此类哲学认为我们只能触及这种路径，而不能触及事物自身。但是我认为，哈曼根本没有脱离这种“路径”，因为他恰恰反过来为事物自身将这种路径实在化了：我们不再有任何机会从路径中逃离，因为从今以后，路径无处不在。只有唯物主义者可以从中逃离，因为其把人对物的接触只归于人与物的关系，这种接触绝对不存在于事物当中，**更遑论**存在于万物之间的关系当中了。[1]

梅氏的核心主题是，回撤论将我们与物的关系看作诸多物与物关系的极为普通的一种，好像我们与物之间的关系和物与物之间的关系是同质性的，这是他不能忍受的。正如梅亚苏所说，如果是这样，那么回撤无处不在，“路径无处不在”。为了应对这一点，梅亚苏坚决地说：“只有唯物主义者可以从中逃离，因为其把人对物的接触只归于人与物的关系。”而梅亚苏的唯物主义，就是要把人与物区分开：物只是物，人与物是绝对的异质性的两种存在。这样，我们就明白梅亚苏要做什么了。站在梅氏的立场上，想要冲破

---

① Quentin Meillassoux，*Iteration*，*Reiteration*，*Repetition*：*A Speculative Analysis of the Meaningless Sign*，p.7.

“路径”或者“相关性”，绝不能只强调世界的非统一性。当布莱恩特用诸物的局部显现质疑世界的统一性时，人已经被埋没于路径之中了。因而，梅亚苏必须强调，世界不是物的非统一性而是统一性的非统一性。也即，世界的非原因性或非规律性不在于具体之诸物（objects）之非统一，而在于人与诸物质（matters）之非统一。诸物局部显现的偶然性转变为诸物质和诸思想生成之偶然性。这也就是梅亚苏所说的超偶然性。梅亚苏认为，只有在这样的视野中，人才可能突破人与物的既定路径，因为作为物质规律本身或说规制物质向人以何显现这一先天形式作为一个统一体是偶然的。这也就是梅亚苏所说的无中生有或凭空而生，而只有坚持任何统一体（规律、世界、时间）是偶然的，是没有任何来源的，才是真正的内在性哲学。很明显，布莱恩特那里的内在性本体论强调的是诸物的平等，梅亚苏这里的内在性哲学强调的是诸统一体（诸规律）之平等，而后者的内在性伦理，恰恰是让人期望一个新的符合人类价值的统一体（规律）之出现。

二者的区别在对人的理解上吗？自然是这样。但其中一个更为学理性的原因，在于二者对德勒兹内在性的不同理解。

> 超验（le transcendant）并非先验（le transcendantal）。如果没有意识，先验域就会被确定为一个纯粹的内在性平面，因为它摆脱了主体与客体的全部超越性（transcendance）。绝对内在性是自在的：它不在任何事物之中，也不**属于**任何事物，它既不依赖于客体，也不属于主体。在斯宾诺莎的作品里，内在性不**属于**实体，但是，实体和样式在内在性之中。当跌落于内在性平面之外的主体被当作普遍主体时，当跌落于内在性平面之外的客体被当作任意客体，且内在性自身被归结为**这些客体**时，只是加强了经验的先验完全变性（dénaturation）（就如康德作品中所述），发现自身陷落于超验的内在性亦变形。内在性和作为超然于万物的统一体之某种东西（un Quelque chose）无关，也和作为对诸事物进行综合的行为之某种主体（un Sujet）无关：只有当内在性不再内在于外于它的他物时，我们才能谈论内在性平面。就如先验域不由意识确定一

样，内在性平面也不由某个能够包纳它的主体（Sujet）或客体（Objet）确定。[1]

这是德勒兹临终前对内在性问题的集中概括，布莱恩特十分看重这段话。他认为，德勒兹这段话将内在性置于至高无上的完满地位，内在性无法被任何一种东西所占据，任何主体和客体要想成为其统一的自身，就必然跌落出内在性本身。而内在性本身就体现为纯粹的时间，它既是柏格森意义上的绵延，也是德勒兹所坚定的强度差异。“先验域就是内在性。它不内在于你，也不内在于我，而是内在于所有占据它或置身于其中的绵延或变化的质性之流。……德勒兹有立场声称时间内在于其自身。”[2] 当布莱恩特把德勒兹的虚在转变为诸物的虚真存在时，他自然地继承了德勒兹内在性的论述。只不过，这一内在性在布氏这里，变成了没有先验域的内在性，即诸物并不是作为生成的东西内在于统一的绵延之流中，而是诸物自身内在于繁复的局部显现之中。显而易见，布莱恩特只是把德勒兹的内在性平移到了表层的物，也即保留德勒兹的复多性，破除德勒兹的生机一元性。当然，这一表层是他所定义的，因为在他眼中，只要将虚在转变为虚真存在，就取消了一种存在的等级性。但也因此，布莱恩特表现出一种非常矛盾的心态，他既想接纳德勒兹对复多性的论述，又想反对德勒兹对这一复多性来源的追寻。

梅亚苏对待德勒兹的态度同样非常矛盾，不过，他重视的是生机性或生成性这一端。具有和布莱恩特类似的逻辑，梅亚苏既想肯定德勒兹对生机性的肯定，又想否定德勒兹对生机性之必然性的坚持。不同于布莱恩特，梅亚苏看到的不是内在性对统一性主体的排斥，而是主体如何面对内在性的世界，从而形成一种超越有限、面向无限的主体。梅亚苏的思路是这样的：生命作为一种偶然生成其有诸多种生存形态，而我们当前的有限形态只是其

---

① Gilles Deleuze，«L'Immanence：une vie…»，*Deux régimes de fous*：*Textes et entretiens 1975—1995*，éd. David Lapoujade，Paris：Les Éditions de Minuit，2003，p.360.

② Levi R. Bryant，*Difference and Givenness*：*Deleuze's Transcendental Empiricism and the Ontology of Immanence*，p.215.

中的一种，我们完全可以返归到德勒兹的内在性的生成之流中，思考虚在的生命（德勒兹的虚在与梅亚苏的虚在性于此相通），那么我们完全可以希望一个新的生命之出现，这个生命就是我们所期盼的不朽生命。要思考新的生命生成，就要破除当下破旧的生存形态，那么就必须要返归到生命生成的原点。此即梅亚苏所说的："我们需要活着的人（vivant）有一段非有机的过去，一种身体的非有机生成。进一步说，我们需要**一具没有器官的身体**。"① 而这一点，也正是德勒兹说的："我们要说的纯粹内在性就是一种生命（UNE VIE），而非其他什么东西。它并不内在于生命，但这一不内在于任何东西的内在性其自身就是一种生命。"② 思考生命的生成本身，是梅亚苏内在性伦理的基点。在这一点上，他与德勒兹并无分歧或说殊途同归。梅亚苏只是将生成的绵延之流本身作为一种生成物，并挖掘出一个更大的生成之流，这个作为生成者的超混沌，是一种比德勒兹式的时间更为宏大的时间，它可以生成出诸多具体的时间，以至于也包括了反德勒兹的"没有生成的时间"，那或许是能让人臻于不朽之境的永恒。虚在性与虚在，超混沌时间与生成的时间，梅亚苏在反对着德勒兹的同时，却仍然继承着德勒兹。

结语

去总体性是20世纪法国哲学的一条思想脉络，强调断裂与生成的德勒兹是其中的一座高峰。承袭于笛卡尔与康德的主体哲学，为人类设立了一个稳定的认识论视域，我们在一个认识论框架下规定着物对我们的显现。而德勒兹的虚在概念，则是对这一先验框架的颠覆。物不是稳定的客体，它自身

---

① Quentin Meillassoux，«Soustraction et contraction：à propos d'une remarque de Deleuze sur *Matière et mémoire*»，*Philosophie* 2008/1（n° 96），p.88. 尽管梅亚苏此处是在强调生命，但他的关注点是有思想的生命，也即人的生命。vivant 可以翻译成有生命的东西，也可以直接翻译成活人。"活人"是梅亚苏不朽伦理学的基点，梅亚苏的全部思想都指向为活着的人寻求生命尊严。同时，vivant 还有宗教意义上"享受永生的人"之意，这恰是梅亚苏对生命论述的价值指向。vivant 不仅是生命，更是活人，特别是配享永生的活人。正因如此，梅亚苏才希望用虚在的生命来重塑活人。综上所述，此处将 vivant 译为"活着的人"，既可表现出梅亚苏在探讨活的东西也即生命，也暗指活人就是配享受永生的人，后者正是梅亚苏的思想目的。

② Gilles Deleuze，«L'Immanence：une vie...»，*Deux régimes de fous*：*textes et entretiens 1975—1995*，p.360.

溢出于现实的“装置”(dispotif)之外，在虚在的视域中饱有着自身的生机性。从这个角度说，虚在这一概念承载着当代欧陆哲学家对物与世界的重新审视，它贯穿着德勒兹、梅亚苏与布莱恩特的新唯物主义视点。

德勒兹的生机论哲学被本妮特等人继承，并发展出一种生机唯物主义(vital materialism)。生机唯物主义力图打破人与物的固定关系，强调物自身饱有的生机性与触动(affect)。此类思想家(特别是德兰达)特别强调德勒兹和加塔利那里的“装配”(agencement)概念。他们认为，我们与物的关系不是以人为主导的，而是由人与物差异的装备关系来实现的。物在一个装配中与人平等地参与着装配的运作。比如本妮特认为，人的道德感绝非内属于人的，而是人与物在不同的关系中形成的装配效果。一个素食主义者的道德实现，不是由其高贵的人性所决定的，而是与其整个进食系统息息相关。人的进食器官、消化器官、道德感与食物本身都是平等的参与对象。生机唯物主义把装配中的每个元素都视为与人一样的具有能动性与生机性的行为者。一个装配的形成总是在一定的现实视域之下多方参与的结果。但由于所有参与装配的行为者都有着深不可测的虚在，任何的装配在新的条件下总能展现出新的动向。装配是打破人类固定视域的虚在装置，它超越了有限的、可见的现实性。

生机唯物主义直接继承了德勒兹的虚在概念，把任何的物都放在生命视域中去理解。虚在是生命性的，万物永远处于绝对差异的生成之中。而梅亚苏的思辨唯物主义则将虚在性视为超混沌对规则的无限生成能力。虚在的规则完全可以以非德勒兹主义的生命规则形式被生成出来。物质与人的思想是完全异质性的，我们不能用虚在去调和二者，因为真正的虚在性恰恰是对规则和时间的完全中断，是一种绝对异质性的生成，而不是生命性的生成。梅亚苏的思辨唯物主义对虚在性的强调，坚持了一种复数时间观和世界观。世界并不都是生成的，也有可能是非生成的，也即他所谓的永恒。而人的生命不仅可以在德勒兹主义的时间中被思考，也可以在永恒中被思考。在此，梅亚苏用虚在性打开了其所批判的相关主义对物的对象化封锁，后者把物质作为一个异在概念封闭于无人世界中。也只有这样，梅亚苏才能得出他想要的结论。虚在性的复数世界可以创造出任何的规则，每一种规则之间都是完全异质的，我们不能以当前的生命视角去思考物质。既然如此，我们也就获得了脱离当前世界的有死性统治之可能性，去寻求一个完全异质于当下的新的正义世界。

思辨唯物主义对虚在性的强调，尽管似乎打破了德勒兹主义与生机唯物主义对生命性的形而上学坚持，但在布莱恩特的唯物主义[①]中，这仍然是一种等级性的本体论。德勒兹的虚在依赖于自在差异之生机性，梅亚苏的虚在性专指任何凌驾于万物之上的规则与世界。布莱恩特的物导向本体论则坚决反对这类为物设定形而上学原因的本体论，其力图取消任何使物呈现的本体论装置，让虚在回归于物自身。万物都饱有其各自的虚真存在，不存在任何一种规则和世界来对万物进行总体性呈现。诸物在完全民主平等的关系中实现自身，物的不同表现（局部显现）只是在与他物的特定关系中得到确认的，没有任何一种超然的关系来对物进行判定。这一唯物主义取消了人的特别性，它既不像德勒兹那样将世界构想为人所能理解的生命性的东西，也不像梅亚苏那样强调物质的绝对异质性，从而迂回地维护人类的生命尊严和高贵思想。人在其中与诸物没有区别，所有的一切都在不同的关系中进行着虚在向现实的转化（虚真存在向局部显现的转化）。

我们不能说梅亚苏与布莱恩特的另辟蹊径是完全因袭于德勒兹的，他们的确各自发展出了新的本体论路径。但必须得到澄清的是，二者的确很大程度上是在沿着德勒兹的路径继续探索。正如《思辨转向：大陆唯物论与实在论》的序言所说："针对将哲学化简为对意识结构或文本的分析，人们对本体论问题的兴趣在最近激增。在该领域中，德勒兹是先驱。"[②]针对这一点，我们也可以说，正是德勒兹的努力，使以往埋藏于种种框架与结构之下的虚

---

① OOO 的大多数学者（如哈曼）反对"唯物主义"（materialism）一词，它们所说的物可以指任何东西，包括人、电子物、人的精神物等。换言之，OOO 是一种泛物论，其所谓的"物"是指任何的东西（stuff），而非实体性的物质。与哈曼等人不同的是，布莱恩特喜欢用"唯物主义"一词，但他的唯物主义中的物质（matter）仍然指的是一切东西。

② Levi Bryant，Nick Srnicek and Graham Harman，"Towards a Speculative Philosophy"，*The Speculative Turn*：*Continental Materialism and Realism*，p.4.

在暗潮涌动，打破了旧的人类主义视角。这激起了我们当下对物进行再探讨的热情以及对后人类的思考。而数字技术的日益发展，又给人类重触世界以新的悸动，这是电子游戏与元宇宙向人类敞开的全新空间，在其中，虚在无限地喷涌出新的触动与渴望。

笛卡尔专栏 | René Descartes

意志是心灵的选择能力还是思想的一类？
——笛卡尔论意志及其样态

施　璇*

笛卡尔意志理论中首当其冲的难题就是他所讲的意志到底是什么。一方面，笛卡尔在《第一哲学沉思集》的第四个沉思中将意志定义为心灵自由选择的官能或能力。另一方面，他在大部分著作中又将意志定位为思想的一大类。判断、怀疑、灵魂的渴望、灵魂的情感或情绪以及灵魂的想象与记忆是意志这一大类思想的主要样态，它们都是人的意志的自由选择。通过对意志诸样态的分析可以得出，笛卡尔对意志的两种定义并不矛盾。笛卡尔正是通过思想二分法以及对思想诸样态的分配归类来完成重新发牌的工作，从而打破古代—中世纪对意志与理性关系的传统理解，确立知觉与意志的思想二分结构，将知识的必然归给理性（知觉）的同时将选择的自由留给意志，由此开创了现代的心灵认知新模式。

对笛卡尔哲学的彻底理性主义解读曾经一度被奉为圭臬，这种解读主张笛卡尔将人的理性看作一切信念与知识的唯一权威。近一个世纪以来，海内外许多学者都对这种彻底理性主义解读发起挑战。在他们的共同努力之下，如今学界即便没有被完全抛弃，但至少大幅修正了这一解读，正如肯宁顿（Richard Kennington）所指出的那样：“这种修正几乎得到了普遍的接受。”①

---

* 作者施璇，哲学博士，上海社会科学院哲学研究所研究员，外国哲学研究室主任，主要从事西方哲学史、早期近现代哲学尤其是笛卡尔思想研究。本文受到上海市哲学社会科学规划课题“笛卡尔的自然哲学及其当代价值研究”（2021BZX004）的资助。

① 肯宁顿：《笛卡尔的“奥林匹卡”》，高松译，《笛卡尔的精灵》，刘小枫、陈少明主编，华夏出版社，2009年版，第3页。

学者们就笛卡尔意志理论所做的挖掘与阐释对于这一修正功不可没。不少学者都已经注意到意志是笛卡尔哲学中不可或缺的关键要素。然而，随着研究的深入，笛卡尔意志理论中包含的内在困难及其带来的理论问题逐渐受到关注，并在学界引发争论。首当其冲的难题就是：笛卡尔所讲的意志到底是什么?

一、意志是心灵自由选择的能力

学界通常将笛卡尔所谈的意志定义为心灵自由选择的官能或能力。文本证据主要集中在《第一哲学沉思集》的第四个沉思中。在那里，笛卡尔明确将意志称为“选择官能”(facultate eligendi)(《第一哲学沉思集》第四个沉思，*AT*，VII: 56，*CSM*，II: 39①)，而且多次使用“意志或选择自由”(voluntatem，sive arbitrii libertatem) 这样的表述。其中一段话最常被引用作为笛卡尔对意志的定义，这段文字写道：

> 这是因为意志仅仅在于我们能够做或者不做某事（也就是说，肯定或者否定，追求或躲避）；或者说，它仅仅在于当理智提出肯定或否定或追求或躲避时，我们有如此倾向，即我们觉得自己没有被任何外力(vi externâ) 所决定。(《第一哲学沉思集》第四个沉思，*AT*，VII: 57，*CSM*，II: 40)

关于意志的上述定义有两点需要注意：一是当笛卡尔谈选择自由时说的是意志的选择自由，即纯粹精神性的心灵的自由，而不是指有身体参与的人

---

① 本文中的笛卡尔引文皆出自：(1) René Descartes，*Œuvres de Descartes*，ed. C. Adam and P. Tannery，Vrin，1996. 这是笛卡尔哲学的拉丁文与法文本全集，共十一卷，简称 *AT*。(2) René Descartes，*The Philosophical Writings of Descartes*，trans. J. Cottingham，R. Stoothoff and D. Murdoch，Cambridge University Press，1984—1991. 这是目前学界最为流行的英译本，简称 *CSM*。文章按照学界惯例在文中直接给出 *AT* 本、*CSM* 本的卷数与页码，后文不再一一注释。

的行动自由。[①]二是笛卡尔强调的“官能”（facultatis）指的是一种能力或者说“潜能”（potentiam）(《对某份大报的评论》, *AT*, VIIIB：361, *CSM*, I：305）。如此强调是因为在笛卡尔看来，心灵是完整的、不可分的实体，心灵的各种官能只是不同的能力而非心灵的不同部分。

笛卡尔将意志理解为选择能力，这意味着他将“意志”（voluntas）与“选择自由”（liberum arbitrium）一概而论、不加区分，然而，这两个术语在经院哲学中通常不能简单地相互等同。那么，为什么笛卡尔不再强调“意志”与“自由选择”的区别，而是将两者视作一回事？将两者等同又会带来什么样的理论后果？

（一）阿奎那的思路：区分意志与选择自由

中世纪晚期经院学者们对于“意志”与“选择自由”之间区别的阐述有着细微差别。考虑到托马斯·阿奎那是亚里士多德主义经院哲学之集大成者，他的意志理论对这两个术语有比较详尽的分析，而且“笛卡尔在拉弗莱舍（La Flèche）的所学更接近阿奎那而非其后的理论”，[②]因此这里以阿奎那的意志理论为例来展开分析。

一方面，在阿奎那那里，意志是理性存在者的向善欲求。意志向善是古老的哲学理念。柏拉图笔下的苏格拉底就说：“我们意愿善好，而不是既不善也不恶的，也不是恶坏。”[③]阿奎那将这一思想同亚里士多德的灵魂学说结合起来，提出所有存在者都有某种向善的欲求，只是不同物种的向善欲求有所不同。植物的向善欲求是获取营养以及播种繁茂，它们对自己的欲求目的一无所知，因此这样无知识的欲求仅仅是一种“自然欲求”；动物的向善欲求是自我保存与繁衍后代，不过比起植物，动物对自己的一些欲求目的已

① 关于笛卡尔哲学中意志自由与行动自由之区别的学术研究可以参见 Rogers Albritton，“Freedom of Will and Freedom of Action”，*Proceedings and Addresses of the American Philosophical Association*，1985，vol.59，pp.239—251；Paul Hoffman，*Essays on Descartes*，Oxford University Press，2009，pp.196—209。

② John Carriero，*Between Two Worlds*：*A Reading of Descartes's Meditations*，Princeton and Oxford：Princeton University Press，2009，p.243.

③ Plato，*Plato*：*The Collected Dialogues*，trans. W. D. Woodhead，ed. E. Hamilton and H. Cairns，NJ：Princeton University Press，1961，pp.250—251.

经有所认知，它们的欲求可以被称作“动物欲求”；人作为理性存在者有着超越自然欲求与动物欲求的更高的理性的向善欲求，阿奎那称之为“意志”（voluntas）。阿奎那进一步主张意志必然地意愿合适的对象。[①] 他认为人的意志意愿合适对象的这种必然性是人的自然倾向的必然性，不论上帝还是被造物都无法强迫改变意志的这种必然性。

另一方面，根据阿奎那的意志理论，意志的必然性在于意志必然地意愿合适的对象，而人的意志的合适对象就是幸福，这一点是确定的；但令人幸福的具体善好及其获得的手段方式则多种多样，具有不确定性，这种不确定性就给“选择自由”留有余地。幸福作为意志的合适对象必然地决定了人的意志的大方向，但人的自由选择能力帮助人们在各种各样通达幸福的选项中做出选择。因此，在阿奎那那里，自由选择是意志之下的某种能力，用于选择具体的向善目标及其达成手段。此外，阿奎那强调只有理性存在者才有自由去选择什么是对自己来说的幸福以及具体该如何获得这种幸福。这种自由选择植根于理性存在者的自我决断。无理性的动物依靠自己的自然本性或者说本能就能够天然地、自发地在生存过程中做出判断，从而趋利避害（也就是向善弃恶）。而人类不同于动物，人会根据生活实践中的境遇条件来选择自己通达幸福的具体目标及其手段方式，而这些判断依靠的不是动物本能而是人的理性。动物的判断没有自由，它们完全地被自身的自然本性所决定；而人的理性判断则不同，理性存在者有能力为自己做出选择或决定，也即具有某种自我决断的能力，这种能力就是阿奎那所说的“选择自由”（liberum arbitrium）。这种自由选择的能力以理性对善好以及对具体目的与手段关系的认知为前提，这就是为什么阿奎那强调它是理性存在者所独有的能力。

结合阿奎那对“意志”与“选择自由”的阐述可以看出，这两者在他那里其实是同一种力量两个方面，人的“意志”意愿普遍的善好而人的“选择自由”决断具体的善好以及获得它们的具体手段方式。他在不同文本中都宣

① 需要注意的是，上帝作为理性存在者同样具有向善的欲求即意志。因此，就意志作为理性的向善欲求而言，人类和上帝都具有意志。然而，人类的意志与上帝的意志有所区别，人的意志的合适对象是对人类自己而言的善好，即幸福；而上帝的意志的合适对象则是他自身的善好。

称意志与选择自由不是两种力量，只是一种力量，但他同时也承认两者之间存在区别，意志是一种基本的官能而选择自由只是意志这一官能中比较重要的部分或者说能力。由此我们可以看到，在阿奎那那里，意志的必然与选择的自由并不矛盾而是相融贯的，尽管它们是同一种力量，但两者之间存在显著差别。意志通向普遍的善好而自由选择面对具体的选项，两者既有普遍与具体的区分，又有确定与不确定的差别。并且，既然意志意愿合适对象是必然的，那就意味着人们不应该由于这种必然的意志倾向受到赞扬或者招致责备；与之相反，自由选择则取决于人自己，故而人们的选择具有道德价值，人们由于自己的选择而受到赞扬或者招致责备。也就是说，在伦理道德方面起到关键作用的是自由选择而非意志，两者的区别十分明显。

（二）笛卡尔的思路：不区分意志与选择自由

笛卡尔在个问题上并没有延续托马斯主义的思路，相反，在他那里，“意志”与“选择自由”似乎是同一回事。他经常交互或者并列使用这两个术语，好像这两者之间并没有什么分别。他在《第一哲学沉思集》第四个沉思中将“理智”（intellectu）定义为“认知的官能”（facultate cognoscendi）并将“意志”（voluntate）定义为“选择的官能”（facultate eligendi）即“选择意志”（arbitrii voluntate）(《第一哲学沉思集》第四个沉思，*AT*，VII：56，*CSM*，II：39)。仅在同一节中，笛卡尔就两次使用了“意志或选择自由”这样的表述，可见在他那里这两个术语近乎同义词。①

阿奎那通过普遍与具体这组范畴来区分意志与自由选择，从而调和意志的必然与选择的自由之间的张力，但是这种将普遍、必然与意志放在一边而将具体、自由与选择放在另一边的设定却同笛卡尔的理论框架不兼容。理由有三：

其一，在笛卡尔的理论中，对普遍项的认知及意愿与对具体项的认知及意

① Lilli Alanen 在其著作《笛卡尔的心灵概念》一书第七章中，通过详细的文本分析，指出如今学界通行的笛卡尔哲学剑桥英译本（*CSM*）在翻译意志与自由选择等概念时存在一定的模糊性。（Lilli Alanen，“The Role of Will in Descartes’ Account of Judgment”，*Descartes' Meditations*：*A Critical Guide*，ed. Karen Detlefsen，Cambridge：Cambridge University Press，2003，pp.208—258.）因而，本文对这几个术语的研究主要参考拉丁文本。

愿之间并不存在实质性的差别。在他看来，理性是普遍的官能，人的理性既能领会诸如物体本性这类普遍的本性或共同概念，也可以理解诸如这一块蜡这类具体对象或具体知识；意志则是无限的官能，人的意志同样既能够意愿或选择普遍的东西，也能够意愿或选择一个具体的选项。可以说，在笛卡尔那里，理性与意志这两种官能在面对普遍项与具体项的时候共同运作并发挥作用。

其二，笛卡尔认为确定性与不确定性之间的区别不在于普遍与具体，而是在于理性领会得清楚分明与否。在阿奎那看来，普遍的善好是唯一的因而具有绝对的确定性，人在面对普遍善好时也是确定的；只有具体的善好及其获得手段才是多种多样的因而是不确定的，人在面对具体选项时也会不确定。但在笛卡尔看来，确定性属于认知层面，确不确定取决于理性知觉。① 当人的理性清楚分明地领会某个对象或真理时，他在认知上就是确定的；反之，当人的理性没有清楚分明地领会时，不确定性由此而来。

其三，笛卡尔也不主张意志的必然与自由取决于普遍善好的确定性与具体善好的不确定性。人的意志必然地意愿确定的普遍善好，同时人也有自由去选择不确定的具体的善好，这在阿奎那的理论中顺理成章。但是，在笛卡尔那里，人的意志的必然与自由并不取决于意志对象是普遍的还是具体的，而是取决于理性的领会是否清楚分明。当人的理性清楚分明地领会到真理时，其意志就必然地倾向于跟随理性获得的真观念；反之，当人的理性没有给出清楚分明的真观念时，其意志在这种情况下就处于无差别的中立状态。但无论理性是否领会得清楚分明，意志的本性都是自由的，意志就是选择自由。

正是由于上述三点不同，两人在这个问题上有着不同的思路。笛卡尔并不区分“意志”与“选择自由”，但他根据理性的认知结果区分了意志自由选择的两种高下有别的状态：一方面，当人的理性获得清楚分明的观念时，意志就会有巨大的倾向去选择它，笛卡尔强调意志这样的选择自由是“完

---

① 笛卡尔还将确定性区分出“形而上学的确定性”与“道德的确定性”。在形而上学上以及在日常生活中都不可怀疑的东西具有“形而上学的确定性”，也可以称之为“绝对的确定性”；在形而上学上可以怀疑但在日常生活中不可怀疑的东西则仅仅具有“道德的确定性”。从中我们可以看出，笛卡尔是在认知层面上讨论确定性的。

全的自由”（plane liber）、最高的自由；另一方面，当人的理性没有获得清楚分明的观念时，所有选项此时对此人而言都是“无差别的”或“无所谓的”（indifferentia），即“我觉得理性没有推我向一个方向而非另一个方向”，这种状况下的意志选择自由只是“自由的最低等级”（infimus gradus libertatis）（《第一哲学沉思集》第四个沉思，*AT*，VII：58，*CSM*，II：40）。[①]笛卡尔不但认为自由并不意味着灵魂必须要处于无差别或无所谓的状态，而且主张理性引发的强烈倾向同意志的本性自由之间也并不矛盾。[②]

举例来说，在考试做选择题时，甲发现四个选项对他而言是无差别的，他选择哪个都无所谓，而乙则有强烈的内在倾向去选择A，因为他的理性知识告诉他A是正确答案。甲乙两人同样都有选择的自由，我们不会因为乙知道怎么选择而说他此时不自由。此外，两人的选择高下立判，谁高谁下毋庸置疑。笛卡尔也正是在这个意义上主张有理性的意志选择是最高自由而无理性的意志选择只是最低自由。严格说来，这两种情况只是光谱的两端。更准确的表述是，在笛卡尔看来，理性领会得越清楚分明，意志就越倾向于意愿或选择理性给出的选项，意志的选择也就越自由。因为意志就是选择自由，意志越强烈，那么选择也就越自由。

由此，我们看到，笛卡尔用理性主义的唯一指标改变了阿奎那对普遍必然与具体自由的灵活处理，他将确定性基于理性清楚分明性的坚持令他在意志理论上偏离托马斯主义道路，这就是为什么他主张意志就是选择的能力并且认为意志与自由选择这两个术语之间没有实质性区别。

二、意志是思想的一大类

将笛卡尔的意志概念理解为心灵自由选择的能力，这一解读所依据的文

① 笛卡尔在第六组反驳中重述了上述主张，参见*AT*，VII：432—433，*CSM*，II：291—292。

② 理性必然性与意志自由在笛卡尔哲学中是否冲突，学界一直有必然论（necessitarian）与意志论（voluntarist）之争，也即相容论（compatibilism）与不相容论（incompatibilism）之争。本文限于篇幅不对此展开讨论。

本主要集中在《第一哲学沉思集》第四个沉思。如果我们基于笛卡尔全部文本整体性地考察，就会发现他对意志有更加宏观的定位，意志在他的心灵哲学体系中占有重要位置，而且他在一生的不同时段处理意志问题时也存在微妙的变化。笛卡尔在青年时期还沿用当时通行的理性与意志二分思路，但随着其思想的日渐成熟，他逐渐形成自己的心灵哲学体系，转而将人的思想划分为知觉与意志这两大类。根据这一思想分类，从更宽泛的意义上来说，意志是思想的一大类。接下来，我们以笛卡尔的四本代表作为例来考察这一思路的产生与发展。

（一）《指导心灵的规则》

《指导心灵的规则》是笛卡尔青年时期写下的一部未完成的作品。这个时期的他仍旧延续经院哲学理性与意志二分的传统思路。

在此书的规则三中，笛卡尔把理智活动同意志活动区分开来，他主张理智活动的功能是理解，也就是使心灵获得知识，而意志活动的功能是相信，也就是使心灵获得信仰。随后，在规则十二中，笛卡尔将作为知识对象的东西区分为简单的与复合的，并将简单的东西进一步划分为纯心灵的、纯物质的与兼而有之的。在此基础上，他指出意志的活动属于纯心灵的简单对象。他写道：

> 那些从我们的理智来看被称为简单的东西，它们要么是纯心灵的，要么是纯物质的，要么则兼而有之。纯心灵的就是那些我们的理智凭借天赋之光而无需借助任何物质性形象（image）所认识的那些。肯定有这样一些东西：它们向我们所显现的东西不可能形成任何物质性的观念，认识、怀疑、无知、意志的活动（voluntatis actio）也可以被称为意志活动（volitionem），以及诸如此类皆是；对于所有此类东西，我们可以具有真正的知识，而且获得这类知识十分容易，只需理性参与。（《指导心灵的规则》规则十二，*AT*，X: 419，*CSM*，I: 44）

我们可以看出，在这部书中，笛卡尔还只是单纯沿用理性与意志区分的常见思路，把“理性的活动”（ingenii actio）同“意志的活动”（voluntatis actio）区分开来，并且指出“意志的活动”（voluntatis actio）也可以被称为“意志活动”（volitionem）。

（二）《第一哲学沉思集》

1641年出版的《第一哲学沉思集》是笛卡尔最重要的代表作，他的哲学在这个时期业已成熟，一个重要标志就是他在此时已经挣脱经院哲学的束缚而走出一条独立的哲学之路。笛卡尔在第三个沉思中明确将思想分为两类：一类是最严格意义上的“观念”（ideæ），它们好似“事物的像”（rerum imagines）；另一类则“包含了比事物的像更多的东西”，它们是“意志或情感”（voluntates，sive affectus）以及“判断”（judicia）。（《第一哲学沉思集》第三个沉思，*AT*，VII: 37，*CSM*，II: 25—26）这一区分以“观念”为核心，将心灵中的所有思想活动分为观念的获得与对所获得观念的处理。

在第二个沉思中，沉思者在认识到“我是个思想的东西”之后，紧接着追问：

> 但是，我是什么？一个思想的东西。那是什么？一个怀疑（dubitans），理解（intelligens），肯定（affirmans），否定（negans），意愿（volens），不意愿（nolens），而且想象（imaginans）与感觉（sentiens）的东西。（《第一哲学沉思集》第二个沉思，*AT*，VII: 27—28，*CSM*，II: 18—19）

此后，沉思者在第三沉思的开头回顾前一个沉思的认识时又重述了上述论断，即“我是一个思想的东西，也就是说，一个怀疑，肯定，否定，较少理解，较多无知，[①] 意愿，不意愿，而且想象与感觉的东西”，并且明确把怀疑、理解与无知、肯定与否定、意愿与不意愿、想象、感觉称作为“思想的

① 法文版在这里插入了“爱，恨”。

样态"（cogitandi modos）（《第一哲学沉思集》第三个沉思，*AT*，VII：34—35，*CSM*，II：24）。①

按照第三个沉思中提出的思想二分法，我们可以将笛卡尔所提出的我思诸样态归为以下两类：获取观念与加工观念。理解②、想象、感觉这三种思想样态获得观念，因而属于第一类；而怀疑、肯定与否定、意愿与不意愿、（法文版添加的）爱与恨这几种思想样态则属于第二类，它们是"意志或情感"以及"判断"（judicia）。

尽管笛卡尔在《第一哲学沉思集》中尚未给这两类思想以名称，但获取观念与加工观念这一区分就是后来思想二分的雏形。

（三）《哲学原理》

笛卡尔在《哲学原理》中完成其全部形而上学体系的构建。这部用教科书形式写作完成的著作于1644年出版。他在那里正式将心灵中经验到的所有思想分为"知觉"（perceptio）与"意志"（volitio），前者又被称作"理性的运作"（operatio intellectûs），后者又被称作"意志的运作"（operatio voluntatis）（《哲学原理》第一部分第32节，*AT*，VIIIA：17，*CSM*，I：204）。

笛卡尔进一步将感觉、想象与纯粹理性（pure intelligere）规定为知觉的不同样态，并将渴望（cupere）、嫌恶（aversari）、肯定（affirmare）、否定（negare）、怀疑（dubitare）规定为意志的不同样态（diversi modi volendi）。（《哲学原理》第一部分第32节，*AT*，VIIIA：17，*CSM*，I：204）

《哲学原理》极为清楚详细地阐述了笛卡尔的思想二分思路。从命名的补充之举可以看出他努力将自己对心灵思想的新划分同经院哲学传统以及自己早年提出的理性与意志二分思路勾连起来，其目的仍然是期望其理论更少遭到抵触并且更容易被接受。在这个时期，知觉与意志二分的思路在笛卡尔哲学中已

---

① 上述这些只是沉思者在那个阶段心灵中的思想而已，它们未必是思想的全部样态。

② 在笛卡尔的哲学中，"理解"（intelligens）就是"理性"，也被称作"纯粹理性"（《哲学原理》第一部分第32节，*AT*，VIIIA：17，*CSM*，I：204），即"纯粹理解，即不涉及任何物质性的像（images）的理解"（《对某份大报的评论》，*AT*，VIIIB：363，*CSM*，I：307），它是获得关于自然（本性）的清楚分明观念的唯一途径。

经成熟，这一思路主张知觉得到观念而意志加工观念，两者是思想的两大类。

（四）《论灵魂的激情》

在1649年出版的《论灵魂的激情》这部笛卡尔最后的著作中，他继续贯彻自己的思想二分法，但这次他给这两大类思想以不同的名称。此时，他不再追求自己学说同经院哲学的表面一致，而是运用“活动”（action）与“激情”（passion）这组术语的主动—被动含义，把心灵中的所有“意志活动”（volontez）称为“灵魂的活动”（les actions de l’âme），把心灵中的各种“知觉或认识”（perceptions ou connaissances）称为“灵魂的激情”（les passions de l’âme）（《论灵魂的激情》第一部分第17条，*AT*，XI：342，*CSM*，I：335）。

笛卡尔在“意志”（即“灵魂的活动”）这类思想下，细分出止于灵魂本身的意志活动以及止于身体的意志活动。举例来说，我们意愿去爱上帝属于前者；我们想要走路属于后者。笛卡尔在“知觉”（即“灵魂的激情”）这类思想下，也细分出源于灵魂本身的知觉活动以及源于身体的知觉活动。我们对自己思想活动（比如意志、想象等）的知觉属于前者；视听等“与外物相连的知觉”、饥渴与疼痛等“与身体相连的知觉”以及愉快、愤怒等“与灵魂相连的知觉”则属于后者（《论灵魂的激情》第一部分第23条至25条，*AT*，XI：345—348，*CSM*，I：337—338）。

笛卡尔在《论灵魂的激情》一书中分类思想的方式同前作保持一致并且略有推进。他通过活动与激情这组术语，不但贯彻知觉与意志二分思想，而且强调知觉得到观念的被动性与意志加工观念的主动性。在两类思想之下细分样态时，笛卡尔对情感与想象的处理发生了一些变化，后文会对此有更加详细的分析。

（五）思想的两大类：知觉与意志

经过上述文本梳理可以看出，尽管笛卡尔在几本著作中使用不同名称，但所表达的大致意思保持一致，那就是，人心灵中的所有思想可以分为两大类：知觉与意志。

一方面，思想的一大类是“知觉”，笛卡尔也称之为“理性的活动”“理性的运作”或者“灵魂的激情”。纯粹理性、感觉、想象与激情是这类思想的主要样态。这类思想的功能是认知，即获得观念。这些观念既包括清楚分明的观念又包括模糊混乱的观念，既有关于事物本性的观念又有关于好坏利害的观念。这些观念本身并没有对错，这类思想本身也无对错之分。此外，知觉这类思想并不总是只依赖于心灵本身，有时还需要依赖于身体。就它与另一类思想的关系而言，笛卡尔特别强调知觉以及由此获得的观念并不依赖于意志，他在《第一哲学沉思集》中反复提到观念并“不取决于我的意志”（《第一哲学沉思集》第三个沉思，*AT*，VII：38—39，*CSM*，II：26—27）。

另一方面，思想的另一大类则是“意志”，笛卡尔也称之为“意志的活动”“意志的运作”或者“灵魂的活动”。与前一类思想不同，这大类思想的特点是“它们包含了比事物的像（image）更多的东西”（《第一哲学沉思集》第三个沉思，*AT*，VII：37，*CSM*，II：26），也就是说，意志是对观念的加工，根据观念进行自由选择或决断。此外，与知觉不同，这类思想只依赖于心灵自身，笛卡尔明确说它们“直接来源于我们的灵魂并且似乎总是只依赖于它”（《论灵魂的激情》第一部分第17条，*AT*，XI：342，*CSM*，I：335）。就它与另一类思想的关系而言，“意志”这类思想必然伴随“知觉”这类思想。意志是对观念的加工，因此它必定以知觉所获得的观念为前提，伴随着对意志对象本身的知觉，“可以确定的是，如果我们不知觉到我们意愿一样东西，我们就不能够意愿它”（《论灵魂的激情》第一部分第19条，*AT*，XI：343，*CSM*，I：335）。

笛卡尔的思想二分方式突破了亚里士多德—托马斯主义对理性与意志关系的处理。按照这一思想传统，意志是灵魂朝向自己恰当对象的渴求，理性存在者的意志就是灵魂求真向善的渴求，理智伴随着意志而产生。与之不同，笛卡尔主张思想可以分为知觉与意志两大类，通过知觉，心灵被动地得到观念，这种得到有时需要依赖于人的身体；通过意志，心灵主动地加工观念，这种加工仅仅依赖于心灵自身。笛卡尔根据思想二分得以重新定位理性与意志，将前者放入纯粹被动的知觉之中，而将后者独立为灵魂自己的主动能力。他以不同于亚里士多德—托马斯主义的方式，将必然性给了理性同时将自由留给意志。总之，纵观笛卡尔一生的哲学著作，可以看到他将“意志”作为人的思想的一大类，这类思想的特点在于主动加工灵魂中的观念，并且这类活动仅仅依赖于灵魂自身。

三、意志诸样态

一方面，笛卡尔在《第一哲学沉思集》的第四个沉思中将意志规定为心灵自由选择的能力；另一方面，他又在大部分著作中将意志定位为思想的一大类。那么，现在的问题是这两种说法是否矛盾？为了回答这个问题，我们可以进一步追问：意志这类思想下的各种样态是否都是心灵自由选择的能力？如果回答是肯定的，意志这类思想下的各种样态都是心灵自由选择的能力，那么笛卡尔对意志的两种定义之间不矛盾，它们是融贯的；反之，如果答案是否定的，那么笛卡尔对意志的两种定义则无法融贯，是矛盾的。然而，笛卡尔对意志这类思想下各种样态的论述格外复杂。经过文本的梳理与分析，我们可以划分出五种意志的样态。

（一）意志的样态 1：判断

在笛卡尔的学说体系中，意志这类思想的一项重要样态就是判断，即选择相信或不相信某件事、同意或不同意某种观点、肯定或否定某个命题。在笛卡尔看来，这三者不过是同一种样态的不同说法而已，其实质是意志的自由选择。

笛卡尔在青年时期接受理性与意志的传统区分，主张意志活动的功能是相信，使心灵获得信念或信仰。他在《指导心灵的规则》中写道：

> 就理解的力量而言，我们不应当采取任何其他道路，我们应当拒斥所有那些可疑的、易错的道路。这并不阻碍我们相信上帝所启示的东西比任何知识更加确定，因为对这些东西的信仰，正如对任何模糊的东西的信仰一样，都不是理性的活动而是意志的活动（non ingenij actio sed voluntatis）。如果我们的信仰在我们的理性之中有一个基础的话，那么启

示真理首先可以并且应该被我们前面刚刚描述过的两种方式中的任意一种所发现。（《指导心灵的规则》规则三，*AT*，X: 370，*CSM*，I: 15）

此后，笛卡尔将意志的相信功能从信仰领域拓展至认知领域，用肯定或否定、是否给予同意等词汇来表述它，并将这些通通归为意志的判断样态。关于判断，有两点需要说明：

一方面，判断必须以知觉为前提。正如前文所指出的那样，意志这类思想是对知觉所获得的观念的一种加工，因而意志需要以知觉及其所获得的观念为前提。做出判断当然也需要知觉，因为人们如果没有知觉到任何东西，自然也就无法做出任何判断。特别需要注意的是，理性及其观念并不是判断的必要要素。尽管笛卡尔曾经说过“做出判断不但需要理性而且需要意志”（《哲学原理》第一部分第 34 节，*AT*，VIIIA: 18，*CSM*，I: 204），很多学者也据此认为判断是理性同意志的共同作用，但是这只是判断的一种情况。毫无疑问，在笛卡尔那里，正确的判断是理性给出真观念的同时意志正确地予以同意。然而，人还会做出错误的判断，这些判断有时候缺乏理性，只是意志对感觉观念或想象观念给予同意的结果，它们即便是错误的，也仍然是判断。笛卡尔明确说过判断中所需要的知觉并不一定是完全的、充分的知觉，人们可以对模糊混乱的知觉给予同意。① 因此，意志做出判断只需要以知觉及其获得的观念为前提，并不必然要求理性及其观念的参与。

另一方面，尽管判断离不开知觉及其观念，但判断是意志的样态与功能。斯多亚学派认为判断的本质是同意，笛卡尔的意志理论吸收并发展了这一思想。在《对某份大报的评论》中，笛卡尔不同意作者莱格乌斯（Regius）将理性划分为知觉与判断的做法，他指出尽管知觉是判断的必要前提，但人们做出判断需要肯定与否定，而且人们有自由能够保留自己的同意，因此，笛卡尔认为判断活动仅仅在于同意（assensio）（即肯定或否定），他把判断归于意志的决定而非理性知觉。② 既然判断的核心是同意，人们一旦知觉到某

---

① 参见《哲学原理》第一部分第 34 节，*AT*，VIIIA: 18，*CSM*，I: 204。

② 参见《对某份大报的评论》，*AT*，VIIIB: 363，*CSM*，I: 307。

个对象就可以对此给予同意，而给予同意是意志的活动，因此判断在笛卡尔那里说到底还是归于意志而非理性。这一点被不少学者所认同。比如 André Gombay 就认为“我们有权将此观点归给笛卡尔，即判断就是意志”。①

（二）意志的样态 2：怀疑

意志这类思想的第二种样态就是怀疑，即保留同意，既不肯定也不否定，既不同意也不反对，也就是悬搁判断，它是意志第一种样态的变体，其实质也是意志的自由选择。

怀疑是意志的样态之一，这一点十分重要，它是我们理解我思的一个关键点。在《第一哲学沉思集》的内容提要中，笛卡尔提出：

> 在第二个沉思里，心灵用它自身的自由（mens quae，propriâ libertate utens），对一切事物的存在只要有一点点怀疑，就假定它们都不存在，但在这样做的时候，心灵注意到它自己在这期间不存在是不可能的。（《第一哲学沉思集》内容提要，*AT*，VII：12，*CSM*，II：9）

上述引文中提到的“自由”指的就是意志的选择自由。他在第四个沉思中更是直接表述：“我意愿怀疑一切”（omnibus volui dubitare）（《第一哲学沉思集》第四个沉思，*AT*，VII：56，*CSM*，II：39）。此外，笛卡尔在《哲学原理》中将这一点陈述得最为清晰，他写道：

> 但是，不论是谁创造了我们，不论他可以有多么强大或者多么欺骗人，我们与此同时在我们之中经验到一种自由，它总是能够使我们克制自己不去相信那些并不完全确定的、未经检验的东西。因此我们能够确保在任何情况下都不犯错。（《哲学原理》第一部分第 6 节，*AT*，VIIIA：6，*CSM*，I：194）

---

① André Gombay，“Love and Judgement in Descartes”，*René Descartes*：*Critical Assessments*，vol.3，ed. Georges J. D. Moyal，London and New York：Routledge，1991，p.121.

笛卡尔将怀疑归为意志的样态，这意味着人的意志才是进行怀疑并找寻我思这一形而上学基石的根本力量。而这一点对于修正对笛卡尔的彻底理性主义解读尤为关键。国内外一些学者已经注意到意志对于笛卡尔怀疑方法的重要性了。卡特（Richard B. Carter）提出“意志可以超越心灵的掌握，这正是普遍怀疑之所以可能的前提”。① 毛竹也指出：“早在‘第一沉思’中，作为‘意志’的模态之一的‘怀疑’，就悄然潜伏在所有沉思活动开端之处的那个位置上……怀疑不是运用‘理智’的结果，而是一个彻底意志性的出发点。” ②

从意志的判断与怀疑两种样态，我们可以看到，笛卡尔主张人的意志可以控制自己的信念状态，可以自由选择与决定自己是相信、不相信还是怀疑某个信念。他的这一主张暗合基督教的基本教义，即人可以并且应当依靠意志控制自己的信念与信仰。多种文本与宗教实践都表明，从新约、保罗书信到 17 世纪英国圣公会洗礼仪式，基督教始终求信徒去自愿信仰上帝，并且禁止相信一切不被教规教义允许的信念，这一要求在 17 世纪表现得尤为突出。③ 但这一主张自提出起就遭到大量质疑，尤其在当代英美知识论与笛卡尔哲学研究中，对此的批评声不绝于耳并引发热议。④

---

① 卡特：《笛卡尔论意志预期与大众智慧》，余慧元译，《笛卡尔的精灵》，刘小枫、陈少明编，华夏出版社，2009 年版，第 111 页。

② 毛竹：《“我思”的双重面相——笛卡尔论“意志在判断之中”》，《云南大学学报》，2014 年第 2 期。

③ 参见 John Cottingham，*Cartesian Reflections*：*Essays on Descartes's Philosophy*，Oxford University Press，2008，pp.213—230。

④ Bernard Williams 就专门批评过“随意信念”（belief-at-will）这个概念，他认为我们无法决定是否去相信，信念以真为目标，真或者实在决定了我们的真信念，因此“没有多少空间留给决定去相信”。（参见 Bernard Williams，“Deciding to Believe”，*Problems of the Self*，Cambridge：Cambridge University Press，1973，p.147。）Bennet Jonathan 讨论这个主题的文章也很有影响。（参见 Bennet Jonathan，“Why is Belief Involuntary？”，*Analysis*，vol.50，1990，pp.87—107。）同样提出批评的还有 Anthony O'Hear。（参见 Anthony O'Hear，“Belief and the Will”，*René Descartes*：*Critical Assessments*，vol.1，ed. Georges J. D. Moyal，London and New York：Routledge，1991，pp.316—331。）值得一提的是，在一片批评声中，H. H. Price 倒是提出过两种意志控制信念的方式。（参见 H. H. Price，“Belief and Will”，*Aristotelian Society Supplementary*，1954，28（1），pp.1—26。）此外，Michael Della Rocca 的论文虽然没有提到 Price，但也可以看作一个回应，他区分了意志对信念的直接控制与间接控制，他认为笛卡尔的观点是前者，并主张“坚持直接控制信念似乎极为不合理”，但他也承认学者们“并不直接地清楚为什么我们不能这样做”或者至少没有达成共识。（参见 Michael Della Rocca，“Judgment and Will”，*The Blackwell Guide to Descartes' Meditations*，ed. Stephen Gaukroger，Blackwell Publishing，2006，pp.142—159。）

（三）意志的样态3：灵魂的渴望

意志这类思想的第三种样态就是灵魂的渴望，即意愿或不意愿、想要或不想要某个对象或某件事，这也就是纯粹灵魂的渴望或嫌恶某个对象或某件事。在笛卡尔那里，意愿或不意愿、想要或不想要、渴望或嫌恶，也是同一种样态的不同表达，它们仍然是人的意志的自由选择。

灵魂的渴望是意志一词最原初的含义，笛卡尔将它保留为意志的一种样态。他进一步强调意志作为灵魂的渴望同自然欲望等身体的渴望完全不同。他明确提出："诸如饥饿、口渴这类自然欲望依赖于胃、喉等部位的神经运动，它们完全不同于想吃、想喝等意愿。"（《哲学原理》第四部分第190节，*AT*，VIIIA：317—318，*CSM*，I：281）灵魂的渴望是纯粹心灵自身的活动，是意志自由选择的结果；而欲望则是涉及身体的渴望，是一种激情，是身心统一与互动的结果。根据笛卡尔的思想二分思路，前者属于意志而后者则属于知觉。

在《论灵魂的激情》一书中，笛卡尔在讨论意志这类思想的时候主要谈的就是灵魂的渴望这一样态。他提出：

> 所有激情的功能都只不过在于此：它们使我们的灵魂去想要那些在本性上注定对我们有用的东西并且坚持这一意愿；一般来说产生激情的精气的运动也会使身体做出有助于我们获得这些东西的运动。（《论灵魂的激情》第二部分第52节，*AT*，XI：372，*CSM*，I：349）

因此，当笛卡尔在许多文本中提到意愿就是灵魂渴望或嫌恶某个对象时，他所说的渴望或嫌恶是意志的活动而非激情。前者是纯粹灵魂的意志活动，而后者包含相应的身体运动，是一种被动的知觉。

此外，灵魂的渴望作为意志的第三种样态以第一种样态为前提，换句话说，灵魂的渴望是判断的自然延续并且以同意为前提。举例来说，一个人意愿去爱上帝，是因为他已经有了预先的判断，或者说同意某种观点，比如爱上帝是好的。这就是为什么笛卡尔在谈到爱这一基本激情的时候，特别强调爱“驱使灵魂意愿同对它而言显得合适的对象结合在一起”，这里的“意愿”（volonté）一词指的不是渴望（désir）而是“同意”（consentement）（《论灵魂的激情》第二部分第 79 节至第 80 节，*AT*，XI：387，*CSM*，I：356—356）。

（四）意志的样态 4：灵魂的情感或情绪

笛卡尔对情感或情绪的归类令人感到有些困惑。一方面，他在《第一哲学沉思集》的第三个沉思中将情感同意愿与判断归为一类，他还用“我害怕（timeo）”（《第一哲学沉思集》第三个沉思，*AT*，VII：37，*CSM*，II：25—26）为例来说明什么是情感；另一方面，他在《哲学原理》以及《论灵魂的激情》中又提出情感与激情（类似于感觉、自然欲望）都属于知觉这一大类思想。这两种说法似乎自相矛盾。

一种说得通的解释就是，笛卡尔在讨论情感或情绪时，将纯粹灵魂的情感或情绪同作为激情的情感或情绪区分开来，前者纯粹依赖于灵魂自身，而后者则被身体的运动尤其是精气的运动所激发。既然笛卡尔明确主张纯粹灵魂的渴望属于意志这一类思想，而有身体参与的、作为激情的渴望属于知觉这一类思想；那么，我们有理由推测他同样主张纯粹灵魂的情绪或情感属于意志这一类思想，而有身体参与的、作为激情的情绪或情感属于知觉这一类思想。

笛卡尔关于“纯粹理性的愉悦”（la joye purement intellectuelle）的说法是对上述解释的文本支持。他提出纯粹理性的愉悦是灵魂自身所激发的快乐，源于理性向灵魂表象某种善好属于它；而作为激情的愉悦则是身体（通过精气）所激发的快乐，源于大脑中的印象向灵魂表象某种善好属于它。（参见《论灵魂的激情》第二部分第 91 节，*AT*，XI：397，*CSM*，I：361）这两者是不同的，前者来自灵魂本身而后者来自与灵魂相统一的身体。既然意志这一大类思想是仅仅依赖于心灵自身的思想，那么纯粹理性的愉悦也理应属于这一类。

如果纯粹灵魂的情感或情绪属于意志这一类思想，那么这是否意味着纯粹精神性的情感或情绪是人自由选择的结果？对这一问题的肯定回答乍看之下似乎有些不合常理、有违常识，因为大部分人恐怕都无法直接通过意志选择来实现或者说切换到某种情感或情绪。然而，笛卡尔对“纯粹理性的愉悦”的处理，让我们看到他所主张的其实是意志通过加工理性观念从而间接地选择某种情感或情绪，换言之，人可以将自己的注意力转移到某些观念，理性通过这些观念向灵魂表象某种善好属于它，从而在灵魂中激发纯粹精神性的愉悦。而转移注意力则是意志的样态与功能（《论灵魂的激情》第一部分第 41 节，*AT*，XI: 360，*CSM*，I: 343），因而是意志间接激发了灵魂的情感或情绪。这就是我们通常所说的纯粹精神性的调节情绪。因此，灵魂的情感或情绪作为意志的样态同样也是意志自由选择能力的体现。

（五）意志的样态 5：灵魂的想象与记忆

笛卡尔对想象的归类同样容易令人感到困惑。一方面，他在《哲学原理》中将想象明确规定为知觉的样态；另一方面，他又在《论灵魂的激情》一书中提出想象“主要依赖于意志活动”（《论灵魂的激情》第一部分第 20 节，*AT*，XI: 344，*CSM*，I: 336）并且把想象作为意志运动身体的一个例子。[①] 想象在笛卡尔的思想分类中到底属于知觉还是意志？

由于笛卡尔经常在讨论想象时谈到记忆，因此我们将两者放在一起进行解释。同渴望以及情感或情绪一样，想象与记忆在笛卡尔的哲学中也可以分为两种：一种想象与记忆被动地接受观念并且常常伴随身体（大脑）的运动，它们属于知觉这类思想；而另一种想象与记忆是心灵的主动活动，属于意志这类思想。前者好比信息的写入，而后者则好比信息的读取。

笛卡尔在大部分著作中主要讨论的都是作为知觉的想象与记忆。以《指导心灵的规则》为例，他在这本书中解释感觉知觉（即感知）产生的具体过程时，提出当外物作用于包括五官在内的某个或某几个外感官，外感官就会

① 此外，笛卡尔在《第一哲学沉思集》第五个沉思开端也谈到了想象，他在那里的说法同样令学者们困惑不已。Ann Scholl 的著作专门研究想象在第五沉思中的作用。（参见 Ann Scholl，*Descartes's Dreams: Imagination in the Meditations*，New York：Peter Lang Publishing，Inc.。）

接受一个物质性的像（image），随后立刻将接收到的这个像传递给内感官或通感，然后，内感官或通感再把这个传递过来的像印刻在“肉体的想象”（笛卡尔也称之为“幻想”）中，就如同印章把图案印刻在印泥上一样。当这个像进入心灵就被称为“观念”。如果这个观念在想象中保存一段时间，笛卡尔说，那就被称为记忆。我们可以清楚地看到，尽管笛卡尔这里谈到的想象同这个词如今在我们日常语言中的使用十分不同，但他的确认为想象与记忆同身体密切相关，它们被动地接受观念，因此他把这两者归为知觉。

笛卡尔在其最后一部著作《论灵魂的激情》中处理想象与记忆时则与从前不同，他把它们当作意志的活动。笛卡尔提出，当人们意愿或想要想象某个自己从来没见过的东西时，其心灵就能够使松果体进行某种运动，这种运动以某种类似“事物被表象”（《论灵魂的激情》第一部分第 43 节，*AT*，XI：361，*CSM*，I：344）的方式打开大脑的脑孔使精气涌出，于是，人们就能想象某个东西。他这里对想象的描述更接近我们如今对这个词的理解。笛卡尔在这本书中同样把记忆作为意志的活动，但这里的记忆更准确地来说是回忆。根据他的描述，当人们意愿回忆某个东西时，其意志“就会使松果体先是靠着一边然后靠着另一边”（《论灵魂的激情》第一部分第 42 节，*AT*，XI：360，*CSM*，I：343），通过这个方式，大脑中的精气会朝着大脑的各个不同部位运动，直到它们找到自己上次思想这个东西时大脑所打开的脑孔，然后通过松果体的特殊的运动，大脑以同样的方式再次打开这个脑孔使精气进入，于是心灵就再次思想到了那个想要记起的东西。

可以看出，在笛卡尔的哲学体系中同样存在两种想象与记忆，一种是作为知觉的想象与记忆，它们依赖于身体并且被动地得到观念，类似信息的写入；另一种则是作为意志活动的想象与记忆，它们仅仅依赖于心灵自身并且是灵魂主动对已有观念的加工，类似信息的读取。[①] 笛卡尔在《论灵魂的激

① Husain Sarkar 也注意到笛卡尔的哲学中有两种类型的记忆，他称之为“身体的记忆”（physical memory）与“理智的记忆”（intellectual memory）。尽管用来表述的术语有所不同，但作者提出的观点与本文的主张基本一致。（参见 Husain Sarkar，*Descartes' Cogito：Saved from the Great Shipwreck*，Cambridge University Press，2003，pp.236—240。）

情》一书中主要讨论的是后者，这里的想象与记忆是意志的另外两种样态，其实质仍然是意志的自由选择，是人的心灵自由决定选择想象或回忆这个而非其他任何别的。

根据前文分析可以看到，在笛卡尔的哲学体系中，判断、怀疑、灵魂的渴望、灵魂的情感或情绪以及灵魂的想象与记忆是意志这一大类思想的主要样态，它们都是人意志的自由选择。因此，我们可以得出结论说，笛卡尔对意志的两种定义（即意志是心灵自由选择的能力以及意志是思想的一大类）之间并不矛盾。

结论

综上所述，在笛卡尔的哲学体系中，意志既是心灵自由选择的能力，又是思想的一大类，因此笛卡尔对意志概念的两种说法之间并无矛盾，可以兼容。笛卡尔将思想分为知觉与意志两大类，知觉被动得到观念并且有时需要身体的参与，而意志主动加工观念并且纯粹依赖于灵魂自身。在笛卡尔的思想二分框架中，判断、怀疑、灵魂的渴望、灵魂的情感或情绪以及灵魂的想象与记忆是意志这一大类思想的主要样态，它们都是心灵自由选择能力的体现。就笛卡尔对意志概念的处理，正如Lilli Alanen所夸赞的那样，“了不起的是笛卡尔重新发牌的方式，他使意志变成心灵自己的一种能力，将心灵所有的动机倾向以及活动全部分给意志，留给理性的是一种被动能力，去知觉与认知真理”。[①] 本文通过详细的文本分析进一步主张，笛卡尔正是通过思想二分法以及对思想诸样态的分配归类来完成重新发牌的工作，从而打破了古代—中世纪对意志与理性关系的传统理解，确立了知觉与意志二分的思想结构，并将知识的必然归给理性（知觉），同时将选择的自由留给意志，由此他开创了现代的心灵认知新模式。

① Lilli Alanen，*Descartes's Concept of Mind*，Cambridge，MA：Harvard University Press，2013，pp.177—178.

我在之根据：论笛卡尔第二、三沉思中自我与上帝的关系

陈修竹*

笛卡尔的“我思故我在”（cogito ergo sum/Je pense，donc je suis）这一命题是近代哲学最为深刻的开端，尔后就此的讨论也向来聚讼不休。在笛卡尔真诚自问式的运思中，思维与存在的关系重新变得晦暗不明。我思与我在，何者在先？抑或是二者的关系并非基于三段论结构，而是一种笛卡尔在《第一哲学沉思集》的第二答辩中提到的心灵直观？如何从一个认识的阿基米德点落入纷繁变化的现象世界？如何从自我走向上帝？

本文意图从笛卡尔《第一哲学沉思集》（以下简称《沉思》）的第二沉思出发，讨论在笛卡尔这一命题中所隐含的自我与上帝的关系、有限与无限的关系问题。就此，对于本文的结构将作如下安排：（1）从第二沉思的文本来重构“我思故我在”这一命题的提出与论证；（2）对于学界基于推论与否的两大观点及对于“我思故我在”这一命题相关讨论的可能批评进行回应；（3）就笛卡尔《第一哲学沉思集》的思路在自我与上帝的关系之下重新考虑“我思而我在”命题。

一、两派解读：推论派与直观派

通过一种普遍怀疑的方式，笛卡尔进行了自我省察式的沉思，其中最为经典的必然要数第二沉思中的“我思故我在”这一命题。

首先我们回顾在第二沉思中这一命题的出现形式。第一沉思里，笛卡尔

* 陈修竹，复旦大学哲学学院外国哲学专业博士生。

借助他的普遍怀疑，打消了感官经验甚至是数学真理的确定性。因而到了第二沉思，他愈发渴望知道是否存在那样一个阿基米德的支点，能够让一切都真正建立于其上。

排除了第一沉思中出现的感官经验、外部世界与数学真理，笛卡尔认为，"那么至少我，难道我不是什么东西吗"，"我"应当是作为一个存在者而存在的，接下来的问题是这个"我"能否被怀疑。在两方面，即我可以被我自己说服也可以被某个骗子用尽一切伎俩欺骗，世界的存在都是可怀疑的，但是"我"作为这些行为的承受者却因而变得更加无疑了。那么最后的结论便成了"有我，我存在，这个命题，每次当我说出它来，或者在我想到它的时候，这个命题必然是真的"（Je suis，j'existe，est nécessairement vraie，toutes les fois que je la prononce，ou que je la conçois en mon esprit）。①

笛卡尔通过这一段分析，达到了他所寻求的能够在普遍怀疑之下也仍然无可撼动的阿基米德点，而基于此点，世界能够由之重新确定地建构起来。所以此处的关键是这个命题的无疑性是否成立。

参照笛卡尔的另一个文本《谈谈方法》（以下简称《方法》），这一命题的表达更为大众熟知，即"我思故我在"。两处文本虽有差别，但思想的一贯之处在于它言明了我思与我在的关系。就这一点，主流观点可大致分为两派，一派认为我思故我在是基于三段论的关系，一派认为"我思故我在"应是"我思而我在"，不是作为一个演绎结论而是一种心灵直观到的确定的真理。② 在这一命题中，出现了"我思""我在"以及二者之间的关系，或为推

---

① 本文对《第一哲学沉思集》以及笛卡尔其他文本的引用将会参照 *Œuvres de Descartes*. ed. C. Adam & P. Tannery，Paris：Vrin，2000. 记为 *AT*，罗马数字为卷数，阿拉伯数字为页码；对应中译文主要参照庞景仁译《第一哲学沉思集》（商务印书馆，1986 年版）。

② 笛卡尔认为一般我们以为的感觉给我们带来清楚分明的那种知觉（perception）其实是误会，真正达到清楚分明的是精神的审察（inspection），或说一种对于我们所拥有的思想的直接的觉知，近似于莱布尼茨"统觉"（Apperzeption）一词，在笛卡尔哲学中以动词形式出现，即觉知（apercevoir），该词的使用以及其所涉及的意识与思维的关系问题，参见 Straehli，B.，Conscience et réflexion chez Descartes. *Revue Philosophique de Louvain*，2012，110（2），p.221。另外，这个说法可以对照柏拉图的灵魂之眼。因为胡塞尔、康德都认为笛卡尔的自我是经验自我，尽管胡塞尔会说笛卡尔想要说的是先验自我，只是仍有经验、心理的残余。另外，胡塞尔和笛卡尔都会在某种程度上承认范畴直观这种东西，或者说理智直观，但仅仅是在康德那里，直观与感性的一种当且仅当的关系才成立，也即只有康德将直观限制在感性中。对笛卡尔与康德的自我观的差别的讨论或将其诉诸二者在理智直观之可能性的承认上的分歧。

论式的或为并列的。

首先我们考虑这里笛卡尔所说的“我思”的含义。固然在《沉思》中笛卡尔的这一命题表述与《方法》中的形式是不同的，但是就笛卡尔在第二沉思围绕该命题所呈现的一段论述而言，“我思”毋宁是有不可忽视的经验性成分的，比如我相信，我怀疑，我想，我被欺骗。只有将这些行为都看作“我思”的不同样态，[①] 我们才能在笛卡尔的论述中发现先验的层次。

另外是“我在”所涉及的困难。这一中译在《沉思》中能够对应两个表达，“我在”（ego sum）和“我存”（ego existo）。这两个表达或许引致一个更加古老的问题，即本质与实存的问题。但我们可以先关注它在笛卡尔文本中所表达的意涵。所谓的“我在”或者“我存”是什么意义上说的呢？笛卡尔结论性的表达是说“我在，我存”，这是确定无疑的，至于这一命题是否需要处于一个推论式的更大结构之下，这是学界的争议所在。如果将这里的“我存”理解为实存，那么笛卡尔的意思是，我思想，我能够怀疑和受骗，这种现象恰恰表明了我的实存。而实存必然对应了某个特定的时间与空间，我们如何通过我受骗这一事件来确定这个时空点呢？展开来讲，笛卡尔的思路是，我们现在并没有任何可以确定的事情，而我仍然在怀疑，尽管这种怀疑并不会必然引致确定的结果，但是这一行为本身却表达一种在先性，即我和思维的同一，被称为“我思”。诚然，我能够对于“我怀疑”这件事情进一步进行怀疑，但这并不会像怀疑数学真理和感觉经验那样消解掉不稳固的东西，反倒是通过“我思”，思维中的稳定的同一性被发现，也即能够进行怀疑的我和能够受骗的我是同一的。因而笛卡尔的普遍怀疑遭遇到了一个不可取消的前提式存在，也即我思。进而，笛卡尔发现，既然有“我思”这回事，或者是我产生念头，或者是我遭受欺骗，或者是我相信什么，都意味着我是某个东西，也即我存在。

我们先悬置这里我思与我在的关系问题，首先考虑笛卡尔所说的“我是某个东西”到底意味着什么。如果这种东西是一个实存的东西，也就意味

---

① 笛卡尔在第三沉思中将我作为一个在思维的东西（ego sum res cogitans），“一个在怀疑，在肯定，在否定，知道的很少，不知道的很多，在爱、在恨、在愿意、在不愿意，也在想象、在感觉的东西”（*AT*，VII：34）。

着这里的我在是经验意义上的我在，也就是引向了作为个体而存在的某个“我”。然而我们完全可以认为，这里的“某个东西”实际上是种很宽泛的说法，就像我们对于存在者和非存在者都能称之为某个东西，但又不至于说后者什么都不是。若照此理解，笛卡尔这里所说的就完全可以容纳两个层面的理解，一个是先验层面，一个是经验层面。真正成问题的是两个层面在一个论述中如何相容的问题，但这又可以归因于笛卡尔在此的论述的缺失，即在他的沉思或者省察中，命题不是在完整的严格的论证框架下呈现的，我们可以在他文本的其他地方寻求补充说明，或者认为他缺少了某方面的论证。但无论如何，我思与我在的关系问题可以在这段短小精悍的论述中得到一定澄清，前提是我们需要就学界主流的两派观点进行向“我思”与“我在”的不同层次的回溯。

就推论派而言，我思与我在的关系是基于一个“凡是思想的东西都存在”的大前提之下的，从而二者是隐含在三段论结构之下的。这样一来，“我思故我在”的完整表达便是，由于大前提即凡是思想的东西都存在，小前提即我是思想着的东西，从而得到结论为我存在（sum）。但在这一推论结构中，更加显然的是我与思的断裂，准确地说是有限自我与思维之间有分明的界限，思维作为普遍之物是首先出现在大前提中的，而有限自我或者说经验自我是在小前提中出现的。由此我们可以理解康德站在这一推论派的立场上是如何对笛卡尔这一命题有所批判的。

康德在《纯粹理性批判》先验演绎部分区分了内感与统觉。内感为我们提供的是对自身的认识，而统觉不是直观的来源，因而不能就其自身而言算作认识（Erkenntnis），而只能够作为一种对自身的意识（awareness/Kenntnis）。任何关于对象的认识都要求我们处于某种被动，至少就对象而言是被动的，从而在直观中对象才能被给予。这样的要求对于外在于我们的对象而言并没有什么困难，困难在于对于自身的认识，要求我们既是主动去认识的也要是被动被认识的，这里看上去似乎是个悖论。而康德认为这种“悖论”能够通过他的内感与统觉的区分而得到解决。内感是一种被动的能力，我们因为内感才受对象的影响，而知性是主动的能力，由之内感才能够被作用或者规定。因而在自身认识中作为主动的和作为被动的东西并不是同一个东西。

就直观派而言，我思与我在是一并提出的，二者并不存在推论关系，而是一个被心灵直观到的清楚明白的真理。

如果我们不进行内感与统觉的区分，那么我思与我在的关系，无论如何都很难有所澄清。因为当我们认为这是一个心灵直观得到的论断，我思为自明的因而我存在是确知的，但是这里的"我在"到底是说我思之在即我思这个结构得到了揭示还是说特殊的作为个体的"我"实存？[①] 我们仅是在笛卡尔论述中知道了我思这一活动的必然性，但并非作为个体存在的必然性，它并不给出任何切实的认识，而仅仅是一种形式结构，这一结构是存在于每个特殊的"我"之中的，但却不直接就是任何一个特殊的"我"。过渡到后者，我们还需要一种自我的具身化，也即只有通过一个身体，自我才真正具有了时间空间，而这样的现实性并不是由"我思而我在"直接给出的[②]。

二、三种质疑

现在我们考察对于笛卡尔"我思而我在"的三种质疑。第一种质疑认为笛卡尔的普遍怀疑并不普遍。该质疑的发出者认为，既然在笛卡尔的沉思中运作着一种普遍怀疑，对于"我思，我在，我存"的怀疑也应当提出，也即这里的"我"的确定性也是可怀疑的。第二种质疑是，"我思而我在"这一

---

① 参照法文版，笛卡尔的原文已经体现出一种结构变化。"被说服，被怀疑"，所以笛卡尔给出断言，"我是，我在"。如果这里的我在、我是和思维有任何关系，那么思维与存在在此就是绝对同一的，而不是任何一种推论关系。而"这个确定我存在的我是什么还不知道"，"我所是"(ce que je suis)，这里的结构较上一段已经有了变化，哲学史上一切对笛卡尔的自我实体化的批评皆起源于此。如果说第三段中的"我在"尚不是作为某个东西（une chose）的存在，那么第四段中的"我在"已经完全变为了"我而在"。这样的我成为主体而非某种与活动或行为一致的东西。也正是我的主体化或实体化，从我中区分身体与灵魂，真正找到思维或精神，作为更是人的本性才成为接下来的任务。

② 若认为我在是我思的前提，出发点恰恰在于我思这一形式是存在于每一个特殊的个体的我之中的，而这个特殊个体是实际的思想活动的施行者，我们恰恰是在进行怀疑和进行思考的现实活动中反思了我思这个形式。如果没有这样的个体进行反思，也即缺乏了作为笛卡尔之沉思或省察的主体的人，任何思想都会失据而沦为空想，不再具有建基于世界的切实的切入点，这个切入点恰恰是由我思与特殊自我的关系给出的。

命题在人称上是片面的，仅谈及“我”，而未涉及“你”“他”“你们”“我们”等，不光是作为我的他者和对方的“你”与“他”，还有作为“我”之复数的“你们”“我们”“他们”。第三种质疑是认为在“我思而我在”的“思”上，笛卡尔的考虑有所欠缺，他并未谈及诸如“少思”“无思”这样的思维处境。

（一）质疑一：普遍怀疑与“我”之确定性

首先考虑第一种质疑：我们是否能够同样地怀疑这里的“我”。该质疑依然是将我与思相分离，从而认为我们可以怀疑一种与思维相分离的“我”。[①]而进一步，我们应当认为，在这种质疑中，“我”是作为一个经验性的自我被理解的。原因很简单，如果我是先验自我意义上的，我们便无法将自我与思维相分离，因为先验自我恰恰表明了一种主体性的思维特质，或者思维的主体性特质。但基于该命题的整段论述，笛卡尔要说明的无非就是如果我们怀疑这个行怀疑者就必然导致对再一个行怀疑者的设定，基于这里的一种同构性，我们能够上升到二者共有的一个普遍形式，即“行怀疑者”本身作为一个形式被称为“我思”，从而解决这种无限倒退的困境。因为无论如何重复怀疑，始终没有被怀疑的是怀疑本身需要一个主体来实行，而这个主体就具有怀疑的能力，甚至我们能够将这个具有怀疑能力的主体简化为主体性的怀疑，或更普遍地说，思维，来去除当中残余的经验性因素。[②]

① 这种观点会认为存在的是思维，但并不首先就是一个主体的思维，也即存在“思”而不是“我思”，从而我思并不是明白无疑的。但问题在于，这种观点在开端处将思维绝对化和去主体化，这或许是一种独断的对于存在者或者事物而言的显明，但不会是对于我们自身而言的确定无疑。

② 利科认为笛卡尔的“我思”内在地蕴含了其自身的危机，借力于尼采的批判，笛卡尔的我思论证中混入了一种基体化的运作，这使得行为与行为者的结构被引入，从而建立起了我思对于我的诸思维活动的基底性的支配地位，这一“主体的基底”（substrat de sujet）无非是错误引入现象界因果关联的思维的虚构，它所展现的我思缺乏真正具体有生命的叙述同一性，仅仅是非历史的、无法对于历时的他异性实现自身认同的单纯支点，参见 Ricoeur，P.，*Soi-même comme un autre*，Ed. du Seuil，1990，pp.15—27。另外，Greisch 对 P. 利科与 M. 亨利二人的“我思”解读进行了比较与联系，前者基于阐释学方法指出我思内在不足，后者在其物质现象学的立场上试图通过对感觉的先验结构化以回到彻底的内在性上，就思维的受感性（affectivité）来讨论我思存在的问题，但二人都强调了我思在根本意义上是生命，而反思性的我思道路是对于这一源初性的遗忘，参见 Greisch，J.，«Descartes selon l’ordre de la raison herméneutique»，Le «moment cartésien» chez Michel Henry，Martin Heidegger et Paul Ricoeur，*Revue des Sciences Philosophiques Et Théologiques*，1989，73（4），pp.529—548。

（二）质疑二："我"的普遍性与第一人称问题

另一点是自我与思维的关系问题。我们能否在无思维的情况下想象一个自我的指称呢？"我"恰恰基于一种同一性，这种同一性将不同时间的意识统摄在一之下，由此我们才能根本地说"我"。否则就会出现古希腊一个法庭上的诡辩，即昨天的我和今天的我是两个不同的人。我们在此还可以同时考虑第二种质疑。① "我"这一第一人称不仅是我自己可以说，你也能说，他也能说，任何人类主体都能够用思维与语言表达出这样的认识。这也就进一步表明，"我"其实并非是一个特殊的东西，而是一个普遍者，它作为思维主体的一个普遍形式而在，在任何人那里我们都能找到这样一个"我"。② 正如黑格尔在《精神现象学》开篇《感性确定性》一章中所讨论的"这一个"的问题。③ 但是这样的一个普遍的"我"仍然是相对的，是作为结果的东西，其源初根据在于康德先验演绎中所提出的先验统觉，也即那个完全形式性的、无关内容的活动性的"我思"，唯有一个行统一者才能既出现在每个特殊个体中同时又不失其本身的本原性。因为关于其他人称如"你""他"的讨论都可以回溯到"我"的层面上，我们固然可以认为笛卡尔这里的讨论不全面，但我们承认这里对于我思的讨论的在先性，后者不局限于笛卡尔这一段的论述。

---

① Marion 将这里的思维活动（受欺骗）解释为一种自我—他者结构，一种对话的结构，其核心在于我思之统一内蕴的异质性，从源初他者来把握我在的性质。参见 Marion，J.L.，*Cartesian Questions：Method and Metaphysics*，University of Chicago Press，1999，pp.118—138。

② Markie 认为这里的"我"其实可以是"你""他"等，按照字面意思，笛卡尔的这里表述更准确的应当是"思维主体"。但这样的观点恰恰忽视了自我本身的一种辩证，也即自我可以是完全特殊意义上被理解的个别的某个能够思维的人，但它同时也可以仅仅指向一种纯粹自身关联，去除了任何感性的因素，仅仅在个体之内。所以在后者意义上的自我恰恰能够是任何一个自我，是普遍意义上的作为形式的我。参见 Markie，P.，«The Cogito and Its Importance»，In J. Cottingham（ed.），*The Cambridge Companion to Descartes*（Cambridge Companions to Philosophy，pp.140—173），Cambridge：Cambridge University Press，1992。

③ 黑格尔在《精神现象学》感性确定性部分的讨论指向了一种朴素直观的不足够，同时涉及的是在开端处思维与存在的关系问题，这一问题恰恰也是笛卡尔第二沉思所面临的。一些观点认为二者在笛卡尔这里是直接同一的，也即我思与我在是一并出现的，并不存在一个推论关系，但是问题恰恰在于这种同一性又在多大程度上具有现实性？换句话说，它作为一个直接的确定的开端，被心灵所直观到的开端，我们如何由之过渡到整个活生生的世界？如果没有第三沉思中上帝的引入，这里的难题毋宁就是一个自我之自由的创世问题。

（三）质疑三：作为能力的思维及其不同状态

就第三种质疑我们要问，是否还需要为思维加上一个程度从而考虑少思与无思的情况呢？

对此我们可以参考亚里士多德在《形而上学》Θ 卷第三章中回应麦加拉学派的说法。就眼睛看见事物这一实例而言，麦加拉学派认为仅当眼睛切实看到事物的时候，我们才具有视力。亚里士多德的反驳也很简单，他出于一种常识进行反问：难道我们闭上眼睛便瞎掉了吗？诚然，按照麦加拉学派的逻辑，一天中我们会无数次在重获光明的喜悦与丧失视力的痛苦之间轮转。但这无疑仅是在能力的定义上发生了变化，即麦加拉学派的观点显示，能力等同于实现。但是亚里士多德哲学恰恰区分了两种层面的潜能与实现，第一潜能是具有某种能力的可能，第二潜能或第一实现是具有某种能力，第二实现才是真正的能力之发用。

回到对笛卡尔“我思而我在”的第三种质疑上，这一质疑无非是表达了与麦加拉学派相近的意思，即将笛卡尔所谈论的“思”在第二潜能与第二实现上进行了混同。并不是说笛卡尔谈论的我思没有包含少思与无思的情况，而是说，这两种情况更加根本的是归于思维作为一种能力而言的。我作为思维者，根据前文的论述，恰恰是没有作为被动之可能性的第一潜能的情况的，相反它完全是一种自发性和主动性。我们很难这样认为，即一个永远不会思想的人能够算是真正的人，所谓人类，其鲜明的特质恰恰在于其理性，在于其思想的能力。因而谈论少思与无思的情况，恰恰是想要否认我思的可能的一切内容，二者的关系并非是基于后者作为某个特定具体内容的——也就是说，笛卡尔想说的，不是只有我在怀疑的那一刻才说明了我在思想，我存在着，而是说我能够怀疑、我能够被欺骗、我能够相信、我能够思想，这便表明了我存在——而是将我思理解为一种纯粹的活动，就它能够具有内容而言。

就此，我们对于第三种质疑的回应能够总括为两步：第一，出于能力必有发用，我们就经验自我的角度会发现少思和无思意在指出这种能力未发用的时候我在的悖谬性，但稍加反省我们会发现作为前提的经验自我用来证明结论中的作为经验自我的存在，因为若非我在便不会有少思和无思的情况存在。由此进一步便引出了这样的问题，这个经验自我是如何在的呢？这便是我们回应的第二步，在直观派的理解的基础上将经验自我层面奠基于其上，也即笛卡尔所谈论的“我思而我在”实际上是较该质疑所讨论的“我在”更为在先的情况。换句话说，认为“我在”是我思之基础的解读当且仅当完全移除了笛卡尔论述中的先验层面才是可成立的。①

（四）小结：两派解读的深层关系

由此，我们可以在康德所揭示的自我的先验与经验的双重意义之下重新考虑笛卡尔的“我思故我在”的命题。推论派与直观派并非两个完全对立的立场，而是说推论派从经验层面理解笛卡尔这里所宣称的“我思”，而直观派则是倾向于从先验层面理解，因而两种观点的内在关联其实是后者更为本源。我们承认一种我思与我在的非推论关系，在于我们能够将行思维的我直接设定为一个形式性的东西，而这个东西在另一个层面上被理解为一种实行，因而笛卡尔的心灵直观或者理智直观把握其直接的清晰明白的必然无疑。在承认这一设定后，我们又转到一个经验的层面，我作为思考者，可以相信、可以思想、可以怀疑、可以被欺骗，这些行为无一不说明我之所是，而这一所是必然要在一个经验自我中被发现。换言之，我们在每个特殊的自我那里都会找到一个永恒过去，即我思，它是与一切思想内容同时设定的本源与根据。

三、怀疑、开端与上帝

所有的开端都具有某种任意和偶然性，它对于我们而言是自明的，因而我们往往需要离开开端，自身往更深更远处前进来获得对开端充分的理解。

① 否则我们只能说这种行奠基的“我在”实际上并未说出什么，除了一种极度抽象的感性确定性之外，它不再有什么内容，甚至这一表达更加准确的表述应当是“在”，而不是“我在”。

笛卡尔的开端亦是如此。如果说笛卡尔在第二沉思中找到了他所寻求的阿基米德点，这一支点的进入和出路却仍需再考虑。在第一沉思中笛卡尔否定了数学真理，但是引入一个意欲欺骗我的妖怪，[①] 这个妖怪不是上帝，是因为笛卡尔将后者看作至上的真理源泉，而谬误不会来自上帝；另一方面，笛卡尔提到了关于上帝的看法，即上帝作为一个全能者是一切事物之创造者，也是外部世界存在的保障者，“谁能向我保证这个上帝没有这样做过，即本来就没有地，没有天，没有带有广延性的物体，没有形状，没有大小，没有地点，而我却偏偏具有这一切东西的感觉”，笛卡尔借上帝完成了对外部事物实存的否认。对应第二沉思中笛卡尔所说的“可是有一个我不知道是什么的非常强大、非常狡猾的骗子，他总是用尽一切伎俩来骗我。因此如果他欺骗我，那么毫无疑问我是存在的”，[②] 笛卡尔对于这个欺骗我的妖怪和上帝的引入真的实现了他的普遍怀疑吗？就其第二沉思的出路而言，正如谢林对其的评价，笛卡尔关心的仅是事物存在与否，他并未真正走向彻底的唯心主义，而是将对外物之表象的真实性之担保让渡给了上帝。[③] 而对于第一沉思后得到的那个被怀疑到无所剩余的世界如何通过第二沉思的“我思而我在”之原则重新建立起来，笛卡尔求助于上帝，也即第三沉思的内容。这样一来，笛卡尔第二沉思中作为一个阿基米德点的“我存在”的确定无疑性某种程度上便不具有那种完全的在先性，因而现在我们需要考虑的便是笛卡尔沉思中自我与上帝的关系。

在第一沉思中，笛卡尔实行一种彻底怀疑的方法，但在将感官还原到数学作为永恒真理后，上帝被引入作为怀疑永恒真理的可能，也即如果没有通过一种“存在一个全能的上帝使得我相信 2+3=5，但这不是真理”的悬设检验数学真理的必然性的方式，笛卡尔不能完成怀疑一切的“壮举”。即便我们承认笛卡尔仅是在第一沉思当中实行“怀疑其不必然真而是否为假则悬而

① *AT*，VII: 22.

② *AT*，VII: 26.

③ F. W. J. Schellings，*Sämtliche Werke*，Hrsg. K. F. A. Schelling，Stuttgart und Augsburg，1856—1861，X，S. 4—32.

不论"的怀疑方法，但上帝的引入毋宁说是不合法的。到第二沉思，我们仍能看到笛卡尔对这种局部跳脱说法的支持，在著名的"我思—我在"提法的开头，上帝存在与否是被悬置的。那么在第一沉思中，笛卡尔有没有对该救急神（Deus ex Machina）一般地——基于此处上帝起到的作用就是使几何与算术的明见性也变得可怀疑——做任何解释呢？笛卡尔确实意识到了宁愿否定上帝也要承认数学真理的立场，但这并不对其"已经"达到怀疑一切的处境有任何影响。但细究之，这步可能是含混的。而第五沉思中，笛卡尔将一切事物之真实性归结于上帝，而我之所以认识一切事物，首先在于我对于上帝有认识，也就是说，上帝不仅是存在的原因，同时也是认识的原因，他是永恒的真理源泉。

在此我们重现笛卡尔沉思的思路。首先我通过普遍怀疑的方式来悬置一切事物，包括感官经验的和数学真理等，但这一方式的彻底实行仍然借用了上帝概念。尽管我们可以认为笛卡尔仅是在提出一种我们怀疑数学真理的理由，即怀疑其为真理的必然性而非必然是假的意义上说的，但这样的方式无疑是出于一种对真理之本源向外的让渡，将任何我们能够达到的真理之永恒都放到了有限有朽的凡人俗世之外，寻求一个神秘莫测的全能的上帝。但奇怪的是，笛卡尔又同时承认了一种清楚明白的灵魂的直观能力，在其第二沉思中，他正是以灵魂之烛照洞见了"我思而我在"这一切认识必将由之起源的本原。然而第三沉思对于上帝及其存在的沉思又使之前获得的清晰明见复归于晦暗。在第三沉思中，笛卡尔追问道，谁应当是我的创造者，也即我存在的原因是什么。他首先讨论了我作为我自己的创造者，但由于一个完满者不会怀疑，所以我并非一个完满的存在。进而，笛卡尔考虑到对自我的同一性的认识，也即什么保证了上一刻的我与下一刻的我的那种同一性。实体在延续的一段时间中保持为一是基于一种同一的能力和行动，而这一力量如果在我的心中，则我必然对之有所察觉。但笛卡尔认为在内心中并不存在这样的力量，因而他诉诸了一个不同于我的我所依存的存在者，也即上帝。而这一存在者恰恰是上帝的原因在于，我内心中有一个上帝的完满的观念。

如果我们以"我存在"作为直接确定的在先的前提，那么在第三沉思中笛卡尔关于上帝的考量显然已经否认了我存在的自足性，除了“我存在”非自足，它还预设了上帝的存在及我对上帝拥有完满的观念，若非如此，沉思者甚至无法从第一沉思走向第二沉思，普遍怀疑的方式并没有彻底实行；即便忽略其间的过渡，在第二沉思关于“我在，我存”的那段论述中，正如马里翁所指出的，其间包含着源初他者性，对于“我存在”的清晰明见恰恰在于其不自足性，它内在地包含了一个不可消弭的自他结构或者说异质性。思维是我的本质，我以这样的方式存在，而上帝却是我存在且我认识一切事物之原因。从第二沉思到第三沉思，这一自他性升格为自我与上帝的关系，上帝作为大写之他者，不是任何的“你”“他”，而是那个“你”“我”“他”之本源结构的“我思而我在”之存在根据。也就是说，思维与存在的关系在此表现为一种双重层次，首先是第二沉思“我思而我在”论证内部的思有同一的直接性，再者是为我在寻找更高的根据的第三沉思。这一问题又回到了中世纪曾经流行过的本质与实存的区分，在笛卡尔这里，它表现为我之本质，即思维着的我，这一本质表明了一种我存在的方式，我必然以该方式存在，并且区别于我吃饭、我睡觉。思维是为这些日常活动更为根本地解释我之为我，作为我和全人类的自由的本质的。但是我实存着，这并非是由这一本质而得到充足解释的，也即仍有另一根据作为我之实存的理由。这便引向了第三沉思。

诚然，笛卡尔所开创的近代哲学之第一原则展现了人类精神根本上在于我思之自由，但如何将其安顿在世界中并为世界之在找到根据，这是笛卡尔为后来者留下的工作。

笛卡尔的模态二元论

陈常燊*

众所周知，笛卡尔是著名的实体二元论（substance dualism）者之一。他的“心物二元论”认为，世界上存在着两类实体，其一是有广延而无思维的物质实体，其二是有思维而无广延的心灵实体；在本体论上，二者性质截然不同，相互独立。然而，对于其二元论哲学的另一个面向——模态二元论（modal dualism），则鲜有人知，本文聚焦于此。这种二元论体现在，一方面，能够在第一哲学沉思中被设想到的那些非实际的单纯可能事物或反事实情况，只不过是沉思者的某种前反思信念或“普遍怀疑”的态度表达，而无法表征真正的可能性；另一方面，笛卡尔对于现实事物的必然主义（necessitism）承诺，假定了其不存在的可能性同样是无法设想的，却又表征了真正的必然性。简言之，笛卡尔的模态二元论，乃是他关于可能事物的表达主义立场，与他关于现实事物的必然主义立场之间的二元论。从形而上学角度看，这是模态反实在论与模态实在论之间的二元论，也是模态非认知观点与模态认知观点之间的二元论。

进而言之，关于笛卡尔的模态二元论在《第一哲学沉思集》中究竟扮演了何种角色，又该如何看待它的理论动机，及其可能面临的理论困难，构成了当下笛卡尔哲学研究的一个前沿课题，尽管相关文献不多，但其对于推进学界的笛卡尔哲学研究有重要意义。本文对此的回答围绕下述论证结构来展开：第一节分析笛卡尔模态二元论中的表达主义维度，第二节分析这种二元

* 作者陈常燊，山西大学哲学社会学学院教授、博士、博士生导师；研究方向为外国哲学、形而上学。
本文为国家社科基金重点项目“分析的西方哲学史研究”（批准号：19AZX013）阶段性成果。

论中的必然主义维度；第三节结合这两个维度，分析这种二元论的成因及其所面对的理论挑战；第四节讨论笛卡尔的两位继承者斯宾诺莎和莱布尼茨对这个理论挑战的各自应对方案；第五节总结全文。

一、关于可能事物的表达主义

模态形而上学中的一个较大分歧，发生在“非认知观点”（non-cognitive view）与“认知观点”（cognitive view）之间：前者否认“真势模态表达式”概念的真实性或严肃性：其中，模态怀疑论（modal skepticism）的观点是，我们无法真正理解我们所说的；模态表达主义（modal expressivism）则认为，此类表达式所涉及的关键在于情感表达，而非概念认知。与之相对，作为“认知观点”阵营中的主流，“模态还原论”（modal reductionism）反对上述表达主义立场，转而借助可能世界（possible worlds）、虚构（fiction）、本质（essence）或倾向性（disposition）等概念对之进行还原性分析。

当前学界的主流观点是，笛卡尔属于某种类型的表达主义者，他并不认为我们日常语言中的模态主张是严肃的，这也被视为一种概念主义（modal conceptualism）的解释——概念主义乃是表达主义在语义学上的一个变体。据此我们认为，笛卡尔模态二元论中的表达主义属于“非认知观点”，必然主义属于“认知观点”，表达主义者属于关于模态主张的反实在论者，必然主义者则属于模态实在论者阵营。①

首先我们注意到，乔纳森·本尼特（Jonathon Bennett）指出，在近代哲学中，笛卡尔的模态理论被认为是概念主义的。② 正如我们在笛卡尔关于模态的概念主义处理中所看到的，我们正是通过人类的概念来理解关于可能性的主张；如果一种可能性不能被真正地思考，那么这种假设依附于思维之外的事物的可能性就没有意义。其次，根据查尔斯·奇哈拉（Charles Chihara）

① 此处的“模态实在论”不同于大卫·刘易斯（David Lewis）那种极端实在论，它泛指模态命题有明确的真值条件的主张。

② Bennett，J.，“Descartes Theory of Modality”，*Philosophical Review*，1994（103），pp.639—667.

提出的表达主义变体，表达主义的语义学可以利用可能世界，从而享受其概念上的好处，同时否认必然性和可能性可以通过可能世界来分析。[①]最后，在最近发表的论文中，博里斯·凯门特（Boris Kment）指出，概念主义主张所有模态事实在某种意义上最终源自我们的概念的特征，或我们用来挑选我们谈论的事物的描述，或来自我们对实在的规则的描述。[②]

关于并不现实的单纯可能事物（mere *possibilia*）或反事实情况的命题，严格来说并不具有明确的真值条件；单纯可能性是可以设想的，这个说法只是一个态度问题，因为“可能性”并不是一个认知概念。我们可以设想外部世界是不存在的，但是这种可设想性是非命题性的，因为外部世界的存在在于理智所直观到的广延，而不是感官所知觉到的印象。外部世界不存在的可能性，只是一种态度上的可能性，而不是认知上的。这是一种怀疑的态度。反过来，经验论者依赖感官所知觉到的印象，这是一种“轻信”的态度。

从《第一哲学沉思集》开篇开始，模态分析就是无处不在的。笛卡尔反对下述模态主张：

（1）我们关于外部世界的知识必然与感官密切相关：它要么直接来自感官，要么间接借助感官；

（2）上帝有可能是一个深藏不露的欺骗者；

（3）上帝可能不存在；

（4）上帝是所有实体赖以生存的至高无上的存在，但它仍有可能允许一个恶魔的存在，这个恶魔总是在欺骗人。

在笛卡尔看来，严格来说，上述模态主张并不是假的，而是不严肃的。仅仅说它们是假的，相当于承认了它们拥有自己的真值条件，因而客观上承

---

① Chihara, C., *The World of Possibility, Modal Realism and the Semantics of Modal Logic*, Oxford: Oxford University Press, 1998.

② Kment, B., “De re Modality”, In Bueno O. & Shalkowski, A. (eds.), *The Routledge Handbook of Modality*, Routledge, 2021, pp.71—81.

认了它们都是有意义的模态形而上学命题。但是，它们根本不是形而上学命题，而只是一些模态认识论主张。形而上学与认识论的差别就在于，前者无需假定作为认知主体的沉思者的存在而拥有自己客观上的真值条件，但是后者必须假定作为沉思者的“我”及其认知态度。因此，作为模态认识论主张，上述每一个命题的最前面都应该加上“相信”或“怀疑”这样的信念算子，并且实际上是“我相信 / 我怀疑”，而不是第三人称视角下的“他相信 / 他怀疑”，或者主体间性视角下的“我们相信 / 我们怀疑”。

笛卡尔的模态认识论，代表了 17 世纪哲学中普遍存在的认识论个体主义（epistemic individualism）立场。在他看来，我们不应该接受一种观点，除非我们每个人自己能够领会到它的真理。这里的认知主体必须是一个一个的心灵，它们彼此之间的联系并不影响它们在本体论上是离散的、相互独立的；换言之，我的形而上学沉思不能代替你的思考，每个人都必须以自己为哲学沉思的出发点和最终归宿。当我们从第一人称的角度（first-person point-of-view）来完成沉思时，我们以自己作为看到事物将被接受或拒绝的前提，来接受或拒绝它们，但直到我们的智力得到修正，我们没有最好的视角来看到真相。总之，除了这样做，这个沉思者别无选择。

笛卡尔的模态认识论背后是反实在论的形而上学，它在根本上不同于近代以莱布尼茨为代表、在当代以大卫・刘易斯为代表的实在论的形而上学。在《单子论》第 53 节中，莱布尼茨指出，在上帝的观念中具有无限多的可能世界，而只有其中之一才能成为现实的。① 他认为通过考虑是否存在一个包括可能事物的可能世界，人们就会自然而然地理解我们的模态化主张。莱布尼茨是一个可能主义者，他坚信还有其他的可能世界，它们在神正论上不如现实世界那样完美，但它们并非不存在。他区分了“存在”与“现实”，所有可能世界都是存在的，其中只有现实世界才是现实地存在的。从这里可以看出他与刘易斯的分歧。刘易斯并不区分“存在”与“现实”，对他来说，所有可能世界都是存在的，并且，所有可能世界都是现实地存在的。“现实”

① Lloyd, S. (trans.), *Leibniz's Monadology: A New Translation and Guide*, Edinburgh: Edinburgh University Press, 2014, p.24.

是一个索引词，它对于每个可能世界都是等价的，其中任何一个可能世界都并不具备相对于其他世界的本体论上的优先性。

在刘易斯的可能世界理论中，可能之物与现实之物相比，在本体论上毫无差别。在这个背景下，我们的可能性直觉以及关于可能性的模态困惑被认为是一个相当琐碎的问题，因为它们就像现实事物那样稀松平常，我们想象一种可能性，就像我们直接感觉到一种现实性，而可能世界与现实世界一样真实，不管这些可能世界在直觉上多么荒唐。譬如，在可能世界 W_1 中，驴子就像人类一样会说话，而在可能世界 W_2 中，除了一只青蛙，再也没有别的事物。刘易斯不打算区别“是”（being）与“存在”（existence），但与奎因（Willard V. O. Quine）不同，他为我们提供了一个“雨林景观”的模态本体论。对他来说，所有可能事物都是真实存在之物。

然而，从笛卡尔式的模态表达主义角度，可以提出对于上述还原论观点一个质疑：对于一个真正丧失了对“可能”的把握的人来说，不太可能在“可能”世界中获得多少帮助。笛卡尔与莱布尼茨以及刘易斯的根本分歧在于，前者并不认为关于单纯可能事物的讨论是具有严肃意义的，它们只不过表达了说话者的某种或相信、或怀疑的命题态度。后者试图对模态陈述进行严肃的分析，但笛卡尔不会同意对它们按其可能性与现实性进行严格的区分。在他看来，这种区分是不必要的。拿第一个沉思中的例子来说，我可能现实地坐在壁炉旁边，手里拿着书，但是这一切也可能只是我的梦境的一部分。笛卡尔只会谨慎地接受这种字面上的说法。但是，严格地说，我们的感官只能提供非常模糊的信息。当我说我“可能”只是梦见自己坐在壁炉旁边、书里拿着书时，总是表达了某种认知态度上的不确定性，此外并没有过多的形而上学实质性。他会认为，严格来说，形而上学上的可能或必然之物，很多不是我们乍一看会认为可能或必然的东西。我们的日常模态主张恰恰表达了某些“乍一看”的命题态度。说我现在可能只是梦见自己坐在壁炉旁边、手时拿着书，就相当于说，乍看上去我难以断定我一定不是正在做梦。

二、关于现实事物的必然主义

在模态形而上学中，作为一种“认知观点”，模态现实主义（modal actualism）主张，依其本质，所有事物都是实际存在的，不存在“单纯可能之物”，亦即存在的一切无非是那些实际存在之物。模态现实主义是模态可能主义（modal possibilism）的对立面，后者认为存在某些“单纯可能之物”，但它们并不是现实存在的。近代的莱布尼茨和当代的刘易斯，都是著名的可能主义者；而近代的斯宾诺莎和当代的艾尔文·普兰廷伽（Alvin Plantinga），则属于现实主义阵营。根据卡伦·本尼特（Karen Bennett）的分析，模态必然主义在逻辑上蕴含了模态现实主义，但是反之不然。[①] 也就是说，如果笛卡尔是一名模态必然主义者，那么他必定也是一名模态现实主义者，但是反之不然。但问题是，笛卡尔是某种意义上的现实主义者乃至必然主义者吗？

上一节我们提到，笛卡尔除了谈论现实事物，同样谈论可能事物，至少从字面上看，他不是一个现实主义者；他并不认为，一切事物都是现实的，没有单纯的可能事物。可是我们已经论证了，笛卡尔认为关于可能事物之偶然性或单纯可能性的模态主张，只是一种命题态度，并没有严肃的、实质性的命题内容和真值条件。那么笛卡尔关于现实事物的立场又如何呢？

学界通常认为，笛卡尔的模态形而上学立场与斯宾诺莎相似，也是现实主义的，他们都不承认未实现的可能性。像斯宾诺莎这样的哲学家会指出，一个承诺了上帝意志和智慧同一性的思想家，将承诺这样一种观点：上帝所理解的一切都是上帝创造的。斯宾诺莎补充说，如果上帝是万物存在的原因，如果所谓的未实现的可能性超出上帝的智慧和意志的范围，那么这样的思想家并没有限制上帝的全能。笛卡尔在这一点上似乎与斯宾诺莎站在了一边：不是上帝理解的对象的东西就毫无意义，上帝理解的对象是被创造出来并成为现实的。如果笛卡尔认真地承诺了上帝的智慧和意志的同一性，那么

① Bennett，K.，“Actualism”，In Bueno O. & Shalkowski，A.（eds.），*The Routledge Handbook of Modality*，Routledge，2021，pp.21—29.

他怎么可能也承诺未实现的可能性的存在呢？

如果笛卡尔能被证明是一名现实主义者，这会引向人们对于他是一名必然主义者的猜测。对于笛卡尔来说，发生的一切都是必然发生的，那么很容易看出他如何能认为永恒真理（Eternal Truth）是必然的，是由一个自由的上帝创造的。在笛卡尔的体系中，物理定律似乎是必然的，永恒真理也是必然的。上帝的存在是永恒真理的使真者。上帝是必然存在的。永恒真理也就是必然的。但是，笛卡尔真的是必然主义者吗？目前还不清楚。他说我们必须区分可能的存在和必然的存在。必须指出，可能的存在包含在我们清楚而分明地理解的一切事物的概念或理念里。笛卡尔关于上帝存在的诸多证明之一便是“定义证明”：依据其定义，上帝必定是存在的；上帝的本质就是其存在，我们无法设想上帝是不存在的，而凡是无法设想其不存在的事物都是存在的。这被认为是一个模态上的“认知观点”，并且是一个关于必然性的积极论题。

大多数当代研究者倾向于认为，笛卡尔的立场接近于斯宾诺莎的必然主义。根据必然主义的定义，发生的一切都是必然发生的，那么很容易看出他如何能认为永恒真理是必然的，是由一个自由的上帝创造的。然而，笛卡尔仍然要面对这样一种异议，即在某些文本中，他似乎承诺了未实现可能性的存在，特别是在某些文本中，他似乎承诺了对人类自由持一种不相容的观点。换言之，有些事情或状态，虽然不是真实的，但却具有反事实的可能性。如果笛卡尔想要对未实现的可能性提出主张，如果他不希望这些主张是无意义的，未实现的可能性就需要在他的体系中有某种本体论的地位。如果笛卡尔在某个地方提供了类似于斯宾诺莎的学术观点，将会有助于我们理解《伦理学》第一部分的命题十七。

然而，我们注意到，笛卡尔对非本质存在的模态定位不够清晰。对此的一个依据是，他似乎并不支持斯宾诺莎的必然主义，这可能反映了他自己对问题的矛盾心理。正如瓦尔斯基（Walski，G.）认为，笛卡尔得出了永恒真理是必然的观点，而笛卡尔是通过他的神圣的简单性（divine simplicity）、神圣的冷漠（divine indifference）和神圣的全能（divine omnipotence）学说得出这一观点的。然而，笛卡尔认为上帝可以使当前的永恒真理为假。据此，瓦尔斯基得出结论说，笛卡尔对永恒真理的整体观点是不连贯的。① 事实上，笛卡尔可能致力于将实在分派于未实现的可能性，但如果他这样做，就会出现一些解释问题。一方面，笛卡尔说，未实现的存在是虚无；另一方面他也说，未实现的可能性虽然不是真实的，但却具有反事实的可能性。在某些地方，笛卡尔将事物定义为可能存在的事物，以强调它们是依赖的生物，而这些生物的存在不能直接从它们的概念中分析出来。

三、模态二元论的成因以及困境

笛卡尔关于非本质性存在的模态主张是非实质性的，因而持有表达主义的看法；关于本质性存在的模态主张是实质性的，因而持有现实主义立场。支持一种非认知观点的表达主义，还是认知观点中的模态主义？

形成这种二元论的原因，在于笛卡尔在《第一哲学沉思集》对第二组反驳的答辩中对形而上学的“素朴概念”（simple notions of metaphysics）和“首要概念”（primary notions of metaphysics）的区分。② 他认为这些概念不能从任何事物中推导出来，而其他真理可以从这些事物中产生出来。然而，他同时又不得不面对一个修正主义（revisionism）与描述主义（descriptivism）的两难困境：哲学主张应该符合直觉，还是违背直觉？普遍怀疑的起点符合像“生活常识”“素朴直觉”这样的素朴概念，但在怀疑的终点，沉思者选择了相反的“理智直觉”，这是一种被理智所校正过的直观形态，与“亲眼看到插入水杯的木棍变弯了”相悖。眼见未必为实，世界的真实性隐藏在理智直觉而非素朴直觉之中。基本概念不是从其他概念派生而来的，而其他概念是使它们变得简单和基本的，因此它们不能被证明或论证，但如果哲学家只是重复它们，也不会有什么好处。

① Walski, G., “The Cartesian God and the Eternal Truths,” in Daniel Garber & Steven Nadler (eds.), *Oxford Studies in Early Modern Philosophy*, 2003, pp.23—44.

② 笛卡尔：《第一哲学沉思集》，庞景仁译，北京：商务印书馆，1986 年版，第 139 页。

然而，我们必须指出，笛卡尔的“首要概念”经常与我们大多数人不加批判地赞同的日常世界观相矛盾。如果是这样，我们就准备拒绝形而上学的首要概念和它们所包含的进一步的令人迷惑的结论。素朴直觉告诉我们，上帝可能是个骗子；但是理智直觉告诉我们，真正的上帝不可能是一个骗子。如何知道这是不可能的？可以这样回答：他知道这是由于它包含着一个矛盾，这矛盾是不能被理解的。

我们知道，笛卡尔的模态认识论策略诉诸先验论证（transcendental argument）。素朴直觉中的可能性，比如我可能受到魔鬼的欺骗、上帝不存在等，并不是真实的可能性。严格来说，它们不是“可能的”，而只是“虚构的”。这是一种必然主义模态形而上学，笛卡尔认为，实在世界并非偶然地是现实这个样子的，因此也是现实主义的，即所有的存在物都是现实事物。我们在先验的基础上（a priori grounds）知道，在第一次沉思中引入的可能性是虚构的（fictional），实际上根本不是可能性。经过思考，我们发现上帝并没有创造它们。这并不是说可能性存在，只是无法获得（obtain）。说一种可能性存在但不获得，就是说它作为一种没有实现的可能性而存在；这就是说，除了现实的实在（actual reality）之外，还存在着可能的实在，而一些可能的实在永远不会实现。如果在笛卡尔的体系中，上帝只创造了真实的实在，而没有附加任何可能的实在，那么可能性本身就不是真实的。它们没有本体论的地位，所以实际上也不是可能性，因为它们不是任何东西。上帝并没有创造这样一种可能性，即“我们存在于某些事物是虚幻的”这一假想之中；他没有创造我们从偶然中进化而来的可能性；他没有创造出一个邪恶的恶魔。这些可能性都不是自动存在的，它们之所以不存在，只是因为第一个沉思者的认知判决（cognitive deliverances）告诉我们，它们是存在的。当我们（或沉思者）在第一次沉思中假定它们的存在时，我们未免太草率了。在最初的探索阶段，我们所能继续下去的，只是我们那混乱的沉思前的表象。

秉持素朴直觉的沉思者在说“上帝可能不存在”时，他脑子里是否正确地浮现出上帝的形象呢？他脑子里那个上帝并不是真正的上帝形象。因为他无法一方面正确地想到上帝，另一方面还能设想那个作为骗子的上帝。这只能是一厢情愿的虚构。沉思者话中的“上帝”并没有一个明确的、真正的指称。总之，不管我们在这种情况下如何报告或描述自己的想法，这些都不是我们头脑中所想的东西，因为那个设想上帝是骗子的可能性的第一个沉思者根本没有想到上帝。这个沉思者无法借助这里的“可设想性”来获得一种关于“上帝可能不存在”的模态知识。这恰恰在于，上帝不存在，是不可设想的。与此类似，第一个沉思中的所有可能性都不是真正的可能性。这个沉思者并没有获得他想要的模态知识。

四、走出模态二元论困境

前一节说道，笛卡尔模态二元论所面临的一个困境是，由于可能性与必然性可以相互定义，所以它们被以不同的方式处理，在方法论上是不连贯的。

拯救二元论的出路一：斯宾诺莎的必然主义策略。否认我们可以设想单纯的可能性。否认存在单纯可能事物。在他看来，有且只有一个世界，那就是现实世界，并不存在其他的可能世界，世界中没有偶然性或随机性；没有什么是单纯可能的，事物要么是现实的，要么是不可能的，事物的存在都是绝对的、必然的。对此最具代表性的文本依据，来自《伦理学》第一部分命题二十九：“自然中没有任何事物是偶然的（*contingens*），反之，一切事物都受神的本性的必然性所决定，并以一定方式存在和运动。”① 此外，还有他的《形而上学思想》：“万物由于神的决定才是必然的，而不是一种事物由于其自身是必然的，另一种事物由于神的决定是必然的。”② “只要考虑一下自然以及自然对神的依赖，一个人就会发现没有什么东西是偶然的，没有什么东西既可能存在又可能不存在，或者借用通常习惯的说法，不存在真正偶然之物

① 斯宾诺莎：《伦理学》，贺麟译，北京：商务印书馆，1983 年版，第 29 页。
② 斯宾诺莎：《笛卡尔哲学原理（附〈形而上学思想〉）》，王荫庭译，北京：商务印书馆，2019 年版，第 137 页。

(*contingens reale*)。”[①]

拯救二元论的出路二：莱布尼茨的“完整性论证”(completeness argument)。笛卡尔否认单纯可能事物的存在，没有什么东西是真正偶然的。但是莱布尼茨坦率地承认了偶然事物的存在。莱布尼茨的超本质主义(superessentialism) 所要求的是一种“完整性”本质主义，个体的本质属性和偶然属性，对于他的超本质属性来说都是必要的。缺乏偶然属性的本质属性，是不完全的。由此观之，必然事物若没有偶然性（未实现的可能性、反事实的可能性）是不完全的。因此未实现的可能性对于事物的超本质属性来说是必要的。未实现的单纯可能性与已实现的偶然性，在本体论上并没有根本的区别，尽管前者往往指向未来，后者往往指向过去或现在。

根据卡伦·班尼特的分析，可能主义在逻辑上蕴含了偶然主义，但是反之不然。[②] 如果存在多个可能世界，而现实世界只是其中之一，并且在本体论上并不优先于其他世界，那么这个世界在整体上是一个偶然事物。现实世界是偶然的，它没有必然性，尽管它在某些方面是确定的，比如它在神正论上是最完美的世界。现实世界在本体论上具有一种“无需必然性的确定性”。对于莱布尼茨，现实世界并非必然是这个样子，即使它是所有可能世界中最好的一个。依其本性，上帝意味着其所作所为都是最完善的，他所创造的世界是所有可能世界中最好的世界。但是，这个价值论上的“最佳世界”在逻辑上并不蕴含本体论上的现实主义所讲的“唯一世界”乃至必然主义所讲的“必然世界”。这意味着，不管现实世界是什么样子的，都会是所有可能世界中最好的一个。现实世界必然是最好的可能世界，与现实世界必然是这样的(亦即不可能是其他样子的)，这是两个不同的必然性命题。

如果“偶然必然性”(accidental necessity) 是成立的，那么“可能必然性”(possible necessity) 也是成立的。它们都被视为综合必然性（synthetic necessity)，它不同于克里普克（Kripke，S.）所说的“后验必然性”(posteriori

---

① 斯宾诺莎:《笛卡尔哲学原理(附〈形而上学思想〉)》，第 111 页。

② Bennett，K.，“Actualism”，In Bueno O. & Shalkowski，A.(eds.)，*The Routledge Handbook of Modality*，Routledge，2021，pp.21—29.

necessity)。[①] 在模态形而上学上，笛卡尔是一个非还原的实在论者。他一方面主张可能性和必然性概念是实质性的，从物模态（*de re* modality）是真实的，带有“可能地”或“必然地”等模态算子的命题有确定的真值条件，就此而言，他是一名模态实在论者；另一方面，他认为这些模态概念是不可还原的，它们自身就是一些原始概念，就此而言，笛卡尔是一名表达主义者。在表达主义者看来，必然性是一个原始概念，他们对之并没有进一步的解释；“必然性”是个维特根斯坦式的家族相似（family resemblance）概念，它并没有一个统一的本质，它是半任意的（semi-arbitrary）。

形而上学必然性是一种综合必然性，不同于逻辑（分析）必然性的是，它能够为我们提供实质性的知识；不同于律则必然的是，它能够为我们提供必然的知识。克里普克的“后验必然性”主张，如“尼克松必然指称尼克松”过多地依赖于约定性概念；而“水必然是 H_2O”则过多地依赖于后天性（经验可证实条件），这些都无法满足形而上学对必然性的要求。从形而上学角度看，先天性并不保证必然性；可设想性的标准不是可能性的标准；逻辑一致性都不尽是必然性的标准。有些不可设想之物在形而上学仍然是可能的；而有些可设想之物在形而上学上是不可能的。那些不可设想之物并不一定违背了逻辑一致性要求。仅仅依赖逻辑一致性并不排除存在已婚的单身汉的可能世界。形而上学上被确证的命题，典型的是那些综合必然命题。

结语

总之，笛卡尔模态二元论是其二元论哲学的自然结果，具有鲜明的笛卡尔哲学特征，同时又暗含了某些理论困境。这种二元论的实质，即他在形而上学沉思中同时持有两种难以调和的立场：关于可能事物的表达主义与关于现实事物的必然主义。在模态本体论上，它们也对应于反实在论与实在论、“非认知观点”与“非认知观点”之间的二元论。形成这种二元论的

① 索尔·克里普克：《命名与必然性》，梅文译，上海：上海译文出版社，2005 年版，第 124 页。

原因，在于笛卡尔对“素朴概念”和“首要概念”的区分所导致的修正主义与描述主义之间的两难困境，以及他对非本质存在的模态定位模棱两可，不够清晰。鉴于可能性与必然性在逻辑上是相互定义的，它们被以不同的方式处理，在方法论上是不连贯的，这一点导致模态二元论难以避免逻辑上的内在冲突。为了走出这种二元论困境，更好地捍卫近代唯理论哲学的逻辑一致性，斯宾诺莎采取了严格必然主义策略，莱布尼茨采取用了“完整性论证”。他们的应对方案，与笛卡尔的模态二元论一道，启发了后人对于模态形而上学的深入探索。

柏格森专栏 | Henry Bergson

关于“灵魂不朽”的四个讲座[①]

[法] 亨利·柏格森　吴昊蕊　余　梦　译，王礼平　校*

关于灵魂（soul）的性质

第一讲

1911 年 10 月 20 日

1. 这四个讲座的目的是要去探究心灵（mind）的根本特征，并确定心灵的行动一般应怎样表现于事物之上。有必要首先驱散关于这个问题的一些人为的困难。这些困难分成两种。一方面，有一些困难以科学的名义提出，且**似乎**（*appear*）就是来自科学。另一方面，则是一些直接源于哲学的困难。

2. 第一种困难可以用下面的这些术语来表达。“灵魂（soul）的问题只不过是一个更普遍的问题——也就是说，物质问题——的一个特殊情况。

① 《关于“灵魂不朽”的四个讲座》是柏格森于 1911 年 10 月应邀在英国伦敦国王学院（King's College London）所做的四次讲座所保存下来的文本。这个文本的前两次讲座是由柏格森自己用英文撰写的讲座概要；而后两次讲座的文本虽然没有找到柏格森本人用英文撰写的讲座概要，但幸运的是这两次讲座的内容几乎原封不动地被记录了下来并发表于《泰晤士报》上。所以这个文本的后两次讲座的行文和表述方式和前两次讲座不同，呈现为报道体裁。因为该讲稿的前两个概要是由柏格森本人以英文撰写而成，属于柏格森本人的作品，所以在 1972 年收入《杂著集》的时候，由 Martine Robinet 将之翻译为法文，附在英文原文之后；而因为后两次讲座的内容无法确证为柏格森本人所撰写，所以编者收录的时候，并没有为之配上法语版的翻译。本文本译自 Henri Bergson，*Mélanges*，textes publiés et annotés par André Robinet，avec la collaboration de Marie-Rose Mossé-Bastide，Martine Robinet et Michel Gauthier，Avant-propos par Henri Gouhier，Paris：PUF，1972，pp.944—959。译文由吴昊蕊、余梦两人分别各自翻译了一遍，然后由王礼平对照英文原文和法文版译文进行校对。本文注释均为译者所加。

*　吴昊蕊，浙江大学哲学学院外国哲学研究所硕士研究生；余梦，浙江大学哲学学院外国哲学研究所硕士研究生；王礼平，浙江大学哲学学院外国哲学研究所副教授。本文翻译获国家社科基金（项目编号：16BZX064）项目资助。

无论如何，它都没法从后面的问题中独立出来。因为我们看到，意识的诸状态关联于身体的诸状态，更准确地说，关联于大脑物质的某些特定变化（modifications）。只要我们并未知悉这些变化的本质，那么我们将很可能无法知道在意识生活（conscious life）的背后会有什么东西。”

然而，这种反对意见（objection），完全依赖于这样的概念，即意识本身没有独立性，它只不过以它自己的方式表达了大脑的某些状态，而意识事实的内容只有在相应的大脑状态中才能被完整地找到，前者是后者的对等项（equivalent）或翻译。现在，毫无疑问，意识活动和大脑活动二者之间相互等同或平行的观点已被现代生理学广泛接纳，并且未经讨论就被大多数哲学家接受为**科学的**（*scientific*）观点。然而，如果我们进一步检查这个观点，就会意识到这理论的实验性基础极其薄弱——实际上，完全不充分——并且，实际上，这个理论只不过是一个形而上学的争论（contention）。

它的源头可以在18世纪的众多医生—哲学家（the philosophical physicians①）的作品中看到。这些作品本身受前一个世纪的形而上学启发，是笛卡尔哲学的结果。

因其便利性，上述观点已经被科学所采纳。但是哲学不应该不加批判地接受它。而且，就像我将在第三讲中试图展示的，它不能经受住针对它所可能会提出的批判。

3. 接下来，我过渡到那些直接源于哲学的困难。为了找到这些困难的解决方法，在总体上粗略审视一下我们的知识机制将是有利的。

一切知识来源于或内在或外在的知觉（perception）。知觉比我们倾向于假设的要丰富得多。知觉中包含着我们日常不注意的很多东西，因为对这些东西的注意不能服务于任何实践目的。结果就是，我们的这部分知觉保持在迷乱状态。而相应地，在知觉中清晰明白的东西，则是为了实践目的而做出选择的结果。

更准确地说，在我们的内在和外在知觉中，我们只保留那些能够进入我们的概念（our concepts），也就是说，能够进入某些特定分类（certain classifications）中的东西，而这些特定的分类是为了方便我们的行动施加到

---

① 这里的 the philosophical physicians 在法语版里对应的是 des médecins-philosophes，指的是那些横跨医学—哲学领域的学者，特别是那些既是医学领域的医生同时又擅长将医学同哲学结合起来的学者。

物质之上而一劳永逸地被制定出来的。概念所扮演的角色在根本上是功利主义的（utilitarian）。因而，借助概念的知识，必然会忽略掉大量的知觉内容。

关于心灵问题，经验论（empiricism）和实在论（substantialism）这两个对立的学派在一点上达成了一致。前者试图将多样性（multiplicity）概念应用于心灵之上，而后者试图将统一性（unity）概念应用于心灵之上。但是二者都同意将心灵塑造进一个概念的模具。

因此，大部分这些难以克服的难题，即这些学说的作者们自身所面临的难题，便被识别了出来。

康德主义的批判得益于这些困难，并得出了这样的结论：一种心灵的形而上学知识是不可能的。然而，康德主义的批判并非决定性的，因为康德并没有如其所相信的那样，成功完成了对所有可能的形而上学的批判；他只批判了那些为了达成实践目的，将一切现实实在（reality）禁锢在某些特定分类之中的那些哲学。

因此，这里仍需要问，心灵的知识在其自己的本质（essence）上，是否不能由我们的直接知觉来提供，是否不能脱离我们通常把它限制在其中的概念和分类系统，并由此恢复它原始的丰富性。这将是下一讲的内容。

第二讲

1911 年 10 月 20 日

1. 灵魂的实在性（substantiality）可以在我们自己的知觉中向我们显示，并因此成为一个经验事实。但是，为了使我们有能力获得这种经验，并能够做出必要的努力，我们必须革新我们的一些观点，尤其是那些涉及变化和运动的观点。

2. 没什么比理解普遍的变化更困难的了，尤其是运动。事实是，正是出于兴趣，我们才会去关注运动着的物体所可能占有的**位置**（*positions*），去关注变化着的事物可能经过的**状态**（*states*）。我们从变化（variability）和运动（mobility）本身移开我们的注视。因为对于实际的生活，我们只要大概地知道它们存在就足够了。

我们心灵的这种习惯源自这种情况，即只有当我们成功地在变化和运动中确定出某些特定的状态和位置时，变化和运动才适合于我们在它们之上采取行动。

由此，在实践中，位置和状态对我们是最重要的，我们说服自己它们本身就是变化和运动的真正元素，且不动和不变比运动和变化要**更为简单**。

然而，如果我们进一步对物质加以研究，这就是我们将会发现的。一切都总是在运动之中，我们所说的不动性（immobility）或停止状态（rest）来自两个运动在某些特定条件下的共存（coexistence）。当我们和一个运动着的物体朝着相同的方向、以相同的速度运动时，我们将观察中它所呈现出来的那一面为"不动的"。所有"不动性"都是这种性质的东西。

以类似的方法，通过更深入地研究变化，我们将会发现，变化不间断地跟随着其进程，而我们所谓的**状态**，不过是变化呈现在一个依照着相同的或类似的节奏运动的存在者眼中的表象（appearance）。所以，状态是一种表象，它来自两个变化在某些特定条件下的共存。

相应地，事实上恰恰是变化和运动是**简单的**（*simple*）；而状态和静止在事实上却是**复合的**（*composite*）。所有的变化和运动都是不可分割的。

3. 如果我们让自己沉浸于这种观念，我们就能解决很多哲学上的难解之谜。但是，首先，我们将成功地做出一种必要的努力，通过意识来获得一种心灵的"形而上学的"知识。

因为我们的内在生活向我们呈现的，乍看之下似乎是一连串的**心理状态**（*psychical states*），这些状态中的每一个都会按其自身保持一定时间。但是，一旦确定了某个一般状态的性质，我们就会发现，"心理状态"总是源于内在生活之流与跟随它的注意之流之间的某种对应关系。

另一方面，一旦变化的不可分割性得以保证，我们就能以完全不同于"在前"和"在后"的并置方式来理解连续性，不会由此以任何方式将其简化为同时性。我们将会获得一种对连续性的纯粹的**感受**（*sentiment*），这是当一个人从连续性的知觉中排除掉所有的空间形象后所体验到的。

第三讲
柏格森教授论灵魂

1911 年 10 月 27 日

（载于《泰晤士报》1911 年 10 月 28 日）

我们并没有第三讲和第四讲的讲座概要。《泰晤士报》在对前面两次讲座的出色报道中几乎完整地复制了前面两讲的概要，据此我们可以推论，它对这后面两讲的报道也同样几乎完整地复制了柏格森本人撰写的概要。

心灵与大脑

柏格森教授昨天做了他关于灵魂性质的第三场讲座。伦敦国王学院艺术学院的考尔德科特牧师博士（The Rev. Dr. Caldecott）主持了讲座，观众远远超出了大学学院（University College）剧院的最大容量。在出席的人中有法国大使德·弗勒里奥先生（M. de Fleuriau），法国大使馆的第一秘书以及利兹大学的副校长萨德勒博士（Dr. Sadler）。

柏格森教授受到了观众们起立鼓掌的热烈欢迎。他说，在上一次讲座中，他们试着通过分析不动性和不变性的概念，得出永恒的不变性属于我们的内在意识的清晰观点；而且，他们已经得出了结论，即灵魂就是绵延（durée）本身，并且正是因此形成了一个单一且不可分割的整体。如果我们从这个角度（wiev[①]）思考我们的内在生命，从意识第一次觉醒到结束，将其视为单一且相同的运动，我们就会看到，它就像是一个旋律，这个旋律的音符依次连续不断，一个连接着另一个，以这样的方式，这个旋律本身是不可分割的。他由此得出结论：每一个事件，我们过去的全部，都被呈现给了我们，而且灵魂如果拥有冲动（élan）和运动，那么它也拥有记忆——对完整过去的保存。如果我们从内在生命（inner life）这个概念出发，我们应该以一种不同于我们所习惯的心灵与身体的关系的态度——或说不对物质有偏见

① 这里的 wiev 应该是 view 的印刷错误。

的态度——将意识与感性的关系、与以某种方式伴随着意识的大脑现象的关系，呈现给自己。通常，我们将过去作为与现在的清晰切割之物而将之呈现给自己——过去不再存在，它被取消，它死去了，与此同时，现在则是那当下活着的东西。然而经验向我们展示：至少过去的某些部分可以被我们的意识再次唤醒。那里有各种记忆；但是我们要怎样解释它们？我们假设记忆被保存在意识之外且与意识无关，并且假设大脑的**角色**（*rôle*）是记录下至少一部分的过去，过去至少将它自身部分地书写进大脑，就像曲调将自己刻录在留声机光盘上。他进一步批判了这种理论，为了达到这个目的，他采取最简单的东西，即对一个物体的视觉回忆。视觉回忆存在于什么中？如果这个理论是正确的，当他看到面前的桌子时，那个物体会影响他眼睛的视网膜，并将这种影响以某种方式沿着视觉神经传送到某个中心，在那里，某个印象被记录下来，就像一个印象被记录在照相底片上。

有人说视觉印象持存。柏格森教授会问哪一个？如果物象（image）真的被铭刻，那么同一物体的成千上万的印象都会被印刻在大脑中。尽管平行论的支持者并没有意识到这个事实，但是这个理论用一个哲学上的实体（entity）替代了这些众多的印象。

来自病理学的教训

柏格森教授接着详尽地谈论了在特定的病理学状态中观察到的事实，比如失忆症和失语症，这让那些主张回忆的确被放置在中枢的理论的人相当尴尬。他引用了韦尼克[①]（Wernicke）、布罗卡[②]（Broca）以及皮埃尔·玛里[③]

① 韦尼克（Karl Wernicke，1848—1905），德国医生、解剖学家、精神病学家和神经病理学家。他最广为人知的是他对失语症的研究。

② 皮埃尔·保尔·布罗卡（Pierre Paul Broca，1824—1880），法国外科医生、神经病理学家、人类学家，也是最早发现大脑左半球语言中枢的生理学家。他研究脑损伤，对了解失语症有重大贡献。其许多研究涉及比较各人种的颅骨，有助于现代生理人类学的发展。他开创了研究脑部形状、结构和表面征状，以及史前颅骨各部分的方法。1861 年，他宣布在大脑左前区发现了清晰言语区，该脑区后被命名为布罗卡脑回。这是首次用解剖学证明大脑功能的分布区位。

③ 皮埃尔·玛里（Pierre Marie，1853—1940），法国神经病学家，“肢端肥大症”的命名人，也被认为是 19 世纪末至 20 世纪初三位最伟大的神经病学家之一。他曾经发表大量关于失语症的文章，并驳斥了布罗卡和韦尼克关于语言中心区的观点。

（Pierre Marie）的观察，主张平行论的学说与事实不符。然而正是在记忆的领域，这一学说往往被认为建立得最为牢固。事实上，它是一种先天地建立在如下双重假设之上的学说：心理生活是一系列不连续的状态，而普遍的机械论是真理。这种学说的先天特征尤其明显地表现在失语症理论的创生和发展上。有一些生理学家现在开始怀疑支撑这座大厦的基础性事实的有效性。

到今天为止，已经观察到的事实允许我们进一步推论，在大脑中，存在着感受区域和动力区域（sensory regions and motor regions），或更恰当地说，存在着感受—动力区域（sensori-motor regions）。这就是迄今为止我们在最大限度上能够证实的东西，并且他相信在那里除此之外什么也找不到。无论如何，毋庸置疑的是，整个心理生活都以某种方式与大脑活动相关联。他说我们整个的过去都呈现在意识之中。观察、经验都证实了这个理论，因为他给出的例子似乎可以证明我们什么也不会忘记。记忆，被看作一个纯粹精神的（spiritual）东西，保存了过去的一切。但是如果所有的回忆总是呈现在意识之中，我们应该身处何方呢？生命在于行（acting）与做（doing）。要意识到我们必须做的事情，从我们的视野（view）里遮蔽掉我们思想的全体（the totality of our thoughts）是必要的；不是我们不知道它们在那里，而是它们不应该侵入我们的意识并妨碍我们做必须做之事。但在某些时刻，回忆起这个过去的某些部分则是必要的。

大脑的角色

在柏格森教授的观点中，大脑是扮演这样角色的器官，区别于将记忆作为一个整体来考虑——它是一个负责遗忘的装备（instrument）。理论上来说，它是一个遗忘的装备，而不是一个允许我们的部分回忆进入意识的装备——它仅仅允许那些有助于某个场景的回忆进入。一旦门打开，就总有一些回忆偷偷溜入，并且只有在那里，大脑才扮演屏幕的角色；但它是这样一种屏幕，总是只允许我们需要的且有助于我们当前行动的那些回忆通过。简言之，大脑是指引我们记忆方向的器官，或更准确地说，是当下场景中指引心灵方向的器官。大脑是感觉的器官，运动的器官，并且很有可能仅限于此。大脑对各种习惯进行压缩，这是它的特殊**作用**（*rôle*）。它不得不让身体压缩某些运动习惯，比如说，清晰表达的习惯。记忆的大脑器官因此非常有可能就是建立运动机制的器官，而这个运动机制使得我们的身体以对于每一时刻的场景而言合适的姿势（attitude）安置自身。他相信大脑的角色仅仅就是将心灵导向（orienter）行动。仅此而已，但仍旧是巨大的工作，因为我们所有的精神生活都依赖于它。大脑是灵魂和现实之间的连接点，在大量精神失常的例子中，正是这个连接点被切断了或遭到了严重损坏。精神和大脑生活之间不是一种简单的关系。大脑不是精神生活的对等项。这种关系更为复杂，并且只能通过某个概念、某个形象才能表达。他更偏向于并且喜欢使用的形象是下面这个比较：大脑对于心灵就好像刀尖之于刀。刀通过尖来刺入实在，而大脑就好像是心灵的刀尖。精神生活之于大脑就好像刀之于刀尖。

最后一讲将会在今天下午五点报告。

第四讲
柏格森教授论灵魂

1911 年 10 月 28 日

（载于《泰晤士报》1911 年 10 月 30 日）

心灵与物质

周六，柏格森教授受到伦敦大学的邀请在大学学院做了关于灵魂性质系列讲座的最后一讲。哲学研究委员会主席道威斯·希克斯（Dawes Hicks）教授担任主持。大学学院的剧场又一次被人群挤得水泄不通。现场出席的人中有法国大使，法国大使馆的第一秘书，弗朗西斯爵士（Sir Francis）和扬哈斯本夫人（Lady Younghusband）。这是弗朗西斯爵士遭遇意外事故之后第一次在公共场所露面。

柏格森教授说他们现在已经到达了结论处，身体在与心灵的关系中扮演着双重角色。一方面它限制了心灵，就好像人们为马戴上眼罩来迫使它直视前方一样。大脑，通过限制心灵的视野，迫使它自身专注于生活，防止其四处游荡；它给予心灵压舱物与平衡。所以我们将身体和心灵的关系与刀尖和刀本身的关系以及船头和轮船的关系加以比较。船首是船将自身收拢细化为一个点的部位，这个点标志着船在每一时刻的方向，并且使得它能够破浪前行。与此类似，心灵正是通过大脑，更一般地说，通过身体收缩自身来穿越现实的巨浪。但是，就好像船头不等于船一样，大脑的生活不等同于精神生活。一方面，身体表现得与心灵非常不同，因为它限制心灵，阻止它去看许多东西；然而另一方面，如果采用刚刚所做的类比，它仍旧是心灵的一部分。

一个现代的困难

在哪一点上物质与心灵相像与相触，在哪里它又与心灵分离并与之区分？这个问题对于柏拉图主义者、亚里士多德主义者以及新柏拉图主义者来说并不构成困难。他们不认为将身体嵌入心灵之中，或是将心灵嵌入身体之中有什么问题。这是一个现代的难题，并且它曾引得某些哲学家去怀疑我们是否曾经有可能以这种方式去认识身体或精神的本质，从而为两者或其中之一给出解释。这个问题可以上溯到笛卡尔，且他提出这个问题是因为，在文艺复兴时期，科学在完全基于数学的基础上得到了重建，其必然会从那些本身朝计算敞开的角度来思考物质。我们只有将物质视作没有本质属性只有广延属性时才能做到这一点。广延，空间，是无限可分的东西。现在，我们不能将心灵再现为无限可分的。因此，沿着这些路线，笛卡尔得出了这样的结论：心灵是一个在思考着的东西，而身体是广延的东西。他说这两个实体可以交流，但是他却没法从理论上解释它们的交流。那些笛卡尔的后继者，一方面接受了他做出的区分，但同时又认为心灵和身体永远无法交流。

那些思想家被具体广延和数学空间的混淆误导了。科学，本质上是实践的，它不得不分割物质。出于这个目的，科学不得不按照我们的知觉将事物给予我们的状态来获取它们。某些分割显现于自然之中，就像它们在动物的解剖结构中一样，但那些对象本身是连续的。科学继续将物质（mass）分解为分子，将分子分解为原子，将原子分解为电子；但是，与科学分割物质相称，它又不得不以一种或另一种形式重新建立它所打破的部分之间的连续性，它所分割的微粒之间的连续性。自然并不像我们所相信的那样不连贯。它不像哲学家所告诉我们的那样空间化；另一方面，心灵也许在它的某一面比哲学家所设想的更具有广延性。如果我们从这一面加以考察，也就是从知觉与感觉（sensation）这一面，我们就会发现所有的知觉和感觉都参与了广延。现代心理学的倾向是将感觉，或至少其中的某一些感觉，视作广延性的。柏格森相信这种倾向在这个方向会走得更远。假设心灵在其某一方向上具有延展能力就丝毫不会令人震惊了，因为广延不是现代思想所表征的那种无限可分的东西；心灵也不是现代哲学所构想的那种精神性的、超然的东西。物质和心灵的距离较之于一些形而上学派别所能允许我们去想的要更近。

心灵与物质之间的差异

但是，那么，什么是心灵与物质之间的差异呢？柏格森相信，首要的、最根本的区别就在于此——心灵在本质上是一种收集和保存过去的记忆，故而，在每一瞬间，全部的过去都在其中显现，尽管并非总是清晰可见。物质被剥夺了记忆——或者说，如果它有记忆，那么这记忆也因其太短以至于刚好只够在两个时刻之间搭建纽带。但是，这种心灵和物质之间的区别建立在对时间和记忆的思考之上，它有助于我们去理解物质和心灵是如何被联结在一起的，尤其有助于我们去理解这种结合的存在理由（*raison d'être*）为何。

如果我们考察一下我们自身绵延的最小的可感知元素——一秒钟的一小部分——我们会发现在我们的绵延的最小值中，物质能够完成大量的连续事件，比如，那些数以万亿计的振动给予了我们对光的感觉。我们应该需要甚至几百个世纪才能数清那个数字——然而所有这一切都在我们知觉的一瞬间便过去了。我们自身的绵延节奏和物质的绵延节奏之间的巨大差异能够意味着什么呢？

一般说来，当我们需要在一瞥中捕捉数量众多的人类事件的时候，我们更适合去引导它们。实干家，政治家，因此也就是那些压缩外部绵延从而实现掌控事件的人。然后，我们可以通过类比来推测，正是意识绵延和物质绵延之间的巨大张力差异允许心灵作用于物质，并允许心灵将惰性的物质变为自由的装置。从这个视角看，心灵显现为一种自由的力量，这种力量出现在物质之中并且希望能主宰物质，在它的某个时刻，心灵给予自身能够压缩事物历史中的大量时期所必要的绵延节奏。

但是，一旦我们采取了这种观点，大量的事实就会从各个方面为我们证实这个假设。首先是关于组织的事实。我们知道，就像人类身体这样的躯体（body）本质上是一个位于装置（apparatuses）之上的神经系统，它的作用是维持自身，修理，清洁，尤其是提供能量。并且，在这个神经系统本身之中，因为其根本部分是大脑——它首先像是一个选择器官，所以我们可以说，我们物理有机体的所有活动都集中指向选择行动的执行。

灵魂：一种创造性的力量

我们现在是不是应该仔细考虑一下我们的精神有机体？它由三个部分组成——感性，智能和意志（sensibility，intelligence and will）。但是在对感性和智能这两个能力的越来越多的研究向我们揭示出，它们是服务于意志的行动工具。所以再一次地，在这里，一切都向着行动汇聚。灵魂——本质上是行动，意志，自由——就是最卓越的创造力，是世界上新颖事物的生产性的原动力（the productive agent of novelty）。它创造出行动，并且，除此之外，它还可以创造自身——不仅改进自身的性质（quality），而且还增加自身的强度（intensity）。如果一个人把意志放到恰当的指引方向（direction），只要有一点点的意志，这个人就可以做很多。因为这个力量——意志——有这样非凡的特性，即它的强度依赖于它的指引（direction），而它的性质（quality）可以变成数量的创造者（the creator of quantity）。

如今，问题是，这种力是从何而来的？灵魂的起源是什么？我们是否应该和普罗提诺一样假设灵魂寓居于超感性世界并且它们是降落到身体之中的？我们没有必要求助于这种性质的各种寓言。就像我们在第一讲中已经做到的，只要注意到，多样性和统一性的概念只严格地适用于物质，它们是为物质而产生的概念。而在心灵世界中，它们常常是不适用的，这样就足够了。实际上我们每个人的内在生命既不是单一的（one），也不是多种多样的（manifold）。由此，如果我们考量所有人的灵魂，无论是真实的还是可能的，我们就会发现，实际上，他们远远不像我们所想象的那样有别于彼此。那么，我们就必须在一开始就去自我琢磨领会（figure to ourselves）一种灵魂的普遍的相互渗透（a general interpenetration of souls），而这种相互渗透正是生命的原则（the very principle of life）。

这个原则，通过进入物质，产生出生命以及生命的一切演化。一旦被物质所捕捉，它就变成了物质的囚徒。它寻求解放自身，并且与此同时，它又寻求在相互渗透的状态中去分割并做出区分（多亏了物质）。此外，只有这样，实际上包含在生命原则里面的各种元素才能强化它们自身。

这种伟大的努力的历史就是我们星球上生命进化的历史。我们可以看到，这个原则一定在路上留下了很多东西。某些进化路线似乎失败了。但是，在通向人类的进化道路上，解放已经完成，因此人格（personalities）能够得以构成它们自身。因此，如果我们能在单纯独一的一瞥中（in one simple unique vision）来把握这条进化的路线，我们面前就应该有一条电报线，它传递着一份早在生命之初就发出的信息——这条信息在当时被混淆了，这条信息的一部分在途中丢失了，但它终于在人类身上找到了合适的接受器官。（大声欢呼。）

人格问题[①]

[法] 亨利·柏格森　余　梦　吴昊蕊　译，王礼平　校

第一讲

人格问题可以被看作哲学的中心问题。这不仅仅是因为我们所拥有的了解自己之所是的兴趣——这一问题将成为今年课程的特别主题——也不仅仅是因为，也许是我们更大的兴趣，即知道我们在这个世界上的任务、我们从什么地方来、我们到哪里去——这些问题我们希望在明年的课程中处理。而是因为，所有的哲学问题都被发现集中在这个终极问题上，所以这个最高的问题似乎就是所有哲学围绕（gravitate）或应该围绕运行的中心。

简单来说，哲学的首要目的一直是把事物的全体包含在一个单一的视野里：进行哲学思考（to philosophise）通常意味着统一化（unify）。诚然，这种统一（unification）可能以两种不同的方式发生。第一种是希腊哲学家所实践的方法，它把个体事物无限的多样性化约为一定数量的**概念**（*concepts*），转而又将这些概念化为一个单一的理念（idea），这个理念包含一切事物。

第二种是科学和现代哲学的方法，它在事物之间，或更准确地说，在事实（facts）之间，建立相互依赖的关系，并把这种关系用规律（laws）表示，

① 《人格问题》是柏格森在 1914 年 4 月 21 日至 5 月 22 日期间，应邀在英国爱丁堡大学著名的“吉福德讲座”上所做的 11 次讲座的讲稿概要。该讲稿概要是由柏格森本人以英文撰写而成，1972 年收入《杂著集》的时候，编者为了方便法国人阅读，又由 Martine Robinet 将之翻译为法文，附在英文原文之后。本译文译自 Henri Bergson，*Mélanges*，textes publiés et annotés par André Robinet，avec la collaboration de Marie-Rose Mossé-Bastide，Martine Robinet et Michel Gauthier，Avant-propos par Henri Gouhier，Paris：PUF，1972，pp.1051—1086。本文翻译获国家社科基金（项目编号：16BZX064）项目资助。译文由余梦、吴昊蕊两人分别各自翻译了一遍，然后由王礼平对照英文原文和法文版译文进行校对。本文脚注均由译者所加。

同时假定，我们可以逐步地达到越来越普遍的规律，直到所有事物都能化简为一种单一的原则（principle）。在这两种相似的情况下，最终我们都把整个现实作为连贯的系统呈现给自己，这使我们的知性（understanding）完全满意。因为只有在完全的统一性（unity）中，知性才能得到歇息。

但在这两种情况下，我们都面临着一个为人格定位的困难，也就是说，去承认真正的个体都拥有实际的独立性，且每一个体都将在大世界中建立起一个小世界。这就是为什么一种哲学学说，当它变得更加系统时，就会越来越倾向于将人类个体吸收进全体中。

但是，在哲学为了使我们的**知性**（*understanding*）得到最大的满足而不断发展自己的过程中，其间却始终有一种**意志**（*will*）上的隐隐的抗议。在哲学学说的历史上，这种抗议一次又一次地被提出。它呈现为辩证的形式：它自称为怀疑主义、批判唯心主义等，但在所有这些针对形而上学的独断论的抨击的根深之处，实际上都存在着一种肯定了自身独立性的意志的反抗。

那么，未来不应该属于这样一种哲学吗？它试图使意志的要求和知性的要求相互调和。常识信奉这种调和的可能性。诉诸常识，既符合苏格兰哲学的传统，也符合法国哲学的传统。但是，如果认为这两种对立的论点互相让步就可以实现这种调和，那就错了。这种方法只是简单地处理了一些概念，不会增加我们对实在的认识。我们必须直接地探索实在；为了做到这一点，我们必须朝我们自己的人格意识领域靠拢。

让我们先来看看组成它的那些“元素”（elements），或更确切地说，它显得是由这些“元素”组成的。首先，想想我们对身体的意识以及它的机体感觉。然后是包含所有过去的记忆。接着是对未来的期待。

但这些都不是人格，尽管人格与它们有着某种关系。这种关系是什么？这是我们在本课程的第一讲中要问自己的问题。但是，正如我们将要看到的，有必要首先考察哲学家们提出的一些最值得关注的对人格的见解。

第二讲

在这节课和接下来的两节课中，我们将会回顾人格问题的历史，不过，不完全是从历史角度来看。进行这种快速考察的目的有两个。首先，我们想要利用在传统的人格学说中所能找到的任何真正的观察；其次，我们更想要探究这种学说如何陷入了僵局以及它是怎样去解释其最终所遇到的难以克服的困难的。事实上，在这一主题上有一种传统的学说。古往今来，它改变了它的形式，或更确切地说，改变了它的衣着，但它本身却一直保持不变；确实，到目前为止，可以说只存在过一种关于人格的系统的哲学。这种形而上学的创制贯穿了整个古希腊时期。它穿越了中世纪，并继续成功地或失败地把自己加诸现代知识之上，直到有一天，康德表明，在什么条件下——在我们看来这些条件是不可接受的——它可以与科学机制相调和。

给这种形而上学以最终形式的人是普罗提诺，他是一位很少有人研究的哲学家，也很少有人认识到他的重要性。普罗提诺是亚里士多德和柏拉图的延续者，也与斯多葛学派有关（尽管他批评他们），他在自己身上恢复了整个希腊哲学。但是，由于他是一位强有力的、有独创性的思想家，他在传递给我们的哲学中留下了自己的印记。简而言之，我们不应忘记，在中世纪甚至在现代（不去管是否表面如此），占主导地位的亚里士多德主义——这种亚里士多德主义至今仍渗透在我们的思维和说话方式中——是一种完全被新柏拉图主义浸染的亚里士多德主义，普罗提诺把这种亚里士多德主义与柏拉图主义融合得如此之好，以致很难在其中分出什么属于柏拉图，什么属于亚里士多德，以及什么属于普罗提诺本身。

在回溯一种学说的起源时，人们会发现它处于最纯粹的形式；人们会对它有更好的理解，而且，最重要的是，人们能洞悉在这一学说发展过程中注定要与之遭遇的各种困难的起源。这就是为什么对普罗提诺的学说做一个简短的阐述对我们来说是有用的。至于其他，如果人们看到这一学说主要是人格理论的话，他们会对它产生更大的兴趣。在所有古代哲学家中，普罗提诺是唯一一个真正的心理学家。尽管他的哲学是柏拉图和亚里士多德哲学的延伸，它也不同于柏拉图和亚里士多德的哲学，因为占据其核心位置的是人类灵魂（human soul）的问题。

显然，普罗提诺在这里所关注的问题——就像后来所有关于灵魂的作者所关注的问题一样——是想要知道，同一个存在何以能够将自身呈现为一种诸多状态的不确定的多样体（an indefinite multiplicity of *states*），但同时也可以将自己呈现为一个单一且同一的人（single and identical *person*）。这就是我们在上一堂课结束时指出的问题。

这个问题，我们应该尝试通过问如下的问题来解决：心灵状态的多样性是否是像其他的各种多样性一样的多样性，心灵的统一性是否是像其他统一性一样的统一性——统一性和多样性这两个术语在这里是否仍然可以以它们通常的意义来使用——简言之，在这种情况下，是否并没有理由去修正我们的范畴和我们的某些理智习惯。然而，理智不会轻易决定去改变它的习惯并重新构建其范畴。

普罗提诺面临的问题，亦即传统哲学所遗留的问题，因此是这样的：我们人类个体如何一方面是单一或单个的（one or single），另一方面又是多样的（multiple）？如果人们用这些术语来表述这个问题，普罗提诺便已经直接指出了不可避免的答案。他认为我们每个人“在我们的低级本性中”是多样的，而“在我们的高级本性中”则是单一的。换句话说，他把一个人看作本质上单一且不可分的一个存在，这种存在通过某种超越自身的降落或远离而堕落成不确定的多样性。根据普罗提诺的说法，我们每个人都能体验这两种状态。在第二种情况下，我们倾向于分裂，越来越物质化（materialise）自身；反之，在第一种情况里，我们变得更具精神性（spiritual），趋向于一种越来越高的统一性。也就是说，人的统一性趋向于与他人的统一性融为一体，而个人则趋于与上帝本身合一。

总之，在人的人格理论中，隐含着完整的形而上学，我们在普罗提诺那里发现了它的纯粹性，我们有必要对它进行一些解释。这将是下节课的主题。

第三讲

当我们把内在时间（internal time）看成被粉碎的分隔瞬间且仍相信这个人的实在性和统一性时，普罗提诺的哲学可被认为是我们最终被带向的那种形而上学。在那种情况下，我们每一个人都必须被认为有两种不同的存在（existences），一种是**法则上的**（*de jure*），另一种是**事实上的**（*de facto*）。在法则上，我们处于时间之外；而在事实上，我们在时间中演变。在法则上，我们是纯粹的理念，在半柏拉图式（semi-Platonic）的意义上——我们是永恒的本质——我们是"纯粹的沉思"。而在事实上，我们的生活处于感性的世界之中，我们在行动。

此外，"事实"是"法则"的一种减损或降级。去行动即去希望或渴望一个东西，对这个东西有需要；因此，去行动意味着不完整，意味着出发去追求其自身。在时间里演变就是不断地去增加其所是；因此，它是未完成的，尚未拥有其完满的存在。更一般地说，第二种存在方式可以说是第一种存在方式的膨大或稀释，因为统一性就这样被分解成了多样性，或者更确切地说，它从自身降落出了一种分散的多样性，而这种多样性，则在时间中不断努力去生产一种统一性的仿制品。

因此，这就是起点，也是普罗提诺哲学的本质。在整个这一形而上学中心的，是逻各斯这个概念。逻各斯在我们的现代语言中是不可翻译的，它既指言说（speech），也指推理，也指演员的角色。言说是单一思想之多样（且不充分）的等价物；推理是直觉之多样的等价物；言说和推理展开某种似乎是卷起来的东西；演员在扮演他的角色时，也可以说是以同样的方式展开他的卷轴。因此，人类心灵是逻各斯，因为它展开了一个永恒的理念。

但是，去追求将它的原则应用到极致，这属于一种形而上学学说的本质，用数学用语来说，就是去穷尽例证极限。一旦我们认为永恒的本质会从自身降落到处于时间之中的心理生活（psychological life）中，那么其间就必然有一种推动，至少作用于统一性各个面向之中的一个侧面之上，驱使统一性离开自身。于是，普诺提诺便假设这种推动持续有效，那些已经成为多样性的东西则会在多样性这一方向上继续不断地越行越远。这个“过程”的结果将会是身体。心灵铸就了身体，说心灵在身体里是错误的：身体在心灵中。

另一方面，仅说理智本质是太一（the Intelligible Essence is One）① 是不够的；事实是，有多少不同的人，甚至不同的存在，就有多少不同的统一性。这些统一性构成了时间之外的多样性。现在，一旦我们把统一性作为源初的元素，我们就不能止步于“太一之多样性”；我们必须进一步回到仅仅是统一性的统一性。

这就是关于三个位格（hypostases）的理论——上帝，理智、有身体的心灵（Minds with bodies）。如果你假设上帝，你就假设了所有对上帝的可能看法；这些是理智或永恒本质（Eternal Essences）。我们有可能就此停止，但物质，即分裂和展开的可能性，使理智从自身坠落出一个与其相似的多样形象——也就是时间和空间中的身体；并且，如我们所见，是心灵（先于身体）朝着身体的方向行进。

普罗提诺的这种学说建立在一种内在经验的基础上。事实上，根据普罗提诺的说法，人可以在内心追溯与我们刚才描述的相反的过程。如果理智从太一出发，而有身体的心灵从理智出发，那么，反过来，有身体的心灵也可以返回到理智，重新进入它，从而将自己重新置于永恒之中；这是第一阶段。但要达到最后的统一性，还须经过第二阶段，即心灵在重新进入理智时所达到的阶段——它通过一个**跃迁**（*saltus*）将自己带离自身而与太一融为一体。而这就是“出神 / 灵魂出窍”（ecstasy）这个词的词源意义。

这是一位深刻的心理学家的作品，即使对我们现代人来说，也无疑能从这一学说中得到很多东西。我们必须从中提取出它的纯粹的心理学的元素。至于普罗提诺在此基础上建立起来的大厦，它是脆弱的，或者至少有一部分是脆弱的，但它对我们是有指导意义的，因为它清楚地说出并明确地表述了

① 普罗提诺的流溢说中 the One、nous、soul，一般翻译为太一、理智、灵魂。在这里，intelligible 似乎对应于 nous，故将其翻作理智。

后来大多数形而上学体系中隐含的思想——行动少于沉思，运动少于静止，绵延（la durée）被任意分割，还有，为了找到实体，我们必须将自己置于时间之外。我相信这是真相（truth）的反面，在充分重视普罗提诺的学说的某些元素的同时，我们必须颠倒他的观点。但如果我们接受了那个观点，我们就无法改进他所做的事情。我们将看到，所谓形而上学，在现代人这里，通常只不过是以较弱的形式重复了普罗提诺。

第四讲

在上一节课中，我们说过，直到康德，甚至在很大程度上，在康德之后，现代形而上学只是重复了——而且几乎总是以一种削弱的形式——我们在普罗提诺那发现的人格理论。这种削弱的理由很容易理解。它们源自这样一种企图，即把从普罗提诺那里几乎完整保留下来的心灵形而上学，与一种全新的自然哲学（philosophy of nature）并置在一起。

有一个事实主导了所有现代思想，那就是文艺复兴时期的伟大科学发现。这些发现表明了在某些自然现象之间建立相互依赖关系的可能性，也就是说，使这些现象服从规律的可能性——以及服从数学形式的规律。毫无疑问，当时所发现的规律，虽然很重要，但其承载的重要性却是有限的。然而，毫无疑问可以感觉到这些规律是笼罩整个自然的网络的一部分。当时形成并从此贯穿一切科学和哲学的信念是：自然是一架巨大的机器，一切发生在物体世界（world of bodies）的事情，甚至是有生命的和有意识的身体，都可以用力学规律来解释。

由此产生的逻辑结果是双重的：

首先，人的行为是由身体完成的运动（和其他物体一样，身体也必须服从力学规律），因此，人的行为似乎必须是可计算和可预见的。古代哲学普遍承认的自由意志（当然，没有被特别重视），成了一种幻觉。毫无疑问，笛卡尔试图将它与普遍的机械论一并完整地保存下来。但他指出，没有办法使两者调和；在他之后，直到康德，都是自由意志被牺牲了。

其次，现代的自然观把那种古人认为在自然中所观察到的无序和堕落的元素从自然中排除了，古人按照（ὕλη）一词在希腊语中的意思，把这种元素称为“物质”。正是根据那一特殊的原则，普罗提诺解释了我们如何走出自己，走出永恒，进入时间。更一般地说，古代哲学家就是根据那个原则来解释时间和空间的。要接受普罗提诺关于心灵的观念，同时又要消除那个原则，是非常困难的。然而，这就是莱布尼茨和斯宾诺莎所做的，也是通常而言现代形而上学所做的。

因此，这些学说因其本身的方法而受到谴责：（1）它们否认人的自由或把人的自由等同于必然性；（2）它们把心灵在时间中的演变当作一种幻觉（莱布尼茨称之为一种“混乱的知觉”，而斯宾诺莎称之为一种“不充分的观念”）。这就等于说，直到康德，心灵的形而上学差不多和普罗提诺的形而上学一样，是残缺的，因而也是被削弱了的。

康德所批判的正是这种形而上学，他认为他批判指控了（arraigned）一切可能的形而上学，然而他所批判指控的，仅仅是把古希腊哲学（特别是把普罗提诺的心灵哲学）同普遍机械论的现代观念结合起来而得到的那种形而上学。他认为他把人类的自由置于时间之外，从而拯救了人类的自由。此外，他还解释了时间的存在，使它仅仅与我们的认知能力相关。

但是，另一种形而上学的大门仍然敞开着。这种形而上学并不全盘接受古代的心灵概念，而是努力尝试通过对内在经验的利用和更深入的探究来改造它。于是就没有必要将自由放逐在时间之外，或让时间成为仅仅与我们的感知能力相关的东西。这样我们就可以避免康德的相对主义，并且可以避开那些已被证明是现代形而上学绊脚石的困难。

第五讲

从我们对人格理论的简短的历史叙述中得出的结论是，人的统一性（在我们看来是人格中的基本元素）在我们认为自己掌握了它的时候逃离了我们。只要我们不努力去感知它，我们会觉得它就在那里，但是，一旦我们的意识想到它自己在凝视它，那它所面对的就只是无数独立的心理状态——一种多样性。因此，似乎人的统一性只在不被感知的情况下才存在。

因此，我们不需要惊讶，几乎所有的哲学传统——除了单纯干脆地否定人的统一性的经验哲学以外——都认为统一性（因而也就是认为我们人格的基本元素）是超越我们经验的东西。传统哲学倾向于在每个人格中区分出两个不同的自我。一个是多样的，散布在时间里，当意识向内审视自身时，它所感知的就是自我；另一个在时间之外，它的位置在永恒中，它是真正的一（*one*）。但通常的意识最多对它只有一瞥，一种预感。为了抓住它，我们必须重建和更新自己，就像普罗提诺说我们必须这样去做一样。这是真正的自我——一枚金币，它的另一个自我不过是零钱。

同样，对此我们也不必感到惊讶：即使康德攻击这种形而上学——因为他认为我们通过任何努力都没法把自我置于时间之外，但他却仍像他的前辈一样区分了两种不同的自我。他与他的前辈们的不同之处仅仅在于，他说两种自我中的一个，即真正的自我，是我们的认知能力无法企及的，它绝对地逃离了我们。毫无疑问，我们总是习惯性地意识到我们个人自身的某种统一性。但根据康德的观点，这种统一性仅仅是一种外在的、人为的统一性，它把不同的精神状态联系起来，并从外部强加给它们。这是对真正的统一性的模仿，或者更确切地说是伪造，真正的统一性，按照康德的说法，是内在的和活的统一性。这种统一总是逃离我们。

但是，康德的这种推理，就像他的前辈一样，是由于他没有做出特别的努力，只**专属于他**（*sui generis*）[的努力]，而这种努力是把内在生命带入意识的范围所必需的。的确，从人的内部看，意识会感知到多种心理状态，它们一个接一个。但这种多样性恰恰是人为的。事实上，为了在行动和生活中更方便，我们总是把我们的经验拆成碎片。这很大程度上是因为我们没有直接地关注变化：我们更愿意用人为的重构来代替它。

为了解释这一点，有必要回到我在之前的作品中已经提出的考虑。我竭力表明，人总是选择静止不变的事物作为其**思考**（*speculations*）的起点，因为正是在那里他找到了**行动**（*action*）的基础。这就使人相信，静止在运动的前面，且比运动简单，就好像运动只是一系列的位置。更一般地说，人们认为**静止**（*rest*）是最原始的事实，运动是在静止的基础上加上去的。出于同样的原因，人们认为不变比变化更简单，就好像变化是由一系列的状态（states）组成，其每一个状态自身是不变的。

任何想要直接地摆脱任何干扰的面纱去思考内在生活的人，都必须从摆脱那个习惯开始，把静止看成比运动更复杂，把状态看成比变化更复杂。这一考虑将为我们进一步研究人格提供线索。

第六讲

我们对运动和变化的一般考虑，是为了减少或消除哲学在人的统一性问题上所提出的困难。我们所说的人格是某种变化的连续性；但这种变化的连续性是不可分的；它是整一一体的（all in one piece），贯穿意识的整个存在；这一不可分性构成了它的实体性。我们的过去不断地为我们收留当下。毫无疑问，在每一个单独的时刻，我们都只清晰地描绘与我们当下的处境有某种关联的那一部分过去，而这部分过去或多或少有助于我们采取行动。但很可能我们的整个过去都被完好无损地保存了下来。

它被保存在我们称作"我们过去的总体性物象"（the image of our past in general）中——这是一种不清晰的、模糊的物象，如果对它进行充分的研究，或者更确切地说，在精神显微镜下进行检查，该物象就会给出我们过去生活的全部细节。正是在这种意义上，我们可以说对我们的整个过去有一种**"无意识的记忆"**（*unconscious memory*）。

无意识的心理状态（*unconscious psychical states*）这一观念经常受到批评。有人辩称，心理性的事物**按照假定**（*ex hypothesi*）已经是有意识的，因而，无意识的心理状态这个观念是自相矛盾的。由此得出的结论是，所谓的无意识心理状态实际上是一种大脑状态，或者说，如果它是一种心理状态，也应该被归于一种次级意识（secondary consciousness），以区别于我们的基本意识（fundamental consciousness）。

至少在我们处理无意识记忆时，这两种假设在我看来都不正确；对“无意识心理”概念的批评在我看来是毫无根据的。在我看来，我们无意识的记忆并不是简单地留在大脑上的印象；其次，这种记忆并不是不同于我们的常规意识（normal consciousness）的意识。它在性质上是心理的，但却是一种无意识的心理。

当事实向我们暗示，甚至强行赋予我们一种观念时，这种观念中包含的明显的矛盾不应使我们感到不安。长期以来，数学中微分的概念显得晦涩难懂，甚至不合逻辑；对它的辩护仅仅在于它的有用性和它的大量应用。但凭借对这个观念的巧妙操作，它最终被认为是合乎逻辑的和清晰的。

同样的事情也可能发生在无意识心理的观念上。心理这个观念，顾名思义，就是与心灵有关的观念。当心灵科学出现的时候，当然有必要暂时地界定这门科学的研究对象。于是，心灵中最明显的元素——也就是说意识——被选中，由此心灵便从意识方面被界定了——由此，心理在性质上是有意识的。但精确的定义意味着划界（delimitation），正因如此，也就意味着局限（limitation）。通过给出“心理的”（psychical）这个词的精确定义，我们可能漏掉了许多当我们想到“心理的”这个词时我们直觉到的东西。当这些东西被带回心理学科学，并因此被称为“心理的”时，我们立刻就有了一个术语上的矛盾，因为我们现在称为“心理的”东西是大家一致认为不应该这样叫的东西。但这种矛盾——仅仅是暂时的——是心理科学进步和扩展的标志。

第七讲

我们现在已经看到，人格，正如在检验中它自身所揭示的那样，是一个变化的连续体（continuity）。准确地说，并不存在清晰且并列的心理状态。所以，当一个人已经被分解为各个状态时，我们问自己，这些状态如何以及通过什么中介可以重新联合起来；就像大多数古代和现代哲学家一样，我们被引导去假定一种统一的原则，这一原则是不可理解的（甚至是我们的意识不可进入的）。但真相是，只有当我们的注意力通过固定自身于不可分的内在生活之流来创造出这种区别时，这里才会存在各种明晰不同的状态。

这种变化的连续性导致了我们所说的个人的永久性、统一性和实体性。在一个人的整个存在过程中，他将他的过去延伸至现在，保留着一切——无论是在有意识的记忆中还是无意识的记忆中——并在其中添加一些东西。但在这里，这种添加同一部分一部分地添加毫无相似之处。这就好比橡皮筋，它可以伸展到无限长，却永远不会断裂，而且，只要它的长度增加了，与此同时其重量可能也会增加。

这就相当于说人格不能被归为任何已知的范畴，我们不需要试图用我们已经拥有的观念来重建人格的概念。毫无疑问，后一种方法带来明显的清晰，因为我们习惯于将我们已经知道的和已经拥有的东西，或将那些我们能用已知和已拥有的材料来重新组合的东西，称之为“清晰的”。但是，如果一个人执意要求哲学总是如此清晰明了，那么他就一定不会从哲学中学到任何东西。如果哲学遵循这样的规则，我们的思想就不会有任何进步。还有另一种清晰，一个哲学观念只有在解决长期存在的问题时，通过这些问题所引出的光，以及这些问题反射在哲学观念上的光，将其自身照亮，才能逐渐获得这种清晰。因此，一个哲学观念不一定是清晰的；但它必须能够变得清晰。

这种清晰——不是前一种清晰，而是后一种清晰——就是我们要用来阐明人格这个老问题的清晰，我们可以期望在“实体的变化”和“不可分的绵延”的观念中发现它。

我们可以在心理因果性——我认为它应该这样定义——的观念中寻找同样的清晰。人是这样一种存在，他能够在他自身之中取出比其实际存在更多的东西——一种在物质世界中很难被理解的东西，但在精神世界中却是真实存在的东西。只要意志稍加努力，我们就可以用这种方法引出很多东西；若意志进行很大努力，我们就可以无限地引出。人有扩展、提升，甚至部分地创造自我的能力。

一个不断向前的运动，汇集着整个过去并创造着未来——这就是人的根本性质。它的性质只有用变化这个术语才能被充分表达。

第八讲

这一节课和下一节课将致力于描述和解释某些人格障碍，但对这些障碍的研究仅限于其可能有助于了解正常状态下的人格性质。

我们已经看到，我们的自我意识很大一部分是由我们过去的记忆构成的。这种过去作为无意识的记忆被模糊地保存着，但意识一直在注视着它，以便根据环境要做决定的时候，有能力利用它的任何一部分，并在那种情况下，有能力将那一部分从模糊的状态带回光明之中。

同样，我们的自我意识也是由我们所拥有的一种**向前冲动**（impulse forward；*élan en avant*）的感觉构成的。这个冲动尤其体现在我们称之为意志的东西上。

因此，人的人格的两个根本方面是：首先，记忆，它囊括了无意识的过去的全部范围，以便在任何时刻将其中要被使用的部分变为有意识的；其次，意志，它不断地向未来拉紧。但这只是通过一种努力，人类总体上能够获得这两种功能且每个个体都能够运用它们。我们没有注意到这种努力，因为它是持续不断的，但它仍然是一种紧张（strain）。成为一个人，就是使其自身处于一种紧张状态。

这的确是一种紧张，有些人难以承受，因此产生了人格障碍。根据这些障碍所对应的人的两个根本方面：记忆或意志，它们可以被分为两类。

在这一讲中，我们将考察隶属于这两种分类中的前一种类别的障碍。一般来说，这些障碍似乎表明，当我们用意识**注视**整个无意识的过去，以便从中选择我们可能需要的东西的时候，我们总是付出一种特殊的努力，且承受着某种特殊的紧张。这种警惕的努力在某些情况下或许会变得不可能。当那种情况发生时，意识并不是完全放弃努力，而是会把它的努力限制在无意识地回想起的记忆的一部分之上，而对其他部分就像闭上了眼睛。失忆症的许多例子都是这种现象。事实上，我们必须区分与**非个人**回忆（*impersonal* recollections）（如对单词或音乐等的回忆）有关的失忆症类型和那些影响个人回忆、局限于某一特定时间点的失忆症类型。正是后一种失忆症构成了人格错乱，它们与其他类型的失忆症完全不同。

特别是，我们必须以这种方式来解释双重人格、三重人格和多重人格的案例，或者至少是其中的大部分，因为可能莫顿·普林斯博士（Dr. Morton Prince）观察到的两个案例，以及更特别的，广为人知的“波尚小姐”的案例，属于完全不同的类别。在所谓自我分裂的案例中，实际上只有一个自我，它时不时地听任自己只去观察它的无意识的过去的某一部分。

第九讲

在这一课中，我们打算谈谈我们已经分为两类的人格障碍中的后一类——即那些不涉及记忆（像上一课提到的），而涉及意志的障碍。然而，准确地说，“意志”一词仅指我们将提及的案例中受影响的功能的一个部分或一个方面；更准确地说，是一种**内在的冲动**（*impetus*，*élan intérieur*）。朝向未来的冲动是人的一个基本元素，人似乎总是已经到达它正要去的地方。这种冲动可能会减速，甚至接近于完全停止；这就是我们现在要讲到的障碍中所发生的情况。

所有这些障碍，在非常不同的方面，构成了迄今为止被称为“怀疑障碍”（the disorder of doubt）的东西，以及皮埃尔·雅耐（Pierre Janet）教授建议称之为“精神衰弱症”（psychasthenia）的东西。它们的特点一般是没有能力或不愿意采取行动。通常，它们是由一大堆突发奇想组成的——多少有些古怪的小好恶。当它们被仔细观察时，这些障碍无一例外都被认为是犹豫不决的形式。而在这种犹豫不决的背后，还有一个更深层次的原因，那就是正常的冲动的放缓。

事实是，行动的人一路运用其智力（intelligence），为了在所有的理由和推理中找到一条出路，他还需要一种推动力（impetus）。人所拥有的高于动物的优势在于合理地行动；但从理论上讲，为了要做出一个必然的决定，去审查所有可能的原因或权衡所有可能的结果是不可能的，就像为了避免所有可能导致的风险而去采取所有可能的预防措施是不可能的一样。如果在实践中一个目标被完成了，那是因为其中插入了某种与智力无关的东西，即一种对行动的推动（a *push* towards action）。

在推动不足的情况下，就会黏滞于当下，不能在其中开辟一条出路。这就是在怀疑障碍的情况下所发生的事情。因此，对这类障碍的研究是有用的，它使我们能够在其实际运作中去考察人的一个构成要素，而意识还很难抵达这个要素，即内在冲动。

特别是有一种精神衰弱的现象，我们几乎可以在这种现象中衡量冲动的放缓。这就是被叫做"记忆错觉 / 似曾相识"（paramnesia）[①] 的幻觉或错误识别。它在于一种突然的确信的感觉，即我们已经看到过我们现在的看到的东西，已经听到过我们现在听到的声音，或已经说过我们现在正在说的话，简言之，我们实际上是在重新经历一遍我们过去生活的一部分的全部细节。关于这一现象已经有很多的解释，但是没有一个是完全令人满意的。我相信，如果我们注意到，在将我们的知觉转化为记忆之前，我们通常会等待，直到我们的当前（present）结束，那这个问题就会被照亮。这一当前包括我们正在做的一切，因为我们的注意力在一个不可分割的行为中包含了一个持续一定时间的场景。但是，精神冲动的不足可能会使我们的注意力不断地减弱并再次苏醒，所以我们不断地感觉到自己同时在过去和现在，同时在记忆中和知觉中。在这种情况下，我们知道眼前的事件作为一个整体是新的，但在对它的每一细节的知觉上，都加上了对这个细节的回忆，似乎我们又生活了一次我们过去的一部分，就和之前发生过的一样。这就是错误识别的本质。

第十讲

在前几课中，人格被认为是独立于身体的，出现于当它被一个指向内在的意识所感知时。这么做的原因是，我希望采用我一开始就建议的方法，即

① paramnesia 在心理学中也可以翻译为"错构症""记忆错觉""似曾相识""记忆幻现"。

直接和直达的观察；现在，对人格的直接和直达的观察，即那被意识所应用的东西。然而，现在是时候考虑一下身体所扮演的角色了。

身体不能担任产生意识的角色。意识产生自身体的观念，或意识是某种大脑状态的副本（duplicate）的观念，是一种纯粹形而上学的观念，它的那些起源根本不像人们有时认为的那样是实验性的（experimental）。它产生于笛卡尔的学说，一些哲学家把这一学说的某些原则推向其极端逻辑结论，却忽略了其他。它由十八世纪的医生—哲学家（doctor-philosophers）[①] 发展起来，并由此传到了十九世纪的科学界，后者把它当作一种方便的假设而接受下来。但它不是科学的，因为我们所说的科学是指对观察和经验的纯粹的、简单的表达，或仅仅指这样一种假设，在假设本身与事实之间只留下最小的可能的间隔或间隙。

事实似乎恰恰相反，它表明人与其身体之间的关系具有完全不同的性质，要复杂得多，也微妙得多。身体的角色是以某种方式限制心灵（mind），从而使心灵的注意力固定在生活上，以便采取行动。此外，如果我们把大脑事实等同于精神事实，那么一切都是不可理解的。但是，如果我们把大脑事实看成精神事实的一个附属，那么一切就变得简单了，大脑的功能是把心灵中发生的事情转化为行动，也就是说，动作，以便把心灵插入需要它行动的世界中。因此，身体向我们传达的意义远不如心灵本身，就像演员伴随的表演动作一样，即使清楚地表达出他台词的逻辑顺序，但传达的意义却比台词本身少得多。

毫无疑问，如果我们采取这种观点，我们必须解释精神人格（moral personality）和身体人格（physical personality）这两个如此截然不同的东西，如何仍然能够相互作用。但是，如果我们注意到，除非类比于我们的意识，我们永远无法向自己描绘出任何东西，那么这个困难就会减轻。物质，无论我们以何种方式去设想它，总显得仿佛是一种意识，一种无限削弱的、无限稀释的和放松的——非人意识（impersonal consciousness），而个人的意识

① 这里的 doctor-philosophers/médecins-philosophes，指的是当时横跨医学—哲学的一些研究者和实践者。

（personal consciousnesses）就像寄生虫一样安顿其上。我们正是从这种物质中获取**知觉**（*perceptions*），并将**行动**（*actions*）送还给它。

如果我们对心灵与身体的关系采用这样一种观念，我们就会发现，人的性格（character）与其体格气质（physical temperament）有某种关系，但并不绝对地取决于体格气质。身体有机体为精神人格提供了一个框架，毫无疑问，要在这个框架中插入**无论什么**图片是不可行的，但在这个框架中仍然能够自由地插入无数各不相同的图片。毫无疑问，在我们可以赋予自己的所有性格中，存在着一些共同之处，一个框架，一种各元素之间的特定关系：但这些性格彼此之间仍然各不相同，并且它们也都同样地与身体有机体相协调。

第十一讲

我们对人格的思考可以总结为：在我们看来，人的性格特征取决于他内在生活的**运动之连续性**（*continuity of movement*）。这种连续性只有在人身上才会遇到。它在人与动物之间建立起了一种根本的差异，这种差异并不仅仅是一种程度差异，而且是一种性质差异。因为要找到一种为人所拥有且又不为高等动物所拥有的特殊心理功能是非常困难的。可以说，人的所有能力在动物身上都有，至少在某些动物身上是如此；并没有证据表明**没有**动物物种拥有语言能力；至于抽象和普遍归纳的能力，把它当作人独有的特长是错误的。

但是，到目前为止，从外在表现的证据可以判断，动物从来没有在任何一点上或在其任何能力的运用上获得连续性。在动物身上，精神冲动刚一开始就立刻被抑制了（checked）。动物的内在生活不断地结束又重新开始。

大多数进化论学说的错误在于认为内在生活是由分离的元素逐渐构成的。这些学说认为，作为选择或任何其他原因的结果，某些获得物（acquisitions）得以产生，并且这些获得物被认为是在物种演化过程中一个一个逐渐增加的。但真相是，一个特定物种的心理生活只能一次性构成，以便从一开始便形成一个完整的整体。而且，内在生命的连续性似乎在进化之初就被寻求；且心理进化的每一个阶段都对应着一种要获得那种连续性的努力，尽管这种努力总是受阻，但却越来越强烈。

这就相当于说，进化趋向于构成不同的人格，并且从这个观点来看，先于人的那些诸多物种序列可以被视为一根已经发出信息的巨大的电报线，而这个信息的那些单独的词汇便构成了我们所说的人的人格。

这些人格中的每一种人格都是一种创造性的力量；根据这里的每一种外观，每个人的角色都是去创造，就像一个伟大的艺术家将已经培养出的其他艺术家作为他的作品一样。在这种情况下，在每个独立的世界里的物种的进化，也许还有这些世界本身的进化，将代表这种生产的必然机制。

回到事实本身

——一条非现象学的柏格森主义路径

王礼平*

正如梅洛-庞蒂曾经指出的，“从来没有人这样描述过被知觉世界的原始存在……柏格森在人类心中重新找到了世界的前苏格拉底和前人类的意义。”① 在柏格森那里，他的整个世界的图景再也不是一种理念式的本体与现象的布局了，如果说在古希腊，柏拉图哲学最终将一个前苏格拉底的流变世界“打败”，从哲学上终结了不断带给人类厄运和令人恐惧的“流变”，终结了神话时代的“多神”给世界带来的混乱，从而将世界稳定了下来，那么我们说柏格森则与此相反，他重新恢复了一个赫拉克利特的生成世界。从某种意义上说，正如让·华尔指出的，柏格森是一个当代的赫拉克利特。② 柏格森的总体思想气质，明显跟欧洲传统相悖。比如有人指出，柏格森关于世界与时间的观念，在某种程度上跟犹太民族（希伯来）的精神气质相似，它是“反希腊”的，或者具体地说，是反柏拉图主义的：希伯来思想是动态的，希腊思想是静态的，希腊思想是空间的，希伯来思想是时间性的。③ 柏拉图主义一般认为，流动的现象世界是虚假的，理念才是真正的存在。而柏格森则与此相反：流变的现象恰恰是真实的绵延存在本身的表现形式，现象即绵

---

* 作者王礼平，浙江大学哲学学院外国哲学研究所副教授，博士生导师。本文获国家社科基金（项目编号：16BZX064）项目资助。

① Merleau-Ponty，«Folio essais»，*Signes*，Paris：Gallimard，1960，p.301.

② Jean Wahl，*L'espèce à part*，in *Les études bergsoniennes*，Tome VIII，Paris：PUF，1968，pp.173—175.

③ 托利弗·伯曼：《希伯来与希腊思想比较》，吴勇立译，上海：上海书店出版社，2007年版，第7页注释2、第4页。

延的真实。实际上，柏格森对柏拉图主义的这种颠倒，一定程度上对德勒兹也产生了深刻的影响，是促使他去“反转”柏拉图主义的动因之一。

总的来看，柏格森的思想可以看成一种“回到事实本身”的根本态度的体现。在他看来，世界本身即绵延本身，是那个流动着变化着的现象本身。现象自然而然如其所是，它并不真正遮蔽什么，真正的遮蔽实际上来自人本身，来自一种过度——理智对直觉的僭越，人对自然的僭越。在柏格森看来，世界本身不是任何次级的存在物，需要在其背后有某种神性的或非神性的终极支撑。世界之存在的依据在其自身之中，它是一个肯定的事实。世界本身是一种“直接材料”，一种纯粹地给予物，是没有理由的“给出”“生成”或“显现”，它并不像经典的现象学那样需要某种“意识”环节去显现，因为意识本身，在柏格森看来，也是世界本身的一部分。柏格森思想中广泛讨论了意识、知觉、记忆、自我、直觉等主题，因此长期以来，他的思想同现象学之间的异同，一直是一个令人浮想联翩的课题。据说胡塞尔曾经在听他的学生茵伽登描述柏格森的绵延思想之后，就曾经说现象学学者是“真正的柏格森主义者”。[①] 不过如果我们从经典现象学的立场上看，柏格森思想在某些核心的地方，先天地远离了现象学。他的思想走了一条与现象学不同的道路，但是又在其结论方面，达到了某种同现象学类似的理念。比如劳勒尔（Leonard Lawlor）认为，柏格森的路径先天地对现象学的弊端有免疫力，却又比胡塞尔式的经典现象学更令人信服地“回到了事实本身”。[②] 当然，柏格森在这方面的工作，主要体现在他的《物质与记忆》这本书中对表象思想的批判之上，他在此基础上接着提出了

---

① 胡塞尔的学生罗曼·茵伽登在 1959 年参加索邦大学纪念柏格森诞辰一百周年的时候曾经回忆，虽然胡塞尔从未与柏格森谋面，但他在 1917 年认真听取茵伽登关于纯粹绵延的口头描述之后喊了出来：“这就像我曾经就是柏格森”（Cf. Roman Ingarden，«L'intuition bergsonienne et le problème phénoménologique de la constitution»，in *Bergson et nous*，*Actes du Xe congrès des sociétés de philosophie de langue française*，Paris：Librairie Armand Colin，1959，pp.165—166）。而更早之前的 1911 年，科瓦雷（Alexandre Koyré）将柏格森哲学带去哥廷根小组的时候，就曾经有报告说胡塞尔曾经说过：“我们是真正的柏格森主义者。”参见《现象学百科全书》柏格森词条（P. Kerszberg，«Bergson»，in Encyclopedia of Phenomenology，ed. L. Embree et al.，Dordrecht：Kluwer Academic Publishers，1999，pp.56—57）。后一个轶闻，在施皮格伯格的《现象学运动》也有记载（参见施皮格伯格：《现象学运动》，王炳文、张金言译，北京：商务印书馆，1995 年版，第 593 页）。

② 劳勒尔对柏格森与现象学关系的研究可以参见他的专著《柏格森主义的挑战》的第一章（Leonard Lawor，*The challenge of Bergson*，*Phenomenology*，*Ontology*，*Ethics*，London：Continuum，2003）。

完全不同于传统哲学的一种存在论思想。这种思想带来了一种全新的“经验主义”，或者说一种“纯粹的经验主义”。而在德勒兹那里，他将这种经验主义称为“超级经验主义”，或者“先验的经验主义”。

正如我们上面提到的，柏格森的思想在一定能够程度上是对柏拉图主义的颠倒，而“表象”[①]这个概念，在某种程度上可以说是柏拉图主义的天然产物。下面我们将会看到，柏格森到底是如何实现了他对“表象”这个顽固的柏拉图式幻觉的批判，并且由此建立起他的 image（物象）理论以及某种真正的“内在性”思想的。而正是这种“内在性”思想，意味着某种“事实本身—世界本身”。而且正是在这种“事实本身—世界本身”之上，柏格森进一步揭示了人类经验的发生，在“人”与“非人”之间、在原初的世界与人类经验的世界之间，寻找到了一个根本的交汇点。正是在这个点上，经验得以生成。与其说柏格森的事实本身是某种存在状态，不如说是某种生成和变化之整体过程，是存在自身的显现，它是一个时间性的绽露，连带着存在本身。

一、Image 的世界与对表象（représentation）的批判：与现象学分道扬镳

在德勒兹眼里，柏格森是唯一一个在斯宾诺莎确立起一种内在性观念之后，真正理解和达到过这种“内在性”的哲学家，而这一罕有的事件发生在柏格森的《物质与记忆》第一章。[②]在这一章，柏格森提出了一种全新的 image（物象）的世界观，并对再现这种根深蒂固的思想进行了批判。那么，柏格森的 image 这个词到底指什么？从字面上看，image 实际上就是“影

---

① représentation，汉语学界一般翻译为“表象”，或者“再现”，但根据词根和词语的结构，翻译为“再现”实际上可以更好地一一对应原词的基本结构和含义，我们后面也可以看到，这也是柏格森本人批判这个词的时候所提出来的理据。在汉语语境中使用的时候，两种译法各有优缺点，不过鉴于汉语使用习惯，我们一般统一翻译为“表象”，在需要体现其构词的“再—现”意蕴的地方，我们也会翻译为“再现”。其动词形式 représenter，我们会根据具体情况使用“再现”这个更准确的翻译。

② Gilles Deleuze，Félix Guattari，*Qu'est-ce que la philosophie*?，Paris：Les éditions de Minuit，1991，p.50. 联系到德勒兹的一系列最早发表的作品以及他最后作品所坚持的一种内在性哲学这一事实看，这里也反映出了柏格森的思想对德勒兹本人思想形成具有关键作用。

像”“形象”“表象”“图像”“肖像”等意思，是一个常用词，虽然具有不同含义，但是其核心意思就是“象”，柏格森用它来重新定义了“物质”。[①]柏格森在《物质与记忆》导言中指出，要克服传统的实在论和唯心论之间的争论和避免重蹈二元论的错误，就必须搁置其关于表象的各种既有看法，重新从一种无立场的中性原则出发，而这种无立场的观点实际上就是后来的“直觉”。[②]柏格森说：

> 我们认为，物质就是 images 的集合。对于这个 image，我们理解为是这样一种存在：它大于唯心论者（idéaliste）指称的表象（représentation），却又小于实在论者（réaliste）指称的物体（chose）——它是一种介于“物体”和“表象”之间的存在物。这种物质观念其实不过是一种常识而已。如果我们对一个陌然于哲思的人说：处在他之前，他所见所触的对象，仅仅存在于他的精神中，并且只为他的精神而存在，或者更笼统地对他说，对象只为了某一个精神而存在——就像贝克莱主张的那样，那么，这个人必定会大吃一惊。我们的这种对话者一般都认为对象是独立于知觉它的意识而存在的。但是另一方面，如果我们告知他说：对象

---

① 正因为如此，我们把 image 翻译为“物象”，翻译为“影像”毫无疑问不合适、不准确，翻译为“形象”有时候也会容易被误认为是某种头脑中的“形象”或焦点落在某种表面性的形象上。柏格森的 image 实际上属于物质范畴，它并不穿越一个视觉的透视系统而显现为它的“样子”，它就是实存的，是实象而不是虚象。它在世界之内自在存在，而不内在于我们的观念或大脑。我们的大脑反而也是一个物象。

② 需要强调的是，柏格森的“直觉”绝对不是通常意义上说的隶属于主体性的某个功能，更不是某个随意性的直接的宣泄或者说主体性的“看”或非理性“感受”，而是一种直接性活动，一种原初的、真正的、生命性的“进入”“浸入”“渗透”“融合”。当然也有人主张翻译为“直观”，如此更容易和现象学勾连对堪，但柏格森自己曾经说过，“直觉”这个词本身是一个哲学传统中被滥用的词，虽然他曾经长期犹豫要不要换一个词表达，但最后仍然保留了这个词，这说明柏格森不惧这个词的传统用法会抹杀它在柏格森那里的真正内涵。柏格森的 intuition 在汉语学界一直都被翻译为“直觉”，而且他也几乎是“直觉主义”的代表性人物，“直觉”这个译名已经成为汉语学界翻译柏格森哲学的一个传统，所以我们这里也应该像柏格森一样，不惧“直觉”这个通常的译名会遮蔽柏格森想要表达的真实内涵。另外，将之翻译为“直观”，反倒有可能引起新的混淆和误解。而且从两个译名的内涵方面看，汉语中的“觉”与“观”，虽一字之差，都含有一个“见”，但具体而微，意蕴悬殊。特别是与“觉”搭配，可有视觉、听觉、嗅觉、触觉、味觉、痛觉、察觉、感觉、知觉……诸如此类，身体五感之外还可拓展，可见其意蕴包容性之广，恰好能够更好地涵盖柏格森的“直觉”本身所能够调动起来的生命性意涵和范围。“观”字内涵的局限性与之相比则可见一斑，连基本的五感都无法涵盖。所以说，“直觉”这个译名较“直观”更契合柏格森这个概念在他思想中的具体内涵。除此之外，这个译名也正好可以同现象学的“直观”有所区别。

完全异于他在其中知觉到的东西，既没有我们眼睛所赋予的色彩，亦不拥有我们的手在它上面摸到的硬度，那么我们的对话者同样要大吃一惊了。对于他来说，这种色彩和硬度存在于对象之中：这并非我们的精神状态的要素，而是独立于我们而存在的对象的构成要素。因此，对于常识来说，对象独立存在，并且另一方面，对象自身的展现就像我们所看到的那样：这是一种物象（image），但却是一种自在存在的物象（une image qui existe en soi）。

这就是我们……使用 image 这个词的具体涵义。[①]

简单地说，柏格森关于 image 的界定一开始就同柏拉图主义划清了界限，也同传统的经验主义与实在论相区别。前者认为显现的现象本身只是假象，是拷贝的拷贝，是"无"，而后者则认为 image 这样的现象界的东西是人们头脑中的一种"印象"。无疑，从日常经验看，现象似乎的确是一种对象的光反射效果，是"看"的成果，但是在柏格森看来，这种思维方式一开始就假设了一种主体客体的二分，因此，一开始就有了前提。而假如这个前提本身是值得怀疑的，那么由此得出的结论显然也不可能是确定的。这也正是长期困扰怀疑论者的一个难题。显然，一开始就区分出主体和客体，是有问题的，所以笛卡尔才会专门论证"我思"主体来终止怀疑。但事实上，从这个"我思"得出的自明的"自我"[②]，本身也是不可靠的，最终它的有效性和清晰明白还需要通过上帝来保证，而上帝本身，在它诞生之日起就一直遭受着各种各样的怀疑。

而柏格森另辟蹊径，通过"回到事实本身"，即回到一种"直接材料"的方式来界定物质。而且在这种物象的世界中，人本身也同样属于物象，人并不因为文明程度就跳出了这样一个物象的世界。就素朴性上说，人同万物一样是平等的。"我们暂且假定：我们对关于物质的理论和精神（esprit）的

---

① Henri Bergson, *Matière et mémoire*, in *Œuvres*, Paris: PUF, 1959, pp.161—162.

② 笛卡尔的"我思"模式在胡塞尔的现象学那里还保留着，而且众所周知，从某种程度上看，他本人的思想是一种新笛卡尔主义（"笛卡尔式沉思"）。通过我思来走出我思，注定会在"主体间性"问题上遭遇到不可克服的难题。因此，可以看出，只要哲学还把一切都建立在某个主体之上，那么它就很难真正克服主体的"内在性"，当然这里的内在性不是德勒兹意义上的匿名的内在性，而是"有主的"内在性。

理论都一无所知；对外部世界到底是实在的还是观念的那种种讨论亦一无所知。那么，我现在则处于众物象——我们在这个词的最模糊的意义上使用它——之中，当我的感官敞开时，这些物象即被感知，而当它们闭合时，这些物象则不被感知。”① 显然，柏格森的意图是要中立化。既不把物质一开始就界定成与主体相对的外部客观“实体”，也不把它界定为意识的“表象 / 再现”。一切都中立化了，一切都是物象，这种物象本身是“自足存在的”，正如沃姆斯的解读，“众物象是唯一的实在（réalité）……”，② 它“能够不**被知觉**而**存在**，能够不被［意识］再现而［自在］呈现……”。③ “这种物象的集合，我称之为宇宙。”④ 显然，柏格森在这里提出了一种“宇宙论”，世界本身的“存在”是物象的集合，各个物象之间是平等的，这是一个“非人类”的世界，或者具体地说，是一种没有被人化的世界，是梅洛-庞蒂所说的那种“前人类的意义”的世界。⑤ 这个世界是一种具体的“先在场域”，并不事先经由某种理智的过滤然后才表现出来，它是一个自在的存在，是某种“无主体的先验场域”（champ transcendental sans sujet），正是这种匿名的“非人”品性和先在性，让德勒兹赞赏不已。而且，更重要的是，这些 image 的存在并不依赖单纯的“在场”而存在，也就是说，它并不依赖时间的“现在”这一维度而存在，它可以“不被知觉”（即出场于当前）而存在，image 也可以是潜在的，image 就是绵延的一种表现形式：整个宇宙就是一个生成变化和创造着的 image 的有机集合，它是贯穿整一的行动本身，是连续不断的生成。

Image 世界的这些特性意味着完全不同于传统的表象 / 再现哲学：在柏拉图主义那里，现象不过是拷贝的拷贝（再现的再现），在近代经验主义

---

① Henri Bergson，*Matière et mémoire*，in *Œuvres*，Paris：PUF，1959，p.169. 特别要注意这里使用的法语表达 me voici donc en présence d'images，我处于众物象之中，这里完全没有使用 je 和 moi 这样主体含义的表达，而是 me voici 这样的位置性或场景性的弱化表达。

② Frédéric Worms，*Introduction à* Matière et mémoire *de Bergson*，Paris：PUF，1997，p.304.

③ Henri Bergson，*Matière et mémoire*，in *Œuvres*，Paris：PUF，1959，p.185. 方括号中内容为根据柏格森上下文蕴意由译者添加。黑体字为柏格森所强调。

④ *Ibid.*，p.170.

⑤ Merleau-Ponty，«Folio essais»，*Signes*，Paris：Gallimard，1960，p.301.

（副现象论）那里，现象则又成为意识的效果，是意识对实体的“表象”，它始终不是“事物本身”，只是一些“再”出场。在柏格森看来，整个传统哲学在很大程度上就是“柏拉图主义的”，其具体表现形式就是“表象”传统，或者“看”的传统。实际上，柏格森是西方现代哲学家中最早批判“表象”观念的哲学家之一，而这样的批判贯穿了整个 20 世纪的西方哲学，特别是这一批判在法国本土延续到了后来的德里达、列维纳斯、德勒兹等人身上，这线索也是 20 世纪法国哲学的主线之一。

柏格森在《物质与记忆》（1896）第一章提出了对“表象”的拒斥后，接着在 1901 年明确指出，表象（représentation）这个词从其词源学上看永远都不可能是某种第一次呈现于我们精神的“对象”，它只能是对精神活动的“再”记录和再一次表现。因此，类似于情感这样一种简单的在直觉中直接给出的东西不能用 représentation 这个词来指称，而应该用 présentation（展现）这个词取而代之。[①] 不仅是 image 这样“外在”的东西是纯粹的 présentation，而且连意识中的情感也是一种 présentation，一种并非“再现”的东西，这样的意识本身就是某种事物，某种“自在的存在”（existant en soi），而不是类似胡塞尔那种“对某物的意识”。[②] 因为表象的本质是通过我们的主体的表现功能使其与“原来的”présentation 分化。这样，意识本身便失去了自足性和直接性，不再是“直接材料”，而是沦为主体的附属物。

在柏格森界定了 image，并把世界（存在 êtres /beings）归结为 image 的集合之后，他认为，整个世界也可以说是“物质的”，但也可以说是“精神的”。因为 image 拥有一种物性——它当然不是传统哲学里面的那种“物

① 这是柏格森 1901 年在法国哲学学会参加由拉朗德（Lalande）主持的以“关于某些哲学术语运用的建议”为主题的讨论会上提出来的，他指出人们经常用 représentation 指称的东西，比如英国心理学里面讨论的某些“情感”（feeling）其实并非“对先前精神状态的重复”，而是某种“自在的存在”（existant en soi）。柏格森关于 représentation 和 présentation 的意见后来也收录进了拉朗德影响深远的《哲学批判与技术词汇》（Cf. André Lalande，*Vocabulaire technique et critique de la philosophie*，Paris：PUF，p.821，p.922）。我们发现，柏格森对这个词的探讨，距离《物质与记忆》发表已经有 5 年，这说明柏格森的这一想法已经非常成熟。Cf. Henri Bergson，*Mélanges*，Textes publiés et annotés par André Robinet，Paris：PUF，1972，p.506.

② 德勒兹在《运动—形象》的《二评柏格森》中，就深刻地指出柏格森超越了意识与事物的二元区分，并同时指出了柏格森的意识和胡塞尔的意识的根本区别：“需要用一切代价来超越运动与形象、意识与事物之间的二元性……一切意识都是对某物的意识（胡塞尔），而一切意识即某物（柏格森）。”（Gilles Deleuze，*Cinéma I*：*l'image-mouvement*，Paris：Les éditions de minuit，1983，pp.83—84.）

质”；同时这种 image 又是一种“像”，但这种像又不是柏拉图式的影子和模仿物，而是真实的形象，这种形象看起来的确类似观念论传统里面的精神性的观念图像或印象——它们当然并不一样。这看起来很难理解，似乎柏格森是个骑墙派。这种 image 到底是物质还是观念印象？萨特就曾经在《论想象》中说柏格森在捣糨糊。[①]

我们先暂且将柏格森关于物象的观点放一边。柏格森在提出这种观念之后，马上就提出了一种富有挑战性的思想。这就是他关于知觉（意识）的理论。柏格森认为，我们人其实也是一种物象，只不过是活生生的物象，一个活的 image。我们可以反驳柏格森说，人这种有机体是极其复杂的，尤其是大脑本身极其复杂，正是在这种复杂性里面，“涌现”出了意识、观念、主体，还有对内外世界直接感知到的差异，似乎内部这边是主观性的，而外在的世界是客观性的。不过柏格森可能会说，先不要这么急去肯定和去否定这些东西，我们先从清晰简单的地方入手，把所有这些烦琐的东西悬搁到一边，而仅仅将我们人类有机体——包括大脑、身体——看作一个 image，一个出场，一个显现者，这个显现着的物象可以简化为一个简单的刺激反应体，作为物象的我们与其他物象相遇，然后我们做出回应，这是一个简单的勾连，也是一种“不可分割”的勾连（一个中性的作为 image 的人，不同这个 image 勾连就一定会同那个 image 勾连，它的勾连总是对其他 image 的勾连）。这种勾连似乎也有点类似胡塞尔的意向性勾连，意识同意向对象之间的勾连。[②] 按照现象学意向性的经典构想，任何意识总是

---

① 萨特在他的《想象》一书中花了很大篇幅（该书 41—70 页）批评柏格森，他认为柏格森在这个问题上属于诡辩，一边想区分物质与精神，一方面又要统一二者，这是两种互相矛盾的操作，而且他借助胡塞尔的现象学概念，批评柏格森经常混淆意识对象（noème）和意识活动（noèse），根据自己理论建构的需要在二者之间来回摇摆，结果不伦不类弄出一种混合的实在（réalité syncrètique）。统一的结果“是一种永久的模糊暧昧，一种毫无诚意的从一个领域向另一个领域不断来回的滑动”（Cf. Jean-Paul Sartre，*L'imagination*，Paris：PUF，p.51）。

② 不过，柏格森这里所谓的 images 之间的勾连，除了人的身体这种 image 和其他 image 的勾连之外，实际上其他的 image 与 image 之间也存在着这样的勾连，它们之间的这种勾连的必然性和意向性的勾连是完全不同的，即便是有人参与的勾连，这里面也没有作为中心的“自我”主体在起作用，而更多的是身体—大脑—脊椎生理系统在执行某种实践活动。勾连的必然性来自世界内在地相互融为一体这一事实，它被一个宇宙生命和绵延整体所穿越，万物互通连缀。由此推论下去，宇宙本身内在发生的事件，比如不同 images 的相遇，可以说几乎类同于德勒兹所说的宇宙本身的皱褶。

对某物的意识，这种勾连是原初的，似乎这样就可以借助意向性的方式突破笛卡尔式的心灵剧场，突破自我中心困境，从而完成漫长时间以来哲学家们梦寐以求的对“实在本身”的终极诉求。可以说，20世纪欧洲大陆思想家们对古老的实在论的追求欲望，很大一部分都建立在现象学的耕耘之上，现象学家们也当仁不让地承担了实现这一实在论欲望的重任。这也是20世纪伟大的现象学运动影响如此之大的根本原因之一。

但根据一些不同意见，这种现象学的“意向性”的问题是很明显的，因为这样一来，如果世界需要通过这样的意向结构来建构，那么就永远无法摆脱意识的阴影，无论我们谈论什么，一定是与意识相关的。这就必然成为某种后来法国哲学里面一直批判的“意识哲学”。意识成了世界和存在物的噩梦，因为哲学家一直以来的梦想是如何确证万事万物的绝对客观性，但是意向性使这种梦想变成了噩梦。任何意向性总是属人的，而理想中绝对的客观性是“非人的”，二者格格不入。因此，现象学的意向性理论，在其形式上便似乎有康德的影子：“我思必须能够伴随着我的一切表象”；与之对应的是，意识始终伴随一切存在者。这种意向性的噩梦，甚至在海德格尔早期那里仍然有很明显的表现。因为海德格尔在《存在与时间》里谈论此在（人）的优先性，所以他的基础存在论终归也始终“伴随”着“此在”之阴影，这也是列维纳斯对海德格尔的批判性洞见之一。此在成为某种条件，非经此不可。当然海德格尔的意图和前贤还是不一样的，但这个此在的环节，终归不可避免地会被非海德格尔主义者还原为“人的”环节，因为它的确占据了传统哲学中“人”的那个位置。简单地说，世界的存在，必得勾连着人，人成为其他一切的条件，否则，一切都无意义。当然，德里达在《语音与现象》最后就揭示过现象学的这一弊端：“与现象学让我们相信的相反——那总是知觉的现象学……事物本身总是在躲避（la chose même se dérobe toujours）。”[①] 现象学在追逐“事物本身”，但它却总是在逃避（“延异”）。特别是这里的“知觉”，看的知觉，是隶属于“人”的范畴，它局限于人，天

① Jacques Derrida, *La voix et le phénomène, introduction au problème du signe dans la phénoménologie de Husserl*, Paris: PUF, p.117.

然带着人的有限性。这种有限性依靠知觉和意向性打开了通向事物本身的通道，但也正因为这种有限性，现象学所回到的事物本身，已经不再是纯粹的事物本身了。其实，上面这种现象学的理论形态，在思辨实在论那里仍然属于康德已降的“相关主义”（corrélationnisme）范畴。在某种程度上，思辨实在论一方面试图终结现象学，另一方面又试图接过现象学追求“事物本身”的交接棒。其中，具有代表性的法国思想家是梅亚苏。他说：“相关主义，根据我们最贴切的理解，指的是所有那些主张不可能通过思维进入一个独立于思维的存在的哲学。根据这种类型的哲学，我们永远无法进入一个目标对象（visé）（在最普遍的意义上理解），而且这个对象并不总是已经与思想行为（再次重新在最普遍的意义上理解）相关。因此，相关主义反对所有实在论（réalisme），并得出结论，即思想永远无法脱离它自身……进入一个尚未被我们的主体性的诸多理解模式所影响的世界。”① 一般来说，思辨实在论认为，后康德的哲学基本上都是一种“相关”风格的思想，这是一条休谟之后，肇始于康德的哲学噩梦之路。康德把自我看成一种先天的条件，他并没有如我们期待的那样，实现哥白尼革命，拯救近代哲学，反而将哲学带向了相关主义的不归路，他自己的“不可知论”将真正的实在放到彼岸世界，已经是这一相关主义的恶果了。而且这条路线实际上也被宣称要“回到事物本身”的意识现象学继承了下来，② 一直到福柯、德里达、德勒兹等这一代人这里，这种哲学噩梦才得到根本的质疑。③ 因此，从这个理路下来，现象学本身，从

① Quentin Meillassoux，«Métaphysique，spéculation，corrélation»，in *Ce peu d'espace autour*，*six essais sur la métaphysique et ses limites*，réunis par Bernard Mabille，Les éditions de la transparence，2010，p.85. 另外，梅亚苏对“相关主义”的另一个更早一些的定义可以参考他的《有限性之后》第一章（Quentin Meillassoux，*Après la finitude. Essai sur la nécessité de la contingence*，Paris：Le Seuil，2006，pp.18—19）。这里对相关主义的定义更详尽一些，也很值得参考。

② 梅亚苏认为，在20世纪，相关性的两大中心是“意识和语言”，前者指现象学，后者指分析哲学及其各流派分支（Quentin Meillassoux，*Après la finitude. Essai sur la nécessité de la contingence*，Paris：Le Seuil，2006，p.20）。

③ 一般认为，后现代思想家似乎自身就是虚无主义的渊薮，对待传统的“实在”问题使出了十八般武艺来否定或拆解，但在哲学效果上，他们在一定程度上反而成了思辨实在论的功臣。他们越是摧毁传统的主体哲学或意识哲学，就越让现象学的目标和理想变得可疑和遥不可及。但吊诡的是，如果从他们的视角看（比如德里达），思辨实在论试图回归“实在论”，回到对超脱人的“实在”的追问，同现象学的“回到事物本身”一样，可能仍然是不可能的。

其意向性出发来探求“事物本身”的基本思路，似乎就显得成问题了。[①] 根据上面这种思路，我们再看现象学教科书对现象学的定义就会发现，现象学，从词源学上看，即现象＋逻各斯，它指“这种活动，即对各种现象以及事物的各种显现方式给出说明，给出其逻各斯”。[②] 当然，这里的“说明”和“逻各斯”必定要通过意向性这一核心环节才能给出。总之，依据前面的思路，这种经典的现象学所要完成的任务，似乎是一场无法完成的戴达罗斯之旅。而且在现象和逻各斯之间，似乎横亘着难以跨越的距离，毕竟，如果意识如其所是、是其自身，它似乎在根本上同逻各斯（如果不考虑海德格尔对逻各斯的独特使用）不相容：现象的逻各斯会是什么呢？它产生于何处？是现象自有之物还是来自主体的“馈赠”？如果属于现象，那是怎样属于的？是藏在现象外表之下呢，还是就是现象本身？如果它藏在现象之下，那现象背后又多了一个东西，和现象学宣称的“现象就是某物”不一致，而且会变

① 当然，围绕思辨实在论和现象学的争论很多，比如 Tom Sparrow 曾经专门站在思辨实在论的立场上出版了《现象学的终结》一书（Tom Sparrow，*The End of Phenomenology*，*Metaphysics and the New Realism*，Edinburgh University，2014），而 Dan Zahavi 随即写了一篇《什么的终结？现象学 vs. 思辨实在论》，在文章最后一部分以“思辨实在论的终结”为小标题，对前者做出了响亮的回应（Dan Zahavi，“The End of What？Phenomenology vs. Speculative Realism”，in *International Journal of Philosophical Studies*，2016，vol.24，no.3，pp.289—309）。当然，思辨实在论的主要人物之一哈曼（Graham Harman）对前面所述的 Zahavi 对 Sparrow 的批判也做了反批判和回应（Cf. Graham Harman，*Skirmishes*，*with Friends*，*Enimies*，*and Neutrals*，New York：Punctum Books，pp.319—331）。争论各方各有理据，各有信仰，超出了本文论域，不在此过多讨论。但无论如何，相关主义的问题是真实的。实际上，对这个问题本身的关注一直伴随着 20 世纪法国哲学，因为“相关主义批判”本身实际上延续了之前法国诸多哲学家对“意识哲学”的批判，比如 60 年代哲学家在转向“结构”的过程中，对现象学的批判其实就是这种“相关”批判中的一个典型例证。实际上福柯早已从另外的途径指出了康德哲学所带来的长久的“人类学沉睡”，而现象学自然是这种沉睡的典型代表；而德贡布在《同与异》（Cf. Vincent Descombes，*Le même et l'autre*，*quarante-cinq ans de philosophie française*（1933—1978），Paris：Minuit，1979，pp.95—97.）中也指出，60 年代的法国哲学家普遍对抗哲学上的“同一逻辑”（这被德贡布称作“柏格森的注脚”），反抗辩证法，走向差异，消解主体（“主体”是意识哲学和现象学的堡垒），超越“生活经验”成为真理起源的现象学魔咒，通达某种“无主体的先验领域”……这一系列的主题，特别是最终走向“非人格”和“无主体的先验领域”，完全契合柏格森本人的哲学（关于“无主体的先验领域”，参见拙著：《差异与绵延》，北京：人民出版社，2007 年版，第 129 页），也是本文第三部分所要探讨的内容。

② 罗伯特·索科拉夫斯基：《现象学导论》，高秉江、张建华译，武汉：武汉大学出版社，第 13 页。而斯坦福哲学百科全书对现象学的“定义”则是：“现象学是对‘现象’的研究：事物的表象，或在我们的经验中出现的事物，或我们体验事物的方式，因而事物在我们的经验中具有的意义。现象学从主观或第一人称的视角研究作为体验的意识经验。”（Smith，David Woodruff，“Phenomenology”，*The Stanford Encyclopedia of Philosophy*，ed. Edward N. Zalta，2018，URL = <https://plato.stanford.edu/archives/sum2018/entries/phenomenology/>.）

得和洛克等人主张的近代经验主义的性质与实体的关系类似；如果它就是现象本身，那就是说现象即逻各斯，如果现象即逻各斯，那可能会令人感到困惑，毕竟翻开任何一本哲学词典，至少从常识去看，很难得出“现象＝逻各斯”的结论。[①] 那么剩下的可能性只能是：现象已经在那里，所有的给出，不过是和人相关的来自人的活动或者人的“作品”。因而，这里不得不问：现象学还原寻求某种“剩余物”，但它寻求给出的“逻各斯”，可能无法出自现象自身，反而会不会是相对于“现象自身”的“剩余物”？没有人的参与便没有这种剩余物。无论是静态的描述现象学还是生成的动态或发生的现象学，似乎都很难避免思辨实在论的相关主义指控。[②] 毕竟，他们的理想是那个古老的实在，“物自身”（chose en soi），而现象学以无法避免的相关主义路径来通达物自身，在他们看来，自然犯了戴着红色的眼镜去寻求纯粹白色的错误。

那么我们回过头来看柏格森的思想。柏格森在他的第一本书《论意识的直接材料》中，完全没有考虑将“意识”界定为一个可以产生表象的东西，意识不是大脑的分泌物，它也不反射世界，将世界外部的存在再现为某种不

① 关于这个问题，我们可以联想到海德格尔对胡塞尔的“背叛”的一个小环节：在《存在与时间》导言里，他重新对逻各斯进行了词源学的考证，摆脱了胡塞尔意义上的“逻各斯”（胡塞尔“或者将‘逻各斯’标示为‘概念之物’、‘普遍之物’，或是将‘逻各斯’等同于‘理性’”。参见倪梁康：《胡塞尔现象学概念通释》，北京：三联书店，1999 年版，第 283 页），一定意义上开启了“现象学”这一术语的新的可能性含义。不过这种背离已经不是胡塞尔意义上的“现象学”了。海德格尔的这一做法，在今天看来，似乎本身就蕴含着某种对旧有的“现象＋逻各斯”模式的不认同，或者说洞悉到了这样的组合本身可能存在的问题，除非重新诠释“逻各斯”，否则很难继续胡塞尔的路线。另外，安贝尔教授（Claude Imbert）对这个问题也早有讨论，Eric Alliez 曾经在他的《论现象学的不可能性》里面对此有过评价和讨论，他指出，“现象学”，即“现象”与“逻各斯”的组合，作为一个术语来说，两者之间的距离是无法弥合的。“也许我们可以借用克罗德·安贝尔在其代表作《现象学与形式语言》中的批评：phénoméno-logique 之间的距离至少已经足以使［这样的］哲学显得很成问题，这种哲学为了克服这个距离，必然激起关于其基础和分析的诸多争论。”（参见 Eric Alliez，*De l'impossibilité de la phénoménologie*，Paris：Librairie Philosophique J.Vrin，1995，p.52。）

② 当然，现象学流派众多，思想因人而异，而且即便是胡塞尔的现象学研究，也在不断地推进和更新，更不用说还有诸多新的现象学家不断涌现（比如仅仅在法国，就又诞生了诸多成就卓著的现象学家，可以参见 Sommer，Christian，*Nouvelles phénoménologies en France*，Paris：Hermann，2014。而且这里面谈及和讨论的法国新现象学家还仅仅是一部分，还有一些非常重要的人物没有谈及）。所以我们这里的疑问仅仅从大的现象学框架来推演思辨实在论立场下对现象学的相关主义质疑，特别是针对前面教科书和百科全书对现象学的基本“定义”来进行追问和推演。这种追问也许正如 Zahavi 所批评的，“太流于表面、太简单、缺乏新意”。我们的目的在于指出存在着思辨实在论对现象学的质疑这一事实，而且孰赢孰输仍属悬而未决（特别是不应简单变成相互攻讦，争辩的历史意义应该交给将来的哲学史家根据哲学自身的发展去客观评判），由此先放下争议，去看看和胡塞尔同时代，且没有实际相互交集，在诸多问题上类同于现象学但又根本不是现象学的柏格森主义的路线。

同于外物的东西。柏格森认为，意识本身并不产生表象，它不是“对某物的意识”，因为它就是“某物”，意识自身就是某种直接给出的存在，它既不高于也不低于其他存在，它就是某种 présence，是实有者本身。这就是他这一书名的含义，即它是一种直接材料，“材料”在这里的法文是 données，是给出（donner）这个动词的分词的名词化复数形式，它意指原初的给出者本身。实际上，柏格森的这本书，更准确的翻译不应该是“论意识的直接材料”，似乎这个直接材料是属于意识的，而是“论作为直接材料的意识”。而我们都知道，柏格森的意识不是别的东西，正是他的最大的主题关键词——绵延。意识就是绵延，是绵延的一种表现样式，而绵延是什么呢？就是生成着的、时间性的存在本身。

让我们再次回到前述柏格森提出的一种非常新颖的关于知觉的理论上来。柏格森认为，知觉本身并不是某种隶属于某个主体的功能，因为在一个 image 的世界里，知觉不过是被我们的身体（大脑）过滤出来的 image，即物象。我们的身体、大脑（作为整体的物象）在与一个 image 的世界打交道的时候，那些与我们的身体发生勾连的（或者说相遇的）image，就被称为“知觉”。因此，知觉并不像传统经验论认为的那样，好像是在我们之内的，而是在身体之外的。我注视一个东西的时候，我的注视不在大脑的剧场内（如果有这个剧场的话），而在那个被注视的东西那里。其实柏格森走了一条实验心理学的道路，他将笛卡尔式的心灵剧场悬搁了，只探讨那些直接性勾连本身，即我们的身体性的存在与其他不同于这个身体的其他存在之间“相遇”。因此，身体也不再是平行于心灵的另一种实体了，身体和其他存在物是平等的相遇关系，这种关系是直接的类似于刺激—反应活动，它没有预设一种过多的曲折过程。[①] 因此，柏格森的思想，在某种程度上讲，指向的是

① 在柏格森看来，传统对人与世界的关系有着太多的预设，不仅将人与世界分割开来，而且在人与世界的维度分别设置了许多曲折的环节，一端是世界现象和背后不可捉摸的王国，另一端是有着各种环节和中心的心灵的世界。理智和理性被赋予了重任，并由此种被认为承担着知识和智慧的重任来主宰一切。人的确极其聪明，但从柏格森的视角看来，这样的做法更像是一种聪明的误用，即事先为自己制作一套精美的概念、理论的牢笼，然后把自己锁进笼子，再试图苦苦自救，最终却发现求救而不得。这也是他在《物质与记忆》导言里试图重新界定物象、物质和宇宙来打破这样一种哲学困境的根本意图。这也预示了他在后面会提出一种直觉的方法来实现这种真正“简单”的哲学——尽管从今天看来，他的《物质与记忆》仍然是一本艰难的书。

“行动”，而不是任何传统哲学里面的那种“对实体的锲而不舍的追寻”，它不是知识论的，而是一种实践哲学。重要的不是认知或建构世界，而是去行动。

当然，上面讲到的，还只是柏格森《物质与记忆》思想里面的冰山一角，除此之外，柏格森在《物质与记忆》里面所完成的、更加具有原创性的思想还不是对知觉进行改造和重新理解，从而摆脱了意识的牢笼和避免了落入“知觉的现象学”的危险，而是创立了一种“记忆本体论”，我们今天重新认识到这一点与德勒兹的工作密不可分。[①]《物质与记忆》里面的核心主角毫无疑问是记忆。柏格森的倒立的时间图示——圆锥体，所刻画的是作为物象的人和身体，如何与其他的 image 相遇和相互生成从而与宇宙万物融汇成一个绵延的单一整体。其中记忆成为打通个体的人和世界绵延整体的“粘合剂”，人的时间结构将人归还给了世界绵延整体，它绕过了意识、知觉，[②]反倒将身体和大脑（身体的一部分）推到了前台，成为一个实践生成的纽结和中心，而这个身体，只不过是众多物象之中的一种而已，它已然就是世界之内的“物自身”或“自在之物”。通俗地说，在柏格森这里，人本身就是一个时间性的绵延存在，是一个绵延的物象，它将身体、知觉等作为媒介（行动中心）与世界这个物象总体相遇和打交道。它的时间结构的倒立锥体图示实际上就是与世界交织和打交道的图示，它的过去就是与它相遇过并以记忆的样式沉淀下来的物象存在本身（记忆是物象的存活，以记忆的方式继续存活）；身体是行动的中心即时间维度的现在；而未来是一切尚未相遇的整个

① 德勒兹的整本《柏格森主义》最富有创见的部分之一，就是通过他的解读揭示了柏格森的记忆本体论（参考 Gilles Deleuze，*Le bergsonisme*，SUP，collection «Initiation philosophique»，Paris：PUF，1966）。实际上往前追溯，早在十年前的 1956 年，他应梅洛-庞蒂的邀请为他主编的《著名哲学家》撰写的一篇文章已经指出了这一点（Cf. Deleuze，*Bergson，1859—1941*，in *L'île déserte：textes et entretiens 1953—1974*，Les Éditions de Minuit，2002，pp.28—42），而同年发表的另一篇《柏格森的差异概念》则发表于《柏格森研究》第四卷上，是当时德勒兹研读柏格森发表的标志性论文，该论文奠定了将柏格森哲学理解为差异哲学的基调（Deleuze，*La conception de la différence chez Bergson*，in *L'île déserte：textes et entretiens 1953—1974*，Les Éditions de Minuit，2002，pp.43—72）。

② 因为对柏格森来说，一切知觉都是带有记忆的知觉，否则知觉是不可能的。而记忆连绵不绝地累积和沉淀，就会形成一个巨大的记忆整体，这个整体就是绵延和时间本身（即所谓时间的过去维度）。

世界的诸多物象，它们尚未到来，常常难以预料。① 而且这个过程本身是连续不断的，记忆也不再是大脑的功能，而是一种拥有自足性的存在本身，它是被压缩了的物象。柏格森的记忆整体，作为一种存在本身和潜在性的绵延、精神或心灵，也已经取代了哲学常识中的“主体”，它是潜在并充满了性质式强度的绵延，这一绵延并没有依赖某种认知功能划分出内部和外部两个世界，更没有形成一个新的自我极，而是生命性的与世界融为一体的绵延本身。所有那些传统哲学里讨论的内容和对象，很可能大多数都是这样一种前提条件下衍生出来的“经验”和经验的凝固作品。当然，由于篇幅，我们这里不可能展开。

我们可以看出，柏格森的思想在这里，不仅绕过意识的传统概念并摆脱了笛卡尔式的经典心灵剧场“陷阱”，而且也绕过了知觉这个现象学难以摆脱的中心堡垒，因而注定了柏格森早已经远离了走上现象学道路的可能性。不仅如此，柏格森的思想也完全逃脱了相关主义的魔咒。正因为如此，柏格森与怀特海、德勒兹等被思辨实在论阵营认为是几乎整个大陆哲学阵营里面摆脱了相关主义的少数几个例外。②

总之，我们回过头来，可以看出，柏格森的 image 观念和对再现的批判可以得出关于世界的以下几点结论：③ 第一，非人类性，匿名性；第二，平等，image 之间是绝对平等的，犹如一首乐曲，每一个音符都是绝对平等的；第三，无主体，它是纯粹的给出（le donné pur），这种给出先于任何自我；第四，自在存在（不需要任何根据的先在性或先验性），人和世界上的 image 一样，都是世界绵延的整体之上的一个部分，一个巨大的宇宙生命体的一部

---

① 因为后面我们还会回到这个时间图示，此处不再展开。

② Cf. Louis Morelle，“Speculative Realism，after Finitude，and Beyond？”，*Speculations III*，New York：punctum Books，p.248. 而且根据 Morelle 的说法，这几个人反而可以被看作思辨实在论的先驱。

③ 关于柏格森《物质与记忆》这一章的基本主题和深刻内涵，我们这里揭示的只是其中一些与本文论题相关的部分。不过德勒兹也曾经对此进行过概括，主要有以下几点：第一，（众物象）并不是仅仅被瞬间化的物象，也就是说并不是运动的一些不动的截取；第二，存在的是“运动—物象”，即绵延之动态瞬间；第三，因而是一些“时间—物象”，即绵延—物象，变化—物象，关联—物象，立体—物象……（Gilles Deleuze，*Cinéma I*：*l'image-mouvement*，Paris：Les éditions de minuit，1983，p.22.）

分，它不再需要去为自己寻求支撑和奠基，它已经是存在自身，而且是有生命的自在事物（chose en soi）。不过，我们还需要指出的是，柏格森的这个 image 的世界，还有一个最大的特征：内在性（immanence）。而正是这个内在性，从根本上让德勒兹将柏格森看成是斯宾诺莎后唯一一个曾经达到内在性的哲学家。走向内在性的哲学，从某种意义上说，即柏格森异于现象学的那条道路。我们下面将简要分析柏格森哲学的一种内在性品性。

二、内在性（与超越性）

内在性和超越性是西方哲学中的一对核心概念之一。内在性来自拉丁词 immanere，本来意思指"处于什么之上"，"居留于什么之内"。而在哲学上，"内在性"一般意味着内在于此世（l'intériorité de ce monde），不超出此世，不与此世相分离，内在性哲学最大的代表是斯宾诺莎。[①] 而"超越性"来自拉丁词 transcendere，词义是"攀越，超越（过）"。实际上，这个词同 transcendant（超越者或超验者）关系密切，后者常常用来形容上帝，意思是说上帝是一个"超离"此世的最高存在，是神圣的存在物，包括理念、不可知的绝对实体等也属于超越物。不过，就一般情况而言，内在性通常就是指"在……之内"，"在某个存在自身之内"这样的一种特性；而超越性则指"超越（出）某种存在"的特性，指"外在于某物"的特性，这种外在性意味着某种"距离"。超越性在康德那里主要指某种"超越一切可能的经验"的特征；在现象学那里主要指"向……超越"的行为，如胡塞尔那里一般指"意识面对它的对象"这一特征。[②] 总之，"内在"意味着"内在于"，不分离，不超出；"超越"意味着超出与距离。

20 世纪法国哲学除了大致可以根据"生命"与"概念"两个标签来做划

---

① Cf. Jaqueline Russ（sous la direction de），*Dictionnaire de philosophie*，Malakoff，Armand Colin，2018，p.275. 斯宾诺莎的内在性的本体论主要观点是：作为绝对的上帝并不超越于宇宙世界，而是居留于这个世界之内。柏格森的上帝观其实也受到了斯宾诺莎的这个思想的影响。

② *Ibid.*，p.509.

分之外，还可以根据“内在性”与“超越性”来进行划分。例如对柏格森来说，他的哲学从总体上看，的确属于一种内在性哲学，他的这种倾向或风格实际上也体现在福柯和德勒兹这样的人身上；而超越性这条线上则可以找到德里达和列维纳斯这样的哲学家。不过在柏格森这里，关于内在性，在用法上需要与某种“主观内在性”相区别开来，也就是说，这种内在性不是一种“内在于主体”，不是“内心世界”（意识世界）与“外在世界”（客体世界）相对立的那种内在性。柏格森的内在性指一种纯粹的内在关系，一种没有超越者的关系，绵延整体（世界存在）就是一个巨大的内在性的世界，这里不是指一种大小包含关系的内在，而是指一种“相互内在”，这一内在意味着处于同一个层面，处于平等地位，就像一首乐曲，每一个音符都内在于乐曲，没有什么超出乐曲本身，而每一个音符和乐曲本身又都处于同一个层面上，并不能因为乐曲是一个整体就“高于”音符，音符之间也是平等的，相互内在的，缺一不可的，在乐曲整体中，没有哪一个音符更重要。①

柏格森的绵延本身就是这样一个巨大的内在性存在，②它的内部之间的关系犹如一首乐曲，每一个“瞬间”③都是性质差异的，都是绝对自足的且不可分割的，任何切割都会破坏绵延的性质，如拿掉乐曲的某些音符一样，乐曲将变成其他乐曲或产生跑调或噪音。同样，一个 image 的集合的世界也可以如此理解，因为实际上 image 的世界和一个绵延的世界是同一个世界。正是在这个意义上，柏格森的一生其实一直都只是在不同的领域再次发现同一个世界：在《论意识之直接材料》中，柏格森在意识领域发现了意识的绵延，深层自我以及性质差异的强度多样性的世界（它们是世界绵延的一部分）；在《物质与记忆》中，他揭示了一个 image 的世界，一个潜在的记忆世界；

① 除非它被某个听众倾听的时候，某些音符受到了特别的青睐，但这种青睐仅仅是听者的个人理解和自我诠释，对音乐之自在存在来说，这是外部施加的作用，这种作用有其自身的合理性和价值，但丝毫不影响另外的倾听者对此可能表现得不以为然。它们只能作为乐曲本身在实现自身潜能的过程中，和听众相遇而创生出来的衍生物（variations）和不同样式而已。

② 例如 Philippe Mengue 就曾经指出：“柏格森的绵延就是纯粹的内在性。”（Cf. Philippe Mengue，*Gilles Deleuze ou le système du multiple*，Paris：Editions Kimé，1994，p.46.）

③ 并没有真正可以拿出来的瞬间，也谈不上“一个”瞬间，瞬间只是表达言说绵延和时间的一种妥协用词。

在《创造的进化》中，是获得了一个生命冲动贯穿的作为整体生命的绵延宇宙；而在《道德与宗教的两个来源》中，柏格森则在人类社会中发现了神秘之爱与情感。所有这些不同的东西，实际上都分有着同一个东西：绵延。绵延就是创造着的“意识”，就是生命本身，就是记忆，就是创造的情感、爱，以及超人和上帝之爱。这些东西如同交响乐之音符，一起构成了一个差异生成的世界。这个世界不允许有超越者，或者说没有真正的超越，超越总是要“超出”，而超出已经意味着比较和分裂。

那么柏格森为什么会得出这样一个“内在性”的世界呢？从根本上说，我们还是要回到他对虚无的批判上，才能更好地理解这种内在性的“合法性”。

正如我们在《创造的进化》最后一章所看到的，① 对柏格森来说，虚无是一个伪概念，无论是从直观上还是从否定方面都不可能获得真正的“虚无”。虚无首先从自身含义之逻辑上看就是一个悖论：假如“有”虚无（虚空），那么虚无存在，而既然它存在，怎么还可能是“虚无”（什么都没有）呢？因此，柏格森指出，虚无概念其实和“方的圆”一样，是一个伪概念，是一个自毁的词。② 而且，所谓的虚无常常不过是否定的结果，否定的虚无实际上并不是真正的虚无，它来自人而不是一个“直接材料”的反映。否定的虚无不是事实，它只存在于命题中，或者说存在于判断中。假如严格遵循一种经验之线的精神，那么我们所真正“直觉”到的东西，不过是事实与事实的接续而已。③ 虚无不过是一些由于意愿对象的缺乏而产生的主观判断之结果。

柏格森在揭露了虚无之虚假之后，立即引出一个古老的话题：存在与虚无，或者说，存在的起源问题。存在与虚无常常作为一对概念出现，当我们谈论存在的时候，似乎已经暗含了虚无就在它的“下面”，作为一个前提，然后存在才可能在这个基础上“出场”或“诞生”出来，例如上帝从绝对虚无中创造了万物。然而真相是，存在乃实存，而虚无只是一个抽象的概念，

① Henri Bergson，*L'évolution créatrice*，in *Œuvres*，Paris：PUF，1959，pp.727—747. 关于柏格森对虚无的批判，可以参考《创造的进化》第四章相关部分，柏格森的论述非常清晰，俨然是一篇分析哲学的论文——因为这原本就是他曾经在 1906 年发表的一篇论文，后来放入《创造的进化》最后一章。

② Cf. Henri Bergson，*L'évolution créatrice*，in *Œuvres*，Paris：PUF，1959，p.732.

③ Henri Bergson，*L'évolution créatrice*，in *Œuvres*，Paris：PUF，1959，p.743.

一个来自人的“附加物”，二者截然不同，在根本上就不能够放在同一个平面上讨论。而我们的常识却将二者统一于一个平面，平等地将二者看作同类项，而且如德勒兹指出的，我们常认为存在比虚无“多”了些东西，而虚无则是少于存在的。① 因为“同类”，所以二者可以做加减法。但事实是，这二者完全不同类。因此，我们认为，恰恰因为这二者是不同类的，所以这种加减法、比大小的荒谬性，好比问一百公斤大米减去一只猴子等于多少一样好笑。②

因为没有虚无，所以所谓的存在的起源问题就绝对不能说是“无中生有”。因为有并不生于无，有是一个先天的存有，有是一种直接给出的事实，有就是直接材料，有就是不断创造变化的生成本身，有是一个无限的运动本身，是 image 集合而成的宇宙整体和绵延整体本身……所以整个世界就是一个连续和充盈的存在体，③ 它的“充盈”绝对不允许分割，绝对不允许任何制造裂缝的事件发生，尤其不允许否定。和德勒兹一样，柏格森是否定的敌人。因为否定与实存完全不是一类事物，它不仅完全来自人的意愿或判断，而且它还必定会生成“二”，“二”又绝对会造成“距离”，造成一个“虚空”，制造一个抽象的“空间”和“间隔”，从而切断绵延本身。面对绵延整体，没有虚无，也不能有否定，一切都是直觉式的肯定，每一肯定都是在让差异的事实出场，在肯定差异本身的多样性。如果一切都紧密地连接在一起，没有任何东西“分裂”出去，那么从根本上说就不会有任何东西“超越”出去，上帝也只能是一个贯穿世界的超级意识，一种超级的生命冲动，

---

① 德勒兹指出，实际上，从繁复程度上说，恰恰是相反的，存在本身因为是一种直接的肯定，所以是“少”的，而虚无不过是在肯定之上的否定，比肯定多了一道思维判断，所以其实是“多”（Cf. Gilles Deleuze，*Le bergsonisme*，SUP，collection «Initiation philosophique»，PUF，1966，p.6）。

② 从这里我们也可以真切感受到柏格森对差异本身的推崇和看重，也正是因为如此，柏格森对同一性的警惕和批判是他整个哲学中最富有革命性和启发意义的部分之一。这种观点必然会摧毁掉同一性逻辑。也正是在这一点上，正如前面我们注释里提到的，德贡布将 60 年代哲学家们对同一逻辑进行的批判和解构，看作“柏格森的注脚”。

③ 关于“充盈”，我们的基本观点是，这个充盈不能被理解为充满一个空间，只能被理解成一种生命冲动贯穿整个宇宙，它是一个整体的行动，而不是一个几何空间。而需要更进一步提醒的是：在柏格森那里，具体的空间实际上是时间性的，是绵延程度较低的表现形式。绵延程度越高，就越远离空间；而绵延程度越低，就越多地呈现出空间性样貌。这是柏格森《物质与记忆》里面蕴含的哲学密码之一，也正是这种关系，作为标题的《物质与记忆》最终都会被统一为：物质 = 记忆，这里的等号不是相等的意思，而是相通之意。看似二元论，实质上是一种一元论和多元论的统一。生命之一元，内在性地由无限多元的差异和强度融汇而成。

一种肉身化于世界的“神”。这个神不再是一个“超越者”，不再超离世界，不再是一个（或三个）绝对的位格，它是一个“一”，它通过“贯穿一切”这一方式来恩临万物，它是一种神圣的爱，“这个神圣的爱不是隶属于上帝的某物：它就是上帝本身”。[①] 并且这个上帝在万物“之中”创造世界，而不是跳出世界，从无中创造万物。因此，上帝的形象在很大程度上也可以说只是一个“思想形象”，一种隐喻，这种隐喻的根本涵义就是：没有超越者，世界是一个纯粹内在的世界，是**一个永恒的生命**。如果你要为这个永恒的生命命名，你可以将之命名为上帝。

当然，这里尤其值得提出的一点是，柏格森批判虚无的意义无论如何估量都不为过。因为柏格森揭示出，一切传统的形而上学，正是因为在其思想中，潜在地将虚无当作预设，当作一件好用的兵器或工具，那些哲学家们才能够制造出各种形形色色的实在本身。没有虚无作为条件，就不会有任何一个传统的实体概念可以奠基和成立。想象一下，柏拉图的床的理念，如果它自身无法被从其他任何理念或任何东西中区隔出来，没有通过隐藏的虚无之刀斩断任何粘连，那么床就不可能获得某种绝对的纯粹性和完满性，因为如果还有任何的粘连，还与别的东西纠缠在一起，床之为床就可能仍然需要加工，砍掉那些“非床”部分才能恢复床的纯粹本体论意义上的“单纯本质”。柏拉图后世的一切形而上学，在实体、本体、实在等诸多概念的运用方面，无论亚里士多德、笛卡尔、洛克、休谟、康德、黑格尔……，都概莫能外地偷偷引入了虚无这把思想或理性之刀，让虚无变成“支撑”，成为各种情况下的“原因”或形而上学的基础性范畴，才得以将他们的概念本身同其他实在概念彻底切割开来，令实在本身获得自足性。虚无的区隔作用，是无迹可寻又无处不在的，它归根结底是哲学家头脑中的一个“动作”，一种功能性的划分，它既可以通过想象力膨胀为空无的“空间”，又可以不动声色地压缩和隐于无形，成为一种思想力。我们甚至可以说，虚无是哲学家们手里的一根看不见的魔法棒，它能够纯化一切实体，一切概念，甚至能够纯化一切

① Henri Bergson，*Les deux sources de la morale et de la religion*，in *Œuvres*，Paris：PUF，1959，p.1189.

想象物，让它们成为任何哲学家想要的东西。很少人会注意到这种东西，哲学家们一方面常常对之日用而不知，另一方面却又可能大大方方地将虚无归类为一个概念，将它与“存在”配对成一个对子，放到他们的范畴表或逻辑学中去，成为一种学问或思想本身的要素。殊不知所有这一切之所以得以可能，甚至一个概念之所以得以“纯化”，都要归功于虚无这个幽灵。正因为如此，柏格森才会说：“哲学家们很少关注虚无概念。然而，这个概念常常是哲学思想隐藏的发条和不可见的发动机。”①

总之，我们设想一下，一个绵延不绝不知有尽头的世界整体，仍然在生生不息地生成和创造，如果说虚无本身除了隐藏在我们的潜意识里或哲学家的思想功能里，绝无它的容身之地，那我们就会发现，整个宇宙不可能有任何“断裂”或者裂缝，没有虚无作为区隔，我们发现作为宇宙整体的绵延才真正可能得以连绵不绝而成为一种性质式的、差异化着的世界本身。世界只有差异化本身，没有谁比谁更多或更少，更多和更少只存在于我们同一逻辑的比较和加减之中。个体和个体之间的差异仅仅是绵延程度和性质的差别，空间本身也仅仅是绵延的强度所膨胀出来的不同形象。它们都是性质差异的，只有在人的经验范围之内，被人类生物学意义上的理智处理和加工之后，才拥有了传统哲学里的各种分类、大小、多少等。而这部分的内容，恰恰是我们下一部分需要讨论的内容。当然，不要忘了，还有一个更重要的结论，即这个世界是一个内在性的世界，差异化的整体内部万物一体，相互内在，好比宇宙整体是一曲宏大繁复又无休无止的交响乐，每一个“个体”仅仅是其中的一个差异化的音符，音符和音符之间相互“外在”但实际上并非

① Henri Bergson, *L'évolution créatrice*, in *Œuvres*, Paris: PUF, 1959, p.728. 可以说，柏格森的《创造的进化》是一本精心构思的作品，特别是最后一章的安排极其重要。如果我们不留意柏格森在巡航式地重新解读整个哲学史之前，精心地提出了两个重要批判，我们就无法理解他为什么要在一本原创性的核心作品的最后去考察和梳理哲学史本身。这当然不是一项哲学史式的工作，而是真正的类似德勒兹所说的“哲学的再生产”本身。柏格森第四章一开篇对思维的电影机制的批判和紧随其后的对虚无概念的批判，为传统的哲学思维方式敲响了丧钟，很少有人真正注意到这一点，但忽视这一点是不应该的。柏格森通过对虚无的批判，重新清理了传统的具有典型代表意义的核心哲学家，这种清理为一种新的思维方式扫清了道路。《创造的进化》实际上是一本尚未完成、朝未来开放的书，这一章实际上就像生命的演化一样，是哲学史演化的一个最近点，往前推进可以接续德勒兹，也许我们在今天还可以继续推进，展望一种后人类的生命哲学的可能性和未来。

"外在"，而是相互内在，没有谁超出谁。而从某种程度上说，这一图景完全是德勒兹内在性哲学和思想的一种提前预演。

另外，这种内在性的哲学必然要求一种彻底的经验主义，一种运用直觉的哲学，一种实践的哲学。当然，这并不意味推理或抽象思维是无用的，相反，它们是非常有用的，但是那只能限于实用性的生活和科学技术等领域，纯粹哲思的领域，则永远应该通过直觉来切入。而传统的"看"的哲学则不过是一种透视哲学，它得到的是一些精美的思想艺术品和错觉，"人类内在透视所带来的错觉来源于人类的理智结构，要取消和消除它们，需要我们超出人类的视角"。① 超出人类的视角，这就是柏格森的经验主义的一个基本旨趣，这是柏格森的一种"绵延的平面"(le plan de durée)，并且哲学由此获得了它独特的任务：构建这个非人类的平面，这一平面不从"人"这里开始，也不发源于再现(représentation)。② 这样显然将排除掉"否定"这个制造虚无的万能工具，从而恢复一个差异的、没有被人类"污染"的自在的世界。在这里，柏格森的直觉的经验主义已经非常接近德勒兹后来的内在性哲学或者先验的经验主义的内涵了。

总之，柏格森的哲学是一种内在性的哲学，而正如德勒兹所说的，柏格森是斯宾诺莎建立起这种内在性之后唯一曾经达到过内在性的哲学家。这种内在性排斥任何超越性的介入，因为超越性只会导致分割，只会将绵延的活生生的存在引向抽象建构。③

三、在经验的起源处寻找经验

无疑，德勒兹如此看重柏格森的直觉的经验主义，其首要的原因就是柏

---

① Henri Bergson, *Les deux sources de la morale et de la religion*, in *Œuvres*, Paris: PUF, 1959, p.1189.

② Cf. Pierre Montebelle, *Les lectures croisées de Deleuze: Spinoza, Niethzsche, Bergson*, in *Annes Bergsoniennes III: Bergson et la science, avec des inédits de Bergson, Canguihhem, Cassirer*, Edité et présenté par Frédéric Worms, Paris: PUF, 2007, p.502.

③ 关于内在性与超越性，我们还可以将柏格森与列维纳斯做非常有意义的比较研究，这两位思想家分属内在性与超越性，但是最终它们却在伦理学的层面上相遇了。

格森在存在论的层面上实现了真正的无超越性（或超越者）的内在性，实现了一个“非人类”的平面。“我们朝向非人类和超人类开放（低于或者高于我们的各种绵延），超越人类的状况，这才是哲学的意义。”[①] 那么，柏格森的这种“低于或者高于我们的绵延”到底指什么？又在何种意义上它们是“非人类和超人类的”？既然是经验主义，何以要“超人类”，与“人类”无关？

这需要回到前面讨论《物质与记忆》的相关内容，重新提及柏格森关于记忆和人类经验活动的倒立立体圆锥时间理论。实际上，在柏格森那里，真正的记忆并不是大脑的功能，而是一种“精神”，一种真正的存在。记忆就是物象的存活方式，也就是说，是物象在经历当前实践活动这一点（“现在”维度就是身体实践的维度）“之后”以压缩的方式存在于“某处”，它是“无意识的”，这个无意识不是指自发性的意识状态，而是指一种匿名性，一种没有被某个主体“觉察”的原初的潜在状况。未来则是另一种潜在，一种尚未来到当前，未经身体过滤的物象。人类的经验活动就是在我们的身体的实践中，不断地通过知觉活动（即身体实践）吞噬物象（与物象打交道），然后将这些物象以压缩的方式按照其独特性陆续“记录”为记忆，这些记忆并不消逝为无，而是像滚雪球一样积压在一起，不过记忆的雪球是潜在地存在，它们实际上与当前共存着，这种共存不是空间式的共存，是一个累积的没有广延的雪球。与此相对的是另一个相反方向的运动，记忆不断地重新从潜在状态插入当前的身体实践点，参与新的实践。这是一种双重运动，而这种双向运动，实际上不是有两个运动，而是同一个运动，这同一个运动有两种对冲的倾向，两种倾向的对冲无法被区分为二，共生一体。正如赫拉克利特曾经说过，上坡的路和下坡的路是同一条路一样，这里上升的力和下降的力是同一个力。它们缺一不可，实为一个运动，类似发射火箭，整个上升过程是“两种”作用力的结果，但它实际上是一个单纯的运动，缺少任意一种力，都不可能发射成功。这一运动模式就是一种人类的生活模式，这个模式融合了所谓的“物质”与记忆（两个极端）：纯粹记忆——记忆—知觉（身

① Gilles Deleuze, *Le bergsonisme*, SUP, collection «Initiation philosophique», Paris: PUF, 1966, p.19. 这里的“人类的状况”也可以译为“人类的条件”。

体）——纯粹知觉——物象。它是一整套绵延本身的一种“构成”，是许多的性质差异和不同强度的绵延本身：纯粹记忆是程度最高的绵延，身体是物质与精神的交汇处（混合），物象就是物质，其绵延程度很低（或最低）。整个模式就是绵延本身的模式，是人类的经验发生模式。它是一种潜在的生成着的东西，是完全的性质差异本身，它绝对不是单纯的“可见”部分（仅仅注重可见部分的理论会导向知觉认知的知识论或知觉的现象学，它仅仅是事情的一部分，或者说仅限于“看”的部分）。因为实际上，它更多的部分是“不可见”的，是潜在的，这些潜在物并不是死的，而是处于一种“昏睡”状态，它随时可能根据当前的实践活动而苏醒并现实化于当前（这个部分就是与记忆相关的部分，它替代了传统哲学围绕的“看”的核心，仅仅把看当作人类整个实践生活中的一个环节，这部分构成了德勒兹称之为“记忆本体论”的理论）。当然，这个人类经验发生模式的各个“部分”不是同质的存在，而是变化、生成着的众多的性质多样性，是各种倾向的融合体，我们体验到的人类的“经验状态”，往往是从这些潜在的各种倾向中“辨认”出来的某种“实显”出来的东西，通常意义上的经验就是指这些“可见”部分，而那些潜在的部分则仍然处于晦暗之中。因此，柏格森实现了一种对人类经验生成的发生学解剖：我们的实际经验活动本身是一个混沌的性质多样的绵延活动，其中各种倾向交织运动着，在这个原始的混合体中，潜藏着人类经验的起源。这个混合体是由不同绵延程度的性质或倾向构成的，它是一种原初的“非人类”的直接给出，是一种先于“人类”的自在存在（即它本身是隶属于和内在于宇宙内在性平面内的自在事物，而人类则是一个后生的行动的产物），是一个“非人类的平面”，这个平面上的各种力量交织碰撞，在某一个点上，当某一个倾向占据优势或者根据某种特定环境，它将会“显现”出来，成为我们的认知对象。这是一个非常复杂的过程，也是非常难以表达清楚的过程，我们打个比方也许可以更容易理解：这个混沌的平面类似于一朵奇形怪状的云，它在各种不同风向作用下不断变化，不同的力道组合将会使云朵呈现不同形状，而根据这些形状，我们可以“裁剪”出各种形象来，比如把它看作一只兔子，一头大象等，这些不同“结果”就是现成的“经验状态”，是经过了我们“人”“过滤加工”过的“作品”，它就是我们常识中的各种“知识”，是一种“人类的”经验。当然，需要注意的是，这样的经验并未与“潜在”的部分“分离”，实际上，正如有人指出的，“经验只给予我们混合的和复合的实在”，①任何“人类的经验”都不是某“一个”单纯的“性质”。

不过，这里还是需要追问，这里的“加工”要素或力量又来自何处呢？对柏格森来讲，这个问题在《物质与记忆》里虽然已经有所谈论，但尚未完全展开，不过其答案很快就出现在了《创造的进化》之中。相信科学的形而上学的柏格森在人的自然属性上从来都是科学家的同路人，即便很多人会把柏格森归为玄学家，②但柏格森相信人是大自然本身中演化而来的生命形态。他的大自然很可能不是纯粹物质性的大自然，他的物种、生命体可能也并非生物学家的那种生命个体，但柏格森相信人是在世之中、内在于自然这一巨大的内在性绵延生命体的一部分，而且恰恰是生命力最为旺盛和拥有目前为止最高自由的一部分绵延。如果要更简单地回答上面的问题，那么我们可以这样说：柏格森认为，人这种《物质与记忆》里面的物象，是自然演化出来的，它和山川树木飞禽走兽太阳星辰一样，是宇宙这个巨大的绵延的不同部分，是绵延整体在差异化过程中演化而成的。不过，差异在于，它拥有一种其他生命体望尘莫及的“智能”，即传统哲学赖以建构的那部分先天能力。正是人的智能（理智的生物学基础能力）在前面的加工过滤环节起到了十分关键的作用。一言以蔽之，智能或者理智注定会利用它自身的力量，在人类生活过程中积累出经验习惯并在此基础上发展出空间思维能力和计算能力，从而建构出我们常识中的“知识”“真理”“规则”等。③这些过程几乎大都依

① Manola Antonioli，*Deleuze et l'histoire de la philosophie*（*ou de la philosophie comme science-fiction*），Paris：Editions Kimé，1999，p.59.

② 比如民国时期著名的科玄大战，柏格森是西方玄学家的首要代表。

③ 正因为如此，柏格森实际上极其重视人的理智能力。很多人对柏格森的误解莫过于认为柏格森批判理智是要抛弃理智，要用直觉代替理智。柏格森认为，没有理智，人的自由和绵延可能会和动物差不多，只能停留在本能层面。理智就像是掌控方向的舵一样，有了它的协同作用，人类的直觉才可能摆脱本能的局限性而成为真正的“理智的”直觉。这个理智的直觉才是柏格森的哲学方法。柏格森曾经说，直觉是一种“理智的共感”，不过因为这个表述看起来有些矛盾，容易引起误解，柏格森后来放弃了这一表达，删除了“理智的”这个词，但实际上有这个词才是更准确的表述。

赖于“看”的透视主义，这是非常自然的，毕竟“看”是人所拥有的最方便和最重要的感觉。随着人类生活的历史演进，人类的知识和文明成果得以积累壮大，反过来又强化人类的智能能力。而与此同时，人类进化过程中还有本能和直觉的能力，这两种能力在理智面前常常因为难以匹敌，所以一直以来被众多哲学家所忽视甚至歧视。殊不知，在柏格森看来，真正的直觉才是摆脱看的透视主义和知识论传统弊端的“哲学方法”。

再回到我们前面讨论的人类经验生活模式和与世界打交道、实践的模式。柏格森的这一思想实际上揭示了“人类经验的起源”过程。对他来说，一种真正的经验主义，不能够简单地局限于我们现成的体验状态，也就是说，不能简单地根据我们获得的现成经验来认识，这种经验主义将不可避免地重蹈英国经验主义的覆辙，重新落入一种“再现哲学”，从而陷入知识论的泥淖。真正的经验主义必须通过“直觉”进入这个原初的混沌的“平面”中，去发现那些众多的性质差异和不同的倾向，去发现这些倾向的角逐焦点，即一个经验的转折点，在那个点上，某种倾向突然被凸显出来，从而成为“人类的经验”。所以，柏格森在《物质与记忆》中明确地指出，我们需要“去经验的起源处寻找经验，或者更确切地说，在这个具有决定性的转折点之处，经验不断地向我们的功利性倾斜，由此才成为我们**人类的**经验”。[①]柏格森特别强调了“人类的”这一个词，它意味着在这个转折点之前的各种性质式的差异多样性和倾向都是“非人类的”“超人类的”，那些东西都是“潜在性的绵延本身”，或者说就是“潜在的差异存在本身”，它属于“记忆”的范畴。[②]正是如此，柏格森的直觉才获得了其方法论的意义。也只有通过这种直觉，我们才能真正准确地了解真正的实在（绵延）本身的“怎样”（comment），才能深入混沌，进入一个原始的差异世界，才能“精确地”获得“实在”的细节。直觉的这种功能，就是德勒兹在《柏格森主义》中大加

① Henri Bergson，*Matière et mémoire*，in *Œuvres*，Paris：PUF，1959，p.321. 黑体为柏格森本人所加。

② 这也是柏格森能够摆脱相关主义的原因之一：记忆和潜在性存在的领域是非人类的、超人类的，或者说，尚未成为人类经验的“自在事物”。

称赞的所谓的直觉的“精确性”。①

而且，正如德勒兹指出的，在柏格森那里，“直觉使我们超越经验的状态（l’état de l’expérience）而走向经验的条件（vers des conditions de l’expérience）。但这些条件不是普遍的和抽象的，它们并不比受这些条件所限之物更大，它们是真实的经验条件”。② 在德勒兹看来，这就是一种最典型的内在性哲学，一种真正的超级经验主义（un empirisme supérieur）。③ 这里的“经验的条件”不再是抽象条件（如康德的先验条件），而是真实的经验条件。经验的发生源自具体的“条件”，或者我们也可以把 condition 翻译成“境遇”，这些“境遇”即各种不同的潜在的、匿名的性质差异本身。“经验”起源于这些具体“条件”，它内在于这一“境遇”，绝不超离出去。

因此，柏格森的这一“经验的起源”观点，还意味着一种“内在发生”或“内在生成”：人类经验的“出现”并不超出或超离这个混沌的域，它是绝对内在于其中的，这种生成是一种自力更生的生成，不需要借助“外力”，它是在内在的各种力量的作用下“出场”的。这是一种真正的绝对的内在性，而且因为它就是潜在的绵延本身，是不可分割的性质多样性，所以绝对不可能有“断裂”，从而产生某种抽象的“二”，然后根据这种断裂，把虚无插入其中，或者干脆可以说，它不允许任何虚无、虚空切入这一整体，不会分裂成数个封闭的个体然后相互外在。创造之力来自内在性，创造本身也是内在的创造。这也是柏格森后来在《创造的进化》中描述的宇宙本体论的根本状况。

另外，可能还有必要指出，在很大程度上，德勒兹在《柏格森主义》（1966）中描绘的柏格森的这种“超级的经验主义”就是他自己在《差异与重复》（1968）中描绘的“先验的经验主义”，而且这个思想甚至在更早的《柏格森的差异概念》（1956）中就已经基本成熟了。④

---

① Cf. Gilles Deleuze，*Le bergsonisme*，SUP，collection «Initiation philosophique»，PUF，1966，p.1，p.20.

② *Ibid.*，p.17.

③ *Ibid.*，p.22.

④ Gilles Deleuze，*La conception de la différence chez Bergson*，in *L’île déserte*：*textes et entretiens 1953—1974*，Les Editions de Minuit，2002，p.49. 不容置疑的是，休谟的经验主义对德勒兹来说是不可替代的启蒙，不过柏格森将这种超级经验主义进一步推向了成熟，并且从各方面都直接移植到了德勒兹那里（包括最根本的直觉方法、真实的条件而不是抽象的条件、内在性等）。

因此，回到我们本小节一开始提出的问题，我们发现实际上柏格森那里的“低于或者高于我们的绵延”其实就是指潜在的各种差异绵延，而“我们的绵延”则指凸显出来进入当前意识的绵延；而正因为潜在，尚未进入当前“经验状态”，尚未被我们“人”纳入“眼帘”，所以是“非人类的”；而且所有这些潜在或凸显的内容，都是具体的，也只有通过经验本身，通过直觉才能够在总体上把握这样一种混沌多样的“绵延”存在。

结论：一条柏格森主义的道路

最后，回到我们的核心论题：虽然与现象学有些类似，都主张要回到事物本身，但柏格森却与现象学分道扬镳，走出了一条不同的道路。

1. 我们首先要做一个辨析，即“回到事实本身”（retour aux faits mêmes）并非柏格森本人使用的表达，不过他在年轻时候确实非常强调从事实开始，回到事实上去探讨一切。这个“事实”也是后来的“直接材料”。与现象学通过意向性等各种精妙的方式来“回到事物本身”不同，柏格森那里可能并没有经典胡塞尔早期所构想的那种“本质性”的事物本身，与其说是事物本身，不如说是事实本身。“回到事物本身”走向某种本质主义，而“回到事实本身”则回到事物如其所是的样态，它是某种生成性的、不可分的或者潜在的东西。

2. 从理论论域上看，柏格森的哲学的确和现象学有诸多类似之处，以至于胡塞尔才会说“我们是真正的柏格森主义者”。不过我们透过思辨实在论和现象学争辩的视角发现，现象学的路径在思辨实在论看来，是相关主义的，而柏格森的路径则避免了相关主义。对此可能需要指出，虽然思辨实在论将火力朝向了现象学，但实质上他们的目标可能是一致的，或者至少不矛盾。伟大的现象学即便在诞生一百多年之后，也仍然流派众多，富有生机，和其他各领风骚二三十年便渐渐沉默下去的思想流派不一样，这除了一代又一代的现象学家令人敬佩和锲而不舍的努力之外，背后的根本原因之一或许在于其对“事物本身”的追求仍然锲而不舍。不论这个“事物本身”的目标内容如何变迁，现象学终归试图获得某种或中立或客观的无可辩驳的东西，这些特性实质上和思辨实在论试图达到的目标是类似或兼容的。实际上，很多思辨实在论的成员都是现象学研究的行家里手或者非常熟悉和同情现象学。只不过他们认为现象学落入了相关主义困境，因而试图走上一条不同于现象＋逻各斯的思辨道路，以便实现人类古老的实在论梦想。尽管柏格森被某些人看作思辨实在论的先驱，但柏格森的路径比较二者，看起来似乎也非常不同，既不如思辨实在论那么思辨（柏格森更强调直觉主义和生命主义），又没有现象学的相关性。但柏格森的路径通达的领域，在一定程度上同二者的目标也是兼容的。物象宇宙、潜在的记忆存在、无主体的先验领域、非人类境况等，都是柏格森的“事实本身”，这些事实是生成的，是那些静止下来的或者形成了认知知识的东西，不过是其中的一种特例或可能性，它们隶属于人类经验。传统的哲学成果、人类知识、习俗、宗教、文化……就是这些经验的体现。它们是有价值的，无需抛弃，只需限定，防止过度和僭越它的使用范围，从而遮蔽和掩盖作为绵延的事实本身的世界，特别是阻碍通向非人的世界。

3. 柏格森的路径，是一条内在性哲学的路径。他从最简单的物象出发，重新界定了“世界”，并在此基础上将人归还给了这个世界，他是一个内在性世界中的一个部分。这个部分既不超越任何其他物象，也不将自己从世界中独立出来成为世界的对立面。它和世界万物齐一共在（类似法国版的齐物论），相互内在，也相互“外在”（比如相遇看起来就是相互外在的两个物象之间的相遇），但这种外在实际上也是一种内在。因为整个世界是一个纯粹内在的世界整体，没有断裂和虚无，万物齐一而相互联系，各自差异，所以也不可能有传统同一性逻辑之下的“等级”。这个世界的根本范式不再是一与多，而是整体与差异。一切都在差异化。

4. 柏格森的这条路径，是一条既充满危机又充满希望的开放路径。在经验的起源处寻找经验，是一种人类经验的“发生学”。在某个关键的地方，一边是前人类的无主体的先验域，一边是属人的经验的生成。人与非人的划分，成了哲学的根本任务。正因为如此，柏格森曾经说：“哲学应该是一种超越人类条件的努力。”[①] 人不断回到人类经验的起源处，去辨别和超越既有的人类经验，超越那些既定的知识、文化、制度、风俗、宗教等，突破理智的藩篱，通达绵延性的非人领域，这本身就是在为人类的生存拓展全新的领域和提供新的可能性。这种努力预示着人类本身仍然是开放的，它不应该被限定，而应该敞开自身，让自身去创造，去“进化”。毫无疑问，人的有限性是人面临的最大问题。有限性意味着“无能”、局限或被决定，比如身体的有限性，便决定了迄今为止人类一切经验领域的绝大部分内容，甚至所谓伦理、道德、精神、生死等方方面面，都受其限定；而人类精神领域的有限性，在传统哲学里面已经造成了太多的问题：认知的有限性，主体的有限性，情感的有限性……且不说其他，相关主义从某种意义上说便是有限性的一种体现。然而，柏格森的道路，是一条开放的道路，进可在内在性的绵延世界里生成新的非人类的内容，退可回归人类经验世界整装待发。这里尤其要注意，“非人类”并不神秘，它就是人自身的生成，变成异于自身的新的存在，这也可以说是对自身的超越，也可以被称作“超人类”，这种超人类本身意味着突破既有的人之有限性，所引发的是新人类的诞生。柏格森把这种人称作“超人”。上帝是一个超人，它只是一个非人的化身，归根结底是宇宙整体的化身。它意味着无穷无尽的可能性和自由。柏格森的《创造的进化》实质上已经描绘了新人类的可能性：人类进化到现在，虽然已经达到了脊椎动物的顶点，拥有强度最高的绵延，相对其他动物拥有更多的自由，但人的有限性又像是一条锁链一样仍然牢牢地套在我们脚上让我们无法走得更远。但这并非人类故事的终章，因为人类进化的道路仍然在继续，任何新的非人突破，都是人在超越自身，超越有限性，都可以被称为超人。当我们的创新达到一定程度的时候，当我们的肉身突破自身，实现了比如人机交互、赛博人、增强人甚至 X-Men 那样科幻里才有的样态的时候，一切人类的经验都将被改写。这是柏格森《创造的进化》里所谈及的“超人”的应有之义。因而人的有限性在柏格森这里是开放的。这里充满了危险，但也充满了

---

① Henri Bergson，*La pensée et le mouvant*，in *Œuvres*，Paris：PUF，1959，p.1425.

希望。人类目前充满了各种矛盾和困境，大部分看起来都是难以消解的，生存、仇恨、罪恶、邪恶、奴役、剥削、欺诈、歧视、战争、毁灭等，几乎都和有限性的枷锁有关。打破人的有限性，可能许多难题都会消失或迎刃而解，但与此同时，也可能会有更多的难题，甚至是彻底的毁灭的危险。柏格森当然是乐观主义的，比如他对技术有批判但更多的是乐观。可以说，他对人、非人、超人的观点，预示或契合了一种今天被称作后人类主义的某些观点。当人类的肉身难以进化到下一个可能的样态的时候，技术的进化将替代肉身的进化，技术带来的器官也是人的身体中的应有之意，毕竟柏格森都曾经说过，我们的身体“包括所有我们所知觉到的东西，它将延伸到遥远的星空”。[①] 既然遥远的星球都能够成为我们的身体，那么如果说它延伸到人造器官或人造身体，有什么奇怪的呢？而且我们都知道，工具实际上已经成了我们身体的延伸。也许这些对人类有限性的突破仍然非常遥远，但思想的距离总是既远又近，柏格森 1907 年发表的《创造的进化》里的超人论述，一百多年之后的我们读起来仍然倍感新鲜。即便如是，这一思想图景似乎仍然尚未真正开启它的道路，我们世界的封闭圈和人类进化的封闭圈仍然有待突破和开启。这种“尚未”本身便是一种紧迫。因为危险从来不会事先发出警告。

最后，让我们放弃幻想，再次回到更贴近我们论题的现实问题或更小的问题上来。它仍然和人的有限性相关。

总的来说，回归“事物本身”或“自在事物”（chose en soi）的实在论梦想，可能本身就是一种古老的人类思维偏执的体现，从柏拉图的理念到康德的物自体，虽然我们可以谈论和思考它，但却无法真正地通达它——如果你还坚持有一个“我”并且只能通过这个“我”来运思的话——因为这是相关主义的牢笼所决定了的。我们不能既想要这个又想要那个。似乎对人的经验世界来说，选择了“人”的维度，就不要指望通达一个“没有人的世界”。

当然，比如对梅亚苏来说，尽管他将康德作为相关主义的一个伟大而难

① Henri Bergson，*Les deux sources de la morale et de la religion*，in *Œuvres*，Paris：PUF，1959，p.1194.

以绕过去的人物，但正如巴丢（Badiou）在为《有限性之后》所作的序言里所说的，这本书的工作实际上仍然是在继承康德的几个为什么，即对最基本的“我能够知道什么?”“我必须做什么?”和“我能够希望什么?”进行探讨。①

但在这种情况下，可能真正重要和有效的是去追问康德的第四个问题："什么是人?"。实际上，康德本人已经深刻洞见到了，前面三个问题归根结底都可以归结为“人类学”，都和“什么是人?”这个问题相关。只有人才是这些问题的根本症结，因为正如我们前面所分析的，在柏格森那里，在经验的起源处面临着两个不同的方向，一条路将我们推进到非人和超人的新的可能性，使我们获得新的绵延创造和自由，而另一条路则回撤到“人类”的经验世界里，那里除了人既有和僵化的有限性之外，并没有新的可能性和自由，因而也难以解决由这些有限性带来的根本问题。

而如果我们选择了“努力去超出人类的条件”，那就是在践行柏格森所说的真正的“哲学”。去追问“人是什么?”，也许才能真正找到问题的症结之所在，然后去追问经验如何起源，人如何去生存，人的新的可能性或未来是怎样的，“我”是否可能或如何可能，等等。

从回到事实本身的类似现象学的立场出发，柏格森走了一条异于现象学的道路。道路的尽头是“超人”。

---

① Quentin Meillassoux，*Après la finitude*，*essai sur la nécessité de la contingence*，Paris：Éditions du seuil，2006，p.11.

柏格森哲学中的“遗忘”之谜

姜宇辉*

如果在记忆之外寻获你，那么我已忘掉了你。如果我忘掉你，那么我怎能寻获你呢？

——奥古斯丁，《忏悔录》[①]

“遗忘（l'oubli）”，似乎是西方哲学中久被遗忘的一个主题。但初看起来，这个说法又多少显得言过其实。确实，翻开现代哲学之中的诸多经典文本，遗忘这个概念或问题不仅屡屡出现，而且更是每每占据关键之位。从尼采基于遗忘的角度对“历史学热病”所进行的痛斥，[②]到《存在与时间》开篇第一句话对“遗忘”的明示，再到弗洛伊德对遗忘那难以根除的威胁作用的隐忧，[③]甚至斯蒂格勒在《时间与技术》第一卷中将“爱比米修斯的过失”明确等同于“遗忘”的重要论断，[④]等等，所有这些似乎都在提醒我们，遗忘这个关键词并未被彻底遗忘，反倒是一次次成为现代哲学的关注焦点。

其实还不只是现代西方哲学，当我们回溯至西方哲学的源头之处，会发现遗忘的更为基础而本源性的地位。比如，在将记忆问题视作重中之重的

---

* 作者姜宇辉，哲学博士，华东师范大学教授、博士生导师，主要从事法国哲学、艺术哲学等研究。

① ［古罗马］奥古斯丁：《忏悔录》，周士良译，北京：商务印书馆，1963 年版，第 215 页。

② ［德］尼采：《不合时宜的沉思》，李秋零译，上海：华东师范大学出版社，2007 年版，第 136—140 页。

③ Edward S. Casey, *Remembering: A Phenomenological Study*, Second Edition, Bloomington and Indianapolis: Indiana University Press, 2000, p.8.

④ ［法］贝尔纳·斯蒂格勒：《技术与时间（第 1 卷）：爱比米修斯的过失》，裴程译，南京：译林出版社，2000 年版，第 20 页。

柏拉图那里，虽然遗忘往往并未被明确重点提及，但却无疑始终是潜在的本质性环节。例证几乎比比皆是。就拿《枚农篇》这个经典文本而言，当苏格拉底明确得出“从自己心里浮出知识来，不就是回忆吗？”①这个重要结论之时，其实遗忘已然成为其中不可被遗忘的至关重要的维度。何为回忆？无非正是记得一个关键的事实，即“事物的真相一向寓于灵魂之中”。②但始终“寓于”灵魂之中的真理为何还需要大费周章地去回忆呢？那无非是因为在曾经掌握真理的过去状态与心灵的当下状态之间隔着一段有待被克服的遗忘之“间距”。但为何会遗忘？遗忘又是怎样一种状态？如何以爱智之学来疗治遗忘之顽疾？所有这些始终是柏拉图对话之中的不可被遗忘的潜在主题。

但这仍然还不是全部。遗忘在西方哲学史乃至西方历史之中的本源地位还可以追溯至更早。对此，韦因里奇（Harald Weinrich）在深研遗忘之文化与历史的名作 *Lethe* 之中给出了两个有力的例证。一方面，多少经由弗朗西丝·叶芝（Frances Yates）的推波助澜，“记忆术”近来越来越成为学术界和文化界所关注的一个焦点。但不可遗忘的一个史实恰恰是，当古希腊统帅地米斯托克利（Themistocles）最初在诗人西蒙尼戴斯面前提及记忆之术（*ars memoriae*）的时候，③他在同一句话中却也同时提及了遗忘之术（*ars oblivionis*），甚而将后者置于更为关键的地位。④另一方面，也许更为意味深长的是，古希腊表示真理的语汇正是 *aletheia*，但其中的“leth”既可以在海德格尔的意义上理解为“遮蔽”，亦可以且理应在古希腊文化的语境之下理解为“遗忘”，因为 *Lethe* 正是冥间的那条忘川之名。⑤由此，从古希腊这个源头上来看，“真理”并非仅意味着“去蔽”，而其实更是包含着“勿忘”这另一个关键的含义。

---

① 《柏拉图对话集》，王太庆译，北京：商务印书馆，2004 年版，第 183 页。

② 同上书，第 184 页。

③ 西蒙尼戴斯“关于记忆术的原理”，尤其参见［英］弗朗西丝·叶芝：《记忆之术》，钱彦、姚了了译，北京：中信出版社，2015 年版，第 3 页。

④ Harald Weinrich，*Lethe*：*The Art and Critique of Forgetting*，trans. Steven Rendall，Ithaca and London：Cornell University Press，2004，pp.11—12.

⑤ *Lethe*：*The Art and Critique of Forgetting*，pp.3—4.

一、双面之遗忘：相对还是绝对，被动还是能动？

但既然遗忘如此重要而基础，为何它几乎从未成为哲学家重点论述的主题呢？遍览西方哲学史，虽然遗忘这个概念的曝光率并不算低，但几乎直到保罗·利科的《记忆，历史，遗忘》，才出现了第一本集中而明确地深思遗忘问题的哲学专著。而多少令人遗憾的是，即便在该书之中，与遗忘直接相关的篇幅和段落仍然不足十分之一。此种忽视在西方科学的研究之中似乎更为触目惊心，诚如专研遗忘的心理学家们所坦承，2010 年出版的《遗忘》这部文集几乎是心理学史上集中研究遗忘现象的第一部专著。①

那么，在遗忘的重要历史地位与凤毛麟角的专题研究之间，为何会有如此鲜明的反差呢？其中缘由似乎也不难理解，在此至少可以直接列出两个，那正是遗忘的相对性和负面性。从相对性上来说，与记忆相比，遗忘似乎根本无法作为一个自成一体的话题和主题。也即，它首先要相关于、相对于、甚至从属于记忆，然后才能获得自身的“合法性”的地位。研究记忆可以全然不提遗忘，但是研究遗忘则必须以记忆为前提，这正是二者之间的不对称、不对等的关系的鲜明体现。而心理学家们也往往毫不避讳地对此进行断言：“界定遗忘的一个前提就是，一个人已经对某物进行了学习和编码（encode）并由此能够获得某种关于它的记忆。”②

正是基于此种不对等的、往往从属性的地位，遗忘的作用亦总是呈现出消极负面的形态。如果说记忆是一种“美德”（virtue）的话，那么，遗忘则可说是一种“恶习”（vice）了。③ 记忆之美德几乎俯拾即是。从个体的角度看，记忆维系的是人格同一性的根本线索；从民族的层面上说，记忆延续的是历史与传统；从整个人类的尺度看，记忆又堪称是界定人之本质的最为关

① *Forgetting*, ed. Sergo Della Sala, Hove and New York: Psychology Press, 2010, p.1.
② *Forgetting*, p.38.
③ *New Directions in the Philosophy of Memory*, ed. Kourken Michaelian, Dorothea Debus, and Denis Perrin, New York and London: Routledge, 2018, p.223.

键的力量之一。而反观遗忘，则几乎时时处处暴露出各种负面的效应。遗忘发作之际，轻则扰乱正常的感知和认识，重则危及记忆的连续性和稳定性，进而令自我陷入迷失的境地乃至错乱的病症之中。因此，说“遗忘是一种极为令人烦恼甚至往往会带来痛苦的现象”，[1]这并不为过。同样，一个健忘的民族亦不会在世界历史之中占据任何优势的地位，它总是会一次次地重复过往的错误，进而无法获得朝向未来进行变革和进步的真正动力。历史是明鉴，记忆是动力。与此相比，遗忘则几乎总是阻碍性的、破坏性的力量。或许也正是因此，利科才会发出由衷的感叹：“遗忘实际上仍是一个不安因素，作为威胁，它在记忆现象学和历史认识论的背景上显露出轮廓。”[2]

进而，从整个人类作为一个主导地球的生物种群来说，遗忘的负面效应更是不容小觑。如果可以将人类的记忆大致区分为生物记忆，文化记忆和代具性记忆这三个层次和形态的话，那么，正是三种记忆之间的交织和互动才是维系人类历史和本质的根本性力量。“人是什么？”——这并非仅仅是一个哲学问题，而更是一个实实在在的贯穿历史的运动。如果没有基因的复制，语言文字的传承，乃至网络和数字的存储，那么，任何对于人的本质的思考都是无凭无据的空中楼阁。正是在这里，遗忘再度呈现出其潜藏的巨大的负面作用。20 世纪末以来的各种试图超越、克服人类中心主义和人本主义的思潮，无论是后人类，人类世还是加速主义，从根本上说都要以人类对于自身的“自我遗忘”为根本性的前提。人只有相当彻底地“遗忘”了自己是谁，曾经是谁，本质上是谁，他 / 她才能更为义无反顾地去展望、拥抱那个奇点临近的激烈变革的“界槛”(threshold)。遗忘，不仅是个体的焦虑，民族的困境，而更成为人类自身的生死攸关的根本问题。

但也正是在这里，遗忘反而展现出另一种总是被遗忘的重要面向，也即它或许并非只是相对的，从属的，而更是绝对的，基础的，本源的。它并非

---

① *Forgetting*，p.1.

② ［法］保罗·利科：《记忆，历史，遗忘》，李彦岑、陈颖译，上海：华东师范大学出版社，2018 年版，第 556 页。同时参考法文版 Paul Ricœur，*La mémoire*，*l'histoire*，*l'oubli*，Paris：Éditions du Seuil，2000。酌情对中译进行修正，但下文仅标注中文版页码。

只是记忆内部的一个构成要素，而更是足以为记忆进行奠基和划界的根本前提。同样，它的作用亦并非仅限于负面的破坏性的影响，正相反，它完全可以展现出比记忆更为强烈且本源性的积极能动的力量。关于遗忘的“美德”，学者早已有众多论述，比如斯文·贝内克（Sven Bernecker）就概括出其中三个重点：遗忘可以抑制负面的记忆，进而让人生活得更为快乐幸福；遗忘可以清除过去累积的重负，进而让人更为轻松自如地适应当下，面向未来；遗忘可以凭借“删减法”在信息过剩的海洋之中开辟出一条条“习惯”的道路，进而让人更为高效迅捷地做出选择，实施行动。① 但这几个要点虽然切中肯綮，似乎还不够根本。其实，从个体，民族还是人类这三个从微观到宏观的层次来看，遗忘的绝对性和积极性都往往是一个极为明显的现象。能够遗忘、善用遗忘的个体和民族，总是能够轻装上阵，他们的心灵更为开放而灵活，亦更能面向未来进行筹划与创造。人类亦如此，面对激烈变革、叵测未知的未来，坚守着自身的本质、忠实于自身的记忆不失为一种值得赞颂的美德，但勇敢地遗忘过去，大胆地拥抱未来亦同样可以是一种更为强烈的积极力量。没错，遗忘是否定，是断裂，是终结，但否定能转向肯定，断裂能激活创造，终结能孕育新生，这也是自尼采至斯蒂格勒的遗忘之思一次次明示暗示给我们的哲理。

那么，究竟如何从相对转向绝对，从否定转向肯定，从负面转向能动？这正是我们下文要直面的根本问题，也尤其期待由此对学界早已耳熟能详的柏格森的记忆学说进行一番别样的诠释。不过，在深入柏格森的文本之前，还是让我们从常见的对于遗忘的相对、负面的界定来入手。

这个通常的立场又体现为心理学和哲学的两个看似大同小异、实则有所递进的版本。先看心理学的版本，它的最清晰简明的界定在文集《遗忘》的开篇就已经给出，那正是图威（Endel Tulving）的著名说法：“在当下无力记起（recall）某物，但它本可以（could be）在一个更早的场合被记起。”② 这个看似颇有几分晦涩的说法实则清楚表达出遗忘之经典界定的三个重要环

① *New Directions in the Philosophy of Memory*，p.252.

② 转引自 *Forgetting*，p.2。

节。首先是“无力”，这个表述明确地点出了遗忘作为缺失、减弱、失调等的“否定性”的含义。如果在一个理想的状况下，如果没有任何的内部外部的因素来阻碍记忆的运转的话，那就根本不会有遗忘的情形发生。遗忘就是正常标准的偏离，就是正常功能的失调。“本可以”这个说法亦明确突出了此点。由此就涉及“记起 / 唤起”（recall）这第二个要点。遗忘的“负面”作用就是对正常的记忆功能所起到的干扰、阻碍乃至破坏，那么记忆的正常、标准的功能又是什么呢？无非是忠实的重复和再现，[①] 固然在这个过程之中也需要动用一些主动的、创造性的能力，但“如实”的唤起才是记忆的最终目的。而反过来说，遗忘所干扰和破坏的恰恰是这样一个目的。当遗忘有意无意地介入进来之时，记忆的可靠性和忠实性就会面临威胁，甚至大打折扣。

第三个要点则直指时间性这个要点。注意图威的这个定义中明确使用的是“在一个更早的场合”这样的说法，那么他为何不说“在一个更晚的场合”呢？这恰恰体现出一个根本要点，即在对于遗忘的经典定义之中，时间性总是指向过去，而非未来。遗忘干扰和影响的至多只是既定的，过去的痕迹，它所涉及的只是当下的时刻和过去的某一时刻之间的一段时间，因而从根本上与未来无关，也无法对未来产生任何积极的、能动的影响。确实，未来的选择总是要基于当下的状态和过去的积累，但这也恰好说明，未来的创造是以对过去的记忆为鲜明前提的，记得过去，才能从现在开始迈向未来。如此看来，遗忘显然是对这个前提的一个最为严重的阻碍，只有清除了这个绊脚石，我们才能建立起从过去到现在再向未来的连续的时间性轨迹。遗忘不仅和未来无关，甚至可以说是未来的最大敌人。

虽然这个定义执意将遗忘贬为记忆的从属和附庸，但这个阴影和幽灵的作用却并非总是俯首帖耳的顺从，而往往如病毒一般渗透进记忆的各个阶段和环节之中，产生出难以根除、亦无从回避的破坏性影响。心理学上一般将

① 从记忆的具体内容和对象的角度来看，又可以进一步细分，比如可参见 *Forgetting*，p.25，figure 2.2。但无论是其中的哪一种，无疑最终都要以忠实性为根本的前提和标准。另外，“忠实性”（fidélité）这个说法我们取自利科，尤其见《记忆，历史，遗忘》，第 69 页。

记忆区分为“编码”（encoding），“留存”（preserving），“提取”（retrieving）这三个先后相继的阶段。[①] 而迄今所最常见的两种遗忘的理论则主要皆作用于后两个环节。比如，“衰减说”（decay theory）[②] 就将矛头直指第二个阶段，强调所有的记忆在留存的过程之中自然而然地就会倾向于衰弱和减损，著名的艾宾浩斯曲线就是一个明证。“干扰说”（interference theory）[③] 则更为复杂，兼涉第二及第三个阶段，它揭示的是一个常见的现象，即在被编码的过去和有待提取的当下之间，总会发生各种难以预测和控制的多向度多方式的干扰和影响，由此导致当下的提取发生障碍，困难乃至错误。

既然遗忘的侵蚀和渗透是全方位、防不胜防的，那么到底有什么样的标准能够确保忠实性这条底线呢？弗里斯（Matthew Frise）从哲学的角度所做出的经典界定最终诉诸主体性这个根本前提和基础。他将其定义简称为LEAD模型，其中包含的四个关键词皆与主体性明确相关。[④] 首先是“记得/习得”（learning）这个记忆的原点，也即自我确实在过去的某一个时刻记下了某事。其次是“内在”（internal），这尤其指向“留存”这第二个阶段，即从过去延续至今的心理痕迹。显然，仅有这两个要素是难以真正捍卫忠实性的标准的。过去习得的某事完全可以在时间的延续之中不断淡化甚至消失，同样，贯穿的记忆轨迹也完全可以在各种干扰破坏作用之下被篡改甚至被中断。那么，到底还有什么力量能够主动地挺身而出，捍卫记忆的本原地位，忠实性的最终标准呢？那似乎唯有主体自身了。由此就引出了“有意”（intends）这第三个，也是核心的关键词。有意地、主动的、积极地去探寻的记忆才可能遭遇遗忘的结果，但这本不是坏事，因为正是这个主体性的努力最终得以再度回归、见证、捍卫那个在场性的记忆之源头。由于种种内部外部的干扰破坏的因素，我在当下确实遗忘了某事，但只要我还有主动努力的可能，就总有可能在未来的时刻纠正错误，战胜遗忘，重返本源。唯有主体

① *Forgetting*，p.38.

② *Ibid.*，p.9.

③ *Ibid.*，p.10.

④ *New Directions in the Philosophy of Memory*，pp.235—236.

才是未来的拥有者，才是真理的见证者，才是本源的捍卫者。在这里，“我经历”，“我留存”，“我遗忘”，“我记得”，所有这些环节彼此交接，共同构成了从体验到遗忘再到记忆的精神的辩证运动。

二、重归柏格森，开启遗忘之思的源头

初看起来，利科的名作《记忆，历史，遗忘》似乎亦并未最终逾越上述这个关于遗忘的经典定义的框架。他开篇就将全书对于记忆的研究概括为*mnēmē* 和 *anamnēsis* 这相对又相关的两极，大致说来，二者的区分也即（相对）被动的“浮现”（évocation）和（相对）主动的“努力”（recherche）之间的对照。[①] 这亦与上一节的辨析颇为呼应，如果说 *mnēmē* 对应的是心理学中对于“痕迹”（traces）的种种研究，那么 *anamnēsis* 显然最终指向的正是主体性这个哲学的旨归。利科的行文之中自然也体现出此种相似性。比如，他在论述“浮现”这个维度的时候进一步区分了“书写的标记”，“情感的印象”和“大脑皮层的印记”这三种自外至内、内外交织的形态，[②] 这些都与更具实证性的心理学研究极为贴合。而当他进一步论及主动的“努力”之时，所着力倚重的则是柏拉图、亚里士多德及柏格森的哲学理论，而所有这些哲学的论述最终皆指向了忠实性这个标准和主体性这个基础：“这个真实性的诉求把自己表达出来。我们因此感觉到并且知道某件事过去了，某件事发生了，而我们作为行动者、遭受者、见证者牵涉其中。”[③]

其实，利科所着重援引、深入研讨的柏拉图《泰阿泰德篇》中的两个经典隐喻也恰好足以作为“浮现”和“努力”这被动和主动的两极的生动写照。由此也不妨说，经典的遗忘理论至今仍然笼罩在柏拉图主义的阴翳之下。在那里，柏拉图首先给出的是“蜡板”隐喻：“每当我们想要记住一个我们看见、听到或想到的事物，我们就把这块蜡放在我们的感觉和观念下

① 《记忆，历史，遗忘》，第 25 页。
② 同上书，第 17—19 页。
③ 同上书，第 69 页。

面，让它们在蜡板上留下痕迹。”[1]若不局限于柏拉图的原初文本，则至少可以进行双重引申。首先，这里的蜡板所指的当然就是承载、延续记忆痕迹的媒介，根据利科的说法，它可以指向人的内心印象，情感体验，但同样可以囊括大脑皮层，神经网络，以及各种外部的记忆媒介，从文字到网络，从印刷媒介到数字媒介。其次，柏拉图对这个蜡块说的缺陷和不足之处已然给出了颇为深刻的剖析，但他所揭示的种种“误置的判断或虚假的判断”[2]的可能性完全可以且理应与心理学中关于遗忘的种种理论模型（衰减说，干扰说等）结合在一起，相互诠释。

而柏拉图随后给出的第二个隐喻“鸟笼”则更是进一步试图以主体性为着眼点来彻底克服痕迹说的被动性及其导致的种种缺陷。这首先就体现于“持有”和“拥有”这一对关键的区分。[3]记忆可以被动地拥有痕迹，但这个被动的过程必然会遭遇到来自遗忘的各种威胁和破坏，由此就必须有一种源自主体的更为主动的能力来捍卫和见证真理，那正是持有：“也就是说，他有能力在他愿意的时候随时捉住并持有他选中的任何一只鸟。”[4]这也无非意味着，要将记忆的能力真正交还到主体的手中，由此才能最终对遗忘的威胁进行有效而切实的回应。至此，柏拉图的这两个鲜活、精准又深刻的隐喻极为完美地为浮现和努力，被动与主动，心理学与哲学，乃至物质性与主体性等种种根本性的二元划分给出了凝练的刻画。

但我们下文即将展开的质疑和追问也恰恰要从这个看似完美的结论来入手。即便人们欣然接受关于记忆的上述两个面向的清晰划分，但还是不足以彻底根除遗忘的那种无处不在的渗透性、负面性的影响。不妨先回到关于记忆的三阶段的基本划分。对此，至少存在着两个有待回应的根本质问。**首先，在起点和源头之处到底发生了什么？**记忆是一种编码的活动，这大致可

① 《柏拉图全集》（增订版，中卷），王晓朝译，北京：人民出版社，2018年版，第418页。

② 《柏拉图全集》（中卷），第420页。

③ 同上书，第425页。约翰·麦克道威尔（John McDowell）在此处的翻译中，将“拥有”译为“merely possessed”，“持有”译为“to hand”“bring to mind”，亦颇能清晰体现出此种区分：Plato，*Theaetetus*，trans. John McDowell，Oxford University Press，2014，pp.141—142。

④ 《柏拉图全集》（中卷），第426页。

以接受，但它编码的到底是什么？当它对事件，时间乃至过去进行编码之际，是否也同时“遗忘”了、遮蔽了乃至否弃了更为大量的未被编码甚至无法被编码的内容和信息？那么，这个庞大的遗忘之汪洋难道不才是记忆的真正本源吗？其次，即便我们暂且接受编码作为记忆过程的默认起点，但编码的本性又到底是什么呢？换言之，编码式的记忆又究竟是一种怎样的精神活动和心理操作呢？很显然正是习惯（habit）。之所以要有记忆，正是为了留存痕迹，但并非是随便哪一种或哪一些痕迹，而更是那些能够被秩序化、组织化甚至制度化的痕迹，由此就得以凭借记忆来对人心和人性进行本质性的规范和塑造。记忆就是培养心灵之习惯和习性的最根本的力量，由此出发，才能进一步理解社会，历史乃至世界的更为宏观的秩序塑造的过程。

但记忆的作用难道仅仅体现为习惯这一个本质性的方面？它是否还存在着更为开放而丰富的用法？一个直截了当的质问当然是：习惯是一种赋予秩序的力量，但无疑同时也是一种相对僵化的力量，将人心束缚在习惯之中，固然可以令社会更为井井有条，但是否也在很大程度上失去了灵活性和创造性的契机？那么，塑造习惯的记忆是否还可以进一步展现出变革、创造的另一种面向？进而，这个创造性面向的根本动力是否同样来自遗忘这个久已被记忆所遮蔽和排斥的力量？作为记忆之源的遗忘构成了庞大的本体，那么，深潜入习惯—记忆之中的遗忘是否同样得以展现出不可思议的变化之力？难道不正可以说，善于遗忘的记忆才能真正从习惯的束缚中破茧而出，迎向未来？

我们看到，上述的两重质疑，一个指向记忆之“源”，另一个则指向记忆之“道”，但皆击中要害，至少在浮现/努力的二元划分的框架之中似乎难以对它们进行有效的回应和化解。利科显然也意识到这两个难题。但他在《记忆，历史，遗忘》中的回应却是功败垂成，而成功和失败的两个方面皆涉及对于柏格森（尤其是《物质与记忆》）的关键性阐释。第一处出现于集中论述遗忘的第三部分第三章之中，在那里，他极具启示性地点出了遗忘之本体这个柏格森的记忆理论的暗藏前提。但这个章节之中所展现出来的深刻灵感却在另一处文本之中逐渐磨灭，那正是全书开篇处对“习惯—记忆”和

“形象—记忆”这个经典区分的讨论。在那里，利科多少错失了习惯的那种兼容重复和差异的双重面向，进而也就无从理解习惯何以再度成为创造性和变革性的契机，由此更无法领悟习惯何以成为重塑主体性的别样可能。不妨说，利科在记忆的源头之处创获灵感，却再度迷失于记忆的习惯运作的框架之中。这不能不说是一件令人遗憾的事情。

那就让我们先从遗忘的源头开始。在此，利科对学界耳熟能详的柏格森的纯粹记忆理论进行了颇有新意的阐释：“我们因此把‘纯粹’记忆的存在设定为过去表象的一种潜在状态”，[①] 这也是学界几乎都能认同的立场，而且确实能够在《物质与记忆》的文本之中找到鲜明的佐证。但利科接下去的解释就令人玩味了：“必须在这个关键的地方重新开始阅读，直到将其推向这样一个地步，即除了潜在性之外，还要赋予这个‘纯粹’记忆以无意识（l’inconscience）和某种存在（une existence），后者近似于我们在没有知觉到外在事物时归给它们的那种存在。”[②] 这里出现的两个关键词（“无意识”和“外在性”）皆对记忆之编码这个心理学和哲学所默认的起点构成了有力的驳斥。这两个词又必须要彼此勾连才能相得益彰。一方面，“无意识”可以具有两个相关含义，既可以指记忆编码本身的过程往往是无意识的，这从脑神经科学乃至媒介理论等方方面面都可以得到印证；但它同时又可以指向另外一个更深的源头，即记忆的编码根本无从全然涵盖、无力彻底穷竭的那个意识之外的遗忘之汪洋。所谓的记忆，无非是从这个无意识的遗忘之海中取一瓢饮而已，但由此反而更衬托出这个遗忘之源根本上逾越了狭隘的意识领域。

那么，又应该如何恰切理解遗忘之海的此种“外在于”意识的特征呢？它真的能够被简单等同于那些外在于意识的物质基础和维度吗？难道柏格森的纯粹记忆理论，无非最终就是如实证科学那般将记忆的源头置于大脑，媒介或物质环境之中吗？此种还原论或唯物论的立场当然不可能是柏格森的真意，利科也敏锐地注意到了这一点，由此他才使用了“近似于”（comparable

①② 《记忆，历史，遗忘》，第 578 页。

à）这个耐人寻味的说法。这无非是提醒我们，物质性只是用来比拟遗忘的外在性，但真正的遗忘本体却决不能归结为、还原为各种外部的物质力量和形态。也正是因此，在几页之后，利科随即明确援引了《物质与记忆》之中的相关论述，进而突出了"无力"这个关键词："'纯粹记忆'的这种极端无力，恰好有助于我们理解它是如何保存在潜在状态之中的。"[①]不妨对比柏格森这里所谓的无力与上一节中给出的遗忘的经典定义中的那种无力：后者仅涉及唤起的能力，而前者更涉及潜在的遗忘之本源；后者是暂时的，局部的，而前者则是根本的，绝对的；后者是意识性的，而前者则是"物质性"的；更进一步说，后者见证和维系是主体性，而前者则无疑恰恰对意识性、反思性的主体构成了致命而沉重的打击。概言之，从经典的遗忘定义来看，无力之记忆恰恰最终指向着主体的自主自律的意志；但若从柏格森的角度来看，遗忘之无力则反而返归至主体无从意识、难以掌控甚至根本无法编码的巨大而浩瀚的"外部"。由此我们似乎意识到，柏格森使用的无力这个说法多少带有几分反讽的意味（利科当然也明确指出了这一点）：无力或许只是主体面对"深度的、源始的遗忘"[②]时的窘态，而主体自身的无力所反衬出的恰恰是遗忘之源的那种至深至广的强力。也正是因此，柏格森所谓的外部性根本不能被还原为各种客观的可见可测量的物质形态（无论是大脑还是媒介），因为实证科学所观察和归纳出的种种因果规律根本无从真正揭示出遗忘之源的力量。由此利科明确总结道："物质性带给我们的遗忘，因此不再是因痕迹的消失而产生的遗忘，而是可以说保留（réserve）或来源（ressource）的遗忘。"[③]显然，这一方面明确拒斥了将物质性等同于"浮现"说的立场，而另一方面，"保留的遗忘"，这个看似自相矛盾的说法又极为生动地描摹出遗忘之源的那种无力之强力的深邃形态。

也正是因此，诸多学者都不约而同地指出，或许遗忘而非记忆才是柏格森哲学的真正旨归。比如劳勒（Leonard Lawlor）就极为敏锐地指出："对柏

① 转引自《记忆，历史，遗忘》，第582页。
② 同上书，第592页。
③ 同上书，第590页。

拉图主义的柏格森式逆转就在于此：柏格森的记忆（reminiscence）恰是柏拉图的遗忘（forgetfulness）。”[①] 在柏拉图那里，记忆是本源，而在柏格森那里，遗忘才是源头；在柏拉图那里，遗忘只是中间必经的环节，是“得鱼”之后即可忘掉之“筌”，但在柏格森这里，记忆只是脆弱无力的编码，而遗忘才是真正的不可穷竭的源头。其实，早在论述柏格森记忆理论的经典论文《柏格森记忆理论的多重面向》(«Aspects de la mémoire chez Bergson»，1949）之中，伊波利特（Jean Hyppolite）即明确援引《思想与运动》中的话来进行总括：“我们必须说明的将不再是记忆，而更是遗忘。”[②]

三、再思遗忘之谜：从遗忘之源到习惯记忆

但仅揭示出遗忘之源似乎还远远不够，还远不足以对抗、动摇经典的记忆理论，却反而总是暴露出遗忘自身的那种“无力”之症结。这个症结所在恰是“外在性”这个关键的规定性。说遗忘之源和记忆之痕迹是相互外在的，这看似清晰显豁，但实则疑窦重重。外在性到底是一种什么关系呢？首先，它断然不会意味着遗忘仅仅是“漠不相关”的外在背景，因为这样反而衬托出记忆本身之独断的中心和强力。面对遗忘之海，记忆可以手足无措，进而感受到自己的渺小与有限；但相反的情形也同样普遍存在，因为记忆更可以在广阔无垠的遗忘之版图上尽情施展自己的编码之霸权。或许正是出于如此的焦虑，在柏格森的文本之中，其实本有着对于此种外在性的更为明确的限定，那正是近乎一种否定和对立的关系。

对此，贯穿20世纪法国思想史，早已有众多的学者意识到了这个主题兼难题。在这个脉络中，最为集中而精辟的表述出现于凯贝德（Messay Kebede）的近作《柏格森的自我超越的哲学》之中。该书的第四章集中处理了物质性和否定性的问题，因而开篇就明确点出了生命与物质之对立这

① Leonard Lawlor，*The Challenge of Bergsonism*：*Phenomenology*，*Ontology*，*Ethics*，London and New York：Continuum，2003，p.57.

② 转引自 *The Challenge of Bergsonism*，p.113。

个柏格森哲学中的核心难题。[①] 固然，若回归柏格森的生命一元论（“the oneness of life”）[②] 这个终极立场，不难对这个表面性的对立在更深层次上进行化解，但遍观柏格森自己的各处文本，确实存在着大量的表述，将物质视作生命的阻碍、束缚甚至对抗。在《时间与自由意志》之中已经充斥着众多如此的说法，进而又衍生出量与质，内与外，绵延与空间，甚至情感与广延等一系列的二元对立的形式。在《创造进化论》中，更是明确出现了“非生命物质的抵抗力（résistance）是需要首先克服的障碍（l’obstacle）”[③] 这样的论断。也难怪梅洛-庞蒂在《自然》这门法兰西学院的授课中感叹道，在柏格森的哲学之中明显存在着两种秩序，一是物理的—数学的，二是生命的，而这两种秩序看起来不仅彼此相反（“contraire”），甚至相互矛盾（“contradictoire”）。[④]

这样一种相反甚至矛盾的关系，也同样存在于遗忘和记忆之间。固然，结合利科和柏格森自己的论述，我们已经明白，遗忘之物质性不能等同、还原为可见的、既定的物质形态，但（不妨再度借用利科的说法）物质与生命之间的那种对抗和紧张的关系却仍然有助于我们“类比”地理解遗忘和记忆之间的“外在性”关系。既然此种外在并非漠不相关，那么，其实它本可以呈现为遗忘对于记忆的那种否定、限制乃至阻碍和抵抗的形态。遗忘之所以是本原，并非仅仅因为它是原初的庞大场域，从而作为记忆编码的起点，而更是因为唯有它才足以对记忆构成最为根本和强烈的否定和限制。在遗忘面前，记忆感受到了最深的有限性的边界，也同样面临着最为强大的敌人，最为迫切的威胁。在起点之处所发生的原初事件，并非仅是闲庭信步似的编码操作，而更是记忆和遗忘之间的殊死搏斗。遗忘是广袤的汪洋，但同样也是残酷的战场。

这也正是让凯列维奇（Vladimir Jankélévitch）在名作《亨利·柏格森》

① Messay Kebede，*Bergson's Philosophy of Self-Overcoming*：*Thinking without Negativity or Time as Striving*，Cham：Palgrave MacMillan，2019，p.87.

② *Bergson's Philosophy of Self-Overcoming*，p.118. 当然，德勒兹对此有着更为丰富全面透彻的论述。

③ Henri Bergson，*L'évolution créatrice*，Paris：PUF，2013，p.99.

④ Merleau Ponty，*La nature*，Éditions du Seuil，1995，p.95.

之中对物质与生命之间的张力所进行的深刻重释。在他看来，二者之间并非仅如梅洛–庞蒂等人所意识到的那般是剑拔弩张的对立冲突的关系，而更应该理解为对峙的两极（polarité），[①] 由此展现出密切的彼此转化、相互渗透的关系。物质看似构成了对于生命的最为深重的束缚和限制，但实际上，它同时亦是（再度）激活生命之力的源泉。物质是阻碍，但也是工具；物质是牢笼，但同样也是跳板。这里呈现出一个从被动向主动进行转变的鲜明过程。如果物质仅仅是任由生命操控和摆布的对象，那么想来生命亦会陷入一种无所事事的怠惰之中。但如果物质本身反而构成了一种最为强烈的挑战，那么正是在此种前所未有的刺激之下，生命才得以再度回归、直面自己本身（“la render présente à soi”）[②]，唤醒动力，焕然新生。这就正如，在紧接上面的那句《创造进化论》的引文的前面一句，柏格森亦明确指出，“生命从非生命物质那里得到的抵抗力，以及爆破能力——与一种不稳定的趋势平衡性相关——这种能力是生命其本身就拥有的（la vie porte en elle）。”[③] 所有这些说法都完全可以运用于遗忘和记忆。面对遗忘之强大挑战，记忆反而得以一次次激发出本身的源源不竭的力量。不妨再度借用让凯列维奇的精辟之语，如果说遗忘对于记忆来说是一种“恶”（mal），那么，这也是一种“必需之恶”（le *mal nécessaire*）。[④]

但这即便是一种非常有效、言之有据的化解柏格森哲学内在困境的思路，却远非本文所意欲的道路，因为它非但未能真正说明遗忘之源的那种“无力之强力”，却反而以遗忘为必要的刺激，再度回归主体性这个根本立场。要想在源头之处赢得那场殊死搏斗的胜利，至关重要的筹码正是记忆对于自身的主体性的回归与见证。这不啻为将遗忘再度纳入记忆的羽翼之下，甚而蜕变为一个“内在的”环节。由此看来，遗忘之源及其外部的物质性这条思路看来难以为继，有必要转换视角，不再从外部入手，而是转向内部，

① Vladimir Jankélévitch，*Henri Bergson*，Paris：PUF，1959，p.174.

② *Henri Bergson*，p.171.

③ *L’évolution créatrice*，p.99.

④ *Henri Bergson*，p.169. 斜体字为原文所加。

看看遗忘是否能够在记忆的内部产生出更加难以遏制的断裂和变革。由此就涉及习惯—记忆这另一个要点了。在习惯之中，记忆的编码霸权达到了极致，但这并不意味着遗忘就彻底偃旗息鼓、销声匿迹。正相反，哪怕是在看似机械重复的习惯节奏的最幽微细节的深处，亦已经有遗忘的差异之力在萌生，孕育甚至发生着微小的爆裂。

当然，我们这一番说法明显附和了德勒兹在《差异与重复》之中关于两种重复，以及时间的第一种综合（习惯）的著名论述。但其实我们却并不想亦步亦趋地照搬德勒兹的论断，而更是想从柏格森的习惯—记忆这个关键但又含混的概念中开出另外一些未竟之深意。那不妨还是先回到利科的文本。在《记忆，历史，遗忘》的开篇，他就明确提及了习惯—记忆这个概念，[①]但却仅将其置于浮现和 *mnēmē* 这一极，因而最终也就仅将其视作被动的痕迹之延续，惯性的机械重复。这既是一种太过片面的理解，同时也阻碍了我们真正在记忆的重复机制的内部去释放出遗忘的差异之力。诚如沃姆斯（Frédéric Worms）在论及《物质与记忆》的这个相关段落时提醒我们的，“习惯”这个词“远比它看上去的具有更重大的含义（plus lourd de sens）”。[②]

其实，习惯的问题在柏格森的文本之中出现的频率并不算低，贯穿其思想的发展，几乎可以说是一个相当重要的关键词。而且他对于习惯的立场也发生了比较明显的变化。比如，在《时间与自由意志》之中，习惯几乎就是与内在绵延相对立、相对抗的外部的机械重复的空间形式，与生生不息的生命运动相比，它总是“自发地、好像通过反射动作似的”[③]来进行运作。进而，在后文他甚至从自我之形态的角度对外在的习惯和内在的生命进行了褒贬鲜明的区分：如果说内在的“基本自我”（moi fondamental）的根本特性是生命创造的自由，那么习惯所塑造的“寄生的自我”（un moi parasite）则正相反，它们就像是在生命之外部所“凝固化了”（solidification）的、“逐渐形

① 《记忆，历史，遗忘》，第 31—34 页。

② Frédéric Worms，*Introduction à* Matière et mémoire *de Bergson*，Paris：PUF，1997，p.102.

③ Henri Bergson，*Essai sur les données immédiates de la conscience*，Paris：PUF，2007，p.28.

成”的“一层厚壳”。① 习惯，根本上无疑就是生命的阻碍和束缚。但到了后续的著作比如《创造进化论》之中，这种在习惯和生命之间所人为划定的二元关系开始松动瓦解，习惯内在所蕴藏的生命创造的动力亦逐渐显现。这个从重复向差异的转变契机，在《物质与记忆》第二章开篇的那个著名段落之中已然呈现得颇为清晰。在这个广为学界的讨论的案例之中，柏格森从“学习一篇课文”② 这个司空见惯的日常现象入手，细致辨析了其中动用的两种不同形态的记忆，一是习惯的记忆，二是形象的记忆，前者所记忆的是课文的内容，而后者所维系的则是内在生命的绵延运动。二者看似鲜明对立，但实则有着内在的统一。表面上看，习惯的记忆是空间化的，机械性的，“它首先需要分解，然后再重新整合为整体动作”，由此最终形成“一个自发运动的封闭系统”（un système clos de mouvements automatiques）。③ 而形象记忆则正相反，在每一次的机械重复的动作之中，心灵的绵延运动并没有被彻底地肢解破碎，而是相反，仍然在活生生的延续着，创造着，那不只是数量的不断累积，而更是性质的根本变化。每一次的阅读和记诵都是独特的、不可还原的精神事件，它带着庞大的形象—记忆的整体而进入、实现于当下。显然，这两种记忆之间根本不可能是彼此对峙甚至分裂的关系，而始终是相得益彰，互相促进：“我们还应当在我们获得‘习惯—记忆’为手段的运作中，发现‘形象—记忆’的一种潜在的介入。”④ 在稍微后面一点的地方，柏格森一针见血地反问道：“如果重复的结果经常是再生产同样的东西，那重复又有什么用呢？”⑤ 如果习惯只是机械的重复，那么它对于生命的创造进化来说就只是阻碍，它对于生命的主体来说就只是束缚。只有当重复与差异彼此相通，只有当习惯真正成为蕴藏和激活生命力的转换枢纽，它的至关重要的作用才得以显现出来。

① Henri Bergson, *Essai sur les données immédiates de la conscience*, Paris: PUF, 2007, pp.125—127.
② Henri Bergson, *Matière et mémoire: essai sur la relation du corps à l'esprit*, Paris: PUF, 1990, p.83.
③ *Ibid.*, p.84.
④ *Ibid.*, p.91.
⑤ *Ibid.*, p.122.

四、习惯之双重法则及其主体性困境

柏格森在这里对习惯的那种兼容重复和差异的双重性的阐释，看似确乎与学界熟习的德勒兹版本的"柏格森主义"大同小异。只不过，必须指出的是，德勒兹的诠释即便越来越占据柏格森研究的主流，但那毕竟只是一种解释而已。在全文的这最后一节中，我们就先从拉维松（Félx Ravaisson）这个源头开始，梳理辨析德勒兹式的诠释的真意，进而再尝试转向另外一些学者（尤其马拉布［Catherine Malabou］和古尔拉克［Suzanne Guerlac］）的颇为迥异的理解路径，进而深刻辨析反思性主体，生命性主体和遗忘性主体三者之间的根本差异。

那么为何一定要回归拉维松这个看似古旧过时的人物呢？那正是因为，至少在习惯记忆这个要点上，他才是连接柏格森和德勒兹之间的关键纽带。一方面，诚如沃姆斯所言，拉维松几乎是《物质与记忆》中论述习惯记忆的篇章之中提及的唯一一位哲学家；[①] 而另一方面，拉维松对于习惯的双重性的深刻阐释，尤其是他对于潜在这个关键方面的揭示，又确与德勒兹有着明显的相通。本文无意亦无力全面阐释拉维松的丰富而深邃的《论习惯》（*De l'Habitude*）一书，而仅聚焦于他的那个核心原理，即"习惯的双重法则"（The double law of habit），这也是众多研究者关注的焦点。

对这个基本原理的理解，必然还是要简要涉及拉维松的习惯理论的哲学史背景。对此，辛克莱尔（Mark Sinclair）进行了最为全面深入的研究，他尤其围绕比夏（Xavier Bicaht），比朗（Maine de Biran）和拉维松三者之间的异同展开细致辨析，颇具启示。上节已经提及，习惯之所以足以成为一个

---

① *Introduction à* Matière et mémoire *de Bergson*，Paris：PUF，1997，p.102. 固然，亦有很多学者提及柏格森对于拉维松的批判乃至误解，尤其是发表于 1904 年的《拉维松的生平与著作》这篇演讲。但细读其中直接涉及《论习惯》的相关段落就不难发现，柏格森即便一开始确实将拉维松的习惯学说片面地等同于一种近乎决定论的自然机制，但随即就指出了他与自己的物质 / 生命之极性原理的契合和相通："因此习惯向我们清晰地表明一个事实，机械论自身是不充分的，因此可以说，机械论不过是精神活动的僵化残留物。"（Henri Bergson，*La pensée et le mouvant*，Paris：PUF，1990，p.267）

重要而又棘手的哲学难题，正在于它在被动与主动、重复与差异、甚至外在和内在等两极对照和对立之中的含混难解的地位。实际上，自古希腊哲学开始，它就已然成为困扰哲学家们的一个谜题。而到了18、19世纪的法国哲学之中，不同学者亦开始着手尝试不同的解决方案。比夏的方案可以被概括为“比较说”，他针对在习惯之中普遍存在的情感（sentiment）和判断之间此消彼长的“反比例”关系，最终还是将判断凌驾于情感之上，将习惯之中的主动力量全然置于判断为代表的认知活动之中。① 比朗则显然不同，他不想在感知和认知之间人为划定等级的高低，而试图更为根本、彻底地回归到生命的普遍本源，进而将习惯视作生命运动的一个普遍原理，那正是在不同的“感觉器官”之间所不断实现的动态平衡。不过，即便他的出发点已经离拉维松很近，但他对这个所谓的根本原理的阐释却仍然是晦暗不明的，甚至往往将其归结为一种自然的“隐秘”（secret）秩序。②

而拉维松的双重法则正是源自对前人的深刻修正。这个原理的表述颇为简明：“激情（passion）的连续或重复使习惯减弱（weaken）；而行动（action）的连续或重复则令其增强（strengthen）。” ③ 显然，一方面，他不同于比夏，而是更接近比朗，因而并非是从更为高阶的认知能力之中界定习惯的法则，而更是试图令其回归于生命的普遍运动。但另一方面，他又与比朗有着根本差异，因为他从根本上超越了后者那里始终坚执的被动和主动之间的二元对立的关系，将其转化为两极间转化互渗的交互作用。④ 我们看到，这与让凯列维奇用来化解柏格森哲学中的物质和生命之间的对立紧张关系的“极性”原理有着明显的契合。实际上，很多学者亦是从这个角度来对拉维松的习惯理论进行阐释。比如马拉布在为《论习惯》的英译版所做的序言之中就借用德里达的相关论述而指出，习惯其实既非只是被动的“上瘾”（addiction），亦非只是主动的“风范”（grace），而更是介于二者之间的

---

① Félix Ravaisson, *On Habit*, trans. Clare Carlisle and Mark Sinclair, London and New York: Continuum, 2008, “Editor’s Introduction”, pp.8—9.

② *Ibid.*, pp.9—10.

③ *Ibid.*, 8.

④ *Ibid.*, p.11.

进行斡旋、沟通与转换的“中项”(a milieu，a middle-term)。[①] 同样，格罗兹（Elizabeth Grosz）在透彻比较拉维松、柏格森和德勒兹的重要论文开篇亦明确指出，所谓的习惯的“双重法则”并非仅仅是激情和行动，被动和主动之间的对立关系，而其实更涉及自由和自然这个根本的问题。从自然的角度看，习惯看似是人对外部环境的“顺从”，但其实亦是人对于自身生命能量的经济、有效的合理规划和安排，进而在意识和行动之间不断实现着平衡与和谐。[②] 由此看来，习惯并非是单向度地束缚与固化，而更是被动与主动之间的那个“差异化的微小间隙”(infinitesimal differential)，它实现的是两极之间的“转化（transition）与运动”。[③]

那么，习惯能够实施此种位居中项的转化之功的真正动力又源自何处呢？以格罗兹为代表的德勒兹主义者们的解释看似亦与拉维松的原初立场相距不远。拉维松早年曾精研亚里士多德哲学（柏格森在讲座之中亦明确提及此点[④]），因此他对习惯的解释与亚里士多德关于潜能的学说密切相通，毕竟，*habitus* 这个拉丁词与 *hexis* 这个亚里士多德的核心概念亦有着明显的传承关系。[⑤] 简言之，习惯能够在被动和主动之间实现转化，那正是因为生命本身就“拥有”(*hexis* 的本意）一种可塑性的潜能，它在顺应环境、规范自身的外部压力之下反而能够更为强烈地激发出内在的源源不竭的创造性的、转化性的行动力量。诚如格罗兹在对柏格森文本中遍在的习惯理论进行概括时得出的精妙之语：“生物皆是被驱迫去自由行动（propelled into freedom)。”[⑥] 这显然颇为近似《泰阿泰德篇》中的那个“持有”和“拥有”之间的著名区分。自由并非单纯是人已然“拥有”的现成、既定的本性，而恰恰是一种有待“持有”和实现的潜能。借用怀特（Melanie White）的精微

---

① Félix Ravaisson，*On Habit*，trans. Clare Carlisle and Mark Sinclair，London and New York：Continuum，2008，“Editor’s Introduction”，p.xv.

② Elizabeth Grosz，“Habit Today：Ravaisson，Bergson，Deleuze and Us”，in *Body & Society*，2013：19，p.218.

③ “Habit Today：Ravaisson，Bergson，Deleuze and Us”，p.222.

④ “真正让他专注自身的原因则是更深层的原因。首先还是对亚里士多德哲学的长期研究。”(*La pensée et le mouvant*，p.263.)

⑤ *On Habit*，“Editor’s Introduction”，p.12.

⑥ “Habit Today：Ravaisson，Bergson，Deleuze and Us”，p.226.

研究，恰可以用“跳跃”(sauter) 这个柏格森文本中的关键意象来生动描摹习惯的那种转化之功，创造之力。习惯，就是在深陷于一个僵化的“外壳”的同时开始激发那种“挣脱”(turning away from) 和“转变”(conversion) 的根本性动力。①

让我们再度回到记忆和遗忘之辩这个本文的核心主题。若沿着上述的这条拉维松→柏格森→德勒兹的生命主义路线持续推进下去，至少会得出一正一反两个重要的初步结论。首先，我们确实在记忆的习惯机制的内部发现了遗忘的无处不在的微小裂痕，在看似最为僵死而机械的重复节奏之中竭力撕开了一个个差异的缺口。这个方向是我们所愿意见到的，因为一方面，它得以相当有效地克服了遗忘之源的那种“外部性”关系的“无力”之窘境，将遗忘之动力深深地纳入记忆的内部，进而在被动和主动的间隙之处去展现出遗忘的更为积极的转化性力量。而另一方面，习惯记忆及其双重性又得以深刻揭示出反思性主体和生命性主体之间的深刻差异。在上节的最后，在引入对习惯记忆的讨论之先，我们似乎多少犯了一个混淆性的错误，即将记忆之经典定义中的反思性主体和柏格森主义中的生命性主体混同在一起。初看起来，二者的形态和立场确实是极为相似的，因为皆体现出记忆对于遗忘的居高临下的地位，进而将记忆最终归结为主体对于自身的在场性根基和本源的探寻、见证、捍卫。但经由对于习惯及其双重法则的深入辨析，我们却发现，这两个主体之间至少存在着两点根本差异：反思性的主体是意识性的，而生命性主体则指向非意识的或意识之外、之下的庞大范域；反思性主体的起点是主动的探寻，而生命性主体的起点则是被动的承受；反思性主体以贯穿于过去和当下的记忆痕迹为预设前提，而生命性主体则正相反，它哪怕在最微小的细节之中也已经包含着转变性的遗忘契机和动力。

但也正是在这里，同时显露出生命性主体的一个几乎难以克服的内在困境，那正是生命和主体之间的对峙乃至分裂。在反思性主体那里，归根究底，记忆最终仍然是主体得以掌控于自己手中的力量，用来确证自身的力

① Melanie White，“Habit as a Force of Life in Durkheim and Bergson”，in *Body & Society*，2013：19，p.251.

量。但在生命性“主体”那里则正相反，一旦引入遗忘之源的外部性，一旦将习惯的双重法则视作基本而普遍的原理，我们却不无窘迫地发现，在生命本身获得了前所未有的增强之际，主体自身却日渐深陷于前所未有的陷阱和泥潭。道理很明显，遗忘的微小间隙可以作为生命推动自身变革的根本动力，但这个动力却从未真正、最终掌控在每一个活生生的生命个体的手中。没错，我们确乎可以在柏格森的意义上将“主体”这个名号就赋予那个流变不已、创造不息的生命洪流，但这个“生命自身”（life in itself）或“生命一般”（life in general）能够获致主体性地位之前提，恰恰是每个个体皆放弃对于自身的掌控，心甘情愿地汇入大化流行的创造进化之中。最终，是生命在创造，在进化，在记忆，在遗忘。最终，你是自由的，那无非是因为生命本身是自由的。去勇敢地跃入生命的海洋，哪怕仅仅成为一朵转瞬即逝的小小浪花吧，因为那也远远强过故步自封、作茧自缚地固守着那个脆弱、空幻、苍白的“自律自主”的主体性的位置。

结语：生死之间的遗忘性主体

反思性主体将记忆凌驾于遗忘之上，而生命性主体虽然将遗忘的动力打入记忆的最深处，但却最终丧失了主体性的立场，令主体沦为生命的傀儡。那么，是否还存在着第三种可能，第三种主体，它不会放弃柏格森带给我们的关于遗忘的重要灵感，但同时又能在一定程度上捍卫主体的自律和自治？

在这个方向上，学界目前只有一些零星的灵感浮现，但已经颇令人期待一个由此逐渐展开的全新思路。这些灵感主要来自两位学者的启示。首先是马拉布从主体性的角度对拉维松的习惯之双重法则所进行的独到而极端的阐释。在《论习惯》英译本的序言中，她就明确提出了这个根本的问题：习惯到底维系了什么，又到底改变了什么？从记忆和遗忘之密切关系的角度看，自然可以说习惯维系的是记忆的连续性，进而给人格的同一性，主体的中心性和基础性奠定了坚实的基础。进而，它所改变的或许并非仅仅是过去的记忆和当下的感知、惯性的行动和外部的环境之间的关系，而更是从根本上涉及主体与自身之间的最为内在的关系。换言之，习惯如果真的是一种两极之间的中项的话，那也并非只是介于被动和主动、自然和自由，甚至内在和外在之间，而更是主体与其自身（“subject and itself”）①之间的最密切、最深刻的纽带。那么，记忆和遗忘之间的关系在主体性之习惯中又究竟展现出何种变化呢？如果还是贯彻拉维松至柏格森的双重法则的话，那么断然应该将遗忘之中的间断、转化和变革之力置于根本性的地位，由此马拉布就得出了一个看似相当惊人的结论：“自我的同一性源自它对于其自身而非外物的抵抗（resistance）。”②这无疑就将双重法则深深地置于主体性之内部，并作为后者的根本原理。每一个主体都是先自我遗忘，再由此生出自我记忆，遗忘是记忆之源，而且此种遗忘之作用并非仅位于本源之处，更是深入自我之同一性的每一个细节之处。自我之所以在意识层面展现出明显的同一性，那正是因为在非意识和无意识的深处，始终有一种自我遗忘的力量在时时刻刻地制造着不可穷尽的微小裂痕。

但对于此种微观的自我遗忘的契机，亦可以从两个角度来进行理解。一方面，当然还是可以遵循柏格森主义的教旨，将其最终归属于生命的自我创造、自我超越的绵延之力，进而在德勒兹的意义上将其视作那一个个微观、局部、流变的“幼生的主体”（sujets larvaires）的萌发运动：“在行动的自我下面存在着一个个静观的微小自我，这些微小自我使行动和能动主体成为可能。”③但另一方面，则不妨转换方向，不再将遗忘内化于生命之中，而是将它实实在在地交还给主体自身，令其成为自我否定、自我遗忘，甚至出生入死、生死交织的关键性转换环节。对这一点的迄今为止最为重要的启示来自古尔拉克2021年的新作《普鲁斯特，摄影和生命的时间》，在这部以拉维松的双重法则为引线甚至主线的著作之中，她看似与马拉布一样将主体性之问题置于核心之位，但与后者迥然有别的是，她更是将遗忘的重心置于死亡而非生命这一边。习惯并非仅仅是自然和自由之间的中介，过去与未来

① *On Habit*, “Preface”, xiv.

② *Ibid.*, xii.

③ Gilles Deleuze, *Différence et répétition*, Paris: PUF, 1968, p.103.

之间的连接，它更是垂死之旧我与初生之新我之间的那种喜忧参半，苦乐相随的“间隙”。[①] 在全书开篇的前两章之中，古尔拉克援引了《追思似水年华》的诸多文本，充分展现出主体在记忆和遗忘交织互渗的习惯运作的过程之中所感受到的种种焦虑，苦痛乃至绝望。从柏格森主义的创造进化的生命来看，主体的悲欢苦乐其实都算不上是根本性的问题，至多只是习惯之更迭演进的过程之中所附带产生的效应。[②] 无论你是悲是喜，生命的进化仍将继续，你的苦乐对此起不到任何的实质性的影响和改变。但若从古尔拉克式的生死交织的运动来看，遗忘之苦痛不仅是一个至关重要的向度，甚至成为主体确证自身的最为根本性的力量。是的，世界在变化，生命在前进，往昔在土崩瓦解，未来在初现雏形，但或许并非所有人都会欣然毅然地去迈向和拥抱未来，或许，注定有一些人会如普鲁斯特笔下的主人公那般，在每个撕心裂肺的夜晚竭力而又绝望地试图抓住、挽留那个正在消逝的过去，正在死去的旧我。[③] 正是在这个生离死别的间隙之处，一种挥之不去的苦痛再度成为建构主体性的力量，它不再是居高临下的反思，也不再是随波逐流的快感，而更是一种源自遗忘之苦痛，在自我遗忘的极致之处同样激发出一种尤为强烈的自我记忆。在如今这样一个必须大力声张“遗忘之权利”（the right to be forgotten）[④] 的时代，或许这个遗忘性的主体反倒能够成为重建主体性的真正契机和动力。

---

① Suzanne Guerlac, *Proust*, *Photography*, *and the Time of Life*: *Ravasson*, *Bergson*, *and Smmel*, London and New York: Bloomsbury Academic, 2021, p.15.

② “纯粹的快感……只是存在的某种加速，某种生成—强度（becoming-intense）：‘生命如此充沛而奔涌。’”（Rosi Braidotti, *Nomadic Theory*: *The Portable Rosi Braidotti*, New York: Columbia University Press, 2011, p.157.）

③ *Proust*, *Photography*, *and the Time of Life*, p.18.

④ “‘遗忘的权利’（RtbF），也即个人有权删除他的私人信息，当这些信息或主动（或被动）地发布于互联网上之后”（*The Ethics of Memory in a Digital Age*, ed. Alessia Ghezz et al., Basingstoke: Palgrave MacMillan, 2014, p.1）。

统一与分离：柏格森对物质绵延的两种论证及其疑难[①]

王 嘉*

国内学界常把柏格森从《物质与记忆》到《创造的进化》的思想演进描述为从物质绵延到宇宙绵延的深化过程。在此基础上，本文认为这种演进实则是柏格森对物质绵延的前后两种不同论证，即统一论证和分离论证。可以看出，柏格森在《物质与记忆》中是从身心的统一关系入手，而《创造的进化》则是在生命到物质的分离脉络下开展。这样，以物质绵延为名，有助于更为清晰地看到《物质与记忆》到《创造的进化》之间的思想关联，也可以对柏格森思想的发展有一个更为有效的把握。

引言

物质问题作为一个十分突出的问题贯穿着柏格森思想生涯的始终，它也是其思想中的一个关键的疑难点。柏格森早期的《论意识的直接材料》一书以对内在心理状态的分析而著名，这种强大而有力的分析甚至可能会给人留下物质与绵延相对峙的印象。然而事实上，柏格森在这部著作的第二章中就已经尝试证明物质的不可入性仅仅只是逻辑上的必要。[②] 从这里开始，物质问题在柏格森

① 本研究受到“中央高校基本科研业务费专项资金”资助，资助项目为“重读柏格森的《物质与记忆》”(S20220099)。

* 作者王嘉，浙江大学哲学学院博士后、助理研究员，主要研究领域为法国马克思主义思潮、柏格森以及柏格森主义思想（主要关注西蒙东和斯蒂格勒的技术哲学）。

② 亨利·柏格森：《时间与自由意志》，吴士栋译，北京：商务印书馆，2021年版，第65页。

那里的困难性和复杂性就已经突显出来了。尽管他只是批判了某种将物质放在外在空间之中的庸俗理解，却还没有对物质绵延做出具体的论证。但这里已经暗示着，柏格森从一开始就并没有彻底将内在心理状态的绵延与物质对立起来。换言之，这里预示着，"物质的绵延"是可能的。而《物质与记忆》以及《创造的进化》正是接续了这一关键的问题，对物质绵延分别提出了两种不同的论证。

以上是物质绵延问题的由来。此外，还有另一个问题困扰着本文的研究，那就是物质绵延与宇宙绵延的关系。柏格森在《物质与记忆》中第一次提出了物质的绵延，而到了《创造的进化》，除了物质的绵延之外，柏格森还提出了"宇宙的绵延"（la durée de l'univers）。① 更为关键的是，从《物质与记忆》开始，柏格森就将物质与宇宙并举而称其为"物质性宇宙"（l'univers matériel），② 而到了《创造的进化》中，他又说："生命的发展方向与宇宙的方向相同，但与物质性的方向相反。" ③ 从这里可以看出物质与宇宙之间的复杂关系，似乎柏格森在《创造的进化》中所论证的已经不是《物质与记忆》中的物质绵延，而是宇宙的绵延。这个问题关乎柏格森的思想整体，远非可以如此轻易对付过去，这也是本文通过全面考察柏格森的思想整体及其对物质绵延的论证所力图回答的问题。

对这个问题的研究可以拆解为：第一，柏格森在《物质与记忆》将物质与宇宙放在同一平面上，在这一前提下，柏格森如何论证物质宇宙的绵延。第二，在《创造的进化》区分开物质与宇宙的情况下，柏格森如何论证物质的绵延。第三，这两种不同的论证方式有何种异同之处，以及产生了怎样的新问题。本文的论述将沿着这一线索展开。

一、《物质与记忆》中的统一论证

1896 年，柏格森出版了《物质与记忆》的第一版，深入研究了《论意识

① Henri Bergson，*L'évolution créatrice*，édition critique，Paris：PUF，2018，p.339.

② Henri Bergson，*Matière et mémoire*，*essai sur la relation du corps à l'esprit*，édition critique，Paris：PUF，2012，p.216.

③ Henri Bergson，*L'évolution créatrice*，p.342.

的直接材料》所遗留下来的物质问题。这部著作的核心无疑是两点：物质与记忆。柏格森分别在第一章通过知觉研究物质，第二、三章则深入记忆的无意识领域，最后在第四章中通过生命或意识问题而将物质与记忆二者统一起来。物质的绵延也最终得以成立。从这部巨著的副标题“论身体与灵魂的统一”中不但可以看出柏格森的研究思路，也可以看出柏格森对物质绵延的论证方式。

之所以称之为“统一论证”，是因为这一论证建立在柏格森所谓的某种二元论的基础上。柏格森反对笛卡尔以来的庸俗二元论：“庸俗的二元论的错误在于采取了空间的视角，它一方面把物质与物质在空间中的各种变体相提并论，另一方面，把感觉看作非广延的东西而放在意识之中。”① 相反，柏格森提出了某种独特的二元论，来论证物质与精神之间“不一不异”的有差别的统一。而这种统一正好就是物质绵延之论据的直接来源，也就是说，只要论证了心物之间的统一，也就证成了物质的绵延。

从《物质与记忆》的研究思路来看，这一论证是从两个方面展开的：分别与物质与精神相对应的纯粹知觉理论和纯粹记忆理论。在第四章的总结中，柏格森从纯粹知觉的角度直接指出了他所持的二元论对物质与精神的统一，从而走向了物质的绵延：“某种二元论从纯粹知觉出发，在这里，主体与对象正好重叠，这种二元论将这两个东西的发展推向了它们各自的绵延。”② 如柏格森所言，“在纯粹知觉的行为中，精神能够放置在物质上面，也就是，它能够与物质统一起来（unir），尽管它从根本上（radicalement）区别于物质。”③ 在纯粹知觉理论中，物质如何与精神统一？

首先，柏格森在纯粹知觉理论中详细证明了，物质与知觉乃是同一平面上的。所谓知觉，就是物质性运动在神经系统中传递而形成的反射回路，因而与记忆的再现有着根本的不同。当然，知觉与记忆的本质差异也意味着物质与精神之间的不同本性。其次，柏格森对知觉的一个重要界定是：运动之作用通过神经的输入与其输出的反应之间需要等待、间隔或时间。④ 这也就

①②③ Henri Bergson，*Matière et mémoire*，p.248.

④ Cf. *ibid.*，p.28.

意味着知觉具有某种精神的分辨（discernement）和选择（sélection）能力。[①] 也正是在这个意义上，柏格森称纯粹知觉为最低程度的精神。也同样是在这个意义上，物质—知觉平面上的纯粹知觉完美展现了具有不同本性的物质与精神之间的统一。当然并不是说，只有在纯粹知觉这里才有物质与精神的统一，毋宁说，纯粹知觉作为一个极端的范例证明了任何知觉上都存在着这种统一。

在柏格森看来，任何知觉都占据一段绵延，哪怕是“瞬间性”的纯粹知觉也是有厚度（épaisseur）的。并且，他还反复强调，知觉更多地在物质那边而不是在我们这边；[②] 由此可知，纯粹知觉更是几乎可以等同于纯粹图像或物质本身了。因此，在物质那边的纯粹知觉乃是一种沉浸在物质之中的知觉，并且，它最多只有某种“准—瞬间性”。这也就证明了：物质必然占据一段绵延，哪怕“物质的绵延是如此微弱、如此短暂，以至于我们根本无法察觉”。[③] 用柏格森的描述来说，“随着我们对物质的分析的深入，物质越来越只是某种无限迅速（infiniment rapides）的瞬间的连续。”[④]

同样地，从记忆那边来看，作为记忆的精神，它的“最基本的职责就在于，将事物的绵延的连续瞬间联系起来，如果说正是在这一过程中，精神与物质取得了联系，也正是借助这一过程，精神首先与物质区别开来”。[⑤] 在柏格森的思想中，知觉理论与记忆理论不过都是从不同方面对同一个活动的描述方式，它们的目的都在于证明物质与精神之间的这种奇妙关联。那么，从纯粹记忆理论来说，精神或记忆如何与物质统一起来呢？

简而言之，纯粹记忆通过身体而从潜在状态现实化（actualiser）：“动—觉的身体为无力的记忆，也就是说无意识的记忆，提供了身体化（prendre un corps）、物质化（se matérialiser）的方式，并最终使之得以当下化（devenir

---

① Cf. Henri Bergson，*Matière et mémoire*，p.35

② Cf. *ibid.*，p.49，p.200，p.202.

③ 王礼平：《存在的呐喊——绵延与柏格森主义》，复旦大学博士论文，2005 年，第 170 页。

④ Henri Bergson，*Matière et mémoire*，p.248.

⑤ *Ibid.*，p.249.

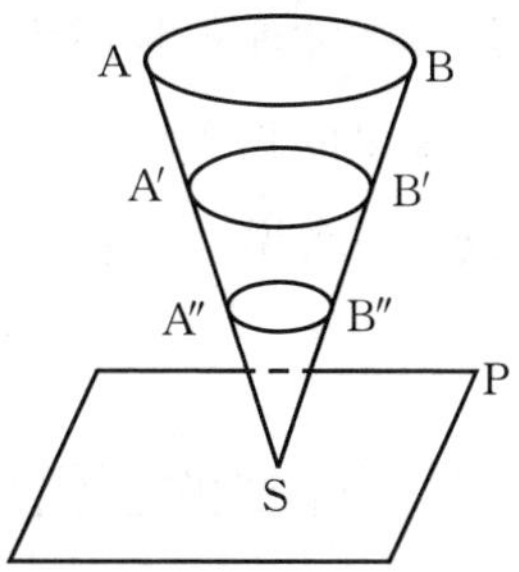

présent)。”① 前面已经提到知觉与物质处于同一平面上，而知觉又是在包括大脑在内的身体上传递的，也就是说，知觉、身体、物质及其运动全部都是在同一平面上。物质与身体的关系是：它们都是图像；物质是一般的图像的集合，而身体是某种特殊的图像；后者是前者的中心，前者通过后者而被组织起来。用柏格森的倒立锥体示意图来说，AB 面代表纯粹记忆，平面 P 是宇宙中一切物质的集合，记忆与物质的相交就发生在顶点 S 上，S 点不仅是记忆锥体的顶点，也是平面 P 的中心。因此，记忆在这个极端点上被现实化，同时也就是物质化、身体化。

从时间的视角上来说，在这个点上，作为过去的记忆来到当下而被赋予活力。并且，这一过程并非仅仅是过去与当下两个维度之间的运作，而且也是以未来为方向的。因此，在这个点上，“精神就是过去与现在的、朝向着未来的综合”。② 此即柏格森在物质与记忆之统一上所建立的“时间图式”。这种对未来的展望使得物质不再是某种自身封闭的扁平符号，它在精神的压缩下而获得了纵深。记忆的回路越广阔，它的现实化就使得我们对物质现实的理解越深刻 (profonde)。③ 很明显，一个不谙世事的孩子与一个饱经风霜的老者对同一个对象必然有着完全不同的见解。事实上，如果没有作为记忆的精神加入物质，我们对物质世界不会有任何认识：物质的间隔必须由精神的绵延加以填补。例如，当我们阅读的时候，若没有记忆的绵延，那么呈现在我们面前的就只是一个个相互孤立的奇怪符号，而不会有任何相关的意义产生。

综上看来，无论是从知觉一侧看，还是从记忆一侧看，精神与物质都是统一在一起的。如果说，在物质与精神的具有不同本性的二元前提下，精神绵延而物质不绵延，那么正是由于精神绵延的加入，正是由于物质与精神的

① Henri Bergson，*Matière et mémoire*，pp.169—170.

② *Ibid.*，p.248.

③ Cf. *ibid.*，p.115.

统一，才使得物质得以绵延。在这个意义上,《物质与记忆》中的统一论证所提供的物质绵延，仍然是《论意识的直接材料》的内在心理状态绵延的延续。或者说，它们论证的乃是同一个绵延。

二、《创造的进化》的分离论证

严格说来，单纯的物质并不绵延，问题在于世界上找不到所谓不绵延的单纯物质。在《物质与记忆》的开篇，柏格森想象了一个没有身体的物质宇宙：宇宙充满着各种图像，“所有这些图像在它们全部的基本部分上，根据恒定的规律发生着相互的作用与反作用，我将这些规律称之为自然规律，因为这些规律的完美科学使得计算和预测这些图像中的每一个图像中所发生的事情成为可能。图像的未来必然已经包含在了它们的当下之中，并且不会有什么新东西加入其中”。①

可以说，第一章第一段中这几句话就为整部著作的宇宙图景奠定了一种机械论基础。在这种机械论宇宙图景中，只有图像与图像之间根据所谓的“自然规律”而相互作用，一切都是给定的，没有任何新东西的创造，当然也没有绵延可言。随即，柏格森在这一机械论宇宙中引入了一种特殊的图像：“**在我称之为宇宙的这种图像集合中，除了借助某些特殊的图像之外，没有什么真正的新东西产生，这种特殊图像的类型乃是我的身体提供给我的**。”② 正是由于身体—图像处于物质—图像的中心，所以机械论宇宙才能有新东西的创造，物质才有绵延可言。这也是整本著作都在论证的结论。

如果对比《创造的进化》的开篇，那么，柏格森以上在《物质与记忆》开篇中的论述，就与之形成了强烈的对比。在《创造的进化》第一章中，柏格森就告诉我们，“宇宙在绵延。我们越深入研究时间的本质，我们就越领

---

① Henri Bergson, *Matière et mémoire*, p.11.

② *Ibid.*, p.12.

悟到绵延意味着创造，形式的创造，意味着全新事物的不断生产。”[①] 初看之下，他似乎把《物质与记忆》中处于同一平面的物质与宇宙两个概念分别放置在了不同的平面上，其中，宇宙就是一股绵延着的生命流，其特征是："存在在于变化，变化在于成熟，成熟在于不断地自我创造"；然而，"任何一种物质都会呈现出与我们刚才列举的特征相反的特征"。[②]

如此说来，似乎宇宙绵延而物质不绵延？要想澄清这个问题，就必须阐明《创造的进化》中物质与宇宙之间的关系，并且这种关系也可以从物质和宇宙这两方面分别加以考察。首先，物质与宇宙仍然是统一的，宇宙仍可以是一个物质的宇宙。其次，物质是对宇宙的分离（isolation），这一点是《创造的进化》在《物质与记忆》基础上的突破。这一突破的关键在于，将宇宙看作一个开放的整体，而物质则是从宇宙整体中孤立出来的封闭体系。在这个极端的意义上，宇宙整体与孤立物质才处于不同平面上。

从宇宙方面来说，《物质与记忆》中物质与宇宙在机械论意义上被并举，到了《创造的进化》这里，宇宙被赋予了某种不彻底的目的论图式。在《物质与记忆》中，"知觉机制""身体的运动机制"之类的说法[③] 几乎随处可见；而《创造的进化》则直接宣布"必须放弃机械论"。[④] 摆脱了机械论纠缠的宇宙是怎么样的？如柏格森所言："正如彻底的目的论一样，尽管在形式上更为宽松（vague），生命哲学把有机界当作一个和谐的整体呈现给我们。但是这种和谐远不如人们所说的那样完美。"[⑤]

作为整体的宇宙，它的目的论比起彻底的目的论来说更加宽松，因此这种宇宙整体的和谐并非一种完美的和谐。绵延着的宇宙是有秩序的，但这种秩序的和谐并不是事实上（en fait）存在的，而只存在于应当上（en droit）。如果说宇宙的进化是从后面不断前进的，那么"和谐与其说是在前面，不如

---

① Henri Bergson，*L'évolution créatrice*，p.11.

② *Ibid.*，p.7.

③ Cf. Henri Bergson，*Matière et mémoire*，p.38，p.81.

④ Henri Bergson，*L'évolution créatrice*，p.40.

⑤ *Ibid.*，p.50.

说是在后面”。[1] 为什么宇宙秩序在事实上、在前面（en avant）并不存在，而只在应当上、在后面（en arrière）才存在呢？因为这种秩序来自某种原初的统一性，也就是柏格森所谓的生命冲动（élan vital）：“原始冲动是一种共同的冲动，我们追溯得越远，不同的倾向就越表现出相互的补充。”[2]

彻底的目的论与彻底的机械论相通，在这里“一切都是给定的”。真正的目的论应重建“更为广义的实在”，“这种实在是创造性的，也就是说，能生产它得以扩张和超越自身的结果”。[3] 这种实在就是宇宙整体，就是生命，也就是创造性的绵延。柏格森说，“正如整体的宇宙，正如每个被单独看待的有意识的生命，活的有机体是在绵延之中的物体。”[4] 这种目的论视野中生命冲动的原初统一，就是宇宙绵延不同于《物质与记忆》的机械论宇宙图景的由来。

另一方面，从物质一侧来看，既然宇宙的进化是一个从原初统一分裂为不同的互补趋势的过程，那么物质也就是从这种柏格森意义上的趋势来定义的。用柏格森的话说，“物质有一种构成可分离体系的倾向，这些体系可以用几何方式加以处理”。这是因为科学为了方便研究而从宇宙整体中分离出一些孤立的体系，以排除体系之外的因素的影响。在这个意义上，可以说，物质的几何学秩序乃是一种不同宇宙秩序的人为制造出来的科学规律。

然而，这种彻底的几何学秩序在某种意义也不是在事实上存在的，而只有在应当上才是合法的。因为，在柏格森看来，物质的分离是一种极端情况，“物质不会走到尽头，分离绝不会是完全的”。[5] 作为封闭体系而人为分离出来的物质，事实上仍有着许多与体系之外的东西的联系，它们细若游丝、如同看不见的“线”：“正是沿着这条线，宇宙所固有的绵延一直传递到我们生活的世界的最小部分。”[6] 因此，延续宇宙的绵延，物质在事实上必然是绵延的。

---

①② Henri Bergson，*L'évolution créatrice*，p.51.

③ *Ibid.*，p.52.

④ *Ibid.*，p.15.

⑤ *Ibid.*，p.10.

⑥ *Ibid.*，p.11.

从宇宙整体的绵延，到孤立物质系统在应当上的分离，这就是《创造的进化》第一章所给出的物质在事实上绵延着的分离论证。这种分离论证也几乎贯穿了整部著作，正如柏格森在第三章开头的总结那样，本书第一章中确立了无机与有机的分界，第二章指出了智慧与本能之间的对立，第三章则要探讨物质与智慧的同时发生。[①] 柏格森曾在第一章中说，“科学分离和隔离一个体系的做法不完全是一种人为的做法。”[②] 这表明了物质的分离只是宇宙进化的一种结果。这个观点很快在第二、第三章中得到了阐明。第二章论述了动物界与植物界来自同一源头的分离与互补，以及节肢动物与脊椎动物分别沿着本能和智慧的各自进化道路。这样，物质与智慧在进化谱系中的同时发生也就在第三章中顺理成章了。换言之，物质的发生本就是生命朝着智慧性的脊椎动物的结果。人类作为这一谱系上最具智慧的生命，必然对物质进行分离以方便外在地加以把握。从这个角度看，物质的分离就不是人为的。物质是生命通过分离而自然进化的结果，在这个意义上，物质绵延得以成立。

从人为的视角说，柏格森指出了对物质的人为分离不可能走到尽头，所谓的物质的人为系统并不是彻底孤立的，因此物质必然绵延。这是第一章的分离论证。而其他章节则从宇宙自然分离的角度指出了人作为智慧生物为什么不可能实现物质系统的彻底分离，也就为第一章中人为分离的不彻底提供了更深层的根据。可见，物质系统的人为分离与非人为分离之间正好构成了一条逐渐深入的论证思路，也使得物质绵延的分离论证更加完备。

三、两种论证之间的关系及其疑难

对物质绵延的统一论证以物质与记忆的二元论为基础，而分离论证的基础则是生命的一元论。在《物质与记忆》中柏格森也透露出，物质与记忆的

① Cf. Henri Bergson，*L'évolution créatrice*，pp.187—188.

② *Ibid.*，p.10.

统一就是生命。[①] 可见这两种论证本来就是可以互逆、互补、互摄的。事实上，这两种论证也并没有各自采取单一的论证路径。柏格森《物质与记忆》最后一章提出，“感性性质之间的异质性在于它们在我们记忆中的压缩，客观变化的相对同质性则在于纯粹知觉的自然松弛（relâchement naturel）”，[②] 并且在这一章中反复预示《创造的进化》中的生命一元论。同样地，《创造的进化》也在最后一章提出了一种不同于物理学智慧之认识的“第二种认识”，即哲学直观。[③] 不同于前者的分离之运作，后者的作用则是融合，它要求从对物质的外在性认识重新回到绵延中去。

这两种论证之间的互补证明了：宇宙天地之间，除了绵延、除了生命之外，再没有别的东西了。绵延的“外界找不到绵延，只找到同时性”。[④] 绵延之外的同时性物质宇宙，仅仅是幻觉或虚无而已。如果看不到生命的绵延，人们不但会误解物质，也会错过精神：物质的运动及其思维方式沦落为某种机械的幻觉，从而堕入虚无的伪概念之中。这个观点几乎贯穿柏格森的全部思想，也揭示出了他关于绵延之论证的三部著作之间的关系。

具体而言，《论意识的直接材料》是从心理一侧看绵延，《物质与记忆》则补充了物质的角度而形成了物质与心理并重的框架，到了《创造的进化》，柏格森不再以宇宙的物质性为当然，而是从物质发生的角度来论证整个宇宙的状态。其结果是，《物质与记忆》以一种极端的二元论鲜明地表明了，绵延不仅仅是纯粹心理上的，毋宁说，所谓绵延着的意识或生命不过是物质与精神之间相接（contact）的结果。它在某种意义上构成了柏格森思想的中轴线。如果从这部著作出发来看柏格森对绵延的论证，那么《论意识的直接材料》和《创造的进化》就像是《物质与记忆》的两条分支，不过各有所侧重而已。它们都是从不同角度对绵延所展开的不同论证。

除此之外，对物质绵延的统一与分离论证所展现的其实不仅仅是二元论

① Cf. Henri Bergson, *Matière et mémoire*, p.221.
② *Ibid.*, p.203.
③ Cf. Henri Bergson, *L'évolution créatrice*, pp.367—369.
④ 见亨利·柏格森：《时间与自由意志》，第 170 页。

与一元论的互补，更为要紧的是，它们对物质宇宙的性质分别提出了两种截然不同的看法。在二元论的统一论证中，物质宇宙是无机的、机械论的，而在一元论的分离论证中，物质宇宙则是有机的、活力论的。这一点对于柏格森思想整体来说是十分尖锐的。从《物质与记忆》到《创造的进化》，在物质宇宙的问题上，柏格森看似放弃了机械论而转向了活力论，实际上却在《创造的进化》中留下了一些疑难。

既然宇宙整体已经是一股绵延的生命之流，为何还要将生命定义为对物质障碍的克服？换言之，既然宇宙在其原初意义上具有一种生命的秩序，物质的机械只是对其进行分离、孤立所得到的结果，那么物质的障碍就不可能成为生命的条件。这意味着，生命与物质之间必然存在着某种辩证的循环关系。这种机械论与活力论之间的抉择，又会带来物质本性是自然物还是技术物的争论。这是柏格森思想中隐藏着的一个当时还尚未彻底显露出来的内在难题。事实上，这个难题也是柏格森之后法国生命哲学的发展路径之一。

法国柏格森主义哲学家吉尔伯特·西蒙东发展了《创造的进化》中的分离论证，他在其最重要的著作《论技术物的存在方式》的第三部分，将物质（技术物）的发生描述为从魔法阶段（phase magique）向着同时性的技术和宗教阶段的分裂。① 如果参照柏格森对物质与智慧的人工性（artificiel）描述，就可以发现西蒙东对技术发生的思辨考察中所隐藏着的柏格森式的下降 / 分离框架。其后，另一位深受柏格森思想影响的法国技术哲学家贝尔纳·斯蒂格勒，对西蒙东技术哲学中所包含的这种具有十足自然主义色彩的框架进行了反思。在他看来，技术物与自然物之间的界限是不可突破的，② 换言之，物质的分离不可能如柏格森所言，既是人为的，又不完全是人为的。

从斯蒂格勒的思想来看，不仅物质是人工性的技术物，而且宇宙中的一切也无一不是人工的或技术的。甚至生命也都是技术性的生命：柏格森的“生命是对物质障碍的克服”，被斯蒂格勒改写为“生命就是对技术物的

① Gilbert Simondon，*Du mode d'existence des objets techniques*，Paris：Aubier，2012，p.216.

② Bernard Stiegler，*Nanjing Lectures 2016—2019*，ed. and trans. Daniel Ross，London：Open Humanities Press，2020，p.315.

克服”，就是借助非生命去追求生命。于是，柏格森生命一元论中关于物质本性的有机与无机之间、自然与人工之间的疑难，就通过斯蒂格勒的技术一元论而澄清了。这样，物质就是“有组织的无机物”（matière inorganique organisée），[①] 而生命就是技术物的“延异”（différance）。[②] 技术物可计算的机械论秩序与不可计算的生命秩序之间，也就通过生命延异的回路而贯通了。

当然，斯蒂格勒技术学对柏格森活力论的改造，不过是对柏格森思想沿着人类学方向进行激进化的一种可能：这种技术—人类学让柏格森的物质宇宙变成技术宇宙，让生命成为人类的智性生命。除此之外，柏格森的思想宝库还有许多其他的可能。例如，针对柏格森的机械论与活力论之间的疑难，德勒兹也提出了一种独特的解决方式。通过对照柏格森在《物质与记忆》与《创造的进化》中所隐含的对于电影的不同看法，德勒兹在《电影Ⅰ：运动—影像》中提出了一种机器论。这里的背景是，柏格森在《物质与记忆》中所描述的机械论宇宙，到了《创造的进化》其实就成了他所贬斥的制造运动幻觉的电影机制。因此，在某种意义上，物质宇宙所谓的“机械论”秩序就是一部元电影（métacinéma）。只不过，在德勒兹的眼里，“这不是一种机械论（mécanisme），而是机器论（machinisme）。物质世界、内在性平面是**运动—影像的机器装配**（*l'agencement machinique des images-mouvement*）”。[③]

若从柏格森的角度看，“机械”与“机器”在笛卡尔几何学的意义上所意指的就是同一个东西，因此电影对图像的机械装配所重建的并不是真正的运动。电影中没有绵延。然而，德勒兹并没有跟随柏格森对电影机制的贬斥，而是对其进行了一种创造性的反向诠释。在他看来，机器并不服从于没有绵延的机械论，相反，它是一切生成的内在性平面。在机械论与机器论区分下，物质宇宙的“机械论”秩序就和对图像的电影术装配一样，在知觉的意义上被赋予了绵延。宇宙并不是机械的（mécanique），而是机器的（machinique）。德勒兹用机器论来取代《物质与记忆》中的机械论，也就将

---

① 见贝尔纳·斯蒂格勒：《技术与时间1：爱比米修斯的过失》，第一章第11节。

② 同上书，第三章第1节。

③ Gilles Deleuze，*Cinéma 1*，*L'images-mouvement*，Paris：Minuit，1983，pp.87—88.

《创造的进化》中机械论与活力论的紧张消除了。

结语：物质的形而上学疑难

柏格森在《物质与记忆》中宣称要同时建立一门记忆的心理学和一门物质的形而上学（une métaphysique de la matière），[①] 这意味着物质的绵延就绝不是仅仅只是物质之事。从这一点上说，《创造的进化》的生命一元论立场将物质与记忆合并起来，与《物质与记忆》是一脉相承的。于是，《创造的进化》的最后一段得出结论："物质作为下降的实在事物只是通过与上升的东西的相互关系才能绵延。" [②]

物质的形而上学也只有奠基在绵延之上才是可能的。与海德格尔一样，柏格森将现代科学与形而上学区分开来，海德格尔常常批评科学只关心存在者而不关心存在本身，只见有而不见无；相应地，柏格森则说，"在我们所持有的假说中，科学与形而上学是两种对立的，尽管是互补的认识方式，科学仅仅保留瞬间，即仅仅保留不绵延的东西，而形而上学则关注绵延本身。" [③] 换言之，科学对物质在"存在者"层面上的分离，必须以物质绵延为"渊源域"。尽管如此，物质的绵延究竟何以可能，对于这个问题，柏格森虽有两种不同的论证，但如上所言，却仍有意犹未尽之处。它要求我们必须重新去同时阐明物质与绵延的本质结构。在这个意义上，柏格森留下了物质绵延的"形而上学疑难"。

无论是斯蒂格勒的技术学，还是德勒兹的机器论，它们的理论思路及其目的都在某种程度上展现了柏格森思想整体中关于物质宇宙最为重要的一个疑难，亦即物质宇宙是自然系统还是人工系统，是机械论的还是有机论的。必须强调的是，这种形而上学的疑难却并不是矛盾或冲突，而是我们重读、解构柏格森思想的一个切入点，是绵延本身的多维结构向我们展示出来的复杂性。

---

① Cf. Henri Bergson, *Matière et mémoire*, p.248.

② Henri Bergson, *L'évolution créatrice*, p.368.

③ *Ibid.*, p.344.

梅洛-庞蒂专栏 | Maurice Merleau-Ponty

肉身的谱系：梅洛-庞蒂的现象学与弗洛伊德主义的交叉[①]

王亚娟[*]

梅洛-庞蒂的肉身现象学，以其区别于胡塞尔意识现象学的独特风格，在根本上影响了德法哲学对身心问题的讨论。然而，肉身现象学如何突破意识现象学的界限，如何在身心对峙中达成肉身的统一，这需要走出现象学理论追溯其根源。事实上，肉身概念的提出与弗洛伊德的精神分析密切关联，现象学与精神分析的交叉为探究肉身问题提供了索引。在国内外研究中，已有不少学者从弗洛伊德切入梅洛-庞蒂的肉身哲学。[②]这些研究梳理了梅洛-庞蒂对弗洛伊德主义的借鉴，为人们理解肉身概念的缘起和现象学运动的发展提供了线索。然而，肉身哲学受限于可逆性的困难，[③]在梅洛-庞蒂离世之后愈发难以被人理解。事实上，当他晚期围绕精神分析制定专门的课程，[④]使用欲望来说明肉身哲学的谱系时，这些工作为破解肉身的疑难提供了线索。本文正是在肉身的难题中切入梅洛-庞蒂对弗洛伊德的解读、改造乃至发展，

---

① 本文受国家社科基金一般项目“梅洛-庞蒂的肉身现象学及其当代效应”（21BZX092）资助。

* 作者王亚娟，哲学博士，南开大学哲学系副教授，主要从事现当代法国哲学研究。

② Cf. Aubert，de Saint Emmanuel，*Être et chair*，*du corps au désir*：*L'habilitation ontologique de la chair*，Paris：vrin，2013；Barbaras R.，Carbonne M. and Lawlor L. ed.，*Merleau-Ponty*，*Chiasmi International 6*，*entre esthétique et psychanalyse*，Paris：Vrin，2005；宁晓萌：弗洛伊德哲学与梅洛-庞蒂的“肉身”概念，《世界哲学》，2016 年第 1 期，第 80—86 页；等。

③ 梅洛-庞蒂：《可见的与不可见的》，《梅洛-庞蒂文集第 9 卷》，罗国祥译，北京：商务印书馆，2021 年版，第 184 页；巴尔巴拉：《梅洛-庞蒂的肉身概念的难点》，邓刚译，《同济大学学报（社会科学版）》，2008 年第 5 期，第 21 页。

④ Merleau-Ponty，M.，*Notes de cours 1958—1959*，*et 1960—1961*，Paris：Gallimard，1996，pp.149—156，pp.388—389.

以此钩沉肉身哲学背后现象学与精神分析之间的交叉互联。

一、弗洛伊德主义突破现象学的界限

在克服笛卡尔主义的身心二元论问题上，胡塞尔和弗洛伊德各有其独立的方法和对象。但当梅洛-庞蒂思考这一问题时，他很早就把二者联系在了一起。早在《知觉现象学》的前言中，他已经指出人们可以在弗洛伊德那里"重新"找到现象学。① 他早期使用的"身体—主体"概念肯定了意识综合与身体综合的平行性关系，② 这表明**他仍是胡塞尔现象学的学徒**。尽管如此，弗洛伊德通过性本能分析所深入的意识"底层"，即"潜意识"理论动摇了梅洛-庞蒂跟随胡塞尔的信念。直到20世纪50年代，当他从神经病学、儿童心理学和精神分析理论等交叉研究中重返被感知的世界时，③ 他才**走上一条区别于胡塞尔式的现象学道路**。当他晚期修正胡寒尔的现象学时，弗洛伊德越来越多地出现在他的视野之内，不仅是他重新寻找现象学的迂回或侧面，而且成为还原推进时严格审查的对象。在他为赫斯纳尔的《弗洛伊德的作品与精神》一书撰写前言时，他认为弗洛伊德的精神分析引入了"一种新的哲学"，它与现象学一起汇聚了各种尝试。④

由此可知，梅洛-庞蒂始终是在胡塞尔现象学的反思与突破中，关切弗洛伊德所带来的启示。但这并不意味着精神分析仅仅是他修正现象学的工具，当他把还原方法应用到精神分析中时，这既深化了弗洛伊德主义又更新了现象学。如人们所知，胡塞尔致力于"对象、认识、真理之间的必然相互关系"，⑤ 还原就是向着明证性真理的操作。彻底的还原要求明证性贯穿整个意识王国，先验自我作为还原的基底，它的绝对自身被给予性无不表明意识

① 梅洛-庞蒂：《知觉现象学》，《梅洛-庞蒂文集第2卷》，杨大春、张尧均、关群德译，北京：商务印书馆，2021年版，第2页。

② 同上书，第179页。

③ 尤其是在1953年关于《感性世界与表达世界》的课程中，cf. Aubert，de Saint Emmanuel. *Etre et chair, du corps au désir：L'habilitation ontologique de la chair*，Paris：Vrin，2013，p.16。

④ Cf. Merleau-Ponty，M.，*Parcours deux 1951—1961*，Lagrasse：Verdier，2001，p.276.

⑤ 胡塞尔：《文章与讲演 1911—1921》，倪梁康译，北京：人民出版社，2009年版，第74页。

的透明性。[①] 因此，在明证的还原中不存在任何剩余，先验自我作为“我能”不是实心的而毋宁是空心的。在梅洛-庞蒂看来，胡塞尔通过还原对“内主体性”的描述为精神分析开辟了一个领域，这为进一步追溯隐藏在“主体”之内的真实乃至疾病提供了可能，因此，“现象学为精神分析带来了它所需要的种种分类和表达方式”。[②] 与此相对，精神分析对被压抑物之“潜意识”的分析，“病人和疾病间的联系为单薄的理论概念带来了一种意义的、沉重的、浓厚的剩余”。[③] **弗洛伊德主义对潜意识的分析，呈现出并不明证的、与真理并不相即的“真实”，这为还原提供了区别于胡塞尔式的材料和领域，因而突破了现象学的明证性界限。**

梅洛-庞蒂看重弗洛伊德的并不是精神分析的技术范式或治疗手段，技术的实证性并不是精神分析的核心。他认为弗洛伊德在哲学上的启示毋宁是其对生命变化的记录，“他对种种话语、行为、梦境与它们之间的流动、对立、反响、替换和变形的多元化感知”。[④] 这在根本上革新了胡塞尔的现象学方法，为还原带来了区别于本质直观的内容。**本质直观的被给予之物是各种变项背后不变的理念，**[⑤] **而精神分析则突出了“奇特的互易的直观”**（intuituion d’échange）。[⑥] 无论是性欲关联的分析（诸如情结、机制等），还是心理学的术语，都可以被看作对这种直观的技术性描述或者说诠释。在梅洛-庞蒂看来，当支持者用性欲连同其抵抗进行诠释，反对者斥责“弗洛伊德的下流”时，他们都过高地估计了性欲，而没有哲学地理解弗洛伊德，没有抓住其理论的核心。[⑦]

梅洛-庞蒂指出，对弗洛伊德的理解需要放在现象学与精神分析的关系中。如人们所知，胡塞尔对方法的反思开辟了现象学领域，它除了借助直观中的被给予物之外，不依赖于任何观看的前提。然而，现象学作为观看的一种方式，任何一种看都带有看者的特点与志趣，胡塞尔的志趣就是看到“贯

---

① 参见王亚娟，《完全还原的不可能性——兼论梅洛-庞蒂与胡塞尔现象学的差异》，《世界哲学》，2017年第4期，第84页。

② Merleau-Ponty，M.，*Parcours deux 1951—1961*，Lagrasse：Verdier，2001，p.276.

③④ *Ibid.*，p.277.

⑤ 胡塞尔：《经验与判断》，邓晓芒、张廷国译，北京：三联书店，1999年版，第395页。

⑥ Merleau-Ponty，M.，*Parcours deux 1951—1961*，Lagrasse：Verdier，2001，p.278.

⑦ Cf. *Ibid.*，p.279.

穿于一切变体的本质普遍的存在”，[1]这意味着他不仅看到过去看到的东西，而且对未来的看表达了“‘全视’的雄心壮志”。[2]这种志趣决定了胡塞尔现象学的特性，决定了他的看并不是对可见者的真实描述，而是对可见者的意义与真理的普遍把握。在梅洛-庞蒂看来，这种把握已然在观看中为自然和人化的世界戴上了有色眼镜，它通过把存在先验地综合在一起而扰乱了“存在的碎片”；他通过精神分析返回的正是那些含混的、不精确的碎片，它们不再是处在“与认识和真理必然关系中”的意向对象，而是“一种和他人类似的不精确的‘对象’，它不能进入意识和意识的对象、思维和思想的关联之中”。[3]因此，**精神分析教会人们一种区别于胡塞尔式的观看方式，它不再以意向的内在性为所与物奠基，因此对象便不再受限于主体在理念性中构成的本质关联**。这并不是说，理念的客观性与普遍性完全被抛弃了，而是对象、真理与认知之间的关联不再受限于不变的本质，对真理的追溯沉入可变的真实，这为真理的更新开启了潜在的可能性。

正是在透明性的界限和潜在可能性的关注中，梅洛-庞蒂发现了现象学与精神分析之间的一致性。“正是通过暗示或揭示其界限——通过其‘潜在内容’或其‘无意识’——现象学才得以与精神分析共鸣……”[4]弗洛伊德对性本能的分析表明，**从意识出发的明证性路径是不充分的，身体的自发性不仅不能被意识所穿透**，而且在诸如口误、梦境与神经官能症中，显现出潜在的可能性与深度的不透明性。弗洛伊德在性本能分析的基础上，尝试构建一种新的文化图景，即用爱欲来解释文明的历史进程。[5]这意味着他**尝试一种联动的机制，它在接受本能的非逻辑性特征时，尝试把不透明性引向一种内在或潜在的解释，并使之与意识阐明关联起来**。因此，潜意识通向了意识，它使本能的潜在性、不透明性与意识的现实性、明证性联动起来。正是在这个意义上，梅洛-庞蒂指出：“为了解释弗洛伊德的伟大发现，即在身体的来源

---

① 胡塞尔：《欧洲科学的危机与超越论的现象学》，王炳文译，北京：商务印书馆，2011 年版，第 473 页。

② Merleau-Ponty, M., *Parcours deux 1951—1961*, Lagrasse: Verdier, 2001, p.280.

③ *Ibid.*, p.280.

④ *Ibid.*, p.283.

⑤ 参见弗洛伊德：《精神分析引论》，高觉敷译，北京：商务印书馆，1984 年版，第 9 页。

不明的生活和个人的正式生活之间的相互作用，应该在机体和我们之间引入作为有意识行为和明确认识的结构的某东西。”①这种东西就是意识的具身性，就是他在身体—主体、身体图式等概念之后，所提出的潜在的、可能的和普遍的身体性，即肉身概念。因此，在胡塞尔现象学与传统本体论的修正中，梅洛-庞蒂指出“弗洛伊德的哲学不是身体的哲学，而是肉身的哲学”。②

二、欲望运作与身体的普遍系统

在现象学与精神分析的交相侵染中，**胡塞尔、弗洛伊德和梅洛-庞蒂共同的关注是关系本身而非关联项，胡塞尔用意向性分析担保关系的明证性，弗洛伊德用性本能分析把明证性与不透明性潜在地关联起来，他们使梅洛-庞蒂“最终关注关系的诞生这个层面”得以可能。**③肉身作为关系在起源上的被给予之物，是梅洛-庞蒂把现象学方法用在精神分析上的所得。它虽然是后来提出的概念，却因其在起源上的奠基意义而具有先在性。正因如此，肉身的发现需要不断重返先前的努力，重新解释与之关联的其他概念，如身体图式、身体性等，把现象学方法的精髓与精神分析引入的潜在关联融合起来，从而抵达“我们所寻求的对‘存在’的真实解释……一种联结（nexus）”。④《自然》突出了肉身作为“关系”的意义，它指出人的存在由身体性体现了一种“间性存在”（interêtre），这要求一种与意识哲学的构成性相互别的路径来把握身体，即在知觉场成就的身体与世界的初始联系中探求身体的感性论；感性论向着动物行为的分析凸显了本能与欲求问题；在此基础上，感性论融合了弗洛伊德的力比多理论，运用投射—内摄⑤所实现的

---

① 梅洛-庞蒂：《符号》，姜志辉译，北京：商务印书馆，2003年版，第287页。

② 梅洛-庞蒂：《可见的与不可见的》，罗国祥译，北京：商务印书馆，2021年版，第348页。

③ 鹫田清一：《梅洛-庞蒂：认识论的割裂》，刘绩生译，石家庄：河北教育出版社，2001年版，第139页。

④ Merleau-Ponty，M.，*La Nature. Notes*，*cours du Collège de France*，Paris：Seuil，1995，pp.266—267.

⑤ 梅洛-庞蒂使用的内摄（introjection）概念，参照了弗洛伊德但并不局限于弗洛伊德。这一概念的译名参照的是张敔所译的《国际精神分析辞典》（网络版）：http://www.360doc6.net/wxarticlenew/968566033.html。

吞并（incorporatoin）最终从感性世界抵达表达世界。[①] **如果说从意识出发的构成性路径，自上而下地实现了文化世界的综合；那么借助于弗洛伊德的投射—内摄关系而达成的吞并，则是自下而上地使自然世界和表达世界关联起来**。因此，身体的感性论与欲求理论的整合，是理解“关系诞生”的关键，亦是把握肉身难点的核心。

在弗洛伊德那里，投射—内摄关系被用来说明潜意识的内在机制，它通过引入“本我”和“超我”两个维度而更新了传统的自我概念。[②] 这突出体现在本能与超我之间的张力与冲突上，当分析者用一种自恋理论来解释冲突并付诸治疗时，梅洛-庞蒂态度显明地批评了这种美国式的曲解，他认为用本能和冲突来解释个体的疾病，由此把个体适应社会看作治疗的目的，[③] 这种实证主义丢掉了精神分析最深刻的内容。真正需要解释的是冲突背后的深度关联与联动机制：分析不是在封闭的自恋中见证自我的冲突与毁灭，而是在个人与社会、自我与他人的真实关系中，深入探勘自我如何既内在而又外在地把他人收摄进来。其内在性在于：我所拥有的关系的入口只能是为我的，我只能在内在地“理解”他人的看法；其外在性是因为潜意识具有深度的含混性，在根本上描述了自我与他人之间不可逾越的距离。因此，精神分析“最本质的，大概是与他人之间的关系”。[④]

弗洛伊德引入一种投射—内摄观念来描述自我与他人的关系，这种观念因其致力于阐明关系的机制而成为梅洛-庞蒂眼中“尤为深刻的东西”。[⑤] 他使用投射—内摄观念重返并扩充了身体图式概念：在《知觉现象学》中，身体被看作由本己身体（corps propre）的运动所达成的等价系统，[⑥] 正如触摸的例子所显示的，这个系统确认了身体的双重性，但它始终处在我的双手的循

① Cf. Merleau-Ponty，M.，*La Nature. Notes*，*cours du Collège de France*，Paris：Seuil，1995，p.270.

② 弗洛伊德：《精神分析引论》，高觉敷译，北京：商务印书馆，1984 年版，第 164 页。

③ 梅洛-庞蒂说：“精神分析的目的不是把个体拉平到围绕在他周围的社会水平上。”Merleau-Ponty，M.，*Entretiens avec Georges Charbonier*，*et au dialogues 1946—1959*，Verdier，2016，p.274.

④ *Ibid.*，p.291.

⑤ *Ibid.*，p.294.

⑥ 梅洛-庞蒂：《知觉现象学》，杨大春、张尧均、关群德译，北京：商务印书馆，2021 年版，第 202 页；参见鹫田清一：《梅洛-庞蒂：认识论的割裂》，刘绩生译，石家庄：河北教育出版社，2001 年，第 75 页。

环之中，这使它仍然带有单子论的特征，或者说它只是本己身体的自恋。然而，当《自然》重返这一概念时，与他人身体的关联打破了封闭在单子自我之中的循环，把身体的自恋延展到他人与世界之中。[①] 延展体现在：**《知觉现象学》在身体的运动中解释我的身体与世界之间的未分性，而《自然》则在欲求的投射—内摄中描述存在的关联性**："我的身体图式在他人中投射，并投向他人，拥有与他们和存在的关系，寻求认同，它与他们不可分割，并欲求他们。"[②] 投射是我的身体对外在于我的他人的欲求，内摄则是我把他人连同其与我的关系一同收摄到我的运动之中；这两种运动都由我负责，但它们作为物理运动具有不同的方向，作为生命行为具有不同的效果。如潜意识的分析所显示的，它们的区别可以在"自我"的深度探勘中得到说明，但真实的根源是：与我间隔一定距离生存的外部生命。正是这种在自我与他人、自我与世界之间的生命距离激发了原初的欲求，使身体图式概念与欲望的哲学交融在一起。

梅洛–庞蒂运用投射—内摄观念对身体图式概念的扩充，致力于阐明身体作为内—外之间的普遍系统。[③] 这意味着他完全突破了"自我"的路径，无论是自我意识还是自我本能，向着他人打开身体的普遍关联。为了做到这一点，他借鉴了梅兰妮·克莱茵在母婴关系上对弗洛伊德主义的发展。母婴之间不可分割的关系被他表述为一种"混杂（promiscuité）的构造"：它在母体子宫（母性容器）中呈现出世界与胎儿存在的不可分性，在婴儿躯体中呈现出存在与躯体的不可分性，在父母孕育行为中呈现出存在之间的不可分性。[④]"混杂"中的不可分性使他化解了萨特在我他关系上的冲突论：萨特基于一种客观的观看把他人等同于被看到的存在，即纯粹的客体，这使观看的我同时丧失了他人和我的自由。萨特式的观看是一种客观化的观看，它在方法上仍是胡塞尔式的，但这只是观看的一种特殊情况，这种特殊化把他人与

① Merleau-Ponty，M.，*La Nature. Notes*，*cours du Collège de France*，Paris：Seuil，1995，p.287.
② *Ibid.*，p.287.
③ *Ibid.*，p.346.
④ Cf. *Ibid.*，p.347.

自我置于对抗之中，而“我对他人的报复和欺骗关系是在纯粹的—知觉关系之后”。[①] 因此，需要在欲望哲学的奠基中深入后一种关系，以便澄清我与他人之间的初始关联。这一研究不再像弗洛伊德那样仅仅从性欲出发对欲望做出分析，当其在奠基意义上考察欲望时，“欲望是从先验的层面被考虑的”，它在投射—内摄作用中抵达了内—外系统的普遍混同，从而在肉身维度上揭示了我的世界与他人世界的共同框架。[②]

三、触觉的可逆性导向视觉镜像

在梅洛-庞蒂那里，肉身为自我与他人、身体与世界提供了一种可逆性框架。[③] 人们对可逆性的讨论多追溯他对胡塞尔的借鉴，以《可见的与不可见的》对可逆性的描述为证据。[④] 他援引《观念 II》中的触觉例子，是因为胡塞尔用它来显示身体的双重性，这把问题引向对原初感受性的探究。然而他们在感受性起源的探究中分道扬镳：胡塞尔以明证性为标准揭示了“我能”对感觉材料的被动综合，梅洛-庞蒂则确认了世界与身体之间的普遍关联，这使他突出了对两间性的偏好。人们注意到梅洛-庞蒂对胡塞尔的修正，并在此基础上阐明可逆性的机制：在能触与所触的分化与互换中，用身体的二重性为可逆性提供一种必要的解释。然而，只要解释仍然是从胡塞尔式的二重性出发，那么可逆性便始摆脱不了二分的困难。**一种完备的可逆性要求身体的分化与互换背后存在一个第三维度，即打通触摸活动的能动者与被触摸攫取的受动者之间的分割，作为“一种自身可感的普遍性”被给予的关系本身**。[⑤] 正是为了描述这种关系，梅洛-庞蒂从胡塞尔的触觉延伸到视觉。

那么，他为什么要在触觉之后引入视觉，或者说视觉究竟为可逆性阐明

---

① Cf. Merleau-Ponty，M.，*La Nature. Notes*，*cours du Collège de France*，Paris：Seuil，1995，p.348.

② Cf. *Ibid.*，p.287.

③ 参见巴尔巴拉：《梅洛-庞蒂的肉身概念的难点》，邓刚译，《同济大学学报》(社会科学版)，2008 年第 5 期，第 24 页；鹫田清一，《梅洛-庞蒂：认识论的割裂》，刘绩生译，石家庄：河北教育出版社，2001 年版，第 209 页。

④ 梅洛-庞蒂：《可见的与不可见的》，罗国祥译，北京：商务印书馆，2021 年版，第 180 页。

⑤ 同上书，第 175 页。

带来了哪些更新？他曾指出："触摸同时触到自身（触觉［*Tastwelt*］的两极性）。视觉打破了这种即时性（可见者在距离之外，外在于身体的界限），并且通过世界中的镜子重建统一体。"①这清楚地描述了触觉与视觉之间的差异：触觉的两极性是身体的不同方位、不同部分的结合，因此触摸本就是一种关联的达成，和合触碰既是触摸的发生，也是触摸两极的即时分化。这种即时性隐藏了关系的发生，而视觉通过看到界限与距离，就像潜意识使我们发现深度，它以区别于意识的方式"向我们呈现我永远不会面临的东西"。②这个既超出我又超出他人的维度乃是我与他人关系的先在维度，是我与他人共有的原始维度。我的意识不能穿透这个维度，基于欲望对意识深度的分析为我们提供了"超越的镜子"。③借助镜子，肉身可逆性的第三维度——这个普遍可感的维度成为可见的。

《可见的与不可见的》指出，肉身维度指向我与他人共同隶属的存在，它"预先地将他人判定为我的镜子"，④因此镜子是我与他人关系的存在论隐喻。镜子使存在成为视觉的见证者，无论是我的存在还是他人的存在。在这个意义上，胡塞尔单子的自我也需要见证者，"他需要一面镜子。他需要他人"。⑤事实上，梅洛-庞蒂不仅在意向性的上行研究中，宣告了镜像关系的原初性；而且在动物性的下行研究中，确证了外部世界和生命机体之间的整体性。精神分析所描述的投射—内摄关系，只有"主体"维度才会凸显自在的意义，他对低等行为和高等行为的研究表明：生物层面发布命令、协调和解释的整体是身体的神经系统，而"神经系统是世界镜像（Weltspiegel）"。⑥这意味着，他同时在人类与动物界描述镜像关系，正如他人是主体的镜子，每一种动物都是其他动物的镜子。**当"镜像关系"被用来解释投射—内摄达成的普**

① Merleau-Ponty，M.，*La Nature. Notes*，*cours du Collège de France*，Paris：Seuil，1995，pp.345—346.

② 梅洛-庞蒂：《可见的与不可见的》，罗国祥译，北京：商务印书馆，2021 年版，第 106 页。

③ 同上书，第 279 页。

④ 同上书，第 106 页。

⑤ Merleau-Ponty，M.，*La Nature. Notes*，*cours du Collège de France*，Paris：Seuil，1995，p.108.

⑥ 高等动物是从接受器官（身体）的构成方式中获得"客体的可能性"；动物身体的活动性之所以形成空间的区分，是因为包括眼睛在内的身体运动提供了整体的视觉；这种整体性是基于身体各个部分的位置及其感受性而定位和完整的。Cf. *ibid.*，p.225.

遍系统时，交互身体性能够同等地证成动物间性和主体间性，因而具有一种本体论价值。因此，一种突破触摸两极性的普遍关联得以在镜像关系中得到充分说明："所触的手把能触的手作为能触的给予手，它们是彼此的镜子——类似的情形也存在于事物的关系中：它们'触摸'我就像我触摸它们一样。"①

当梅洛-庞蒂从触觉转向视觉来阐明肉身的可逆性时，视觉中的镜像作用凸显出来。如前所述，胡塞尔的主体需要他人作为镜子，只有借助镜子，一个拥有眼睛的主体才能够形成真实的知识。镜子是主体习得主体性和客体性所需要的"媒介"，它使能见的主体成为可见者，使可见者成为可思者，这为主体基于思想的明证性来把握客体奠定了基础。然而，明证性把一切外在性都判入可疑的行列，据此来看，可见性亦不需要回应"为谁可见"的问题，它天生就是"为我的"，这使他人的目光最终被"唯我论"吞噬，"唯我"的主体亦因此忽视了他人作为镜子的作用，更不用说镜子背后他人的存在。从唯我论出发的精神分析，会把他人看作我的自恋的投射，他人作为自我只能"为我"地进行投射，如此一来，在自我与他人之间便没有任何"吞并"的可能，有的只是矛盾、对抗——在这个意义上，萨特关于我他关系的描述只是弗洛伊德主义的文学与哲学表达。梅洛-庞蒂并不支持我他关系上的对抗说，他反对萨特的理由即走出弗洛伊德主义的原因，这使他打破了纳西索斯的困境，把镜子看作身体自恋的延伸，并由此追问通向他者的本体论道路。

在《可见的与不可见的》中，视觉的镜像活动不仅停留在可见者层面，而且深入可见性背后的根源。因此，由身体性达成的"吞并"与"混杂"并非有限的、可被极化为能见—所见的身体，而且根植在不可见者向着可见者互易的视域之中。互易的直观把关系推向深度的阐明：在此之前，有眼睛的身体始终处在相反的张力之中：一方面，能见的身体作为视觉活动的获得者，它把连同他人在内的世界一并收摄到视野之中，形而上学意义上"全视"的野心彰显了主体无限的权能，这种无限看似向外视看的无限，实则在身体的自恋中无限内卷；另一方面，身体作为所见有其厚重的深度，正如精

---

① Merleau-Ponty，M.，*La Nature. Notes*，*cours du Collège de France*，Paris：Seuil，1995，p.287.

神分析对意识深度的分析那样，这打破了身体的自恋与思想的内卷，标度了可见性与可思性的界限。《可见的与不可见的》从思想的限度出发，用不可见性强行划破了物象与镜像之间的对应关系。只有比“全视”的权能更强的力量才能打破它，使视觉从思的无限内卷中挣脱出来，向着无限的、不可思议的东西敞开。正是这种敞开，在本体论层面肯定了我的身体与他人身体的普遍混同。梅洛-庞蒂直言：“肉身是镜子的现象”，[①] **只有从他人的视点，即借助镜子，人们才能看到自我和他人的距离与差异，在看的一次次回顾中把握看的界限与深度。**[②]

四、肉身的开裂与原初的否定性

梅洛-庞蒂以视觉镜像为隐喻揭示了肉身的可逆性，并在可见性与不可见性的“侵越”中，宣告了镜像中的“幻觉”与“裂痕”。“看意味着被看到的可能性——我的视觉形象中的空白。但这一空白由外界整体形象的形成而填补。视觉像镜子那样使某物可能，即‘幻觉’：我在镜子中的形象，这是自我在各种事物之中（并非触觉的镜子之中）我所能凝视的东西。”[③] 这段话在肯定镜子的作用时，表达了镜像背后的两种存在论根据。从后一句来看，正是自我保全了镜像的完整性，只有主体才能在存在论层面确证自身和世界的完整性。从前一句来看，对可见形象之可能性的追溯将从镜子进入世界，

---

① 梅洛-庞蒂：《可见的与不可见的》，罗国祥译，北京：商务印书馆，2021 年版，第 327 页。

② 在“镜像”问题上，梅洛-庞蒂早在围绕儿童心理学展开的索邦课程中就曾多次谈及拉康，晚期又多次使用镜子隐喻来描述肉身的存在特性，这很容易让人们推出：拉康的镜像理论对他产生了深刻和持久的影响。这个问题非常值得研究，事实上，二者都源自弗洛伊德的思想，他们与弗洛伊德主义的亲疏关系是理解他们之间趋同或分歧的基础。此外，应当指出，梅洛-庞蒂仅仅在隐喻意义上使用镜像，他既未把肉身阐明限制在镜像隐喻之中，也未把镜像视作存在论阐明的必然。他曾指出：“必须在自然和人之间确立一种比镜像更密切的关系，而且自然和意识只有通过我们与我们的肉身存在才能真实地交流。”因此，镜像服务于肉身的阐明，它时不时地出现在举例和说法之中，只是为了方便人们抵达肉身。Merleau-Ponty，M.，*Child Psychology and Pedagogy*：*the Sorbonne Lectures 1949—1952*，trans. Talia Welsh，Illinois：Northwestern University Press，2010，pp.36，73—74，etc；Merleau-Ponty，M.，*Parcours deux 1951—1961*，Lagrasse：Verdier，2001，p.282；Merleau-Ponty，M.，*Résumés de cours*，*Collège de France 1952—1961*，Paris：Gallimard，1968，pp.108—109.

③ Merleau-Ponty，M.，*La Nature. Notes*，*cours du Collège de France*，Paris：Seuil，1995，p.345.

走出镜子即走出自我，它是自恋的出口亦是世界的入口："好像世界的入口仅仅是退出的另一面，而它是我们进入世界的自然力的一种限制和另一种表达。"① 出入之间的转换即可见性与不可见性之间的运动，它根植于存在的深处，见证了主体性的开裂与不可见性的绽出。因此，面对幻觉他不再做自我的精神分析，他否定左拉对塞尚所做的剖析，② 而是在精神分析的哲学启示中，把可逆性推向了可见性与不可见性之间的动态运动。

就可逆性而言，梅洛-庞蒂首先是在关系意义上把握它的，**它是能见和所见、能触和所触两极之间的关联**。"它（我的身体）作为事物与我和事物之间关系的工具。这是同一体验的两个'方面'，相互联合、不可共存但又相互补充的两方面。"③ 其次，**它是在可见性的根源与深度上被追溯的，它意味着可见性与不可见性之间的运动与转化**。这里的不可见性并不是透视空间中的阴影或背面——这种解释依赖于光学原理；不可见性亦不是光明的反面，因为正反两极服从于对称性原理。因此，运动的可逆性全然不是光学意义上的镜面反射或折射作用，④ 镜面作用无论在数学还是在物理上都是均衡对称的，而可见的与不可见的之间的转化则是潜在的、多重的、偶然的与不均衡的。**不均衡性描述了镜像的断裂，它是对不可见性的暗示与可逆性的阐明**。毋宁说，**不可见性是自然原始的否定性，其自然原始性通向起源上的先在之物，它是对一切现成性的（toute faite）否定**。

然而，具有奠基意义的起源如何与被奠基的现成之物悖谬地关联？认识到这里的悖谬，也就找到了梅洛-庞蒂革新现象学的钥匙：正如视觉反思所显示的，**一切现成性及其可能无不依赖于主体的视觉，其"全视"源自主体内在的设定，这在起源上是对自然否定性的否定**。这种否定以"内主体性"担保了明证性，而还原对起源的追溯使人们发现了其自我证成的特征。⑤ 梅

---

① 梅洛-庞蒂：《可见的与不可见的》，罗国祥译，北京：商务印书馆，2021 年版，第 19 页，译文略有改动。

② 梅洛-庞蒂：《塞尚的怀疑》，《梅洛-庞蒂文集第 4 卷》，张颖译，北京：商务印书馆，2018 年版，第 8 页。

③ Merleau-Ponty，M.，*La Nature. Notes*，*cours du Collège de France*，Paris：Seuil，1995，p.285.

④ 《眼与心》对笛卡尔屈光学的批判，正是要反驳这种理智主义的偏执与谬误。参见梅洛-庞蒂：《眼与心》，《梅洛-庞蒂文集第 9 卷》，杨大春译，北京：商务印书馆，2019 年版，第 45 页。

⑤ 参见钱捷：《超绝发生学原理（第一卷）》，北京：中国社会科学出版社，2012 年版，第 5 页。

洛-庞蒂推动人们在还原的深度操作中突破明证性，进而在回溯性探问中发现自然原始的否定性。由此，自然的否定性不是由肯定衍生的、需要被克服和超越的“不完美”，而是一种原初的、本体论意义上的开裂：“这里的否定并非一种别处的肯定，一种超越——这是一种真实的否定……”[①] 在对真实否定性的追问中，梅洛-庞蒂逐渐脱离了胡塞尔及其笛卡尔式的道路，他不再在起源上要求“我思”的明证性，而是在思的起源中肯定了感性世界的地位。正是在这个意义上，**否定性为感知与无感知、可见性与不可见性之间的互易，即可逆性提供了本体论的阐明**。“我不能降低这种否定性的重要性：正是这种否定性使身体不再是经验事实，并使身体有了本体论意义。”[②] 通过把否定性纳入主体和视觉的生成，梅洛-庞蒂不仅为肉身的可逆性提供了存在根据，而且把存在论的阐明推向深层维度。

当否定性最终被纳入肉身的本体论时，剩下的问题在于否定从哪里获得运动的源泉。这种动力既需要在意向性的上行路径中，回应单子的自我如何融合他人；也需要在动物性的下行路径中，解释在动物间和动物与环境之间的吞并关系。当梅洛-庞蒂说弗洛伊德主义最本质的内容是自我与他人的关系时，他仍然是在意识的上行路径中评估弗洛伊德主义的启示，后者亦因此成为他推进现象学思考的重要素材。他推动现象学变革的肉身哲学，同时是一种欲求的哲学。正如精神分析对梦的解析所显示的，它是对意识起源和观念历史的分析，就其在方法上对起源的严格追溯而言，精神分析的方法仍然是现象学的。[③] 运用现象学方法来看精神分析，使梅洛-庞蒂独创性地提出了肉身哲学。肉身所描述的存在秩序，不仅适用于自我与他人的关系，而且在欲望的运作中，达成了普遍的生命秩序。[④] 当他从动物性与人性的交织、从

---

① 梅洛-庞蒂：《可见的与不可见的》，罗国祥译，北京：商务印书馆，2021 年版，第 326 页。

② 同上书，第 327 页。

③ Merleau-Ponty，M.，*Parcours deux 1951—1961*，Lagrasse：Verdier，2001，p.275.

④ 梅洛-庞蒂在《行为的结构》已然引入了一条与理智秩序区别的生命秩序，当他晚期越来越明确地借鉴精神分析时，生命秩序的批判意义不断得到深化。参见梅洛-庞蒂：《行为的结构》，杨大春、张尧均译，北京：商务印书馆，2021 年版，第 291 页；梅洛-庞蒂：《可见的与不可见的》，罗国祥译，北京：商务印书馆，2021 年版，第 348 页。

动物性出发阐明文化世界时，[1]肉身便突破了人类学的范围，这更新了精神分析的领域和内容。因此，他立下豪言："'肉身的哲学'是一个条件，没有这个条件，精神分析就仍然停留在人类学阶段。"[2]

我们最终在肉身哲学中见证了"现象学与精神分析的和鸣"。[3]然而，梅洛-庞蒂与精神分析并非和谐地关联在一起：一方面，当梅洛-庞蒂在现象学的界限上借鉴弗洛伊德时，欲望运作在本体论上的阐明确实深化了肉身的可逆性，但"如何调和理智现象学的特征与肉身本体论的归属问题"仍然存在；[4]另一方面，肉身引入的不可见性超出了弗洛伊德，这持续激发精神分析对现象学的援引与争鸣。[5]从现象学与精神分析的分歧出发，梅洛-庞蒂的整个事业都面临瓦解的风险。事实上，当梅洛-庞蒂严格而谨慎地对弗洛伊德展开反思时，他与精神分析学者们陷入持续的论争；当他娴熟而彻底地贯彻从胡塞尔那里继承的现象学方法时，却被质疑不再是胡塞尔式的现象学家。然而，就肉身的谱系学阐明而言，探讨现象学与精神分析的交叉是至关重要的。这种交叉毋宁是问题上的关联，当现象学的还原与精神分析的欲望共同地导向"潜在性"与"不透明性"时，对问题的深度分析将启发人们继续前行。

---

① Merleau-Ponty，M.，*La Nature. Notes*，*cours du Collège de France*，Paris：Seuil，1995，p.187.

② 梅洛-庞蒂：《可见的与不可见的》，罗国祥译，北京：商务印书馆，2021 年版，第 343 页。

③ Merleau-Ponty，M.，*Parcours deux 1951—1961*，Lagrasse：Verdier，2001，p.283.

④ Merleau-Ponty，M.，*Notes de cours sur l'origine de la géométrie de Husserl*，Paris：P.U.F.，1998，p.1；巴尔巴拉：《梅洛-庞蒂的肉身概念的难点》，邓刚译，《同济大学学报》(社会科学版)，2008 年第 5 期，第 26 页。

⑤ 研究者 T. Ayouch 和 LE Bord 指出，有四位精神分析学家对梅洛-庞蒂就精神分析所做工作进行了回应：安德烈·格林（André Green），让-贝特朗·蓬塔利（Jean-Bertrand Pontalis），拉康（Jacques Lacan），卡斯托里亚迪斯（Cornelius Castoriadis）。这四位精神分析学家都对《可见的与不可见的》表示出兴趣（Cf. Mary A. Thamy A.，2012）。

身体现象学的时间图式及其困境[①]

李林蜜[*]

时间问题在《知觉现象学》的整体论证思路中占据核心位置，尽管就全书而言，梅洛-庞蒂仅在“时间性”一章中对此问题展开了专题讨论，但是他明确表示时间是回应一切超越问题的终极图式。[②]梅洛-庞蒂前期对这一问题的思考深受胡塞尔和海德格尔的影响。其中，胡塞尔的影响是决定性的。尽管梅洛-庞蒂拒绝胡塞尔所持的意识哲学立场，但是他在身体现象学的框架内延续了胡塞尔前期对于在场域以及时间视域的理解。[③]后者在很大程度上构成了梅洛-庞蒂本人思考时间问题的基础。

然而，将意识哲学的时间图式引入身体现象学的做法始终是令人不安的。这一疑虑实际上已经展现在梅洛-庞蒂后期的思考中。在写于1959年的两篇工作笔记中，梅洛-庞蒂表示胡塞尔重新发现了被称作“滞留的绝对流”的原初存在，即一种相互嵌连的时间结构。[④]但他同时也指出，“胡塞尔的错误在于从一个被看作是没有厚度（épaisseur）的，被看作是内在意识的在场域（Präsensfeld，champ de présence）出发描述这种嵌连（emboîtement）。”[⑤]

---

① 本文系国家留学基金委（CSC）国家建设高水平大学公派研究生项目“时间空间化：肉身哲学的拓扑空间性”（201906190202）的研究成果。

* 作者李林蜜，巴黎高师哲学系博士生，主要研究兴趣为梅洛-庞蒂现象学、法国现象学、现象学与心理学、精神分析的关系。

② Maurice Merleau-Ponty，*Phénoménologie de la perception*，Gallimard，1945，p.495.

③ *Ibid.*，p.307，note（1）. 关于 champ de présence 的翻译，尽管梅洛-庞蒂引用了胡塞尔在《内时间意识现象学》中给出的术语，但是本文并没有按照胡塞尔学界的译法将 champ de présence 译作“现前域”，而是在梅洛-庞蒂的语境内将其译作“在场域”。

④ Maurice Merleau-Ponty，*Le visible et l'invisible*，Gallimard，1964，p.243.

⑤ *Ibid.*，p.225.

《可见的与不可见的》的法文版编者对此批评附上了一个注释，指出梅洛-庞蒂在《知觉现象学》关于“空间”与“时间性”的章节中曾多次谈及“在场域”这一概念，但是当时的分析并未导向对胡塞尔的批评。[①] 那么，是否应该认为《知觉现象学》的相关论述并不存在上述失误，该批评仅是对胡塞尔的意识哲学立场的一般性诘难？抑或是，我们也可以认为这一批评在一定程度上构成了梅洛-庞蒂对《知觉现象学》时期提出的现象学方案的自我反思？

基于上述疑问，本文将对《知觉现象学》中的时间问题展开批判性考察，讨论将分为三个部分：首先，梳理梅洛-庞蒂在“时间性”一章中对于时间问题的基本论述思路，阐明梅洛-庞蒂对胡塞尔的时间图式的继承与改造；其次，结合《可见的与不可见的》的工作笔记中的相关批评，指出梅洛-庞蒂在身体现象学中引入胡塞尔的时间图式的做法可能导致的内在困境，并指出这一困境根植于《知觉现象学》的整体运思立场。最后，借助梅洛-庞蒂在《知觉现象学》中对失音症等精神病例的时间性分析，提示突破时间困境的可能路向。通过上述考察，本文试图展现梅洛-庞蒂前期的身体现象学进路的内在得失，并尝试为理解梅洛-庞蒂中后期思想发展提供一条重要线索。

一、身体现象学的时间图式

在梅洛-庞蒂那里，时间问题是在身体现象学的论域中被提出的。众所周知，贯穿梅洛-庞蒂思想发展始终的问题是如何消解笛卡尔式的身心二元论以及由此导致的精神与世界的割裂的。[②] 因而，与其将《知觉现象学》看作20世纪现象学运动内部的经典著作，毋宁说它本质上是梅洛-庞蒂为了克服身心二元困境而尝试给出的现象学方案。在梅洛-庞蒂看来，身心问题不是笛卡尔式的，而是现象学的，即问题的关键不在于如何从精神的内在性走

---

① Maurice Merleau-Ponty，*Le visible et l'invisible*，Gallimard，1964，note*.

② 关于梅洛-庞蒂的哲学意图及其思想发展逻辑与笛卡尔哲学之间的内在关联，可以参阅：Emmanuel de Saint Aubert，*Le scénario cartésien：recherches sur la formation et la cohérence de l'intention philosophique de Merleau-Ponty*，Vrin，2005.

向世界的外在性，而在于具身化主体如何能够忠实地描述自身与身处其间的生活世界的原初共在（coexistence）。

不同于胡塞尔与海德格尔，梅洛-庞蒂认为主体与世界之原初共在的场域，既不是纯粹意识的先验经验领域，也不是此在的生存关联域，而是身体的知觉场。他在《知觉现象学》中明确写道：

> 通过我的知觉场及其空间视域，我呈现给我的周围环境，我与所有其他延伸着的景象共在，所有这些视角又共同形成了一个唯一的时间波浪、世界的一个瞬间；通过我的知觉场及其时间视域，我呈现给我的现在、以及在此之前的整个过去与一个将来。①

梅洛-庞蒂试图表明，寓于此时此地（ici et maintenant）的身体同时也意向地居于到处（partout）与永远（toujours），简言之，“我通过我的视角位置寓于整个世界”。② 这种遍在性（ubiquité）与同时性（simultanéité）作为终极的超越事态的涌现正是通过知觉场的时空视域实现的。

至此，时间问题的关键性得到揭示。它关涉的并非只是知觉中的时间体验问题，更重要的是知觉场最终能否作为承担世界之超越事态涌现的场域问题，后者直接关系到身体现象学进路的成败。下文将进入对时间问题的具体考察。

（一）当下的深度：知觉场的时间视域

梅洛-庞蒂在《知觉现象学》的“时间性”一章中对时间问题进行了专题讨论。通过批判经验论和唯理论共同持有的客观主义时间观，③ 梅洛-庞蒂

① Maurice Merleau-Ponty，*Phénoménologie de la perception*，pp.381—382.

② *Ibid.*，p.380.

③ 客观主义时间观将时间理解为独立于主体的客观存在。思考时间问题也就意味着要去说明自在的时间之流的变化与运动。在梅洛-庞蒂看来，客观主义的分析视角最终只会导向两种结果：第一，如同经验论者那样，认为有限的主体只能经验到现在，而不能把握已经流逝的过去与尚未到来的将来，时间最终被还原为离散的现在点的集合，时间的统一性被消解了；第二，如同观念论者那样，认为主体拥有一种卓越的统觉能力，他能够同时把握到过去、现在和将来，也即把握时间的整个流逝过程。那么随之而来的问题是，我们无法理解在当下被把握到的，为何还能被称作过去（本质上已经流逝）或是将来（本质上尚未到来），在这个意义上，过去与将来本质上都已经被还原为现在，时间的多样性被取消了。

首先明确了自身在考察时间问题上的现象学立场，即时间诞生于主体与诸事物之间的关系，时间本质上是“处在运动中的观察者看来的诸景象的展开”。[①] 在现象学的论域中，梅洛–庞蒂继承了胡塞尔对当下的理解，指出当下不是点状的存在，而是“具有原初的过去和将来的双重视域”以及“向着诸过去或可能的在场域开放的无限性”的在场域。[②] 他引入胡塞尔在《内时间意识现象学讲座》中给出的著名的时间图式（见下图）来刻画知觉场的时间视域，指出当下应该被把握为如下的意向性网络：

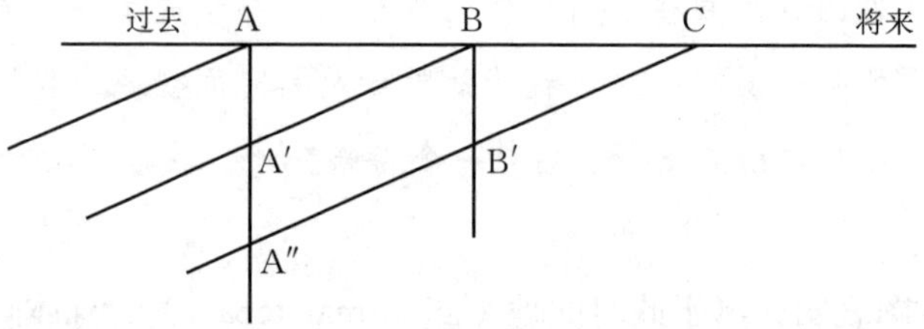

梅洛–庞蒂在《知觉现象学》中所引用的胡塞尔关于内时间意识结构的图解

理解上述图式的关键就在于阐明由滞留所关联起来的时间视域的嵌连结构。得益于胡塞尔对滞留之双重意向性的揭示，[③] 梅洛–庞蒂明确了滞留在两个向度上的构成性作用：以旋律体验为例，一方面，我在听到声音的当下能形成关于一段旋律的感知，是因为每一个当下都嵌连着诸现存的滞留（B—A′，C—B′—A″），从而确保了被知觉对象在时间中的统一性构造；另一方面，我仍能在多年之后重新回忆起这段旋律，是因为每一个在当下现存的滞留同时又嵌连于诸滞留自身的连续映射（Abschattungen，esquisses）（A—A′—A″，B—B′），从而保证了知觉生活整体的统一性。通过滞留结构，知觉场既能够在当下拥有最近的过去，又能够持留住遥远的过去以便在新的当下重新唤醒它。

需要追问的是这种滞留自身的连续映射如何可能？它在何种意义上具有自身的统一性？换言之，当时刻 A 沉入滞留链时，A′如何能够被把握为时

① Maurice Merleau-Ponty，*Phénoménologie de la perception*，p.471.
② *Ibid.*，p.484.
③ 胡塞尔：《内时间意识现象学》，倪梁康译，商务印书馆，2009 年版，第 114—118 页。

刻 A 的滞留，而 A″ 又如何能够被把握为时刻 A 的滞留的滞留？一种康德式的理解路径会认为，我们通过理智综合将 A′、A″ 等映射关联起来，进而在其中把握到作为观念或者概念的时刻 A。但随之而来的问题是，如果滞留自身的连续映射是对时刻 A 的同一性把握，那么各映射之间的相位差异将被取消，诸过去时刻将重新被还原为无差别的现在点。梅洛-庞蒂指出，传统的理解路径对滞留概念存在以下误解：首先，滞留自身的连续映射不需要求助于外在的理智综合，其转变过程本身关涉一种独特的被动综合（synthèse passive），后者也被梅洛-庞蒂称作知觉综合（synthèse perceptive）。① 理智综合涉及的是在对象化行为中主动构造过去，例如明确的回忆行为，而理智综合得以可能，恰恰是因为我已经通过滞留而先行在一种“此性”（eccéité）中到达了过去，原初的知觉综合已经将我和我的整个实际过去联系在一起。② 其次，回忆和滞留的差异意味着我们不能在对象化行为中思考滞留概念的内涵。胡塞尔明确表示，滞留不是有关对象化关系的表达，从而它不是对过去的表象，而本质上是一个“用来标识意识相位和意识相位之意向关系的表达”。③ 最后，回忆与滞留在根本上涉及两种不同层次的意向性类型。前者关涉的是对象化行为中的行为意向性（intentionnalité d'acte），而后者涉及的则是知觉场自身构成的运作意向性（intentionnalité opérante，fungierende Intentionalität）。行为意向性必须建基于运作意向性，后者为前者提供了“世界与我的生活的前谓词与自然的统一性”。④

通过阐明滞留概念，梅洛-庞蒂揭示了在场域的厚度（深度）。在他看来，“一切超越问题的解决方法就在前对象性的当下的厚度（épaisseur du

---

① Maurice Merleau-Ponty，*Phénoménologie de la perception*，p.480. 此处梅洛-庞蒂的原文是“[...] parce que de proche en proche la synthèse de l'appréhension me relie à tout mon passé effectif”。可以看到，梅洛-庞蒂在这里使用了康德的概念术语，而非他在《知觉现象学》中常用的“知觉综合”一词。这是因为梅洛-庞蒂在反思理智综合时，主要是将康德作为论战对象。他对康德术语的沿用，意在反对在知觉中引入任何外在的综合行为，强调知觉本身就具有一种原初统一性。在这个意义上，笔者认为此处的领会的综合（synthèse de l'appréhension）与知觉综合本质上是同义的。因此，笔者在文中直接使用了知觉综合一词，避免读者在阅读中产生术语上的混淆，而在注释中附上原文以便呈现梅洛-庞蒂与康德之间的理论关联。

② *Ibid.*，p.477.

③ 胡塞尔：《内时间意识现象学》，第 387 页。

④ Maurice Merleau-Ponty，*Phénoménologie de la perception*，p.XIII，p.478.

présent préobjectif）之中，在那儿，我们发现了我们的身体性、我们的社会性以及世界的预先存在”。[1]

（二）绽出的当下：知觉场的时间化

在引入胡塞尔的时间图式的同时，梅洛-庞蒂也保持着对意识哲学立场的警惕。梅洛-庞蒂表示，尽管胡塞尔对于滞留的发现揭示了当下的视域结构，但是他在时间的原初统一性问题上（也即时间化问题上）提出的被动综合概念“显然不是一个解决方案，而是一个指明问题的索引”。[2] 在梅洛-庞蒂看来，囿于意识哲学的立场，时间的被动综合始终难以摆脱一与多、主动性与被动性之间的张力。这个在传统哲学看来自相矛盾的概念必须在身体现象学中得到彻底界说。

梅洛-庞蒂对胡塞尔的时间图式的改造主要表现为在时间化问题上转向海德格尔的理解。首先，以时间性绽出来解释滞留与前摄等映射之间的综合统一。梅洛-庞蒂指出，现在始终超越自身而朝向一个过去和将来，并借此超越而在自身中重新占有整个过去和将来，每个新的现在的到来都意味着“重新肯定了它所驱逐的整个过去的在场，并且预期了整个将来的在场”，[3] 从而作为在场域的知觉场可以被时间化为“经由现在而去往过去的将来”这一整体结构，“每个映射只不过是爆炸或整体开裂的一个方面”。[4] 其次，以时间的自身感发来消解由滞留所揭示的主体对时间客体和自身之双重构造的张力。梅洛-庞蒂认为，在胡塞尔那里，构造着时间的绝对主体性并非传统意义上的建构性主体，而就是时间本身。换言之，时间化不需要引入外在的推动者，其流逝是“自身对自身的感发”（affection de soi par soi），“感发者是向着将来推移和转变的时间；被感发者是被展开为诸现在系列的时间”。[5] 时间的超越运动表明，时间既是构成性的主体，也是被构成的现象；既是时间化

---

① Maurice Merleau-Ponty，*Phénoménologie de la perception*，p.XIII，p.495.

② *Ibid.*，p.479.

③ *Ibid.*，p.481.

④ *Ibid.*，p.480.

⑤ *Ibid.*，p.487.

运动本身，又是绽出的具体当下。

不过，梅洛-庞蒂并没有全盘接受海德格尔对时间性的理解。他明确反对海德格尔对于此在筹划之将来性的强调，坚持当下性的优先地位。在梅洛-庞蒂看来，时间性的绽出必须要有绽出的方向（sens），但是“如果没有一个寓居于世界并通过自身的目光规定最初的方位坐标的存在，那么就不可能有方向”，① 因此，重要的正是我们“有此身体”（ce corps-ci），身体“绝对在此”（ici absolu），它为时间性绽出规定最初的方向，从而“我们始终是在当下被集中起来，我们的决断来自当下，因而我们的决断始终能够同我们的过去建立关联，我们的决断从来不是无动机的”。② 时间的超越运动只有在作为身体的实存运动中才能真正得到阐明。

纵观梅洛-庞蒂考察时间问题的整体思路，其核心策略就是将“时间理解为主体，将主体理解为时间”。③ 一方面，世界原初存在通过主体的视域意向性被预先指涉；另一方面，看似悖谬的被动综合通过将自身阐释为时间的超越运动而得以成立。在此，与其说梅洛-庞蒂在时间问题上从胡塞尔走向了海德格尔，毋宁说他借助海德格尔实现了对胡塞尔所坚持的主体性传统的革新和回返。梅洛-庞蒂在“时间性”一章的末尾旗帜鲜明地指出主体与世界之间存在着在一种“主动的超越关系”，④ 即“世界的结构及其链接通过主体的超越运动刻画出来”。最终，也正是在这个意义上，身体的知觉场在《知觉现象学》中被论证为世界意义之涌现的先验场。

二、身体现象学的时间图式的内在困境

如果身体现象学的时间图式建立在对胡塞尔的时间图式的继承与改造之上，那么有必要追问这种理论间的“嫁接”是否真正能够阐明一种基于身体的时间性概念。梅洛-庞蒂对胡塞尔的时间图式的援引究竟是一种批判性的

---

①④ Maurice Merleau-Ponty，*Phénoménologie de la perception*，p.XIII，p.491.

② *Ibid.*，p.489.

③ *Ibid.*，p.483.

理论改造，还是身体现象学自身的意识化？

不同于他在《知觉现象学》中所采取的态度，梅洛-庞蒂在后期明确展开了对胡塞尔的时间图式的批评。接下来，笔者将结合《可见的与不可见的》的工作笔记中的相关文本展开对身体现象学的时间图式的反思。反思的目的不在于强调身体现象学在多大程度上仍然带有意识哲学的色彩，而是要表明将内时间意识的时间图式置入身体现象学的做法为何必然导致我们错失对身体与世界之原初共存事态的揭示。

（一）对滞留概念的反思

梅洛-庞蒂在1959年的工作笔记中写道：

> 胡塞尔的图式服从于这样一个约定俗成的惯例，即人们能够用一条线上的一些点来表示现时（maintenant）的系列。当然，胡塞尔就这一点又加上了所有滞留的修正以及由此产生的滞留的滞留，这就是为什么他没有将时间设想为连续的和诸点状事件的序列，但是即便如此复杂，关于流逝现象的表达仍是有缺陷的。①

这一批评首先让人联想到对于胡塞尔早期的原印象概念的指责。在《内时间意识现象学讲座》中，胡塞尔将原印象标识为在延续的感知行为中唯一被充实的点，② 这一做法通常被指责为是在在场域中重新恢复了对于点状现在的理解。③ 不过，如果批评仅止于此，那么它显然不构成对《知觉现象

① Maurice Merleau-Ponty，*Le visible et l'invisible*，p.245.

② 胡塞尔在《内时间意识现象学》第31节“原印象与客观的、个体的时间点”中明确指出，“因而在过去变异的河流中站立着一个持续的、完全充实了的时间部分，但却以这种方式，即只有其中的一个点通过原印象而被给予……”。胡塞尔：《内时间意识现象学》，第102页。

③ 需要指出的是，胡塞尔的内时间意识理论在之后的发展实际上已经突破了对于点状的原印象概念的理解，在《关于时间意识的贝尔瑙手稿》中，胡塞尔尝试从滞留和前摄相互交织的角度来阐释原印象概念的内涵，他写道：“每一个中间相位就原素材的已流逝的系统而言是滞留，而且也是与已流逝的意识立义有关的滞留，并且是与此联系在一起的被充实的期待，以及是由此发出的未被充实的期待，<这就是说>，是一个完整的线性视域，即是一个意向的片段连续性，但它是空泛的。”（胡塞尔：《关于时间意识的贝尔瑙手稿（1917—1918）》，肖德生译，商务印书馆，2016年版，第42页。）

学》的时间图式的挑战，因为身体现象学已经揭示了知觉不是点状的而是场域化的，换言之，在场域整个就是知觉场。真正的问题在于，《知觉现象学》对于知觉场的刻画继承了胡塞尔的滞留结构，后者作为对点状原印象的修正概念本身是成问题的。具体而言，在内时间意识的基本结构中，囿于点状原印象概念的设定，尽管滞留属于感知体验的不独立组成部分，但它在严格意义上并没有实项的感性予料，而只是对原印象的变异意识。换言之，滞留其实是在过去的被给予性中将刚刚所予的原印象以变异的方式持留在当下的非对象化的自身意识。由此滞留概念所揭示的过去存在在根本上只是一种纯粹形式化的设定，它所反映的不是过去自身在当下呈现，而只是过去意识的当下呈现。对于后期的梅洛–庞蒂而言，在身体的原初体验中，“过去附着于现在，而不是过去的意识附着于现在的意识：‘垂直的’过去在其自身中就包含着已被知觉的要求，而远非被知觉的意识带着过去的意识”。[①] 换言之，我们在当下对过去的非对象化把握，“已不再是关于……的意识的‘变异’或模态化；相反，恰恰是关于……的意识，被知觉本身被作为厚重的存在（Être massif）的过去所支撑着”。[②] 胡塞尔的失误在于他的所有分析“都被意识哲学强加给他的行为（actes）框架束缚住了”，依据该分析视角，原本在知觉场中实际运作着的诸感觉—运动要素，被迫在意识的现时目光下成为以空间侧显（共现）或时间映射的方式被给予的意向性存在，时间自身的超越性最终被还原为绝对意识的“构造成就”（内在的超越性）。[③]

如果说意识哲学立场导致胡塞尔提出的滞留概念具有内在的局限性，那么身体现象学对于胡塞尔时间图式的改造能否在一定程度上免于上述诘难？

1. 时间化的困境

上文提及，为了消解胡塞尔的被动综合概念的内在张力，梅洛–庞蒂引入了海德格尔关于时间的绽出样态以及时间的自身感发的理解。有学者据此

① Maurice Merleau-Ponty, *Le visible et l'invisible*, p.293.
② *Ibid.*, p.292.
③ *Ibid.*, p.293.

认为，梅洛-庞蒂对于时间性思考最终摆脱了“意识哲学残余”，因为意识的意向性结构并非来自前时间化意识的自身时间化，而就是来自时间本身。[①]然而，这一判断显然是将梅洛-庞蒂对于时间问题的思考路径简单地看作从胡塞尔走向海德格尔，从而忘记了梅洛-庞蒂本人想要做的始终是在身体现象学的框架中实现两种理论的有机融合。在引入海德格尔的思想资源的同时，梅洛-庞蒂就已明确批评海德格尔对现在维度的忽视，强调“有此身体”是时间得以自身感发的实存基础。这种对当下性以及过去与现在之内在关联的强调使得梅洛-庞蒂再次向胡塞尔靠拢。在“时间性”一章中，梅洛-庞蒂试图将海德格尔的超越性概念与胡塞尔的运作意向性概念等同起来。[②]这就意味着，在将时间的自身感发视作主体之时间综合的具体样式的同时，他也将时间化本身建基于具身化主体对于世界的先行拥有，后者即通过在场域的滞留结构被预先勾勒出来的。

然而，问题远比梅洛-庞蒂想象的棘手。知觉的场域化要求梅洛-庞蒂不能满足于胡塞尔在《内时间意识现象学》中对内时间意识的形式结构的刻画，而必须要在一种具身化的时间中阐明感性予料自身的交织构造。在此，理论融合的困难在于，尽管时间的绽出样态强调了过去、现在和将来在实存层面的交织关联，但是胡塞尔前期的滞留概念本质上建立在对于现在和过去之时态意义的明确区分之上。根据《知觉现象学》的描述，滞留的自身映射之间的差异不可取消，因为它们本质上标识了不同的时间深度；而不同的滞留链之间更是不可化约，因为每个时刻都是在其“无可置疑的个别性”中被把握到的。[③]基于在场域的滞留结构，我们在意识“意义”领域只能获得“过去—现在之间距（écart）的明证性”，而没有“过去—现在的‘同时性’”。[④]从而，有关时间化的说明并不能真正阐明过去、现在和将来之间的交织。

① Michael，R. Kelly，“The Subject as Time：Merleau-Ponty’s Transition from Phenomenology to Ontology”，dir. Morris，David，*Time*，*Memory*，*Institution*，*Merleau-Ponty's New Ontology of Self*，Athens，Ohio：Ohio University Press，2015，pp.199—215.

② Maurice Merleau-Ponty，*Phénoménologie de la perception*，p.478.

③ *Ibid.*，pp.476—478.

④ Maurice Merleau-Ponty，*Le visible et l'invisible*，p.292.

不难发现，在《知觉现象学》中，梅洛–庞蒂对于时间问题并没有能够真正形成自己的思考与论述，以至于只能在胡塞尔与海德格尔这两套概念术语系统之间跳跃和犹疑。最终，身体现象学在真正属于自己的问题上失语了，我们无从谈论一种基于身体的时间的自身感发。

2. 消失的深度

如果说上述困境还可以被同情地归咎为梅洛–庞蒂在理论上的不成熟，那么梅洛–庞蒂将内时间意识的滞留结构转义为知觉场的深度结构的做法则在一开始就注定了身体现象学在时间问题上的失败。

对于当时的梅洛–庞蒂而言，引入胡塞尔滞留结构的必要性在于，借助滞留所标识的当下深度，身体意向性的分析最终能够突破行为意向性层面的对象化构造，深入匿名的（前人称的）、前对象化的知觉场的自身运作之中。然而，他并未意识到，这一做法实际上违背了他自身对于彻底还原之不可能性以及世界之不可穷尽性的坚持。在《知觉现象学》的前言中，梅洛–庞蒂强调“世界不是我之所思，而是我所体验的，我向着世界敞开，我毋庸置疑地与世界交流着，但我并不占有它，它是不可穷尽的”。① 然而，当他在身体时间性的说明中将世界本身的不透明性（不可穷尽性）关联于作为在场域的知觉场的视域结构时，这种不透明性恰恰消失了，取而代之的是由滞留和前摄所标识的内时间意识（知觉）的自身映射。后者看似揭示了可见的知觉行为孕育自不可见的知觉场的深度，但究其本质，在内时间意识的视域结构之中，所有超越现在的过去和将来的可能性本质上都已经为主体所持留和预期。尽管梅洛–庞蒂强调这种作为现在意识的知觉始终是含混的，“它在我所知道的东西之下对我的诸感觉场以及我与世界最初的同谋关系提出疑问——因为在这里‘意识到’只不过是‘寓于……之中（être à）’”，② 但是这种含混性仅仅是相对于明确的知觉行为而言的。知觉的当下深度本质上已经不再是身体与世界原初共在的知觉场，而是为内时间意识结构所规整的在场域，不

① Maurice Merleau-Ponty，*Phénoménologie de la perception*，pp.XII—XIII.

② *Ibid.*，p.485.

可见的深度最终在一种神话式的自身觉知的时间意识中被还原为可见的在场的宽度。

（二）对主体性立场的反思

梅洛-庞蒂在时间问题上遭遇的困境在根本上是无法避免的，因为他在讨论之初就预设了主体与世界之间的一种“主动的超越关系”：一方面，世界是知觉得以开展的视域性存在；另一方面，世界只有通过主体的超越运动才能展现自身。整个《知觉现象学》的发问方式始终是“我如何能够向着超越我的，但只有在我重新恢复和体验它们时存在的现象敞开”，[①]与之相应地，其论述思路也即本己身体如何通过知觉综合将诸时空视域嵌连起来以便开显世界的意义，我的知觉场如何能够承载世界的超越性。由此，不难理解梅洛-庞蒂为何坚持将内时间意识的滞留结构转义为知觉场的深度结构，因为只有在知觉场之中发现一种平行于世界之超越性的意向结构，只有在场域成为“存在和意识相重合的领域”，[②]上述“主动的超越性关系”才有可能真正成立。

然而，当梅洛-庞蒂通过具身化主体的意向性来思考世界的超越性时，他同样面临胡塞尔在其后期反思中提出的“人类的主体性悖论”，也即“作为世界的主体，同时也是在世界之中的客体”。[③]尽管这一事态在梅洛-庞蒂这里并不构成一种悖谬，因为他并不将作为客体的自我与世界看作作为主体的自我的构成物，而是将二者统一于同一个身体的两个方面，但该事态却也提示出身体的两个方面之间的张力：一边是主动的身体及其所筹划的（被知觉的）世界，另一边则是被动的身体及其寓于其中的可感世界。如何弥合二者之间裂隙构成了身体现象学内生的紧张关系。

在《知觉现象学》中，时间原本被看作消解张力和阐明“生活之内聚力”（cohésion d’une vie）的弥赛亚图式，然而，困境的出现宣告了这一期望的破产。从意识化了的知觉场出发，我们已经从根本上错失了通达身体与世

① Maurice Merleau-Ponty, *Phénoménologie de la perception*, p.417.
② *Ibid.*, p.485.
③ 胡塞尔：《欧洲科学危机与超越论的现象学》，王炳文译，商务印书馆，2001年版，第216页。

界之原初共在事态的道路，以至于时间化注定无法真正阐明身体之主动性与被动性交织的实存运动。就此而言，与其说《知觉现象学》为克服身心二元论提供了一个现象学方案，毋宁说它以现象学的方式将这一问题重新提了出来。

与梅洛-庞蒂同时代的法国哲学家让·博弗雷（Jean Beaufret）就曾对《知觉现象学》做出过这样的评价：

> 我对作者做出的唯一指责，不是他走得“太远”，而是还不够彻底。他现在向我们给出的诸现象学描述实际上仍是观念论的术语。因而它们遵从胡塞尔的描述。但是，所有的问题就在于了解将现象学推展到极致是否并不要求人们摆脱主体性以及主体观念论的术语。①

这一著名的批评首先在梅洛-庞蒂 1953 年的法兰西学院课程笔记中得到明确的回响，梅洛-庞蒂承认：

> 我们已经尝试了一种关于被知觉的世界的分析（笔者按：也即 1945 年发表的《知觉现象学》）……但是这一分析仍然囿于一些传统的概念，例如：知觉（在关于一个孤立的、确定的［déterminée］对象的设定［position］意义上，被认为是我们与世界之诸关联的典型形式），意识（在此指意义—赋予［Sinn-gebung］的离心力量，它在事物中发现它所放置的东西），综合（它假设有待联结的诸元素）（例如体验［Erlebnisse］的统一性问题），认识的质料与形式。②

在写于 1959 年 7 月的工作笔记中，这一反思则以更简洁的方式被表达出来，即“《知觉现象学》中提出的问题是不可解决的，因为我是从区分‘意识’—

① Maurice Merleau-Ponty，*Le primat de la perception et ses conséquences philosophiques*，Verdier，2004，p.103.

② Maurice Merleau-Ponty，*Le monde sensible et le monde de l'expression*，2011，pp.45—46.

‘对象’出发进入这些问题的”。[1] 如果说胡塞尔前期思考的不足之处在于，使现象之显现得以可能的意向性结构本身并没有得到足够的批判性考察与发生学溯源，那么梅洛-庞蒂的身体现象学也犯了同样的错误。在《知觉现象学》中，由于身体已经具身化为身体—主体，它已经带有自身之于事物、他人和世界的差异与分别，也带有自身的习性、历史和文化的沉淀成就，从而它实际上已经从原初的普遍性与匿名性状态中孕育出了某种个别性与此性。就此而言，从身体—主体的意向性结构出发，《知觉现象学》的考察从一开始就陷入了意识与对象、个别性和普遍性、内部性与外部性的二分之中，这就使得关于身体之主动性与被动性的交织运动的说明只能获得一种外在的“坏的含混性”。[2]

囿于《知觉现象学》的主体性立场，梅洛-庞蒂在“时间性”一章中的讨论最终没能为身体现象学赢获一条真正属于自己的道路。雷诺·巴尔巴哈指出，对于身体时间的思考“涉及的不是一个从主体性的角度理解滞留的问题，‘作为主体的时间’总是相当于重新恢复现在与过去的二元性，从而错过了后者的存在，而应将时间把握为存在，把握为‘时间—事物，时间—存在’”。[3] 在后期，梅洛-庞蒂充分意识到了意向性分析的局限性，他明确表示“胡塞尔的图式是作为时间分化之漩涡的实证主义投射。这种尝试用意向之线来构成场域的意向性分析没有看到这些线本身是一种织物的流溢与观念化，是织物的分化”。[4] 因此，考察工作“不应该将意识及其带有分别的意向之线的过程现象当作原初的，而应该将使这种过程现象图式化的漩涡，将正在空间化—时间化的漩涡当作原初的（它是肉身，而不是面对意向对象的意识）”，后者要求我们重启关于“一种内在于存在的运作意向性的研究”。[5]

---

① Maurice Merleau-Ponty，*Le visible et l’invisible*，p.250.

② 梅洛-庞蒂在一篇写于 1953 年的文章中指出：“对知觉的研究只能教会我们一种‘坏的含混性’，即有限性与普遍性的混合，内部性和外部性的混合。”Maurice Merleau-Ponty，«Un inédit de Maurice Merleau-Ponty»，*Revue de métaphysique et de morale*，1962（4）：401—409.

③ Renaud Barbaras，*De l’être du phénomène：sur l’ontologie de Merleau-Ponty*，Éditions Jérôme Millon，1991，pp.259—260.

④ Maurice Merleau-Ponty，*Le visible et l’invisible*，p.280.

⑤ *Ibid.*，p.293.

三、走出困境的新路向：失音症与主体时间的解体

有必要追问，梅洛-庞蒂在时间问题上的失误是否意味着其前期身体现象学的进路是彻底失败的？诚然，引入内时间意识的时间图式导致身体现象学在一定程度上重新向主体性意识哲学立场回退，但是我们并不能就此全盘否定梅洛-庞蒂在《知觉现象学》中的理论工作，也不应就此认定梅洛-庞蒂前期的身体现象学与后期的肉身哲学之间存在绝然的断裂。事实上，在《知觉现象学》的考察中，主体与世界之间的“主动的超越关系”已经暴露出了一丝不协调与断裂。这一点在梅洛-庞蒂关于失音症等精神病例的分析中表现得尤为明显。笔者认为，梅洛-庞蒂对失音症的时间性分析已经为我们提示出了一种独特的身体时间的可能表达。

（一）《知觉现象学》中梅洛-庞蒂对失音症的时间性分析

梅洛-庞蒂在《知觉现象学》中将失音症看作是展示身体与世界之实存关联的绝佳案例，在他看来，病人言说能力的丧失与病人实存之整体境遇有着密切关联。然而令人玩味的是，失音症又是作为“对共在（coexistence）的拒绝”被梅洛-庞蒂引入讨论中的。

在具体案例的分析中，失音症出现在女孩的母亲阻止女孩与其心仪的男孩约会之后。梅洛-庞蒂认为，症状的出现表达了女孩拒绝接受母亲将心仪的男孩排除出她的生活的禁令，而对此禁令的拒绝同时还关涉对经转义后试图进入当下的创伤性过去的拒斥。① 通过失音，女孩拒绝让自身处在向他人与创伤性的过去开放的共在关联之中。梅洛-庞蒂指出，拒绝被表达为言说能力的丧失，是因为在身体的各种官能中，话语（parole）与共在的关系最

① 根据梅洛-庞蒂对案例的描述，这里所说的创伤性过去具体是指女孩在童年时出现失音症状时的两次遭遇：一次是在地震之后，另一次是在经历过极度恐惧之后，因而母亲的禁令本质上是“通过转义使同样的情景重复出现”。Maurice Merleau-Ponty，*Phénoménologie de la perception*，p.187.

为紧密，它象征着“以话语为媒介的与他人的各种关联”。[①]

需要强调的是，女孩对共在的拒绝不应该被降格为意识或意志层面的个人选择，它“来自比意志更深层的决断”，[②]也即，具身化主体拒绝将某些记忆或过去纳入自身在当下所筹划的意义关联之中。遗忘意味着“我与这种记忆保持距离”，我拒绝它们进入我在当下能直接支配的心理场，也拒绝它们进入身体运动的可能性场域。[③]在另外一个案例中，丈夫会在与妻子吵架后就遗忘了妻子送给他的书，是因为他将所有关于妻子的爱的记忆都拒斥在自身的实存关联之外，以至于这本书从此不再为他存在，从而也无法在其生活中得到定位并获得意义。在真正意义上，遗忘不是主体有意为之，它悖谬地表现为“我在知道某物的同时，也能不知道它”。[④]根据《知觉现象学》的时间图式，这种悖谬性意味着：一方面，被拒绝的记忆无法绽出为具体当下；另一方面，它们以滞留的方式持留在知觉场之中。也正是由于被拒绝的记忆并没有真正消失，所以失音症病人才能够通过心理治疗重新获得言说能力。

（二）主体时间的解体

上述分析认为主体有能力拒绝处在向他人与创伤性过去开放的共在关联之中，“正是因为我的身体能够拒绝让世界进入，所以它也能使我向世界开放，将我置于境遇之中”。[⑤]失音症的出现就是主体为了逃离当下的境遇，为了与其实存断绝关联。然而，这种对身体之筹划之权能的反向肯定，并不能掩盖身体在拒绝世界进入时的无能为力。事实上，尽管身体试图拒绝世界，但这一拒绝总是以自我阉割的方式、以症状的方式被给出，甚至在极端的情况下，它以知觉崩溃为代价来达成自身。当症状发作到顶点时，试图逃避处

① Maurice Merleau-Ponty，*Phénoménologie de la perception*，p.187.

② *Ibid.*，p.190.

③ *Ibid.*，p.189.

④ *Ibid.*，pp.189—190.

⑤ *Ibid.*，p.192. 不过，梅洛-庞蒂同时也认为，身体退出世界并不意味着身体完全沉湎于自身。我们的身体在每时每刻仍然涌现着某种相关于世界的意向，这种意向建基于“最小程度”的时间的绽出，即它“只是朝向围绕着我和落入我的视野之内的诸对象，或者朝向突然出现并将刚刚体验到的东西推入过去的诸时刻”。在《知觉现象学》中，主体与世界无法断绝的最基本的意向关联被认为是身体与世界在感觉层面的联系，即便主体拒绝进入世界，身体始终能够在没有“我的共谋”的情况下向我提供纯粹的感性质素流。

境的身体最终沦为在床上挣扎和痉挛的一个物，一切尝试拒绝世界的努力在此时走向了自身的反面，作为现象身体的荣耀最终成为身体无法摆脱的重担。这种知觉崩溃在时间结构中就体现为主体的“时间解体”（dissolution du temps）：

> 朝向未来、朝向活的当下或是朝向过去的运动、学习、成熟、与他人建立联系的能力，已被阻塞在身体的症状之中，实存已形成纽结，身体成了“生活的避难所”。对于病人而言，一切都不再发生，在他的生活中没有任何东西具有意义和形式——或者更确切地说，只有始终相似的诸“现在”在发生，生活倒退回自身之中，历史在自然时间中解体。[①]

帕斯卡·杜邦（Pascal Dupond）指出，梅洛-庞蒂对时间问题的考察试图在自然时间与历史时间之间建立一种双向奠基的关系。[②] 然而，上述症状的出现恰恰表明二者之间存在不对称性。我们发现，主体时间的解体并不意味着时间的消失，因为主体拒绝朝向过去开放同时也就意味着他正在遭遇着过去。一方面，身体拒绝将过去归入自身筹划的意向关联之中，因为这是一种不受欢迎的、非自愿的、创伤性的过去，是主体不愿将其纳入自身同一性之中的历史；另一方面，即使不通过筹划，过去也始终在“在那儿”（là-bas），它作为一种“匿名的力量”，持续地挑战和动摇着我的实存，以至于我的拒绝本质上是对它的回应，是向着我不愿面对却又无法不面对的过去的被迫应答。[③] 这种在“那儿”的过去，既不是被当下化了的回忆，也不是具体当下的过去视域，它是不需要我的筹划就自身涌现着的过去，是主体就算拒斥也无法摆脱的重量。

---

① Maurice Merleau-Ponty，*Phénoménologie de la perception*，p.192.

② Pascal Dupond，«Le temps：Note sur la question du temps chez Merleau-Ponty»，*Philopsis*，29-9-2012［en ligne］. https://philopsis.fr/wp-content/uploads/2012/09/temps-merleau-ponty-dupond.pdf.

③ 有关过去与自身同一性构成的关系问题的具体讨论，可参阅 Kirsten Jacobson，“The Gift of Memory：Sheltering the I”，in *Time*，*Memory*，*Institution*：*Merleau-Ponty's New Ontology of Self*，ed. D. Morris and K. Maclaren，Ohio University Press，2015，pp.29—42。

（三）新的路向：由空间思入时间

时间解体暴露了主体权能与世界之间的不对称性，宣告了梅洛-庞蒂在自然时间和历史时间之间建立双向奠基关系的失败；并且更为重要的是，身体症状的出现事实上表明时间意义并没有因为主体的崩溃而彻底消失，因为病人对过去的拒绝恰恰表明他正在遭遇着过去，被拒绝的创伤性过去在身体性的表达中以最显著的方式昭示了自身的存在。在失音症女孩那里，母亲的禁令唤起了不同时空之间的共鸣，诸时空最终奇迹般地在同一个的身体姿态（即失音）中产生回响。在此，过去与现在的交织不需要以内时间意识为载体，因为过去未曾流逝，它如此真实以至于“现在还在场”。这种在场性不涉及对过去的表象或者滞留，而在本质上作为一种实存结构印刻于身体姿态之中。

上述身体姿态与时间的关联并没有在《知觉现象学》中得到充分的关注。直到1955年，梅洛-庞蒂才在“被动性”课程中就身体记忆（mémoire du corps）的问题展开专题讨论。限于本文的考察主旨，笔者无意对此问题展开进一步地说明，只是在此指出问题突破的关键在于梅洛-庞蒂在时间问题中贯彻了他对于空间问题的思考。在中后期的文本中，梅洛-庞蒂常常以一种空间化（或者说类空间）的表达方式来刻画时间。身体与时间的关联被描述为：“我们与现在的关系，当它流入过去时，就如同我们与空间环境的关联，被归结为一种姿态图式（schéma postural），这种姿态图式拥有并指示了一系列的时间位置和可能性。”① 居伊-菲力克斯·杜博尔岱耶（Guy-Félix Duportail）指出，在《可见的与不可见的》中，空间取代时间成为言说存在的首要图式。② 梅洛-庞蒂明确提出以“拓扑学空间”而非传统的时间图式来作为思考存在的模型，对时间的考察不再着眼于流逝着的体验流，而是指向

① Maurice Merleau-Ponty，*L'institution*，*la passivité*：*Notes de cours au Collège de France*（*1954—1955*），Belin，2015，p.357.

② Guy-Félix Duportail，«Le moment topologique de la phénoménologie française»，*Archives de philosophie*，2010，73（1）：47—65.

一种围绕在我们周围“重叠的、增殖的、侵越性的、杂乱的时间和空间——持续的孕育、持续的分娩、生成性、普遍性、原初本质、原初存在”。[①] 这些转变为我们提示了一条由空间思入时间的可能线索。

《知觉现象学》对此线索的错失既出人意料，又在情理之中。出人意料是因为，对空间性的讨论事实上占据了《知觉现象学》绝大部分的篇幅，这些考察工作已经为我们揭示出了身体与世界在空间构成中的交织关联，甚至在有关习性的说明中，身体图式所具有的自我修正和更新的特性已经暗示了某种时间在身体之中沉淀的可能性，[②] 然而如此重要的洞见却在时间性问题中彻底缺位。情理之中则是因为，按照《知觉现象学》的基本思路，身体与世界的原初共在关联首先应该被把握为时间的，然后才是空间的，“物体在空间中共在是因为物体在同一个时间波里呈现给同一个有感知能力的主体”。[③] 知觉场在空间维度上的展开必须在时间维度中才能得到彻底的界说，[④] 最终，时间在为空间奠基的同时也将空间还原为时间，这一点突出表现为不可见的深度被还原为一种可见的在场的宽度。埃马纽埃尔·德·圣·奥贝尔（Emmanuel de Saint Aubert）表示，《知觉现象学》的论述存在着从空间优先性（前两部分）到时间优先性（第三部分）的视角转变，这一转变正是因为当时的梅洛-庞蒂尚未在空间问题中厘清身体图式与运动和深度之间的内在关联，从而只能求助于时间图式来为整部著作提供最终的统一性，而这一努力却在其向主体性立场的回退中暴露出了更大了理论张力。[⑤]

就此而言，与其说梅洛-庞蒂在中后期转变了思考时间问题的立场，毋宁说他重启了《知觉现象学》业已暗含但尚待厘清的线索。由空间思入时间并不意味着将时间还原为空间。梅洛-庞蒂在《知觉现象学》中就已经明确指出，“为了重新回到本真的时间，像柏格森所做的那样谴责时间的空间化

---

① Maurice Merleau-Ponty，*Le visible et l'invisible*，pp.152—153.

② Maurice Merleau-Ponty，*Phénoménologie de la perception*，p.166.

③ *Ibid.*，p.318.

④ *Ibid.*，p.307.

⑤ Emmanuel de Saint Aubert，«La spatio-temporalité de l'être charnel»，«Merleau-Ponty：la spazio-temporalità dell'essere carnale»，trad. Giuseppe Crivella，in Rivista di cultura filosofica，février 2017.

既不必要，也不充分”，所谓的时空对立不过是人们将作为身体在世的原初时空客观化了的结果。[①] 对于梅洛-庞蒂而言，重要的不是以空间取代时间，而是揭示已经在身体空间而非主体时间中被提示出来的原初时空性的真理。就此而言，有必要进一步展开对梅洛-庞蒂的空间问题的考察。最终，这项工作关涉的不仅是身体空间之构成的现象学问题，而且还是肉身与世界之原初存在形态的拓扑学问题，后者将构成我们理解梅洛-庞蒂中后期思想发展的关键线索。

① Maurice Merleau-Ponty，*Phénoménologie de la perception*，pp.474—475，notes（1）.

置“身”之看：重思梅洛-庞蒂绘画美学中的“深度”概念

陈国森*

梅洛-庞蒂（Maurice Merleau-Ponty）的“含混哲学”（又名“模糊哲学”）面向诸多，凭借其绘画美学方面的三篇文本（《塞尚的怀疑》[«Le doute de Cézanne»，1945]、《间接的语言与沉默之声》[«Le langage indirect et les voix du silence»，1952] 和《眼与心》[*L' œil et l'esprit*，1960]）[①]，又在艺术哲学领域雄踞一席之地。这三篇文章，分别在梅氏思想发展的前、中、后期各占据一个位置，且均在醒目之处：《塞尚的怀疑》位于《意义与无意义》这本遍及文学、绘画、电影、马克思主义、政治等诸多方面的文集首篇；《间接的语言与沉默之声》在1959年被收入文集《符号》(*Signes*)，亦为首篇；《眼与心》则为梅洛-庞蒂生前出版的最后一部著作，其重要性自不待言。实际上，梅洛-庞蒂的塞尚研究，虽不能成为一种典型的艺术史范式，但毋宁说是一种典型的“艺术哲学”。梅氏正是在对“凝滞的诸物，如在混沌之初犹豫未定”[②]的复归意义上，也即回归一种前谓词领域的原初世界经验的意义上，将塞尚引为自己的同路人。那么，梅氏在此基础上进一步发展出一套绘画美学，乃至新视觉本体论（马丁·杰伊

---

* 作者陈国森，复旦大学中国语言文学系研究生。

① 在梅洛-庞蒂的绘画美学研究中，这已成为一个惯例。值得注意的是，这三篇论文彼此之间差异极大，且所倚仗的梅氏自身的哲学资源也不同，因此，对任何试图将此三篇文章统一论之的做法，都必须警惕，因为这很容易让我们将梅洛-庞蒂的哲学视作一种均质的理论系统。

② Maurice Merleau-Ponty，«Le doute de Cézanne»，*Sens et non-sens*，Paris：Gallimard，1966，p.16.

[Martin Jay] 语)[①] 的支点与合法性何在？梅氏缘何说“每种绘画都是一种维度性的创造”[②]？进入这一问题的关键抓手，笔者以为，在于梅洛-庞蒂作为“存在的缓燃”(déflagration) 的“深度”(profondeur) 概念。讨论“深度”视觉的文献目前堪称汗牛充栋，但从存在论与视觉艺术现象学的意义上切入这一概念的，尚在少数。此意即，“深度”仍然被当作梅洛-庞蒂画论中与“颜色”“线条”等平行的诸多概念之一，众学者虽亦站在空间性与本己身体(crops propre) 等角度申说此概念，却未能肯定此概念之于视觉艺术现象学的重大意义。因此，笔者着意从梅洛-庞蒂对笛卡尔视觉政体的反对，要求恢复画家的身体出发，导向一种对现象学深度的再阐述，从而为梅洛-庞蒂的塞尚论述求得更深层次的理解，也建立一个对梅氏绘画美学理解的阿基米德点。

一、“深度”质疑笛卡尔透视主义

梅洛-庞蒂有时会被理解成笛卡尔的反对者，甚或是一个非理性主义者。但只需稍微看一下梅洛-庞蒂早期的《行为的结构》(*La structure du comportement*) 与《知觉现象学》(*Phénoménologie de la perception*)，就能发现，其中援引了大量的科学实验与心理学成果(如格式塔理论)。梅洛-庞蒂的视觉理论，实际上与笛卡尔的思想共在一个对话场域，而不能被认为是对笛卡尔的反叛。梅氏并不把笛卡尔当作敌人——他受笛卡尔的《屈光学》(*La dioptrique*) 影响颇深——他也从来不想成为一个反叛者：“赤裸裸的反抗是不真诚的。”[③]

此处谈及笛卡尔的侧重点在于，笛卡尔的意识哲学实际上开启了占据

① 即马丁·杰伊所说：“从某个角度看，这一作品很可能为梅洛-庞蒂继续寻找视觉救赎，甚至寻找一种新的视觉中心本体论提供了动力。他不再带着隐含的等级制度一般性地讨论知觉了，现在，他更关注观看的感觉，而非其他。”见 Martin Jay，*Downcast Eyes：The Denigration of Vision in Twentieth-Century French Thought*，Oakland：University of California Press，1994，p.314。

② Maurice Merleau-Ponty，*Notes de cours*（*1959—1961*），Paris：Gallimard，1996，p.52.

③ Maurice Merleau-Ponty，*Sens et non-sens*，Paris：Gallimard，1966，p.1.

一种支配地位的现代性视觉模式，即马丁·杰伊称之为“笛卡尔透视主义”（Cartesian perspectivalism）① 的现代性视觉政体。拉丁文的 *perspectiva* 源自 *perspicere* 一词，其意在强调一种清晰的穿透性。*perspectiva* 与光学本身即同义词。这是主体之光，要照亮晦暗的世界。在现象学的视角来看，这种观看相对于肉身实存而言必定是超越的，这是一种“表达了被科学世界观规限的‘自然’视觉经验”② 的观看方法，落实到画布上，便表现为透视法（la perspective）。就像约翰·伯格（John Berger）所界定的：“它像自灯塔射出的光柱——只不过不是光线朝外射出，而是表象漫衍于内。这一表象便俗称‘现实’（reality）。”③

基于这种笛卡尔因果论式的思维，深度就成了“由其他两个维度衍生出来的**第三维度**（*troisème dimension*）”。④ 在平面的画布上，空间以长度和宽度所伪装成的第三维度呈现给我们。由于三维坐标系的确立，笛卡尔意义上的空间是均质、清晰、同质、可被测量的。空间在此被分割成无数可以相互替代的点，每个点也可由三维坐标确证自身。因此，按照这种实证主义原则，画家要实现对事物本身的描绘，则应该按照空间透视法，精确地描绘其远近和阴影。如此便呈现了笛卡尔意义上的“深度”。但一个不言自明的事实是，即使是被设定在三维空间中作为第三维而存在的“深度”，之于画布这个二维平面来说，也不可能成为实在，它必然只能是一种幻觉。也因此，威廉·沃林格（Wilhelm Worringer）指出：“空间是所有抽象化努力的最大敌人，因此，在表现中它必须首先被抑制。这一要求与进一步的要求不可分割地结合在了一起，即在表现中回避第三维（深度维），因为它就是实际上的空间维度。”⑤ 沃林格将对深度的回避视作现代绘画走向平面性（flatness）与抽象的一个表征，实际上正是意识到了这一事实：对画布来说，三维空间不

---

① Martin Jay, “Scopic Regimes of Modernity”, ed. Hal Foster, *Vision and Visuality*, Seatle: Bay Press, 1988, p.4.

② *Ibid.*, p.5.

③ John Berger, *Ways of Seeing*, London: Penguin, 1990, p.16.

④ Maurice Merleau-Ponty, *L'œil et l'esprit*, Paris: Gallimard, 1964, p.45.

⑤ Wilhelm Worringer, *Abstraktion und Einfühlung*, München: Piper, 1921, p.51.

能被真正呈现。也即，适用于三维世界的“深度”并不能在画面上出现，画面中的“深度”另有所指。这即梅洛–庞蒂所说的：“当我观看一幅画作时，我可以看到深度；而这幅画，所有人都会同意，它没有深度，它为我组织了一种幻觉的幻觉……”①

梅洛–庞蒂并不完全否认笛卡尔的三维坐标建构，因为笛卡尔毕竟将空间从混沌的经验中拯救了出来；但他的问题在于“把空间设定为一个完全确定的存在，它超越了任何视点、任何潜在、任何深度，也没有任何真正的厚度”，②由此便与梅洛–庞蒂意义上的“深度”分道扬镳。梅洛–庞蒂所批判的“自然的精神态度”③下的“深度”，一般指的是视野中前后两个物体之间的距离，或者说“宽度”：站在空间中的一点看对面的 A、B 两事物，二者之间的距离便可以谓之“深度”。如此一来，深度便被化约成了可以计算与测量的空间坐标。而实际上，这一看法背后预设了一种飞跃式（survol）的观看：只有鸟瞰两个物体时，此“深度”才会一目了然。由此便驱散了“深度”任何的晦暗，使对深度的把捉成为一种精确、均匀的实证活动。但空间中的事物并非以这样的方式被我们感知。梅洛–庞蒂对此评述道：“事物从来就不是一个在另一个后面。”④笛卡尔的深度观预设了一个超越式的单质视点，试图通达事物；但恰恰因这一预设，导致其意图的失败，因为在知觉中根本不存在这样的视点。深度是不能被客观化、实证化的，它是对空间之存在的分有，而不是空间的表现。我们其实是先知觉到了世界的“深度”，再通过理性思维建构起了空间的三维概念的。梅洛–庞蒂通过与笛卡尔的《屈光学》对话，揭示出笛卡尔透视主义实际上是把活生生的空间化约为实证的空间，存在（Être）在此被对象化了，而原初的感知经验已然在这种把捉方式中遁

① Maurice Merleau-Ponty, *L'œil et l'esprit*, Paris: Gallimard, 1964, p.46.

② *Ibid.*, p.48.

③ 语出胡塞尔《现象学的观念》首句：“自然的精神态度仍不关心认识批判。”（Natürliche Geisteshaltung ist um Erkenntniskritik noch unbekümmert.）所谓“自然的精神态度”，是与哲学的思维态度相对的。自然的精神态度总是不经过反思就预设了认识对象与认识主体的存在。简而言之，认识活动的可能性对持有自然的精神态度的主体来说是自明的。见 Edmund Husserl, *Die Idee der Phänomenologie: Fünf Vorlesungen*, Heidelberg: Springer Netherlands, 1973, p.17。

④ Maurice Merleau-Ponty, *L'œil et l'esprit*, Paris: Gallimard, 1964, p.46.

逃，更遑论事物本身。因此，要真正清分视觉机制，必须承认其中存在的被动性（passivité）的神秘，将身体性存在的人纳入思考范围中。只有从身体出发，才能理解梅洛-庞蒂意义上的深度。

二、身体、可见与能见

画布上的空间透视法所遵循的笛卡尔式思维，实际上预设了一个静止、单一、不动的眼睛，在向风景"凝视"。这种画面犹如一只永恒静止的眼睛透过小孔观看同样凝滞的风景，它不会眨眼，不会移动，时间已被抽空它的质，取而代之的是一种飞跃式的看：画家虚设的观察之眼从制高点旁观式地打量对象，而画家和观者的肉身之眼就这样被抽象成了理念之眼。而从知觉的角度来看，观看并非这样的行为。肉身化的观看是扫视，而非凝视。梅洛-庞蒂这样描述透视法统摄下的观看："如果我想由此进入透视，我就必须停止随意地观看整个景象，而且要闭上一只眼，限定我的视野，[……] 但与此同时，被知觉的世界已经消失了：我只能通过放弃物体的同时性，来获得承认平面投影的共同标准或者共同尺度。"① 只有在瞬时印象彼此间的不断"叠化"中，我们才得以"看到"整个事物。从空间的角度看，一方面，只有体验着实际视觉的、活动着的双眼，以立体的方式观看时，才能给予我们经验意义上的深度知觉。另一方面，观看从来都是身体的观看，是置"身"其中的看，对此梅洛-庞蒂一言以蔽之："毕竟，世界环绕着我，而不是在我面前。"②

梅氏在《知觉现象学》中曾有一例证来说明身体与世界的这种"环绕"（autour）关系：③ 我们站在窗边，去看教堂，但由于我们的身体所处的位置，我们此时只能看到教堂的钟楼；但是反过来说，正是因为我们在此处只能看到教堂的钟楼，反而彰显出了这一可能：我们可以在别处看到教堂的全貌。

---

① Maurice Merleau-Ponty，*La prose du monde*，Paris：Gallimard，1969，pp.67—68.

② Maurice Merleau-Ponty，*L'œil et l'esprit*，Paris：Gallimard，1964，p.59.

③ 见 Maurice Merleau-Ponty，*Phénoménologie de la perception*，Paris：Gallimard，1945，pp.114—128。

梅洛-庞蒂试图用这一例子说明，我们的生活，一上来就已经是与实际生活经验提供给我们的那些器具（窗户也是这种器具）混合在一起的了，它们分有了我们的本己身体的原初结构。而这一“本己身体”（crops propre），就是原初的习惯，是制约其他所有习惯的习惯，或者，我们套套学界流行的黑话，可以叫它“元习惯”。那么，既然我们能够在物理上由于窗户的限制看到钟楼，在逻辑上说，就应该有一个更为先在的限制——我的身体。我的身体首先给我们规定了一个朝向世界的视点，在此之后，我们才能再被窗口规定一个朝向教堂的视点。这就是梅洛-庞蒂试图用观看教堂的这个例子说明的。但是，在此情况下，我们却不能把自己的身体当作一个客体去观察。或者说：本己身体不是一个客体。成为一个客体，便意谓某种程度上的被构造可能性，而身体无法成为这样一个客体，是因为它已经处在一个发生的源头上了：它是看的源头，它正在看，则不能被看。我们的身体并不像那个钟楼一样处在一个空间坐标上。它并不占据一个笛卡尔式的位置。试设想，如果我们的身体也像钟楼一般占据一个具体位置的话，那么，我们体内的各个器官是否也是如此？显然，如此推导下去，我们的身体就变成了一个纯粹的物体：一个有待于其他的知觉者去知觉的客体。这并不成立。因此，我们的身体是一个为其他物体确定方向和位置的知觉者。正是各种客体得被我们知觉的这一前提，阻止了我们的身体成为完全的客体。所以，梅洛-庞蒂如此界定这个“难解之谜”：“我的身体既是能见者（voyant）也是可见者（visible）。那注视万物的，也能注视自己，并在他所看到的东西中认出他的能见能力的‘另一面’。”①

身体的客体性与主体性在此含混一体，它跨越并具备了“能见者”和“可见者”的属性。所谓“voyant”，实际上与“visible”相对，前者标识了看的主动关系，而后者则是其被动形式。此外，在法语中，“voyant”还有“通灵者”“先知”之类的神秘含义，②而梅洛-庞蒂对此词的使用亦有神秘化色彩。注意到这两点，才能准确地理解梅洛-庞蒂在所说的：“在这里，开

① Maurice Merleau-Ponty，*L'œil et l'esprit*，Paris：Gallimard，1964，p.17.

② 陈振尧主编：《新世纪法汉大词典》，北京：外语教学与研究出版社，2005年版，第2814—2815页。

始去看的可见者，对他自己而言，变成了可见者，注视万物。”① 身体既是观看的主动者，又是可被看见的世界的一部分，这种“能见—可见”的双重性是彼此涵容而非泾渭分明的，这样就摆脱了意识哲学的二元论，从而为置“身”其中的、与世界交织一体的观看提供了可能。身体“是可见的和可动的，我的身体属于那些事物，它是它们中的一个，它被卷入世界的组织（tissu）之中”。② 如上一章所述，梅洛-庞蒂反对那种把深度看成“一个在另一个后面”的观念，而主张“那些事物相互侵越（empiétement）”：③ “通过把他本身就是可见的身体沉浸在可见者中，看者并不把他所见的东西占为己有（s'approprier）：他仅仅通过注视而接近它，他向着世界开放。”④ 对于梅氏而言，视觉与“深度”并不是一种旁观式的或向自身呈现的“看的思想”（pensée de voir）。⑤ 视觉，之于梅氏，便首先是一种感知经验，而不是实证的认识工具。真正的视觉不能在穿透性的“我思”中被建立，而需要回到身体与世界的接触中，它不能只是关于看的思想，而必须成为一种活生生的视觉体验。结合前文梅洛-庞蒂对“voyant”一词的使用，其要给视觉复魅的意图便呼之欲出。但这种复魅并非要回到前理性或非理性的状态中去，而是要寻求一种能涵容存在之意蕴与非理性经验的新的理性：“但是我们到达的理性，不应是被如此大张旗鼓地抛弃的理性。非理性的经验不应被简单遗忘。必须形成一种新的理性观。”⑥

三、从“风格”到“深度”

梅洛-庞蒂的“风格”（style）在他的哲学整体中虽并不占据主要地位，但在其早期到晚期著作中都有出现，尤其集中出场于他思想中期的《间接的

① Maurice Merleau-Ponty，*L'œil et l'esprit*，Paris：Gallimard，1964，p.18.
② *Ibid.*，p.19.
③ *Ibid.*，p.46.
④ *Ibid.*，p.20. 此处参考杨大春先生中译本：［法］莫里斯·梅洛-庞蒂：《眼与心·世界的散文》，杨大春译，北京：商务印书馆，2019 年版，第 34 页。
⑤ *Ibid.*，p.54.
⑥ Maurice Merleau-Ponty，*Sens et non-sens*，Paris：Gallimard，1966，p.1.

语言和沉默之声》中。将“风格”放在此处论述，是因为“风格”可以被看作上一节论述的梅洛-庞蒂的身体—主体理论的延伸，同时又极为明显地兼具了主体性与主体间性特质，这便为下文讨论存在论意义上的“深度”概念架起了桥梁。

在梅氏那里，不仅“深度”一词的含义不同寻常，即使是“风格”，也同一般意义上作为艺术史研究对象的“风格”大异其趣。不同于艺术史家对于“风格”一词的描述式使用，即在美术史和鉴赏理论范畴内，将“风格”当作一种形式主义层面对艺术作品表象的浓缩指示、当作一种表象手段，梅洛-庞蒂意义上的“风格”涉及存在者的间性维度。而从梅洛-庞蒂提供给我们的视角反观，对“风格”的描述式使用，使得这些艺术史家容易跳过艺术作品形式与其分泌的意义之间的关联、跳过审美经验的维度，而陷入机械的形式分析中。这也是本雅明（Walter Benjamin）对沃尔夫林提出激烈批评时关注的角度：沃尔夫林过于重视艺术作品内部形式关系的评价体系，未像李格尔那样把握住个别的艺术作品向其文化与智性功能的转变，因此产生了一种认识论风险。①

梅洛-庞蒂意义上的“风格”概念接续胡塞尔而来，他通过对马尔罗的肯定，告诉我们他在意的是什么：“自从胡塞尔引入风格的概念表达我们与世界的原本关系以来，马尔罗比我们走得都要远。画家在绘画中追求的不是直接的自我，不是感觉的细微差别，而是他的风格。”②首先，梅洛-庞蒂明确指出，“风格”是一种用以“表达我们与世界的原本关系”的可见现象，这可以说是对梅氏“风格”概念的核心理解；其次，梅洛-庞蒂进一步说，这种风格不同于“直接的自我”，他认为，梵高这些画家画作的“内在图式”（schéma intrieur）“在他所谓的内心生活中也无法辨认”。③明乎此，我们便不

① 见本雅明1931年的一篇评论书信《严格的艺术科学》(„Strenge Kunstwissenschaft“)：Walter Benjamin，„Curriculum Vitae Dr. Walter Benjamin“，in Gesammelte Schriften，vol.6，eds. Rolf Tiedemann und Hermann Schweppenhäuser，with the collaboration of Theodor Adorno and Gershom Scholem. Frankfurt am Main：Suhrkamp Verlag，1974. Taschenbuch Ausgabe，1991，pp.655—656。

② Maurice Merleau-Ponty，*La prose du monde*，Paris：Gallimard，1969，p.72.

③ *Ibid.*，p.73.

难解释，为何梅洛–庞蒂早年在《塞尚的怀疑》中提出了对塞尚的传记研究与个性心理学研究通达其作品意义的有效性的质疑了：“可以肯定的是，生活并不能解释作品；但同样可以肯定的是，二者之间的相连相通。”[①] 质言之，对塞尚的病态体质的考查，并不能解释他的作品意义特质与来源，因为这种考查没有顾及画家与感知世界那一不可剥离的关联。梅洛–庞蒂没有完全否定这种传记研究：“因为作品揭示出一种疾病的形而上的意义——类精神分裂将世界还原为稳固的表象的整体，并将表现性价值悬置”，[②] 但传记与个性心理学只有在被置于画家这一身体—主体与世界的关联之中时，才具备解释力度，风格“出现在画家与世界的接触点上，出现在他作为画家的知觉深处，并且，它作为一种要求浮现于此”。[③] 从这一点上看，“风格”似乎亦能成为《塞尚的怀疑》中那个隐而未显的概念，如此我们能解释为何塞尚虽然极大地启发了身后的立体主义与抽象风潮，自己却终生未放弃具象绘画：正是不愿意放弃同世界的身体性关联这一点，让塞尚一直没有彻底倒向抽象。继之而来的便是威廉·沃林格曾提出的那个难题了：如何在具象的平面绘画里表现“深度”？

通过将知觉风格化，也就是说，将世界要素变形，塞尚得以实现这种“深度”。风格，既是为世界的赋形（这也是一种变形），同时也是绘画所分泌的意义的内在脚手架。如果没有风格的分梳作用，散乱的知觉和意义便不能进入观者的理解系统，不能成为一种公器被观者理解。也就是说，“风格”暗示着，意义必须进入主体间性；或者说，意义是在主体间产生的。风格在此指向了我们实际生活经验中扑面而来的世界。梅洛–庞蒂曾举过一个例子：我们在路上遇到一个女人，对其“风格”的感知不是通过对她外形上的识别完成的，而是在她的肉体和世界接触的过程中（譬如走路），识别出了她的“活力”和“柔弱”。[④] 我们和他人的这种共—在，既是与他人遭遇

① Maurice Merleau-Ponty，«Le doute de Cézanne»，*Sens et non-sens*，Paris：Gallimard，1966，p.21.
② *Ibid.*，p.21.
③ Maurice Merleau-Ponty，*La prose du monde*，Paris：Gallimard，1969，p.74.
④ *Ibid.*，pp.74—75.

时对风格的直接的、不由分说的领会，同时也是一种历时性的共—在。这种历时性，是“一个在另一个之外”，[1]深度意味着彼此遮掩，彼此之间是“不可通约的，仿佛处在另一个世界之中”。[2]只有那种持笛卡尔透视主义的画家，才会因把“深度”化约到平面上，通过彼此的比较产生“近大远小”之类的错觉。这实际上就是给不同的存在设立了同一个前提，即它们是透明的、可量度的、共在一个平面上的，因此才有了例如“这个盘子高5厘米，它后面那个盘子则只有1厘米高”之类的判断。这并不是深度。深度意味着对象各自都具有不同的事件束，彼此交织，但不处于同一种平面秩序里。而像塞尚这样的画家，此时就要“找到仲裁它们的冲突的方式，此即深度”。[3]正是在这个意义上，“风格”与“深度”相关联。对梅洛-庞蒂而言，塞尚便采取了这样的态度：“他不愿意把显现在我们眼前的稳固的事物与它们难以捉摸的显现方式分离开来”，[4]此时梅洛-庞蒂虽然还未发展他的“深度”和“风格”概念，但此处所指出的，实质上正是那种产生了深度的风格。也正因塞尚的“风格”实际上是基于对诸世界含混状态的尊重，他才能够意欲画出一个原初世界，才能呈现那存在论意义上的原初的、绝对的、完整的风景，而不是去“再现”所谓的客观世界或他自己的主观视觉感知到的世界。

通过对主体间性的维度的强调，似乎可以相信，“风格”实质上通向了存在论意义上的“深度”。风格事关身体—主体的他性，主体性和主体间性的界限在此也变得模糊。风格揭示存在的关系性意义，从而使得可见者与不可见者也在身体性的基础上纠缠在一起。实际上，梅洛-庞蒂《眼与心》中的讨论重心，已经从视觉转向了可见者与不可见者本身的关系。虽然在《眼与心》中看不到“风格”的出场，但在《间接的语言和沉默之声》中，风格空前地强调了存在的关系性，而这尤其直接地通往了“现象学深度”。

---

① Maurice Merleau-Ponty，*L'œil et l'esprit*，Paris：Gallimard，1964，p.46.

② Maurice Merleau-Ponty，*La prose du monde*，Paris：Gallimard，1969，p.68.

③ *Ibid.*，p.68.

④ Maurice Merleau-Ponty，«Le doute de Cézanne»，*Sens et non-sens*，Paris：Gallimard，1966，p.12.

四、迈入存在论的“深度”

至此我们终于可以最为直接地切入“深度”这一概念。梅洛-庞蒂曾在1959年11月的工作笔记中如此界定“深度”（profondeur）：

> 深度是事物保持明晰、居留在事物之中，而又不成为我当下所见的方式。它尤其是同时性的维度。没有它，就没有世界或存在，而只会有一个移动的明晰性的区域，这一区域不离开其他的一切就无法被带到此处，—— 就没有这些“视野”（vues）的“综合”（synthèse）。这些视野不是通过深度共存，而是相互滑向对方，成为一体。因此，是深度使得事物具有肉身：也就是说，它以一种障碍、一种阻力来阻抗我们的检视，这正是它们的真实，它们“张开的门窗”（ouverture），它们的“全部”（*totum simul*）。[1]

深度在此直接具有了存在论的意义。它不只是作为对笛卡尔透视主义的反对，也不作为高和宽之外的“第三维度”，而是作为“同时性的维度”存在。其意是，“深度”是物体存在的首要维度，是其存在的保证。在《眼与心》中，梅洛-庞蒂说：“当塞尚寻求深度时，他所寻求的正是存在的这一缓燃。”[2] 这一意义上的深度，便是一物存在的诸多方面之关联。我们作为身体—主体，对世界的观察总是不全面的，而在这种扫视式观察的时间性叠加中，深度才得以凸显，它“是对诸维度的可逆性（réversibilité）的经验”，[3] 每一物既是它自身，又同它物在一种世界背景中相关联。如果没有这一背景，则那一物本身则会成为不可见者。一件物体只有在“原境”（context）中才能被看到。“深度”一词在此毋宁说指示的是被作为视焦点的物与其世界背

① Maurice Merleau-Ponty，*Le visible et l'invisible*：*note de travail*，pp.273—274.

② Maurice Merleau-Ponty，*L'œil et l'esprit*，Paris：Gallimard，1964，p.65.

③ *Ibid.*，p.65.

景之间的关系，是所有差异性维度的“维度性”(dimensionnalité)。这一世界背景也因画家的身体在场获得了空间性。“缓燃”揭示出了深度呈现的艰辛，以及存在论意义上物的诸种关系在各个角度上的“同时性”呈现。这个意义上的深度，便不同于色彩、线条等形式因素。它能够使得绘画活动真正成为对存在意义的表达，而不是对现实事物的再现式复制。

Paul Cézanne，*Still Life with Fruit Dish*，1879—1980

对于塞尚而言，他将实在世界中的物体抽象成圆柱、椭圆等几何形状，又改变了这些形状的透视，正如罗杰·弗莱(Roger Fry)指出的，在塞尚成熟时期的静物画作《高脚果盘》(*Still Life with Fruit Dish*，1879—1980)中，塞尚将两个高脚杯的椭圆形状做了变形：“塞尚改变了它们的形状，使其两端近于圆形。这一变形剥夺了椭圆的优雅和轻盈，却赋予了它以球体具有的庄严、厚实的特征。”[①] 梅洛-庞蒂也发现了，“桌子上的盘子与高脚酒杯，从侧面看去的话应该是椭圆形，但椭圆形的两个顶点都被膨胀、扩大了”。[②] 这或可谓之以梅洛-庞蒂常用的“连贯的变形”(déformation cohérente)，这个

① Roger Fry，*A Study of his Development*，New York：Noonday Press，1958，p.48. 中译参照[英]罗杰·弗莱：《塞尚及其画风的发展》，沈语冰译，南宁：广西美术出版社，2016年版，前引书，第95页。

② Maurice Merleau-Ponty，«Le doute de Cézanne»，*Sens et non-sens*，Paris：Gallimard，1966，p.11.

词在梅氏那里也是“风格”的同义词。因为艺术作品中的物无法像现实事物那样被我们置“身”其间地感知，它们因列维纳斯所指出的“异域感”（l'exotisme）①而从原先的世界背景中剥落出来，成为只能被我们感官知觉到的平面呈现，也具备了异质性。如此一来，若仍想表现原初世界，表现诸关系，则必然诉诸变形。只有通过变形，才能不漏过保证事物存在关系的“深度”。阿纳森如此解释塞尚的变形：“不是物体的关系，而是存在于物体之间并相互作用的紧密关系，变成为有意义的视觉体验。”②但阿纳森此处没有深入存在论的层次，仍然是从形式的角度切入塞尚的手法。

塞尚的“变形”并非如我们通常以为的那样，是要描绘塞尚作为身体—主体的视觉印象。因为这种看法仍然意味着塞尚在“再现”他自己眼中的世界。那么，如果不是这样的话，塞尚的“变形”意味着什么呢？梅洛-庞蒂在《塞尚的怀疑》中注意到了，塞尚的这种变形，实际上是想让变形本身变得透明，从而可以给观者提供一种“诞生中的秩序”，或者干脆说，这是一种现场生成的原初世界经验。这种经验必然是不可穷尽的，因为有深度的实在物本身就不可穷尽：“深度即一种维度，它向我们提供事物。它并非铺展在我们面前，而是充满保留……”③塞尚试图将这种风格放置到存在关系中去理解，从而呈现深度。塞尚笔下的世界正在生成，现场经验也要变成流动的，观者对他的画凝视越久，这种感觉便越明显。因为存在正以深度的呈现“缓燃”。塞尚对传统透视法下的“灭点”（Vanishing Point）不以为意，也完全不采用一个固定的视角，他往往力图呈现画中景物彼此之间的动态交织过程。作为画家的塞尚，之于他的表现世界，是身体性地在场着的。这从根本上决定了塞尚不可能采取一个飞跃式视角去作画。塞尚也将轮廓线做了模糊，根据梅洛-庞蒂的解释，这正是出于呈现“深度”的考虑。因为单一的轮廓线属于纯粹平面，而不标画轮廓线，物体的边缘便很难辨识。塞尚的这

① Emmanuel Levinas, *De l'existence à l'existant*, Paris: Librairie Philosophique J. Vrin, 2004, p.83.

② ［美］H.H. 阿纳森：《现代艺术史：绘画·雕塑·建筑》，邹德侬、巴竹师等译，沈玉麟校，天津：天津人民美术出版社，1994 年版，第 38 页。

③ Maurice Merleau-Ponty, «Le doute de Cézanne», *Sens et non-sens*, Paris: Gallimard, 1966, p.14.

种复合视角与对轮廓线的特殊处理，有时会被解释成不同知觉模式的叠加。例如，在《松石图》(*Pines and Rocks*，1897）中，最左侧那块包围着树干的石头，其立体感是不明确的，有相当一部分看起来就是一个平面；更重要的是右下角这块奇异的岩石，这块岩石左侧和右侧的轮廓线完全不同。根据克拉里的分析，这块石头左侧的轮廓线几乎是数学性的（几乎是一条“S”形的贝塞尔曲线），但右侧的轮廓线却崎岖不平，且充满了试探性，一直延伸到画面右下角，仿佛只是漫不经心地划分出了岩石的边界。[①] 塞尚在这里不是机械地缝合了多个视角的视觉平面（立体主义正是在这一点上误解了塞尚），而是基于一种知觉的综合，传达那些石头作为实在物的相互遮掩的深度。真实物就这样在塞尚的画作中在场了。

Paul Cézanne，*Pines and Rocks*，1897

① Jonathan Crary，*Suspensions of Perception*：*Attention*，*Spectacle*，*and Modern Culture*，Cambridge：The MIT Press，pp.333—334. 中译参照［美］乔纳森·克拉里：《知觉的悬置：注意力、景观与现代文化》，沈语冰、贺玉高译，南京：江苏凤凰美术出版社，2017 年版，第 264 页。

如果从梅洛–庞蒂的文献内部稍稍跃出，巡视整个现象学美学界，容易发现，尽管一个系统的视觉艺术现象学并未被专门地建立过，但仍有人做出了这种努力。英国学者保罗·克劳瑟（Paul Crowther）便试图呈现一个完整的视觉艺术现象学。值得注意的是，他的整个"后分析现象学"（post-analytic phenomenology）在概念体系上直接建基于"现象学深度"（phenomenological depth）这一概念。克劳瑟试图用这一概念来解释所有艺术形式中丰沛的感性力量的来源。虽然克劳瑟试图在承认梅洛–庞蒂对自己的影响前提下证明自己这一概念的原创性，而且在书中对梅洛–庞蒂作出了"修正"姿态，但只需稍看一下他自己对"现象学深度"的定义，便能发现，这一概念并未在本质上超越梅洛–庞蒂的"深度"概念，毋宁说更为清晰地阐明了梅洛–庞蒂"深度"概念的内涵：

> 现象学深度以主客体经验的存在论交互（reciprocity）为中心。具身化的主体沉浸在一个物质世界（physical world）中，这一世界的存在并不依赖于该主体；事实上，它反倒决定了主体的特性（这是就其物质构成与主体为了谋求生存而必须参与的行动而言的）。
>
> 然而，与此同时，通过主体施加于物质世界的一系列认知与机动能力，被感知到的物质世界的性质被赋予了明确的特性。因此，主体的本体论结构和它的经验对象，在关键的方面上是交互性地（reciprocally）联结着的。在经验层面上，每一方实际上都是另一方的全部定义的一部分。
>
> 我将使用"现象学的"（phenomenological）这一术语，来描述这种交互性的各个方面。具体来说，我主要想集中于这一描述，即主客体经验之间的关系是如何在不同的知觉与行为模式的基础上改变它的特征的。①

不难看出，保罗·克劳瑟的这一深度指的便是主客体在某种关系中的本体性互动，且这一互动由身体—主体担保。克劳瑟把这种被知觉的世界视作

① Paul Crowther, *Phenomenology of the Visual Arts*（*even the frame*）, Stanford: Stanford University Press, 2009, p.3.

不以主体存在为前提的世界，但又承认世界作为主体知觉视域的背景作用，主体和其所在的世界就这样交织一体。克劳瑟的视觉艺术现象学围绕这样一个康德式的困惑展开："为什么图像会富有说服力呢？"① 他通过康德为其划定研究背景和前提，又从梅洛-庞蒂那里借用了具体的操作方法。笔者并非要区别克劳瑟的"深度"和梅洛-庞蒂的"深度"孰优孰劣，因为他的"现象学深度"并未越出梅洛-庞蒂的范畴。我在这里关注的是：为何克劳瑟会选择"深度"一概念作为其对那个康德式问题的回答基点？

实际上，"深度"作为对艺术作品的解释，不唯出现在梅洛-庞蒂和克劳瑟那里。在杜夫海纳的《审美经验现象学》中，亦有"存在深度"（depth of the existence）的表述。按米氏语："要想揭示一个作品的深度，感受必须有深度，我们自己也应该有深度。"② 杜夫海纳将"深度"统归到了他的再现世界—表现世界的论说下，但在此之前，深度同样具有存在论意义。无独有偶，列维纳斯在《从存在到存在者》中以"存在的水泡（boursouflures）或脓肿（abcès）"③ 指代我们在绘画中遭遇到的那些向我们扑面而来的"碎块、立方体、平面、三角形"，④ 这些脓肿，在列维纳斯看来，无法被我们的视域消化，而自成一种自在的现实。不难发现，各种路径的现象学在接近艺术时，都集体选择了从存在者与世界的关系入手，来揭示艺术作品的感性力量。海德格尔、杜夫海纳、梅洛-庞蒂、列维纳斯等人莫不如此。从这意义上理解，现象学美学切入艺术作品时，关心的并不只是诸如"看—被看"或者"可见—不可见"之类视觉机制发生学的问题。对"存在"的究问，才是这种现象学考察的底牌。而也正是这一点，决定了"深度"是无法一劳永逸地被看到的，因为"存在"在每个时代都会生成它的新的主体性，在此之上，每一代画家都有责任在画布上重新回答"深度"这一问题。这一意义上的"深度"已经超出了一种表象手段，也并非黏附在事物表面的某一维度的

① Paul Crowther, *Phenomenology of the Visual Arts* (*even the frame*), Stanford: Stanford University Press, 2009, p.17.

② ［法］米·杜夫海纳：《审美经验现象学》，韩树站译，北京：文化艺术出版社，1996 年版，第 509 页。

③ Emmanuel Levinas, *De l'existence à l'existant*, Paris: Librairie Philosophique J. Vrin, 2004, p.85.

④ *Ibid.*, p.85.

属性。深度不在空间之中，它反而含蕴空间自身。让我们再次回到梅洛-庞蒂对“深度”的界定：“当塞尚寻找深度时，他所寻找的正是存在的这一缓燃。”① 针对这种“缓燃”，画家尽可以从对透视主义的反对、从对可见世界的变形、从风格等诸种侧面去接近它，但最终，的确要回到那一“自然的基底”中去。这种“基底”，先于任何反思的存在经验。而只有这种意义上的呈现“深度”的努力，才能让世界在我们眼前敞开，使我们在可见者中获得一种与不可见者交织一体的含混经验。任何试图呈现“深度”的画家，都会像塞尚那样，面临“第一句话的困难”。② 在这里，塞尚要让不可见的表象的颤动恢复成可见者，“揭示出人类所安居的、非人类的自然基底（fond）”，③ 实际上就是要让这“第一句话”被说出来，让它成为一种海德格尔意义上的“本源”（Ursprung），从而使事物获得其本质。在德语中，“Ursprung”有一种“跃入存在”的动势，它是艺术作品的“本质之源”（Herkunft）。④ 而塞尚所意图呈现的存在经验，也有这种流动意味，它是“缓燃”，意即持久燃烧，而非霎时明灭，“这就是为什么他一直没有完成工作”。⑤ 表达“存在着”（exister）的东西是无止境的，对这种作为存在之揭示的绘画行为的考察，自然也并不存在一种特定的方法论。这种考察总存在于一种分析式的摆动中：在可见与不可见之间，存在与存在者之间，具象与抽象之间，再现与变形之间往复，并不求得一个稳固、确定的答案。对于任何以这一视角切入绘画美学的分析，形而上学的方法都必须得到个体化的改造才能生效，那便是独属于那种分析的知性脚手架。因此，梅洛-庞蒂的塞尚分析，也就不太意外地“后继无人”了。基于以上缘由，沈语冰先生对现象学分析作为一种艺术作品考察范式有效性的质疑，⑥ 并非没有道理；但以笔者陋见，这一问题并不那

---

① Maurice Merleau-Ponty，*L'œil et l'esprit*，Paris：Gallimard，1964，p.65.

② Maurice Merleau-Ponty，«Le doute de Cézanne»，*Sens et non-sens*，Paris：Gallimard，1966，p.20.

③ *Ibid.*，p.16.

④ Martin Heidegger，„Der Ursprung des Kunstwerkes（1935/36）“，in *Gesamtausgabe*，Band 5，Frankfurt am Main：Vittorio Klostermann，1977，p.1.

⑤ Maurice Merleau-Ponty，«Le doute de Cézanne»，*Sens et non-sens*，Paris：Gallimard，1966，p.28.

⑥ 即沈语冰所言：“愚意之见，现象学的首要功劳在‘破’而非‘立’，即以其破除各种思想板结与清规戒律也。但破除之后，它并没有提供创造性的工作可以依赖的任何一种最起码的概念或知性脚手架。”见沈语冰：《图像与意义》，北京：商务印书馆，2018 年版，第 79 页。

么需要被解决，因为我们的存在，归根到底，并不能求得一个答案："从本质上说，存在是陌异的（étranger），它撞击着我们，如黑夜一般，将我们裹挟，几近窒息，但却不予回答。"①

① Emmanuel Levinas，*De l'existence à l'existant*，Paris：Librairie Philosophique J. Vrin，2004，p.28. 中译参考［法］列维纳斯：《从存在到存在者》，吴蕙仪译，南京：江苏教育出版社，2006 年版，第 11 页。译文有改动。

图像之肉：梅洛-庞蒂在当代
——迪迪-于贝尔曼图像学的现象学传统

乔泓凯*

迪迪-于贝尔曼（Georges Didi-Huberman）在20世纪90年代的著作中大量援引梅洛-庞蒂，以此抵制符号学图像学的还原主义，并恢复图像的肉身存在。“非构形”元素作为本质可见性的“肉身”蕴含了不可见性，不在场寓于在场之中，图像的幽灵遗存在当下到时中被延迟。迪迪-于贝尔曼以图像“症候”倒转传统视看结构，图像症候构成现象场的动机化事件与潜在意向性，目光同时作为“肉身之光”的逆映射。迪迪-于贝尔曼意义上的“双重距离”来自梅洛-庞蒂“原始深度”概念，图像处于不断的开裂与迭代的拓扑学空间中。迪迪-于贝尔曼在图像研究中重提具身性与主客交互视域，再度激活了梅洛-庞蒂的肉身现象学。

戈达尔在1995年的电影《JLG/JLG：12月的自画像》（*JLG/JLG-autoportrait de décembre*）中援引了梅洛-庞蒂《可见的与不可见的》（*Le visible et l'invisible*）中的名句“如果我的左手/触到我的右手……”（Si ma main gauche/touche ma main droite...），[①] 视—触的互逆性指认了现象学式的具身化主体与交互存在论的原初视域，有效地揭示出梅洛-庞蒂晚期肉身本体论、图像与视觉理论的当代性。正如卡波内（Mauro Carbone）所说，梅洛-庞蒂试图“试图建立一个更为普遍的视觉（vision）概念：这一观念与当下时代现

* 作者乔泓凯，复旦大学哲学学院美学专业博士生，主要研究法国艺术哲学。

① 参阅 J. L. Godard，*JLG/JLG. Phrases*，Paris：P.O.L.，1996，pp.69—71。

状十分契合”。[1] 在当代“图像转向”（tournant iconique）浪潮中，梅洛-庞蒂得到了再次激活。而作为目前法国巴黎社会科学高等学院（EHESS）的扛鼎之人，乔治·迪迪-于贝尔曼的图像理论背后同样潜隐着梅洛-庞蒂的幽灵。

90 年代以降，于贝尔曼在其早期对非理性图像的个案研究的基础上，于《在图像面前》（*Devant l'image*）、《我们所见者，正注视着我们》（*Ce que nous voyons，ce qui nous regarde*）等一系列著作中系统地提出了其艺术史图像理论，并先后策划了“非似之域”（Régions de dissemblance）、“暴露的面孔”（À visage découvert）、“印记”（L'Empreinte）等一系列展览，将其理论引入了艺术现场。通过重启瓦尔堡（Aby Warburg）的“幽灵学”，于贝尔曼提供了一种迥异于潘诺夫斯基（Erwin Panofsky）的图像及视觉艺术研究范式。于贝尔曼抵制将图像透明化的意识还原，在当下化的艺术图像经验中寻求“错时性”（anachronisme）的不在场之在场，并借由知觉场开启本源性的深度存在，此类主张无疑与梅洛-庞蒂的肉身现象学具有相近的旨趣，其早期著作中大量的对于梅洛-庞蒂的引述也印证了这一点。于贝尔曼的图像学始于对潘诺夫斯基的人文主义的图像科学传统的激烈批判，其早年的研究如《歇斯底里的发明》（*Invention de l'hystérie*）、《艺术中的恶魔》（*Les démoniaques dans l'art*）等已然表现出对于图像中的非理性能量的高度关注，这使得于贝尔曼远离了潘诺夫斯基、贡布里希（Gombrich）的强调图像内在意义之生产的“符号学图像学”，转而更为接近某种追求“返回图像本身”以恢复图像肉身存在的“现象学图像学”。克劳瑟（Paul Crowther）在《视觉艺术的现象学》中不无忧虑地指出，现象学“至今未能在视觉艺术的审美方面发挥其全部潜力”，[2] 于贝尔曼与梅洛-庞蒂在当代的“共谋”或有助于这一问题的展开。正如于贝尔曼所说：“我们很愿意听任一种目光现象学（phénoménologie du regard）的偶然事件的摆布。”[3]

---

① Mauro Carbone，*The Flesh of Image*：*Merleau-Ponty between Painting and Cinema*，trans. Marta Nijhuis，New York：State University of New York Press，2015，p.4.

② 克劳瑟：《视觉艺术的现象学》，李牧译，南京：南京大学出版社，2021 年版，第 3 页。

③ Georges Didi-Huberman，*Devant l'image*，Paris：Editions de Minuit，1990，p.18.

法文中“看”（voir）与“知”（savoir）的互文性指涉了传统的视觉—逻各斯中心主义的图像观，图像在其中作为静止的、能充分表达对象在场的“表象”（再现）。这亦构成了潘诺夫斯基图像学的预设公理，“所有可见物似乎都依据不置可否的、医学诊断的符号学（sémiologie）得到阅读和解释”。[①] 图像被划分为各知识单元与语义成分，“可见者”是清晰的、科学化的可读性在场，这集中地体现于潘诺夫斯基将艺术史建造成一门“人文科学”的信念，[②] 一如胡塞尔试图建立“作为严格科学的哲学”（Philosophie als strenge Wissenschaft）。但梅洛-庞蒂提醒我们，将“可见者”进行科学化的做法自身就是可疑的：“感性之物被看作仅仅是有待被科学认识扬弃的表面现象……规律永远也不可能彻底澄清其晦暗。”[③] 在这一意义上，恢复图像现象场中的肉身（chair）存在，以抵抗光学的形而上学与在场的形而上学，构成了梅洛-庞蒂与于贝尔曼共同的理论起点。

一、视—见：图像的不在场之在场

于贝尔曼区分了“可视”（le visuel）与“可见”（le visible）、“可构形”（le figurable）与“可读”（le lisible）两组概念，此种区分类似于梅洛-庞蒂对“知觉”与“感觉”的区分。纯粹知觉是不可能的，类似地，图像中也存在作为“可构形元素”的不可读的非知识性内容，后者自身构成了不可见的图像的肉身，视看或视觉本身乃是一种非透明性的活动。与之相对，还原主义的做法则是“将可视置于可见［与模仿（l'imitation）］的统治下，将可构形置于可读［与图像学（l'iconologie）］的统治下”。[④] 除此之外，于贝尔曼还认为，图像自身处于“形象”（figuré）与“非构形”（défiguration），“相似”（semblable）与“非似”（dissemblance）之间的含混之中，“可构形”或“非

① Georges Didi-Huberman，*Devant l'image*，Paris：Editions de Minuit，1990，p.3.

② 参阅 Erwin Panofsky，*Meaning in the Visual Arts*：*Papers in and on Art History*，New York：Doubleday Anchor Books，1955，pp.1—25。

③ Maurice Merleau-Ponty，*The World of Perception*，trans. Oliver Davis，London：Routledge，2004，p.44.

④ Georges Didi-Huberman，*Devant l'image*，Paris：Editions de Minuit，1990，p.9.

构形”均意指图像中的非形象之物，两者并非静止的、在场的以供分析之物，而是尚未实现的“构形”（figuration）潜能。传统图像研究仅仅关注可读（可见）的“形象”部分，而忽视了作为视觉元素的“非构形”内容，后者本质上是一种生成中的在场，或不在场之在场。在《费拉·安吉利科：非似与构形》（*Fra Angelico*：*dissemblance et figuration*）中，于贝尔曼以费拉·安吉利科的作品为例，对前述“非构形”之物进行了研究。在安吉利科的《阴影中的圣母》（*Madonna delle Ombre*）下方，有四块去表征化的大理石色板，其近乎于今天的某种抽象表现主义的作品。色板完全超出了文艺复兴艺术对于“可见性”的追求——正如阿尔贝蒂（Leone B. Alberti）在《论绘画》（*De pictura*）的开篇所言：“不可见的东西与画家无关，因为他只努力表现可见的东西。”[①]这四块大理石色板显然无法提供此类可见性表象，而是呈现“非构型”的潜在缺席，即不可见的肉身存在。于贝尔曼认为，正是此种缺席，揭示出道成肉身（Incarnation）不可见的神秘性，以及接近上帝的启迪光晕。“赋予可见的东西以一种神秘的道义，目的是‘呈现一种存在’（rendering a presence）——或所谓的‘呈现一种说明’——关于道成肉身的奥秘。”[②]“非构形”元素提供了一种不在场的在场，构成本质性的不可见者的显现。

因此，于贝尔曼意义上的“非构形元素”可以被认作梅洛-庞蒂的“不可见者”，亦即“图像的肉身”。安吉利科的色板并非可见的、稳定的意义结构单位，而是暧昧的非构形、非知识性的“可视”元素。对梅洛-庞蒂而言，“可视”同样并不意味着“可见”，毋宁说正是由于可见者本质性的可见性，才使得“视看可见者”成为可能。“梅洛-庞蒂哲学最后阶段的目标并不是定义可见的与不可见的关系，而是指出可见的和视觉之所见的区别。”[③]可见性“其本身并非物，而是事物之可能性（possibilité）、潜在性（latence）以及肉身”。[④]原初的可见者是“除了目光的触诊（le palpant du regard）再没

---

① Leon Battista Alberti，*On Painting*，trans. Cecil Grayson，London：Penguin Books，2004，p.48.

② Chari Larsson，*Didi-Huberman and the image*，Manchester：Manchester University Press，2020，p.54.

③ 艾曼努埃尔·埃洛阿：《感性的抵抗：梅洛-庞蒂对透明性的批判》，曲晓蕊译，福州：福建教育出版社，2016年版，第150页。

④ Maurice Merleau-Ponty. *Le visible et l'invisible*，Paris：Gallimard，1964，p.175.

有更能接近之物，是我们无法想象看到其‘完全赤裸’（toutes nues）的模样之物”。[①]“肉身”乃是本质性的可见性，但同时又在可见性中揭示出其不可见性与潜在的缺席，即一种“准在场”（quasi-présence）。正如拉森（Chari Larsson）所说，安吉利科的色板“是一种缺席的本源的在场（a presencing of an absent origin）”。[②]色板作为“非构形”元素，其本质上是一种进行中的生成，一种不确定的构形力量与潜在的存在，即未完成的“构形性”。在这个意义上，色块恰揭示了“构形性”本身。正如肉身提供了“准在场”那样，色板揭示出了构形中的形象（figure figurante/figure figuring），即“准形象”（pré-figure）或“非构形象”。不可见（不在场）并非加诸“可见性”之上的补集，并非一种自在的客观缺席（在别处的在场），而是可见者自身蕴含着不可见性，不在场寓于在场之中，不可见者是“可见性的零度，是可见者的一个维度的开放”。[③]肉身作为潜在的可见者“让不在场者面向我们在场”，[④]“它不是令不在场者当下化，而是创造一种特殊的在场，一种此前从未有过的在场”。[⑤]

在对安吉利科的另一幅湿壁画《天使报喜》（*Annunciazione*）的研究中，于贝尔曼发现画面背景充盈着一团无法被符号化的神秘白色，这在同时期同主题的宗教绘画中显得格格不入——正如施坦伯格在对里皮（Filippo Lippi）一系列天使报喜图的研究中所指出的，文艺复兴时期对圣母受孕的灵媒有着复杂的、具象化的视觉表现传统。[⑥]因此，图像志分析对于“非构形”的白色失效了。于贝尔曼认为，画谜般的白色恰恰是为了表现无法形象化（unfigurable）的圣神性（即天使与圣母之间的联系）而以一种非构形元素的方式呈现出来，“白色并非一种表现代码，相反，它是为了一

① Maurice Merleau-Ponty，*Le visible et l'invisible*，Paris：Gallimard，1964，p.171.

② Chari Larsson，*Didi-Huberman and the Image*，Manchester：Manchester University Press，2020，p.54.

③ 转引自克洛德·安倍尔：《梅洛–庞蒂：愤怒的人与对可见者的发明》，载《理解梅洛–庞蒂——梅洛–庞蒂在当代》，杜小真、刘哲主编，北京：北京大学出版社，2011 年版，第 3 页。

④ Maurice Merleau-Ponty，*L'œil et l'esprit*，Paris：Gallimard，2011，p.41.

⑤ Mauro Carbone，*The Flesh of Images*：*Merleau-Ponty between Painting and Cinema*，trans. Marta Nijhuis，New York：State University of New York Press，2015，p.3.

⑥ 参阅 Leo Steinberg，*Renaissance and Baroque Art*：*Selected Essays*，Chicago：The University of Chicago Press，2019，pp.80—86。

个全然净化的图像——白色的印记与神秘的症候，而开启了表象（ouvre la représentation）”。[①] 非构形的白色是具有构形潜能的不在场，是暗示圣神的踪迹与灵晕，换言之，即“道成肉身”这一“不可见”的神迹本身。

类似地，在《图像不顾一切》（*Images Malgré Tout*）中，于贝尔曼分析了来自奥斯维辛集中营中的四张照片，他再次将这些照片阐释为不在场者的在场之“事件”，以抵抗将之作为单纯的历史影像的做法。四张照片影像是高度模糊的，但重要的并非在其中辨识“可读”的元素并将之归于历史档案信息，而是“非构型”元素所传递出的溢出视觉的不可见性，即作为不在场者的幽灵式遗存。“在 1944 年 8 月的那一天，从当下的地狱中攫取四幅画面，相当于从毁灭中攫取了四片残存的生命。”[②] 照片中大片的黑色构成了不可读的“非构形元素”，所有在其中寻求确切形象的企图都宣告破灭，现象场中的黑色色块在不可见的意义上保存了拍摄者所面临的危险，从而构成一个“事件”：

> 为了获得一些清晰的“信息”（可见的证据）而抹去“阴影区”（视觉质量）……这些图片的加工被认为保存了其文献价值（可见的结果，明确的信息）。但相反，他们的现象学（phénoménologie）被移除了，使他们成为事件的一切（一个过程、一项工作、身体接触）被移除了。这一大片黑色只不过是终极状态的标志，通过它，这些图像应该被理解：它们作为视觉事件（événement）的状态。[③]

来自集中营中的照片保存了过去的记忆潜能，不在场者不断在当下闪回，并构成一种错时状态的异托邦。在这里，于贝尔曼继承了瓦尔堡的遗产——瓦尔堡在《记忆女神图集》（*Der Bilderatlas Mnemosyne*）中呈现了古代情念的“死后生命”（Nachleben），破坏了线性的历史叙事，使异质性的精神时空在

---

① Georges Didi-Huberman，*Devant l'image*，Paris：Editions de Minuit，1990，p.27.
② Georges Didi-Huberman，*Images malgré tout*，Paris：Editions de Minuit，2003，pp.64—65.
③ *Ibid.*，p.52.

同一块图板中相遇。这类似于某种特殊的“延异”，记忆作为潜在性的缺席，而在场则不断地在当下的幽灵到时中被延宕。图像中不在场的幽灵遗存，本质上提供了关于意向性（滞留、前摄）充实的“当下化”，但梅洛-庞蒂并不认为时间可以被理解为胡塞尔意义上的内时间的绝对意识流，“过去”也非基于滞留的“回忆”，而是持留于自身的在场之肉身，正如梅氏在 1960 年 4 月的一则研究笔记中所说的：

> “过去”(passé）属于某种神秘的时间，即前时间的时间……一切精神意义上（singemäss）的过去都曾经是现在，也就是说它的过去的存在乃是建立在一种在场的基础上（été fondé dans une présence）——毫无疑问，这之于它是如此的真实，以至于过去现在还在场（encore présent)。①

“过去”自身非线性结构的异时状态构成了记忆的图式，纯粹记忆不能被理解为一种弱化的知觉，而是流变的绵延。图像通过症候唤起了错时性记忆在当下的到时与涌现，在此意义上，我们也可以认为于贝尔曼延续了梅洛-庞蒂式的时间观，不在场的过去并非以当下时间点为参照系的原初被给予，而是一种具有准存在意涵的事件，并呈现为一种肉身式的缺席的在场。正如卡波内所说，梅洛-庞蒂的哲学“是对于贝尔曼所提出的时间模式的重要补充。正是因此它令我们更深入地理解当今图像的在场问题”。② 据此，便可以解释为何于贝尔曼会认为，安吉利科的《天使报喜》中的白色将唤起遗存记忆的闪回：“(《天使报喜》）在修室的入口处突然进入观者的目光之时，会释放出的一种错综复杂的‘潜在记忆’(mémoire virtuelle)。”③

① Maurice Merleau-Ponty, *Le visible et l'invisible*, Paris: Gallimard, 1964, p.292.

② Mauro Carbone, *The Flesh of Images: Merleau-Ponty between Painting and Cinema*, trans. Marta Nijhuis, New York: State University of New York Press, 2015, p.5.

③ Georges Didi-Huberman, *Devant l'image*, Paris: Editions de Minuit, 1990, p.21.

佚名，《奥斯维辛集中营摄影》，1944

二、看—触：现象场的图像症候与目光“触诊”

于贝尔曼通过强调图像的“非构形元素”有效地抵制了图像学中的柏拉图—新康德主义式的还原论，图像的肉身得到了恢复，如同一种“回到图像本身”的现象学宣言，将图像带回至知觉场中，并重新发现了图像的物质性。于贝尔曼将物质从形式中拯救出来，“非构形元素”指认了艺术史叙事中表象秩序的滑落，破坏了符号对“存在”的断言。这容易令人想起梅洛-庞蒂对塞尚的相近态度：塞尚为了揭示出可见者的存在风格，“以真实（la réalité）为目的，却禁用达到真实的手段”。① 正如达弥施（Hubert Damisch）所说，塞尚放弃了绘画和线性透视的规则，从而揭示出“绘画的

① Maurice Merleau-Ponty，*Sens et non-sens*，Paris：Les Éditions Nagel，1966，p.29.

可感知因素，与它的物质性”。① 回到存在的知觉场，这构成了一种现象学还原的过程。而与胡塞尔不同的是，梅洛-庞蒂拒绝承认达到纯粹意识的现象学还原，对梅氏而言，现象学还原的意义就在于发现一种完全的还原的不可能性。② 在知觉场（一个格式塔）的辖域化过程中，图像中的某种内容突然获得了意义，这类似于巴特（Roland Barthes）意义上的图像“刺点”，在这里，对于图像的还原论目光失去了效力，取而代之的是关于图像的“症候”（symptom）阅读，即图像自身对观者的放开与召唤。

于贝尔曼敦促我们在阅读图像时回到某种原初给予的目光现象学与知觉信念之中，知觉与现象场自身是晦暗不明的，如果将意识“建立在我的思想的绝对明晰的基础上……我会再次怀疑我对世界的体验”。③ 在《知觉现象学》（*La phénoménologie de la perception*）中，梅洛-庞蒂重新确立了超越经验主义与理智主义的知觉概念，此种现象学模式充分地体现在于贝尔曼对图像的观看经验的把握中。视知觉是一种本质性的含混，图像症候乃是“现象场”被动机化而造成的“事件”。早在自己的第一部著作《歇斯底里的发明》中，于贝尔曼便发现了意识中断处突然降临的症候体验。“症候是一个关键事件、一个奇点与一次侵入，其同时也是一种有意义的结构（structure signifiante）、一个关于事件的系统。”④ 在梅洛-庞蒂看来，一个全新的对象在知觉中被构成，这并非是一种表象的联合，而是对不明界域的主题化，“动机”（Motif）贯穿感知视域并造成现象场的波动。梅洛-庞蒂强调“动机”的流动性，对象在意识之流中被不断重新把握。图像自身构成了拒斥还原性意识的现象场或视觉场，动机作为“贯穿视觉场与身体—世界系统……它以一种缄默而神奇的能量激活了它，在此处或彼处造成扭曲、收缩与膨胀”。⑤ 视觉场是一种动机引发的转瞬即逝的嘈杂与混乱，其中同样存在着意义结构的

① 于贝尔·达弥施：《云的理论：为了建立一种新的绘画史》，董强译，南京：江苏美术出版社，2014 年版，第 224 页。

② Maurice Merleau-Ponty，*La phénoménologie de la perception*，Paris：Gallimard，1945，p.IX.

③ *Ibid.*，XI.

④ Georges Didi-Huberman，*Devant l'image*，Paris：Editions de Minuit，1990，p.325.

⑤ Maurice Merleau-Ponty，*La phénoménologie de la perception*，Paris：Gallimard，1945，p.60.

断裂，后者作为一个事件，构成了于贝尔曼意义上的图像“症候”：“因此应该称它为一种症候，即一个汇集了许多与之相连或与之相冲突的意义的树状物（arborescence）。”①

维米尔，《花边女工》，1669

维米尔，《戴红帽的少女》，1667

以于贝尔曼对维米尔（Johannes Vermeer）《花边女工》（*La dentellière*）的分析为例，该画作在经典的图像学范式下似乎没有任何问题，但于贝尔曼却在画面中发现了造成意义链条断裂的、不可读的元素的存在——在女子的左侧，一团充满扩张性的、涌现的色块破坏了观者寻求意义的目光：“它在我们眼前疯狂地弥散开来，如同一种突然的、对于画面的水平及垂直方向的确证，不存在任何可测的计算。其轮廓线如同一种泛滥。”② 观者可以为该红色团块寻找意义公式，正如劳伦斯·高英（Lawrence Gowing）曾尝试为其给出某种实用性的存在理由。③ 但此种知性的目光是后起的，.它并不足以揭示画面与目光相遇时前者对后者的破坏与震颤，它是介于所指 a 与所指 b 之间的

① Georges Didi-Huberman，*Devant l'image*，Paris：Editions de Minuit，1990，p.20.
② *Ibid.*，p.314.
③ 参阅 Lawrence Gowing，*Vermeer*，London：Faber and Faber，1952，p.56。

纯粹绘画性元素，其仅仅具备从现象学层面来理解的潜在意向性，而非某种来自符号学层面坚不可摧的稳定实在。类似的情形还出现在维米尔的《戴红帽的少女》(*Jeune fille au chapeau rouge*）中，画的标题已经无可辩驳地指认了少女头上的撕扯状的红色团块是一顶帽子，但即便如此，它仍以其与画面余部强烈的张力将观者带入了视觉的眩晕之中：

> 它强烈的绘画色彩对其模仿式的严密结构性构成了巨大的威胁，并产生了严重的破坏作用：就此而言，它不再完全“像”(ressemble）一顶帽子，而像一片硕大的嘴唇，或者像一个羽翼，或者更简单地说，像在竖放于我们面前的画布上的方寸之地上绘制的色彩洪水（un déluge coloré）。①

这种知觉现象学层面的歧感与怀疑揭示出表征主义的无能为力，知觉的连续性在画面中发生了中断，于贝尔曼直接将之称作一个事故（accident），“一个地狱般的事故——也是一个极端典型的事故”。② 色块“本身并没有什么形而上学的意义：它只是绘画的力量、绘画的症候——绘画的物质性，也就是颜色——不再为物体‘上色’的颜色”。③ 因此，知觉从整体上暗示了非知觉的存在，在这里，红色团块呈现为一种在目光前揭示自身的肉身存在。

在这个意义上，对图像的阅读不能通过穿过表象寻求意义的还原论目光，正如于贝尔曼在《萤火虫的幸存》(*Survivance des lucioles*）中生动地描述的那样，为了发现萤火虫的光亮，我们恰恰不需要手电筒的照明，而是需要以目光开启图像的症候。于贝尔曼直接宣称，应该“闭上眼睛去看（fermer les yeux pour voir）”。④ 类似地，梅洛–庞蒂也称，视看“是进入一

---

① Georges Didi-Huberman，*Devant l'image*，Paris：Editions de Minuit，1990，p.323.

② *Ibid.*，p.314.

③ Georges Didi-Huberman，*Fra Angelico*：*Dissemblance and Figuration*，trans. Jane Marie Todd，Chicago：University of Chicago Press，1995，p.9.

④ Georges Didi-Huberman，*Ce que nous voyons*，*ce qui nous regarde*，Paris：Editions de Minuit，1992，p.11.

个潜在的存在"。[1]"非穿透性"的目光触诊（palpation）、包裹于物的四周，而非破译物的光晕将其据为己有，"肉身"标画出此在与世界的亲缘性，身体同时是看者与被看者、触者与被触者，身体与世界相互开放并处于持续的含混与交织中。目光"并非由自我（soi）向外辐散，而是首先在事物那里生成"，[2]"仿佛我们的视觉就在（可见世界）的中心自动形成（formait en son cœur）"。[3]在这里，观看方式发生了倒转，观者与图像的二元对立被某种现象学关系所取代，观者在注视图像时也被图像注视，视看者的目光同时构成"肉身之光"的一种逆映射，其本质是可触的与物质性的。梅洛-庞蒂与于贝尔曼均强调视觉的不纯粹性与物质性，"目光有一种近似物质的存在"。[4]

"看—触"的目光首先沉入肉身的缠结中，被凝固在透显性的介质内部："当我透过水的厚度看游泳池底的瓷砖时，我并不是撇开水和那些倒影看到了它……正是通过它们，我才看到了它……如果我看到的是瓷砖的几何图形而没有看到其肉（chair），那么我就不再按它之所是、不再在它之所在看它。"[5]梅洛-庞蒂借用胡塞尔的"可见性"（Sichbarkeit）概念，来指认这一非显现性的视觉性介质。[6]视看的目光本质上即一种触知，"视觉是通过目光的触诊"，[7]目光覆盖在肉身存在的表面，并获得了一种物质性的、非透明性的存在，目光弥散于相互开放的身体与世界之间，构建起一种连续性的、深度中的在场：

> 我们应该习惯认为所有可见的均在可触的（le tangible）之中被划分，一切可触的存在都以某种方式在可见性中被确证，在被触者与触者之间，且同样在可触的与嵌入（incrusté）自身之中的可见的之间都互相侵入（empiétement）与侵越（enjambement），正如反之，可触本身并非

① Maurice Merleau-Ponty, *Signes*, Paris: Gallimard, 1993, p.29.
② Maurice Merleau-Ponty, *L'œil et l'esprit*, Paris: Gallimard, 2011, p.19.
③ Maurice Merleau-Ponty, *Le visible et l'invisible*, Paris: Gallimard, 1964, p.173.
④ Maurice Merleau-Ponty, *La phénoménologie de la perception*, Paris: Gallimard, 1945, p.408.
⑤ Maurice Merleau-Ponty, *L'œil et l'esprit*, Paris: Gallimard, 2011, p.70.
⑥ 不过在梅洛-庞蒂这里，该词被改写成了"Sichtigkeit"。
⑦ Maurice Merleau-Ponty, *Le visible et l'invisible*, Paris: Gallimard, 1964, p.175.

可见的之虚无，并非没有视觉的存在。[1]

这段来自《可见的与不可见的》中的语段被于贝尔曼原封不动地引述于《我们所见者，正注视着我们》的开篇位置，对于贝尔曼而言，维米尔画面中的红色团块具有超越视觉的潜在性与物质性，“它的知觉存在更接近于李格尔所命名的‘haptique’空间之物……而非一种纯粹的视觉（optique）存在”。[2]与李格尔（Riegl）相似，于贝尔曼通过对触知性、物质性视觉范式的强调，扭转了传统艺术史叙事中的视觉中心主义。正如安吉利科启示道成肉身的“白色”，就其本质而言，它是物质性的视觉存在：“它是物质。它既是无数发光的微粒，又是飞扬的粉尘。它是这幅作品的图像呈现中本质的和主要的成分。我们说它是视觉的……它一点也不是抽象的，相反，它是可触的。”[3]这种视觉类似梅洛-庞蒂所谓的“第三只眼”（un troisième œil）或一种处于“持续的诞生”（naissance continuée）中的特殊视觉，睁开眼睛的凝视是对物的客体化，其间物自身的存在本质反而无可避免地远离了看者，因此应该寻求一种“症候”的观看，目光沉入身体—世界相互开放的维度，现象场中的图像症候揭示出看—触目光的肉身在场，正如于贝尔曼所说：“对看这一行为只能通过触觉的经验（une expérience du toucher）来进行设想或最后的体验。”[4]

三、夜—深度：极简主义艺术的拓扑式超越

正如克劳瑟所说，“迈克尔·弗雷德（Michael Fried）、理查德·希夫（Richard Schiff）和罗莎琳·克劳斯（Rosalind Krauss）（至少在她的早期著作中）等，已经开始运用现象学的方法……尤其是对于极简主义的讨论。”[5]由于极简主义艺术自身对特定性在场（物性）、具身感知以及剧场化交互视域

① Maurice Merleau-Ponty，*Le visible et l'invisible*，Paris：Gallimard，1964，p.175.
② Georges Didi-Huberman，*Devant l'image*，Paris：Editions de Minuit，1990，p.336.
③ *Ibid.*，pp.18—19.
④ Georges Didi-Huberman，*Ce que nous voyons，ce qui nous regarde*，Paris：Editions de Minuit，1992，p.11.
⑤ 克劳瑟：《视觉艺术的现象学》，李牧译，南京：南京大学出版社，2021 年版，第 4 页（引文略有改动）。

的强调，其天然地具备某种与现象学（尤其是梅洛-庞蒂的具身现象学）进行对话的空间。弗雷德在回忆中直言称自己曾“求助于法国存在主义现象学家梅洛-庞蒂的写作。”[①] 而在于贝尔曼对极简主义的研究中，梅洛-庞蒂的幽灵依旧存在，于贝尔曼“双重距离”（la double distance）揭示极简主义艺术中的本质性的空间维度，[②] 这正是梅洛-庞蒂所谓的作为“第三维度”（troisième dimension）的原始深度。极简主义艺术借此取消了传统的视觉原则与广延空间的原则。在原始深度中，视看关系的稳定结构被取消了，物体呈现出世俗化的辩证光晕。于贝尔曼指出，极简主义艺术的体积与空间在原始深度或双重距离结构中超越了“所见即所见”的同语反复逻辑：

> 深度并不是那种可以逃逸到某个极简主义的某个立方体或四方体“之后”（derrière）去的东西，相反，它只有介入其间才能获得自己最基本的定义……梅洛-庞蒂最终找到了一个由厚度和深度构成的辩证（une dialectique de l'épaisseur et de la profondeur）来对其进行设计。[③]

“同语反复”（所见即所见）是极简主义者的理论逻辑，极简主义者希望消除在当下视觉体验之外的全部时间结构，“一个以反表现主义反心理主义为己任的艺术，一个维特斯坦式的对内在性（l'intériorité）的批判”。[④] 这是来自对格林伯格（Clement Greenberg）信条的一种极端化。极简主义者相信，即使只存在两种颜色，也会在此二者的相互关系中产生某种空间幻象，因此需要彻底抛弃二维结构：“真实空间从本质上说要比扁平平面上画出来的空

① 迈克尔·弗雷德：《艺术与物性》，张晓剑、沈语冰译，南京：江苏美术出版社，2013 年版，第 39 页。

② 于贝尔曼基本上将雕塑作品均视作视觉文本（广义的图像）进行考察，在对极简主义艺术的研究之外，还可见诸于贝尔曼在《方体与面孔》（*Le cube et le visage. Autour d'une sculpture d'Alberto Giacometti*）中对贾科梅蒂的讨论，在这些研究中于贝尔曼基本上延续了其图像理论中的基本主张，故不妨将此类讨论纳入于贝尔曼的图像学框架内。还需指出的是，极简主义雕塑并非全然的三维作品，其创作理念更多是介于二维与三维之间。

③ Georges Didi-Huberman，*Ce que nous voyons，ce qui nous regarde*，Paris：Editions de Minuit，1992，p.120.

④ *Ibid.*，p.35.

间有力得多、特殊得多。”[①] 但同时，极简主义者对于雕塑的态度也是暧昧的，雕塑中或多或少的“拟人化”（anthropomorphism）元素同样是极简主义者希望拒绝的内容，因此似乎应该让作品停留在某种“二维半”的空间。[②] 但正如迈克尔·弗雷德所说，拒斥“拟人化”的极简主义的艺术自身仍提供了某种舞台式的情景，将强制性的“在场”施加给观众，物体自身在面对观众时成了某种类型的“准主体”存在。克劳斯曾将莫里斯（Robert Morris）的作品《L- 柱子》（*L-Beams*）描述为“幕布开启，舞台中央矗立着一根方柱……无人上台，亦无人下台”。[③] 弗雷德已经指认了，在极简主义的艺术中，“一种安置越是有效——即作为剧场越是有效——作品本身就变得越是多余”，[④] 弗雷德据此将极简主义艺术批判为某种“剧场性”的非艺术。弗雷德的批判揭示出极简主义艺术自身的矛盾，即非艺术与艺术、三维与二维、拟人化与光学形式主义之间的非此即彼的困境。在于贝尔曼看来，这种困难是由于我们尚未在知觉世界中恢复“视看”的不纯粹性：“唐纳德·贾德（Donald Judd）与迈克尔·弗雷德都在梦想着一只纯粹之眼（œil pur）。”[⑤] 在极简主义艺术中，视看关系并非是一种稳定的结构，“视看”并非同义反复式地捕捉实像，而是进入物之存在。在“原始深度”（双重距离）中，极简主义超越了自身的同语反复：物并非所见之物。因此问题并不在于“剧场性”与“形式主义”之间的非此即彼，而在于在现象学空间中超越物 / 主体之特定性在场。

在讨论托尼·史密斯（Tony Smith）的作品《死》（*Die*）时，于贝尔曼引述了梅洛-庞蒂《知觉现象学》中对“夜的空间”的讨论：

> 黑夜不是在我面前的一个客体，它包围着我（m’enveloppe），它渗透我的所有感官，并攫取我的各种回忆，它几乎抹去了我的个人同一

---

① 迈克尔·弗雷德：《艺术与物性》，张晓剑、沈语冰译，南京：江苏美术出版社，2013 年版，第 157 页。
② 参阅 Georges Didi-Huberman，*Ce que nous voyons，ce qui nous regarde*，Paris：Editions de Minuit，1992，pp.64—75。
③ 罗莎琳·克劳斯：《现代雕塑的变迁》，柯乔、吴彦译，北京：中国民族摄影艺术出版社，2017 年版，第 204 页。
④ 迈克尔·弗雷德：《艺术与物性》，张晓剑、沈语冰译，南京：江苏美术出版社，2013 年版，第 169 页。
⑤ Georges Didi-Huberman，*Ce que nous voyons，ce qui nous regarde*，Paris：Editions de Minuit，1992，p.51.

> 性……黑夜没有轮廓，它本身触摸着我，它的统一性是魔法（mana）的神秘统一性……它是一种没有平面、没有表面、没有它与我之间距离的纯粹深度（profondeur pure）。①

黑夜以一种极端的情况呈现出了现象场自身的不可还原性，在通常情况下，身体—主体寓于空间之中，被具身化的空间所淹没，视觉中身体的轮廓边缘构成了一般意义上的空间界限，此时身体是作为某种空间零点，或胡塞尔意义上的“零位躯体”（Nullkörper）而存在的，“身体图式”（le schéma corporel）的动觉格式塔是对空间的基本定向。② 但在黑夜中，客体世界的清晰性被取消，现象场被还原至前主题化、前辖域化的阶段，从而提供了关于某种原初空间性的存在内容，后者正是建立在“原始深度”的基础之上。“深度不能被理解为一个先验的（acosmique）主体的思维，而是被理解为一个置身于世界的主体的可能性。”③ 夜的空间提供了直接关涉主体存在的纯粹深度，其同时也是对符号性因素的摆脱，物体稳定的可视性逃逸了，这正是在史密斯的《死》中发生的情况，于贝尔曼引述了一段史密斯自己的笔记来说明这一问题：

> 没有路灯，也没有路肩的标记，没有路道线，也没有栏杆，什么都没有……这趟夜行是一次富有启示意义的体验（une expérience révélatrice）……它却给了我艺术所无法给我的东西……那里面似乎有某种真实（réalité），在艺术中找不到对应的表现形式。④

---

① Maurice Merleau-Ponty，*La phénoménologie de la perception*，Paris：Gallimard，1945，p.328.

② 此种具身化的空间理解，也出现在极简主义的艺术中：“许多实在（极简）主义作品的尺寸，正如莫里斯的说法所暗示的，与人体的尺寸可以作非常相近的对比。”（迈克尔·弗雷德：《艺术与物性》，张晓剑、沈语冰译，南京：江苏美术出版社，2013年版，第164页。）极简主义作品的尺寸提供了某种准主体性，躯体自身作为一种尺度常量，成为空间定向与测量的基本参数。史密斯在谈及作品《死》时，称其既不是纪念碑，亦非某种物体，而是居于两者的尺寸之间，因此迪迪-于贝尔曼认为其创造出了一种处于在场与缺席之间、似是而非的双重距离中的辩证场域（一种动程图式）。（参阅）按照迈克尔·弗雷德的说法，极简主义作品自身的空洞性（作为一种内部特征），造成了其自身的拟人化契机，但我们同样也可以在现象学的意义上来理解此种内在空洞所指涉的“原始深度”，及其对传统视觉范式的超越。

③ Maurice Merleau-Ponty，*La phénoménologie de la perception*，Paris：Gallimard，1945，p.309.

④ 转引自 Georges Didi-Huberman，*Ce que nous voyons*，*ce qui nous regarde*，Paris：Editions de Minuit，1992，p.70。

这段笔记可以被视作一种自白，黑夜展开了一种不可见的、无向度的逻辑，从而超越了极简主义的同语反复。因此，自 1961 年的《死》开始，黑色在史密斯随后的一系列作品中成为主调，作品中荒诞的体积的堆积构成了一种“黑夜体验”：“对其形式的清晰认识受到了其本质性的‘黑’（essentielle noirceur）的阻碍：正如黑夜，它们内部没有轮廓；就像‘寓于’（dans）夜里，我们很难看出这些物体的层次、剖面和表面。”①

此外，在史密斯其他一些作品如《我们失落》（*We Lost*）中，我们还可以发现立方体被部分挖空而呈现出的“孔洞式”的样态，这使我们想到梅洛-庞蒂同样将“肉身”界定为某种开裂与孔洞的存在：“可见的这种褶子（pli）和中心孔洞（cavité）。”②这些孔洞式立方体的表面仍被漆成了黑色，因此本不清晰的轮廓在这里被进一步地取消，无所谓内外部之分，仅剩下充满潜在性与纯粹深度的黑色，“黑色与其说是黑色的感觉性质（la qualité sensible du noir），毋宁说是从物体扩散出来的一种黑暗力量（puissance ténébreuse）”。③体积的破碎使得清晰的几何坐标失效了，立方体揭示出作为“第三维度”的原始深度，“深度即一种维度，它向我们提供事物……作为一种不可穷尽的实在物（réalité inépuisable）”。④深度构成肉身的厚度与不可见性，肉身处于不断的开裂与迭代中，内部与外部在深度中相互倒转生成，在原始深度中，“内外之分”失去了意义。这是一种近似于“莫比乌斯环”的拓扑空间，正如梅洛-庞蒂在 1959 年的笔记中所说，应该“将原初空间描述为拓扑学（topologique）空间”。⑤被掏空的立方体超越了视觉原则，同时超越了广延空间的原则，同语反复的“所见即所见”范式在其中被彻底取消。

① 转引自 Georges Didi-Huberman，*Ce que nous voyons，ce qui nous regarde*，Paris：Editions de Minuit，1992，p.75。

② Maurice Merleau-Ponty，*Le visible et l'invisible*，Paris：Gallimard，1964，p.189.

③ Maurice Merleau-Ponty，*La phénoménologie de la perception*，Paris：Gallimard，1945，p.352.

④ Maurice Merleau-Ponty，*Sens et non-sens*，Paris：Les Éditions Nagel，1966，p.21.

⑤ Maurice Merleau-Ponty，*Le visible et l'invisible*，Paris：Gallimard，1964，p.263.

出于类似的逻辑，我们便可以理解为何唐纳德·贾德、罗伯特·莫里斯以及拉里·贝尔（Larry Bell）会在其作品中尝试使用能够具有反射性的特殊材料（镜面、玻璃等），进一步混淆物与空间，“在视觉上产生对象本身的无限性的效果（une illimitation de l'objet lui-même）”。[①] 物体反映、投射周围空间，物体弥漫在空间内部，空间又消失于物体内部，两者处于深度的缠结与侵越之中。不论是黑色的纯粹知觉、拓扑立方体，抑或镜面材料，均体现了对“所见即所见”的抛弃，极简主义从自身中发展出了对同语反复逻辑的超越，这符合于贝尔曼所说的“闭上眼睛看”的视觉模式。在这个意义上，弗雷德与贾德之争也不再成立，两者均假定了主客直接清晰的视觉交流模式，但在于贝尔曼看来，视看“始终是一个被劈裂（refendue）、被干扰（inquiétée）、被搅动（agitée）的开放操作”，[②] 是存在的“裂隙”，是在原始深度中进入物体的存在之维。极简主义的艺术并未提供一种特定性在场，而是一种寓于可见者中的不可见。这类似于基督教绘画艺术中的“空洞棺椁”形象，在此类作品中，观者可以感受到被敞开的棺椁所注视，不在场的死亡的压抑与焦虑填充了这一空间，黑洞般的空棺椁其内部深度是无限的，深度提

拉里·贝尔，《立方体》，1985 年

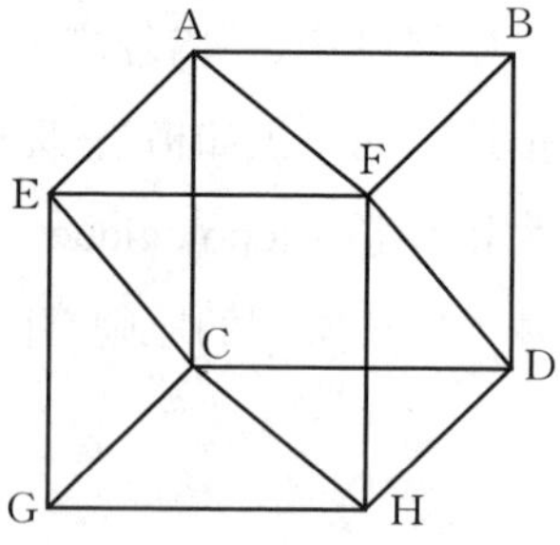

梅洛-庞蒂《知觉现象学》中的“深度”插图

① Georges Didi-Huberman, *Ce que nous voyons, ce qui nous regarde*, Paris: Editions de Minuit, 1992, p.100.

② *Ibid.*, p.51.

供了神秘的存在之褶，肉身在深度中折叠与生成，正如史密斯所说："我对事物的深奥与神秘感兴趣。"[①]

四、余论：梅洛–庞蒂与"图像转向"

晚期梅洛–庞蒂将"视觉"理解为更为本质性的、基础性的维度，通过指认身体同时作为可见者与能见者的二重性，揭示了某种普遍的匿名的目光（背面的目光）的存在，肉身在目光的"交织"（le chiasme）中相互映射、彼此侵越。梅洛–庞蒂对"互逆性"或"交织"概念的理解发生了从（胡塞尔式的）"触觉优先性"[②]到"视觉优先性"的转变，梅洛–庞蒂由此超越了胡塞尔《观念 II》中原初现前（Urpräsenz）与连同现前（Appräsenz）之间无法解决的对立。[③]就此而言，梅洛–庞蒂的"世界之肉"的本体论与视看有着直接的联系，因此晚期梅氏特别赋予了绘画（图像）以把握深度存在的不可替代的作用，正如梅氏《间接的语言与沉默的声音》的标题所喻，原初存在作为非语言性的"沉默之声"，需要借由同样沉默的"画语"而绽露自身。因此"视觉转向"或非严格意义上的"图像转向"也发生在梅洛–庞蒂的思想内里："'图像学转向'与梅洛–庞蒂后期思想经历了同样的探索过程，得到了相似的结论。"[④]德里达在《声音与现象》（*La voix et le Phénomène*）中业已指

---

① 转引自迈克尔·弗雷德：《艺术与物性》，张晓剑、沈语冰译，南京：江苏美术出版社，2013 年版，第 165 页。

② 胡塞尔在《观念 II》中肯定身体—主体的互触经验对躯体物体原初呈现的构造成就，胡塞尔超越了主观感觉与客观知觉的对立，从而提出了不再是被构成的，而是具有自主构建性的本己身体（Eigenleib）。摸—被触提供了身体的两面性体验，胡塞尔后来将之拓展至对他者身体（Fremdkörper）和自然的体验中。胡塞尔否认视觉的互逆性："一种只有眼器官的主体，根本不可能有任何显现的躯体。"（胡塞尔：《现象学的构成研究——纯粹现象学与现象学哲学的观念》（第二卷），李幼蒸译，北京：中国人民大学出版社，2013 年版，第 124 页）我们无法看到自己正在视看的眼睛，我是在此之后间接地通过移情的方式重新构建注视的眼睛。与之相对，晚期梅洛–庞蒂则否认我们可以完全地达到一种触觉互逆性的经验，在触摸中存在着某种抵抗着的、无法感知的维度："然而我从来达不到这种重合；这种重合总是在正出现时消失。"（Maurice Merleau-Ponty，Le visible et l'invisible，Paris：Gallimard，1964，p.177.）

③ 参阅艾曼努埃尔·埃洛阿：《感性的抵抗：梅洛–庞蒂对透明性的批判》，曲晓蕊译，福州：福建教育出版社，2016 年版，第 142 页。

④ Mauro Carbone，*The Flesh of Images*：*Merleau-Ponty between Painting and Cinema*，trans. Marta Nijhuis，New York：State University of New York Press，2015，pp.4—5.

出，“自体感受”可以被认作现象学的原始场景，但德里达似乎误认了这一点，即梅洛-庞蒂的视觉中心主义并非是对在场理论的回归，反而是一种不在场哲学、反透明性哲学的序言。正如米切尔（W. J. T. Mitchell）所说，图像转向“不是向图像的‘在场’这个新的形而上学的回归”，① 而是重新在图像的生成机制与发生学意义上理解图像与视觉构建。梅洛-庞蒂在《眼与心》中提出的“借助图像去看”② 深刻地暗示了“世界图像时代”的视觉机制。“梅洛-庞蒂所描述的观看不再遵循自文艺复兴时期开始就在西方文化中处于主导地位的窗口型再现模式……（而是）屏幕模式……在屏幕模式下我们‘依据或借助’它来看。”③ 在某种层面上，此种主张与麦克卢汉“媒介即信息”的论断相近，雷吉斯·德布雷（Régis Debray）在《图像的生与死：西方观图史》（*Vie et mort de l' image*：*Une histoire du regard en Occident*）中曾将当代图像界定为“视像”，以强调媒介时代图像的本体论转向，霍克尼（David Hockney）与克拉里（Jonathan Crary）也均在这一理路的延长线之上。在后期哲学中，梅洛-庞蒂力图发展出一般化的本质性视看理论与图像本体论，否认了将图像视作“一次移印（dèclaque）、一件复制品（copie）、一个处于第二位的东西”④ 的柏拉图主义。视看主体与图像由同一肉身演绎而出，可见自身同时也作为能见者存在，图像自身作为行动的主体，并非不在场的重新当下化，而是自身就是一种本质性的潜在性，一种时间性“曾在”的幽灵式存在。这使得梅洛-庞蒂与瓦尔堡、于贝尔曼和布雷德坎普的图像学形成了某种有趣的共鸣，正如布雷德坎普在《图像行为理论》（*Theorie des Bildakts*）中所言：“具身化哲学（die Philosophie der Verkörperung）最终是一个广阔的场地，在这里，‘图像行为’找到了它的思想位置。”⑤ 将图像置于具身化的主体之内，在现象学主客经验的交互存在论的视域之中进行考察，这构成了与

---

① W. J. T. 米切尔：《图像理论》，兰丽英译，重庆：重庆大学出版社，2021 年版，第 8 页。

② “与其说我看见了它，不如说我依据它或借助它来看。”（je vois selon ou avec lui plutôt que je ne le vois.）（Maurice Merleau-Ponty，*L'œil et l'esprit*，Paris：Gallimard，2011，p.23.）

③ Mauro Carbone，*The Flesh of Images*：*Merleau-Ponty between Painting and Cinema*，trans. Marta Nijhuis，New York：State University of New York Press，2015，p.3.

④ Maurice Merleau-Ponty，*L'œil et l'esprit*，Paris：Gallimard，2011，p.23.

⑤ 霍斯特·布雷德坎普：《图像行为理论》，宁瑛、钟长盛译，南京：译林出版社，2016 年版，第 282 页。

符号学图像学传统相对的另一条当代线索，“肉身”的摩耶之幕重临于图像的可见性表面，图像在记忆的星丛中自由逃逸，一如梅洛-庞蒂的诗意之言：“通过展现其关涉某些沉默的含义之肉身本质的、效果相似的梦幻宇宙……将我们所有的范畴，诸如本质与实存，想象的与实在的，可见的与不可见的均消融在一起。”①

① Maurice Merleau-Ponty，*L'œil et l'esprit*，Paris：Gallimard，2011，p.35.

利科专栏 | Paul Ricœur

从幻觉到象征——俄狄浦斯情结中的父性

祝斯靓*

父亲这个称呼，首先意味着自然的生育关系，但这并不能覆盖父亲的所有意义，因为对于那些只生不养的父亲，父亲的称呼会被另一个人分享去，那个人承担着养育的工作，所谓养育的工作，无论这是否来自父亲的刻意练习，必然要面临的是儿童在成长中，自我意识的形成和自我认知的实现，而这些都与父亲身份的构成有着紧密的联系。因此，人类社会中的父亲，是超越生育意义的，而且这种超越并不与原始的自然生育断裂，而是具有连续性。对此，弗洛伊德在精神分析中对父亲形象的讨论，在连接生育意义和社会意义的层面上来看，具有明显的价值。

在保罗·利科看来，父性的建立，既不是在某个特殊节点出现的结果，也不是决定各种要素集成和组织的结构，而是一个动态的，可回溯的过程。在《解释的冲突——诠释学评论》的最后一部分，他在精神分析，精神现象学和宗教哲学三个领域内论证了他关于父亲身份构成模式的设想：父亲身份的确立是父亲形象的象征意义变动的过程，其中有三个重要的阶段，父亲身份的原始意义，父亲形象“隐匿”在其他的社会关系中，以及父亲形象的回归及其与原始意义的连续。本文将集中在利科对精神分析和宗教哲学中关于父性的讨论；这种结合是自然且顺畅的，因为一方面是弗洛伊德将俄狄浦斯情结用于理解宗教的起源，另一方面利科本人也肯定这二者间的相似性。①

---

* 作者祝斯靓，法国巴黎高师哲学系博士生，主要研究当代法国哲学，尤其是利科思想。

① “我在欲望领域的第一次分析和在宗教象征领域的最后一次分析之间的比较，揭示了冲动的组织和信仰的象征性形象链之间的一种类比；这种类比与其说是关于结构的，不如说是关于过程的；它的发现似乎有可能在精神分析和宗教之间产生一种公正的精神。”（Paul Ricœur，*Le conflit des interprétations. Essais d'herméneutique*，Éditions du Seuil，1969 et 2013，p.647.）

一、俄狄浦斯悲剧和俄狄浦斯情结

俄狄浦斯情结是弗洛伊德将人们的童年经历与和索福克勒斯的悲剧《俄狄浦斯王》建立起联系的结果（"情结"一词来自荣格）。让我们先来简单叙述索福克勒斯的《俄狄浦斯王》这个故事的主要情节，以便理解二者产生联系的关键。

故事的开始，是一个可怕的神谕，它预言俄狄浦斯将杀死他的父亲，并娶他的母亲。他的父亲是底比斯国王拉伊奥斯（Laïo，roi de Thèbes），母亲是约卡斯塔（Jocaste）；二人得知此预言后，试图将新生儿抛弃杀害，这个孩子却在偶然的机会下被科林斯国王波里比乌斯（Polybe，roi de Corinthe）和他的妻子梅罗佩（Mérope）收留并抚养。成年后的俄狄浦斯得知了这个预言——他会杀死自己父亲，娶自己的母亲，但他并不知波里比乌斯和梅罗佩不是自己的亲生父母，因而他选择逃离科林斯，以免预言成真。

在逃离的路上，俄狄浦斯遭遇了不测，冲突中杀死了一位老人，而他却不知道死者正是他的亲生父亲拉伊奥斯。俄狄浦斯继续前行，他打败了斯芬克斯，作为奖励，他被选为底比斯国王，并迎娶了拉伊奥斯的寡妇约卡斯塔为妻。在为寻找杀害拉伊奥斯的凶手而进行的调查之后，俄狄浦斯知道了自己其实是拉伊奥斯和约卡斯塔的儿子，而不是科林斯国王的儿子；正如预言所说，他没有躲过杀父娶母的命运。

弗洛伊德将这悲剧故事移用在精神分析中来解释儿童时期孩子与父母的情感连接及其心理活动的构成。在俄狄浦斯情结的直接形式中，小男孩的第一个情感对象是他的母亲，他渴望独自拥有她。三岁左右，在难以抑制的强大性欲和攻击性欲望的冲动下，男孩对母亲的爱导致他与父亲形成了竞争关系，他开始憎恨父亲，同时又因为自己对母亲的乱伦欲望和他对父亲的憎恨而担心父亲会阉割他——剥夺他的阴茎。在阉割焦虑的作用下，男孩最终放弃了对母亲所有的乱伦性欲，克服了俄狄浦斯情结，使之进入潜伏期。

在索福克勒斯的悲剧中，俄狄浦斯不知道自己是拉伊奥斯和约卡斯塔的孩子。同样，在俄狄浦斯情结中，孩子不知道自己对父母的乱伦和弑亲冲动。由此，从精神分析对悲剧的移用来看，一个重要连接点是主体缺少对自身起源的认知，这种起源在悲剧中体现在知道亲生父母是谁，在精神分析领域表现在无意识状态下欲望的驱动；更为重要的是，这种对自身起源的探索贯穿并影响一生。

在精神分析中，俄狄浦斯情结的提出及其与自身起源的关联，建立在一个基本的理论假设之上：欲望的经济，其中欲望被描述为一种原始的冲动；这种冲动产生的力量，既会投射在现实世界里，也会自我保存；① 总之，欲望会以不同的方式重新出现。因此，俄狄浦斯情结最初被用于对神经症患者的治疗，并成为精神病理学的核心，同时弗洛伊德也强调："精神分析治疗可以被定义为一种渐进的教育，以克服我们每个人身上的童年残留物。" ②

二、幻想中的父亲

通过强调儿童期欲望的强盛以及俄狄浦斯情结的普遍性，父亲的身份被从生物学领域解放了出来。利科将这种在心理学框架内所呈现的父亲的形象，表述为一种幻想，因为它建立在儿童期，在弗洛伊德看来，这是欲望最强盛的时候，尽管这也是最脆弱的时期：对小男孩来说，这一时期的父亲形象，因其与母亲的关系，而具有自己意欲取而代之的特权。③

虽然，俄狄浦斯情结中的父亲形象是一种幻想——因为它是以对母亲的占有这一欲求为前提才成立的，但这也促成了父亲形象的雏形；这个雏形

① "欲望的经济在这里有两层意思。它是欲望进行的方式，它在世界中的注入。它也是一种自我保存的方式，保存自己的生命力，防止分散，因为分散将是一种实体的丧失和本体论的消散。欲望是转移，是消遣，是无用的迂回，人在那里逃避自己或逃避关于自己的真相。"（Laurent Giassi，«Chapitre III. L'économie du désir»，*Le désir*，Presses Universitaires de France，2019，pp.63—86.）

② Sigmund Freud，*Cinq leçons sur la psychanalyse*，Petit Bibliothèque Payot，1969，p.57.

③ "我在这里将假定，恋母情结理论的本质是已知的；在本文的其余部分，我将保留的是：恋母情结的关键点要在欲望的最初构成中找到，即它夸大 / 偏执的倾向，也就是婴儿期的全能性。正是从这一点出发，父亲拥有特权的幻想，儿子必须抓住这些特权才能成为自己。"（Paul Ricœur，*Le conflit des interprétations. Essais d'herméneutique*，Éditions du Seuil，1969 et 2013，pp.615—616.）

在情结和悲剧故事中均有体现：前者反映在男孩对阉割的恐惧和焦虑中；后者则表现在俄狄浦斯得知真相后，对自己弑父行为的悔恨以及由此而生的罪恶感。

对阉割的焦虑，其实是小男孩对母亲的占有欲因父亲的出现而受到阻隔和抵抗的结果。当小男孩发现了自己和父亲的相同性——拥有阴茎时，二者陷于竞争关系，而竞争就难免有伤害，正是在这种潜在的伤害的威胁下，孩子有了阉割的焦虑，害怕自己的阴茎被剥夺。阉割内化了父亲的威胁，这种内化使对母亲的占有和对父亲的杀害的欲望被遏止住了。

我们可以看到，在精神分析理论中，在儿童阶段，父亲的身份完全依赖男孩对母亲的情感；一旦这种情感促生的欲望和冲动被抑制，父亲的形象便会短暂地“隐匿”或者说是内化为一种时刻准备反弹的力量。

为了更好地理解神经症的治疗技术，特别是理解如何缓解俄狄浦斯情结这一问题，利科通过对悲剧故事的重新解释，给我们提供了思路：在故事里，俄狄浦斯打破对自己起源的无知状态的时刻是认同父亲的时刻，这是一种致命的，或者说与死亡相关的认同，而且这一认同的致命性是双重的：一方面，是俄狄浦斯的杀害导致了父亲的死亡；另一方面，得知真相后，由于内疚，悔恨和责备，儿子身份丧失。父亲的死亡是生物意义的，儿子身份的丧失则是心理学意义上。据此，利科将此表述为一种相互的认同。[①]

在利科给出的解释中，有一个关键的概念：致命的认同。其中，“致命”一词表达了一种与全能的儿童时期的强盛欲望相对立的死亡的相关性，原先的幻想中的父亲的形象是不朽的，但这种不朽只是全能的投射。[②] 随着具体的肉体的死亡，在生殖意义之外，父亲具有了象征的维度。

---

① “俄狄浦斯（情结）消失的关键是对父亲的认同，这种认同严格来说是致命的，甚至是双重致命的，因为它通过谋杀杀死父亲，通过悔恨杀死儿子——被一种相互承认所取代，在那里，差异与相似是兼容的。”（Paul Ricœur, *Le conflit des interprétations. Essais d'herméneutique*, Éditions du Seuil, 1969 et 2013, pp.616—617.）

② “在这方面，最出色的考验是能够接受父亲是凡人，并最终接受父亲的死亡；所以他的不朽只是欲望的全能性的梦幻般的投射。”（*Ibid.*, p.617.）

三、象征中的父亲

根据以上讨论，在精神分析的框架内，伴随着男孩自我意识的萌发及与父亲相关的欲望的满足受到阻碍，以幻想的形式出现的父亲形象暂时消退，由于这发生在儿童时期这一特殊阶段，或者用精神分析的话语来说，父亲的形象逐渐滑入无意识领域，一种象征中的父亲形象会占据这个空缺。

首先有必要澄清利科关于"象征"的讨论："象征引人深思：这句令我十分欣喜的句子表达了两层含义；象征给出了意义，而不是我提出了意义；但它所给出的是思考，是思考的内容。从'给出'和'立场'来看，（'给出'对应象征给出意义，'立场'对应我提出意义）；这句话既表明一切都以隐晦的方式被表达过，又表明在思考的维度上一切总是需要开始和重新开始。我想要发现和理解的正是这种在象征领域所给出的思想以及提出和思考着的思想之间的衔接。"① 而后，我们将利科对象征的表述，放在关于父亲形象的讨论上，可以得出如下观点：象征的父亲意味着原先自然生育和血缘关系的保存和扩大。② 即，尽管具体的父亲死亡了，但是幻想的父亲所具有的欲望关联和情感联系会在象征的父亲中得到延续。

这种的象征父亲的提出，在精神分析理论是能够得到印证的，其直接表现是情结化，具体来说，表现在弗洛伊德所提出的"重复的强迫"（La compulsion de répétition）和"向原始状态的回归"这组概念中。在《超越快乐原则》中，弗洛伊德将在儿童游戏中观察到的重复动作③ 和神经症特有的重复现象（症状化行为）关联在一起，进而发展出的"重复的强迫"这一概

① Paul Ricœur, *Le conflit des interprétations. Essais d'herméneutique*, Éditions du Seuil, 1969 et 2013, p.389.

② "生育是自然的，而父亲的身份是指定的。血缘关系必须扩大，以死亡为标志，才能真正建立起父子关系；然后父亲是父亲，因为他被指定为并被称为父亲。"（*Ibid.*, p.617.）

③ 弗洛伊德观察到，当一个孩子的妈妈离开时，孩子会扔自己最心爱的玩具。当他发现手边没有了玩具时，会感到非常失落，于是又去把玩具捡回来。可是过了一会儿，他又会再次扔出自己心爱的玩具，如此往复多次。弗洛伊德认为，孩子反复让自己体验失去玩具的痛苦，是因为他试图通过扔出玩具和拾回玩具，来模仿母亲离开和回来的过程。而这个看似在重复"失去"的过程，事实上是他试图掌控"回来"的举动——他希望借由拾回玩具，感受到自己在失去东西之后，也能重获东西的掌控感。

念。它用来意指“为了能面对并且回应痛苦，人们的心理机制会重复那些令人不满的，痛苦或不安的经历”。①

这种痛苦经历的重复总是被迫的，不受控制的。原因是“重复”所承载的是“原始驱动力”，在弗洛伊德后期著作中，他区分了两种主要类型的驱动力：生命驱动力（Eros）和死亡驱动力（Thanatos）。前者代表爱、欲望和关系，后者代表死亡、破坏性和攻击性。死亡驱动力倾向于摧毁爱神（Eros）建立的一切（例如物种的延续）。值得注意的是，在“重复的强迫”的过程中，运载“原始驱动力”的工具是象征，也就是说，“重复的强迫”依托“象征”才能实现。

关于“重复的强迫”和“象征”之间关系的分析，可以从两个角度展开（它们分别对应两种排解原始驱动力的方式：梦和升华）：第一个，在对梦境的分析中，弗洛伊德指出，经过置换和凝缩等精神装置的加工后，未被满足的欲望会重新出现在我们的梦里，例如，手杖、伞、竹竿、树干、领带、小刀、枪炮等因外形与阳具相近，而代替会被“审查机制”过滤和隐藏起来的父亲的形象；凝缩则更多地表现在多个事物重叠和交织而成的新形象上。总之，这在一定程度上符合利科对象征的论述，即那些看似怪异的，陌生的情形，本身隐含着意义——象征本身给出意义，但是意义的内容究竟为何？这些形象被精神分析解读为被压抑的欲望的不同表现；而分析师的工作之一便是借助“象征”，即“原始冲动”的非直接重现来对患者进行治疗。我们可以说，精神分析是利科象征理论的具体实践，其中象征的原本意义被解释为未被满足的欲望以及原始冲动，而象征则是连接欲望和分析的渠道。

在这一角度下，利科将精神分析对“象征”的处理理解为一种考古式的，倒退的路径。②由此，父亲形象的回归始终受到这种倒退性的限制：作

---

① Sabina Lambertucci Mann，« La compulsion de répétition et son devenir au fil du processus analytique »，éd. Bernard Chervet，*La compulsion de répétition*. Presses Universitaires de France，2011，pp.81—99.

② “在重复的意义上：精神分析已经让我们意识到了倒退。”（Paul Ricœur，*Le conflit des interprétations. Essais d'herméneutique*，Éditions du Seuil，1969 et 2013，p.618.）

为象征的父亲不可避免地固定在与幻想的父亲有关的欲望的释放中，关于"父亲"的经验似乎被古老情结的复兴所绑定："弗洛伊德主义的一切都倾向于某种关于升华能力的悲观主义，仿佛俄狄浦斯情结注定了心理生活的某种停滞，甚至是永无止境的重新开始。"①

分析"重复的强迫"和"象征"之间关联的第二个角度来自弗洛伊德对宗教起源的解释。在《图腾与禁忌》一书中，他进一步发展了俄狄浦斯情结：父亲因其与母亲的关系招致儿子们的嫉妒，又因其保护部落的能力获得了儿子们的爱慕，儿子们知道无法独立击败作为领导者的父亲，故合力予以杀害，之后以祭仪宴飨形式啖之，借此将父亲的力量纳入己身。然而众子背负的罪恶感，也强化着他们对父亲的回忆，并延续着对父亲祭拜。

利科如此评价弗洛伊德的上述观点："父亲在文化和宗教中的变形同被压抑者的回归相比，既有相同又有差异：相同之处在于，一切都还是发生在俄狄浦斯的框架内；差异在于，我们的欲望放弃了全能并通向了一个必死的父亲的代表，这个父亲不再需要被杀死，而且是一个可以被认同的父亲。"②

利科所说的相同表现在，面对父亲，人们感到的弱小和无力对应着俄狄浦斯情结所发生的儿童时期；差异则体现在，父亲除了被视为憎恶的对象，还因其保护部落的能力而增加了公共和超验的维度，这一能力是对原先父亲占有母亲这一特权的超越。由此，父亲的原始意义的重返使得父亲的象征性越过了心理学的边界：这正是弗洛伊德所说的原始欲望的升华，它表现为象征领域内的父亲从物理时间的限制中彻底解放出来：被称为"父"的上帝（圣父），不再需要通过"被杀死"来获得认同，而是通过宗教仪式③来完成和巩固对其超验创造力的认可。

在精神分析的框架内，对宗教的起源的解释使得原本处于弱势的儿子们进入了一个附着在父亲身份上的，打破和占有对权威的崇拜的循环中，可以

① Paul Ricœur，*Le conflit des interprétations. Essais d'herméneutique*，Éditions du Seuil，1969 et 2013，p.617.

② *Ibid.*，p.619.

③ 弗洛伊德在 1907 年发表的《强迫行为与宗教实践》（"Obsessive Acts and Religious Practices"）一文中分析了宗教仪式和强迫行为之间的共性。

说，这种权力系统的垄断是欲望经济学在解释超验世界时的再度发挥。对于世俗中的人来说，人与上帝的关系，或者说人与超验世界的关系成为理解父亲身份时要考虑的新维度。

精神分析对宗教的解释，在思考父亲形象时不得不面对以下质疑：首先，世俗中的具体的个人如何在具有超验权力的父亲的控制范围中保全自身？这里具体的个人也包括现实中的父亲。“对弗洛伊德来说，文化和宗教的任务是管理这种去主体化的驱动力，这种驱动力总是把我们放在一个牺牲的位置。”[①] 其次，现实中的父亲的地位是否因为上帝面前人人平等，或因个人对上帝权力的反抗而被削弱？张祥龙在对比中西方“父亲”的地位的变化时谈道：“基督教的法规终止了罗马文明中那表现父亲权威和责任的举高仪式，人间的父亲降为一寻常信徒。所以，尽管基督教大讲圣父子，但正因它顶替了人间的真实的父子关系而使西方人生活中的父亲地位相比于它在古希腊特别是古罗马文明中的位置持续地走下坡路。”[②] 总之，俄狄浦斯情结对宗教起源的解读，延续并扩大着男孩和父亲之间的对抗性，这让父亲身份的回归带着诸多潜在的威胁。

以上两个质疑，将在利科采用“释经”（L’exégèse）[③] 的方法来讨论《圣经》中上帝被称为父这一现象的意义的过程中得到解答；同时，一种在精神分析和宗教领域都存在着的父亲身份的构成模式也会愈加清晰，其中存在着与中国传统思想中父亲的形象进行沟通的可能。

四、利科对宗教父性的研究

作为一名新教教徒，利科只是将弗洛伊德式的上帝与父亲的连接看作一

---

① Jacques Sédat, «Le déclin de l’image du père», *Figures de la psychanalyse*, vol.31, no.1, 2016, pp.185—200.

② 张祥龙：《“父亲”的地位——从儒家和人类学的视野看》，同济大学学报（哲社版），2017 年第 1 期。

③ “释经”这个翻译延续了杨慧林在《保罗·利科哲学中的圣经叙事：诠释学与神学研究》序言中的译法。“释经”的方法是指借助对构成《圣经》的各种“话语”的研究来考察“上帝”是如何出现的；利科所说的“话语”，指叙事或传奇故事、神话、预言、赞美诗、诗篇、智慧各书等。参见 Paul Ricœur, *Le conflit des interprétations. Essais d’herméneutique*, Éditions du Seuil, 1969 et 2013, p.630。

种对处于象征阶段的父亲的解释；而只要在《圣经》内展开严肃的关于上帝命名的研究，便可以看到上帝和父亲之间存在着更丰富的联系。

面对弗洛伊德对宗教起源的解释中对父亲身份的威胁，我们可以将利科的分析从两个方面展开：针对第一个质疑，具体的个人，包括父亲，如何在超验性中保全自身？尽管普遍意义上，称上帝为父亲是一件不争的事实，但这其实是一个罕见的且有迹可循的复杂过程——神的命名的过程。在这一过程中，我们将看到个人与超验性的连结并非以牺牲自身为代价，而是与此相反。针对第二个质疑，宗教中的父的出现是否带来现实中父亲地位的下降？利科从预言传统的神学的角度指出上帝被称为父这一现象背后不仅有父的权威和统治，也有父的爱和怜悯，在对父的呼唤中，是对父的认同，也是父的原始意义的超越性回归。

父亲这个身份并不是从一开始就和上帝联系在一起，在《旧约》中，称上帝为父的情形在数量上是极少的。"《旧约》的注解表明，希伯来人保留将上帝称为父亲这一做法与他们将耶和华理解为一段传奇故事中具有神圣性的主角的方式相对应，这段故事所强调的是拯救和解放的行为，而以色列人民作为一个整体，是其中的受益者和见证者。"[①] 在叙事中，耶和华并没有占据父亲的位置。依照叙事学的方式，他是因其行为而具有了叙事学的功能。在这样的行动者和行动的辩证法中，父亲的身份以及亲属关系是不必要的。

在父亲出现以前，神人关系更多地表现为契约关系——与诺亚的契约、与亚伯拉罕的契约、西奈之约。其间神拥有许多名字，[②] 这些专名不仅不涉及父亲的形象，甚至是对一切形象的消解。《出埃及记》记载："如果他问他的名字是什么（你们祖先的上帝），我应该怎么回答他们？然后上帝对摩西说：'Je suis celui qui suis，éhyéh hasher éhyéh'，之后，'je suis' 成为主语：'你要对他们说：我是（je suis）派我来到你们这。'"[③] 依这段表述，可以肯定上

① Paul Ricœur, *Le conflit des interprétations. Essais d'herméneutique*, Éditions du Seuil, 1969 et 2013, p.632.

② Yahweh，Elohim，El Roi，Adonai，Savior，Redeemer，Angel of the Lord 等。

③ Paul Ricœur, *Le conflit des interprétations. Essais d'herméneutique*, Éditions du Seuil, 1969 et 2013, p.635. 利科原文如此，与《圣经》表述略有差异。

帝不具有任何形象；其次，依《创世记》所记录，神按照自己的形象造人，[①]可见，人与上帝的关系，表现在人与上帝之间的相似性，这使得人有别于其他被造物，从而获得超越性的通道。而且，在利科看来，正是从这种相似性的关系出发，亲子关系得到了重新解释。[②]

那么，上帝被称为父亲这一现象是如何从契约关系，以及耶和华等其他称呼中出现的？关键是“拣选”。以色列从万民中被拣选出来，耶和华得到了他，他是他的一部分，这种拣选相当于收养，因此，以色列是一个儿子：但他只是被指定为儿子。同时，父亲的身份与生养完全无关。[③]

以上，利科从一种历史传统的神学的角度——聚焦于融合着传奇和故事的《旧约》中——分析了父亲和上帝之间的关系，更确切地说，上帝被称为父亲的意义：契约关系的延伸和上帝的拣选的类比。

另外，利科还在预言传统的神学的框架下，展现了上帝的父性特征的丰富性：首先，上帝允许自己被称为“父”，意味着神人关系可被类比为父子关系的同时，也被类比为夫妻关系：“耶利米又说：我想，‘你必称我为父，不可离开我。然而，以色列人背叛了我，如同女人背叛她的爱人。”因此，作为“夫”的上帝，“不再对应着生育者，也不再能被解读为儿子的敌人；爱、关心和怜悯超越了统治和威严”。[④]而且，被称为“父”的上帝的爱与怜悯，在耶稣的牺牲及这种牺牲对死亡意义的转变中达到了不容置疑的程度。

基督徒相信，耶稣被钉十字架与复活是一种为恢复人类与上帝充满生命力的同在而做出的牺牲，人们体验到了上帝的爱和恩典。“通过‘为他人而

---

① 根据《创世记》1：28，神按照自己形象造人，这里神的形象指的是非物质方面，是一种精神、道德和社会的相似性。它使人与动物不同，使人配得上神给他在地上的统治权，并使他能够与他的创造者相交。

② “相反，可以从这种相似关系中重新解释的是父 / 母子关系。”（Paul Ricœur，*Le conflit des interprétations. Essais d'herméneutique*，Éditions du Seuil，1969 et 2013，p.636.）

③ “我们可以看到神被称为父是如何从契约中对耶和华的其他称呼那里产生的；这里的关键是‘拣选’的关系。以色列从万民中被拣选出来；耶和华获得了他；他是他的一部分；正是这种‘拣选’相当于收养；因此，以色列是一个儿子：但他只能通过指定的话语才是儿子。同时，父亲的身份本身与生养完全脱离关系。”（*Ibid.*，p.637.）

④ Paul Ricœur，*Le conflit des interprétations. Essais d'herméneutique*，Éditions du Seuil，1969 et 2013，p.639. 利科原文如此，与《圣经》表述略有差异。

死’，正义的死亡完成了父亲形象向善良和仁慈方向的转变。”① 从被儿子们谋杀的死亡——一种欲望的产物，到对人的罪的宽恕的象征，以及人们在向上帝祷告中呼唤着“父”，这些仁慈的父亲的形象的出现，在利科看来，意味着父性的建立。② 在希望的神学中，“父”不再是作为祖先的上帝，或者说，不再是被不停回顾的起源，而是一个新世界的实现者，从“儿子”的承认的角度上来看，“父”与自己的关系更加亲密。③

以上，利科通过“释经”的方式，分析上帝被称为父亲这一现象背后的意义，或者说意义的形成过程，这既回应了弗洛伊德在用原始冲动的理论解释宗教起源时遭遇的质疑，也是利科坚持精神分析无法减少宗教价值和意义的证据；与此同时，这两个领域内关于“父”的讨论都将利科引向一种父性的构成模式。

五、利科对“父性”构成模式的设想与对中国传统思想中父亲地位的反思

从俄狄浦斯情结中幻想的被杀害的父到宗教中因怜悯和爱而死的象征的父，父亲这个称呼经历了不同语义层次的转变，在此过程中，父亲的形象处在变形，隐去或者重现的不同状态里。

为了理解父亲形象在上述变化中被赋予的意义，利科主张应该将其放在亲属关系之外的人与人的关系中来考虑：“根据我的假设，父亲的象征的内在变化来自其他形象施加的吸引，（这种吸引）在某种程度上是外部的，其他的形象将其从它的原始性中剥离出来。”④ 这里父亲形象的原始意义是指生育，而父亲的象征意义发挥作用的地方是在亲属关系之外，如“原始希伯来

① Paul Ricœur，*Le conflit des interprétations. Essais d'herméneutique*，Éditions du Seuil，1969 et 2013，p.643.

② “这个变动只有在向耶稣的祷告中才结束，在祷告中父亲形象的回归和对父亲的承认才真正完成。”（*Ibid.*，p.637.）

③ “因此，以重回古老的方式来称呼上帝为父亲并不简单，它是罕见的、困难的和大胆的，因为它是预言性的，转向实现而不是转向起源。它不是回顾伟大的祖先，而是在儿子的认识模式下展望一种新的亲密关系。”（*Ibid.*，p.641.）

④ Paul Ricœur，*Le conflit des interprétations. Essais d'herméneutique*，Éditions du Seuil，1969 et 2013，p.613.

传奇故事中的解放者，西奈的法律赋予者，无形象的名字的承载者，甚至是创世神话的创造者”，[①]这是利科在宗教传统中的发现。而在中国的传统思想中，父子关系与其他的社会关系息息相关，横向涉及夫妻关系，纵向表现在君臣关系；父亲的原始意义在血缘亲疏和政治层级中被加强和固定，而非表现为一种脱离亲属关系的断裂性。

在利科看来，这种脱离亲属关系的断裂性，实为借助亲属关系以外的形象来克服亲属关系规范下的原初的局限性，或者说惰性。[②]他承认其中存在对原始意义的削减和放弃，同时他坚持在象征的父亲中原始意义会在更高层次上回归。[③]可见，利科看重父亲形象的原始意义经历了自身的“消失”后所呈现出的连续性，这也是“父性”形成的关键所在。至此，我们看到了利科所设想的“父性”的构成模式的全貌。

我们很难不注意到，与利科同时代的精神分析学家雅克·拉康从俄狄浦斯情结出发对父亲和象征做出了不同的讨论。拉康使用结构主义的方法来解读弗洛伊德的理论，在能指的意义被固定在能指链中这一前提下，[④]通过“父亲之名”（le Nom-du-Père）的能指作用，将主体和父亲之间的关系从主体和父亲本人之间关系中分离了出来。[⑤]这意味着与利科所坚持的父亲的原始意义的超越性回归相反，拉康秉持着将父亲的原始意义从象征中剥离干净的立场。在某种程度上，这种差异源自Symbol概念本身的复杂性（在中文翻译中，常有“象征”和“符号”混用的情况）以及二人对此在不同方向上做出

① Paul Ricœur, *Le conflit des interprétations. Essais d'herméneutique*, Éditions du Seuil, 1969 et 2013, p.636.

② “父亲的形象由于其嵌在亲属关系的规范游戏中而具有最初的局限性、惰性，甚至是对符号化的抵制，这些只有通过不属于亲属关系的其他人物的行动，以一种侧面的方式来克服；正是这些非父母的人物，通过其突破性的行动，撕裂了父亲形象的字面上的意义，解放了父性和父子的象征。”（*Ibid.*, p.613.）

③ “但是，如果父性的象征主义必须经历对初始形象的某种削减，这甚至可能表现为一种放弃，甚至是一种哀悼，那么象征主义的最终表达仍然与初始形式保持着连续性，在某种程度上，这是在更高层次上的回归。”（*Ibid.*, pp.613—614.）

④ “拉康依靠结构主义来合理化精神分析学家所掌握的无意识现象。因此，拉康认为能指只有在与另一个能指有关的情况下才有意义，拉康不再诠释象征，而是将其重新放在能指链中，在那里它的意义不再是对于主体有原因价值一种真理的阐述。”（Marie-Lou Lery-Lachaume, «Ricœur, Lacan, et le défi de l'inconscient. Entre constitution herméneutique et responsabilité éthique», *Études Ricœuriennes / Ricœur Studies*, vol. 7, no. 1, 2016, pp.72—86.）

⑤ Luis Izcovich, «Du Nom-du-Père au père qui nomme», *Champ lacanien*, vol.3, no.1, 2006, pp.23—31.

的分析；同时，这样的差异也无疑加深了我们对“父亲”缺失的重视，因为这关乎家庭和法律的秩序。

如果说，我们正经历着“父亲”地位的衰落，并且这种衰落在一定程度上引起了对相关伦理约束或道德规则失效的恐慌，那么，父亲形象的回归会以怎样的形式出现呢？利科的分析会带来怎样的启发？在回答这个问题前，先应明了在中国传统思想中，父子关系先于个体，父子身份的确立是与生命诞生一起到来的，这要求并鼓励父亲应为子的榜样，子应遵从父的意志。但随着农业社会向工业社会的转变，父辈的部分经验的适应性减弱；另一方面，依照西方的普世价值而建起的经济社会及保障体系都是以个人单位的，个人对家庭的依赖度减小。换句话说，父亲地位的降低表现在儿子对父亲的认同所经历的时空跨度比过去更大，因此父亲形象回归要面临的真正问题，其实是在这个跨度中实现相互理解。这在一定程度上，符合利科的观察：父亲的形象被亲属以外的人际关系所掩盖，同时，父亲形象的回归仍然是可能且必要的，因为父亲形象的回归的一条重要途径来自子女的认同，这种认同不是对父亲权力的认同，而是对父亲生命经验的认同，无论时空上的变化在我们身上如何剧烈，对父亲的精神的感知和承认实为个体历史感的一个重要来源，个人的历史性不应被理解为羁绊，而应被视为一种始终会作用在未来的历史性延续。

利科论身心二元论

赖晓彪*

自笛卡尔《第一哲学沉思集》出版以来，身心二元论一直是哲学家们热议的话题。随着肉身化概念的引入，身心问题在20世纪的法国哲学界得到了相当多的关注。保罗·利科也积极地参与了这场讨论。他在身心二元论与意志之间的探讨试图突破萨特与梅洛-庞蒂思想的局限，其思想对于我们思考笛卡尔身心之间的关系、经验科学与现象学之间的关系、现象学自身的拓展三个方面都有重要意义。于此，本文先是阐明利科的思想实则介于萨特与梅洛-庞蒂之间。其次，指出利科所提出的意愿与非意愿结构的首要性实为其思考身心二元论的前提。接着，探究利科对于身心问题与意志问题之间的融合，并且从经验主义手中夺回对我思的解释。进而，探究纯粹描述与神秘的肉身化之间的方法论互动，阐明利科破解身心二元论的方法论选择。最后，探究利科如何在实存的领域中和解身心的二分。

一、保罗·利科求解身心二元论的思想背景

笛卡尔在《第一哲学沉思集》中将身心看作能够独立存在的两个实体。首先，笛卡尔对感觉着的东西进行怀疑，从而将这些被其判定为不可靠的东西进行抛弃，最终将我思视为确定的东西。“严格来说，我只是一个在思维的东西，即一个精神，一个理智，或者一个理性。”① 其次，笛卡尔指出我思并

* 作者赖晓彪，复旦大学哲学学院外国哲学专业博士生，主要从事法国哲学研究。

① René Descartes, *Œuvres de Descartes* IX, Paris: Vrin, 1996, p.21.

不能判断物质性东西的存在，只能借助上帝才能保证其存在。“凡是我能够领会得清楚、分明的东西，上帝都有能力产生出来，而且我从来没有断定过他对于什么东西由于我不能很好地领会就做不出来。”[①] 这就表明了身体被排除在我思之外而存在，进而我思不断地返回自身，造成了唯我论。由此，身心二元论引发了哲学家们的广泛讨论。

在 20 世纪法国的现象学运动中，肉身化概念的探讨更新了人们对身心关系的认识。利科则在其《意愿的与非意愿的》一书中对身心问题进行了专门的讨论，而该文本的思想背景则处于萨特和梅洛-庞蒂之间。正如利科本人所说，“当我在写《意愿的与非意愿的》之时，我试图在梅洛-庞蒂和萨特那边寻找的位置。”[②] 因而，对这一背景的回顾有助于我们定位利科的思想路线。

当时，萨特在小说、戏剧、政治等领域中积极地介入而主导着法国的学术界。其基本思想是自在存在与自为存在的辩证关系。自在的存在是不以人的意识为转移的外部世界的存在，而自为存在是对存在否定的非存在。至于两者的关系，“自为和自在是由一个综合联系重新统一起来的，这个综合联系不是别的，就是自为本身。事实上，自为不是别的，只不过是自在的纯粹虚无化；它作为‘存在’的洞孔被包含在存在之中”。[③] 进而，萨特在自为和自在的层面上讨论了两种不可相互还原的身体。“自为的存在完全应该是身体，并且完全应该是意识：它不可能与身体相统一。同样，为他的存在完全是身体；那里并没有要统一于身体的‘心理现象’；身体背后什么都没有。”[④] 然而，自在与自为的关系和关于身体的讨论似乎是脱节的。瓦朗斯在梅洛-庞蒂《行为的结构》的导言中指出，“因为，准确地说，这种本体论以一种永不松懈的顽固强调了自在与自为之间的对立——这次不再是辩证的，而是彻底不可调和的。”[⑤] 这就导致了萨特仍旧陷于二元论当中。

---

① René Descartes，*Œuvres de Descartes* IX，Paris：Vrin，1996，p.57.

② 参见利科为高宣扬《利科的反思诠释学》所写的前言。见高宣扬：《利科的反思诠释学》，上海：同济大学出版社，2004 年版。

③ Jean-Paul Sartre，*L'être et le néant*：*Essai d'ontologie phénoménologique*，Paris：Gallimard，1943，p.665.

④ *Ibid.*，pp.344—345.

⑤ Maurice Merleau-Ponty，*La structure du comportement*，Paris：Presses Universitaires de France，1942，p.VI.

梅洛-庞蒂对于二元论的消除得益于其对知觉的探究。梅洛-庞蒂指出，“整个知觉理论都试图克服一个众所周知的矛盾：一方面，意识是身体的一种功能，因此它是依赖于某些外部事件的‘内部’事件；另一方面，这些外部事件本身只有通过意识才能知道。”① 由此，梅洛-庞蒂试图回到身心分离之前的一种更为原始的知觉之中，从而克服身心二元对立。在此，“知觉不是一种关于世界的科学，甚至不是一种行动、一种有意识的立场，它是所有行动于其上得以凸显的基础，并被它们预设为前提”。② 梅洛-庞蒂在知觉基础上所得出的身体与知觉保持了紧密的关系。一方面，我们借助身体知觉世界：“应该以同样的方式去唤醒如其向我们显现的世界经验，因为我们是通过我们的身体在世的，因为我们借助我们的身体知觉世界。”③ 另一方面，我们所借助的身体实际上就是我自身：“在与身体、世界如此恢复联系的时候，我们也就重新发现，因为如果一个人以其身体去知觉世界，身体就是一个自然的我，而且是作为知觉的主体。”④ 可见，相比于萨特的自在与自为，梅洛-庞蒂转为更为原始的知觉，而其所探究的身体也超越了笛卡尔的二元论。

利科一方面反对萨特的思想，另一方面支持并拓展梅洛—庞蒂的思想。在他看来，“完全通过胡塞尔本质分析的延伸和扩大，我渴望但也不会天真地在实践的秩序中给出一个梅洛-庞蒂《知觉现象学》的对应物。这部伟大著作是回归的这几年中的决定性发现；相反，萨特的《存在与虚无》只是激起一种遥远的崇拜，但是没有任何信服”。⑤ 在梅洛-庞蒂对知觉的启发下，利科将胡塞尔的本质分析拓展到了意志领域。“因此，需要知道的是意向活动—意向相关项结构的分析（这一分析的计划是依据知觉、想象、回忆、记号、信念的陈述、实在的判断而建立的），简单地说，在‘表象’的层面是否还适用于意识的情感和实践上的巨大领域。”⑥ 可见，在思想出发点上，利

① Maurice Merleau-Ponty，*La structure du comportement*，Paris：Presses Universitaires de France，1942，p.232.

② Maurice Merleau-Ponty，*Phénoménologie de la perception*，Paris：Gallimard，1945，p. V.

③④ *Ibid.*，p.239.

⑤ Paul Ricœur，*Réflexion faite*，Paris：Esprit，1995，p.23.

⑥ Paul Ricœur，«Méthodes et tâches d’une phénoménologie de la volonté»，*À l’école de la phénoménologie*，Paris：Librairie Philosophique J. Vrin，2004，p.66.

科在靠近梅洛-庞蒂的同时，更加重视我思在世界中的行动，注重我思的实践维度。于此，本文试图分析保罗·利科对于心物二元论的解决方案，指出其独特的贡献。

二、意愿与非意愿结构的首要性

不同于梅洛-庞蒂将知觉置于其研究的首要地位，利科将意愿与非意愿的结构置于其研究的首要地位，以期在实践领域中破解身心二元论。正如他所说，“意志现象学在寻找意愿和非意愿之间的活生生的结合时，在建立它的方法论态度中，从根本上攻击二元论。”①总而言之，意愿与非意愿的结构是利科思想的根本出发点，也是克服身心二元论的必经之路。

对于这一结构的把握，利科首先区分了描述与说明，以期扭转我们的思考方式。说明往往被应用于心理学研究。它是一个从复杂到简单的过程，将一个整体划分为各个部分，并且这些部分都具有独立的意义，我们由此进一步探究它们之间的关系。在这个过程中，任何一个部分不可能被包含在另一个部分之中。“但是，人们并没有假定意志已经被包含在非意愿的完整理解当中了。”②那么，意愿与非意愿也就成了两个相互独立的东西。相反，描述所展现出的最初状态是意愿与非意愿相互作用的结构。这种结构一方面表明了非意愿对意愿的影响以及意愿决定着非意愿的重要性，另一方面表明非意愿本身没有意义，“只有意愿与非意愿的关系是可理解的”。③这显然区别于说明从一开始对于意愿与非意愿的分割。值得注意的是，虽然利科在此强调了非意愿只有在对意愿的依赖中才能被理解，但是我们切不可由此导出一种二元论的解读，因为意愿与非意愿相互作用的结构才是占首要地位的。总而言之，利科在此所提出的描述是一种从整体上把握意愿与非意愿的相互作用的思维方式。

---

① Paul Ricœur, «Méthodes et tâches d’une phénoménologie de la volonté», *À l’école de la phénoménologie*, Paris: Librairie Philosophique J. Vrin, 2004, p.79.

②③ Paul Ricœur, *Le volontaire et l’involontaire*, Paris: Aubier, 1963, p.8.

对于意愿与非意愿相互作用的结构的理解，利科是从意愿开始的。因为非意愿本身并不没有意义，而意愿也并非从非意愿推理出来，而是从人自身中得出来的。“我首先将自己理解为说‘我愿意’的人。”① 进而，与意愿相关的非意愿就以动机、能力等形式与意愿关联起来。可见，意愿对于各种非意愿具有统一的能力，能够将各种非意愿聚集到意愿当中。因而，利科在描述意愿与非意愿的时候，会先描述意愿的层面，进而描述非意愿的层面，最后才是两者的综合。不同于说明，虽然利科对于意愿与非意愿结构描述的顺序可能会造成读者对于其思想的误会，但是意愿与非意愿相互作用的首要性是利科一开始就强调的。

在意愿与非意愿结构的各个环节的具体分析当中，利科主要借用了胡塞尔现象学的意向性理论。不同于胡塞尔关注知觉这一客体化行为的研究，利科专注于意愿与非意愿等非客体化行为的研究。由此，根据意向活动—意向相关项的分析，利科区分出意志的各个关节，即“我决定”“我行动”“我同意”。首先，“我决定”意味着我所形成的筹划，包含着我将要行动的方向和目标。此时，我们的筹划还没有付诸行动，不是现实的。其次，“我行动”意味着通过行动将脑海中的筹划变成现实。最后，除了为实现的计划和实践执行，意愿还包含了对必然性的认同，即“同意”。虽然同意并不明显地体现出主体的意愿，但也是对非意愿的一种回应。总之，决定、行动、同意构成了意愿的三个环节。

只有根据意愿，我们才能理解非意愿。正如利科所说，“在我们看来，这甚至是我们在上述原则的视角转换中的一个有价值的结果，其给予我们各关键功能出现的顺序，而这些关键功能就其自身来说并不清晰。根据它们对意愿的这样或那样的诉诸，这些非意愿的功能获得了区分与顺序”。② 首先，与决定相关的非意愿是动机。理解一个计划就要求我们理解为什么决定这一计划，我决定这一计划是为了什么。与动机相关的需要、愉快、痛苦等功能在此都可以聚集起来。其次，在意愿与非意愿的结构当中，与行动相关的非

① Paul Ricœur，*Le volontaire et l'involontaire*，Paris：Aubier，1963，p.9.

② *Ibid.*，p.11.

意愿是顺从的能力，与行动密不可分。其中，习惯就是这一能力的典型代表。最后，与同意相关的非意愿是必然性。必然性是不可避免的、绝对的非意愿。这种非意愿表现在性格、无意识、生命当中，是意愿行动的终点，围绕着同意得以聚集。可见，与意愿对立的非意愿也只能在意愿的范围内得到理解。

综上所述，我们可以看出，利科赋予意愿与非意愿的相互作用首要性地位。即使利科是从意愿这一端来开启其对于意愿与非意愿的具体分析，意愿与非意愿的结构自始至终都是占有首要地位的。进而，利科将意愿分为决定、行动、同意三个环节，并给出了与之相对应的三个非意愿的环节，即动机、能力、必然性。意愿与非意愿的相互作用在三个对应的环节中均得到了体现。总而言之，利科的意愿与非意愿相互作用的结构是其理论的出发点。这一观点从一开始就反对了任何的二元论的可能性，在实践意义上回到了二元对立之前的更为原始的结构。

三、意愿与非意愿结构之下完整我思的追求

回到笛卡尔的我思，它就是“一个在怀疑，在领会，在肯定，在否定，在意愿，在不意愿，也在想象，在感觉的东西”，① 且严格区别于经验的身体。身心二元论对其本人来说也是相当棘手。正如笛卡尔在与伊丽莎白公主的通信中写道：“对我来说，似乎人的心灵不能够在心灵与身体区分以及它们的统一之间形成一个明确的概念；要这么做的话，就必须既把它们想作一个单一的东西同时又把它们当作两个东西；这是自相矛盾的。” ② 对此，利科希望借助意愿与非意愿的结构扩大我思的范围，实现身心的统一。因为在他看来，“意愿与非意愿描述的任务事实上通向一种我思的完整经验，直至最

① René Descartes，*Œuvres de Descartes* IX，Paris：Vrin，1996，p.22.

② René Descartes，*The Philosophical Writings of Descartes III*，Trans. & ed. J. Cottingham，R. Stoothoff，D. Murdoch，A. Kenny，Cambridge University Press，1991，p.227.

模糊的情感的边界。”[①] 总而言之，身心问题在利科这里等同于意愿与非意愿的描述，就像他说的那样，“我们所有计划的起源仅仅是身心统一的一个时刻”，[②] 而其现在最大的障碍就是经验主义对身体的解释。

利科先是探究了判定完整我思内容的标准。而这一标准就必须使得身体与非意愿被纳入身心统一的完整的我思。在此，利科时刻提防着身体的经验主义解释。正如其所说，“作为客体的身体因此趋向于将非意愿的认识从我思中分离出来，并且慢慢地将所有的心理学倒向自然科学的一边。”[③] 而利科所要保留的则是我思的意向性与自我意指。就像利科所说的，“标志着主体的意向性的一面与自我意指的另一面并不好理解，何况主体的反思在理论表征层面更为让人熟悉。”[④] 在此，身体的需要、习惯、性格等，就要被视为属于我的。“‘需要’应该被看作‘我有……需要’，习惯被看作‘我有……的习惯’，性格就是我的性格。”[⑤] 总而言之，意愿与非意愿结构下的我思的内容主要是以意向性与自我意指这两个特征来进行鉴别的。

接着，利科批判将身体理解为一种经验科学意义上的客体的思想。经验科学所得的身体是一种经验归纳所得的客体。这就意味着非意愿的认识被排除在我思之外，被完全地贬低为经验事实。于是，意愿以及意向性、自我意指都会被取消，因为它们都不具有任何经验的意义。最终，这就导致了所有内在的东西都变成了关于精神事实的经验科学的研究对象，或者“作为某种行为的风格，仅仅是一种出身于非意愿经验客体的简单指导的说明”。[⑥] 总而言之，利科试图从经验主义的立场中夺回身体。

进而，利科指出我思的身体与经验的身体之间的差异实则表现为两种态度的对立。在他看来，对于经验的求助并不是因为学者们对于外在知识的偏爱，而是倾向于将包含着意向性与自我意指的行为还原为经验事实。这就导致了对意向性与自我意指的忽视，也将内在东西贬低为一种事实的知识。相反，利科指出主体的知识并不接受这种还原，必须尊重主体的意向性行为，视其为我思的源初性，并且各个主体纷纷指向自身，从而保留完整我思的两

---

①③④⑤⑥ Paul Ricœur, *Le volontaire et l'involontaire*, Paris: Aubier, 1963, p.12.

② *Ibid.*, p.188.

个特征。另外，在利科看来，移情就能帮助认识我们之外的身体，能够发现这一身体的动机、能力、必然性，以及其中的决定、行动和同意。无论是我的身体还是你的身体，只要其符合意向性和自我意指的特征，就是完整的我思的身体。

然而，利科虽然在一定程度上远离了经验所得身体，但是并没有忽视非意愿在经验层面上更容易被认识这一事实。正如他所说的，“但是到了我所希望的非意愿的纯粹描述的程度，其为精确的功能的角度所表达的那样，我们不可能假装忽视，非意愿经常在被降低为自然事件的形式之下更好地在经验上被了解。”① 于此，利科试图建立我思的身体与经验的身体之间的联系，以及我思的描述与经验心理学之间的联系。

相比于两者之间的相似之处，两者之间的差异似乎更加明显。经验的身体显然不能解释自由这类没有经验之物对应的东西。这就需要我们转换视角，重新思考我思。利科坚持，作为我的身体与作为自然科学客体的身体之间有着某种联系，因为归根到底，它俩是同一个身体。但这种相互关系并不是一种一致的关系，而是一种诊断的关系。我思的任意时刻都能作为客体身体的显示，而客体身体的任意时刻都是主体身体的显示。并且这种关系并不是先验的，而是在经验中形成的。但是经验科学发现的身体往往只能作为我思主体模糊的对应物，并且在一些情况下也不能作为功能或事件中的主体的显示。总之，正是凭借着我思与经验之间的诊断关系，利科借助经验科学的资源来重新描述我思，如其所言，“我思的描述将频繁地从经验心理学那里恢复现象学的残余，后者在客观化和某种意义上异化的形式中被发现。”②

综上所述，利科借助意愿与非意愿的相互作用指出，我思应是一种包括身体的完整我思。其中，意向性与自我意指是它最为显著的两个特征。由此，利科反对经验科学对于我思与身体的解释，因为它忽视了这两个特征。而这种忽视究其根本就是在于经验科学将所有东西都还原为经验事实。在这一视角之下，自由之类的东西在自然中并没有经验的对应物，那么经验科学

① Paul Ricœur，*Le volontaire et l'involontaire*，Paris：Aubier，1963，p.15.

② *Ibid.*，p.16.

的弊端也就自然暴露了出来。然而，利科并没有因此完全否定经验科学，而是认为其所得的客体身体与我思的身体之间存在着一种诊断的关系。正是借助这种关系，利科从经验科学中发现了现象学的残余，丰富了我思的研究。总而言之，利科一方面反对从经验科学的角度解释我思，另一方面也充分吸收了经验科学的资源，为我思的研究提供参照。

四、纯粹描述与肉身化之间的方法论互动

对于身体的理解，仅仅借助纯粹描述的方法是不够的。这一方法虽然有效地分析出了意志中的各个概念以及其基本结构，但是仍旧停留在反思的层面，导致了我们对于身体的活生生的存在的忽视，即身体的不在场。于此，我们就不得不超出认识的领域，走进实存的领域。总而言之，纯粹描述的方法仅仅是利科思考身心二元论问题的出发点，而不是其思考的终点，如此，方法论的转变也就势在必行了。

首先，纯粹描述的贡献止步于理论的反思的范围，未能进入实存的范围。在利科看来，虽然经验科学将我思还原为经验事实，将意向性等主体的经验贬低到心灵的物理层面，但是其并不能阐释身体的实存，因为经验科学仅具有诊断的价值。然而，纯粹描述能够清楚地分析我思，即分析出意愿与非意愿的结构，并且其在一定程度上表明了身体的动机、行动、同意在非肉身化意义上的含义。但这仅具有客观的意义，在此意义上理解的我思带有二元论色彩，与身心统一还有一定距离。其主要问题在于，这一思想本身实则来自存在的缺失。这种存在的缺失与表达概念的非肉身化的主体在利科看来是有关联的。此时，我就将自身看作一个不占空间的主体。于此，我占有了实在，但却并不在场。这正是利科批判纯粹描述的关键之处。如此，身体既不在客观感觉中得到组成，也不参与构成一个先验主体。那么，纯粹描述所展现的先验的态度实则避开了身体的实存。

在利科看来，为了走出反思的困境，我们必须转变方法论。这种转变不再是对意愿与非意愿结构的理解。对于这种结构的描述发挥到了极致，仅

仅是考虑了意愿与非意愿结构的客观性。但是，我们要关注的不仅仅是事物的客观性、经验本质的客观性，而是要进一步发现一种能够被看到、被掌握的实存性。意愿与身体的结合需要的不是一种对于结构的智力上的注意，而要求我们积极地参与作为神秘的我的肉身，需要从客观过渡到实存。总而言之，纯粹描述的方法局限于客观性的阐释，保留了二元论的残余，究其根源就在于此处反思的方法论并没有考虑到活生生的身体。对此，方法论的转变已经势在必行了。

其次，在批评了反思的方法论之后，利科主要是求助于其老师加布里埃尔·马塞尔的思想，实现从客观到实存的转变，以期克服身心二元论。“对于加布里埃尔·马塞尔的作品的沉思是本书分析的起源。”[①] 由此可见，马塞尔的思想对利科思想产生了相当深远的影响。其中的关键就在于引入神秘的肉身化，即将肉身化与来自纯粹描述的思想进行结合。有研究者指出，“这样做，利科显然赞同加布里埃尔·马塞尔对存在和有的反思的主要成就之一：主体没有他的身体，但他是他的身体——这一论题，简单地说，实现了实存和本体论的相互联系的重要功能。”[②] 于此，身体不再是我认识的对象，身体就是我，我就是身体。因而，利科的思想一方面考虑了神秘的肉身化带来的从客观到实存的转变，另一方面考虑了根据胡塞尔描述手段所得的意愿与非意愿相互作用的结构。

值得注意的是，纯粹描述与肉身化并不是非此即彼的关系，而是相辅相成的关系。一方面，肉身化弥补了纯粹描述的方法论缺陷，实现了从客观到实存的转变。正如利科所言，“这种直观不可能在胡塞尔所提出的任何‘态度’中发现。这种先验的‘态度’，为先验还原和自然态度所构建，似乎避开了我的身体实存的某种自我承认的在场。”[③] 另一方面，纯粹描述是走向实存的必经之路。“倘若在任何问题上我们直接跳到‘实存的筹划’，跳到带动

① Paul Ricœur，*Le volontaire et l'involontaire*，Paris：Aubier，1963，p.18.

② Julien Farges，«L'héritage de Gabriel Marcel：Paul Ricœur et la question des limites de la phénoménologie»，*Philosophie*，2017，N1，p.34.

③ Paul Ricœur，*Le volontaire et l'involontaire*，Paris：Aubier，1963，p.20.

任何人的行为的'实存的运动'，我们就冒险失去问题的特殊性，淹没不同功能的面貌于某种不清晰的存在主义一元论当中。说到底，这只能导致就想象、情绪、笑、姿势、性、话语等方面重复'实存'的注解。"①纯粹描述所带来的清晰性是利科所坚持的。总而言之，纯粹描述和肉身化都是为利科所保留的。

综上所述，利科认为纯粹描述所得的主观身体并没有成功地克服二元论，因为此处的主观身体因使用反思的方法论，而忽视了活生生的身体。对此，我们必须转变方法论，求助于马塞尔的神秘的肉身化的思想，从而实现纯粹描述所得的客观性向实存性的转变。而这种实存的我处于纯粹描述与神秘的肉身化之间。一方面，纯粹描述虽然澄清了意愿与非意愿的结构，但是暗含了身体的不在场的特征，使得概念远离了身体与世界。另一方面，神秘的肉身化思想又提醒我们对实存的身体保持关注，实现了从客观到实存的转变。总而言之，实存的我是在纯粹描述与神秘的肉身化之间的张力之中得以产生的。

五、神秘对身心二元论的和解

肉身化思想的引入，深化了对于意愿与非意愿结构的研究，克服了身体缺席的问题，实现了从客观领域走向实存领域。然而，即使是在实存领域，我们也应该对于二元论时刻保持警惕。正如利科所说，"事实上，如果我们希望超越仅仅来自观念的思想的清晰性和特殊性的需求的认识的二元论，以及如果我们希望发现我的身体与看到它、屈服于它，并管理它自身之间的现实关系，我们应该发现这种关系本身就是一场争论。"②总而言之，在实存领域中，身心二元论以一种新的方式得到呈现。

虽然利科引入肉身化以消除纯粹描述中的二元论的色彩，但是这不过是

① Paul Ricœur，«Méthodes et tâches d'une phénoménologie de la volonté»，À l'école de la phénoménologie，Paris：Librairie Philosophique J. Vrin，2004，pp.67—68.

② Paul Ricœur，*Le volontaire et l'involontaire*，Paris：Aubier，1963，p.20.

用一种实存的二元论代替了认识的二元论。因为在实存领域中意识仍会出现，进而造成身心的对立。这是意识的本性所为，它会不断回到自身。正如利科所说，“事实上，意识的出现在某种程度上一直是内在和谐的中断。意志是一种否定的能力。”①可见，实存领域中的身心统一也不是一蹴而就的，二者之间的矛盾以另一种形式表现出来。“意识涌现出来，就像一种从身体和事物那里退回的能力，就像一种判断和拒绝的能力。”②在意识出现之时，意识也就自然地开始与身体、外物保持距离，进而将身体驱逐出了主体的领域。这种驱逐“从这一角度来看可能被解释为世界在场所损伤的意识的报复。然而，主体感觉到被暴露、被放弃、被抛入世界之中，失去了原初简单的天真”。③总而言之，在实存领域中，身心二分仍旧存在。

并且，意识的这种自我设定体现在意愿与非意愿相互作用结构的各个环节当中。在意愿与非意愿的第一个环节中，即在决定与动机中，决定表现为一种拒绝，拒绝了那些被抛弃的动机。在第二个环节当中，行动也是一种拒绝，拒绝了抵抗。而这种实存领域的二元论在意志的第三个环节达到了顶点。在此，“非意愿向我显现出了一种满是敌意的力量”。④意识在三个环节中不断地返回自身。由此可见，虽然利科引入神秘的肉身化试图克服身心二元论，但是在实存之中也存在意识，且自我设定的本性也依然存在，以至于意愿与非意愿之间仍存在断裂，身心二元论问题也就再次显现出来了。正如利科所说，“意识的夺回就是一种存在的损失，当意识与其身体和所有物体对立，并且寻求自身之内的封闭循环”。⑤根据各个环节所体现的这种意识的自我设定，我们就能确定意愿与非意愿处于一种矛盾对立的关系中。

但是，在实存领域中，我思并不仅仅表现出其纯粹自我设定的一面，而且还“依赖于其所接受的东西，并且身处于与其自身所扎根的条件的对话之中”。⑥不同于理论反思中我思仅仅不断回归自身走向唯我论的命运，实存中的我思主体还能与外物保持紧密的联系。由此可见，在实存领域中，我们一方面不得不关注到我思的出现所带来的身心分离的二元论倾向，另一方面还

①②③④⑤⑥ Paul Ricœur, *Le volontaire et l'involontaire*, Paris: Aubier, 1963, p.21.

要注意到我思的行动已然从自我设定的纯粹行动过渡到了一种参与的行动，与周围事物时刻保持联系，能够在一定程度上走出二元论的困境。

而在其中发挥作用的东西被利科称为神秘。这一概念在实存领域中面对身心二元论发挥着和解或恢复的功能。于此，意识就是一种中断，同时也是一种联系，意愿与非意愿的结构也就是一种中断和统一的结构。这种既分离又统一的悖论并不构成一个逻辑系统。因为，利科认为，这种悖论的内部结构不能存在推理，也就是意愿与非意愿之间从一方到另一方的推论。同时，为防止这种悖论被破坏，利科指出，只要悖论秘密地和解了，那么悖论的本体论就是有可能的。甚至，这种和解是我们无法观察到的，“存在的连接出现在悖论所体现的盲目的直观之中；它从来不是我们观察到的东西，而是作为自由与自然之间巨大对比的契机。此外，也许正如康德在阐述实践理性的假设时所理解的那样，意愿与非意愿的冲突，尤其是自由与不可抗拒的必然性的冲突，只有在希望和另一个世纪中才能调和”。[①] 总而言之，在实存领域中，我思的行动所代表的是一种参与的行动，能够带我们走出自我设定的循环，并带我们走向意识与身体、世界的原初的和谐。

综上所述，当我们从客观走向实存的时候，我们要提防仅将实存中的我思视为一种自我设定的行动的思想，更要将其视为一种参与的行动。虽然意识带来了身心的分离，但是意识也必须在参与中才能得到理解。意识始终带来身心破裂的威胁，但是神秘也在持续地从破裂中夺回身心的统一。总之，神秘使得意识走出了自我设定的循环，并与身体、世界能在原初的意义上实现统一。

结语：评保罗·利科对于身心二元论的求解

身心问题在利科的思想中扮演着重要的角色，甚至可以说，身体问题是利科意志哲学不可绕过的必要环节，因为意愿一侧始终受到身体所表现出来

① Paul Ricœur, *Le volontaire et l'involontaire*, Paris: Aubier, 1963, p.22.

的非意愿的影响。同时，对于身心问题的破解，利科采取了与其他哲学家不同的策略，这为我们思考身心问题提供了新的视角。

首先，利科对于身心问题的重塑得益于其对胡塞尔现象学的批判。在他的分析中，客体化行为的首要性地位并不是坚不可摧的。利科视其为逻辑主义的偏见，因为意向性分析能够直接应用于意志的领域。正如其指出的，决定的意向相关项是筹划，行动的意向相关项是实行，同意的意向相关项是处境。利科在意志领域中所实现的意向性分析正好反驳胡塞尔的观点。在进一步拓展意向性分析的同时，利科也深化了对身体的研究。在此，相较于身体与知觉的联合，身体率先与意志联合在了一起。因为身体所表现出的非意愿时时刻刻与意愿构成相互作用的结构。总而言之，利科对于胡塞尔的意向性分析的拓展，使得身心问题得到了深化。

其次，利科对身心问题的讨论仍旧带有二元论的色彩。在身心问题的破解当中，利科借助纯粹描述构建了包含身体的完整的我思框架，借助诊断吸收了经验科学的成果，借助肉身化实现了从客观到实存的转变，但是意识在这个过程中仍旧存在。纯粹描述所得出的意愿与非意愿结构仍是意识构建的，因为非意愿无法离开意愿得到理解。经验科学所提供的帮助仍旧需要在纯粹描述中得到理解。肉身化的思想虽然侧重于参与，但是并不能取消意识。而无法消除的意识则始终带有其反思的特征，进而返回自身，驱逐身体。对此，利科试图表明这种身心分离与统一的并存状态，但这也显露出利科对身心二元论的妥协。

综上所述，一方面，利科拓展了胡塞尔的意向性分析，使得身心在意志的层面得到统一，另一方面，意识的存在始终保留了身心分离的色彩。但是，我们不能因此倒向完全经验主义的一边来思考身心问题，因为心灵在经验主义中没有任何位置。因此，似乎身心问题只能在主体这一边得到解决，我们必须始终关注参与所带来的提醒，时刻对意识的自我封闭保持警惕，才能走出身心二元论。那么，身心二元论的破解也就成了一项没有终点的持续的运动。

巴塔耶专栏 | Georges Bataille

死亡的悖论与金字塔

——巴塔耶评埃德加·莫兰的《人与死亡》①

[法] 乔治·巴塔耶　成家桢*　译

> 人类开始直立行走，他们的手因此空了出来……，手使得下颚从其最繁重的劳动中解放出来……，口鼻成了脸，手发明了燧石工具，而精神却被死亡牢牢扼住。
>
> ——埃德加·莫兰（p.79）②

埃德加·莫兰（Edgar Morin）关于死亡的著作尚未获得应有的关注。

作者涉足的是悖论的领域。只要我们坚持自己的某些态度，死亡问题就会战胜其他的问题；但从某个角度来看，死亡完全不重要。埃德加·莫兰的著作值得关注，是因为他为两种看法都留出了空间。他没有忽视这种不断卷土重来，有时还无处发泄的焦虑，这就是对死亡的焦虑，但他拒绝讨好这一焦虑！他可以把这个思想与情感，大声尖叫与沉闷寂静，最终还有从一开

---

① 本文发表于《批判》(*Critique*）第74期，1953年7月，第623—641页。
关于这篇文章，我们发现了如下文件：
A.［Env. 79：1—43］= 计划与注释；
B.［Env. 91：1—63］= 为《批判》准备的手稿；
C.［Boîte 17，G：68—76］= 手稿（以及《批判》中的校样）。
至于《至尊性》(*La souveraineté*)，第一、二卷：关于至尊性的提纲——参看第262—271页。
副标题为译者所加。

* 译者成家桢，复旦大学—巴黎高师联合培养博士生，主要从事法国哲学研究、人类学、社会学、生物学哲学研究。

② 巴塔耶本文中仅标出页码的引用均来自这一版本：Edgar Morin，«L'homme et la mort dans l'histoire»，*Corrêa*，1951，In-8°，336p（Coll. «Dans l'histoire»）。——译者注

始就围绕人类的死亡而形成的难以置信且深刻的信仰的世界，汇集在一份清晰、有序，且没有逻辑错误的报告中。在我看来，他没有漏掉任何资源；首先，作者巨大的好奇心使他的书成了因其资料来源的极致多样性，而非其丰富性而令人惊讶的博学之和。我们的确仍然会因这样一种特别的开明而感到震惊。埃德加·莫兰深受马克思的辩证和实践思维的影响，但却没有固步自封于这种三十年前起就在法国流行起来的主流势力。我不是在强调，他的历史和科学知识是最广博的，这在存在主义哲学试图摆脱这类文化精神的时期尤为值得注意。不过，他没有忽视，且没有蔑视——也没有追随这一占主导地位的思想潮流，这一事实在我看来要更加重要。他既没有忽视当代德国哲学（他提到了海德格尔、雅斯贝尔斯、舍费尔［Schefer］……），也没有忽视法国社会学。他考虑到了黑格尔主义，并参考了亚历山大·科耶夫对其给出的阐释。他的文学教养最终也证明了他的老练，以及这一丰富的经验对鼓动了我们时代的狂热专注保持了敏感。因此，我们可以在《人与死亡》（*L'Homme et la Mort*）的作者身上看到异常鲜活的当代法国文化形式最典型代表之一。这种在大学中略显边缘的文化因其对超越智识边界的渴望而突出，它呼吁这个世界的决定性改变，但这些真正体现了它的人却拒绝革命性环境的军事化所发出的命令。埃德加·莫兰作品的丰富视角在我看来是最具画面感的。如果我们考虑到，尽管有最深的分歧，但作者仍以同情的态度对待关于所有宗教希望的知识，那么我们就很难避免产生一种危险的感觉：混淆难道不会进入一种同样广阔的视野之中吗？……可能会如此，但在我看来，这种危险似乎比由自我设限的愿望所产生的危险更可取。至于无论如何都会涉及死亡的方面而言，奇怪的是，人类对死亡的反思长期以来一直忽略了各个角度。要么是这种反思同对死亡的处理南辕北辙，要么是它陷入了死亡的深渊无法自拔。然而，由于不带偏见，我们也许是时候节制地提出这个问题了。然而，我们是不是只是想知道，死亡要求我们像那些溺毙于其中和那些避之甚远的人一样，毫不计较地严肃以待？

确实，莫兰为死亡研究带来了些许从容，这种从容从数十年前起就是我们国家的智力游戏的标志，但莫兰的推进是非常审慎的。一场不可否认的漩涡鞭笞着他，但人们会认为，他也同样感受到了过于早熟或晚熟的危险。在法国，我所说的这种智力游戏的可能性实际上最终只能带来一丝丝的澄清，它尽管耀眼，但自负的空话很快就会让人忘记它们。莫兰身上惊人地掺杂着急吼吼的无畏和完全的慢条斯理，他工作上的美德和不足也许都要归于这些特点。

从第一页起，作者的尴尬就是明显的：他明白，当然他也承认，他自己如履薄冰。在他看来，工具标志着从动物到人类的过渡（p.1）。“但是，还有另一种标志……”，这是情感性的标志，是难以分类的标志，“但却构成了动人的启示”；这就是丧葬（la sépulture）。燧石工具是变成人类的动物留下的最初证据，但很快就加进早期工具行列，而留下扛过千年的痕迹的丧葬，以同样惊人的方式证明了人性化（l’humanisation）的根本事件。但是，“人们非常清楚地看到，赋予丧葬以相对于工具的价值会把我们引向何种平庸的观点”。实际上，以我个人来看，莫兰有理由不为了丧葬的“精神性”所指代的“彼岸”而放弃工具之物质性所证明的“接地气的斗争”。他承认丧葬也是通往人性的悖论性的门槛，并且，他还说（p.12），“把讲求效率的、精明的、具有创造力的，且总是保持警惕的理智（它把人变成人）同虚弱的错误（想象着彼岸）对立起来的做法太过简单了……”

这本书的观点由此得到了描绘。作者是马克思主义者；就算他不是狭义的马克思主义者，那他至少从深层来讲是马克思主义者。他提出了关于死亡的问题，但他除了获得不再提出这个问题的权利之外就没有其他意图了吗？他强调说（p.301）：马克思没提出过这个问题……而埃德加·莫兰则在自己的追问中保有战胜死亡的意志，他就此发表了长篇大论，说死亡在历史中占据了恒定且首要的篇幅。他远没有通过反对马克思的冷漠，而是似乎想要通过相互竞价的方式来提出关于死亡的问题。海德格尔的态度令他震惊，因为在海德格尔看来，“人们应该直面死亡的观念，并且不再像‘人们’从来都不应死去那样，不再像死亡好像不存在那样行事”（p.292）。在弗莱堡的哲学家那里，莫兰重新发现了“抵抗死亡的令人出神的伟大补救措施的痕迹……但是”，在他看来，“这种诞生自焦虑的出神（l’extase）否定了……

焦虑的令人焦虑的特质，并颠覆了其意义……”。他重拾了保尔·兰斯伯格（Paul Landsberg）[①]的观点：对于兰斯伯格来说，“焦虑本身向我们揭示了，死亡与虚无同我们的存在的最深刻，最无可避免的倾向相对立”。莫兰告诉我们，“海德格尔忘记了，或者说他想忽视对于不朽的欲望所具有的根本上是人类学的意义：死亡是物种的法则，是动物的必然性，是人类的个体性（l’individualité humaine）要去对抗和抵触的必然性”。进一步来说，他的思想可以用充满某种真正激情的词汇来精确地表示。这种令人害怕，但又令人熟悉的死亡，他叫作“物种层面的死亡”（mort de l’espèce），也是我们通常认为的我们自己的死亡，但他却指责这一死亡在“形而上学的脂粉下”掩藏的是其粗糙的动物性（l’animalité）：“反刍类野兽的盲目本能”。他告诉我们，这种“物种层面的死亡”是没有价值的。“它对于人类来说是恐怖的，恰恰是因为它不是为人类而设的。它是为章鱼、穴栖鱼类、蜘蛛、老鼠而设的……它是幼稚且简单的。”[②]（p.327）

这种看法和把死亡同个体性的立场联系起来的观点有关。在莫兰眼里，死亡的人性一面，“对死亡的意识，关于死亡的创伤性观念”，承担“死亡风险”的必然性，“不朽的内容都表露出了相同的现实”，即个体化人类的现实。一方面，关于死亡的研究并不能同一种更广的观点分离，即遗传人类学（l’anthropologie génétique）的观点；另一方面，以个体人类的诞生为对象的遗传人类学也不能独立于死亡的人性方面而得到设想。

个体同死亡的关联是否如莫兰所想的那么简单，对此我是不确定的。但这个观点从一开始就使他的研究兴趣超出了特定问题的限制。这本讨论死亡的书并不限于对死亡的纯反思，而是以辩证的方式，在思想所能包含的总体性中得到发展。作者也强调了这一点：他十分公正地指出，个体和死亡的关系之研究并不能以深刻的方式“在盎格鲁–撒克逊的经验主义视角中”得到

---

① 在莫兰引用的《论死亡体验》中（p.293）。我认为，在此提请各位注意作为舍勒（Scheler）的学生的兰斯伯格曾是基督徒，并不是无用之举。

② 这句句子不仅在语气和要旨上令人想起了格诺（Queneau），而且其中的“穴栖鱼类”的说法无论如何也是《圣–格朗格朗》（*Saint-Glinglin*）中家喻户晓的角色之一。

继续（p.96）。“弗雷泽（Frazer）的无止境的目录戛然而止了。”他认为法国社会学和对个体的忽视是不相容的（莫兰说的是“对人的”忽视），因为后者削减了前者的意义。而教条的精神分析和对“历史与演化”的忽视也是不相容的。莫兰明确地说，他所设想的研究“只有在遗传人类学的框架中才是可能的，这种人类学试图掌握并明确的是总体的人（l’homme total），而这样一种人本身却是通过异化和劳动产生的。我们因此遵循的是由黑格尔，且尤其是马克思开辟的道路，但在死亡方面，这条道路只是被开辟了出来，而没有得到探索”（p.97）。

就后一点来说，莫兰的表述也许会令人有些许不悦。它似乎并没有准确地把他的思想步骤如他书里所展示的那样摆出来。此外，我们也很难在对死亡的忽略方面把黑格尔与马克思相提并论。莫兰自己则说：对死亡的忽略在马克思那里似乎是彻底的（p.301）。相反，黑格尔主义则从死亡中得出了我们应该命名为人类辩证法或人类起源的东西。在黑格尔的辩证法中，人类的至尊部分（la part souveraine）是以对死亡的漠视，以直面死亡风险为基础的，而其奴性的部分则来自对死亡的害怕，或不如说是对死亡的恐惧。在黑格尔关于人的构想中，主人（依然接近于动物性）对他所面临的死亡所怀有的一丝意识乃是他深刻的弱点，而与之相对立的则是奴隶的意识：力量与权力最终将要归属于的却是奴隶。在这一构想中，劳动是对死亡的意识的效果，而这种意识又和恐惧有关，人类为了免于死亡而劳动。

但就像上述那句引文（“我们因此遵循的是由黑格尔，且尤其是马克思……而没有得到探索”）让我们认为的那样，莫兰并没有无视黑格尔的主奴辩证法（可以说，这是整个思想的基石，因为思想在其中找到的不仅是对事物的解释，还有对其自身的解释）。莫兰没有忽视这一点，但他至少也没有把运动纳入他逐条论述的多样统一之中。他利用的是些孤立的资料，这就是为什么他觉得自己深入了一个整体上仍未被探索的领域之中。他并没有明白黑格尔已经规定了主人的道路，也没有明白他所掌握的独立于其整体的那些方面只为他带来了缺少连贯性的真理。这就是试图使思想摆脱其语境的开明精神的缺点，而一旦涉及黑格尔的反思所是的那令人眩晕的堆积物，这一缺点就会最大化：我们根本不可能管中窥豹。

莫兰有理由把关于个体的遗传人类学和死亡联系起来，但这并不是完整的人类学。《精神现象学》中涉及主奴的部分本身就其整体而言乃是关于以死亡为限的个体的辩证法，但这也不是完整的人类学（第二部分不再考虑人类的个体方面：社会方面也是人的一个面向，但人们并不明白为什么从整体上得到思考的人类学必须处理相对于作为根本面的个体方面而存在的社会方面）。但莫兰没有满足于同黑格尔决裂，并因此将其兴趣集中在个体上。他直接从以他的方式提炼的客观资料出发构建了人类学。黑格尔则在其前后一致的总体性中构建了关于从历史知识中得出的客观资料给他带来的启发之物的现象学。莫兰的关键工作是从外部按序集合了资料。而黑格尔的关键工作则是从能够连续为人类精神（der Geist）奠基的历史元素出发再次激活人类的经验，正如这一精神在其形成之时刻从内部向其自身显现出来的那样。根本上，莫兰是可能以黑格尔的方式来推进的。可莫兰本人却不得不为了谈论人的历史经验而重新对其加以制作。此外，那些常常无意于此，但却制定了遗传人类学的孤立一面的人，应该效仿黑格尔，重新部分激活人类的经验，哪怕他们明显反对这一方法。要是没有这么做，那他们就什么都说不出来，甚至他们也没有任何东西能思考。但他们的确秘而不宣地这么做了，而且尤其是在没有决心的情况下就这么做了。他们犹豫不决，毫无条理地这么做了，同时又试图对其加以忽视，但黑格尔的思想从头到尾都是井然有序的，而且还提出了在其终点处重新找到其初始资料的义务，这种思想如今依然是我们所能提出的最连贯的思想，也是唯一一种在其运动中拒绝脱身之计的思想。我写这些是为了说明埃德加·莫兰的书在我看来所表现出的全部趣味：这是关于以死亡为主题的可能知识和思想的集合，而且，其中的知识与思想甚至也许有点过于丰富了。但这一集合并不总是如人所愿得到严格安排的。它不能被当作对由黑格尔为其准备了道路的遗传人类学的深化，甚或制定。黑格尔本人也写到过，这一人类学是存在的，它就是《精神现象学》。莫兰也许是在细节方面把黑格尔打开的探索之可能性推得更远，且在极大程度上弄得更好了，但黑格尔曾说过最重要的是什么东西，而且，在莫兰对此的解释不尽人意这一点上有时也是令人遗憾的。不过这并非完全不可原谅。黑格尔是十分难懂的：这至少是莫兰不尽如人意的主要理由，但除了这一点，他的思想也仍然是无效的；这一思想并不是未知的，而是误解了它的读者们已知的，但这种已知和未知也没什么两样。这因而就像是一座云遮雾绕的高山，它长久以来只能是神龙见首不见尾的存在。我不想延伸到这点上，但如果这样广泛的信息使《人与死亡》的作者因他所经历的艰深思想而受到启迪，同时因此感到迷惑，我也不会感到惊讶。

对于莫兰来说，就在“个体以最强有力的方式自我肯定的时候”，“对死亡的恐惧以最激烈的方式展现了出来”（p.62）。对于这样一些命题，我们可能没什么好反驳的。然而，正是主人首先以最强力的方式进行了自我肯定，而这不是在个体性的层面上发生的。对死亡的恐惧是奴隶的专属，奴隶不会自我肯定，但却会在这种恐惧中发现其个体性的原则。死亡的风险是主人的事实，而在我看来，莫兰的思想并没有彻底凸显出风险与恐惧的对立。在个体的生成中，恐惧之游戏首先招致的是对游戏的拒绝……只有黑格尔式思想的运动能够严肃地将恰好能使我们成为我们之所是的循环往复的矛盾贯彻到底。莫兰的分析有时含有的不精确特征当然是令人遗憾的。他坚持在这样一种领域中平庸思考的方式。但也许是时候表明，在如此有利的道路上不走得更远是很可惜的。

我不会对辩证法的次要细节进行长篇大论。但在我看来，莫兰的反思在其起始处就遇到了困难，因为他没能在迷宫中失而复得，而在这个迷宫里，精神察觉到的是其结构本身作为最终结果的矛盾之总和。

我一开始就指出过作者的尴尬之处：他在人类诞生的起源处发现了工具和丧葬。莫兰是马克思主义者，在他眼里，是工具，而非对死亡的意识以根本的方式将动物人性化了。他把死亡变成了“物种法则，动物的必然性，……而这乃是人类个体性所要对抗和抵触的东西”。我们会看到，莫兰最终在那里看到的是一桩事故，科学所做的是避免其必然性……这一切都并非不可忍受的。但我觉得莫兰忽视了一个根本的方面，这也是黑格尔本人所没有单独强调的方面，尽管黑格尔所根据的那一运动本身乃是他所建立的辩证法的基础。[1]

工具（“粗制燧石工具”）当然是这样一种物件的初始身份。物的世界是在由工具引入的实践中给出的。但在实践中，使用工具的人类本身也成了工具，他本身就成了和工具一样的为了自己本身的物。实践的世界是这样一个世界，人类在其中本身就是一件事物，而这对动物来说则是不存在的（此外，动物一开始对于人类来说也不是工具）。但人类并不真的成了事物。事物在时间中保持同一，但人则会死亡、腐烂，这个已经死亡和腐烂的人和他之前活着的时候是两回事情。于是，腐烂的死人在实践的世界中就成了主动的矛盾。死亡不是唯一一个进入了由人类活动所封闭的建筑之中的矛盾，然而死亡具有某种优先性。

但是，在人类的实践世界中于矛盾之际显现的东西由此也显现为神圣（sacré），或者也可以说是禁忌。神圣本质上是虽然不可能，但却仍然在此[2]的东西，同时，它也是被实践世界排除（因为神圣可以摧毁实践世界），并具有摆脱了专属于实践世界的服从关系的价值的东西。神圣之价值并非表面上看起来的那样是否定性的。正是生产事物的活动否定了存在者（自然的既定之物），也正是此种事物构成了对存在者的否定。事物或实践的世界是一个人类在其中受到奴役的世界，或者简单来说，是人类在其中服务于某物（无论他是否是他人的服务者）的世界。人类在这里受到了异化，他本身成了一件事物（至少暂时如此），因为他要服务：如果他的境况是奴隶般的，那他就受到了彻底的异化，就算不是这样，那也是他身上多少相当重要的一部分相对于野生动物的自由而言受到了异化。这一相对的异化（而非奴役）从一开始就以对比的方式定义了至尊之人（l'homme souverain），因其至尊性

---

① 黑格尔把劳动变成了奴隶的专属，并且，他还带有偏见地忽视了这一事实：严格意义上的奴隶出现之前的人所从事的奴役性活动以基本但足以保障人性化的方式，规定了只有奴隶的劳动才能矛盾地发展的东西（在奴隶同主人的至尊态度的对立中单独创造出来的东西）。这显然不是我们拒绝理解另一方面（关于这一方面的客观资料如今要比黑格尔时代的更加明显与清晰）的原因。

② 埃德加·莫兰写道：“每个人都可以像歌德那样注意到，邻人的死亡总是‘难以置信且自我矛盾的’，‘不可能性由此一下子成了现实’（埃克尔曼［Echkermann］）。”当然，神圣不只是死亡。性也可以是神圣、禁忌等。在性方面，身体通过那种独立于它对实践之必要性作出的回应的过度，回避了它作为工具或事物的规定性。性的方面同劳动的手工活动是对立的，后者只会把身体变成服从于另一事物，服从于某种产品的元素。

的真实性，这种人可以在非异化的处境中独自享受。至尊者有的只是一种类似于野生动物那样的处境，并且，至尊者是神圣的，他在自己所拥有并使用的事物之上。但至尊者身上的东西相对于事物而言乃是毁灭性的暴力，比如死亡的暴力。

在实践世界，或世俗世界的旁边规定一个神圣世界，这就算不是早期人类的大忧虑，那也至少是人们谓之“原始”的人性的忧虑：在多少臣服于履行服务的人旁边是至尊之人，在世俗时间旁边则是神圣时间。分离二者的同时总是伴随着极端的忧虑，但它们仍然没有被清楚地贯彻。我谈的不是必然混入神圣领域之构建中的武断的部分，但相对于事物的世界而具有矛盾意义的东西则形成了一个从定义上来说不可能的苍白领域。神圣之物没有建立在同自身的合逻辑的一致性的基础上，它不仅仅同事物相矛盾，还隐约同自身相矛盾。这种矛盾并非否定性的：在神圣领域的内部，存在着和梦境中一样的矛盾，这种矛盾不断增加，但却没有摧毁任何东西。非事物的东西（或者说，以事物为形象而塑造出来的东西，科学对象）既存在又不存在，它既不可能但又在此。比如说，自我（或从外部产生但参与自我的东西）尽管是自我，但又不是自我（因此这并非我把自己当作一个个体，一个事物的意义上的自我）：这可以是一位神或一个死人，因为在它看来，存在与否乃是一个从未被人严肃（合逻辑地）提出的问题。同样的，于我而言，把我自己当作一件事物也是不可能的。如果它是我的思想的连贯性中的一件事物，就像我把自己当作的个体在根本上所是的一件事物一样，如果当我的思想按照实践世界的规律来安排的时候，我把这个元素当作一件事物，那么作为事物之属性的否定性就会把这个元素还原为一件事物，仅此而已。但这一事物同时也不是事物。这是个悖论：一件神圣的事物，一件本质上不完善的事物，而且就算从至尊的视角来看它也是有问题的：因为无论如何，神圣的事物最终会拥有某种功用性（une utilité）!

从先前的论述中我们可以得出，神圣根本上就不同于创造事物的活动首先所否定的那种自然的既定之物。不过，神圣在某种意义上就是自然的既定之物。但这种自然的既定之物的某一方面是事后才在实践世界（在这个世界中，自然的既定之物遭到否定）中由某些回避了劳动的否定性活动，或主动毁灭了劳动中建立起来的一致性的效果所揭示出来的。此外，事物的世界应那些安排了这个世界的连贯性的明确要求所形成的，也正是众人所察觉到的这一方面：甚至那些拒绝这些要求的人也不能忽视它们。只有动物才无视它们。

因此，在安排得井然有序的事物中的死亡，乃是扰乱这一秩序，并规避这一连贯性的效果。死亡毁灭了自视为事物，也被别人当作事物的自我同一的个体。不仅仅是这一个体是安插在事物之秩序中的，事物之秩序也进入了个体之中，并在其中按其原则支配了一切。个体和其他事物一样拥有过去、现在和未来，并在这一过去、现在和未来中保持同一性。死亡毁灭了这一未来，这通过不再存在而成了现在的东西。对本应存在之物的消除导致了谬见，究其关键乃在于相信那不再存在之物仍能以另一种形式继续存在（影子、分身、灵魂……）。没人相信那个曾经存在于此的个体会平白无故地消失。但这一谬见不会导致在连贯事物之世界中对规则的信念。这种谬见实际上总是伴随着对死亡的意识。它从未彻底消除对死亡的意识。

但是，确定的是，对死亡的意识完全不同于自然的既定之物。动物不仅仅没有这一意识，它们甚至还无法认识到已死的同类和活着的同类之间的差异。[①] 无序由于其泛滥而接替了对被视为事物之连贯性一部分的这一个体的构想，在这种无序中，死亡只是整个自然的既定之物因其没有被吸收消化，因其嵌入了连贯且明晰的世界中而呈现出的面向。在我们看来，由尸体表现出来的死亡参与了整个令人厌恶的恐惧，它类似蠕虫、蛇，或蜘蛛。这就是自然，但不仅仅是我们所无法战胜的自然，还是我们无法面对，甚至没有机会与之斗争的自然。那个对我们说话的人已然不在，徒留腐烂的尸体，上面凝聚着不知什么样的恐怖与苍白的东西，其沉默令人窒息。

---

① 莫兰（p.49）提到了祖克曼（Zuckermann）（*La vie sexuelle et sociale des singes*，p.225），后者“为了离人性最近的祖先而得出了”这个结论，即“猴子与类人猿并不知道死亡，因为它们对死去同伴的反应就好像同伴们仍然被动地活着那样”。莫兰（*ibid.*）谈到了“对死亡的无视，这也是对个体性的无视。无视死亡，即无视其独有的个体性，这种无视尽管如此却仍然存在；无视他人的死亡即无视他人的个体性，尽管他人的个体性也是存在的”。

自然的既定之物以缺陷——这种同有效性之世界的完满相对立的缺陷令人沉沦——的形式回归，由此不断地使我们萎靡不振，这一回归使我们沉溺于这桩我们依然在内心深处会为之感到不适的事件之中。我们试图逃避这种对自然的最初的恐惧，但它却在死亡的阴影与沉默中维持着那些无法被我们化约为令人确信的秩序，而且我们知道自己之后也会向之屈服的东西所包含的不可预见，且不可把捉的运动。在它突然出现的时候，我们会颤抖，面色变得苍白……由于某种巨大的混乱（在其中产生了对死亡的意识），人们总是徒劳地使彼岸免于并远离这种不可判定的威胁，这种奴隶就是枉然。人们所看到的那些表现为“影子”或“分身”的东西就位于这个他们无法操控的令人战栗的世界之中。所有关于天堂、灵魂、荣耀的身体的形象，或者那些关于通过数道轮回而重生的逝者的平庸之见，从未使得死亡那真实且不动的领域保持为此种令人心寒的畏惧之领域。此外，死亡只是把大量的谬见（在使我们面对最糟糕的情况之外）同实践那出众的创生力对立起来而已。我们如何能拒绝赋予有效活动以价值呢？我们如何能把价值留给不利于我们的东西，留给让我们的无力昭然若揭的东西呢？

在这方面，一致性是毫无争议的，而对立的观点则不是。

人类在有效活动中成了用于生产的工具的等价物，人类似于工具，且本身也是被生产出来的事物，这些事实有着明确的影响：工具的意义在未来给出，在工具将会生产出来的产品中给出，在未来对产品的使用中给出；从事服务——从事劳动——的人就像工具，其价值是延迟之物的价值，而非存在者的价值。涉及死亡的东西会一致遭人厌恶，而且，在我们面前，它也只是被极端排斥的对象，它将一切可能的价值都放在了对立面。但这一特征是否准确地解释了关于死亡的体验呢？死亡中的缺乏难道不是出自因人类变成一件事物而导致的缺乏吗？事情如果不完全如此，那至少也是部分如此。还有，我们可以不再是事物，可以摧毁我们身上所包含的那种摧毁了我们的东西，并削弱那些倾向于把我们化约为无的东西的同时，而又免于死亡吗？

对死亡的害怕从一开始就表现为同把自身抛入未来的做法有关，而所谓未来，乃是作为事物的自身之姿态的效果，同时也是进行有意识的个体化的条件。劳动让人变成处于焦虑之中的有意识的个体。人总是多多少少感到焦虑，因为他总是在期待：我们应该把这一期待叫作自我期待（attente de soi）。因为人必须透过其行动所指望的结果而在未来把握自身。这就是为什么人会完全死去，因为在人需要不断努力自我实现的观点来看，潜在的死亡总是在此，而且死亡也会阻止人们自我实现。死亡对我们来说就是这样，只要它能阻止我们达到我们的目的，只要它把我们同我们所是的个体存在相互分离。一个只存在于瞬间的人并不能就这样在某种创伤中同自身分离。[①] 但是，从主观和意识的层面来说，这也将不是一个个体。

正是因为我们是屈从之人，因为我们接受独属于事物的服从关系，我们才能以人性的方式死去。因为以人性的方式在焦虑中死去，也就是像把自身分为现在和未来两个时刻的做法所允许的那样描述死亡：以人性的方式死去，就是对未来的存在，对我们重视的存在抱有疯狂的想法：它不存在。如果我们至尊地活着，那么表象死亡就是不可能的，因为现在将不再服从于未来的要求。这就是为什么以根本的方式至尊地活着就是逃避，就算不是逃避死亡，也至少是逃避对死亡的焦虑。但这不是因为死亡是可恶的，而是因为奴性的存在是可恶的。至尊之人在某种意义上逃避了死亡：他不能以人性的方式死去。他无法生活在容易使其奴化，并导致其逃避作为奴性原则的死亡的焦虑之中。他无法在逃遁中死去。他无法任由死亡的威胁将其抛入对疯狂逃遁的恐惧之中——然而，疯狂逃遁是不可能的。在某种意义上，至尊之人就这样规避了死亡，但只是由于他以动物的方式生活于瞬间之中。但这仍然是人。

莫兰承认黑格尔的构想：至尊者（le souverain）、主人，把死亡的风险同对死亡的恐惧对立起来。但莫兰相信，死亡的风险是“对个体的肯定”（p.63）。然而，在死亡的风险中，人类会在个体意识前退避三舍。至尊者不是动物，但这是因为熟知死亡的他反对个体意识（其原则就存在于至尊者的身上）。他用游戏之运动反对意识（还有死亡之严肃，这乃是意识的最初内

---

① 这是莫兰的表述（p.22）。

容），对于他来说，游戏之运动胜过了作为劳动之支配者的考量。对个体的肯定是沉重的，它是反思和人类生命的可悲重力的基础：它本质上是对游戏的否定。对至尊的肯定只基于非反思情感的游戏，比如事关竞争、名誉的活动，还有对禁忌的愤怒与忍无可忍（死亡和谋杀乃是禁忌的对象）。

至尊之人的冲动以根本的方式使他成了一位谋杀犯。死亡是对实践世界的无限否定：这个世界的原则沉入死亡，一如城市没入海潮。这就是事物和工具的世界，在时间中的同一性和支配未来的操作的世界，这是关于限制、法则和禁忌的世界。就其原则而言，这是人类对服务于群体之必要性的某些产品的普遍服从。但不仅仅是实践世界会撞上不可避免的矛盾，不仅仅死亡是对实践世界的不可避免的否定，而且为必然性服务——人类勉强如此——的人类整体上都在主动地呼唤对其所遭受的奴役的否定，但只是因为这种否定是他所必须的。实践世界的命令用多重限制来反对死亡的侵入：在为由其降临导致的道德无序赋予明确且有限的形式的实践之外，它还尤其用杀戮禁忌来反对道德无序。我们艰难地承认，这条禁忌和其他的禁忌都是一样的：然而我们却可以发现，文明用以反对“无用激情”之直接运动的限制并不是绝对的限制。这些限制的存在是为了文明能掌握它所要求的条件。但它通常能支配这些限制就够了。自从情况变得一目了然，一切就像限制的存在是为了被僭越一样发生了。限制为激情赋予了它在动物性中所没有的僵硬运动：这一专属于人性的运动，其形式相对地受常常是外在的惯例所规制；它有着更高，且也许更短暂的爆炸性强度，但它尤其会导致对只有文明和禁忌才能间接造成的欢愉与残酷的提纯。也就是说，人类曾徒劳地强迫自己变成事物（或者说，是强迫其他人），这是最为极端的情况。这种尝试一开始就会遇到障碍：无论如何，哪怕只是被动地由于使其瓦解，并突然赋予其恐怖外表的死亡，人也不能被化约为对必然性的纯粹且简单的服从（被动接受的死亡揭示了它之外的东西，并独自宣布人不是一件事物）。但除了这一被动的拒绝，主动的反抗也是可能的，并且，还要排除这种反抗最终不会发生的情况：实践世界倾向于化约为陌异于死亡，且最终陌异于杀戮的事物状态的东西最终要求的是对实践所接受的禁忌的违犯。此刻，杀戮对于人来说乃是避免服从和摧毁自身中他曾暂时承担的工具或事物一面的方法。只有付出这种代价，人类才能获得至尊的生存，也只有至尊的生存可以最终使对必然性的暂时且有条件的服从拥有合法性。

至尊性（la souveraineté）有多种形式：它很少会凝聚在某个唯一的人身上，它多少总是分散的。那些环绕在至尊者四周的人通常也分享了至尊性，但至尊性本质上乃是拒绝接受对死亡的畏惧迫使人为了普遍地保障个体生命而不得不敬畏的限制。杀戮不是唯一一种确保至尊生命回归的方法，但至尊性总是同对死亡所支配的情绪的否定有关。至尊性要求的是，至少在某些特定情况下冒犯杀戮禁忌；它也要求人们去冒死亡的危险。无论如何，至尊性通过独特的力量，迫使一切同死亡之事实有关的虚弱趋于瓦解，并使人们对内心深处的战栗变得漠然。至尊的世界，或神圣的世界，同实践世界相反，它实际上乃是死亡的领域，但这不是虚弱的领域。从至尊者的角度来看，虚弱和对死亡的虚弱描述相反却同实践世界有关，也就是说，同服从关系有关。实际上，服从总是被某种必要性压倒，从根本上来说这总是避免死亡的所谓必要性。至尊的世界当然弥漫着死亡的气息，但这只有对于屈服之人来说才是成立的；对于至尊之人而言，实践世界才是糟糕的，因为如果他无法感受到死亡，那他就会觉得焦虑，人们在影子面前焦虑得满头大汗，死亡则以克制的状态继续存在，但死亡却占据了人们的心头。

此外，至尊的世界被准确定义为死亡之限制在其中被消除的世界。在这个世界里，死亡实际上是在场的，它的在场实际上定义了这个暴力的世界，但死亡在此的存在是为了自己能被否定，它在此的存在只是为了这件事情。至尊者活着，就好像死亡不存在一样。至尊者甚至是那个不会死去的人，因为他的死只是为了重生。他不是在其自我同一中作为清晰事物的个体。他不是个体意义上的人，而是一位神，他本质上是他既是又不是的人的具现，他和他所取代的人是同一个人，取代了他的人和他也是同一个人。他无视了同一性的限制，也无视了死亡的限制，或者不如说这些限制都是一样的，他就是对此二者的僭越。这不是一项要实施的劳动，而是一场游戏。这是关于主游戏（un jeu majeur）的完美形象，但我们关于这个游戏一致拥有的却是渺小的形象（une image mineure）。只要我们是在顺从世界的限制之下设想上帝之全能的，那么游戏对于至尊之人和上帝的位格来说就是一样的。处死国王是对至尊性的最高肯定：国王死不了，死亡对他来说什么也不算，死亡是国王的存在所否定的东西，是他的存在自始至终直至死亡都在抹消的东西，是他的死亡本身所抹消的东西。金字塔只是这样一场游戏，它为人类的不朽神性赋予了最昂贵的形式，但这却是奴隶和臣民的劳动中所具有的无限至尊性在不断地游戏。

在埃及人眼里，金字塔是太阳光的形象。就已死的国王的人格来说，死亡变成了光芒，变成了无限定的存在。金字塔不只是最持久的纪念碑，它也是纪念碑和纪念碑之缺席之间的一致，是过渡与被抹去的痕迹之间的一致，是存在与存在之缺席之间的一致。死亡在此成了死亡的无力，即无力于引入其冰冷且肮脏的恐怖，而这种恐怖只是个体的畏惧之情的投射。恐怖只是个体生命的限制，也就是说，是把人化约为事物的限制，是实践世界的限制。我们无论如何都无法将其从实践世界中剪除。但在金字塔前，实践世界消失了，其限制也不再可感。

莫兰的著作是十分完整的，它展示了形式的多样性与变化，但如我所说的那样，从第一页开始，他就把实践世界同死亡的世界对立了起来……就好像它们可以彼此分离一样，就好像个体性在其中得以建立的实践世界可以没有限制一样。莫兰没有怀疑，个体性是在对死亡的恐惧中建立起来的，但如果他对死亡领域感兴趣，那他的意图也只在于摆脱死亡的领域，而不是由此想到要超越个体和实践。他展示但不固守于这一点：人类为了摆脱死亡（如果不是死亡，那至少也可以说是死亡为人类带来的限制）所付出的不懈与无数的努力。但他忽视了对立双方无可挽回的团结性。没有人可以在消除一极的情况下保留另一极。

莫兰研究的结尾是惊人的：他认为对死亡之宿命的信仰不具有充分的合法性。实际上，单细胞生物是不死的。

可以说这是毋庸置疑的，但单细胞生物的不死性并非个体的不死性，因为单细胞个体会分化……我命名为 A 的生物作为个体死去，因为当其分化的双重结果接替它的时候，A 就不再存在了：现在有的是 A′ 和 A″ 。由不死的细胞所具有的欺骗性宣告出来的真理说的是，个体性（拒绝死亡要求维持的就是这一个体性）就是这种可笑的想法，它在 A 的产物（A′ 和 A″ ）所处死的 A 中不带悲剧性地爆发了。个体存在的建构性、基本性特征归根结底从未免受侵犯，它以肉眼可见的方式隐没在分裂生殖生物的死亡之中，但我们的人格也不再是严肃的了。在有性生殖的游戏中，牌没有被洗乱，而是被任意地整理了。但对于能会心一笑的人来说，我们给自己的出生所强加上的东西，即这种不可取代的个体性，将是我们能用来取笑的最完美对象，只要笑的可能性本身没有在简单的幸福感（即对我们自身之限制的无限冷漠）中被掐灭。

这一处变不惊且完美十足的笑（在其中，因笑而死——以至于甚至再也笑不出来——同时也是因死而笑[①]）和死亡一样，乃是对事物的彻底揭穿，而个体性对于把我们化约为这一事物却可望而不可及。这不是一声苦笑，相反，这是举重若轻的笑：这孩子的笑，近乎疯狂的轻率构成了它的透明性。然而，这种笑本身不是轻率的，它只有在这种情况下才是可能的：它在要求最彻底的纯朴的同时，还要求最大的严肃。我们应该把它叫作至尊的笑。并且，这归根结底是唯一一种可欲的至尊性，它不是支配事物，而是回避事物。这也是最大的焦虑，它会嘲笑关于焦虑的至尊喜剧，因为后者一开始就为了延续而把存在封闭在对事物的服从关系之中！

我觉得，这种平静的喜悦根本上同莫兰的结论是绑定在一起的，并且，我还认为莫兰本人应该是第一个感受到这一点的人，尽管他明显的意图仅限于严肃的态度。废除死亡的谋划当然不是疯狂的想法（总之，为何科学无法挽救细胞的衰老呢？），但关键是要提出质疑：如果个体的延续如此重要，那我们还有必要去思考个体的数量意味着什么吗？我说的不是关于大地，而死亡在这片大地上将不再保障新生者占有其位置的问题。但是，在“此岸”的

---

① 因笑而死……因死而笑：请注意（参看前文，第 558 页），巴塔耶在 1953 年就构思了无神学大全的后续，它将由《宗教理论》(*Théorie de la religion*）和“哲学学院”(Collège Philosophique）中举办的关于非知（le non-savoir）的会议（其标题为“因笑而死和因死而笑”）构成；在 1960—1961 年间，在关于无神学大全（巴塔耶全集第五卷：《宗教理论》——参看巴塔耶全集第七卷第 599 页）的一份最终计划中，我们发现巴塔耶提到了《死亡的悖论与金字塔》。

限制内，无数的不死者会毫无节制地扩张泛滥着可笑重力的领域。

况且，消除此世的死亡只具有作者最后才规定的意义。埃德加·莫兰理所当然地从世界终结的视角来看待这种人类的“不死性”（amortalité）：“在不死性的尽头的不是美妙的不朽，而是宇宙宽广无垠的死亡……”（p.325）心理学上的跳跃将会来自这种个体死亡同宇宙死亡的奢侈交换：“人类的有限性将会拔高为宇宙的无限……小宇宙将不再有障碍会阻拦人类沉思并体验生命，以及大宇宙之死，这是唯一有价值的……”（p.327）极端缺乏幽默显然是在呼唤无限的幽默，或者不如说，它没有呼唤无限的幽默，而是它本身就是这种幽默：正是在对宽广无垠的沉思之后，作者想到要提醒我们，二者之间的亲缘性也许会无意间使其接近的不是帕斯卡尔（Blaise Pascal），而是会大肆嘲笑哲学的那位绝无仅有的哲学家雷蒙·格诺。当莫兰就这种他认为同世界之死亡相对立的物种之死亡而写到“物种之死亡对于人类来说是恐怖的，恰恰是因为它不是为人类而设的。它是为章鱼、穴居鱼类、蜘蛛、老鼠而设的……它是幼稚且简单的”的时候，他可能是严肃的。但他无法让自己的句子告诉我们：死亡的悖论性快乐不是以帕斯卡尔来衡量的，而是以格诺来衡量的。死亡是荒唐的，实际上，它是十分简单的。如果一个人从一开始就知道这一切，那他就无法成为一个人。我们的幸福在于坚持做人，并且深知死亡是不值一提的。如果人类进行思想的可能性在连贯性中达到了极致，那我们就会发现，终有一死的人不仅仅必须摆脱死亡，还必须摆脱人类的可笑形式。人最终必须嘲笑这种个体的基质（substance individuelle），嘲笑这一事物，尽管他本人也曾傻乎乎地呈现出这一事物的形式，而事物反过来也曾让人显得好笑。实际上，就事物带来的奴役而言，以古代君主的方式来摆脱它们是不够的：这只是一种逃避，虽然这种至尊性构成了诱惑，但它意味着对他人的奴役……我们应该一走到底，应该嘲笑死亡，这不仅仅是因为死亡是荒唐的，还因为死亡让人害怕：并且，死亡让人害怕，恰恰是因为它是荒唐的。死亡，就是这种被割喉宰杀的动物所陷入的窒息状态，而人类——在时间中谋划他所体验到的事物——的特权乃是窒息时间本身，窒息一切未来……

从“无用的否定性”之悖论到“神圣”之不可能性
——以巴塔耶思想中的“献祭”理论为例

赵天舒*

毫无疑问，“消耗”（consumation）是巴塔耶社会人类学思想的核心概念。在他的理论构架中，生活在日常世俗（profane）世界中的人，其根本存在方式是劳动、生产与积累物质和精神财富。这既促进着人类历史不断向前发展，但同时也让人逐渐被功利思想奴役与物化，变成了创造财富与价值的工具，丢失了自我存在的本真意义，被割断了他与自然原有的紧密关系。而终其一生都在批判行动（action）、批判功利主义的巴塔耶则认为，通过纯粹的、非生产性的消耗，人可以走出世俗法则赋予其的奴役状态，进入“神圣”（sacré）的领域。在此他可以恢复自我存在的独立与自主，也就是不再作为物、作为工具而活，反而重新找回其存在的本真面貌，找回他与自然之间的“连续性”（continuité）。而献祭（sacrifice）便是消耗的一个例子，其作用是取消祭品的物的属性，让其重获自我存在的根本价值，也让参与仪式的人一同进入神圣的领域。

若从本体论的角度来看，那么巴塔耶这套通过消耗走入神圣的理论，同时也是超越黑格尔辩证法的一种尝试。世俗社会的运行方式，某种程度上契合着科耶夫对主奴辩证法的人类学阐释，而人类的行动实际上就是肯定的、创造性的、功利的否定（négation）行为。相对地，消耗的实质则是巴塔耶在给科耶夫的信中提出的“无用的否定性”（négativité sans emploi），即纯粹的、

* 作者赵天舒，巴黎第十大学美学博士，主要研究巴塔耶、布朗肖等的文学与哲学思想。

毫不生产和创造任何财富与价值的否定。如此一来，消耗行为所打开的神圣世界理应是对主人与奴隶辩证斗争的超越，处于人类历史之外。而无用的否定性作为巴塔耶思想的哲学内核，则是他走出辩证法的关键。

然而事实远没有看上去这么简单。如果我们深入分析巴塔耶的这个本体论—人类学构想，就会发现其中存在着很多问题：否定性似乎不可能以无用的姿态存在，献祭行为便是一个典型代表，而世俗与神圣的关系也依然具有着浓厚的辩证法色彩。归根结底，这些问题反映出巴塔耶从未彻底走出黑格尔哲学的影响，他的思想中蕴含着太多与辩证法的纠葛。本文试图通过对比科耶夫对主奴辩证法的人类学阐释与巴塔耶自己的本体论—人类学构想，以献祭为例来分析后者思想当中无用的否定性这个概念的根本逻辑悖论，从而探讨神圣的不可能性。

一、科耶夫对主奴辩证法的阐释

科耶夫于 1933 年至 1939 年间在巴黎的高等研究应用学院讲授黑格尔哲学，他的讲稿后来经过整理，以《黑格尔导读》为题出版。他将自己对主奴辩证法的解读放在了该作的序言之中，由此可以看出他将之视为精神现象学的核心。概括来说，在科耶夫眼中，辩证法定义了人的根本存在方式，定义了人类历史发展的根本规律。

首先，人之所以区别于动物，即并非本能地生存而是有着自我意识，是因为他具有“欲望”，并会通过“行动”来满足自己的欲望。行动的本质是“否定”，即“破坏或至少转变所欲求的对象”。因此人可以通过否定一个对象的自然属性，将之转变为对自己有用的物品，变成服务于主体的客体，劳动与制造工具便是最有代表性的例子。如此一来，人便脱离了自然的、动物的世界，开启了自己的历史，建立起一个属于人类的物的世界。其次，在人类社会中，人的欲望会作用于另一个人，作用于另一个欲望，去试图获得对方“承认”（reconnaissance）。科耶夫因此说：“人的历史是无数个被欲求的欲望的历史。”用通俗的话来讲，人的社会与历史呈现为不同的个体或欲望间的交锋，在这个过程中，每个人都想要将否定的力量施加到其对手身上，以战胜对方并获得对方的承认。所以当两个人彼此遭遇时，他们之间必然会产生一场以获得承认为目的的“殊死斗争”(lutte à mort)。这样的斗争所导致的结果，必然是两个个体之间出现“不平等”的关系。其中一方“必定会害怕另一方，向对手让步”，“必定会放弃自己的欲望并满足对手的欲望：他必定会‘承认’对手而不被对手‘承认’。不过如此‘承认’对手，便是将其‘承认’为自己的主人，同时也承认自己，并让对手把自己承认为主人的奴隶”，[①] 也就是让自己被对手物化。于是科耶夫总结道：

> 换句话说，自诞生伊始，人就绝非是单纯的人。他永远、必然且根本要么是主人，要么是奴隶。如果人的实在性只能够以社会的面貌出现，那么社会若要是人的社会，就必须——至少在它源起时——包含着主人身份的因素和奴隶身份的因素，包含着“独立的”存在和“依赖他人的”存在。这就是为什么谈论自我意识的起源，就必须谈论“自我意识的独立性与依赖性，谈论主人身份与奴隶身份”。[②]

由此可以看出，人区别于动物的根本原因，同时也是黑格尔辩证法的实质，便是科耶夫所谓的这种特殊的否定。否定一个对象并非单纯将之破坏与毁灭，因为如此一来人就无法从中获得任何对他有益的东西：“否定式的行动并不纯粹是破坏性的。因为如果因欲望而生的行动为了满足欲望而破坏某个客观现实，那么它会在破坏中、通过破坏来创造一个主观现实来代替前者。”两个人类个体之间的殊死斗争也是同样的道理，否定的同时不能杀死对方，不然就没有人来承认胜者的主人身份了：“为了人的实在性能够成为‘被承认的’实在性，两个对手必须在斗争之后依然存活。”[③] 因此人对人的否定唯一的结果是不平等的权力关系出现，获胜者会被对手承认，获得主人的

① Alexandre Kojève，*Introduction à la lecture de Hegel*，Paris：Gallimard，1980，pp.13—14，16，18.

② *Ibid.*，pp.18—19.

③ *Ibid.*，pp.14，18.

权力、地位与尊荣，而失败者则被奴役、被物化。也就是说，科耶夫口中的这种否定，实际上并非真正意义上的、纯粹的否定。后者是一种无用的、导致死亡的行为，用黑格尔的话说即“抽象的否定”（négation abstraite）。反之，通过前者，人可以“在**取消**的同时**保留**和**保存**被取消的实体，并因此在被取消后能继续存在下去”。[①] 这种有否定之名却无否定之实、根本上具有创造性的否定，便是黑格尔著名的“扬弃”（supprimer dialectiquement）。对此科耶夫解释道：

> 这种“取消”是“辩证的”，即“扬弃”。它意味着：在取消的同时保存被取消者，而被取消者会在这种保存的取消或取消的保存中通过它得到升华。被扬弃的实体，它作为自然的、既定的（“直接的”）实体那种偶然的（无意义的、“荒唐的”）一面会被消除，但它本质的（指示意义的、有意义的）一面会被保存下来；如此经过否定的中介改造后，它便升华或上升至一种更“综合”、更能被人理解的存在方式，而不再是它在纯粹、简单、肯定与静态的既定状态下那种直接实在性一般的存在方式，因为后者并不出自对既定之物创造性的，亦即否定式的行动。
>
> 因此，杀死对手对斗争中的人而言毫无用处。他必须“扬弃”对手。这就是说，他必须保存对手的生命和意识而仅仅摧毁其独立性。他必须做的只是取消对方作为他的对手、作为反抗他之人的身份。换言之，他必须奴役对手。[②]

从上述对主奴辩证法的简述中，我们可以看出它的两个基本特征。第一，通过肯定的、创造性的否定，人可以超越其直接的自然状态，超越其动物性，通过中介活动得到升华，从一种本能的存在方式上升至一种具有自我意识的、人的存在方式。也就是说，自然或动物世界是一个内在的（immanent）世界，而与之相对的人类世界则是一个超越的（transcendant）

① G. W. F. Hegel，cité in *ibid.*，p.25.

② Alexandre Kojève，*Introduction à la lecture de Hegel*，*op. cit.*，p.25.

世界。第二，这种否定本质上是一种功利行为，并非单纯地消耗与破坏，而是创造价值，无论后者是有形的财富还是无形的权力、地位与尊荣。这种功利行为是人的根本存在方式，也是人类社会的根本运行法则。但如此一来，人也永远被奴役在这种功利性之中。奴隶自不必说，他经主人的否定而被改造成物；主人也绝非真正独立自主的个体，因为他无法脱离奴隶而存在，依赖奴隶的承认，在成为主人后更依赖于奴隶的劳动成果。在这个意义上，科耶夫眼中的人类历史便是巴塔耶笔下的世俗世界：无论主人还是奴隶毫无例外都处在奴役状态之中，没有自己真正的独立与自主。人被物化，不再具有自然实体的那种存在的尊严，丧失了同自然之间的连续性。历史的车轮滚滚向前，人唯一得以走出这种奴役状态的方式，便是当他的所有欲望都得到满足，没有新的财富需要通过行动来被创造，没有新的价值需要通过斗争来被承认，亦即创造性的否定不再有用武之地。但这同时也意味着历史的终结，意味着人类将会消失，重新像动物一样本能地存在。对此科耶夫解释道："自然世界仍然永恒地保持其状态"，而"人会像与自然或既定的存在**和谐一致**的动物一样存活"；"消失的是真正意义上的人，即否定既定之物与错误的行动，或总体而论**对立于**客体的主体。事实上，人类时间或历史的终结，亦即真正意义上的人或自由的、历史的个体的最终湮灭，单纯意味着根本意义上的行动的停止"。①

二、巴塔耶对辩证法的超越及其理论困境

那么巴塔耶又是如何继承和超越黑格尔—科耶夫的理论体系呢？某种意义上，他和科耶夫之间这种学生和老师的关系也可被视作一种斗争。但不同的是，在这场斗争中他所依凭的并非是肯定的、创造性的否定之力，而是他所谓的无用的否定性："若如黑格尔所说，行动（做事）便是否定性"，那么顾名思义，无用的否定性就是"'无事可做'之人的否定性"，即一种不再发

① Alexandre Kojève, *Introduction à la lecture de Hegel*, *op. cit.*, p.509n.

挥任何积极作用、不再产生任何实际效用的否定性。因此，无用的否定性理论上意味着真正的、纯粹的否定，即单纯的消耗与破坏，不需要被看到、被认可，在孤独中默默进行直至死亡。对自然对象而言，这种否定不求将之转变与改造从而生产物质财富；对人类个体而言，它也不求将之打败并获得其承认。所以在给科耶夫的信中巴塔耶如此说道："我经常对自己说，在存在的顶点有的也许只是些无关紧要的东西。实际上这个如黑夜一般的顶点，没人会'承认'它。一些事实——譬如我在试图让自己被'承认'(和其他人被'承认'的意思一样)时经历的那种异常的困难——让我严肃却又愉快地接受了对这种无可争议的微不足道之设想。"[①] 这就是说，当人类历史发展至顶峰、行将终结时，当一切生产性的、创造性的行动停止时，所剩下还有这种无足轻重、毫无价值的行为，而人也会以这种姿态继续存在。这意味着定义人之本质的不仅是肯定的否定性，更有这种无用的否定性。那么如何理解巴塔耶的这一设想呢，又或者他提出无用的否定性意义何在？前文中我们提到，科耶夫所设想的人类社会，也就是世俗世界，本质上是一个由肯定的否定主导的功利世界，在其中所有人都是奴隶，都是物品。但是在巴塔耶看来，通过无用的否定，也就是消耗行为，人可以脱离物性，进入神圣世界，找回自己存在的独立自主，找回存在的连续性。虽然巴塔耶对神圣这一概念的研究早于他接触科耶夫对主奴辩证法的解读，但直到1948的《宗教理论》一书中，他才系统性地刻画了人类发展的三个阶段：动物、世俗与神圣。值得注意的是，这本书的卷首题词引用的正是科耶夫对主奴辩证法的解释。[②] 因此可以说，巴塔耶的神圣理论某种意义上也是对科耶夫的回应与继承。

巴塔耶笔下动物进化成人的过程，完全符合黑格尔的辩证法。"动物性便是直接性或内在性"，动物与动物之间没有任何区别，有时一个动物会吃掉另一个动物，但这种情况"并不意味着捕食者超越了它的猎物"：它们的

---

① Georges Bataille, *Choix de lettres*(*1917—1962*), Paris: Gallimard, 1997, pp.131—132.

② Cf. Georges Bataille, *Théorie de la religion*, in *Œuvres complètes*, t. VII, Paris: Gallimard, 1976, p.283. 这段引文出自科耶夫《黑格尔导读》前言的开头，其内容是人与动物的区分，即人会通过否定性的行动来满足自己的欲望，cf. *op. cit.*, pp.13—14。

“力量是不平等的，但它们之间只有这种量的差别”。因此“在动物世界中没有任何东西能够让一方成为被它支配之物的主人，没有任何东西能够分别创造独立性与依赖性”；对于动物而言，虽然“它和世界之间存在着连续性”，但它只是凭借本能而存活，并不具备自我意识，感受不到这种连续性。随后诞生了人类，他通过否定动物的内在性来超越它，也就是说他能够通过否定一个对象的自然属性将之转变、改造为对自己有用之物，将之变成主体的客体，与此同时获得自我意识：“客体在某种意义上打破了那种混沌一体的连续性，它对立于内在性，或对立于一切所是之物的流动——它超越了这一切。”[①] 然而这个通过肯定的否定被创造出的人类世俗世界，这个超越的世界，同时却也是一个被物化与奴役的世界。人失去了他曾经与自然之间紧密与内在的关系，失去了自我存在的独立性，成了物。正如巴塔耶所说：

> 总的来说，物的世界被视为一种衰败堕落。它导致了它的创造者被异化。这是一个根本原则：支配不仅意味着改变被支配者，也意味着自己被改变。工具同时改变了自然和人：它让自然被生产和使用它的人类奴役，但也将人束缚于被奴役的自然。自然成为人的所有物，但对人来说也不再是内在的了。它属于人的条件是，它同时也对人封闭。如果人将世界置于自己的掌控之下，那是因为他忘记了他自己就是世界：他否定了世界，但被否定的其实是他自己。[②]

因此很明显，在继承和内化辩证法的同时，巴塔耶也在试图批判和超越它。这也就意味着在科耶夫所设想的这种人类历史抑或世俗世界之外，还有着另一个存在的维度。

那么这另一个维度是什么呢？在巴塔耶看来这便是神圣世界，一个人不再被物化、找回自己存在的价值、重新和自然融为一体的世界，即通过否定世俗法则而诞生的世界。但这一次否定并非为了创造：神圣的出现并非源

---

① Georges Bataille，*Théorie de la religion*，*op. cit.*，pp.291—292，298.

② *Ibid.*，p.305.

自肯定的、有用的否定，而是源自无用的否定。后者并不生产，而是单纯消耗，将塑造人的一切世俗秩序都消耗殆尽，亦即消灭人身上的物性。从这个角度来看，世俗通往神圣的道路仿佛与动物通往世俗的道路镜像对立，仿佛调转了辩证法的运行轨迹。与扬弃相反，无用的否定性让万物从本质回归偶然、从中介回归直接、从超越回归内在。而作为这个反向运动的终点，神圣与其说是在世俗的基础上建立起来的新世界，不如说是世俗被消解后所剩的世界。因此某种程度上，它似乎是先前被否定、被奴役、被物化的自然的回归，是那种原始连续性的回归："对动物而言，连续性意味着混沌一体，是其唯一可能的存在方式；对人类来说，连续性则意味着与世俗工具（非连续的客体）的贫瘠相对立的神圣世界的十足诱惑"，① 即连续性既是动物世界也是神圣世界的特质。然而进入神圣并不是真正回归直接与内在的自然世界，不意味着人类重新变回动物，否则它便和科耶夫口中的历史的终结无异了。反之，巴塔耶提出无用的否定性，正是因为他反对前者对历史的终结的想象。在他看来，在历史完结的时候否定性不会因为不再能够发挥作用而"消失"，而是会以这种不发挥作用的方式"继续存在"。② 换言之，不同于科耶夫，巴塔耶认为在历史的终点人并不会消失变回动物，而是会继续以纯粹否定的、无用的方式存在下去，而神圣便是这样一种存在的维度。在《至尊性》一书中，他如此说道："神圣与自然既定之对象，即创造出物的行动先前所否定的对象有极大差别。某种意义上，神圣确实就是自然既定之对象。但它自然既定的这一面是在实践的世界中后来才出现的。［……］" ③ 也就是说自然是一个先天的世界，是动物本能、无意识地存活的世界，而神圣则是一个后天的世界，是人类有意识地通过僭越世俗法则进入的世界。因此我们可以这样总结：神圣不是人类诞生之前的那种原初的自然状态，而是其诞生后、在消灭自己身上的物性后这种状态的再现；它不是人堕落之前生活的伊甸园，而是其赎清所有罪恶之后进入的天堂。

---

① Georges Bataille，*Théorie de la religion*，*op. cit.*，p.302.

② Georges Bataille，*Choix de lettres*（*1917—1962*），*op. cit.*，p.131.

③ Georges Bataille，*La souveraineté*，in *Œuvres complètes*，t. VIII，Paris：Gallimard，1976，p.264.

但巴塔耶这套关于神圣的论述显然充满了矛盾。原则上神圣意味着人与自然融合，但又不是回归自然或动物状态，而是人摆脱了自身的奴役与物性后进入的状态。可问题是人的历史便是奴役的历史，他的存在根本上由物性所定义，这也是科耶夫思想的核心。一旦消灭奴役、消灭物性，人就不复存在了，神圣也无法成立。而神圣若要成为可能，便要保存人的存在，但与此同时也意味着将整套物的秩序保留下来。巴塔耶自己也坦言他的神圣理论充斥着矛盾："所谓神圣并不建立在逻辑自洽上，它不仅对立于物，还以一种不确定的方式同自身相悖"；在神圣领域之中，"不是物的东西既存在又不存在，它是不可能的但却又在那里"。[①]那么我们是不是可以这样讲：神圣只能是一种理想，不可能真实存在，若要存在只能以物的形式存在？这不仅是神圣固有的矛盾性，从辩证法的角度来看，更是一种逻辑悖论。具体来说，如果世俗是对自然的内在性进行扬弃后获得的超越性，那么将超越性消解、调转辩证运动的轨迹后所获得的神圣，必定就是原初的自然、原初的内在性；可巴塔耶强调神圣不是这种原始状态而是某种新的东西，那就意味着从世俗到神圣的道路依然是一种辩证运动，依然没有逃脱扬弃的逻辑。换言之，世俗是对自然的否定，神圣是对世俗的否定，作为否定之否定的神圣如果不是回归原点，那就一定是升华至新的层次，创造出新的价值。因此神圣若要真实存在，只能是被活着的、保留下来性命的人所承认的某种积极的、有意义的东西，仿佛主人的权力、地位与尊荣一般，归根结底也是一种物。

从这一逻辑悖论往下推演，我们就会发现作为让人超越世俗、走入神圣的唯一方式，无用的否定性本身也是站不住脚的。根据定义，它不应生产任何价值，只是对人单纯的消耗与破坏，直至将作为物存在于世的人完全湮灭、带向死亡，因此它可以等同于黑格尔所谓的抽象的否定。但上述内容已经说明了，神圣必须有人的参与，也就是说无用的否定并没有将人完全取消，而是将之保存了下来，这样来看它便与肯定的、创造性的否定无

① Georges Bataille，*La souveraineté*，in *Œuvres complètes*，t. VIII，Paris：Gallimard，1976，p.263.

二。况且，否定性作为一种力，必须施加在对象身上才能够存在。根据科耶夫的设想，创造性的否定正是因为不会消灭其施力对象，才会一直存在并发挥作用；如果不再有施力对象，它就会消失，历史也会随之终结。那无用的否定性何尝不是如此？如果它完全将其施力对象摧毁，它自己又何处安身，又如何在历史结束后依然存在？可如果它不摧毁施力对象，那又和创造性的否定有何区别？举例来说，艺术创作就体现着无用的否定性这种悖论。科耶夫认为，在历史的尽头，艺术活动会和其他人类行为一样，变成一种自然需求或动物本能："如果人重新变成动物，那么人的艺术、爱情、游戏也都一定会重新变成'自然的'。所以我们要承认，在历史终结之后，人筑造建筑、创作艺术作品就会像是鸟儿筑巢、蜘蛛织网一样，演奏乐曲就会像是蛙叫蝉鸣，他会像幼畜般玩耍、像成年野兽般发情。"[①] 而巴塔耶则认为艺术创作是纯粹的消耗行为，是无用的否定性的体现，所以历史结束时人会作为艺术的、游戏的人继续存在，会因此进入神圣世界："无力的否定性常常会幻化为艺术作品，这种幻化的结果往往很真实，且不太符合历史终结时的那种局面［……］。"但他同时也意识到这种设想的矛盾之处，并对他的老师坦言："然而否定性不再附于行动之上而是呈现在艺术作品中，这个事实［……］从我所剩的可能性这一角度来看，仍然具有现实意义。它意味着否定性可以被客观化。"这就是说，无用的、纯粹的否定必须依托客观作品或实在之物才能存在和维系，但如此一来它就会是有用的否定性；而若不依附于作品，它就只能将否定之力施加于人自己，将之引向湮灭一切的死亡。因此当历史终结，人类"面对他自己的否定性就仿佛是面对着一堵墙。无论他如何感到不适，他也明白自此一切都无法避免，因为否定性不再有出路了"，[②] 或者确切地讲，不再有他自己之外的出路了。否定性只会降临到他自己身上，将之消耗、破坏直至死亡。神圣领域向他敞开的唯一条件，就是他只剩一副死亡之躯；如果不愿意像动物一样苟活，就只能带着人的尊严死去。

① Alexandre Kojève，*Introduction à la lecture de Hegel*，*op. cit.*，pp.509—510n.

② Georges Bataille，*Choix de lettres*（*1917—1962*），*op. cit.*，pp.132—134.

三、献祭的矛盾性

献祭是巴塔耶最感兴趣的社会人类学现象之一，因为在他看来，献祭是体现着“耗损（perte）的原则”、将人带向神圣的仪式。也就是说，献祭是无用的否定性的主要表现形式。但同后者一样，献祭同样充满着矛盾，这点从巴塔耶早在《耗费的概念》一文中对它的定义就能看出：“从词源上来说，献祭不是别的，正是对**神圣**之物的生产。”[①] 作为一种以纯粹耗费为目的的活动，献祭却会同时生产出物。这种矛盾性也延续到了《被诅咒的部分》中，延续到了他对于阿兹台克活人献祭仪式的论述中。

按巴塔耶的说法，阿兹台克人的社会属于“消耗社会”：“消耗在他们思想中的地位丝毫不亚于生产在我们思想中的地位。他们关心**献祭**就如我们关心**劳动**一样。”在其献祭仪式中，战俘会被当作牺牲品献给太阳。而后者正是消耗最完美的代表，因为它源源不断散发着能量却从不索取，无穷无尽，永不停歇。遵循这一逻辑，巴塔耶对一般意义上的献祭做了如下阐释：“献祭在神圣世界中恢复了被奴役所毁坏、变成世俗的东西。奴役将某种根本上与**主体**具有相同性质、与其同处于一种紧密参与关系的东西，变成一个**物**（一个**客体**）。”反之，在献祭仪式中，“摧毁是否定人与动植物之间功利关系的最佳方式。[……]这种仪式所能找回的是祭司与牺牲者之间的紧密参与关系，即被奴役所终结的那种关系。”[②] 也就是说，献祭可以破坏人与自然万物身上那种被世俗秩序赋予的奴役状态与物性，恢复其独立自主，让其找回原初的连续性，从而进入神圣世界。然而问题在于，事实上阿兹台克的活人献祭仪式中充斥着功利的逻辑，其根本目的并非单纯的消耗，而是通过向太阳献祭的方式与之进行交换，求得后者保佑。巴塔耶强调说，原则上“献祭的牺牲者无法像发动机使用燃料一般被消费”，即牺牲品的消耗并不产生实际功效。但阿兹台克屠杀战俘的行为，却完全是为了滋养太阳：“绝大多数

① Georges Bataille，«La notion de dépense»，in *Œuvres complètes*，t. I，Paris：Gallimard，1970，p.306.

② Georges Bataille，*La part maudite*，in *Œuvres complètes*，t. VII，*op. cit.*，pp.52，61.

牺牲者都是战俘，这印证了战争对于延续太阳生命是不可或缺的［……］墨西哥人认为，如果战争停止，太阳就会停止发光。”也就是说他们以战俘的血液补给太阳，以便后者能持续不竭地散发光和热，从而滋养大地。此外，巴塔耶还指出这种献祭文化在历史发展中逐渐缓和乃至变质，越来越被功利理性、效益与道德所绑架，原因在于活人祭品本应是阿兹台克人的国王而不是战俘：“战争活动的极端重要性对阿兹台克人造成了显著改变，让他们朝着行动**理性**的方向发展［……］，而后者是与消耗的残酷**暴力**截然对立的。［……］我们必须明白，这是一种替代性的献祭。缓和将内在的暴力抛给他者，这就是消耗的道德原则。［……］用战俘取代国王，这是献祭的沉醉所遭受的一种明显的，甚至是彻底的缓和。”所谓缓和，便是阿兹台克人学会了算计，想方设法来减轻献祭的消耗对自己族群的影响。那既然献祭逐渐变质，便意味着理论上存在一种原初的、本真的献祭，还未被“现实秩序的吝啬与冰冷的算计”玷污，是不计成本与后果的“无限消耗”。①

那么这种理想的献祭形式是否能够走出工具理性的逻辑呢？如果献祭的本质是无用的否定性，那就意味着它也同后者一样，存在着根本的矛盾。譬如在《被诅咒的部分》中巴塔耶就说过：“献祭并不是必须要在严格意义上摧毁动物或植物，即本可以被人类变成供他使用之**物**的东西。至少要将这些东西作为物来摧毁，**在它们已经变为物的情况下**将其摧毁。”② 而《宗教理论》中对献祭的分析也以类似的方式开头：“［……］献祭所要进行的摧毁并非湮灭一切。它想要在牺牲者身上摧毁的是物——且只能是物。［……］它会将牺牲者从功利的世界解脱出来，让它进入一种无法预料、难以理解的世界。”③ 换言之，献祭的运行方式就和黑格尔和科耶夫眼中创造性的否定是一样的，在取消的同时保存其对象，并不将之杀死。可如此一来，它和扬弃、和辩证法又有何区别呢？当然，巴塔耶并不满足于这种畏手畏脚的献祭，有时候也会将之视作无限消耗来谈论，即在仪式中祭品会被确确实实地毁掉、杀死。

① Georges Bataille，*La part maudite*，in *Œuvres complètes*，t. VII，*op. cit.*，pp.61，55，60，65—66.

② *Ibid.*，p.61.

③ Georges Bataille，*Théorie de la religion*，*op. cit.*，p.307.

但这样一来，我们不是又回到神圣的悖论之中了吗？也就是说神圣必须由人经历死亡才能达到，但是死亡后人就不再存在也无法体验神圣，神圣同样也就无法成立了。

那么如何才能既经历死亡，又同时保存性命以进入神圣世界呢？巴塔耶给出的答案是献祭同时也是一场仪式表演，它会杀掉牺牲者，但却不会危及其他参与仪式之人的性命。如此一来，神圣的悖论就被巧妙地绕了过去，祭司以及观众可以在保全自己的同时，通过观看他者之死感受消耗的魔力，从而体验神圣的融合："献祭的问题始终在于，既要凸显毁灭的重要性，又要保护其余参与者不受死亡危险的波及。所有参加献祭的人都处在危险中，但其仪式性的、有限的形式，通常会起到让执行献祭之人免受危险的作用。"[①]可是这依然没有摆脱辩证法的束缚。纯粹的消耗、无用的否定性只求自我毁灭，不求他人的承认。可作为仪式表演的献祭当中却有着某种能够作用于他人、被他人承认的价值，这何尝不是将献祭当作一种功利行为来看待呢？此外我们还要追问，献祭为牺牲者以外的人所创造的神圣，是否就是真正意义上的神圣呢？巴塔耶屡次强调，献祭是一条不归路，"被奉献的祭品无法返归**现实**秩序"。换言之，进入神圣世界必然意味着死亡。既然如此，作为仪式表演的献祭就只能是个幌子。"事实上，牺牲者是唯一彻底脱离现实秩序的人，因为只有他被这场庆典活动裹挟直至最后。祭司不完全是神圣的。未来沉重地残存在他的身上，未来对他而言就是物的重压。"这就是说，在献祭庆典中唯一真正触及神圣的是牺牲者，但是他同时却也被杀死了；而其他参与者，无论是祭司还是观众，他们通过旁观他者之死所感受到的，只是神圣的假象。巴塔耶也承认："献祭就是炙热，而那些构成共同劳作体系的人，会在这种炙热中找到彼此间的紧密联系。暴力是献祭的原则，但是劳作却将之限制在了时间和空间中，让它顺从于构筑与保存共同之物的心思。虽然所有人都会放纵并摆脱束缚，这种放纵的爆发会让他们相互融合、会让他们混合在一起，但它却也将他们束缚在了世俗时间的劳作中。"[②]归根结底，在献

---

① Georges Bataille，*La part maudite*，*op. cit.*，p.64.

② *Ibid.*，pp.63—65.

祭中，除了牺牲者之外的所有人都无法摆脱世俗法则的束缚，无法真正进入神圣世界。因此，献祭仪式表演无论从哪个角度而言都没有真正解决献祭的悖论，它只是对理想的，同时也是不可能成立的献祭的一种功利主义阐释，是针对“不成为物就无法成为人、不回归动物般的沉睡就无法逃脱物的限制这种永无安宁的问题”的一个“有限的解答”。[①]

无用的否定性是巴塔耶的创见，是他反对创造性的否定的尝试。但这种否定性根本上存在着逻辑悖论，它无法真正做到纯粹的消耗与毁灭。神圣是巴塔耶一直在寻觅的世界，是人类摆脱世俗法则束缚、重获存在的独立与自主却又不退化为动物的理想状态。但它根本上也是不可能的，因为进入神圣必然意味着死亡。巴塔耶自己也充分意识到了无用的否定性之悖论与神圣之不可能性，这就是为何他将自己终其一生追求的东西称为“不可能”(impossible)。某种意义上，他的这套本体论—人类学构想并没有逃出辩证法的逻辑，而仿佛是在动物进化成人的扬弃之上又进行了一次扬弃，只不过这一次的结果只存在于理论中，无法在现实世界里成立。也就是说，神圣只能是一种幻想，我们可以隐约瞥见与感受到它，却无法真正触及。当然巴塔耶的哲学思想绝不仅于此，他不仅思考不可能，同时也在思考我们应以什么样的姿态面对不可能，思考我们同不可能的关系是什么。本文的目的仅是指出，只有承认巴塔耶哲学中的某些根本问题，才能够以此为契机去探索他思想里更为神秘的部分。

---

① Georges Bataille, *Théorie de la religion*, *op. cit.*, p.313.

阿克塞洛斯专栏 | Kostas Axelos

世界：生成为总体性的存在①

[法] 阿克塞洛斯　陶宇杰　译*

1

论及世界时，我们会习惯性地指涉那作为诸存在者与诸事物之最大整体［集合］（ensemble）的世界，对于人来说，世界的出发点是于此时此地实存着的世界，它又延伸到时—空中去。如此，我们于是将世界还原为一个宇宙性的、人类学的，社会—历史性的角度。但**世界**（Monde）并非或多或少地是从经验上讲的一切（tout）；它是**独一**（Un-Tout；**一—全**），它不允许自己被还原为其诸维度中的一个——即便从时代上来说，该维度处于优先地位。② 为了看得远且清晰，深且果断，我们有必要将自身以不同方式向那包围我们、激活我们，破坏我们的东西而敞开。向经验与思想、感性与诗意敞开的世界同时也向它们藏匿自身；世界向我们敞开自身，我们向世界敞开自

① 选文出自 Kostas Axelos，*Systématique ouverte*，Pairs：Minuit，1984，pp.40—54，翻译出版已获得外方授权：Kostas Axelos，*Systématique ouverte* © 1984 by Les Editions de Minuit。本译文参考了 Kostas Axelos，"The World：Being Becoming Totality，" *Environment and Planning D*：*Society and Space*，vol.24（2006），pp.643–651 这一英译版本的部分译法，在此向英译者表示感谢。另外，本章标题的表达已在《朝向行星思想》（*Vers la pensée planétaire*）一书中出现："世界，生成为总体性的存在，展现为时间的游戏。" 而本章的许多观点都已在该书中得到阐发，此文可谓是对《朝向行星思想》主要观点的精炼产物。本文脚注均为译者所加。

* 作者科斯塔斯·阿克塞洛斯（Kostas Axelos），希腊裔法国哲学家，1924 年出生于希腊雅典，1959 年于巴黎大学取得博士学位，其论文为《赫拉克利特与哲学》（«Héraclite et la philosophie»）与《马克思，技术的思想家》（«Marx，penseur de la technique»），2010 年逝世于法国巴黎。阿克塞洛斯曾任《论题》（*Arguments*）杂志编辑，并于 1960 年开始操办子夜出版社的同名系列丛书。阿克塞洛斯的主要理论兴趣为赫拉克利特、马克思、海德格尔等人，现有中文译本《未来思想导论：关于马克思和海德格尔》。

译者陶宇杰，同济大学外国哲学专业博士生，主要研究未来哲学与技术哲学。

② 本文以加粗表示原文中以大写首字母出现的文本。

身，如此，世界同样将自身向深渊与黑暗敞开；它也“是”深渊与黑暗，是逃离我们的无尽视域，我们亦逃离着它。除了**世界**一词外，没有其他词能用来命名诸世界之世界，尤其是自在之**世界**了。此处毋须限度形容词。该词同未命名之物、无法命名者所处同一时—空。从一开始，我们就应该说世界不是没有语言与思想、劳动与斗争，爱与死的**世界**，游戏在其中得以展开（s'éploient）。① 它将自己展现（se déploie）为神、展现为自然，它需要人类，它了解历史［故事］，并产出用以表现他们的诗歌与艺术。

“**世界**的历史”（histoire du Monde）并不仅仅是普遍历史或世界历史（histoire mondiale）。作为漫游（errance）之敞开（ouverture）的展开——不是事实性或抽象性谬误（erreurs），不是积习（errements），也不是游移的历险——标志着我们向世界所敞开的时代（époques），也标志着我们在［逻辑］运作上的转形。实践经验、诗意经验、思想经验——为我们——建立了世界。我们同世界 / **世界**（m/Monde）之关系的历史是**世界**（不可见）那最为可见的一面。这些关系，在它们的变形中，规定了每个时代与社会。我们进入**世界**所采取的路径作为游戏而展开，除此之外没有用来遵守的更高规则，这一路径同样是世界 / **世界**的游戏 / **游戏**（j/Jeu）借以到达我们的路径。这种世界的游戏、人的游戏，这种同与异，通过在场、缺席，以及那些超越它们的东西，在没有脱离**相同**（Même）的情况下，总是冒着将全体关系的某一或其他方面置于优先的风险……而这种关系又总是包含着人与世界。**世界**不是游戏。它根据自身及我们的游戏而自我展现，并使自己被言说、被塑造。**世界**本身是不实存的吗？没有游戏之游戏，就像没有反世界一样。世界如彻底超出了我们的视域般**逃逸**，它是至高的赌注（enjeu）。② 毫无疑问，它超越了所有语言及行动，但它并不“实存”；然而，它却在并通过对其的言说与施动而显现自身，［因此］是我们人类［在游戏中］下了注。远古时代，

---

① 阿克塞洛斯曾在《朝向行星思想》中指出，游戏是用于理解思想的强大力量（思想与游戏是相互理解的），在言行中得以揭示自身的根本力量。

② 请注意阿克塞洛斯围绕“游戏”一词而来的文字游戏：（dé）jouer-jeu-enjeu-en jeu。另外，如同癖好般地，阿克塞洛斯喜用表示同一意义的不同词语，因此本文会在尊重原文的基础上尽量避免译法的雷同。

是技术的欠发展使神话与诗歌的发展迎来并造就了第一次**敞开**吗？现如今，神话、诗歌、思辨的欠发展又是因为技术的发展而导致的吗？总是有某种无法由因果关系填补的缺乏存在。过度规定我们的行星技术将其理论与实践延伸至视野之外，后者自身在技术上是脱节的、已被解释的。无论是在精神上或是实践上，几乎所有的沉思都变成了技术沉思。

世界 / **世界**中每一代（ère）的被悬搁物（époché）[①] 都同时标示着某一效应与某一悬置（suspension）。在此，理应说，每一纪（période）都是时代性的（époсale）。世界 / **世界**通过它的每一个期（âge）、通过它自身而得以执行（se joue）。虽然**世界**并不实存，且几乎不"是"，但却有属于**世界**（du Monde）的东西。有什么（il y a）与没有什么（il n'y a pas）那成问题的力是无法抑制的。**世界**让那些使它言说与起作用的人言说与行动。没有所谓的"在先性"（antériorité）。起初就有的东西是"无物"。起源不停地隐藏自身。所以，技艺（techné）从一开始便在理论与实践的角度同思想与行动的技术性解释相关联，技—理（techno-logie）角度的解释本身则诞生于前哲学基建，它随后根据哲学而来，如今则是随元哲学而来。而这又使技术（technique）成为问题。[②] 在"我们"那爆裂的、脱位的世界中，**世界**那作为诸世界的所有审级与维度都充斥着技术，它又多少是人形的、人类中心的。我们在世界中所遭遇或找到的是：自然事物、工具、制度、诗歌与雕塑作品，它们从一开始就在自己的领会与效应中刻上了技术的印记。普遍性的技术装配（montage）是世界目前与未来的构形（configuration）。

世界不存在，更不必说它不实存，但确实有那么一个**世界**。"在""有什么"中嬉戏的东西是无法被敞开地领悟的。无人无物［可以敞开地领悟它］。

---

① époché 一词指的是源自希腊怀疑派的悬搁判断法（epokhê）；在胡塞尔处则指悬搁所有关于世界之实在性判断的现象学方法。而根据语境，我们亦可将"被悬搁物"理解为同样出自地质年代学表述的"世"（époque；根据地质年代学中对时间间隔的分类，"代"指涉的间隔为数亿年，"纪"指涉的间隔为数千万至数亿年，"世"指涉的间隔为数千万年，"期"指涉的间隔为数百万年），以同前后文中出现的"代""纪""世""期"等范畴进行比较解读。最后，"时代性"在此则同时涵摄了计时与悬搁的意义。

② 继承海德格尔，阿克塞洛斯对 technique 与 technologie 做出以下区分（而实际上，除英语外，其他语言一般不对"技术"一词做出书写上的区分）：technique 更多地向 techné 靠拢，侧重存在者的生产问题。technologie 则是 techné 与 logos 的组合，即朝向生产或制造的思考。technologie 是全体的、普遍的 technique。

因此，“什么是世界 / **世界**？”这一发问是没有回答的，所有的回答都仍是发问。[①] 世界 / **世界**“是”敞开的时—空；准确地说，有着这样作为**敞开物**（Ouvert）的时—空的、作为漫游之历险的，作为信步（itinérance）之游戏的，从赌注中复现的**世界**。它总是在敞开的明暗对比中隐藏自身，并将自身回撤至尽可能地展现自己、给予自己的程度。在漫游的重复过程中，有着某一奇特的、历史—世界性的信步。时间与历史的关系是很难译解的。谈论时间性与历史性并没有让我们前进太多。然而，世界的时间性比其历史性更为有力，更为宽广。首先有时间性，“其次”才是历史性，他们是一切得以显现、造就的视域，但他们本身却消失了，就其本身而言永远地不可见了；他们由作为时间性与历史性的**世界**所吞噬了——只要历史性仍然实存着。在后一种分析中，**世界**本身便“是”**时间**的游戏。**世界**的历史，不仅仅是世界性历史，便如同有限性一般在有限性中揭示；它集合了所有对**世界**那有效的、可能的解释，但我们尚不知晓这种历史是否是不受限的。**世界**的历史已然在我们身后，却仍处于我们跟前，它似乎是完满的，**世界**似乎就要回撤自身。但即使是在那里，在那**独一**与诸视域之视域以消失为显现的地方——在这些地方，在**游戏**中——问题出现了：敞开总体性中的时间性会发生些什么？游戏又敞开了什么东西的时—空呢？这是一种对世界 / **世界**的全新解读吗？然而，**世界**的**游戏**包含了上述所有。**世界**的历史能够合法地显现为已然终结之物——几乎完满、完成——它已被人类所能够使用的所有方式解释与反解释罢。它仍在原则上及一开始便向**时间**敞开，并且是“已然”整体展开的，且同样容纳了未来。不过，这一游戏 / **游戏**继续在螺旋中有如螺旋般地游玩着，它在诸现象、诸存在、诸对象，以及诸内世界结构上进行游戏。这一游戏所压的一切赌注都是危在旦夕的（en jeu），它随着时代而出彩或沉寂，而赌注则激活了我们那些总是在缺乏中演化的风险事宜（entreprises），它需要我们对其沉思，它也在游戏中使我们有朽。

① 关于这一观点，可参亚里士多德《论题》篇、尼采《权力意志》、德勒兹《差异与重复》等著作。

2

我们该如何命名在世界中显现的事物，又该如何命名那次次成为实例的事物？它的古［希腊］名是 *phénomène*，拉丁名是 *res*，中世纪名是 *ens creatum*，现代名则是 *objet*，此时一个或多个主体已不再足以应付它。我们处于某一 *x* 的在场：而它的在场—缺席却是隐藏的（se dérobe）。[①] 那些显现的、发展的、固定的、消失的，面对着我们的东西是什么呢？我们是否还能问：在所有这些转形与崩塌［去基底］（effondrements）中幸存下来的是什么？当然，在大地深处（tréfonds），在最为遥远的视域中隐藏着神秘的“事物”，这一问题需要我们通过作为基底（fond）的无底（sans fond）**世界**而领会，需要我们在一切中只见到一个属于世界 / **世界**之星丛——即便它是无形之物——的形象。所有的基础（fondements）都崩塌了。**世界**是且仍是无法建立基底的（infondable）。没有自身不是无底的第一基础或终极基础。炫目的光亮与深邃的黑暗玩着“**整体**皆裂且满是疮痍”的游戏。（我们有时能在某一处于优先地位的碎片中几乎把握到世界之总体。）一般说来，是我们缺乏世界，错失了它。如果可能，我们一刻也不能忘记，**世界**与诸世界充斥着那些我们注定要为其效力的混成物、混合物，以及折衷物的巨大力量。世界的迷津与曲径中满是妥协，为了进入**世界**，所有不可避免的调停都在世界化的时间游戏错综中发生，就连其中最伟大的时刻也以混杂（amalgame）为标志。无底的深渊与不可直面的光线，**世界**是给予自身又拒斥自身的，闪耀又黯淡的，自身适恰的同时又脱离所有操纵的。主要的“事实”是：我们无法从人那里演绎出世界 / **世界**，反过来也不行，于是陷入了困境；这些不是关系的关系复杂性使一切——宏大的**一切**与差异性总体——只能在根本上是且仍是成问题的。[②] 当我们俯瞰所有**世界**之世界，内世界之世界时，会发现，

① 当我们把 dérober 拆成 dé-rober 时，它指裸露；而整体看，它又指隐藏、遮蔽。即，既在场，又缺席。下文中亦有数例以 dé 为词缀而进行组合或拆分的文字游戏。

② 可参康德《纯粹理性批判》A328/B384。

即使是在那些陈腐的世界中，也没有排除某种切分，也没有排除层级上的生硬断裂。由**世界**所包含（englobés）的诸世界是**无所不包者**（Englobant），它会试着——以不同方式——追近**世界**的每一个时刻。他们找寻着的是（自己的）实在性。但是，在不曾了解或感知到实在性为何的情况下，谁又能宣称后者或意图传播它呢？而实在性是作为整体的存在者的一种特殊存在样式，它通过表象而得以把握，我们则寻找它的一个或多个基础。关注表象，追踪因果性、可计算性，以及那质疑基础的思想都必然疏忽了问：实在物的实在性是什么。实在性当然是世界的一部分，但它同它的各个方面仅仅构成了一个［使］特殊与普遍（particulière-et-universelle）［对立］的实在性。世界不是实在性，实在性亦非世界。世界包含了组成与分解实在性的一切。幻相与幻觉，幻梦与鬼怪，就其本身而言，是实在物之实在性那不可分割的一部分，因此，它也是世界那不可分割的一部分。然而，“实在物”由世界所超越，即使世界会因此变得不洁［非世界］（immonde）。① 世界的“意义”［方向］（sens）就是**世界**，它不合理但也不荒谬，我们总是赋予其中一个敞开以优先地位。（纷繁世界中能够被识别与/或建立的意义，以及内世界的含义［significations］，都不能使我们道出一种**世界**的**意义**——但它却并不是无意义的。）因此，如果说世界是我们的历险，那么**世界**就是“我们”的敞开。

作为**世界**的**世界**，即，在其作为**时间**的回撤中，仍然是激进的非思。然而，**时间**自身，它“也”仍然是激进的非思。世界的**游戏**在且作为渐逝的视域与**时间**的三重维度中得以展现。这三重维度中的每一个维度本身又是三维性的，他们都有如转瞬即逝般地得以呈现。伴随着某种处于支配地位的随意性，我们应当知晓并尤其应这样思考：拜诸种繁复的衔接所赐，没有东西仅仅是此或是彼，以及，一切都指涉了诸世界之整体，也指涉了等同于**世界**的诸整体之敞开**整体**。所有的理论与实践都只探索并将世界的某一维度、某一方面，我们的一种方法、一座家园（foyer），② 将特殊与整体同时置于优先

① “不洁之世界”语出奥古斯丁，即 mundus est immundus。

② foyer 指 σπίτι，即家或家园。在此意义上，经济学指对家的管理（οικο-νομία），而生态学则指对家的研究（οικο-λογία）。

地位——他们并不是在某处一点理由都没有的，[相反，] 他们有着自己的存在理由。我们为内世界而着迷。我们不断地花时间追逐着内世界的存在与事物，却又被他们所追逐。我们不断地向前逃逸。甚至，内世界的存在是如此丰富与多样，以至于它耗尽了我们的研究，而我们却从未耗尽它。因此，面对**世界**之敞开的呼求，我们却闭合了自身。这种敞开实际上没有存在理由，因为它不是一个特殊的存在者。同样，我们也不知道如何称呼这个**世界**，这个仍旧召唤着我们的**世界**。

世界，支离破碎的、碎片化的**一切**，定向的**漫游**，他们同时是非存在、无物，与虚无。笼罩这颗行星的虚无主义——根本上的非思之物，它打破了所有下了注的 [危在旦夕的] 游戏的基础与规则，它不过是中心与全球事件的余波：世界与虚无、与一切、与无物间那超乎密切的关系。因此，我们要体验与思考的不仅仅是世界性的虚无主义，最主要的还是虚无主义到底向我们隐藏了些什么：无物、虚无的秘密。广泛而强烈地迫近**世界**指的不仅是治疗那些"行"不通的东西。这种把握——通过并从以下事物而把握——那仍维持着虚无主义却又打算消灭它的东西，它首先不能寓居于对世界的解释之中，更不能停留于那总是技术性的、奇异化的"理论"中。我们被包含在同**世界**的关系中（既在关系中，也在**世界**中），后者是没有外部性关系的，这种已向我们所敞开的敞开使我们得以敞开那向我们所敞开的东西，我们尽自己所能——而不是按照自身意愿地——不那么玩笑般（ludiquement）与充分地玩着那使我们受挫（déjoue）的**世界**的**游戏**。

3

世界所说的东西比**存在**多。起初，是赫拉克利特这个认为**存在**生成为总体的思想家处理了该问题。[存在] 被叫作宇宙（cosmos）(这并不专指宇宙性世界 [monde cosmique])，而世界的秩序，一切是者的总体性则叫作**独一**。世界包含了存在，我们可以说，世界自身与神都比存在来得更为原始；然而，世界很快就成了从属于**存在**的一种存在样式，一个包含存在的世界。它作为**世界**而开始衰败——只要它一显现就开始衰败。如果说赫拉克利特将全部的存在命名为世界 / **世界**之生成，那么巴门尼德几乎将存在命名为存在自己。这一圆圈在黑格尔处得以完成，后者将生成中的存在之总体（或存在之生成）命名为理念、精神、同一性——或统一性——它们属于存在与思想。但**世界**只要求在**存在**之历史的终点处，作为那已然完满之物而出现。如果存在已先于生成与时间，先于总体性与游戏，那么是时候将“存在”投入生成之存在中了，后者属于多维度的、敞开的**世界**的游戏那支离破碎的、碎片化的总体性之生成。换句话说，[将“存在”投入]**彼**（Cela）。**世界**“是”**彼**[世界是那样的]，它总结了自己的所有解释。为了将彼向时间敞开，为了将时间向彼敞开，不论同异地，我们都应学习服从那指挥我们的时间的游戏，因为游戏同“自由”一样“受约束”。在 ὅλου 与 πᾶυ 之间，在它们那清晰的模糊关系中，在“存在”那黑暗的光亮中，**世界**先于一切展现并回撤自身的事物——并接续了它们。[①] **彼**“是”**世界**[那就是世界]。[在]**时间**那既同且异的方面，**世界**显现自身，同时不乏回撤地消失，为在其中生成的东西带来生机又使其有朽。[有如]拂晓与晚霞，**世界**在下落时上升至视域，而在上升时复又下落，这种遮掩—与—揭露建构了漫游。只要**世界**是四维时—空连续统的视域，它就不比谬误更为近乎真理。那么，它的真理以及那属于真理之物（sa-et-de-la vérité）的展现是如何建构漫游的？漫游是如何“理解”[包含]（comprend）真理的呢？这便是至高之谜。正是在这一谜团的中心地带——它的密切张力、力量线，以及失败——诸整体那非添加性却敞开的整体，即**世界**，不再是总和（somme），能在这样的一瞬间，在这漫长光亮中、不再对立于绵延的一瞬间，被称作**游戏**。在这游戏里，诸内世界之世界是为赌注。这种赌注并不常常展现自身，而又躲避着领会。此外，当我们朝世界性文明迈进时，缺乏的却是**世界**，后者尤其是该种赌注。这里出现了一个问题：那些在世界 / **世界**之视域处涌现出来的东西是如何、以何种方式，即便是秘密地，将自身铭刻于世界 / **世界**之中的呢？至于一般意义上的人，

① ὅλου 指全部、整体，而 πᾶυ 则指所有、一切。

他/她首先是**世界**的赌注。严格说来，人与**世界**间是没有任何［广义］关系（relation）或［狭义］关系（rapport）的。我们总是且我们总“在”人的游戏与世界的游戏中运动，他们之间没有一个对另一个的在先性。正如世界并不在人把握它之前而展现自身，人也无法离开世界/**世界**而实存。

正是在工业与技术—科学的世界性文明网络中，技术集置（échafaudage）将自身置于该社会形态的优先地位而自我铭刻。[①] **技术**（Technique）随着三大绝对物而来：神、自然、人。它是第四种绝对力量（puissance），但它不再建构绝对物。技术集置企盼着一种普遍的多重技术（polytechnique），后者将自身呈现为漫游那建构得最完善的一面。或许它注定会在未来面临解构（déconstruction），或是（灾难性的）破坏（destruction）。[②] 或许，更有可能的是，它会变得愈发牢固，或许我们会被迫以不同方式接受它的游戏，乃至某种“超越”（dépassement）。世界性集置，在这一全球性平台上并从其开始，一切都找到了自己的位置并动员了起来，它既是个巨大的障碍，又是**世界**的与朝向**世界**的敞开。若以此般疑问方式加以接受，这种由那“甚于”人类的敞开所支撑的至高集置的有朽命运，同样能使作为**敞开**的**世界**到来。世界如其所是地展现自身，同时，伴随着神圣的、自然的、人类与历史的、思维性的、技术的事件［而展现］。它同样能经受任何构形。无可置疑地，**世界**的终结在某种意义上是处于我们身后的：［因而］被命名为神秘的、形而上学的**世界**。**世界**的撤退，其隐匿（occultation）、其静谧、其晦涩化都是已然发生的——在**时间**中发生。但**时间**的游戏的敞开涵摄了**世界**的**敞开**；所以这个［敞开］也等同于未来。**敞开**处于普遍技术装配之上，而后者已处于我们的思维与行为之上，它既非必然的，亦非缺乏动机的，不是简单地提出或强加的，更不是偶然的。若定要生产出朝向**敞开**或**敞开物**及其揭露的趋势，若所

① échafaudage 即阿克塞洛斯对海德格尔技术哲学关键概念之一 Gestell 的法译。

② 解构与破坏这一文字游戏或许同海德格尔对 Destruktion 一词的解读有关。Destruktion 指的并不是具有否定意味的“破坏”（Zerstörung），而是非否定性的去—结构化（de-struere 或 ab-bauen：去除堆积、去除建筑）。海德格尔在《存在与时间》中提出的对形而上学进行 Destruktion，指的是对传统概念进行去—结构化，以便找回、恢复**存在**的根本地位。参 Joff Bradley，“Gilles Deleuze and the Destiny of Philosophy，”帝京大学外国語外国文化，13（2022），pp.75—124。

有技术性解释与行为都能自我上升或被提升至另一平面，那么人类的历险，不带末世说与救赎说地，便能达到逃逸的诸视域之视域中去，以经受一种新的堕落。视域与诸视域作为朝向人性的敞开而显现自身，是人性建立了他们。然而，他们却用强制、连贯、严格的方式强加自身；我们必须——在不错认他们别种面孔的情况下——接受他们，并将其视作不可避免之物而“自由地”、生产性地接受他们。所有游玩着我们的事物在为我们提供接受与反抗的同时，需要我们自己那沉思性的、主动性的参与，而且要求我们通过调动它而不断地寻求并维持着它。

世界，在其有限性的展现中时为偶然，在其强加自身于我们时则为必然，它有如“自在”采摘的机遇果实，又有如架在深渊之上的交错桥网，打破了任何检视的可能，简而言之，**世界**既是其所是之物，又非其所是之物（qui est celui qu'il est et n'est pas celui qui est），它仍是所有发问、那一发问的——［其］源头与尽头上的——焦点。我们常会强调**世界**及诸世界的一个或几个特殊点。我们沿着单一方向，或至多是交错的轨道而行进。一块块研究不定地发展着：语言学的、逻辑学的、方法论与认识论的；物理数学与生物化学的；心理社会学的；文学的与美学的。尽管他们益处良多，又恰因自身的专长而为“进步”做出了贡献，但却缺乏**世界**。**世界**并不事关某一特殊或普遍的学科，也不是某种丰富且充足的组合。它是向我们的思考、行为而敞开的东西。专门的研究能应用到繁杂的世界中，而即便他们延续着同总体 / **总体**与世界 / **世界**的关系，除开或正因其特殊的洞察力，他们没有能够朝着超越自身的方向而承担并动摇自身的这种把握。当这些研究命令着那些“要求”被把握、被改变的东西时，它们仍处于某一视域的诸多界限中，而同**视域**的联结却逃离了他们。因为不仅是世界的构造在其基建上颤抖，更主要的是**世界**的**敞开**是种颤抖的、战栗的敞开。

世界总体的碎片，它在自身的揭露中总是支离破碎的，它更是由我们所撕成碎片的，这些碎片仍是内世界的，即使是在其最为广阔的组合中，也永远不会超过其有限性，而只能偶尔地逾越那些间世界（intermondes）。正如我们不都是某种必不可少的奇异化技艺的专家，也不常会倾向于跨越这一界限而将我们自己置于**世界**的平面上，尽管进步着，但我们仍处于这一平面。对否定物的测试（épreuve）与证明（preuve）皆逃脱了我们，我们也惊恐地躲避着他们，不敢将自己投向世界之总体的阴暗敞开中。我们满足于专门化或模糊的观察。类似地，我们并不会为了——就好像我们不被允许般地——肃清通往**世界**的道路，而通过与诸间世界的交流，去逾越间主体性的诸世界，我们是**世界**的一部分，但世界并没有轻易地为我们提供这条道路。我们并非处于**世界**，而是属于**世界**。这种方式可能会质疑并调动我们那所有支离破碎的存在，这些存在并不仅仅是我们的存在，它甚至可以是被抽象思考的存在、未充分表象的存在、无故想象的存在，以及那令人心烦意乱的、陈腐的被活（vécu）。这一视角看似不可能；然而，却有着许多用以迫近或远离它的方法。

4

世界不是静止的。它并非通过某一简单运动而建构与维系自身。它的星丛结构确保了一种永久性与生成性：**世界**与**时间**“相吻合”。同世界那时间的游戏几乎一样难以接近的是诸世界的轮廓与形势。它们的进展与趋势处于可表示物的界限。它们组成了流动（flux）、起伏（flots），与朦胧（flou），作为结果，它们表现了繁多的运动与反运动，后两者常常是十分弥散的。尽管仍旧是隐匿的，存在生成为世界 / **世界**，它由情动调性（tonalités affectives）、气候、环境等共同规定，它关涉并带走了世界 / **世界**的整个部分，我们也由它带走。“世界的进展”（cours du monde）是种服从其所有成分的行进，其中的一些成分起到了主要的、指定性作用。然而我们没有办法为这些成分计数。我们总是处于存在—已然生成（être-devenu）的在场，它的绝大部分都逃离了我们。如果说最为简单的歌曲有时也能作为使我们朝世界敞开这一布局的条件，那么属于世界的散文与诗歌那广阔、深邃的节奏与时刻也以同样的方式运作，但更为激进、充足。然而，我们应始终自深度而审视大地与视域，因为质疑会被强加给我们。可是，如果世界的进展及其有序—无序是像深度那样肤浅地组成的，那么想要标出它们各自的与联通的位置便不是件容易的事。**世界**，即整体之为其所是的敞开，包含了存在与行为的诸世界与诸样式。它那由数以亿计的涟漪组成的基底性浪潮，带走了我们并将我们拽入深渊，又将我们带回并扔在水面上。没有人能充当这些元素的驯服者。有时我们在这偌大的世界中读到的东西只能在那些小写的诸世界中得以辨认。至于**世界**，它则居于可译解物的界限处。

世界的所有游戏都有其规则——转形性［规则］(transformationnelles)。那**世界**的游戏又如何呢？这一发问必然要保持敞开。有一件事是肯定的：应用诸规则的游戏本身是没有至高规则的。世界就是这么“运转”的。它从一端到另一端都满载了任何辩证法也无法完全捕捉到的否定性。于是在规章领域，作为结果，我们结结巴巴、跌跌撞撞。这意味着在**世界**那领会与体验［实验］的领域——那一领域——以及我们生活那整体与分裂的世界中，我们都永远会是生手。具有严格性、连贯性及结果性的诸关系愈发遭到扰乱，以至于观念与事实层级上的不一致几乎当上了世界的女王。**世界**总是被找的，却也是从未得以完全遭遇的——即便其地点与优先审级仅仅为我们提供了敞开的碎片——以多种方式被说与被付诸的**世界**并不实存，亦不是。那我们所找寻的是某种非存在吗？不是的。我们玩这个**游戏**，也被这个**游戏**玩。**世界**则隐匿自身。它是隐匿的。其误认（méconnaissance）本就属于它自身且铭刻于某一缺口的底部。然而，只要有**世界**，就会有人（或是相反？)。人完全陷入对自我与**世界**的根本误认中。在存在与无物间生活与死亡，他/她既不知道也不想要知道诸世界与**世界**是如何涌现的，是如何结束的。他/她“自己的”世界，既没有克服占有的诱惑，也没有摆脱征夺的枷锁，在准一整合［的状态］中逃离了他/她。人是世界的存在，但他/她误认为自己同其游戏与**游戏**有所关系。而他/她同样是敞开的存在。

世界并不仅仅绕开了非世界。后者是**世界**的“另一张”面孔。但并没有反世界这样东西。我们要以极大的洞察力与警惕性来阐明诸时刻、诸元素，以及否定性、否定之物，与否定本身诸维度的游戏，它们都恒常地起作用。它们也玩着游戏，无法与另一面、与**相同**分离。通常，“自我意识”与

“(我们所拥有的)世界意识”意欲分成“两”面，想象自己能够仅获取肯定之物，而排除它那推动、伴随，同其密不可分地混合而生产结果的（属于积极之物的）否定之物。我们甚至在某种程度上忘记了是我们自己希求着否定之物。**世界**的星丛结构首先就不是逻辑学的、知识学的、心理学的，或社会学的。它甚至很难说是存在论的。它将我们渴望遭遇到的事物与那些我们所遇到的事物重新结合在一起：**相同**（同一性与统一性，因为这也就是说在这“两者”间选择是不可能的）与**相异**（l’Autre），**相同**（与非同一物）与**差异**（le Différent）或**不和**（le Differend）。想象物在**相同**的星丛中维系着诸差异，它所扮演［玩］的不亚于我们所谓的实在物，后者恒常地隐藏自身。没有实在世界与另一个想象世界，其中的一个或另一个占据主导。实在物与想象物既非分离的，亦非同一的，二者都通过人与世界（l’homme-et-du-monde）的驱动、情状、行为、激情与思想而浮现，并由它们所捕捉：它们彼此编着对方的织物，它们相互渗透，**世界**就是它们的肌理。通过撕裂，它们使**世界**能够通过这些洞口而再次显现。不是我们人类设定了世界的游戏，也不是这一游戏设定了我们。我们并没有选择游戏的规则，它们也没有任意地强加于我们。这里便有了悖论。我们如何来描述**世界**的游戏——**时间**的游戏呢？又该用什么词语来命名人与世界之**游戏**的“约束”与“自由”呢？

我们找寻的是**世界**的焦点，所有的维度皆自该点而出并朝其汇聚。道、神、本、宙、人、史、诗、艺，在其特定体系中，从世界的**游戏**中，从**彼**处，它们是如何流溢的，它们又是如何展开并重回至一般的、敞开的体系中的呢？语言—与—思想，上帝，自然与宇宙，人，社会，诗歌，与艺术，它们整体地［集合性地］表达自身，形成了诸整体的整体［集合之集合］，根据某一首末相交的节奏而结构化自身，跟随那统一了的却又已然爆裂的**世界**的驱动。它们的存在正生成为圆周之物（circulaire），它却又不是完全循环的（cyclique），它在不断的交替中显现、消失与复显，尽管没有逃出重复，但产生出了新事物，后者由那“是”全部时间的生成所包含。因此，没有新颖性能够避免其果实中出现虫蛀。那来自未来的事物，未来与过去的在场，当下的静默力量，这三个维度的每一个都具有自己的三维性，简而言之，时间的全时性（omnitemporalité），它自身是有限的，但却在根本上联结了**世界**的游戏与**人**的游戏，［因而］几乎由那些不具备广博而锐利目光的人所混淆。这种游戏自身——唯一、一，多样——仍是没有基础与存在理由的，它不具备意义［方向］。这种无底，这种属于“**存在**”的存在理由的（本身不是缺乏的）缺乏，这种诸含义与诸符号的深渊，是不能理解为剥夺、缺乏、失去、遗忘，或微不足道的无物的。它们都标志着**彼**，无论它们是什么，都属于那不属于中立之物而到来的**彼**，它甚至都不实存。通过它及其诸敞开，其历险与敞开在时空中得到铺展，这两者都由**相同**的时间性回归而标志，借由诸重复与诸变形，它们又总是扮演着上帝、自然与人这样的构形。在不断接近“虚无主义”的情况下，**彼**已几乎不能同无物与虚无相分离。

我们其他人则是作为建构性部件而卷入那不仅是世界之游戏的关系的游戏（le jeu de ce qui est plus qu'une relation au jeu du monde）中去的，通过我们的语言与思想、我们的激情与行为，即我们的经验，我们的工作是协调时间与空间场域的敞开，并体验［实验］诸世界的游戏与**世界**的**游戏**。同时，地下的水流与那由根基所组成的网络，诸视域的视域与诸整体的整体，提出了问题：为什么会有**世界**？我们无法回应这一发问，正因为行质疑的发问与被质疑的**世界**对应着那对自身“之外”外一无所知的**游戏**。对诸世界的某一假设发生在诸世界之世界的时间内。这种时间甚至知道那通过并位于**世界**的假设。但诸如此类关于**世界**之假设，关于包含所有假设的**世界**的发问，是无关紧要的。

世界 / **世界**的游戏 / **游戏**是对所有关于存在与虚无、总体与无物、生成与时间、逻各斯、上帝、自然、人、社会、世界性技术集置等进行解释的游戏；它包含并继续了其进展，后者以**相同**的重复与诸差异的游戏为特点。它并非神秘性概念，但它却在不实存的情况下展现自身，而在界限处又是不存在的，如同其所有表达那样敞开并衔接了的集合，它激起了那些将其激发之人的谋划与心计。它“是”那同时打破自身与我们的敞开圆圈。这一游戏嘱咐（enjoint）我们，我们人类，不要以嬉闹的（enjouée）方式游玩它。世界的游戏不是［内部］补充性的（complémentaire）或［外部］补充性的

(supplémentaire) 游戏，但它以自己的节奏连起了一切。逻各斯的游戏居于上帝，上帝的游戏居于自然，自然的游戏居于历史性的人，社会的游戏居于技术集置。“必然”总是经由一片“可能”之云而来，而从星尘中出现的则是星丛。当下的构形使我们同“一切所是之物”(tout ce qui est) 建立新关系，它生成而又回归（这包括我们自身，但并非从一开始便如此）。我们已经面向这种对世界的全新敞开，但并不完全地了解它。世界的命运生成为陈腐、肤浅、粗俗的“必然性”，达到了无足轻重的程度，简而言之，它生成为平庸的必然命运，“最终如何”已无关紧要。

世界、**一与全**、**一与多**、**全与无**那统一性与总体性的游戏涵摄着分解、复数性、脱位、爆裂、层与片、多样的方法，以及每次都具有不同优先性的审级。**世界**并不为世界建立基底；是世界想为前者贡献一些破碎的基础。在**世界**与诸世界的圆舞 (ronde) 中。然而，**世界**的**游戏**却不像孩童玩耍的球那样圆 (rond)。

人的世界[①]

[法] 阿克塞洛斯　陶宇杰　译

1

人的生命——我们并不真正知道如何去称呼它——诸人的［那一个］生命以卓绝的平庸性而展开，它在结构上是重复的，但却是恒变的。我们决不能忘记这一点，但也别忘记多彩想象所具有的一定丰富性一样没能使这种生命愈加平庸。同时说来，是人的实存，以及，更重要的，是人那里的、通过人而来的游戏敞开了那建构他 / 她的东西：**世界**。当然，人的世界显现了这样的倾向：消融于人类性的运动中，越来越受制于极权式的自由主义技术—结构，总是寻求着"新事物"，而后者不过是相同之物中互相涵摄的两个方面罢了。人为了寻找自己的身份［同一性］而变得越来越抽象；但他 / 她那已然固定且实存着的、同时被生产与被复制的身份，又强加到了他 / 她自己的头上：它是世界 / **世界**的一块碎片，而不是自我意识与 / 或世界意识的根据。人们致力于追求不可能之物，总是像个孩子般地希求着新游戏，充当着世界游戏的笨拙信使，我们不断渴望着安全与我们冠冕堂皇地称为自由的东西：他们既需要安抚与刺激，也需要释放与束缚。伴随现代性，人们失去了

① 选文出自 Kostas Axelos，*Systématique ouverte*，Pairs：Minuit，1984，pp.72—87，翻译出版已获得外方授权：Kostas Axelos，*Systématique ouverte* © 1984 by Les Editions de Minuit。anthropos 在希腊语中指（对立于神的）人，即 ἄνθρωπος。柏拉图在《克拉底鲁》篇中指出："人这个名称意味着其他动物不会考察和推论它们看到的任何事物，也不会逼近观察任何事物。而人只要一看到某个事物——也就是说，ὄπωπε——马上就会逼近观察它，对它进行推论。因此在动物中只有人可以被正确地命名为 ἄνθρωπος——接近观察它所见的。"（399c）中译参柏拉图：《柏拉图全集·增订版（上卷）》，王晓朝译，北京：人民出版社，2018 年版，第 576—577 页。本文脚注均为译者所加。

所有的明星，进入了漫长的灾难时代，发明了集体与个人幸福。从此，我们通过参与而见证末人的长久统治（尼采）。

关于那些使人运动的东西，并没有什么好说的。他们根本不是冲动、需求、欲望、表象与幻相、意欲、反思，或观念。一旦分析性地提出这些“成分”或导向力，综合便不再可能。然而，这既非分析，亦非综合。人做到了某种统一却又微分的把握，而他 / 她自己又被世界 / **世界**所把握。举个例子就可以看出：对人的需求的任何界定都是不可能的；至于欲望，我们又如何把握那无法被满足、压抑，或是升华的东西呢？比起属于远处视域的、作为游牧者的域外之人（l’homme du dehors），人更是种扎根的存在，是作为栖息者的域内之人（l’homme du dedans）。域内同域外，在实际上与 / 或想象中，都不单单是相互对应的。

人似乎在寻求（物质的与 / 或文化的）欢愉与满足，却又强烈地被（个体的与 / 或集体的）苦痛及这种对自我惩戒的顽固需求所吸引。犹太–基督教一同在这两方面发挥了作用：赞美并正当化人的形象——*imago dei*［拉：上帝的形象］——却又贬斥它，一次次地中伤它。可以说，犹太–基督教倍增了为人之恶：罪恶感、愧疚感，苦难的沉重感是为人这一存在所不可磨灭的印记，他 / 她仍对自己或世界陌生。在这“相同”的运动中，不幸指的是对宣福之彼岸的承诺。在犹太–基督教之前，人的命运并不光明。只消阅读并沉思希腊悲剧即可了解。并且，在基督教之后，作为苍白继任者的无神论没有授出第二次圣洁。恰恰相反。它那毫无血色的行路与方式（sa marche et sa démarche）沉湎于廉价（bon marché）、世俗的摩尼教义中。

邪恶（mal）(不适［mal-être］、不安［malaise］，与疾病［maladie］)、罪孽、过失、堕落，“谬误”之谜——不仅有否定价值地——居留在同**世界**那战争般和睦有关的特定孤立性分离中，居留在与普遍过程的节奏有关的某种无谓的特殊化中，居留在朝**时间**敞开的伟大**一切**的混乱状态中，它同具备移动性、对抗性、互补性，与组合性“规则”的游戏有关。［若是］脱离深根，撇下远处的视域，任何奇异性，无论多么充实与富有成效，终要付出高昂的代价，并按照**时间**而向**世界**的秩序致敬。在无所不包的**整体**［集合］中，任何对可能性的实在化——因为可能性是受限的，即某一（内世界之）世界的任何实验、探索、建立及栖居，往往是必然的、中介化的，敞开的，它要为自己的突破与进步付出代价。任何对单一维度的孤立，即便它有时会将自身面向**敞开**，仍会吸引虚无化的力量，后者的源头是与“存在”（être）共广延的“虚无”（néant），是对立面为“无物”（rien）的“总体”（totalité）。正是在人—与—世界（或时间）的这种“同时性”中，铭刻了二者频繁且无法避免的不一致（non-coïncidence），此乃苦难的根源；因此，主要说来，这种苦难并不必然由令人窒息的世界以及心理学与社会学的自我解释造成。对美好而丰满的母亲乳房那轻佻而持久的怀恋——不仅如此，还有对回归自然的天真欲望——回到我们从未完全归属的自然，以及关于黄金时代与失乐园的神话——那从未实存过的神话，某种回到先于及 / 或后于我们那“被唤醒”的存在麻木性的倾向终将通往不可能。“极端之**恶**”这一整个游戏都不应被拟人性地、人类学般地，甚至实存性地理解。它从向人类发出召唤的**世界**展开，两者皆被某一破碎的圆环包围。所有诸世界之世界的存在样式，就算以封闭的方式来看，都不可避免地敞开并重聚在自己的摇篮与墓碑处：**世界**给予并从人那里收回后者所接受与拒斥的东西。同时，一切都好像是**世界**在弥补其生成为世界——人的世界——的“过失”那样发生了。

对**世界**的理解并不根植于对自我的理解。反之亦然。“关系”先于二者。人提出了世界之游戏（jeu）的问题，而世界则把人当作赌注（enjeu）。任何为了回撤到自我（le moi）与自性（le soi）而做出的减少投入都会受到那些制约与超越它的事物的严厉惩罚。“人的原初关系为何？”这一发问是离题的，这是特殊化该问题而死板地加以理解。从一开始，人就同世界 / **世界**与自身处在某种关系中，该关系随后得到了技术—科学性的解释。但这并未排除在世 / **世**之在（être au m/Monde）的困难，反而加剧了它。[①] 人作为诸整体［集合］之**整体**［**集合**］的必要组成部分的这段距离是难以避免的。平衡、秩序，与无序、危机与临界状态的断裂，均介入了人的存在与生成的游戏。当

① être au m/Monde 即海德格尔术语“在世之在”（In-der-Welt-sein）的法译。

一切崩溃［脱根据化］，当紧握无物的畏（angoisse）开始占据主导地位，当视域发生变化时，这一切都与简单的抑郁状态大不相同，它再次将人送回到世界 / **世界**。[①] 人拼命地寻求救赎，寻求“他 / 她”那谜团的解决方法，即寻求某种假设。他 / 她原初的无能，对过失、分离及恶的感受，生活中挥之不去的痛苦，加上对生活那难以克制的、使人着迷的欲念，使他 / 她始终处于等待的姿态，使他 / 她希求某一“承诺”的实现。提供给人的唯一假设便是**世界**。［除此之外］无人也无物会去爱他 / 她、理解他 / 她，简言之，按照他 / 她所愿望与畏惧的东西来纠正他 / 她。我们只能在个人与社会层面援助他 / 她。他 / 她的缺陷——他 / 她的缺乏——他 / 她的伤口、创口，以及苦难，都是最初的、不可弥补的，和终末的。诸人际关系同时是与**世界**的关系，这是世界上最为困难的“事情”。为什么？因为对于我们自己、对于诸世界的存在与事物，以及**世界**“自身”，我们还没有准备好一种可称作友善、充满张力，但不施加控制、不表现占有欲的态度。即便是激动的同志情谊，或是慷慨的体恤，都还不够。在世界这出喜剧的废墟中，绝非必然地，只有一种致力于彻底超越爱欲（éros）和圣爱（agapé）的“态度”，才能跨越日常生活与非凡时刻。[②] 友爱（philia），即所谓的“友善”（amitié），它是否能克服以下事物的重量：复仇与怨忿、占有的诱惑，以及中止“存在”与“时间”的欲望？这并未言明。

2

人是，且始终是世界的一块碎片：引发**世界**之问题的唯一碎片。人被大规模地、小心翼翼地切割出来。［这其中］既有规定他 / 她的机制与物理—化学过程，又有他 / 她自己的遗传性［发生性］“编制”及驱动力（我们过去更常将其概括地称为本能）：他们以生命为目标，他们也以死亡为目标。有与周围的物理、社会性世界不断的相互作用［游戏］：这是有机—心理主义

① angoisse 即海德格尔术语“畏”（Angst）的法译。

② agapé 一词源出希腊语 ἀγάπη，指最高形式的、无条件的爱。

与环境的恒常交互，我们在其中不再能很好地分离出先天与后天因素。有那由感性接触所供给的人的感觉（sensations）：欢欣或是不快。有被想象力及其幻想所过度规定的情动。（欲望总是产生幻觉。它不断地使我们偏移方向［déporte］。欲望永远达不到它的目标，它恒常地到达［porte］别处。）有“来自”其情绪的感知（sentiments），后者使其开始或停止运动。[①] 有被前定为其行为之驱动力的意志。有属于分析知性（entendement）的反思。有他/她与他们的理性，后者或多或少是，虽然常是更少，综合性的、组织性的。有其朝向**一切**而清晰表露的思想。在这一整体建筑中，向上与向下的路径或是完全一致的，或是绝然不同的。因为还有最重要的涌现（émergence）。在这座大厦内，人无法超越那些含糊物与矛盾物，两可物与多义物，以及在“一切”之前与之后的多维度物。他/她所怀揣的多维思想从四面八方怪奇而令人目眩地压倒了他/她。

人被“存在”所拥有，而不是被抛的所有者，人在自己肉身性（corporéité）（而非其肉体［chair］与身体［corps］）的深处、在其精神生活，其智性及其反思性的深底中跌跌撞撞。他/她的“内心”（intrapsychiques）冲突不仅仅是内在于心的。他/她是如何整合自己的肉身性、精神，以及思想，并接纳他们，朝超越（dépassement）、**世界**敞开呢？因为他/她不具备“人的条件”，[②] 所以人，或更确切地说是通过他/她而得以开展的游戏，沿着某一既不前进、亦不后退道路而通行，后者追随着“**一切**”的诸螺旋［所建构］的螺旋中的那一个螺旋（une spirale dans la spirale des spirales du «Tout»）。一道奇特的帷幕（écran）仍留在人与……什么东西［之间］？若是更彻底地，那么这一问题会是：这道帷幕是在什么与什么之间实存呢？诸交叉游戏中的哪一个游戏（jeu des jeux croisés）能同它对应呢？所有游戏难道不都是在**相同**中游玩并使差距（écarts）得以显现的吗？星辰的闪光栖居于并激活了人，而后者同时是活着的、死去的、幸存的。面对**世界**的诸存在与诸事物，他/

① 感知（sentiment）与前文中感觉（sensation）的区分在于：前者是对所予物相对模糊的认识，后者是对感官所造成一定刺激而得到的现象。

② 此处“人的条件”这一表述同阿伦特著作《人的条件》的法译书名一致。

她发现自身所面临的是自己那同**世界**的有限性“对话”的有限性。人不是某一存在论或某一基本人类学[①]的根据。他 / 她无法以自身为基底，也无法在自身之上建立基底，因为这样他 / 她会无宇宙地（acosmiquement），或在任何事物上建立自身的基底。人是无底（sans-fond）的玩物、深渊的玩者，摧毁技术集置的建构者，他 / 她既非宇宙的阿尔法或欧米伽，亦非驯服宇宙之人或“一切皆是”[一切的存在]的统治者。[②]他 / 她既不能说“我的王国即世界”，也不能说“我的王国非此世界”。因为并没有王国，**世界**也不实存。

人与世界是语言与思想的“存在”，也是语言与思想的“他者”。人作为世界 / **世界**之游戏的伙伴而实存。他 / 她同神性或其世俗代理者保持着谜一般的关系，且永远无法从自然中获得解放。他 / 她沉浸在历史中，生活在社群或社会中，同诗歌与艺术保持着某种模糊的关系。

如果人寻求的是“死”，但仍执著于“生”，如果他 / 她把自己的生命当作死亡的场域而把死亡当作某种跟自身（非实存主义意义上的）实存相比微不足道的东西，那么我们除了深思熟虑地学习如何使冰川稍稍冒出那一丝更为友善的温暖外，什么也做不了。友善同样是随着时间的推移而展现的——希腊人（从亚里士多德开始）称它为友爱——它能将“人”同诸存在、诸事物，无论远近地，在某一充满矛盾的运动中联系起来，这一运动会从同情（sympathie）这一简单的感受——尽管它没有那么简单——通往所谓星辰般的友善。这种友善没有作为掌管、占有、屈从，与怨忿[③]特征的，那尸体般的僵硬或是过多歇斯底里的震颤。人（*anthropos*）的命运，他 / 她那同总体性有关的那一部分的命运（*moira*），是在某一广袤的、生产性的同义反复中运动的。除了无用的冷漠[冰凉]或受神经支配的过激[过热]，这个人难道就不能在这台相同的熔炉中（不带反动性的犬儒主义地、不带理想化的浪漫主义地）朝同义反复与非同义反复之物敞开吗？存在—神—学[关于神之存在的逻各斯]已整个地倾泻为人类—学[关于人的逻各斯]了，这激怒了

① 原文中作 anthropologie fondamentales，疑为“基本人类学”（anthropologie fondamentale）的印刷错误。

② 阿尔法（alpha）与欧米伽（oméga）分别是第一个与最后一个希腊字母。

③ 原文中作 resentiment，疑为“怨忿”（ressentiment）一词的印刷错误。

主体性意义上的人，［毕竟］自文艺复兴与笛卡尔以来，人的主观主义［主体论］——同客观主义［对象论］一道——通向了自我中心主义、心理主义，及自恋主义。人也正是从那里开始溺毙的。现代与当代人的窒息［停滞不前］(asphyxie) 在某种程度上是必要的，因为这会使另一种（关于人及元人［métahumain］的）游戏自证（faire ses preuves）并经受来自否定之物的考验（épreuve）。人同生产性的、毁灭性的否定性的关系并未超出某种梦游状态。关于咬［痕］(morsure) 的问题并没有得到足够多的认识，而当它成为疑问对象时，它是以“抽象”观念之名而来的，它切断了同生活的关系，或以某种过于“具体”生活的名义切断了同思想的关系。[①]然而，人不能躲在自己的小世界里来逃避大**世界**。

3

爱欲的运动，它由连接性的爱欲激发，却无法免于针对自身或他人的侵犯，还有那由毁灭性的死欲所激发的运动，他们不都是通过分岔与组合而建构人类生活的基本所予的吗？弗洛伊德的这种看法仍旧是非常狭隘的，或者说，“非宇宙性的”，即，对**世界**（其中男人对的是女人，而女人则包括：母亲、姐妹、妓女、妻子、友人、女儿或她们的替代物）没有充分敞开。男女间正进入某种混乱的阶段，其中，我们不再能很好地认识自己、伙伴，或敌

---

① 关于“咬［痕］”一词，可能出自被阿克塞洛斯誉为写作“行星世界之诗歌”的兰波（Arthur Rimbaud）题为《怕什么》(Qu'est-ce pour nous，mon cœur［...］) 的作品中：

> Tout à la guerre，à la vengeance，à la terreur，
> 将一切投入战争，投入复仇和恐惧
> Mon Esprit！Tournons dans la Morsure：Ah! passez，
> 我的精灵！让我们回头猛攻！［我们在这些**咬痕**中痛苦地扭动］
> Républiques de ce monde! Des empereurs，
> 啊，去吧，什么世界共和国、皇帝、
> Des régiments，des colons，des peuples，assez!
> 军团、上校、人民，够了！

中译参见兰波：《兰波作品全集》，王以培译，北京：东方出版社，2000 年版，第 145 页。方括号内为根据文意修改的译法。阿克塞洛斯认为，兰波的诗首肯了虚无主义的胜利，它既是关于技术时代的行星世界的诗歌，也是关于绝对主观主义的诗歌。参《兰波与行星世界的诗歌》(«Rimbaud et la poésie du monde planétaire») 一文。

手。（女人在破碎中、在思与非思的游戏中，注定要了解某种解放与假设。）我们不知道菲勒斯中包含了什么更具相关性的东西——那总是被幻想的东西——某一原初、基本的能指，它共同规定了所有的幻想及其结构——智性的或其他——并同力（force）、权力意志等概念有关。而无人拥有它的事实并没有为我们打开新的视域。至于通向死亡与确实死亡这点，则几乎没什么可说的：我们假装避免它，却又假装冲进其中。而随着人这一存在越来越多地消失而非死亡，该过程也强加了某种沉默——或某种不同的语言。

人的“存在”由诸感官与感性建构；情动、感受与意志；最后则通过其智力与思想［而建构］。在这种三位一体论中，三个来自灵魂或（古老说法中的）普赛克（psyché）而相互关联的维度，同可感与可知的二元论结合，在根本上仍保持未思。没有它，我们就无法运作，但有了它，也不行。人的身心（与心身）统一体无法同其精神—社会统一体分离，当然与诸杂多化的显现共有一个根源，但我们未能道清这些显现。且这一根源仍旧是深埋的，其相互连接的分枝同其根部的交互几乎无法清晰得见。我们还要为此“添加”一条事实：人、历史、社会三者间如此紧密的联系——不仅是联系——仍然是被遮掩的。同样如此的还有基本结构与历史之未来间的游戏。我们热切地渴望统一，但，同样在这广阔的领域中，差异一旦得以消化，就很难再把握统一性与特殊性了。

行路的人无法还原为自身的任何成分，就连人类学的组合都被证明了是不充分的。人的“所是”也无法还原为其生物学本性的规划、心理的冲突，或是文化的预成。而这绝不意味着人同样不服从于这些有力或无力之物。人的游戏——而非其本质的游戏——只能通过数次转化而生产性地插入他/她所属的**世界**中才能稍稍得到理解。如果说我们“缺乏”对人的界定，这是因为“事实”在于，人并不在自身中或通过自身而实存，他/她或多或少是单独的，但仍旧是**世界**的建构部分之一。而这并不意味着世界是人的补充或人是世界的补充。人—与—**世界**，通过滋养并扰乱诸世界，以某种隐匿的方式显现自身，使诸存在与诸事物在那并不实存的**游戏**所带来的震颤中，通过回撤而得以展现。但是人会说话、思考、行动、省略。可所有这些言语、思想、行为都未能实现。人的世界往往是非世界的、非人的世界。远离各种慰藉，远离各种救赎的承诺，人应当学习——为什么？——忍受“其”实存的严酷，后者则同灾难并置。最为困难的事情中包括用克服了心理主义陷阱的语言，在不含唯心主义、道德主义、犬儒主义、唯物主义的情况下进行人与人之间的交谈。这无需证明人类生命的平坦持存性。在这个主体性加剧而达到社会化的时代（époque），我们往往过多地谈论人，将其置于过低或过高的位置。人是处于中间的存在。行星纪元（ère）里形成中的“后现代性”并没有显著地改变人的形象与做作的姿态。思考着的思想，尤其是那怜惜人或抬高人的、被思的思想似乎愈发错过了人，后者倾向于忽略他们，不再那么地需要他们。我们离自己是如此遥远，这种情形搅乱了一切。人的家园无处（partout）不实存，但它又尤其（surtout）不在任何地方实存。即使它能够去戏剧化，后者也无法在没有冲突的情况下栖居于某一地点或属于某一时空的时刻。漫游着，人以建造却又离去者作为形象，而与其说他 / 她是一次或多次异化的受害者，不如说他 / 她受非存在影响，以更为激进的陌生感作为特征。世界 / **世界**那奇特的焦点是人，这意味着后者永远无法完全地克服其异位性（atopie）；他 / 她仍旧是个陌生人。一道鸿沟也将每个人同其谋生与繁荣所需的他人分开。由于我们无法将人从世界地图上删去，那么最好不要使其陷入地狱的边境（limbes），也不要将其置于云端。人在世界上并没有预先规定的位置，因为他 / 她并不与任何事物相同：他 / 她既是自己，又是别的东西。人触发又屈服于几种权力。其活动范围延伸得很远。但是更应该说人属于世界，而非世界属于人。人的世界之所以是世界，不过是因为人在世界之中。故而，人对应着世界，但没有迹象表明这种对应发生在某一优先的位置。以这种方式时代性地悬搁（épocalment suspendu），[①] 人必然在朝向漫游（errance）而敞开的世界 / **世界**中漂泊（erre）。此外，人与世界的关系——且不仅仅是关系——并不支持明确的解释。由人而来的一切，由他 / 她而来的——彼与**彼**——都需要人“而”使游戏可能。人既不是那个玩者，也不是

① 关于此处的文字游戏，参《世界》一章。

那个玩物。他 / 她同时是游玩与被玩之人。仿佛超越了存在与非存在，一切与无物。

4

最终成为世界历史（histoire mondiale）的世界之历史（histoire du monde）构成了人类所有努力的基础。在向人所揭示的一切中，通过他 / 她在行路中生产的东西，人与世界具备某种相互性。他们之间那相互的、在某种程度上共通的游戏——作为普遍而共通——既不服从于某一不变的或移动的结构，也不服从于某一流动的生成。包含人之世界的**世界**之世界可被界定为非过程性的过程（procès non processuel）。在这一过程中所表现与遭背叛的游戏无法在积极或消极意义上由人来决定。自开始便被“决定”并保持不可决定状态的“**游戏**”扰乱了所有人—与—内世界的游戏。从被界定为理性动物、病态动物的人，到超人那幻想性统治下的高官与普遍技术，某一相同的游戏与人的个体、社会生活的朴素性共享节奏。似乎在这游戏中，先前的阶段预设了之后的阶段，而后者在抛弃他们的同时，重设了先前的阶段。人，通过大量却能加以概括的变形（transfigurations），而被疏远、被践踏，被迫演化。人同自己与世界 / **世界**都保持距离，其存在总是处于缺乏与苦痛中，处于剥夺状态。[人] 也处于广袤的平原与繁星点点的时刻。他 / 她有着屈服于生产性陷阱的趋势。各人之间的差异可以忽略不计吗？所有人都同其他人 [所有世界]（tout le monde）一样，每个人都是个小世界。

无论是唯心主义的历史逻辑学与哲学，还是实证主义的历史逻辑学与社会学，都没有解决人——作为历史性的存在——在世界中的问题。更不用说其他混合性的、附庸性的尝试了，[他们] 什么都没有揭露。**世界**之历史的“第一”阶段：自然的“历史”，及其后续：人的历史，将人的历史插入自然的历史与世界的历史中，这一整个“过程”始终是某一无法被归纳性地或辩证性地译解的游戏的一部分。或许是因为它同译解无关。如果说人仍然是个谜，就是说**世界**本身就是谜。

人是**时间**的节点，他 / 她怀揣着连续物与非连续物，永恒与变化。朝人流过的是尚未完成的过去、当下（不仅仅是实现性的当下），以及未来（其悬搁已全时性地处在那里了）。人可以打开**时间**的诸维度，而他 / 她很少这么做。时间对人来说是如何流动的，是如何在其整体性与游戏中保持静止的？当未来那已然逝去的一部分注定要成为过去时，遗忘是如何且为何不单单——或主要地——击打过去，也同样击打当下的呢？即使时间被赋予了极端可塑性，只要它尚未统一三维性地（uni-tridimensionnellement）——不含占有意味地——被经验或被思想，那么也没有思想能使我们诗意地经验时间的全部游戏。因为在世界中，时间并不是其中一个为人实存的事物。时间挑战我们并缔造我们、建构我们并摧毁我们，使我们成为人——成为新生与濒死之人。为了将自己建构为时间与时间性，它“需要”人。时间并不为我们展现，但没有我们便没有它作为时间的“是”；它向我们展现自己的游戏。人—的—历史，不仅仅是嵌入世界—的—历史中的，更是谜一般的。时间与时间性、生成与过程、历史与历史性命名了其各自为三维性的三个维度中的每一维度，并且赋予每个维度及其每一时刻以节奏。这种统一三维性的游戏，无论在何种初始与最终时刻，都不会在某处“开始”，也不会在某处“停止”。时空的游戏亦如此，它是**世界**之游戏的敞开，它朝世界中的诸游戏敞开，使人出现、消失。

5

人不是在一方面对立于宇宙性自然，另一方面对立于历史性社会的个体。人——而非个体——不仅从宇宙中涌现、从**世界**的视域中涌现，还从社群与社会中涌现。只有在那时，“个体”才会由集体所粉碎，这是应当的。至于人的“自由”，则说来话长了，它是没有源头、框架，或终点的。人（或所谓的“人”）尚不成熟，无法译解它。所有用来证明人之自由的作品，所有用来证实诸规定之机制的诱惑与尝试都从根本上歪曲了某些东西。人会因此在这两极间漂浮吗？当然不。人从属于物理—化学性规定，他 / 她遵守身体—心理性命令，他/她将自己置身于心理—社会性环境中，他/她对历史时刻做出“回应”，所有这些都是毫无疑问的。但人也是言说着的**世界**/世界之回声。因此，相对于那积极地与/或消极地朝我们而来的东西、相对于强加于我们的东西，自由包含有最大可能程度上的敞开性。必须努力以富有成效的方式同自由相关照，不以轻浮的态度对它，就要排除偏见。人们如此珍视与歌颂的那种自由，却进入了沉默的时代。

一切所是之物的基础、根据，以及其坚实的土壤，自现代性发端以来，都是那被解释为主体的人——他/她的主体性不是心理学上的——自我（moi）或我（je），即*ego*。在某种意义上，它同人的形而上学性建立有关，这在他/她同神圣真理的联系中［显现］——通过巨大的妥协而来的联系，而这种妥协从未被强调过。此外，自身同对象性相关的主体性（反之亦然），它同人的联系也未得到思考。自利与利他的联系也是如此。然而，*ego*与（资产阶级社会的）利己主义、集体与（梦想着共产主义的社会主义性）利他主义并没有离开其共通的辖域：人——即ego、主体，同对象性相关的主体性。主体性建立了对象性，并认为自己是对象性的。人的存在被理解、解释为**世界**之存在的根据。笛卡尔以我思（ego cogito）为我们提供了主体性的第一个存在论与人类学，它同广延物（res extensa）既是伙伴，又是对手。这个ego被想作有意识的，它所处的时代是（伟大）个体的时代——康德提出了先验自我。黑格尔认为（绝对）主体是绝对精神未来所在的地方。马克思在一般化中发现了对象性主体的社会化，即集体性，它既是所是之物与行生产之物的“根据”，又是通向未来的道路——它是人的作品，但人又注定被超越，成为超人，成为地球的主宰。弗洛伊德发现支配本我与超我并侵入自我的无意识力取代了有意识的自我。最后，基于（或多或少属人的）此在，海德格尔使人成为存在（Sein）的牧者与虚无（Nichts）的代表。主体性的历史似乎像那么一回事了。

在主体性开始终结且将持续下去的时代，伟大的个体性不再生效了。常人与要人都历史—全球性地衰退了。无论我们如何去“思考”意识，它也不再生效。那剩下的是意志吗？权力意志与意志的意志？它们也受到了严重的损毁。极端的主观主义正通过它自身的一般化与激增化而被“超越”。自恋般的溺毙与社会—共产主义性的主观主义开始缓慢地变得可见。人再也站不起来了：[由于]他/她自身中的复多性，他/她崩塌[没有根据]了，这不是戏剧性的崩塌，而是愈发平坦的崩塌。社会与诸社会步履蹒跚。但我们仍继续着，我们重新开始。要获取同社会化的主体性相关的场域并不容易。一切，以及**一切**，压倒了无法分为个体与社会的人。尽管，不可否认，人离不开历史性社会。然而，这并不是救命稻草。它也不必是救命稻草。

尽管受追踪并被打碎，但人仍渴望——正因其破碎性——一种身心健康，虽然这种健康使其厌烦。在诸人的社会中，人的这种心理功能的、心理身体的、心理社会的健康需要某种融合（insertion）才能获得与征服——而这种融合却总是批判性的、充满冷漠的。社会本身共同规定并过度规定了诸人的烦恼与弊病。这是不可否认的事实。然而，借助其所有的形式与改革（réformes），它又是“不可逾越的”。略显激进的、不仅是民间传说中的离经叛道之举，迟早会出现在法院、精神病院，或是太平间。它不仅是社会中的一种生产性融合，更是对世界与**世界**的一种充满友善的关系。（如果你的思想支持，那它就是场革命；但它同样会导致妥协。于是革命不再能降临到具有先进技术的国家上。）人是相互依存的。毋庸置疑的是，没有存在就无法实现同存在的总体性的关系。在爱中、在同志情谊中、在友谊中都不可以。这种关系是我们拼命寻找却又无法得到的东西。每个存在都由其界限所包含。社会只是主体性在自身那令人窒息的界限中的一般化罢了。我们所假定的**社会**绝不会超出社会化的（对象性）主体性的界限。因为，要么社会是所有所是之物与所有已是之物的辖域：在它之外没有任何东西；要么社会不过是个供活死人在其上行动的舞台。历史力的“相对自治性”问题不管如何都被回避了。在谈论社会或社会这样的东西，以及这样一组成果的集合时，（从一开始就被当作社会性的）生产或事实都处在了不恰当的位置。

在这一点上，人与社会都在并都由主体性的钳子所束缚——这种主体性是存在意义上的（ontique），更是对从（“个体”—与—“社会”）主体性开始的所是之物的中心与结构进行解释——在这种语境下谈论个体与/或集体的解放不过是个圈套。这也是个让我们相信其他不可能的解放的圈套。只有更大程度的自由化、某种缓和，才是可能的。强加于当下系统的任务看到了这不仅仅是个理论化的问题，而同样是实践化通路与死路的问题。

对生活的经验，同生活的游戏正继续着、壮大着、增强着。世界的自我发展（人类—存在—学的）（anthropo-*onto-logique*）与人的自我发展（存在—存在论—人类—学的）（onto-ontologico-*anthropo-logique*）“之间”的游戏在我们这个时代还没有被推到任何地方。结果：**世界**仍然是没有人的世界，人也仍然是没有世界［的人］。于是有了那些关于必然与自由的措辞。人在其世界——这一朝**世界**敞开与封闭的世界——中的生活似乎排除了某一结果，某种根本的一致性。[①] 即使在那些寻求一致性的地方，人们也小心、愚蠢地避免把它自己的原则应用到自己身上。因此，巨大的（关键的？）谎言与那些小谎言占据了统治地位。因此所有的理解（无论带不带引号）都穿过了误解的链条。人依然是近似性的、半色调的存在，没办法在水平线上清晰地描出自己。他/她活在那从未“完全”阐明的事物中。此外，人已是如此地泄了气，以至于有必要——如果他/她接受并能忍受的话——用**世界**的阀门来给他/她充气。而至于那厌倦了以强弱交替为内核的游戏的人类性，则“必须”承担“其”历史—世界序列的失败［棋子］（échecs），以做出下一步打算。大人的身下总是藏着惊恐的孩童。没有什么能拯救他们巨大的痛苦或某种悲伤。在世界/**世界**那不和的和弦节奏中，生活与运动需要一种难以令人接受的开放性。

① 原文中作 une cohérence radicales，疑为“根本的一致性”（une cohérence radicale）的印刷错误。

世界、游戏、行星
——试析阿克塞洛斯哲学的三大核心概念及其关联

陶宇杰

阿克塞洛斯（Kostas Axelos，1924—2010）对许多人，尤其是中文读者来说是个陌生的名字，主要原因是这位希腊裔法国思想家的活跃年代同德贡布所谓法国知识界对三个“H”与三个“怀疑大师”的追捧热潮以及法国哲学的结构主义转向几乎重合，而汉语学界在尚未厘清这些大师的足迹前，不曾有精力去挖掘这个思想矿井中的其他宝藏，哪怕后者距离那些耀眼的名字仅一步之遥。虽然阿克塞洛斯确实参与并且开拓了涉及这股热潮的绝大部分哲人的思想——但他的解读往往同主流“背道而驰”，再者，他在生涯中最为关切的仍是前苏格拉底时期的智慧，尤其是赫拉克利特，后者的生成思想也成为阿克塞洛斯思考最前沿问题（技术、行星等）的基础。阿克塞洛斯将自己的主要作品分作三个三部曲：《马克思，技术的思想家》（*Marx，penseur de la technique*，1961）、《赫拉克利特与哲学》（*Héraclite et la philosophie*，1962），及《朝向行星思想》（*Vers la pensée planétaire*，1964）构成了“漫游的展开”；《世界的游戏》（*Le jeu du monde*，1969）、《为成问题的伦理学而作》（*Pour une éthique problématique*，1972），及《逻辑学手稿》（*Contribution à la logique*，1977）构成了“游戏的展开”；而《一项研究的诸论题》（*Arguments d'un recherche*，1969）、《世界的诸视域》（*Horizons du monde*，1974），及《赌注的问题》（*Problèmes de l'enjeu*，1979）则构成了“探询的展开”。在本文中我们将主要围绕前两个时期代表“漫游”与“游戏”之展开的核心著作《朝向行星思想》与《世界的游戏》，来分析其哲学的三大核心概念——世界、游戏、行星——及其关联。

一、世界

阿克塞洛斯的主要研究对象是诗意的古希腊哲人赫拉克利特、“技术思想家”马克思（这也是我们所说的，同主流解读背道而驰的最好例子），以及召唤思与存并追问技术的海德格尔。这三者思想的共同立足点是“通过人类（humain）同自然的关系而界定人（homme）”。[①] 进而，作为关联并有所拓展地，他开发了诸如世界、游戏、行星（或漫游）等概念，以加深对这些哲学家的认识，从而得以建立自己原创的思辨体系。不仅如此，因为阿克塞洛斯能够熟练使用法语及德语进行写作，加之其希腊背景，欧洲哲学乃至西方哲学在他的身上产生了混成但不混淆的化合反应。本文所涉及的三大概念具有紧密的联系，若要进行分析，我们只能暂时地将其中一个概念置于优先地位，由其进入阿克塞洛斯的思想领地。在此我们选取一切存在的活动场域：世界，作为突破口。[②] 当然，我们应明确：这三个概念并不必然呈因果关系，也不存在谁被谁统摄一说。

在渊源上，一方面，如同巴门尼德，阿克塞洛斯认识到世界是同时在场与缺席的、难以把握的，也即，尽管“对我来说一切皆一，无论从哪一点开始，因为我将会再返回那里”。[③] 但我仍要问：“［它］是存在还是非存在？……而所是之物如何能在将来存在，它又是如何生成的呢？”于是，可以说：“所是之物是相互联系的。而且，所是之物不变地处在巨大锁链的界限之内……所以所是之物不应当是不完全的。”[④] 那么，巴门尼德所谓存在的

---

① Henri Lefebvre，«Le monde selon Kostas Axelos»，*Lignes*，vol.15，no.1，1992，pp.127—140.

② 我们很难说阿克塞洛斯的思想是种形而上学，因为他已明确指出：“形而上学哲学未曾思考的，甚至疏远的是关于世界的问题”。参见 Kostas Axelos，*Le jeu du monde*，Paris：Les belles lettres，2018，EPUB，ch.II，para.353。

③ 巴门尼德：《巴门尼德著作残篇》，李静滢译，南宁：广西师范大学出版社，2011 年版，第 77 页。译文有修改。

④ 同上书，第 85—88 页。译文有修改。

一，对于阿克塞洛斯就是“生成为支离破碎的、碎片化的总体性的多维、敞开世界的存在”。[①] 另一方面，如同赫拉克利特，阿克塞洛斯的立场是兼具实际体会与洞察力的旁观者。他会在触碰河水后，思考河水的流逝；只不过他所面对的是最寻常却最艰深的课题：世界。世界那反复交错的赋魅与祛魅游戏使人们对世界本身的界定犹豫，但对于阿克塞洛斯，这种问题不过是来自我们并未认识到真正的大写世界——这种世界是“一切”(le tout)，或总体（totalité），而非更大整体中的一个阶段性全体（un tout），或整体(ensemble)。整体不是总体，前者只是种集合，并不总是会行总体化或统一化，而阿克塞洛斯的写作目标恰恰在于促成某种碎片式（同时为“支离破碎的、碎片化的”）总体生成之可能的过程。

从表述看，有两个等效于“世界”的词语：monde 与 globe。monde 源自拉丁语 mundus，后者则转借自古希腊语 κόσμος，即 kósmos；globe 则源自拉丁语 globus，指球、球状物，它没有希腊语参照（却是时下的热词）。显然，阿克塞洛斯所处理的是内涵最大化的 monde。但值得注意的是，kósmos 的首要义项是秩序，其次是样式，接着是荣耀，而我们所熟知的世界、宇宙等含义则排在这些解释之后。对于古希腊人，宇宙即世界，宇宙因秩序而获得基底。而对于阿克塞洛斯这一继承了鲜明古希腊“风骨”的思想家，宇宙论指的就是广义世界的秩序：即，在承认思想本身迭代的同时，协调他们所构成的体系，以使对世界本身的认识具有最大效力。诸世界最终会生成为一个大写世界，后者即动力因与终极因相交汇的恒久统一体，它将以游戏的形式彰显自己的动态性。世界的创造性源自其中诸事物与作为基底本身的世界之间所蕴含的同一与对立。因此，世界是“在时间的生成中，属人且支离破碎地向人展现自身的，关于一切事物那至高的、总体的、敞开的视域”。[②]

阿克塞洛斯为这样的世界赋予了一个全新的名字：“彼”(Cela)。“彼”

---

① 这一略显冗长的表述（l’être en devenir de la totalité fragmentaire et fragmentée du monde multidimensionnel et ouvert）常出现于阿克塞洛斯的各部作品中，这是他对世界所做出的总括。

② Kostas Axelos，*Vers la pensée planétaire*：*Le devenir-pensée du monde et le devenir-monde de la pensée*，Paris：Minuit，1964，p.34.

就是生成为总体性的存在所属的世界。海德格尔在《关于哲学的规定》中写道："生活在周围世界，对我而言就是生活在各处，万物总是世界性的，'它世界'，这同'它评判'并不重合。"① 此处的"它世界"（es weltet）的法译为"cela mondanise"，阿克塞洛斯将其化用作指向我们所经验、体悟的世界本身的东西。为什么不能明示"彼"？因为，世界首先是难以指涉的（我们总是朝大写世界的某一优先地位敞开，反之亦然），"彼"不同于"此"（ceci），前者天然地具有指向远方的意味。其次，"彼"并不是个专名，它反而是无法用专名表示的总体，我们只能窘迫地用"彼"来稍稍抓住那转瞬即逝的漫游之物。最后，"彼"以略带讽刺的口气批判了那些总认为实在性肯定在别处（反对所见即所得）的人：他们总是追求别处，而忽略了眼下的、脚下的那个大写世界。对于阿克塞洛斯，真理与实在性皆为普遍、寻常之物。这不仅响应了赫拉克利特，而且是海德格尔式"世界世界化"（die Welt weltet）那天才般的改写。② 对他们而言，世界无需外物，便已自在地生成为世界本身。

阿克塞洛斯的世界概念有三大特点：其一，世界与思想相互依存。《朝向行星思想》一书的副标题是"世界的生成—思想与思想的生成—世界"，这呼应了马克思在其博士论文中的观点："哲学变成了世界性的，世界也变成了哲学性的。"③ 然而，该论断并不意味着哲学与世界会逐渐演变成对方，而是指哲学与世界间难以分离的状态，如此说来，二者的关系是既无开端、亦无终末的。世界与思想都会是问题，所以区分二者实无必要，因为他们是同种的（congénères）。④ 但阿克塞洛斯有时仍会表现出思想由世界所引导的价

① Martin Heidegger, *Gesamtausgabe*: *Zur Bestimmung der Philosophie*, Frankfurt a. M.: Klostermann, 1999, p.73. 另外，阿克塞洛斯同许多当代法国哲学家一样，很少在文本中直接说明思想来源。我们往往只能根据他（们）在措辞上留下的蛛丝马迹而小心地进行回溯。

② 海德格尔：《林中路》，孙周兴译，上海：上海译文出版社，2004 年版，第 26 页。

③ Karl Marx & Frederick Engels, *Marx & Engels*, *Collected Works*, *Volume 5*: *Karl Marx*, *1835—43*, London: Lawrence & Wishart, 2010, p.195. 马克思认为哲学的命运是实在化自身，将自身投入实在性中，生成为真正的实在性。

④ 我们所指的"问题"是布雷耶意义上的"哲学始于宇宙自发意识的成问题化"。参见 Émile Bréhier, *Études de philosophie antique*, Paris: PUF, 1955, p.12。

值取向。[1] 作为神圣逻各斯的神，作为宇宙秩序的自然，以及作为漫游（见后文）起点、中项、终点的人，这三个由人自身构想的思想契机，必须回到世界而获取方向/意义（sens）。其二，世界有种向无中心运动的趋势。阿克塞洛斯在晚年的一次采访中指出，如今的全球化（globalization）指的是技术、文明、文化的普遍化过程。这种过程把世界（monde）视作物理的、历史的、经验的、理论的全体，而使其失去了敞开的本质。[2] 或说："全球化是在各处强加相同的交换系统。……行星处于他异性的种类中，它属于另一个系统；而我们通过租借的方式栖息其上。……行星—思想敞开自身，拥抱对这些名字那数不尽的分类，后者包括但不等同于人类普遍性的整体范围。"[3] 欧洲中心主义的发展壮大不能说同"我思"这一思想史上根本的地位转换无关：在笛卡尔将自我确立为思想上的阿基米德点后（也即，主客之分作为现代性产物，仿佛主体性是人本就失去的东西，人不仅要夺回主体性，还要还其"自由"），人便将自己摆在了宇宙中心的位置。由此，人自身不动，而除人以外的一切都围绕着他而动，人根据那些在观念中围绕他而动的东西进行不同的思想处理。阿克塞洛斯尖锐地攻击了这种传统，说："人不能躲在自己的小世界里来逃避大世界。"[4] 故而，其三，这种世界揭示了人的际遇。阿克塞洛斯的世界揭示了后者非世界（immonde，亦指不洁、卑劣）的一面：人，这个最为显著的"是者"，要把自己看作固着于地球的存在者，人努力地在通过地球系统而得以幸存。[5] 所有人都是背井离乡的存在，他们都在自己的家园里遭到流放，成了异乡人、成了没有国籍的人——漫游者，即行星

---

① Kostas Axelos，*Introduction to a Future Way of Thought*：*On Marx and Heidegger*，trans. Kenneth Mills，Lüneburg：meson Press，2015，p.165.

② Kostas Axelos，"Mondialisation without the World：Interviewed by Stuart Elden，" *Radical Philosophy*，130（2005），pp.25—28.

③ Gayatri Chakravorty Spivak，*Death of a Discipline*，New York：Columbia University Press，2003，pp.72—73.

④ Kostas Axelos，*Systématique ouverte*，Paris：Minuit，1984，p.78.

⑤ 许多当代"自然"主义思想家都表达了类似的看法，例如，可参见 Michel Serres，*Darwin*，*Bonaparte et le Samaritain*：*une philosophie de l'histoire*，Paris：Le Pommier，2016 及 Donna J. Haraway，*Staying with the Trouble*：*Making Kin in the Chthulucene*，Durham：Duke University Press，2016 等著作。

性存在。[①] 现代性下，人的认识必须从世界之存在转向行星世界之存在。正如阿克塞洛斯所不断强调的：人属于（de）世界，但不处于（dans）世界。世界中包含了给予各人的那一世界。但“世界不仅仅是内世界存在者所组成的集合”。[②] 毕竟，“内世界的存在是如此丰富与多样，以至于它耗尽了我们的研究，而我们却从未耗尽它”。[③]

海德格尔发现了世界，世界也向他敞开，而他却仅仅在其入口处徘徊，甚至要坚决地回到一切发端的地方。阿克塞洛斯认为海德格尔从未产出过任何存在论，而是作为思考存在之场域的意义的思想家而活跃。作为世界思考的修缮，阿克塞洛斯的目标则是“试着去看那表现并不断静默自身的世界是如何在不实存、不拥有命运的情况下得到思考的，这种思考始自人与世界那统一的、犹如打结的全部关系”。[④] 为了把握这种关系，在取道“生成”概念的前提下，阿克塞洛斯在变幻莫测的世界中觉察到了游戏的踪迹——他用“玩”与“被玩”之间的辩证延续了古希腊而非现代性（自笛卡尔始，于黑格尔处达到高峰）的议题：重言（ταὐτο-λογία）辩证法。对于阿克塞洛斯，只有一个摆脱了主体束缚的“对象”，那就是异位的（α-τόπος）行星。行星处于漫游状态，漫游涵摄着某种无真理、无谬误的运动，游戏正是在这种条件下展开。甚至可以说，游戏是世界的运动方式。世界的游戏等同于时间，等同于生成。游戏没有存在论上的优先地位，每一个游戏都是独特的。由此，让我们进入游戏与世界的关系。

二、游戏

我们该从何处出发探索“游戏”这一概念？最早对游戏理论做出阐释的是赫拉克利特，他曾说：“人们不是在听了我，而是在听了那逻各斯之后，

---

① Kostas Axelos，*Vers la pensée planétaire*，*op. cit.*，p.149.

② Kostas Axelos，*Le jeu du monde*，*op. cit.*，ch.II，para.332.

③ Kostas Axelos，*Systématique ouverte*，*op. cit.*，p.45.

④ Kostas Axelos，“Heidegger and the Destiny of Philosophy，” trans. Joff Bradley，Gerald Argenton，帝京大学外国語外国文化，13（2022）pp.55—74.

才明智地赞同：万物为同一。”① 阿克塞洛斯不仅赞叹前智者的思想家竟能突破单方面视角，而总体性地把握逻各斯所统整的诸碎片，并将其带到诗意语言（而非哲学语言，即强制转化对象性语言为主体性语言的语言）中——而且首肯他们这一切视作“犹如儿童的游戏，在十五子棋中摆弄棋子；王权掌握在孩童手中”。② 古希腊人把教化称为 παιδεύω，而管儿童的游戏作 παίζω，这是当时常见的一词二义现象，我们不妨认为这暗示了游戏作为规范与偶然的结合的同时，表现了游戏对健全人格乃至健全世界的重要作用：钥匙可以开锁就有如游戏推动了世界的运作。③ 稍后，柏拉图在《克拉底鲁》篇中指出：真理是神圣的漫游。④ 这两种解读构成了阿克塞洛斯游戏思想的基础。而在专门的游戏研究文本中，我们注意到荷兰历史学家赫伊津哈（Johan Huizinga）在《游戏的人》中给出了几条用于一般游戏研究的重要判断：游戏具有自发性，或说游戏即自由本身；游戏具有自洽性；游戏自身作为秩序本身而享有至高性。⑤ 并且，神圣的知识中也含有游戏，涉及这种知识的游戏不但属于感性层面，更是对自然本身的表达。法国社会学家凯卢瓦（Roger Caillois）在《游戏与人》中承接了赫伊津哈的观点，他指出：游戏是自治体，玩游戏者必须遵从内部规则。那么，我们只有绝对地服从该游戏规则并形成伙伴圈子，才能使所玩的游戏有所意义。⑥ 换言之，凯卢瓦认为游戏是某种无法自动进行的东西，必须借助外力而使其意义延续，从而不断地开展游戏。而任何想要长久流传下去的东西都涵摄着一个悖论：它无法以不同的姿态历时流传。但游戏打破了这一悖论。作为文化学者，凯卢瓦的对这一

---

① 赫拉克利特：《赫拉克利特著作残篇》，楚荷译，南宁：广西师范大学出版社，2007 年版，第 63 页，残篇 50。

② 同上书，第 65 页，残篇 52。译文有修改。

③ Kostas Axelos，*Le jeu du monde*，*op. cit.*，ch.Ouverture，para.634.

④ “ἀλήθεια（真、真理）这个词也像其他词一样经过压缩，因为存在者的神圣运动被叫作 ἀλήθεία，ἀλήθεια 是 ἄλήθεία（神圣的漫游者）这个短语的压缩形式。”参见柏拉图：《柏拉图全集 · 增订版（上卷）》，王晓朝译，北京：人民出版社，2018 年版，第 605 页，421b。

⑤ Johan Huizinga，*Homo Ludens*：*A Study of the Play-Element in Culture*，London：Routledge & Kegan Paul，1949，pp.7—10.

⑥ Roger Caillois，*Man*，*Play*，*and Games*，trans. Meyer Barash，Chicago：University of Illinois Press，2001，pp.7，40.

现象的解释是游戏与文化相互依赖。[1] 阿克塞洛斯的看法则为：游戏同时包含了劳动与休闲；游戏代表了文明的仪式化、编码化；游戏不仅仅是封闭的——就算它是封闭的，它也是无所不包的——因为“我们进入世界所采取的路径作为游戏而展开，除此之外没有用来遵守的更高规则，这一路径同样是世界 / **世界**的游戏 / **游戏**借以到达我们的路径”。[2]

我们在前文中提及了“生成为支离破碎的、碎片化的总体性的多维、敞开世界的存在”，而根据阿克塞洛斯，这种存在若要生成，便必须投入属于总体性之契机的游戏中去。也即，使我们进入行星性场域并展开行星性思考的前提条件是对世界的游戏的认识，或说，确实地游玩上、游玩着世界的游戏。当然，在这场游戏里，人与世界都是不分彼此的参与者，他们共同建构了游戏，并使游戏全面地遍历自身。在游戏中，人与世界不再以辩证法为名而互动，他们脱离了主体与对象的关系与本性差异。实际上，人无法把握世界、时间、游戏这三个概念中的任何一个，人并没有他自己想象得那样重要。人的处境是：必须在这三者所建构的碎片中玩着内世界的、内时间的游戏。人是被卷入这个既非自身产物，亦非所予之物的游戏中的。

一般说来，存在论研究存在，宇宙论研究作为时间、空间、现象之总体的世界。如果将宇宙论与存在论置于一道，那就是要考察结成系统、整体，或集合（ensemble）的存在如何运作，即作为世界之机制的游戏。换言之，游戏同时涵盖了宇宙论与存在论的涉猎领域。阿克塞洛斯的“游戏”无所不包，它是行星思考的真正对象，好比百科全书。在世界的游戏中，必然包含了作为思想游戏的人的游戏，人的思考为世界塑造了整体与细节，并直面那同时作为问题的世界与世界所包含的诸种问题。[3] 游戏在作为成问题者的世界上展开，以敞开、开放的姿态迎接存在，进而构成无所不包的总体。在这样的总体里，伴随着视域的敞开，各种差异都得到了中立化的无差异处理，所以它们是在平面上漫游的存在。进一步地，人与世界所构成的关系，在

① Roger Caillois，*Man*，*Play*，*and Games*，trans. Meyer Barash，Chicago：University of Illinois Press，2001，pp.81—82.

② Kostas Axelos，*Systématique ouverte*，*op. cit.*，p.41.

③ Kostas Axelos，*Le jeu du monde*，*op. cit.*，ch.II，para.334.

世界的游戏中，反过来使二者成问题化到极点：荒诞、谬误、无意义等均在其中得以抒发——世界的游戏朝人闭合。但成问题并不代表混乱与无序，相反，这种总体游戏本身以连贯的方式使各种偶然性在繁复的组合中敞开。于是，存在与非存在在这种关系中失去了权威。作为无所不包者的游戏逾越了一切，以使其他所有中心不复为中心的代价成为新的中心，而它留下的记号与指示帮助我们言说这个世界（帮助我们进入游玩该游戏的阶段）。① 世界的生成过程见证了不少概念的兴衰，其中不乏游戏本身。而它们却并未能穷尽世界所游玩的那一大写游戏，即诸游戏之游戏，因为世界是支离破碎的总体，是不止于“彼”的一切，更是时间的敞开。②

阿克塞洛斯强调，世界不是空间性的包被者，它覆盖存在的形式是时间性的，也即，关系性的。而游戏一开始便同时间所给出的关系有关：时间是“携来并带走所有是者的漫游性节奏”，它从外部加诸人与世界；说时间兼备快慢，就是说时间同时具有稳定性与流通性，它充当着世界与人各自之游戏的联结者，人与世界的联系通过时间而绑定，时间因而呈现出全时性（omnitemporalité），即永恒性。③ 但相比起存在与时间，阿克塞洛斯更为侧重存在与游戏的关系。这似乎是受到了海德格尔的影响，因为后者分明在《根据律》中指出：我们通过游戏来思考作为无底的存在。④ 并且，正因为游戏并不缺乏存在理由而是无需（sans）存在理由，它才是大写存在唯一的根据（Grund）与无根据（Abgrund）。我们会在后文中说明为何行星思想必须依照这种构造来提出。此处则明确：游戏即独一（Un-Tout），它引领了行星时代。

三、行星

作为开放系统而敞开的世界与迈向总体性的游戏共同造就了本身为终极

---

① Kostas Axelos，«Ce centre du rapport entier»，*Rue Descartes*，no.18，1997，pp.99–108.

② Kostas Axelos，*Systématique ouverte*，*op. cit.*，p.124.

③ Kostas Axelos，*Vers la pensée planétaire*，*op. cit.*，p.34.

④ 海德格尔：《根据律》，张柯译，北京：商务印书馆，2016 年版，第 240 页。

问题的行星思想。世界既已参与游戏，那我们便有理由找出一个能够同时内包二者的全新维度。行星应运而生。行星是对海德格尔式世界的深层转向。行星是阿克塞洛斯的全新“形而上学”，而正因其新颖性，他用“思想”来取代飘荡在哲学史上空数千年的“形而上学”。但与其说它是阿克塞洛斯的创造，不如说它本来便在那里：在我们穷尽了思的可能性后，它还是在那里，像许多古希腊哲人所坚持的那样。换言之，阿克塞洛斯做的是调转视角、变换风格，使这一具有超形而上学风格的前形而上学视角引导我们认识行星。

行星这一概念有两个主要来源，我们将其分为词源与思源：

从词源上讲，“行星”一词来自古希腊语 πλάνης，指（尤利西斯、俄狄浦斯那样的）漫游者。从该词派生出的 πλανήτης，则指星球，即 planète。在拉丁语中也有着类似的文字游戏：planus 指平面与平坦（plan et plat）；plānus 则指居无定所的、漫游的（vagabond）。可以看出，阿克塞洛斯式行星同时涵盖了上述两个词语的丰富内涵。人所处的世界是行星，它兼具平稳与游弋的特征。而人在广义的行星理论下的发展历程，就是用思想来建构、重构世界之总体性的历程，其中一定会牵扯到人自身视域所带来的谬误。同时，克服了人类主义或人类中心主义的我们不可能彻底摆脱关于人的问题，因此进入的是呈漫游的行星而非趋中心的太阳。① 行星思想思考的是处于信步（itinérance）的“彼”，也即世界的游戏。人被卷入世界，在“是者”的意义上，他同世界是根本相异的。统摄着人与世界的游戏使这二者不得不进入交互状态。行星思想倡导一种同所是之物的新关系，并加深新旧事物间的纽带。行星思想于是成为思考的新目标。在内在性平面上，行星做规划（planification），使主体与对象随着某一超出二者的信步而动，不断地旋转以摆脱各种中心。理念、偶像、形式、原型、范式在这一平面上不复效用，起到规定作用的范畴都失去了其立论之本。② 历史上的各种思想或多或少地具有联系，呈世系关系。但我们无法讲清由它们构成的思想总体究竟是

---

① Kostas Axelos, *Vers la pensée planétaire*, *op. cit.*, p.18.

② *Ibid.*, p.47.

任意的还是必然的，而只能承认它们以不同的方式共同思考着相同之物，这种大写相同指的是生成性总体，是见证了大师们的颓败的，并使我们不得不承认一个或多个真理的漫游性本质。然而，即便在漫游中，真理与意义也是此起彼伏的，在相对意义上出现并消失，犹如神圣之火。所以，“诉说着漫游之游戏并朝行星时代敞开的行星思想只能试着去成为诗意性、思想性的最高点”。[①] 故而，行星的词源告诉了我们行星的漫游姿态。

从思源上讲，阿克塞洛斯所推崇的赫拉克利特是位关于 ποίησις（poiesis）的思想家，即，他的思想既是诗意的，又是关于创造的。赫拉克利特的语言响应了世界的召唤，借助逻各斯带来了诗歌，拉开了神圣游戏的序幕。诗意的逻各斯即作为纯粹艺术的诗歌与思想（它们是实践而非技艺，是 praxis 而非 techné，至少，实践占据主导）。“诗意史诗从言说、创造，与施作（λέμειν，ποιεῖν，πράττειν）的第一个统一体的核心处汲取其冲动力，这个原初统一体包含将自身显现为言语、创造，与行动的东西”——而逻各斯的话语——“被漫游的世界所诗意地把握，在这世界中真理不再同他物有所联系，也不再有家；诗歌发现自己在星球的漫游路上遭到碾碎，这一星球通过其自身所有的偏移、改道、过失来实现命运。人类的大地，这块世界之展开的命运得以发生的土地，生成为它所是之物：πλανήτης，漫游的星，荷尔德林敢于抓住并命名的彗星（Irrstern）。现代世界与欧洲世界，作为普遍世界与行星世界的鼓吹者，被一般化、放大化、总体化；西方，夕阳西落之地，延伸到了整个星球，而星球又在世界历史上第一次开始像行星那样开始漫游。”[②] 由技艺占主导的技术时代所呈现的危机是有关专门化的危机。但技术同时悬搁了世界的意义，使人同实际的对话得以展开。阿克塞洛斯的行星主张以去中心的漫游来克服这种凝视：行星本身是无中心的，因此才能作为中心而思考去中心。列斐伏尔曾对此做出正面评价，他说，这正是阿克塞洛斯区别于许多看似不含中心地思考的哲学家的地方。[③] 总之，行星的思源因世

① Kostas Axelos，*Le jeu du monde*，*op. cit.*，ch.Ouverture，para.426.

② Kostas Axelos，*Vers la pensée planétaire*，*op. cit.*，pp.140—141.

③ Henri Lefebvre，*Key Writings*，ed. Stuart Elden et al.，New York a. L.：Continuum，2003，p.201.

界的去中心倾向而展开漫游，生成为行星。

行星肯定了思想对知识的反动，它作为思想而非知识的载体而运动。知识总是企图把握一切，但它所建立的体系却是根据体系自身的需要而抛弃或摆脱那些无法融入其体系的东西的。思想则回到了知识的源头，不仅从知识的设限性筛选中抽离，更超出了知识，使其成为问题。思想是要去识别那些支离破碎的事物，拾起它们，进而整合成统一体（unité），而不是像知识那样整合事物并统一化（unification）。换言之，“独一”中的“一”是复数性的。如果说行星思想提供了全新的思考方式，那就是表明它不再将真理置于首位，相反，真理与谬误终将一道进入世界的游戏中，从而化作后者存在的证明。而人在行星时代的定位，根据去中心化原则，应当是：质问同一的自我而得到了同先前所不同的自我，进而逾越自我。[①] 他同时是世界之游戏的游玩者与被玩者，故不存在某种至高无上的审级，就算有，那也不会是人。阿克塞洛斯最早在兰波那里看到了逾越自我与主体性的可能：《通灵者之信》中“我即他者”（Je est un autre）的呼告真正把握了“处于生成的存在与生成之存在，以及那至高无上的游戏”。[②]

阿克塞洛斯不是规定了一块场地，然后将其封闭；而是界定了一种场域，然后将其向存在敞开。视域的敞开与否是受时代所限的，换言之，代表时间流逝之节点的时代充当了评判视域的角色。在行星时代，它所评判的是通过技术而达成的，使世界世界化的普遍性、扁平性漫游。技术强大的容受力正是行星时代所追寻的东西，隐而不显却又作为时代中心的技术扼住了人对世界的把握。技术是人与世界交往的最新的中介，或许也是最后的中介。海德格尔所认为的技术克服了哲学或形而上学，指的便是技术本身对哲学或形而上学的去结构化（Destruktion）。阿克塞洛斯指出，技术的世界化

① 关于这一点，我们或许能参照斯蒂格勒为个体化过程所绘制的蓝图：当我在行个体化时，即，按照传统因果关系活动时，准因果性（即产生分岔的力量）的介入使我发现了某种经漫长等待却不期而至的东西；接着，我行去个体化：它一方面生产出了个体性重复（真正的差异）的潜势，却同时带来了坏的重复——那将我去个体化的无差异（虚假的差异）；最后，在去个体化所造成的分岔后，我奇异性地复个体化了，生成为断然不同于先前之我的“我”。参见 Bernard Stiegler，*Nanjing Lectures 2016—2019*，ed. & trans. Daniel Ross，London：Open Humanities Press，2020，pp.90—91，229。

② Kostas Axelos，*Vers la pensée planétaire*，*op. cit.*，p.129.

造成本时代具有了某种不辨好坏的敞开诗意性。技术使世界进一步流通，它普遍化了世界或世界历史；技术模糊化了我们对这种流通的规定，产生“非思”，它使人无法认识自己到底是在游玩还是在被玩。阿克塞洛斯使用解构（déconstruction）与破坏（destruction）这对衍生自该词的概念来表明技术那不含否定的移除功效。解构与摧毁的都是堆积之物，是压迫感官的超感官物，这同海德格尔在《存在与时间》中通过对传统概念进行去—结构化而找回、恢复存在的根本地位的态度与做法基本一致。① 在海德格尔处，去结构化的作用为“摆脱传统存在论的消极意义”，进而恢复存在本身的自在地位。② 阿克塞洛斯则看到了人在世界上无所不能却在行星中无能为力的状况：只要人不懂世界的游戏，那他反倒会成为被技术与游戏所揶揄的对象，在本以为能够统辖的东西中受挫。

有历史学家认为，“全球是种人类中心的建构；而行星，或地球系统，则去中心化了人类。” ③ 类似地，阿克塞洛斯提出了“全球化是种没有世界的世界化”的观点，以表对全球化的批判。呈碎片状的总体性总是与世界的世界化携手并进，并且隐藏自身的踪迹，使人总是认为自己能够站在某一角度把握全局，全球化的看法正是如今最具声势的极端视角主义。人在这种观点下抵抗不了绝对同一化于世界的诱惑，因而使自身所玩的那个游戏遭到打破，迷失、丧失了他的正当位置。全球化的设想要求人们对其所处世界做以人类为中心的整体性规划，而从全球到行星的转向标志着人类主宰世界的理想失败及其本身的不可能性。行星是包含并超越一切生命之历史的东西，它具有人类无法企及的实在性。对于阿克塞洛斯，行星思想的立场是超出（dépasser）而非超越（transcender）：超出主体性的桎梏不是将其超越地提升至最高点。行星是世界中各种关系（即所谓的碎片）结合所形成的动态性总体，行星与世界的关系是内在性的——而内在性的另一端总有超越性的

---

① Joff Bradley, “Gilles Deleuze and the Destiny of Philosophy,” 帝京大学外国語外国文化，13（2022），pp.75—124.

② 海德格尔：《存在与时间》，陈嘉映、王庆节译，北京：商务印书馆，2016 年版，第 33 页。

③ Dipesh Chakrabarty, *The Climate of History in a Planetary Age*, Chicago: The University of Chicago Press, 2021, p.4.

影子，所以行星思想也要思考斗争，也在思考斗争。这是阿克塞洛斯哲学中的一条暗线，尤其是对处理事物间、概念间复杂关系的行星思想而言。阿克塞洛斯在保留内世界中所有碎片之张力的同时，无否定地（不同于超越性所诉求的否定附属物）揭示了广袤行星的存在。行星作为总体，即独一，即“彼”，是可以接纳其中无数不可还原的部分的。行星没有消解问题，而是以漫游的方式带动着所有的问题螺旋式运动，不断形成常新的敞开系统。既然无开端无终点，那么一切只会像跳圆舞般转圈，复转，呈现出极富张力的中立态度。

我们已看到，世界将自身部署为一场游戏。在此，游戏已不再是文化分析中那规则导向的集体活动了。相反，世界的游戏不受外在于自身的意义或规则限制——游戏本身的意义与方向是自在的，它涵盖了诸关系所组成的整个关系，它并不与任何具体的游戏共处一个层级。“世界”的概念超出了基于日心说而来的“全球”的考量范围，前者迈向的是漫游性的行星，及伴随它的行星思想。就此而言，阿克塞洛斯相比起古希腊的生成辩证法更进一步，其思想的目的地是去中心化的宇宙。

最后，让我们聚焦行星思想所难以避免的虚无主义问题。关键在于，面对行星，我们人如何不做旁观者，如何介入其漫游化的过程？阿克塞洛斯是否认为这种做法可能？如否，那么他的宏大思想最后堕入了虚无主义的深渊吗？

阿克塞洛斯认为，马克思因认定行星性技术使世界运转的事实而受到行星虚无主义的束缚——对于马克思，使用这种技术的条件是彻底废除这满目疮痍的世界。[①] 但世界对阿克塞洛斯而言是立论的底线，所以他转投赫拉克利特、尼采、海德格尔等人，从别种角度阐发行星思想。因此，这一概念不得不同上述哲人思想中的虚无主义要素发生关系。虚无主义最初来自智者对哲学的反动，原初的虚无主义因为过度的解释而彻底背弃了一切解释，它与行星思想的共同点是无底。而虚无主义的无底又能分为两个层面：在尼采或

① Kostas Axelos, *Alienation*, *Praxis*, *and Technē in the Thought of Karl Marx*, trans. Ronald Bruzina, Austin a. L.: University of Texas Press, p.292.

价值论意义上，它指各种价值的崩塌与对超善恶的追求；在海德格尔或存在论意义上，它指存在问题的模糊倾向与技术集置的普遍化。而行星思想则为虚无主义添加了认识论维度，它将无底（或世界的自我去蔽）视作基底，使那由技术所主导的永恒漫游承托起对虚无主义而言过于沉重的无底。行星思想把问题与回答一同视作世界中且只能在世界中那不可还原的、呈统一—繁复体的众多碎片，将其带入敞开的无底之中。所以，认识论上的无底与以世界为展开维度的碎片性是阿克塞洛斯式虚无主义或行星思想有别于其他观点的地方。

实际上，阿克塞洛斯没有讨论过如何克服虚无主义。因为，对他来说，行星必然带动了无意义本身的涌现，这是难以避免的后果。所以，我们的目标是回答在漫游条件下，借由这种虚无主义而来的成问题者所设立的难题："你不知去哪里，也不知为什么去；深入一切，应付一切。"[①] 虚无主义反倒是促成行星统一存在与虚无的催化剂，而这便是马克思从未论述过的课题。就此而言，虚无主义对阿克塞洛斯而言不成问题。因为他清楚地认识到，只有虚无主义才能克服虚无主义，任何克服或超越虚无主义的尝试都将反过来助力后者的显现。在他看来，尚未认清虚无主义便投入对其的斗争定会遭到虚无主义的反噬。[②] 什么比虚无主义更强大？那就只有世界的游戏了。阿克塞洛斯将我们引入不再区分游玩者与被玩者的游戏中，此时的虚无主义以无差异的差异显现，最终被克服，或自我消散。

结语

世界、游戏与行星，这三个概念是并行的。世界不是行星的属性，游戏也不是世界的属性。本文的出发点是世界，但若要以游戏或行星为起始也未尝不可，因为无论从哪个概念展开论述，它最终都会回到这个敞开系统学（systématique ouverte）所架设的开放性系统（système ouvert）中。与其说它

---

① 兰波：《兰波作品全集》，王以培译，北京：东方出版社，2000 年版，第 189 页。

② Kostas Axelos，*Le jeu du monde*，*op. cit.*，ch.VIII，para.19.

们构成了同一系统的不同“质”，不如说它们是单义性的（univoque）不同“量”，即在量级上有别却均具有单一意义的存在；它们各自的关系以转导（transduction）的形式而实存，即连续性的、非目的论的生成，正是转导使三者相统一。对此，我们提出两条用以进一步研究并疏通阿克塞洛斯思想的议题来结束本文：

单义性议题：阿克塞洛斯的存在论立场到底是什么？他到底是同意海德格尔的存在论差异，还是支持德勒兹那仅属于差异的单义性存在？在我们看来，阿克塞洛斯更倾向后者，尽管他与德勒兹，甚至是他那代人，都无法摆脱海德格尔的影响。基于内在性主张，阿克塞洛斯可以像德勒兹那样从道德说走向伦理说：范畴在行星思想中失效，留下的是有待总体化的成问题者，它正“生成为支离破碎的、碎片化的总体性的多维、敞开世界的存在”。

转导议题：阿克塞洛斯对世界、游戏与行星之关系的描述非常贴近西蒙东意义上事物自我转形的前置条件：亚稳态（métastabilité）。而这三者间难分彼此的紧密关系——既整合又微分地——需要我们通过转导来衡量。换言之，“转—导”是用来描述并讨论新事物或不兼容物如何进入开放系统的概念。① 它在“转”的层面可以视作事物相转换的理论，并且进一步地促使我们从抽象的概念一般中“导”入实在物本身，一定程度上缓解了纯粹思想所带来的巨大压迫力。

尽管阿克塞洛斯在法国居住了半世纪有余，其希腊口音仍十分厚重。他的法语文字是极为规范乃至古板的，并喜用双关：但这不是解放表达的可能性，而是在激进的意义上彻底摧毁它——甚至可说是普鲁斯特意义上如外语般的奇妙文字。② 加之他对诗意语言的钻研（如兰波），这使阿克塞洛斯成为活在当代的欧洲“古仁人”。1989 年，他同韦尔南（Jean-Pierre Vernant）、卡斯托里亚迪斯（Cornelius Castoriadis），泽纳基斯（Iannis Xenakis）等人参与了法国著名纪录片导演马克（Chris Marker）所摄制的关于古希腊文化的《猫

① Gilbert Simondon，*L'individuation à la lumière des notions de forme et d'information*，Grenoble：Éditions Jérôme Millon，2013，p.162.

② Henri Lefebvre & Pierre Fougeyrollas，*Le jeu de Kostas Axelos*，Montpellier：Fata Morgana，1973，p.80.

头鹰的遗产》(*L'Héritage de la chouette*)系列剧集，在其中平静地讲述逻各斯的奥秘。而当他一开口，我们却不能不感受到阿克塞洛斯身上散发出的独特诗意魅力——是赫拉克利特关于生成的告诫，还是兰波所说的“这种语言将来自灵魂并为了灵魂，包容一切：芳香、音调和色彩，并通过思想的碰撞，放射光芒。诗人在同时代的普遍精神中觉醒，界定许多未知”呢？[①] 其实无关紧要，因为他们均已化作了阿克塞洛斯本人已发但未尽的行星之思：他布设了一局全新的游戏，无差异地将万物与无物作为玩物，展开了同逻各斯的恒久博弈。

附：阿克塞洛斯与德勒兹的理论往来

阿克塞洛斯与德勒兹的关系——至少在后者同瓜塔里合著的《反俄狄浦斯》出版前——是融洽且互惠的：处于思想“热恋期”的二人在各自的作品中相互交换意见。

早先，阿克塞洛斯同海德格尔关系密切。他不仅是海德格尔的主要法译者之一，二人私下更是密友（海德格尔与阿克塞洛斯、博弗雷［Jean Beaufret］、拉康等人有着固定的社交圈子）。1955 年，海德格尔在瑟里西萨勒（Cerisy-la-Salle）参与了一场由博弗雷、阿克塞洛斯等组织的十日谈会议，这是阿克塞洛斯与海德格尔的第一次见面。值得一提的是，与会的另有德勒兹，但他并未做任何发言：那时的他尚未准备好讨论“什么是哲学”。[②]

20 世纪 60 年代，二人的联系逐步加深。德勒兹在《差异与重复》中对游戏问题的阐发借鉴了《朝向行星思想》的观点。他指出：“［阿克塞洛斯］试图从一种与我们尝试解说的观点不同的视角来区分神圣游戏和属人游戏，为的是从中提炼出一种有关‘存在论’差异的表述。”而神圣游戏则根据如下规则展开：游戏只遵循自身规则；游戏留下了所有可能结果；每一

---

① 兰波：《兰波作品全集》，第 331 页。

② “什么是哲学”是海德格尔在会议上做的主题报告，参见 Dominique Janicaud，*Heidegger en France. Entretiens*，Paris：Albin Michel，2001，pp.12—33。

次的游戏行为仅在形式、而非号数上作区分。[①] 试想正在下棋的二人（我们认为这一涵摄了 agôn［争胜］的例子在此比马拉美式的投骰子更切题）：他们只有在各自否定许多对下一步如何行动的可能性之后，才能给出（至少是自认为）赢得对方的判断。也就是说，“下”棋子这个动作的实现化包含了无数对先前或过去的否定。因此，在这个游戏中，肯定与否定是并行的，且无法分离。正如兰波所言，“必须使各种感觉经历长期的、广泛的、有意识的错轨。”[②] 德勒兹借用阿克塞洛斯的“与 / 或”（et/ou）概念与“不和之和”（accord discordant）的表述点出了逐步迈向总体性的存在通过“使官能直面自身的差异、直面自身与其他所有官能的离散”的暴力而步入世界的游戏。[③] 不仅如此，德勒兹也在另一篇文章中洞悉了阿克塞洛斯思想的线索：世界化指的是生成为碎片的过程；又，游戏“取代了相关物与绝对物之间的形而上学关系”；漫游则“超越了真与假、错与对的形而上学对立”。[④] 在《世界的游戏》中，阿克塞洛斯同样精准地概括了德勒兹的差异思想：“对于所重复的东西，与其说它重复同一，不如说它重复差异。它与它的界限没有尽头，后者不过是在无定限地（indéfiniment）——而非无限地（infiniment）——重复着差异的重复中具有某一个循环的界限。”[⑤] 阿克塞洛斯与德勒兹皆为赫拉克利特之子，二者的思想直接地同世界发生联系，分别以先验经验论（empirisme transcendantal）、世界的游戏表现出来。生成可以没有外部框定的规则，但必然包含着秩序的分配。

1972 年，在德勒兹与瓜塔里的《反俄狄浦斯》出版后不久，阿克塞洛斯在《世界报》上以《来自一个哲学家的七个问题》为题撰文，向二人发起了论战。他在第五个问题中尖锐质疑道：“你是否认识到在人类学与‘人文科学’中完成形而上学的，那属于理念运动的存在？你不总是在主体性的水域

① Gilles Deleuze，*Différence et répétition*，Paris：PUF，1968，pp.190，362. 中译参见德勒兹：《差异与重复》，安靖、张子岳译，上海：华东师范大学出版社，2019 年版，第 254，468—469 页。

② 兰波：《兰波作品全集》，第 330 页。

③ 德勒兹：《差异与重复》，第 254 页。译文有修改。

④ Gilles Deleuze，*L'Île déserte：textes et entretiens 1953—1974*，Paris：Minuit，2002，p.108.

⑤ Kostas Axelos，*Le jeu du monde*，*op. cit.*，ch.II，para.206.

中活动吗？你不是在探索那已然成为社会与病理层面的主体性吗？但是，那些来自更远且行得更远、更丰富、更激进的思想又如何？你怎么处理世界及其视域呢？”[①] 此处，阿克塞洛斯的观点呼应了海德格尔在《世界图像的时代》一文中对人类中心主义的批判：“世界解释越来越彻底地根植于人类学之中，这一过程始于 18 世纪末，它在下述事实中获得了表达：人对存在者整体的基本态度被规定为世界观。”我们尽可以讨论阿克塞洛斯有无理解二人的主张，但至少在此处，他批判的是人将自己狭隘的认识视域误读为作为总体的世界本身：“现代人越是毫无节制地大步进入他的本质形态之中，一切事物就必定必然而合法地成了现代人的体验”。[②] 这似乎宣告了阿克塞洛斯同德勒兹关系的破产：因为此后，二人便不再有正式交流，而德勒兹则同瓜塔里展开了漫长的合作。但就思想而言，前《反俄狄浦斯》时期的德勒兹与阿克塞洛斯所擦出的火花仍具有极高的理论价值。

---

① Kostas Axelos，«Sept questions d'un philosophe»，*Le Monde*，28 Avril 1972，https：//www.lemonde.fr/archives/article/1972/04/28/sept-questions-d-un-philosophe_2401912_1819218.html.

② 海德格尔：《林中路》，第 81—82 页。

其他 | Autre

法国哲学的“前理论”状态

——兼论《一般数据、虚体与数字资本》[①]

李科林*

回顾20世纪法国哲学的发生历程，最让人津津乐道的故事莫过于雷蒙·阿隆借着一杯酒向萨特介绍现象学的时刻。萨特在访谈中对自己的激动之情只用了寥寥数语，但波伏娃却花了不少的笔墨去完整地讲述那个心灵深处所受到的震动。[②]并且关于这次对话，两个人的回忆稍有不同。波伏娃如此回忆阿隆的话：“如果你是现象学家，你就能谈论这杯鸡尾酒，这就是哲学！”而在萨特的印象中，阿隆说的是“(如果)我们能够推理这杯啤酒，(那么)最终这就是哲学”。我们可以把到底是什么酒的问题留给精神分析专家，只是专注于这杯酒前的动词：谈论(parler)还是推理(raisonner)？从字面上看，“谈论”显得比“推理”随意很多，缺少后者在过程中的严密性和逻辑感，同时也就缺少了整个过程“最终”所达到的哲学性结论。萨特透过现象学看到了相比于其他研究，哲学思考在面对具体对象时自我展开的独特方式。而波伏娃则更强调这种思考过程既要面对日常事物，同时又要超越传统的哲学思维，更重要的是，若这种新哲学还要付诸话语实践，那么它就应当以自然的谈论姿态作为开始，这样才能穿过术语触及对象的真实存在。

① 本文为国家社科基金重大项目“跨文化哲学视野下的非洲哲学研究与译介”(20&ZD036)成果。

* 作者李科林，哲学博士，中国人民大学哲学院副教授，研究领域为当代法国哲学、中西现代性比较研究等。

② 萨特访谈参见电影字幕记录：*Sartre, Un film réalisé par Alexandre Astruc et Michel Contat, texte intégral*, Pais：Gallimard，1977，pp.39—40；波伏娃回忆参见：Simone de Beauvoir，*La force de l'âge*，Paris：Gallimard，1960，pp.157—158。

当然，萨特和波伏娃都坦言其所继承的哲学理论已经不足以满足思想对于这个世界的关切和追问。现象学提出的“朝向事物本身”的哲学使命，在此刻鼓励着他们重新获得思想力量的尝试。不过，萨特并没有坚持由胡塞尔所展开的意识结构的研究向度，他要求哲学直接谈论具体对象，同时也要求哲学表达出日常世界内在意义的复杂性。为了满足这些要求，哲学就必须暂时放弃惯有的普遍性话语，放弃理性的超验性地位，而重新探身于经验的动荡之中，在非对象性的关系中重新探索思想的支点。简要地说，就是降低哲学对于纯粹理论的追求，提高哲学对于现实的解释能力。

萨特在酒杯前的顿悟颇具法国哲学的典型性，也深深地影响着后来的理论发展。《存在与虚无》中的“咖啡馆”、《知觉现象学》中具身化的“保罗”和“皮埃尔”、《词与物》开篇中博尔赫斯小说所引起的笑声、《意义的逻辑》中持续出场的卡罗尔童话中的逻辑悖论——20世纪的法国哲学主动舍弃哲学论证所要考虑的对象性同时也是客观性（objective）的分类原则，或者说他们并不在意学科间的分界，在哲学、社会学、心理学、艺术学和文学等领域往返穿梭。作为当代法国哲学界的带头人，巴迪欧抱怨康德，因为后者所设置的“理性的局限”，而在前者看来，理性是没有界限的。[①] 理性表达了思想的力量，坚持理性的无界就是坚持思想的自由运动，而最高程度的理性是要求思想在穿过世界的厚度的过程中生成真理。当然巴迪欧对于真理的期待并不只是形而上学意义上的抽象真理，而是具有开放性的思考方式，后者最终要达到生活的层面。无论是出于参与实践的使命感，还是保持思想的解释力，法国哲学中总是散发出感性的气息。甚至在其进入现代性的开端之时，就已经透过深浅不一的文学色彩而表现出感性的自觉，比如《第一哲学沉思集》中“炉火旁或者睡梦中的怀疑”，或者《论人类不平等的起源和基础》中对于自然状态的感性假设。就哲学所呈现的不同的理论成就而言，如果说德国哲学所教授的思想体系让我们陷入思辨的宏大版图之中，那么相应地，法国哲学在经历了启蒙运动之后，则是重新思考理性的普遍发展中潜在

---

① 阿兰·巴迪欧、让-吕克·南希：《德国哲学谈话录》，扬·沃尔克编，蓝江译，上海：东方出版中心，2021年版，第13页。

的独断论，故而他们的写作有意识地要摆脱理论的负担，保持思想在经验平面上的自由流动。法国哲学调动自己的想象力与观察力检视每个遇到的对象，对之展开阐述，而非规定。而这种思考方式，我们将其阐述为“前理论”状态。

我们用“前理论”说明法国哲学在逼近实际生存状态的过程中所迸涌出的丰富的研究向度和写作风格。在一般的理解中，作为理论形成的预备阶段，前理论的研究任务在于提供素材、汇集数据或者罗列元素等基础性工作，而这些材料最终经过筛选、排序、整合等一系列的抽象工作逐渐被组织成理论，形成确定的结论。故而，如果只是停留在前理论状态，就会有“理论能力不足”的嫌疑，毕竟研究能力自我证明的最直接方式仍然体现在所包含的观点的自洽性、所达到的结论的深刻度、所构造的体系的全面性等方面。换言之，我们对于理论总是持以形而上学的要求，期待着通过理论实现对于经验的超越，安然伏身于结论之上就能把握、控制经验。长久以来，哲学的书写方式都出于这种理论自觉，直到其再也无法补全破碎而分散的现代性图景。究其根本原因，我们一方面认识到以技术为内核的现代性发生的复杂局面，而另一方面也不得不承认在理论内部，我们既已丢失曾经继承的思想基础，同时也未能打开思想的包容力。在此前提下，继续固守理论的界限将会加重哲学研究的萎缩。也许“前理论”作为策略，提供了探索哲学与现实的新的可能性。

前文借用法国哲学中的文学色彩显明其“前理论”状态，除了文艺之外，法国哲学对于其他学科也是旁征博引，大加发挥，比如《临床医学的诞生》中对于医疗资料、医学知识的借用，《反俄狄浦斯》对于精神分析理论的介入。法国哲学的书写还广泛地表现出数学情结，从笛卡尔的坐标系到巴迪欧的几何学，数学示例使得他们的论证简洁直观。无论是通过介入某个领域从而提出哲学性的观点，还是策略性地借用其他学科的方法，法国哲学对于现实的敏感捕获需要依赖于“前理论”的探索勇气。当然，关于“前理论”的探索方式到底可以多大程度上摆脱理论本身的约束——这是哲学，尤其是20世纪之后的哲学一直努力回应的问题。在关于哲学史传统的反思中，海德格尔通过先验论不断地追问事物显现的背景，试图确定思想“被给予”的根基，也由此将哲学的目光引向理解的前见之中，引向关于自我历史性的批判之中。类似的反思也发生在关于“科学发现”的哲学讨论中，“发现”与“发明”、“发现的前后关系”与“证明的前后关系”、“逻辑实证主义”与“经验实证主义”[①]——通过构造这些概念之间的区别，科学哲学最终试图澄清复杂化科学发现中经验要素和理论要素之间的关系，从而引导人们重新思考科学发现的实质。虽然都是对于理论发现，或者说理论创新的质疑，海德格尔和科学哲学的角度却是不同的：前者从理论形成的外在背景中，包括历史精神和社会影响方面阐释理论发生的先天条件，后者从科学理论形成的内在角度，包括所继承的范式、所展开的推论等步骤的分析中确定科学发现的本质。但是二者都不约而同地注意到经验、范畴或者常识等各种层面的“前理论”状态对于新理论的启发和塑造。他们的观点也从各个角度建立新理论和“前理论”之间的关联，因此拆解和弱化了理论创新所被赋予的绝对创造性。

理论的“前理论”

欧陆哲学的先验论和科学哲学的基础论都采取了回顾式的视角呈现新理论诞生的历程。且此视角的广度越大，就有越多的因素被吸收纳入原因和效果的解释，那么原本以专名标注的理论发明也逐渐发散为整个社会的共同参与。在这个意义上，“前理论”性的阐释也许正好打开了折叠在理论中的偶然与必然，感性与理性，想象和推理。又或者说，“理论”和“前理论”之间的区别恰恰依赖于两者之间的关联。“理论”本身被塑造的历史，就是对此观点的直接支持。从词源构造而言，理论（theory）的古希腊语 θεωρία 由表示所看之物的 θεά 与表示观看动作的 ὁράω 共同构成，其本义包含着一种神秘的观看方式：内在于心的观看。根据康福德对于西方思想起源的研究，

① 参见卡尔·波普尔：《科学发现的逻辑》，查汝强、邱仁宗、万木春译，杭州：中国美术学院出版社，2008 年版；Hans Reichenbach，*Experience and Prediction. An Analysis of the Foundations and the Structure of Knowledge*，Chicago：University of Chicago Press，1938。

θεωρία 在前苏格拉底哲学中有一定程度上的多义性，在爱奥尼亚学派中被用以表示出于好奇的观察。不过，这种好奇性观看的目的一旦被授予“命运”“天道”的神秘性，那么观察本身就试图在所拥有的视觉中寻找启示性的印记。由此，在俄耳普斯信仰运动中，关于 θεωρία 的理解必须参考人在祭祀仪式的激发下，透过汹涌的情绪所达到的和世界生命的融合，并于此之中领受“真相”。θεωρία 是在情感激荡中所获得的具有宗教性的先见。

到了毕达哥拉斯的时候，他“重新定义了 θεωρία，将其解释为对理性和永恒真理的冷静思考，把生命的路程变成‘追寻智慧’（philosophia）之途”。[①] 毕达哥拉斯净化了 θεωρία 中原本包含的情感成分，但生命真相仍然作为神秘的信念被保留下来，只不过参与其中的方式由狂欢仪式中所体验的神话故事转换为思维推导中所寻找的和谐比率。不过真正将 θεωρία 作为“静观沉思”确定下来的工作最终是通过亚里士多德完成的。“故思辨的哲学（φιλοσοφίαι θεωρητικαί）有三种，数学、物理学和神学……最崇高的知识所研究的应该是那类最崇高的主题。思辨科学比其他学科更受重视，神学比其他思辨科学更受重视。”[②] 作为思辨活动，θεωρία 或者展开了推导的步骤，或者保持了内在的直觉，无论如何，亚里士多德都最大程度地纯粹化了 θεωρία，不仅使其成为纯粹的思辨活动，彻底远离了曾经充满于其中的激荡情感，而且也将“共同性”，换言之“普遍性”作为思辨活动所应当达到的目标。对于普遍性的最高知识就是对于世界本质的把握。越追求最高的知识，也就越远离具体的事务和实践，沉浸在关于至善的思考中就是我们所能获得的幸福。

亚里士多德所提出的“理论生活”在中世纪被转化为宗教体验中重要的冥思（contemplation）练习，且在中世纪晚期的大学之中，他关于理论知识与实践知识的区别也被应用为划分学科专业的基本原则。在这些不多的学科

① 康福德：《从宗教到哲学：西方思想起源研究》，曾琼、王涛译，上海：上海三联书店，2014 年版，第 203—204 页。

② Aristotle，*Aristotle's Metaphysics*，Volume I，a revised text with introduction and commentary by W.D. Ross，Oxford University Press，1924，1026a：20—25。译文参见亚里士多德：《形而上学 · 亚里士多德全集（第七卷）》，苗力田译，北京：中国人民大学出版社，2016 年版，第 147 页。

中，以数量和比例和谐为基础的音乐往往被归于纯理论的知识门类之下。然而麻烦的是，在教导和传授关于音阶、音程、和弦等音乐知识时，就不可避免地涉入实践。故而在文艺复兴早期，受到古希腊思想热潮的影响而面世的《音乐学科的理论著作》(*Theoricum opus musice discipline*，1480)，以及在此基础上完成的《音乐理论》(*Theorica musice*，1492)，①既引入了古希腊音乐理念，同时也包含了具有技术性的计算、对位和测量等实际问题。文本标题使用的 *theoria*，暗示了关于主题的系统性研究和说明的内涵，为当时所流行的文本标题，如全集（*opera*），方法（*methodis*），评论（*commentaria*）等增添了一种新的选择。

随着对于理论实践性的要求越来越高，亚里士多德提出的“纯粹思辨”的崇高性也越来越受到批评。作为对于亚氏经典逻辑理论《工具论》的批评，培根在1620年所完成的《新工具》表达了他要重塑求知道路的志向，要求自然哲学能够同时吸纳思辨知识和实践知识。更准确地说，是要求从具体的对象到普遍性秩序的逐级上升中，关于自然的解释应当具有确切的推导性。为了解释可能发生在认识中的心灵误导，培根特别举出了几种假象，其中，“剧场假象”(*idola theatri*)中的“剧场”和“理论”共享了同一个词根θεά（观看），且都是出于人内在的想象。而关于此假象，培根如此描述：“一切公认的学说体系只不过是许多舞台戏剧，表现着人们自己依照虚构的布景的式样而创造出来的一些世界”。②纯粹思辨的知识所产生的世界秩序，和人们在剧场中编造的演出没有什么本质的不同，二者都更倾向于合乎内在逻辑的现象，而避开了相反的事例；都更容易受到人的情绪和意志的牵引，而让理性困于学说体系的假象（*idola theoriarum*）。克服意志误导和感性偏差的方法，对于培根而言，就是要借助工具和机器，推进实验研究，在精微的观察中建立原理。以实验生产理论的方式，在牛顿的哲学中被施以更严格的要

---

① Franchino Gaffurio，*Theoricum opus musice discipline*，Napoli：Francesco id Dino，8 October 1480；*Theorica musice*，Milano：Filippo Mantegazza，impensal Io. Petri de Lomatio，15 December，1492. 转引自杨·赫林格：《中世纪的测弦学》，《剑桥西方音乐理论发展史》，托马斯·克里斯坦森编，任达敏译，上海：上海音乐出版社，2011年版，第159页。

② 培根：《新工具》，许宝骙译，北京：商务印书馆，1984年版，第22页。

求。在第二版《原理》的最后部分，牛顿拒绝了无法证明的“假说”：“因为凡是不能从现象中推导出来的，都必须称为假说；而假说，不论是形而上学的还是物理的，不论是基于神秘的品质还是机械的，在实验哲学中都没有地位。在这种实验哲学中，命题是从现象中推导出来的，并通过归纳法使之成为一般。”① 排除情绪与意义，排除想象与臆断，才能更严密地推理，并且依照实验确定法则和定律。培根与牛顿对于理论的要求至今仍然影响着我们。然而，如此回望此概念，关于理论的理解越来越世俗化，参与理论的方式从神秘而有等级的有限世界逐渐置换为心灵无限的理解力，形成理论的过程也越来越排斥感性和精神性，越来越强调客观性和自足性。相应地，理论所要解释的方式也从以秩序性整体为前提去观察具体对象，而发展为从具体对象出发，通过定律、法则，逐渐衍生出漫无边际，但又被同一性贯穿的宇宙。

我们所提出的“前理论”正是针对启蒙运动之后的“理论”形态而言的，尤其是针对“理论”通过实验而获得的自我确信。即使是在启蒙运动的核心时代，就已经有很多人怀疑以客观性、实证性为标准的理论。作为博物学家，布封这样论述自然史的研究结果：“造物主的手好像并不是张开来送给我们人类一定数量的物种，它似乎同时地把一个相关的和不相关的生物世界提供给了我们，把一个无穷无尽的、和谐的和矛盾的组合，和一个永无止境的毁灭与再生提供给了我们……最睿智的头脑和最博大的才智也永远达不到这种认识高度，因为最初始的那些原因我们永难得知，而那些原因的总的结果也就像原因一样让我们实难明了。”② 精微的工具可以帮助研究者撬开对象的内部，观察到眼力所不及的现象，但是在关于世界的根本性理解中，人的理解力无法穷尽世界的原因，工具的帮助不仅没有必要，而且会带来一叶障目的片面性。布封的博物志试图跨越物种的分类，在自然的历史中融入

① Isaac Newton，*The Principia：Mathematical Principles of National Philosophy*，a new translation by I. Bernard Cohen and Anne Whitman，University of California Press，1999，p.943. 关于假说（hypothesis）在牛顿文本中内涵的变化，可参考科瓦雷：《牛顿研究》，张卜天译，北京：商务印书馆，2016 年版，第 47—52 页。

② Georges-Louis Leclerc，comte de Buffon，“De la manière d’étudier et de traiter l’Histoire Naturelle”，*Histoire naturelle，générale et particuliére. Tome 1*，L’imprimerie Royale，1749，pp.11—12. 译文见布封：《自然史》，陈筱卿译，南京：译林出版社，2010 年版，第 6 页。

无序、异质，不断地挑战所形成的知识体系。那么从这个角度上重新看待法国哲学对于其他学科知识的调动和借用就会有新一重的意义：他们并不是要利用其他门类的知识为自己的观点做辩护，而是在根本上他们就并不认同知识分类的方法，不认同理论所被指派的工具属性，更重要的是，他们要在理论之中保留无根据的假说，以此保留自由的猜测、天真的想象，保留哲学在存在面前的惊讶，保留人在经验之中心领神会的能力。简单地说，就是法国哲学的理论内部要保持"前理论"的思考姿态。

当代法国哲学中的"前理论"

对于"理论"内涵的历史性追溯启发着我们理解"前理论"被提出的依据。在当代法国哲学的内部，巴什拉、福柯、德里达等人通过反思和批评哲学当下的思维方式，显明了各自构造的哲学的"前理论"思考方式。我们选取列维纳斯和德勒兹作为代表，尝试理解他们在"前理论"式思考之中所分别实现的认识论和历史论的突破。

作为列维纳斯最核心的著作，《总体与无限》提出了两种哲学，一种是以现象学，尤其是以海德格尔的现象学理论为代表的总体哲学，另一种是抵抗总体化的无限哲学。现象学的还原方法，包括海德格尔追求的存在本质，都试图通过不断地过滤感性将世界总体化，将复多归于一，将沉思归于体系。列维纳斯称此为西方哲学中对于总体的乡愁："在精神性的东西（le spirituel）和有意义的东西（le sensé）永远都在认知的西方哲学中，这种对总体的乡愁触目皆是。就好像：总体已然被失落，且这种失落不啻为精神之罪孽。如此一来，对现实的全景式观看（vision）才是真理，才能使精神满足。"① 全景式观看（la vision panoramique）② 不仅预设了观看者将自身置于

---

① E. Levinas，*Éthique et infini*：*dialogues avec Philippe Nemo*，Paris：Libraire Arthème Fayard，1982，pp.80—81. 译文见列维纳斯：《伦理与无限：与菲利普·尼莫的对话》，王士盛译，王恒校译，南京：南京大学出版社，2020 年版，第 44 页。

② E. Levinas，*Éthique et infini*：*dialogues avec Philippe Nemo*，Paris：Libraire Arthème Fayard，1982，pp.80—81.

被观看对象之外——更确切地说是“之上”，并且观看者依照自己的预期和意愿要求对象表现出可被理解的特征，以便于他将这些特征关联为包含全部的总体。故而，隐藏于总体性哲学核心之处的，仍然是绝对的主体，是褫夺他者存在的绝对自我，也因此是自我封闭的思维方式。既然总体性哲学的策略包括还原的方法，本质性的真理，以及最后要达到的存在的整体性和经验的纯粹性，那么，相应地，对抗此总体化哲学的方法就包括了承认并表达存在者之间的复多和异质，以无限的创造溢出总体性哲学所预设的“同一性”。“关键在于用抵抗着综合的分离观念代替总体观念……肯定那凭借着创造的从无造有，就是质疑在永恒内存在着万物的预备性共同体（la communauté préable）。”[①] 分离就是从总体中的出走与逃离，正如家宅提供了从公开袒露状态中的暴力出口，列维纳斯通过探讨居家“享受”（jouissance）之中主体的心理状态，以及主体和对象的关系，既溢出了胡塞尔的意识结构，也越过了现象学在认识路基础为主客体构造的支配关系。如果感性经验的内在厚度足以抵抗理论同一性的透视，那么凭此人类主体就应该可以将自己肯定为无限的存在者，而且通过自我的创造活动切实地展开其生命的无限性。进行创造才能实现分离。

这个时代给予了创造最高的价值，期待着从创造中打开新的可能性，从而超越当下的生存方式。那么如此理解创造必然不能摆脱主体性，因为创造往往被作为主体性的表达，尤其是海德格尔将此作为主体的最强表达。如此理解创造主体回避着内在的不安：如果将创造归于主体，那么就需要从主体的角度理解创造的意义和依据，而这又会导致将创造重新拉回到秩序的连续性之中，就又难免回到前文已经提到的“理论”和“前理论”的循环性论证中。对于创造的起源和主体的形成，列维纳斯提出“无端”（an-archie），并将其置放在“端始”（arhie）之外，或者说跳出关于“秩序”和“无序”——秩序构造的本体论根基之外：“无端止住本体论的游戏，而这一游戏正是意

① E. Levinas, *Totalité et infini*: *essai sur l'extériorité*, Kluwer Academic, 1971, p.326. 译文见列维纳斯：《总体与无限：论外在性》，朱刚译，北京：北京大学出版社，2016 年版，第 284 页。

识，在其中存在迷失自己、再找回自己，并照亮自己。”[①] 无端并不与秩序相对，而是与开端，也就是始源相对，无端就是对于这种历史性思维的拒绝。作为历史性思维的典范，黑格尔的辩证法呈现了意识如何主动赋予存在以意义的游戏。而无端却是被动性之无端，创造也是应承性的自我辩护，是自我在他者面前为自身的分离性所做的辩护。列维纳斯将他者置放在自我面前，并以此作为主体形成的条件，也就是提出关于主体性的新的安置方式：“因此本书将表现为对主体性的保卫，但它将不在其对总体的单纯自我主义的抗议的层次上来理解主体性，也不在主体性面临死亡时的焦虑中来理解主体性，而是把它理解为奠基在无限观念中的主体性。”[②] 无限观念并不只是、也不首先表示存在论层面中的无限，即无限的多，无限的丰富，而是对于封闭性、确定性的否定和超越。无限观念中的主体超越了身份逻辑中的主体，其超越的方式就是显露出主体包含了比可识别、被规定的身份更多更复杂的内容。

列维纳斯一方面从自我的内部发出身体和灵魂交互作用的追问，另一方面从自我的外在性展开自我和他者所处关系的探讨，他在对西方的主体概念表示出最强烈的质疑的同时，也试图将此概念，以及在此概念之下所衍生的理论模式重新引回人文主义的发展路径中：“事实是，今天人文科学的崛起是世界之光变化的结果，是某些意义失去效用的结果。在关于人的理解中，对逻辑形式主义和数学结构的乡愁超越了方法论的谨慎和技巧，同样也在物理学中超越了对数字和测量原型的实证主义模仿。在人的秩序中，这份乡愁也更中意于可从外部识别的数学身份，而非自我与自我的偶合，甚至一百年前，人们就想据此锚定精确知识的方舟。从此以后，主体从理性的秩序中被消除了。”[③] 原本出于认识的自由所引发的不再是由人的创造力成就世界，而是通过由思想生产的真理去抓握和定义人的存在。为了满足真理

---

① E. Levinas，*Autrement qu'être ou au-delà de l'essence*，Kluwer Academic，1978，p.160.

② E. Levinas，*Totalité et infini：essai sur l'extériorité*，p.11. 译文见列维纳斯：《总体与无限：论外在性》，朱刚译，前言第 7 页。

③ E. Levinas，*Humanisme de l'autre homme*，Paris：Fata Morgana，2017，p.96.

的丈量方式，自我离弃所拥有的内在性，“无褶皱亦无秘密地融入整体。人的整体都是在外的”。[①] 这种在外的状态是指个体暴露在外的状态，是个体失去居所、失去家庭时所陷入孤立隔绝的无助状态，也是被连根拔起、一无所有的贫乏状态。理论对于人的占有越是严苛，也就越是显出暴力承受者的被动和屈从，显示出“我”置身在概念、逻辑、数列——概念秩序下的脆弱性。然而更深的被动性却通过人对于自我感性的主动离弃揭示出来，同时更深的脆弱性也滞留于难以摆脱的创伤阴影，不能抚平的身体褶皱之中。那么人文主义的责任正是要不断地进入人生存的被动性和脆弱性，通过为被剥夺了存在的在场者辩护，化解同一性的强制力。“观看”（θεωρία）存在的无端和无限，这既是回答第一哲学问题的方式，也是和“前理论”相遇的方式。

在列维纳斯所提出的被动性的一侧，德勒兹对于哲学使命的理解也为我们提供了另一条到达“前理论”的路径。在他晚年和迦塔利共同完成的《什么是哲学?》中，德勒兹提出了建构主义（constructivisme）的哲学观。简单地说，他认为相比于其他的学科，哲学的任务就是创造概念。这种创造论首先表现为否定哲学史预设的思想的连续性，其次是拒绝承认任何普世性的原则。因为普世性、总体性的概念对于解释当下发生的事件的效力有限，并且，以处于当下的境况，人们反而还要解释那些脱节的概念。而为了解释当下，为了在当下解释抽象的概念，新的概念必须被创造。哲学的事业以概念的创造为起点，然后要展开由概念所辐射出的内在性平面，再培育出具有某种思考风格的概念性人物，最终到达思想所建立的领域，所构造的共同生活方式——从个别的点，逐渐聚集为视域，到多个视域的转换和汇集，再到这些杂多可能融合表达为的民族、国家或者时代。德勒兹的建构主义的方法回应了斯宾诺莎伦理学的构造逻辑：从简单到复杂，从纯粹到综合，从个体到集体。不过，德勒兹对于创造的理解仍然不同于列维纳斯所提出的通过纯粹的无中生有，而达到的“无限的无限化”的效果。在德勒兹

① E. Levinas，*Humanisme de l'autre homme*，p.97.

看来，概念的创造已经预设了思想在存在之上巡视的方向和速度，而思维的方式同时也预设了某种风格和姿态，包括相应的精神氛围的想象、生活世界的样式。从这个角度上看，哲学作为概念的创造也总是预设着“前哲学”的（pré-philosophique）思考：“前哲学丝毫不意味着事先存在，而是指某种并非存在于哲学以外的东西，尽管哲学预设这个东西的存在。这些都是哲学的内部条件。”[1] 正如哲学预设着“前哲学”，理论也以相似的方式包含着“前理论”性的直觉。或者说，每一个被创造的概念都内含着一幅思维的图景，也对应着一种生命的情态。并且正是对于生命的本质直观，激发着思想进行概念的创造，内在平面的建构，概念性人物的塑造。德勒兹以此将哲学概念，包括组成概念的理论从抽象性、逻辑性、普遍性的空中楼阁中释放出来，重新恢复它们与创造冲动之间的联系，从而使得思想的光芒重新绽放：“我们从未涉及构成思想的真正力量，从未把思想本身同它作为思想所预设的真正力量，把真理同真理所预设的东西联系起来。但是，没有一种真理在成为真理之前不是某种意义或价值的实现。真理作为一个概念完全是不确定的。一切都取决于思考内容的意义与价值。”[2] 在这个意义上，“前哲学”对于“哲学”而言，构成了后者所预设的理解力以及所要实现的论证目标。那么哲学所要追求的并不是纯粹的理论，而是要获得建构思想的能力，在概念的支点下凝聚其“非哲学”内核，在思想的图景中展开“前理论”起源。

概念和思维图景的亲缘关系，映照出创造行动在现实世界中所投下的具体真理与特殊价值，这也是概念必须包含的“前理论”维度。而从另一个角度上理解，当概念脱离了其所思考的内容，就会失去曾经拥有的直观性和洞察力，而成为庸常的定见（opinion）。哲学和定见的斗争由来已久。从苏格拉底的对话到胡塞尔的悬置方法，哲学一次又一次地尝试跳出定见的窠

---

① Gilles Deleuze，Félix Guattari，*Qu'est-ce que la philosophie*?，Les Éditions de Minuit，1991，p.43. 译文见德勒兹、迦塔利：《什么是哲学？》，张祖建译，长沙：湖北文艺出版社，2007 年版，第 255 页。

② Gilles Deleuze，Nietzsche et la philosophie，Presses Universitaires de France，1983，p.118. 译文参见德勒兹：《尼采与哲学》，周颖、刘玉宇译，郑州：河南大学出版社，2016 年版，第 221—222 页。

臼。然而，若因此将哲学的使命设定为日常批判，则会陷入空虚的自我感伤之中。“概念一旦被放入一个新环境，批评充其量也只是为了证明某个概念已经烟消云散，丧失或者获得了某些改变它的组成成分。可是，那些只评论不创造的人，那些只满足于捍卫消亡了的概念而不懂得赋予它起死回生之力的人，他们是哲学的伤口。”① 伤口让我们感知到痛苦，但却不带来任何的行动力。在这个意义上，德勒兹认为批评过时的概念，固然显示出其效力的衰微和贫乏，但仍然是守在旧的逻辑和秩序之中，思想并没有由此获得创造的起点。既然概念和其所属于的思想领土关系如此紧密，创造性首先就意味着离别故土、弃绝思想的条件、毁灭所有的规范。概念的创造首先排除所有给定的条件和导向，拒绝思维的自然状态。无前提的思考方式，既没有任何概念可以借力，也没有确定所思的对象和内容。思想自我剥夺了惯常的效力和功能，以一无所知、无所凭借的方式尝试接近原初的经验，纯粹的混沌。因此，与其将哲学的建构主义理解为从无到有的创造，也就是以个人的创造之力所逐渐建立的思想版图和精神领地，不如将此创造理解为主动摆脱定见的塑造，在现实秩序中引入混沌从而激起思想的行动。“在思想之中激起了种种不归属于认知的力量，它们既不属于今天亦不属于明天，它们完全是另一种范型的强力，它们处于一片永远无法被认知，永远不能被认知的 terra incognita［未知领域］之中。”② 由概念逐渐发散、铺展成的思想领地，无论其理论的跨度是多么大，其所巡视的范围是多么广，都被纯粹的经验所包围。思想生产的秩序空间即使占据整个大陆也仍然被未分化的汪洋所环绕，那么创造就像是远离大陆、毫无目标的航海探险，要穿过“前理论”的模糊和动荡，重新完成对于混沌的征服，和对于世界的再造。

在德勒兹所提出的通过创造概念而创造哲学的路径中，他拒绝所有对于思想的预设，甚至拒绝包括自然权利、生活世界、思想的基底等原信念。在

① Gilles Deleuze，Félix Guattari，*Qu'est-ce que la philosophie*?，p.33. 译文见德勒兹、迦塔利：《什么是哲学?》，第 238 页。

② Gilles Deleuze，*Différence et répétition*，Presses Universitaires de France，1993，p.177. 译文见德勒兹：《差异与重复》，安靖、张子岳译，上海：华东师范大学出版社，2019 年版，第 237 页。

他看来，所有的信念都源自思想本身的构造，所体现的是曾经发生的思想效力。那么在这个意义上，他哲学中所包含的“前理论”阶段，就是为了摆脱定见的束缚和传统的负担，为了追求思维的无限性。而这种无限性，对于德勒兹而言就是不将自身交给任何理念，自觉抵制超验性的幻象。对于哲学的期待最终被总结为绝对的内在性：“绝对的内在性是自在的：它不存于某物也不据于某物，它既不依于客体也不属于主体。”[①] 依于自身而在，出于自身而动——德勒兹用内在性描述思想的内在自由和外在无限，同时也是在描述纯粹生命的状态，超越于任何属性从而只能以“不定冠词”去指称的生命状态。这也是德勒兹在哲学工作中所追求的目标——跨越所有界限、不成为任何特殊理论的“前理论”的思考方式。

《一般数据、虚体与数字资本》的“前理论”

列维纳斯和德勒兹所铺设的“前理论”的路径，尽管在此之中他们所阐释的“无限”的内涵、“创造”的目的，以及“超越”的界限各有不同，他们却都在尝试通过诠释概念间的矛盾、感觉中的独特，进而打破理论笼罩之下世界趋向同质、归于和谐、沉入平静的假象，也在探索穿过理论隔层接近纯粹经验的路径。更广泛地看，列维纳斯和德勒兹从不同的角度反映出当代法国哲学对于理论阻碍经验和认识的警惕，当然在更深的层面是他们对于生命自然状态的好奇和惊讶。不管他们对于生命所持的理解如何，或者是外在与内在的相争，或者是生命力的冲突与汇聚，或是权力和真理的书写对象，完全不同于科学所要求的客观立场，他们被这一哲学命题所吸引，并且为了避开已有理论的障碍，力争展开无前提的推理，“前理论”的状态就成了他们的论证策略。这就像福柯对于自己研究的描述：“不是把历史用作批判方法来拷问普遍概念，而是从普遍概念不存在这个论断出发，来询问我们可以

---

① G. Deleuze，«L’immanence：une vie...»，*Deux régimes de fous*：*textes et entretiens 1975—1995*，édition préparée par David Lapoujad，Paris：Les éditions de minuit，2003，p.360.

书写什么样的历史。”① 福柯从具体实践出发，更准确地说，他寻找着普遍概念在现实中的着陆点，并依此检测概念的效果。而此检测方式本身就已经暗含了福柯对于现实的模糊构造，以及关于生命的“前理论”领会。

法国哲学的“前理论”态度释放了思想构造的自由，扩展了学术关注的对象。在萨特、列维纳斯和福柯等人的哲学理想中，思想所追求的目的地从图书馆迁移到居所内外、街头巷尾，所关注的对象也从书桌上的墨水瓶转移到了咖啡馆里的酒杯或者监狱中的囚徒。相比而言，我们当下的生存境况发生了更深刻，也更迅疾的转变，哲学研究也尝试揭示秩序表面之下的紊乱，构造新的思想平面，以理论的光芒照亮动荡的局部。而蓝江新近完成的《一般数据、虚体与数字资本》(以下简称《数字资本》) 所尝试实现的正是这一哲学目标。作者在后记中指出我们目前所现有的哲学理论不再能够透彻地勾勒当下的发生，也不再能够有效地反映社会运转的节奏。“我们不能直接套用那些传统思想家的结论，……尽管这些伟大的哲学家可以为我们提供反思当下社会现实的理论渊源，但是，对这些最直接的现实的哲学反思却需要我们自己来进行。”② 在对于现实本身的认识中，作者尽管坚持了批判哲学的传统，然而却以广阔的社会背景和理论视野，充分调动新近的研究成果，最终为当下生存的状况做了诊断：“如果说政治经济学是马克思必须面对的社会现实，那么我们的社会现实就是数字化社会和数字资本日益成为我们生活中不可或缺的部分，而在全球范围内，数字资本主义正在取代以往的产业资本主义和金融资本主义，正在衍生出新的资本主义形态，对此我们必须保持清醒的理论认识。”③ 为了构造新的资本生产逻辑，作者提出了三个最基本的概念，即“一般数据”“虚体”和“数字资本”。这三个概念从马克思哲学中“一般智力”“实体”和“货币资本”演化而来，作者借助这三个概念重置了生产与消费、真实与虚构、自然和异化的阐释逻辑，绕过了经济基础与上层建筑的

① Michel Fourcault, *Naissance de la biopolitique*: *cours au collège de France* (*1978—1979*), Gallimard et Seuil, 2004, p.5. 译文见福柯：《生命政治的诞生：法兰西学院演讲系列，1978—1979》，莫伟民、赵伟译，上海：上海人民出版社，2011 年版，第 3 页。

② 蓝江：《一般数据、虚体与数字资本主义》，南京：江苏人民出版社，2022 年版，第 272 页。

③ 蓝江：《一般数据、虚体与数字资本主义》，第 271—272 页。

论证模式，也绕开了法国批判理论中关于商品生产和欲望流动的论证模式，剖开网络世界和物质实存之间的融合和间隔，阐释数据组合为虚体进而构成自我增殖的新方式，也就是数字资本前行的动力之源。最为重要的是，作者在陈述商品生产的新形态的同时，不断地引入生命档案、人口统计、算法治理、控制技术等政治学的概念，以及以对象为导向的新本体论，在存在向度的无限关联中逐渐叠加出现代社会的庞大复杂、万物相生的机器形态。

就论证的方法而言，《数字资本》也体现出法国哲学中的“前理论”的写作特征。以电影《健忘村》作为开篇，以华为的操作系统“鸿蒙”所预言的5G做结尾，于两端之间，马克思、海德格尔、卢卡奇、福柯、塞尔、阿甘本等思想家谨慎地穿行在DNA信息库、手机APP、文学小说、人工智能、当代电影作品、新兴的网络游戏这些虽无实体但又无比真实的数字生活形式之中。数字化主导之下，“资本”“此在”“物化”“人口”“拟—对象”“装置”等概念的确还能在某个层面上发挥解释的效力，并提供观察的支点，但除了“数字化”这个基础性事实之外，我们还没有获得任何一种本质的判断，亦未能充满自信地面对当下的生存境遇。更糟糕的是，“在这个历史趋势之下，个体实际上没有太多选择，我们在更多时候是被强行拽入这个进步轨道上的，没有其他选择”。[①] 尽管数字化中的所有产品都出自人的智慧，并且越来越深地渗入精神活动和物质存在之中，人们却越来越感到被自己的发明物所控制、操纵，沮丧于主动性的丧失，进而提出了关于技术和技术使用方式的批评。然而，如果更进一步地拷问这种被动性的原因，我们就会发现面对当下的技术发明，尤其是面对数字技术的发明，绝大部分人都是作为技术的最末端，也就是作为使用者被动地承受发明的结果。具有突破性的是，《数字资本》又更进一步地指出，技术的发明并没有自我终结于使用，而是在被使用的过程中，也就是在和不同的人相连接的过程中，人会在杂多的境遇重新开始技术的学习和创造。不同于一般技术批判理论的消极态度，《数字资本》乐观地畅想技术的未来：“在计算和学习能力得到指数级增长的人工智

① 蓝江：《一般数据、虚体与数字资本主义》，第209页。

能面前，我们或许可以期望，有朝一日，如此庞大的信息和数据量，如此复杂的调节和分配运算，可以在人工智能的统筹计划下完成。而且，人工智能也不会具有道德上的问题，即我们根本不用担心人工智能拥有自利的意识，从而在资源和生产的调节与分配上为满足个人的私利，而让计划限于腐败和不公正。”[①] 自私自利、腐败不公——这些结果的原因既然在于人本身，那么技术的异质性恰好在克服人性的尝试中提供了一种值得期待的机会。而之所以值得期待，正在于技术总是在超出期待的意外中来临，在理论的虚弱之中显现。

最后，就论证所完成的结论而言，《数字资本》从当下生活表面的快速流动中，相对完整地捕捞起现代性在我们身边显露出来的独特现象。电影小说、百度谷歌、淘宝天猫、微博朋友圈、富士康生产线、英雄联盟、刑事侦查等各种现象都成为作者讨论和分析的对象。在每一样东西上所投下的理性之光——作者以这种方式继承了布封在自然研究中的启蒙精神，但又远离了启蒙理性对于体系化知识的追求。作者呈现了网络技术下衍生出的数字资本在生产、交往、治理、认知等各个层面所引发的不同程度的振动，尽管这些振动在某些条件下也会发生共振，然而其从根本上破碎了将存在作为整体进行把握的可能性：作为整体性的世界遁去了，随之遁去的还包括曾经的秩序性、等级性和稳固的价值体系——而如果这些构成了封闭性的有限总体的话，那么它们的遁去表示着动荡失序的、不确定的开放世界的降临，对于断裂和多样的事实性承受。尽管在局部的范围内，认识的工作仍然保留了构造关联、解释原因的可能，但是由此所构成的可理解的网络关系，既然失去了本体论的基础，也必然在不同的层面中被分解、替换或者取代。换言之，理论的构造本身不得不处于流动性和脆弱性的前理论状态。《数字资本》在最模糊的意义上，呈现了社会作为机器的总体性存在，然而在机器不断地自我增殖的趋势下，能了解这台庞然大物，进而驾驭它的可能性却越来越低，时效也越来越短暂。在这个意义上，《数字资本》依据人的有限性，怀疑主体

① 蓝江：《一般数据、虚体与数字资本主义》，第 243 页。

治理本身合理性的根基，从而更倾向于支持技术的竞争，借助机器的加速运转，淘汰过时的观念，冲破管理的局限。在《数字资本》对于人和秩序怀疑，和法国哲学对于体系性理论的质疑之间，发生着深层的共鸣。尽管这份怀疑的态度完全不能确定哲学在未来时代的命运，但是能够确定的是哲学要坚持“前理论”的姿态。这或许可以理解为面对人复杂的存在现状，哲学仍然坚持的求知决心和自省勇气。

从荒谬到反抗与协同——日本加缪思想研究综述

罗伯中　施　尉*

加缪思想的前后连续性问题一向颇具争议。相较于西方认为加缪思想前后矛盾、断裂的看法，东方，尤其是日本学界认为加缪思想前后一致。日本学界以加缪从“荒谬”到“反抗”的思想进程为研究中心，用东方视角挖掘了加缪的伦理学思想、价值学说和政治哲学。日本学界的研究思路和翻译方法对中国的加缪研究有借鉴意义。

在不同文化下，加缪思想有着完全不同的解读和命运，西方和东方学术界对加缪的看法迥然不同。法国文化是加缪思想的舞台，然而在过去几十年中，他的《西西弗斯神话》(以下简称《神话》)就从一部存在主义经典迅速跌落为一部“靠了箴言引起共鸣”的“天真的”哲学作品。①在他生前，法国人就认为加缪前期和后期的思想是矛盾的、断裂的。在他们看来，加缪在1942年的《神话》中提出了“荒谬”的概念，他接受世界终极的无意义，排除价值判断，秉承以事实判断为准的量的伦理学。②然而，九年后的1951年，加缪在《反抗者》中又认为价值、道德必须存在，断然拒绝了“荒谬”，与时代的虚无主义划清界限。③这两本著作的哲学意图相互对立，在内容上也完全断裂，尤其是《神话》中的个人伦理与《反抗者》中的集体伦理和“协

* 作者罗伯中，哲学博士，湘潭大学哲学与历史文化学院教授；施尉，湘潭大学哲学与历史文化学院研究生。

① 托尼·朱特：《重估价值》，林骧华译，北京：商务印书馆，2013年版，第105页。

② Albert Camus，*Le mythe de Sisyphe*，Paris：Gallimard，1985，pp.86—87.

③ Albert Camus，*L'homme révolté*，Paris：Gallimard，1951，pp.20—21.

同”(solidarité) ① 价值之间的断裂。

然而，东方文化中的加缪形象完全不同于法国学界眼中的加缪形象。加缪在东方文化中的形象并没有巨大的变化，尽管他的地位一直没有萨特那么高，但他始终被人们当作存在主义的重要人物而纳入现代西方哲学史的教科书中，学界也始终有人在跟踪研究。在东方，日本是除欧美外最早接触加缪和存在主义的国家之一，迄今为止，日本对加缪的研究在东方首屈一指。早在 1950 年，《文艺界》杂志就以摘要的形式刊登了加缪题为《现代的危机与艺术家的自由》的文章。次年二月，《群像》杂志刊登了加缪本人的特别来信《沉默，而后创造——致日本人》。② 此后，加缪的作品被大量地翻译成日文，日本对加缪作品及其思想的研究也从这一时期开始。与法国学界对加

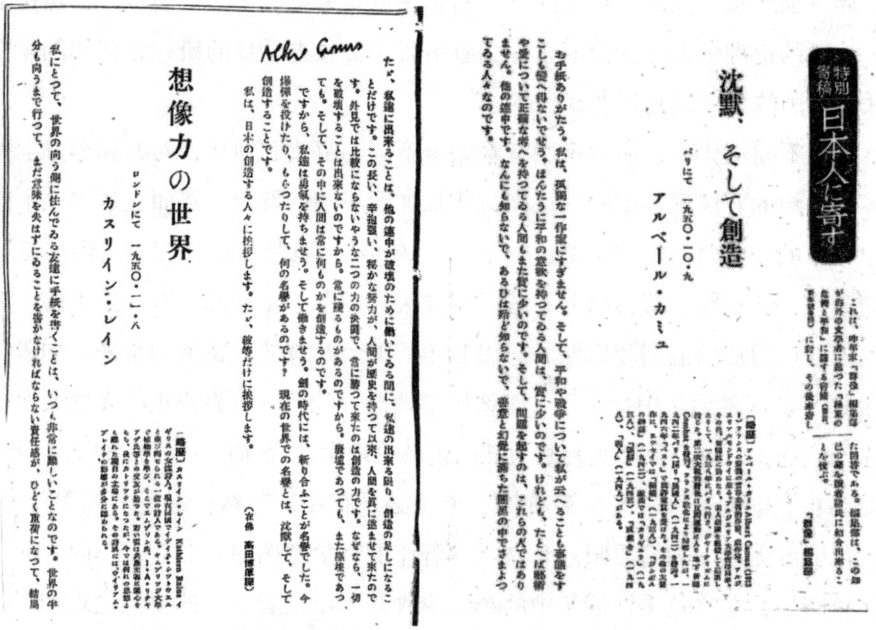
特別寄稿 日本人に寄す

沈默、そして創造

パリにて 一九五〇・一〇・九

アルベール・カミュ

お手紙ありがたう。私は、孤独な一作家にすぎません。そして、平和や戦争について私が云へることも事態をすこしも變へ得ないでせう。ほんたうに平和の意欲を持つてゐる人間は、實に少いのです。けれども、たとへば藝術や愛について正確な考へを持つてゐる人間もまた實に少いのです。そして、問題を起すのは、これらの人ではありません。他の連中です。なんにも知らないで、あるひは殆ど知らないで、悪意と幻覺に満ちた闇黒の中でさまよつてゐる人々なのです。

たゞ、私達に出来ることは、他の連中が破壊のために働いてゐる間に、私達の出来る限り、創造の足しになることだけです。この長い、辛抱強い、秘かな努力が、人間が歴史を持つて以来、人間を眞に進ませて来たのです。外見では比較にならないやうな二つの力の決闘で、常に勝つて来たのは創造の力です。なぜなら、一切を破壊することは出来ないのですから。常に残るものがあるのですから。破壊であつても、また廃墟であつても。そして、その中に人間は常に何ものかを創造するのです。

ですから、私達は勇氣を持ちませう。そして働きませう。劍の時代には、斬り合ふことが名譽でした。今擲弾を投げたり、もらつたりして、何の名譽があるのです？ 現在の世界での名譽とは、沈黙して、そして創造することです。

私は、日本の創造する人々に挨拶します。たゞ、彼等だけに挨拶します。

(在佛 高田博厚譯)

想像力の世界

ロンドンにて 一九五〇・一一・八

カスリイン・レイン

私にとつて、世界の向う側に住んでゐる友達に手紙を書くことは、いつも非常に難しいことなのです。世界の半分も向うまで行つて、まだ意味を失はずにゐることを書かなければならない責任感が、ひどく重荷になつて、結局

加缪给日本《群像》杂志的特别供稿，题为《沉默，而后创造》

（照片来源于名古屋大学中央图书馆）

① solidarité 意为“团结、休戚与共；协同、连带关系”。solidarité 在日本通行的译文是“連帯”，国内对该词的翻译尚未统一。本文采用“协同”这一翻译。

② アルベール・カミュ：「沈黙、そして創造—日本人に寄す」，『群像』二月特別號，1951 年版，第 40—41 页。

缪前后期著作的看法完全不同，日本主流的学者并不认为加缪的《神话》与《反抗者》之间有矛盾和断裂，相反，他们认为这是两部连续的作品，这种态度无疑与加缪本人更相近。

考虑到加缪思想中确实有许多非法国传统的、东方的元素，那么从东方哲学，尤其从日本哲学出发对加缪思想的解读具有独特的学术价值。本文要集中考察的是日本学术界对加缪从《神话》到《反抗者》的连续性问题的研究。本文不打算以时间顺序介绍日本学术界的研究成果，大部分学者都表达了对加缪思想连续性问题的兴趣，但经他们还原的“完整”加缪思想却对应了不同的领域，他们想要验证的分别是加缪的思想史地位、加缪思想的伦理意义和政治上的现实有效性。

一、从生存论到伦理学

日本学者大多认为“生存”或“实存”（existence）分析是加缪哲学的基础，他们从加缪的生存论分析出发诠释他的伦理学观点，我将这种研究思路概括为“从生存论到伦理学”。内田树（Uchida Tatsuru）、佐佐木匠（Sasaki Takumi）等人的加缪研究就是这种思路的主要代表。

内田树是日本当代著名学者、伦理学家，他早年研究法国哲学与文化理论，以列维纳斯和加缪为主要对象，出版了《审慎的伦理学》《列维纳斯和爱的现象学》等论著。按照很多人对加缪的印象，他本质上是文学抒情能力远高于其思想深度、只顾理想主义而忽视政治现实的才华型思想家，而在内田树看来，加缪终其一生都是从时代经验出发，探索普遍有效伦理原则的伦理学家。[①] 他认为，加缪通过对海德格尔存在论“批判性的继承”，从“存在”的基础存在论“调转”到“存在者”的基础伦理学。加缪的这一思想进路在“规范丧失”的二十世纪开辟了一条独特的伦理路线，这条思想进路是贯穿

① 内田樹:「レヴィナスとカミュ—存在論から倫理へ—」,『神戸女学院大学論集 = KOBE COLLEGE STUDIES』, 第 38（1）卷，1991 年版，第 20 页。

加缪全部作品的主线。[①]

内田树对加缪思想连续性的解读可以概括为，加缪在“荒谬”的阶段就借助时代经验的虚无性——或解构性——拒绝了所有形而上的讨论，选择从存在论返回伦理学，“这一（存在论的）转向（Kehre）虽的确回到了某个地方，回到的却不是故乡或应许之地，而是一片废墟。……这里没有本真、身份、起源和启示，换句话说正是**日常生活**”。[②] 加缪选择了非稳固的存在者和与之相伴的日常性，探索后神学和后基础主义的日常伦理学。后期的《反抗者》将形而上学命题解释为伪命题，延续了前期拒绝形而上学讨论的做法。很多学者解读的所谓加缪前后期思想的断裂只是误解，他们误以为否定独立价值和最终意义就是否定一切可能的伦理学。事实上，加缪否定独立价值和最终意义，正是为了在号称拥有最终价值原则的神学和后基督教伦理于现实中失效之后，找到一种与日常生活相关的有效伦理学[③]。

在内田树看来，加缪的怀疑主义和反有神论（Antitheism）不仅是他的思想立场，还是他的哲学方法，加缪用怀疑的方法将消极的虚无体验转变为积极的、可供选择的伦理进路。加缪对“杀人”问题的持久关注也被内田解释为对“自由”这一现实的伦理问题的关注。[④] 但问题是，加缪是否如内田所说的那样完全抛弃了包括在形而上学和神学之内的一切内容（尤其是它们的**起源**）？实际上，加缪并没有如最早的分析哲学家们那样将形而上学与神学问题视为伪命题，他只是认为传统神学和理性主义已不能为伦理价值和生存意义奠基，并用怀疑的方法拆解传统神学和理性主义的整座大厦，来找到它们不能再进一步拆毁的地基。在他看来，神学和形而上学的起源是非理性的渴望，由这种渴望引发的运动是“反抗”，它与以神学信仰和理性证成来为价值奠基的做法不同，“反抗所起的作用犹如‘我思’在思想范畴中所起的

① 内田樹：「レヴィナスとカミュ—存在論から倫理へ—」，『神戸女学院大学論集 = KOBE COLLEGE STUDIES』，第38（1）卷，1991年版，第4页。

② 同上文，第21页。

③ 内田樹：「20世紀の倫理—ニーチェ、オルテガ、カミュ」，『神戸女学院大学論集 = KOBE COLLEGE STUDIES』，第46（1）卷，1999年版，第86页。

④ 同上文，第87页。

作用一样。……它使所有人都接受了第一种价值”。[①] 按照《神话》的观点，反抗是“对统一性的乡愁”(nostalgie d’unité)，来自人类对正义、团结、意义等统一性的追求和世界的沉默之间的对峙，它无疑是非理性的，与传统理性主义和神学对价值基础的要求截然不同。[②] 内田树忽视了这一点，在他的加缪阐释中，非稳固的存在者只拥有日常性，日常性被解释为生活的继续，但如果没有了非理性的基础，生活的继续也会变得没有根基，他错误地将加缪的“荒谬”理解为和萨特的“恶心”完全一样的东西。在他看来，加缪思想中始终不变的是对一切都等量齐观的“无意义哲学”，无论是暴力对等性的伦理还是限制暴力的伦理，都不过是“将一切价值平均化”的虚无主义经验的产物。[③] 我认为，内田树虽然看到了加缪的怀疑主义在前后期作品中的延续，但他忽视了加缪使用怀疑方法的目的，也就是发现非理性的反抗这一价值基础，从反抗中可以找出与传统神学和理性主义的结论有所不同的新价值来，而不是简单地接受价值虚无的时代状况。

内田树的解读是日本学术界在早期对加缪的主流解读方式，与之同时期的内藤义博（1981）、宇田川博（1985）、栗国孝（1990）等人基本上都持这种观点。如果单独看待《神话》这本书，那么其中的很多内容确实可以支持此类解读，即加缪否定所有价值和意义。[④] 然而，鉴于加缪对他作品阶段的严格安排和后续作品中基础生存论的不断发展，以单一文本的表述为主来融贯地理解后期的伦理思想并不符合加缪的本意。[⑤] 这样一种存在主义式的解读忽略了加缪哲学的生存论基础，会掩盖加缪思想中更为丰富的伦理学内容。

青年学者佐佐木匠也试图在加缪对人类生存处境的描述中分析加缪关于伦理价值之虚无的观点。佐佐木匠任教于早稻田大学法国文学系，在他的加

① Albert Camus，*L’homme révolté*，p.36.

② Albert Camus，*Le mythe de Sisyphe*，pp.73—80.

③ 内田樹:「レヴィナスとカミュ—存在論から倫理へ—」，第 21 页。

④ 参见 Albert Camus，*Le mythe de Sisyphe*，pp.86—87，95—98，101—103，etc.。

⑤ 加缪将他的创作主题分为三个阶段：“荒谬”“反抗”“均衡”，每一阶段对应了一则神话。前两个阶段的哲学著作是《西西弗斯神话》(论荒谬）和《反抗者》(普罗米修斯神话），第三个阶段则以涅墨西斯神话为主题。参见 Albert Camus，*Carnets*：*janvier 1942—mars 1951*，Paris：Gallimard，1962，p.328。

缪研究中，“统一性与多样性”和“孤独与协同”这两组更为精确的概念取代了一般的“荒谬”与“反抗”的比较，成为理解加缪前后期思想内在一致性的线索。

佐佐木匠认为，《神话》提出的荒谬的定义，即人的理解欲与世界不合理的沉默间的对峙状态，可以改写为“在世界的多样性前人仍然要求统一性”的对峙状态。[①]《神话》的结论似乎是放弃统一性，选择多样性，将审美和艺术创作视为出路，看似与肯定统一性、反对全体性的《反抗者》有所矛盾。这一表面上的矛盾源于将“统一性”一词视为形而上学术语，而它的完整表述应是“对统一性的乡愁”（nostalgie d'unité）。加缪始终在生存分析中使用“统一性”与“多样性”这两个词。[②]到了《反抗者》中，加缪分析的重点是如何在追求统一性的过程中兼顾多样性，这一运动就是反抗，它将加缪作品中的“孤独”和“协同”这两个看似矛盾且对应了多样性和统一性的主题统一起来。[③]因此，真正的反抗在维持个人独在性（solitaire）的同时朝向他人，它和追求全体性、消灭多样性的革命是完全不同的运动。

我认为，佐佐木匠的研究的最大贡献是指出“统一性”并非加缪一直否定的东西，将“对统一性的乡愁”发展为“追求统一性的永恒过程”，正是将加缪与否定一切价值的后现代主义者区分开来的地方。“统一性”与“多样性”并不是非此即彼的形而上学概念，而是两种可以共存的人类生存体验。问题不在于追求统一的愿望是否合理，而是如何找到追求统一的恰当方式。相比内田树使用的“存在论”这一术语，以“生存论”称呼加缪思想中有基础地位的生存分析，也许更为恰当。实际上，《神话》对统一性的批判与《反抗者》对全体性的批判有着几乎完全重叠的内容，加缪认为即使是巴门尼德的“一”或雅斯贝尔斯的“大全”存在，与世界存在着差异的人也无法把握它，除非人在世界之外。[④]“全体性”是“对统一性的乡愁”的极端化

---

①② 佐々木匠：「不条理から反抗へ—アルベール・カミュ作品における «nous» の出現」,『早稲田大学大学院文学研究科紀要』, 第 64 卷，2019 年版，第 304 页。

③ 佐々木匠：「アルベール・カミュ作品における孤独と連帯」,『フランス語フランス文学研究』, 第 114（0）卷，2019 年版，第 56 页。

④ 参见 Albert Camus，*Le mythe de Sisyphe*，p.35；*L'homme révolté*，p.357。

体现，这一批判的连续性也证实了加缪前后期思想的一致。

不过，佐佐木匠虽然注意到了对统一性的渴望和对全体性的渴望之间的区别，却没有讨论二者的关系，而这一关系可能比统一性与多样性的关系更加重要，也更具悲剧性，这一关系不止存在于道德实践和艺术创作领域，还存在于同我们休戚相关的政治现实和权力问题之中。① 此外，无论是“协同”价值还是“协同”与“孤独”的内在统一，他都没有深入分析，只停留在验证文本前后的一致性上，仅仅基于这些主题讨论了文本建构的问题。②

二、伦理的主体与协同的价值

与一般西方学者将加缪定位为“积极参与政治活动的文学家”不同，堀田新五郎（Hotta Shingoro）是较早将加缪当作政治哲学家的学者。堀田新五郎是奈良县立大学教授，主要研究政治哲学、生态哲学和法国存在主义，著有《政治思想与文学》《撤退论》等书。他的思想史研究很少强调社会背景等外部原因对思想家的影响，在加缪研究上，他强调要以融贯的视角看待加缪的作品与政治观点的关系，分析其政治选择的内在必然性和现实价值。③ 堀田在《神话》之前的加缪作品中发现，泛神论式的自然观和生存的幸福观才是加缪生存哲学的基础，脱离了这种基础，加缪的“荒谬哲学”就会被歪曲成萨特存在主义式的哲学。④ 按照这种解读，人与世界（自然）间既有高扬实存、不断扬弃价值的精神，还有肯定美的肉体。“尺度”（mesure）是加缪哲学的主旋律，它正是共存于人类身上的精神与肉体这两种相反倾向的调和，它塑造的“人性”（la nature de l’homme）虽然与世界（自然）不同，但它完全接纳了美的、肉体的价值。⑤

---

① 参见 Matthew Sharpe，“A just judgement？ Considerations on Ronald Srigley’s Camus’ Critique of Modernity”，*Thesis Eleven*，120（1），2014，pp.43—58。

② 佐々木匠：「不条理から反抗へ—アルベール・カミュ作品における «nous» の出現」，第 307—309 页。

③ 堀田新五郎：「責任はどこまで決断の問題か：サルトル・カミュ論争を再評価する」，『政治思想研究 = The Japanese Journal of Political Thought』，第 0 卷，2000 年版，第 102 页。

④ 同上文，第 109 页。

⑤ 同上文，第 110 页。

“价值的确立使伦理必然化”，在堀田看来，肯定了同一个价值的“西西弗斯”和“反抗者”是同一个伦理主体，他们反抗对肉体价值的侵害，包括“从必死的命运到社会性的非正义”。[①]受难的现实与受难的个体如此普遍，受难者的反抗运动孕育了一种共同伦理形成的契机，塑造着政治反抗共同体。在泛神论的自然观和生存的幸福观基础上的政治反抗行动必然选择渐进主义的治疗型政治，相比理性主义的政治实践者试图构建的抽象正义，加缪更重视抵抗眼前的非正义，他认为人们应该警惕一切损害肉体价值的政治行动。堀田认为加缪的政治观并非如萨特所说的那样对政治现实不负责任，在加缪的理解中，“对历史的责任”归根到底是对他者的责任，他这样阐释加缪的政治观点：“‘我反抗，故我们存在’这一命题的意义是，作为伦理主体的反抗者，是和受难者（＝他者）的存在同时发生的。”按照这种解读，加缪为现实的政治活动划下了界限。[②]

尽管有些学者在美学和文学研究中也谈到过加缪的“自然”观，如村尾和枝（2004）、粟国孝（2002）等，但堀田新五郎将加缪生存论与自然观联系起来的研究改变了人们将加缪生存论（主要是《神话》）完全当作存在主义的片面理解，它还让人们认识到加缪的自然观是基于泛神论和日常生活幸福观的政治哲学的一部分，这种政治哲学观念渗透到加缪的全部作品中，无论散文、小说、论著还是戏剧，都可以被理解为这种政治哲学作品的各个篇章。他的研究澄清了加缪前后思想存在断裂的误解，同时也很好地以“责任”问题为中心讨论了加缪思想在今天面对不太光明的人类前景和分裂的政治现实时的价值。

不过，堀田的研究也存在一些问题。第一，堀田忽视了反抗者共同体形成过程中交流的作用。堀田认为，从个人化的西西弗斯到协同的反抗者，仅仅肉体共同的受难即可让肉体的价值成为纽带，组成反抗者的共同体。[③]但

---

① 堀田新五郎：「責任はどこまで決断の問題か：サルトル・カミュ論争を再評価する」，『政治思想研究＝The Japanese Journal of Political Thought』，第0卷，2000年版，第111页。

② 同上文，第116页。

③ 同上文，第111页。

看到他者的苦难，乃至意识到某一群体的共同受难，并不是形成共同体的充分条件，共同体的形成还需要交流和沟通。加缪在《反抗者》中批判政治暴力破坏了人际沟通，从而是不可接受的。他说道：“在被视为绝对的历史中，暴力是合理的，它作为一种相对的危险行为，是沟通的中断。”① 受难者们必须依靠交流才能意识到大家“同是受难者”的处境，才能有共同命运的感受和意识。加缪说道：“我们通过这种无拘束的会话认识到我们的相似之处，认可我们的命运。……非正义之所以坏，是由于它使分隔压迫者与被压迫者的无声的敌对状态永久延续下去。”② 堀田的理解将问题简单化了，他只意识到苦难的作用，丝毫没有谈到沟通、交流在共同体形成中的作用。第二，在堀田的研究中，从确立价值到形成伦理的过程过分迅速和简单，“西西弗斯是伦理主体”的解释也许会限制加缪价值理论的进一步展开。堀田认为，西西弗斯和反抗者肯定同样的价值，他们是同一个伦理主体。这一论点无法解释《反抗者》中的说法：“荒谬的立场在行为中是无法想象的，其表现也是无法想象的”“被认为是生活规则的荒谬因而是矛盾的”。③ 似乎在加缪看来，即使“荒谬”不是一个错误，它也不是伦理和道德实践的规范本身。加缪显然有在《反抗者》中进一步展开价值理论的打算，堀田对加缪思想的延续论解释并未真正远离学术界的主流观点。

渡边惟央（Watanabe Io）的研究回答了上述的问题。渡边惟央是东京大学文化研究专业博士、巴黎第八大学博士，在加缪思想研究方面很有建树，曾发表《阿尔贝·加缪的“表达”问题》（*Le problème de l'expression chez Albert Camus*）和《加缪“反抗”概念中的超越性：通过与布里斯·帕兰的比较》（「カミュの『反抗』概念における超越性：ブリス・パランとの比較を通じて」）等文章，在国际加缪学界产生了一些影响。他发现，加缪之所以认为“反抗”使协同得以可能，“荒谬”的个人性反抗之所以能走向反抗者共同体，就在于“反抗”概念吸收了同时期的哲学家布里斯·帕兰（Brice

① Albert Camus，*L'homme révolté*，p.360.

② *Ibid.*，p.350.

③ *Ibid.*，pp.19—20.

Parain）的“超越”（transcendance）概念。[①] 帕兰的“超越”并不是向神或真理的超越（加缪的著作中明确表达了对此类超越的不信任和批判），而是语言的“非人称性”（impersonnel）带来的效果。语言首先表示类和概念，它虽然使特定对象或个人体验失真，但也保证了人与人交流的可能性，帕兰说道：“语言的机能就是超越存在，让我们跨越个人的存在。……‘超越’就是越过鸿沟（transcendere fosses）。”[②] 语言的失真性和超越性让帕兰认识到规范语言使用的必要性，在这个角度上，帕兰的语言哲学既是认识论的，又是伦理学的。渡边认为帕兰关于语言的失真性（消极）和超越性（积极）的“两义性的维持”启发了加缪，这种不对任意一方做出选择的方法能够有效地打破形而上学的二元对立结构。加缪结合自己惯用的矛盾修辞法，将帕兰的语言分析转述为“卓越的平庸”（banalité supérieure）和可畏的无效（terrible inefficacité），并在他之后的著作中频繁使用这种“对峙法”；[③] 帕兰关于“交流的可能性”的认识也启发了加缪，他让加缪意识到，个人体验中的非理性为所有人所共有，它带来了交流和普遍价值的可能。虽然在《反抗者》定稿时，出于对宏大叙事的警惕和“超越”一词可能带来的歧义，加缪最终删除了过渡性作品《对反抗的考察》中大部分的“超越”，但渡边的结论仍然是，帕兰“超越”的内涵已经成为“反抗”理论的重要组成部分。[④]

渡边惟央认为，使人与人之间的协同成为可能的不是语言的普遍性或对个人体验的共情，而是不可消解和综合的“矛盾”本身，也就是形而上学对立结构的不可能性才使协同成为可能，这构成了对堀田新五郎观点的反驳。[⑤] 在加缪看来，矛盾并不仅仅存在于帕兰的“语言”中，矛盾本身就是普遍的，渡边认为正是由于“反抗”最鲜明地体现了人类生存和生活世界的矛盾事态，加缪才没有原封不动地接受帕兰哲学，而是将反抗确立为价值的出发

① 渡边惟央：「カミュの『反抗』概念における超越性：ブリス・パランとの比較を通じて」,『フランス語フランス文学研究』, 第114（0）卷，2017年版，第192页。
② 同上文，第195页。
③ 同上文，第197页。
④ 同上文，第202页。
⑤ 同上文，第200页。

点。[①]《反抗者》的主题之一是批判观念的对立结构，渡边的观点说明，加缪的对立结构批判直接引出他的价值基础学说，这一价值基础是非观念的，而协同价值和其他积极价值也都不是观念化的价值。[②]渡边以比较研究的方法厘清了加缪哲学中具有重要地位的“超越”概念在不同阶段的不同含义，他认为，尽管《反抗者》没有使用明确的“超越”概念，但《对反抗的考察》是《神话》到《反抗者》之间的过渡性作品，它的核心内容与《反抗者》有着内在联系，此文使用的“超越”概念并没有对《神话》的反超越立场形成挑战，反而是连接前后两部著作的纽带。基于这种理由，他坚持《神话》到《反抗者》具有延续的关系。

三、“近似的政治学”和价值的基础

加缪前后期思想的延续论解释还面临着一个问题的挑战：不能成为具体指导原则的“荒谬”，如何成为加缪后期伦理学和政治哲学的一部分？对这一问题最重要的分析来自法国思想家莫里斯·布朗肖（Maurice Blanchot），他在《反思地狱》一文中以西西弗斯这一形象的象征意义和加缪两部论著间存在的距离为引，讨论了非起源（la non-origine）的荒谬和现代虚无主义的关系。布朗肖认为，加缪虽然以解决“荒谬”的问题为他的研究重心，但在某种程度上落入了虚无主义的陷阱。[③]渡边惟央和柴崎秀穗（Shibasaki Hideho）两名学者面对布朗肖的评论给出了自己的观点，前者试图证明布朗肖虽然在某些问题上批评了加缪，但他与加缪有相同的问题意识和哲学旨趣；后者则打算正面回应布朗肖的挑战，还原加缪的理论推演过程，表明加缪的政治哲学在今天的意义。以下是对他们各自观点的评述：

渡边惟央比较了不同时期布朗肖对加缪的评论，他认为这些评论的共同

① 渡辺惟央：「カミュの『反抗』概念における超越性：ブリス・パランとの比較を通じて」,『フランス語フランス文学研究』, 第 114（0）卷，2017 年版，第 202 页。

② 加缪以“绝对”称呼人类观念中始终存在的对立结构，它借由基督教和形而上学得到加强，在德国观念论和黑格尔哲学中完全成熟。参见 Albert Camus，*L'homme révolté*，pp.168—186，356。

③ Maurice Blanchot，« Réflexions sur l'enfer »，in *L'entretien infini*，Paris：Gallimard，1969.

点是布朗肖对“荒谬”的关注和对辩证法的批判。布朗肖理解的“辩证法”不是狭义的哲学概念或方法，而是理性和语言普遍的对象化、概念化活动，他批判加缪在《神话》和《反抗者》中对荒谬的处理方式都忽视了荒谬自身非对象、非概念的特点，无论是直视荒谬，还是以荒谬自身的矛盾为由克服荒谬，都只是理性难以避免的自说自话，在掩盖荒谬的同时加固了自身的合法性。“反抗以荒谬作为逻辑前提，这就已经使荒谬变质为了概念”，鉴于布朗肖认定加缪的荒谬是一种概念化的荒谬，他指责加缪在两本书之间“做出了跳跃（le saut）”，并且认为加缪以这种“荒谬”概念为基础的价值和伦理不具有效性。①

渡边认为布朗肖在批判之余还肯定了加缪批判传统理性主义的意图，加缪摆脱了法国当时流行的黑格尔主义基于二元对立的矛盾分析方法。他注意到加缪“对辩证法发问”的方式促使布朗肖“走向了自己曾批判的二元对立结构（布朗肖称之为‘二重性’）……这是为了在辩证法之中找到辩证法的缝隙，发现在其中的荒谬的领域”。② 加缪从其特有的“对峙法”得出了诸如西西弗斯的转身（retournement）、反抗的旋转（volte）、《正义者》的“我不能”（je ne peux pas）等反抗姿态，这些姿态是非语言和非理性的“单纯性”，根本不可能由传统理性主义的辩证法得到。③ 这也是布朗肖的理论目的。渡边注意到，加缪和布朗肖都试图摆脱观念的对立结构，超越黑格尔主义的传统辩证法，构建起一种适合于呈现非理性主义事物的新型辩证法。

渡边惟央的研究回答了加缪思想的连续性问题，也以布朗肖的视角考察了加缪摆脱观念对立结构的尝试。它表明，《神话》所涉及的领域并不是合法的伦理学领域，以“西西弗斯”为代表的荒谬的人丧失了成为伦理主体的条件，也就是“主客关系”本身。“荒谬”不能够成为任何人的指导原则，它只是通过否定性的方法传达某种难以直接陈述的生存情态。《神话》表面上

---

① 渡辺惟央：「シシュポスを殺すことはできるか：ブランショのカミュ論における『弁証法』」，『Résonances：東京大学大学院総合文化研究科フランス語系学生論文集』，第11卷，2020年版，第3—5页。

② 同上文，第9—10页。

③ 同上文，第11页。

对价值的否定至少没有直接的现实意义，自然不会与《反抗者》的意图产生冲突。渡边注意到，布朗肖没有批评加缪前后观点的不一致，而是认为以言语的方式表述和接近“非起源”的荒谬就必须要在西西弗斯和反抗者之间拉开距离，他只是批判加缪哲学中有着重要机能的理性。在布朗肖看来，过于重视理性有陷入虚无主义的危险。这里的“虚无主义”是与荒谬结盟的过度理性，也是《反抗者》批判的对象。渡边主张，对加缪前后期思想的延续论解释不会受到布朗肖批判的挑战。在渡边看来，加缪著作“对立、矛盾”的阅读印象是加缪摆脱观念对立结构的方法，即使在布朗肖看来应该“尽可能地延长这一（摆脱对立结构的）瞬间”。[①] 对立结构的失效也带来了发现新的价值基础的可能性，加缪的“对峙法”是理解他的价值理论和政治哲学的前提。

与渡边惟央的比较研究不同，都留文科大学的柴崎秀穗则集中于加缪自身的理论推演过程。柴崎接受了布朗肖对荒谬之“非起源性（非基础性）”的解释，他认为，加缪虽然为了构建积极的价值理论而有意远离了荒谬，但通过“自行解构自己的推论”的方法解构了西西弗斯与反抗者这两个言说主体原本泾渭分明的边界，不仅使人的“异乡性”（étrangeté）（由荒谬体验所揭示的非理性部分）在价值理论中有一席之地，还解构了观念的对立结构和像是“主体”“身份”等一系列政治哲学理论所必须的前提。[②] 柴崎的结论是，加缪以“对峙法”构建的后基础主义的政治学，正是德里达在《友爱的政治学》中提出的、能够先于各种各样的道德差异而关怀人类身上“单独性和不可还原的他者性”这一特质的政治学。[③] 柴崎以“近似的政治学”称呼加缪的政治哲学思想，他认为在解构了观念的对立结构后，诸如“正义”“自由”“非暴力”等政治价值就不再是绝对化的概念，而是无限接近其定义的现

① 渡边惟央：「シシュポスを殺すことはできるか：ブランショのカミュ論における『弁証法』」，第12页。

② 柴崎秀穂：「脱構築と近似の政治学：アルベール・カミュ『反抗的人間』について」，『都留文科大学研究紀要』，第91卷，2020年版，第146—148页。

③ 同上文，第133—134页。

实价值。[1] 柴崎认为加缪的政治哲学能够为现实的政治活动带来限制，并对解决现代道德多元状况下的政治共存问题有重要的意义。

柴崎秀穗的独创性在于，面对加缪两部著作间的内部矛盾，他并没有否认任何一方，而是认为加缪以一种迂回的、技术性的方式保留了西西弗斯的伦理价值。人人皆有的“异乡性”只能通过西西弗斯来表达，它的特征是差异和不可还原性。按照这种理解，即使西西弗斯不是伦理主体也不能排除他的位置，他象征的单纯性和反抗者的激情一样是人类生存情态的基本要素。加缪在《神话》中也谈到荒谬使人获得了尊严：“最壮丽的场景莫过于理智与超越它的实在之间的搏斗。……若贬低实在（其非人的性质构成了人的尊严），就等于贬低人本身。”[2] 西西弗斯的独特（étrangeté）是人的尊严和人格性，是构成协同价值不可缺少的要件。在柴崎的分析中，加缪的“对峙法”不仅用于打破观念的对立结构，还用于构建一种包含了非理性价值的新型政治哲学，它为非理性主义的政治哲学提供了范例。

不过，柴崎秀穗的有些观点值得商榷。柴崎认为在人类共同体的形成过程中，将主人和奴隶联系在一起的唯一因素是二者共有的“异乡性”，他将异乡性视为协同的先决条件和加缪价值理论的核心。[3] 这种解读会不可避免地带来一些问题。异乡性作为荒谬的同义词，虽然在人类尊严的意义上有伦理价值，但不能成为其他积极价值的前提。无论异乡性的内涵是“人与世界的对峙”还是“人对统一性的欲求与人自身有限性的对峙”，它都要求维持和忍受对峙和分裂的状态，而不要求现实的行动。具有优越地位的异乡性或荒谬，被布朗肖称为“受难的真理”，它要求忍受、折磨和痛苦的存续，否定一切积极的行动。[4] 在荒谬阴影下的清醒意识只是为了让受难的现实更为鲜明，更具悲剧性。[5] 异乡性不是包括协同在内的一切积极价值的理论前提。

---

① 柴崎秀穗:「脱構築と近似の政治学：アルベール・カミュ『反抗的人間』について」,『都留文科大学研究紀要』, 第 91 卷，2020 年版，第 143 页。

② Albert Camus，*Le mythe de Sisyphe*，pp.79—80.

③ 柴崎秀穗:「脱構築と近似の政治学：アルベール・カミュ『反抗的人間』について」, 第 143 页。

④ Maurice Blanchot，*L'entretien infini*，pp.257—258.

⑤ Albert Camus，*Le mythe de Sisyphe*，pp.165—166.

与柴崎的解读不同，我认为加缪意识到了异乡性对积极行动的限制，在保留异乡性的伦理价值的同时，加缪并不认为异乡性会影响协同价值的实现。这是因为在加缪的价值理论中，真正具有前提性质的并不是异乡性，而是包括异乡性和协同价值在内的一切价值的基础，这一基础可以恰当地被称为创造性的生活世界。加缪说道："这个世界应该放弃形式原则的虚无主义与没有原则的虚无主义，重新找到创造性的综合道路。"①《反抗者》的一个特点是美学规律和政治规律的统一，②加缪试图找到革命和艺术共同的生存论基础和各种关系得以发生的"域"，生存论基础是对统一性的乡愁，"域"是生活世界。在生活世界中，"异乡性"是人类内心的非理性，"协同"则是人类生活世界相对稳固的社群性，二者不是互相决定的关系。柴崎虽然提到了加缪与梅洛-庞蒂有相似的政治观点，却并未意识到两人对生活世界有共同的理论意图。③

柴崎过分重视异乡性的理论地位，这种观点不仅使他忽视了生活世界，还阻碍了他对加缪的"界限"（limite）概念的理解。在柴崎看来，"界限"不过是尊重和不予侵犯异乡性，他并未展开诠释"界限"如何限制现实的政治活动。④但在《反抗者》中，"界限"不仅是人的本性，也是生活世界的特征，它是开端和最初的价值。⑤在加缪看来，对权力的警惕态度就能够有效地减少非正义，"界限"并不意味着必须在权力的方方面面给出明确的边界，它本身就是一种普遍价值，它不仅能够遏制非正义的产生，还能够给一种综合、完善的判断能力留出成形的时间和空间，从而成为善的温床，赋予世界以活力。从"界限"中得出的政治态度是审慎，加缪认为，审慎才是那个时代唯一有效的政治态度。⑥柴崎将加缪的观点简单化了，他未能深挖的这部分内容，是加缪政治哲学思想的核心和价值所在。

---

① Albert Camus，*L'homme révolté*，p.337.

② *Ibid.*，p.331，pp.337—338.

③ 柴崎秀穂：「脱構築と近似の政治学：アルベール・カミュ『反抗的人間』について」，第 149 页。

④ 同上文，第 143 页。

⑤ Albert Camus，*L'homme révolté*，pp.363—366.

⑥ Albert Camus，*L'homme révolté*，pp.361—362.

结语

本文以“加缪思想的连续性”问题为线索，介绍并分析了近年来日本学术界对加缪思想的研究成果。日本的加缪研究已经逐渐摆脱过去流行的“存在主义”“荒谬”等标签的束缚，开始重视加缪的思想中多个维度的阐释。而中国学术界尽管对从20世纪80年代的“存在主义”主题到最近二十年的“荒谬”主题都研究得非常充分，但这些标签像幽灵一般附着在加缪研究上，掩盖了加缪思想中更为重要的内容，他的价值学说、政治哲学、身体学说等在国内无人问津。日本的研究主题和研究方法对中国的加缪研究而言都有重要的参考价值。

此外，日本学界对加缪哲学中的关键概念的翻译工作也值得借鉴。solidarité意为“团结、休戚与共；协同、连带关系”，它的形容词形式solidaire意为“团结一致的，休戚与共的；协同的，连带责任的”。solidarité在日本通行的译文是“連帯”，意为“两个以上的东西相连。相互分担关系。联系”，与“連帯”相比，“団結”“結束”等近义词虽然也有相互联系的意思，但这些近义词同时还强调了多数人的一体性与共同目的。鉴于加缪的反全体主义和反目的论倾向，“連帯”的译文更符合加缪的本意；nostalgie意为“怀旧，思念，乡愁”，它在日本通行的译文是“郷愁”，鉴于加缪对普罗提诺哲学的研究和他受到的影响，“乡愁”这一与普罗提诺的概念“故乡”“流亡”等呼应的译文更符合加缪的本意。出于同样的原因，*L'Étranger*译为《异乡人》比译为《局外人》更好，étrangeté一词对应了*L'Étranger*，译为“异乡性”比译为“奇特性”（吕永真译）和“陌异性”（尉光吉译）更好；mesure的情况则更为特殊，其意为“尺度，量度；节制，分寸”，国内多直译为“尺度”或“节制”，它在日本通行的译文则是“中庸”，而不是诸如“寸法”“節度”“限度”等直译词。mesure在加缪思想中并不是某种具体的尺度或测量方法，它是一种基于人类基本生存情态和生活世界的思维方法，也是行为的准则，它发源于地中海世界，由此形成的文化传统却被德国观念论和基督教彼岸观的过度（démesure）所摧毁，这种摧毁本质上是对自然的拒绝。儒家的“中庸”不仅是反对过度行为的思维方法和行为准则，它同样基于一种紧密的天（自然）人关系：“天命之谓性，率性之谓道，修道之谓教”。从这个角度看，将 mesure 意译为“中庸”有一定道理，虽然不能对地中海思想和东方思想等量齐观，但这种译法发掘了加缪思想中的东方元素。总之，日本对加缪哲学中关键概念的翻译都以熟悉加缪生涯的全部作品和他整体性的思想为前提。与日本的翻译相比，我国对加缪的文学翻译很多，学术翻译太少，除了“荒谬”和“反抗”，其他关键词常常因个人的翻译习惯而改变，这样的翻译会掩盖加缪各个著作间的关联，加大加缪研究的难度。

同时，东西方语言的差异和不可译性虽然加大了翻译的难度，但也使东方语言能够以独特的角度解读加缪思想。如布朗肖就以批判欧洲语言的方式批判观念的对立结构，他在写作中尝试用非固定的词汇和非线性推理的思路去言说非理性事物。在这个意义上，东方“没有哲学”的说法，也许是指东方语言的结构不一定是二元对立的。正如加缪所说：“（本书中）人们是从对世界的默认出发的。但东方思想告诉我们：人们可以在选择反对世界的同时致力于逻辑的努力。这是合理的，这还为本书提供了观点和限制。”[1] 东方语言或许可以突破二元对立的瓶颈。如果日本的研究可以做到用他们的语言去“再理解”加缪以欧洲语言表达的思想，那么这就是日本的独创性，对中国和汉语来说同样如此。

研究加缪思想的连续性能够发现加缪在整个生涯中都关心的问题。无论是对现代性的批判还是对古代的追寻，抑或是他试图以小说、戏剧等不同形式表达的东西，都不曾脱离他对人类生存基本方面的关注。在这个意义上，他离我们的时代并不遥远，我认为加缪身上还有很多我们可以探索的地方。

---

① Albert Camus，*Le mythe de Sisyphe*，p.90.

正义的幽灵：德里达对法律的解构与对正义的重构

梁晓涵*

对德里达的“伦理与政治转向”存在这样一种流俗理解，它认为解构主义招致了虚无主义的批评，这使得晚年德里达不得不开始思考“重构”（reconstituer）的问题。姑且不论这种理解是否有效、在何种意义上有效，无论如何，重构正义之可能性毋庸置疑乃晚年德里达思想的主导问题意识之一。这首先需要我们勾勒出德里达对传统正义论的解构路径：德里达从“复仇”与“法律”入手开始其解构工作。通过揭示复仇的起源性悖谬，德里达认为，以复仇为原型的正义和法律，从一开始便奠基在某种幽灵般的“拟—在场”之上，这是传统正义论原型“复仇”的“先天创伤”。其次，通过耙梳德里达对法律权威性起源的解构，本文试图揭示法律的两个重要特征——“可计算性”（calculabilité）与“可适用性”（applicabilité）——与法律权威（autorité）之间悖谬的三角关系。然而，解构主义并不妄想拆解法律与正义的基础或“废黜”法律，亟须思考的是重构另一种正义，即一种列维纳斯意义上的“作为赠礼（don）的正义”。与此同时，基于当代分析传统下的法学与政治学领域，本文也在思考一种有关正义的新图景、新的可能性，它旨在看到某种解构主义与分析哲学传统的视域融合或主题交错的可能。

> 如果说正义或法律有赖于复仇，正如哈姆雷特为此所抱怨的——在尼采、海德格尔、本雅明之前——那我们岂不是就无法渴望这样一种正

* 作者梁晓涵，法国勃艮第大学哲学博士，同济大学博士后。

义，有朝一日，那不再属于历史的某一天，或者说是弥赛亚降临的某一天，能够最终摆脱复仇的宿命？不仅是摆脱，而是要在源头上使那一天成为与复仇的命运全然无关的一天，成为完全异质的一天，这可能吗？

——德里达，《马克思的幽灵》①

在其晚期著作《马克思的幽灵》一书的开篇，德里达向读者，更重要的，是向海德格尔——也包括尼采、本雅明和列维纳斯——发问：究竟何为正义（la justice）？更确切地说，是否存在这么一种正义，它超越了道德观念、越出了拨乱反正的意图和追求公平的信念、超越了复仇的欲望，最终超越了法律？换言之，“正义或法律就在于复仇”，这被哈姆雷特——以一种悲剧性的方式，或者说，哈姆雷特的悲剧性恰恰在于他对复仇这一信念的犹豫不决——见证的律令（l’injonction），它同时作为一种个体的、素朴且直觉性的、自然法意义上的法律信条，能够天然合理地界定正义的本质？在这里，德里达质疑了这种自古以来的正义观，暗示了另外一种可能。他认为，始终存在着另一种“正义”：作为“慷慨赠礼与好客”的正义。

一、哈姆雷特的“罪与罚”

在《马克思的幽灵》中，德里达正是借由《哈姆雷特》，开始其对传统正义论的解构工作。在亡父的幽灵告知哈姆雷特，他的叔父正是其杀父仇人之后，哈姆雷特感叹道：

The time is out of joint，*O cursed spite*，

That ever I was born to set it right!

（这是一个颠倒混乱的时代，唉，倒霉的我却要负起重整乾坤的责任！②）

---

① Jacques Derrida，*Spectres de Marx*，Paris：Galilée，1993，p.47.

② 本文所引莎士比亚均采用朱生豪译本。

短语“out of joint”是德里达解构《哈姆雷特》的“复仇”概念的出发点。[①] 首先需要阐明“out of joint”这个短语的一般含义。英语和法语中都有“joint”这个词，字面义均为“关节”，因此“out of joint”就是“脱节，脱序”。[②] 时代、历史、社会乃至世界，如果说它们具有各式各样的关节（joint/Fug），那么这些起联结作用的关节，难道不正是迄今为止理性文明所建构的各种原则、公序良俗，乃至于社会契约吗？而就一种广义的自然法理论而言，这些“关节”难道不恰恰指向了正义吗？换言之，这些“关节”恰恰构成一种规范性、指导性的力量，使正义之实践得以可能。正如《理想国》所言：“当我们建立城邦的时候，我们就制定了必须彻底贯彻执行的事。这条原则或者这一类的某条原则，在我看来就是正义。”[③] 然而历史不断告诉我们，“脱节的时代”就像一出循环上演的悲喜剧。而16世纪末的莎士比亚，又是如何天才性地预见了历史进程，才能借哈姆雷特之口做出这般振聋发聩的时代谶语？这或许是因为，失调、破裂、疯狂、无序、不确定性……才构成了历史发展的“主导情调”（Grundstimmung）。

但在德里达看来，问题的关键不在于一味慨叹传统价值秩序的支离破碎——在这里，德里达表现出对多愁善感的末世论的反感——而是当世界已然离散失序之时，时代自身的缺口，也正是突破口（brèche）已悄然打开了。而马克思、莎士比亚的思想，甚至可以说所有天才的思想，正是在这些裂隙与缺口中，以幽灵般的方式，盘桓、运动、居无定所地“游牧”，各自设法证成自己“不在场的在场”。而正是在此意义上，德里达认为，文明秩序产生的裂隙，也正是新可能出现的转机，是某种可能性的可能性。

但如果说《马克思的幽灵》只是对现实的回应，那么人们便误读了德

---

① 在这里，我们不说解构具有一个“核心”或“目的”（*télos*），而只能说“出发点”（point de départ）的原因是，解构本质上是去中心化、非目的论的。在笔者看来，解构工作可以从任意一点、在任意一个时刻发生。

② 德里达在这里提及了 Bonnefoy 的法语翻译“hors de ses gonds”：“gonds”字面义为“铰链，合页”；“hors de”亦等同于英语的“out of”，因而该短语字面义与“out of joint”相差无几，但一般情况下人们通常使用其转义“怒不可遏”。

③ Platon，*La république*，433a，trad. Georges Leroux，Paris：Éditions Flammarion，2016，p.237.

里达。实际上，德里达最终试图揭示的，是一种义理层面、形而上学中的“脱节”，此即“正义”这一概念之起源自身的“自我脱节”。当哈姆雷特说“The time is out of joint”时，实际上，德里达暗示的是：“The *justice* is out of joint”。德里达列举了四种法文译本，并着重探讨了纪德（Gide）伦理化的翻译：“这是一个声名狼藉的时代”（Cette époque est déshonorée）。根据德里达，“脱节”首先可被理解为一种技术、经济学上的表述，[①]甚至可以理解为一种“技术哲学”层面的表达。总而言之，它处在尚未接受伦理道德“审判”的时刻。德里达的问题是，一个时代是一般意义上的失调，亦即一种技术—存在论（technico-ontologique）层面的失调，是否必然等同于伦理—政治（éthico-politique）意义上的非正义（l’injuste）？又或者，“如果相反，失调正是公正的先决条件，那又会如何？”[②]大胆与激进涌动于这个假设性提问中。何谓一种技术—存在论层面的失调？我们或可理解为实然层面（de facto）的失调。故而德里达问的是，此种实然层面的失调，是否必然预设了应然层面（de jure）的“不义”，而这种从实然到应然的过渡之间是否存在某些缝隙？总而言之，借纪德的翻译，德里达无非表达了一种质疑：一个时代的“脱节”，是否必然和伦理—法律层面上的“不义”“礼崩乐坏”联系在一起？

如果我们承认时代的“脱节”——它引发了某种道德上的堕落与倒错（perversion），那么后者也并非一种简单的颠倒（à l’envers），而更多是一种偏离歪斜（de travers），二者在德里达看来有着显著差异。[③]如果是前者，正义要做的就仅仅是扭转一下当前的局面；但如果是偏离“正道”（le droit chemin），那么情况或许复杂许多。首要的困难在于，人们并不清楚什么是“正道”，有的或许也只是某种关于正义的含混暧昧的图像（image）——或者说，想象（imagination）。在这个意义上，德里达认为，哈姆雷特诅咒的，并不首先是时代的失调和罪恶——因为纯粹咒骂罪恶在某种意义上近似于对原有秩序做简单的颠倒——而是这种失调的后果和影响（effet）：即哈姆雷特自己的命运。

---

①② Cf. *Spectres de Marx*，*op. cit.*，p.44.

③ Cf. *ibid.*，p.45.

是命运从一开始便赋予他整饬罪恶、匡扶正义这一任务。哈姆雷特的真正难题是：正义的真实图景该如何巧妙地实现？讽刺的是，哈姆雷特给出的答案却是装疯卖傻，而在不明真相的他者——例如奥菲莉娅——看来，这又是一种精神层面的“脱节”。因而，哈姆雷特所说的“脱节”具有多重意义。在德里达看来，哈姆雷特真正的不幸在于：哈姆雷特诅咒的是倒霉的他自己，他生活的意义不再有其他目的，就是为了复仇。“哈姆雷特‘脱节’了，因为他诅咒自己的使命，这一惩戒不得不以复仇的形式体现在惩罚、复仇、实施正义和权利等行为中。”①

某种意义上，德里达将《哈姆雷特》的叙事结构推演至极端（radicaliser）。哲学家把《哈姆雷特》诠释为俄狄浦斯式的（œdipien）悲剧，如同后者生来便背负杀父娶母的命运一样，哈姆雷特生来就无法放弃（démissionner）其复仇使命（mission）。②然而我们也能看到，哈姆雷特对复仇这一使命确实曾有过犹疑和纠结，而这便是他试图反抗自身命运的“脱节”时刻——尽管最终失败了。

无论如何，这意味着哈姆雷特的复仇从起源处（originarité）就与罪恶关联在一起，德里达认为，这恰恰是哈姆雷特悲剧性命运的核心秘密：

> 只有以这种本源性（originarité），或者更准确地说，以罪行的这一前—本源的（pré-originaire）和真正幽灵般的在先（antériorité）为先决条件，才会有悲剧的本质。那个罪行乃是另一个人的罪行，是另一个人的不端行为，其事件和现象，其真实性永远不会呈现出自身真实的样态，而只能任人从另一个人的不端行为中加以推测、重构和设想。

---

① Cf. *Spectres de Marx*, *op. cit.*, p.45.

② 匈牙利哲学家、卢卡奇的学生阿格妮斯·赫勒（Agnes Heller）对《哈姆雷特》做了更为细致的分析。她认为莎士比亚区分了“fatum”（命运）和“providencia”（天意），而这一区分正是被马基雅维利所忽略的。在此基础上，赫勒认为：“生来就得重整乾坤是哈姆雷特的命运，……面对命运，他尚有选择权，有行动的自由空间，有要下的决心……倘若是面对天意，他就无从选择。……他屈从的不是命运，而是天意。”Cf. Agnes Heller, *The Time Is Out of Joint*: *Shakespeare as Philosopher of History*, Maryland: Rowman & Littlefield Publishers, 2002, pp.6—7. 实际上，我们似乎可以将不可逆转、唯有逆来顺受的“天意”理解为“脱节的时代”。但德里达与赫勒的差异在于，前者认为，哈姆雷特看似对命运有“选择权”，实际上这也只是某种“虚妄的自由意志”罢了，而这最终或许恰恰是“天意”所开的一个玩笑罢了。

尽管如此，人们还是一生下来就不得不承担一些责任，即使那责任仅仅就是……在没有人认罪的那一时刻，由他去弥补罪过。①

复仇必然预设了罪行的先行存在——即使哈姆雷特本人并非犯罪者亦非直接受害者，他却生来要为此负责。在德里达看来，这正是哈姆雷特的悲剧性所在。如果说哈姆雷特的出生意味着正义的降临、哈姆雷特就是“正义的化身”，那么这种正义便具有一种“原初之错误”（tort originaire）——复仇。德里达认为，“他的这一出身带给他致命的打击和悲剧性的错误，以及假设在其终点的秩序中存在着令人无法容忍的倒错 / 堕落，使得他，哈姆雷特，就是为了正义……而存在，而出生……”② 换言之，哈姆雷特对自己命运的诅咒证实了，把复仇视为正义的来源，将使这种正义天然地、本质地具有一种“原罪”，亦即德里达所说的“原初的腐坏”（corruption originaire）。③

然而这种“原初之恶”并不仅仅是说罪恶在源头上腐化、玷污了正义，这么说或许并不准确；倒不如说，是正义幽灵般不确定的、外来的、异质的起源使正义之为正义。进善惩恶、拨乱反正、匡扶正义的行为**只能晚于**罪恶出场，在此意义上，不存在一种“不迟到的正义”：“哈姆雷特诅咒那注定要让他成为正义之士的命运，就仿佛是在诅咒那使他成为纠偏改错之士的正义或法律本身，和正义一样，这种人也只能在罪行发生之后出现，或者更明确地说，只能在罪行之后，以一种必要的次生代——本源上晚生的并因此注定是继承人——的形式出现。”④ 在复仇的逻辑下，正义必然也注定迟到。尤其是，让一个本来无辜的第三者——也就是古往今来所有作为继承者的复仇者——来承担这沉重的责任与命运，这种“正义”难道从一开始不就是虚无的吗？这种正义的虚无性得到德里达一再地肯认：“若是没有与某幽灵的观念（*du* spectre），⑤ 并因此与多个幽灵（plus d’un spectre）达成共谋

①②④ *Spectres de Marx*，*op. cit.*，p.46.

③ *Ibid.*，p.47.

⑤ 这里的“*du* spectre”的表达在日常法语表达中不曾出现过。经与法国友人 Georges Favrie 先生讨论后，决定暂且采用此翻译。斜体为德里达所加。

（s'expliquer avec），某人根本不会继承。”[1] 这让我们想起，在大多数通俗文艺作品中，复仇者在复仇完成后总会探访亡者之墓，以告慰亡灵。但这种与亡灵的“隔空对话”，在某种意义上更凸显了复仇的徒劳无力。

值得一提的是，德里达在这里提到的“出生”（naître）一词，实际上暗示了另一层意义上的“脱节”：过去扭转为结果，现在成为原因，此乃一时间悖论意义上的脱节。哲学家一再强调，哈姆雷特诅咒的是他无法改弦更张的、从诞生起就注定的命运：“首要的是，这种赎罪对于他乃是天赋的（innée），那由其出身赋予他的，就好像他出生时生而具有的。”[2]

这里的分析实际上符合经典的精神分析理论。哈姆雷特的慨叹表达了一种宿命主义的“幻灭”，那么这同样说明了，复仇，作为正义的实现、作为一种结果，总是需要回溯性地构建自身存在的原因。正如齐泽克所言：“我们可以改变的，是过去的虚拟维度。也就是说，一旦出现了真正的新事物，它会回溯性地创造它自身的可能性，设置它的原因和条件。可以把潜在性插入（或拔出）过去的现实。”[3] 而一旦复仇的潜在性被“插入”过去的虚拟维度，“过去Ⅰ”也被置换为了“过去Ⅱ”，哈姆雷特出生的意义因而就被改变了。

但有趣的是，依照原著剧情，是哈姆雷特出生在先、谋杀发生在后。也就是说，哈姆雷特——正义之化身——的诞生与谋杀之间存在着时间差。[4] 然而直到哈姆雷特得知叔父的罪行时，他才回过头来意识到自己出生的意义、意识到被命运赋予的责任——而这一切最终指向正义或法律的意义。换言之，唯有在罪行发生之后，正义才回溯性地构建了自己存在的合法性起源。这里我们有必要提及齐泽克的观点：“结局回溯性地把有机整体的一致性赋予了前面的事件。它所掩饰的，是叙事链彻底的偶然性。”[5]

---

①② *Spectres de Marx*，*op. cit.*，p.46.

③ Slavoj Žižek，*Looking Awry*：*An Introduction to Jacques Lacan Through Popular Culture*，Massachusetts：The MIT Press，1992，p.7.

④ 然而德里达有意无意地忽略了这一点。

⑤ *Looking Awry*：*An Introduction to Jacques Lacan Through Popular Culture*，*op. cit.*，p.11.

无论如何，过去的“样貌”——某种意义上说就是回忆——发生了改变。在这里德里达似乎暗示：“过去”不仅因为它已经不在场而成为“幽灵”，更关键的，过去一再被当下重构，过去从来不是“盖棺定论”的——记忆的“幽灵”总在“变形”。这也是德里达说过去“其真实性永远不会呈现出自身真实的样态”的原因。

无论如何，**因果关系从线性时间中脱节了**。而我们的问题是，如果作为复仇与惩戒的正义，其合法性起源悖谬得早于罪行的出现——而此种正义的“过早到来”又被复仇回溯性地视为必然——那么这是否意味着：正义其实并没有，且从没有迟到？这是否意味着作为惩罚的正义在罪行尚未发生之时就已先行在场了呢，尽管，它是以某种回溯性的倒置建立自己的合法性起源的？复仇、惩戒，或者说法律的要求必须被命运“预先给予”并成为必然性，这是否暗示着，罪行尚未发生的那个时刻就已经预告着复仇？这又是否意味着，对罪行的“预防”——亦即各种法律上的警告、道德上的禁忌——必须比罪行出现得更早？而这难道不正是现代最惹人争议的“先发制人战争”（preemptive war）的底层逻辑吗？如果这些推论成立，那么它显然在一种更彻底、更激进的立场上质疑了整个法律和道德体系：这种以复仇为起源的正义，其合法性起源的时间性悖谬一旦被揭示，那么这一起源本身便不再合法也不再正当，甚至会滑向非正义的深渊。

也正是在此意义上，德里达认为复仇是哈姆雷特的出身创伤（blessure）。复仇，本质上预设了某种无限循环的套套逻辑（tautologie），这正是传统正义论模型的固有缺陷：“那个过失（tort）乃是一本源性的错误，是他所经受的出身创伤。这是一个无止境的创伤，一个不可挽回的悲剧，是那一标识正义 / 法律（droit）的历史或作为正义 / 法律的历史的不确定的诅咒……”[①] 在这里，德里达试图揭示的难道不是一种比货真价实的罪行更致命的“罪”？这一创伤是一种比现实复仇更具毁灭性和悲剧性的“诅咒”，乃因为它源自一种不确定的、幽灵般的在场，或更准确地说，一种似是而非的“拟—在

① *Spectres de Marx*，*op. cit.*，pp.46—47.

场”(quasi-présence)。[1] 德里达试图揭示的是，对于这种以复仇为原型的正义和法律而言，它的起源机制本身便奠基在这种幽灵般的“拟—在场”之上。与其说德里达解构了古老的正义观念，不如说他细致地展开了这种素朴正义论宿命论般的、无法避免的循环悲剧，它植根于一种对罪行的假设(hypothèse)，甚至是一种另类的“有罪推定论”(présomption de culpabilité)之中。

不存在纯粹的起源。这一从处女作开始，就被德里达反复暗示过的观点，在这儿又鬼使神差地现身了：正义的起源并不纯粹。德里达以其惯用的春秋笔法，揭示了这种古老的正义论范式的起源性悖谬。古语有言“冤冤相报何时了”，德里达揭示的或许就是这古老的善恶二元论“鸡生蛋蛋生鸡”的永恒循环。更有趣的是，如果说德里达的思想在今天也幻化成了一个“幽灵”，那么它是否也闪烁着法律虚无主义或历史虚无主义的磷光?

二、解构法律

为了回答这个问题，我们需要进入德里达对“法律”这个概念的解构工作中。由于对《哈姆雷特》的解构尚属于对文学作品的解构，因而在《马克思的幽灵》中，德里达并没有特别厘清**复仇**、**正义与法律**之间的确切关系——但德里达又仿佛是有意为之：他试图揭示的，恰恰是三者之间剪不断理还乱的纠缠。对哲学家来说，王子的复仇欲望当然投射着人们对司法正义的要求；但更确切地说，王子复仇记的悲剧性更彰显了一种还原的不可能，即司法正义无法回溯到它诞生之初的“纯洁”时刻：因为这一时刻只是幽灵般的幻象。然而，德里达企图解构的不仅仅是司法正义，毕竟司法正义背后

---

① 这里也可以理解为方向红教授所说的“负在场”。“负在场”指的是：“由于被这种本体论设为‘本体’的是与传统本体论迥然不同的一种否定的或负面的状态(如罪行、恶、腐败等等)，我们不妨将这种本体论成为‘带负号的本体论’(‘负本体论’)，将这种否定的或负面的状态成为‘带负号的在场’或‘负在场’。”详见方向红：《幽灵之舞——德里达与现象学》，南京：江苏人民出版社，2009年版，第32—35页。我们赞同方老师的命名，某种意义上，本文试图论证的正是这种“负在场”真正的负面意涵，它不是对大写的、绝对明见的“正在场”的否定，而不如说是一种**似是而非**的姿态，它既非肯定亦非否定，它通过对在场的戏拟，以达到对“踪迹”的抹去。

更预设了立法者（législateur）的合法性（légalité）、正当性（légitimité）与权威性（autorité），这也正是法律作为一种规范性的奖惩机制的根本尊严所在。而若将“正义”落实到具体实践，则传统正义论追求的另一根本目标是**可计算的公平**——后者往往被“换算”成各种类型的分配正义。

凡此种种，均被德里达在《幽灵》中统称为“复仇与惩罚的经济学”（l'économie de la vengeance et du châtiment）。[①]“复仇与惩罚的经济学”被德里达视为传统正义论模式的“原型”——而我们必须在精神分析意义上去理解“原型”这一概念。德里达认为，传统的正义论模型均无法摆脱“抑制经济学”（l'économie du refoulement）。[②]也就是说，这种弗洛伊德意义上的“抑制”源自复仇固有的精神病理学意义上的循环结构，人们不是在筹划复仇，就是在抑制复仇欲，而复仇欲的压抑机制恰恰投射为、外显为正义论的各种理论范式。因而这些范式依然在根本上关联着古老的复仇叙事。从更现实层面讲，司法体系，作为正义之实践，实际上并不能关涉所有弱者和受害者。司法制度作为奖惩的制度化规范，体现了人类“一报还一报”的素朴意愿，但是在一定的政治历史条件下，法律制度甚至会可耻地沦为统治阶级维护自身利益、惩戒反建制者和弱者的工具，例如上世纪南非的种族隔离法。

此外，“复仇与惩罚的经济学”中“经济学”这个词无疑告诉我们，“可计算性”（calculabilité）被德里达视为传统正义论模式及司法制度的本质特征。计算性思维与传统正义论的本质关联绝非德里达的一己之见。值得一提的是，一种认知科学（cognitive science）下的认知语言学（cognitive linguistics）观点也认为，人们通常根据经济领域的交易和计算来对道德进行概念化，人类的道德表述很大程度上来自“道德计算的隐喻”（the moral accounting metaphor）。例如“幸福即财富”“欠人情债”“因果报应”等。这一道德计算隐喻允许“人们可以根据金融交易去界定道德行为”，这同时意

① Cf. *Spectres de Marx*, *op. cit.*, p.48.

② Cf. *ibid.*

味着，这种隐喻“把量化的推理代入了质化的道德领域”。[①] 法律语言与道德语言的种属关系自不消说，所以不仅在道德领域，计算性隐喻更植根于法律的表述中，甚至可以说，我们无法思考一种摆脱了计算性隐喻的法律运作机制。例如中文里的“裁判”和“量刑”，借助隐喻，它们指明了法律的两种根本功效。也正因此，德里达提醒我们：“法律是计算的要素（élément）”。[②] 因而也可以说，道德与法律层面的计算性隐喻细致入微地构建了我们习以为常的正义观念。如果法律是一种普泛性的规则，那么“可计算性”则从形式上保证了法律的这种规范性，也赋予了它正当性和合法性。

总而言之，这种“复仇与惩罚的经济学”可大致还原为两大类正义论模型：其一，规范性的（normatif）奖惩机制即司法正义（它包括立法、执法和司法三重维度）；其二，可计算的分配正义。人们或许会质疑“复仇与惩罚的经济学”这个笼统的概括，毕竟，德里达对传统正义论的解构也使我们立刻意识到解构本身的困难：“正义”这一概念在不同的哲学家那里总有不同的解释，西方思想史并不存在唯一一个或统一的正义论模型。[③]

但无论如何，正是通过解构，德里达试图勾连出法律与正义，更确切地说，法律与作为法律的正义（la justice comme droit）的问题所在。法语“le droit”既能指“正义”，也有“法律”之意，它还有“权利”的意思——语言的多义性，背后潜藏的或许就是某种对超出法律自身，但又能同时为法律奠基的权威性基础的要求。这不禁让人们想起罗尔斯《正义论》开头那番慷慨激昂的宣示：“某些法律和制度，不管它们如何有效率和有条理，只要它

---

① Cf. George Lakoff, *Moral politics*: *How Liberals and Conservatives Think*, Chicago: The University of Chicago Press, 2016, pp.57—77. 此外，人类学家大卫·格雷伯也肯定了经济活动与道德思想的紧密关联：“从更广泛的意义来说，‘负罪感’‘自由’‘原谅’，甚至‘罪’也可以说都起源于经济活动。关于谁真正欠谁什么的争论，在塑造我们基本是非的词汇中起着核心作用。” Cf. David Graeber, *Debt*: *The First 5000 Years*, New York: Melville House Publishing, 2011, p.8.

② Jacques Derrida, *Force de loi*, Paris: Galilée, 1994, p.38.

③ 但依然可以继续讨论的是，这种古老的“以牙还牙”的可计算性正义与柏拉图的城邦正义、亚里士多德的美德论、康德的义务论乃至现如今各种自由主义、保守主义的思想流派有何具体关联？例如罗尔斯的“作为公平的正义”是否仍然蕴含着哈姆雷特式的起源性悖谬？诚然，德里达的解构工作有先入为主地“本质主义化”正义之嫌疑，但一个可能的做法，或许是通过各种具体的社会科学分析工具——例如精神分析、现象学、系谱学等方法——去探究人是如何建构政治实践的心理运作机制的。

们不正义，就必须加以改造或废除。”[①] 毫无疑问，法律总已被常识视为一种兼具规范性与强制性的正义，但这一直觉性观点不仅在解构主义，在许多法哲学家看来也是成问题的。正如罗尔斯的这句话，也可作两解：一方面，毫无疑问，它强调了正义对法律的重要性；但另一方面，它却肯定了法律**在事实上**可以脱离正义而存在。需要说明的是，在法哲学领域，无论是自然法理论抑或法律实证主义，二者均承认法律与正义之间存在关联，虽然前者认为“恶法非法”而后者认为“恶法亦法”，但双方的分歧实际上在于，法律与正义的关联是实然的还是应然的、是先天自然的还是后天建构的。就这一点而言，分歧或许又在于如何理解“正义”之内涵罢了。关于这一点，德里达的态度暧昧，一方面，我们可以说他继承了法律实证主义，质疑法律与正义之间存在本质关联；但另一方面，德里达显然比实证主义者更激进：二者的关联实际上深受两个概念的内涵的影响。换言之，“正义”远非某种现成之物，关键在于重新挖掘“正义”和“法律”被遮蔽的本质。

在1989年的演讲《法之力》（*Force de loi*）中，德里达首次尝试解构传统正义论与法律。在这里，德里达最主要的工作就是质疑将“正义”与“法律”混为一谈的做法。为此需要简单耙梳一下德里达在《法之力》中的主要论证策略。德里达对法律的解构出发点是康德提出的法律的“可适用性”（enforceability）。可适用性被视为法律的本质规定，正如德里达所言，存在不适用的（non appliqué）法，但不存在没有可适用性（sans applicabilité）的法。[②] 例如现代自然法理论的代表人物富勒归纳出的法律八项原则，[③] 它们实际上就可被视为对法律可适用性的八项规定。

作为法律的“准绳”，“可适用性”正是法律可计算性本质的必然要求，或者说，可计算性与可适用性里外呼应，共同构成了法律规范性

① John Rawls, *A Theory of Justice* (*revised edition*), Massachusetts: The Belknap Press of Harvard University Press, 1999, p.3.

② *Force de loi*, *op. cit.*, p.18.

③ 这八项原则为：1. 普遍性；2. 颁布；3. 不溯及既往；4. 明确性；5. 不矛盾；6. 有遵守的可能性；7. 稳定性；8. 官方行为与已颁布规则的一致性。Cf. Raymond Wacks, *Philosophy of Law: A Very Short Introduction*, New York: Oxford University Press, 2006, p.12.

（normativité）的特质。可适用性为什么必然是规范性的呢？为了回答这个问题，德里达解析了“可适用性”（enforceability）与“力”（force）的字源学关联。康德提醒我们，没有无强力之法，[①] 因而法律，就其可适用性而言，就是一种先验的、施加于自身的规范性的强力。[②] 而在帕斯卡尔看来，法律的强力就是正义本身，无能的、缺乏强力的法律不能被称为正义。[③] 而德里达的质疑在于，我们该如何确定它是一种正当的强力而非暴力的强力？德里达巧妙地借助德语“Gewalt”一词的多义性，它既指一种合法的、权威性的、公共的力，也可指一种非法的、暴力性的武力。[④] 因此，德里达说道：

> 如何区分一合法政权的法之力，与据称是本源的暴力（la violence prétendument originaire），后者必须建立这一权威性，并且这一暴力自身无法依据任何先前的合法性，如此这样，在这一最初时刻，它就既非合法的亦非不合法的，别人会很快说，既非正义的亦非不正义的？[⑤]

在动摇了法之力的正义性之后，德里达接下来的解构策略，与我们在前节所看到的十分相似，仍然是诉诸解构对象的“起源性悖谬”，更确切地说，一种法学体系中的“哥德尔不完备定理”。首先，法律作为一个诉诸完整性的体系，无法合法地为自身奠基（Law cannot ground itself lawfully），[⑥] 因而被帕斯卡尔视为“先天综合的”法律与正义之间的关联，仍然是后天建构的，这一点在经验中总被人们有意无意地忽略。德里达使我们重新意识到这件古老的事实：法律、司法正义、立法者之权威……这些根本上属于行使正义（l’exercice de la justice）**而非正义本身**。

但显然这种批判并不彻底。德里达认为，解构工作必须揭示法律更内在、更源始的结构：从根本上说，制定法律（faire la loi）这一行为本身，就

---

① Cf. *Force de loi*，*op. cit.*，p.17.

② Cf. *ibid.*，p.18.

③ Cf. *ibid.*，p.28.

④⑤ Cf. *ibid.*，p.19.

⑥ Simon Morgan Wortham，*The Derrida Dictionary*，New York：Continuum，2010，p.53.

是一种与正义无关的述行式权力（pouvoir performatif），它同时也是一种诠释性暴力（violence interprétative）和对信仰的召唤（appel à la croyance）。[①]这里涉及如何理解“述行性”（performativité）这一概念。它被德里达理解为一种超语言（métalangage）的创始性权力，[②]乃由于它本义为直接实施行动的话语，即英国哲学家奥斯丁意义上的“以言行事”，例如“我愿意（娶这个女人为合法妻子）”。述行式话语不涉及真假判断，[③]它在语言边界之内，却又指向语言外的行为。确定“以言行事”意义的关键在于说话者的所处情境与先前习俗。但问题就在于，话语被说出的情境与习俗是不确定，且根本上无法被确定的，这一点也暗示了脆弱的符号在诠释与自我诠释的历史中始终流变，因而它不足以提供任何永恒且普遍的根据。

德里达主张，述行式权力是沉默的，这首先是由于它不再回应任何理性主义的理论要求，逻各斯中心主义的语言无法从源头上彻底地理解它，也因此对理性来说，述行式权力是暗哑、非理性、冲动的暴力（violence irruptive）。[④]因而在我们看来，德里达是在维特根斯坦意义上理解这种述行式权力：它诞生的时刻是不可言说的。这也是为什么不能把这一述行式权力简单化约为一种外在于法律的社会性权力，例如道德、经济、阶级或意识形态的权力，[⑤]它是法律内在且复杂、沉默且不可还原的“不法之力”。换言之，德里达认为，“法之力”究其根本，缘起于某种“非法之力”。

三、重构正义

正是在此意义上，法律的权威性来源无异于某种神秘、异质且非理性的“无基之基”（fondement sans fondement）。也正是在此意义上，德里达主张，法律是**可解构的**（déconstructible）。但法律的可解构性绝不意味着法律自此

---

① *Force de loi*，*op. cit.*，p.32.

② Cf. *ibid.*，p.33.

③ Cf. Austin，J. L.，*How to Do Things with Words*，London：Oxford University Press，1964，p.5.

④ Cf. *Force de loi*，*op. cit.*，p.59.

⑤ Cf. *ibid.*

被“废黜”或“非法化”，恰恰相反，法律在自身的裂隙中，总能找到重构的可能。解构主义并不赞同将法律的诞生视为一种“非理性神话”，而在事实层面我们也必须承认，具体的法条仍然处在一个相对独立且完善的规则体系中。因而我们仍然可以说，可适用性与可计算性互为表里，共同保证了法律在事实层面的规范性。但在本体论意义上，解构使我们惊讶地发现，可适用性与可计算性的尽头，是不可计算、不可言说的、沉默的，甚至非理性的意志。也就是说，不是别的，而正是某种不可计算、不可言说——也因此是**不可解构**的述行性暴力（violence performative）——使法律的规范性运作机制**得以可能**。这并不是说规范性效用的实施必须依赖于述行性暴力，而是后者构成了前者某种致命的、不可还原的核心。

而在最终意义上，这一述行性暴力被德里达视为正义唯一的可能语言。因而正义绝不是某种中立客观之物，它必须借某人之口以第一人称说出：“我认为、我保证、我反对、我相信……这是个脱节的时代！”① 也因此，正义事关个体的责任（responsabilité）与决断（décision）。

而在此意义上，关键回到区分法律的可计算性与正义的不可计算性。换言之，法律的可建/解构性，根本上指向一种可计算的、有限的、闭合的、当下的、可规划的可能；与之相对，正义则意味着一不可计算的、无限的、开放的、非当下的（imprésentable）、不可还原的可能，它必须以非知识、非理论、非体系甚至可能以**幽灵**的方式呈现自身。也正是在此意义上，德里达主张，唯有在法律的可解构性和正义的不可解构性之间隙中（l’intervalle），解构才真正发生。② 在跨向解构的路途中，我们隐约瞥见了“正义的幽灵”。这是法律与正义真正的区分所在。通过定义“正义不是什么”——“不是法律”，我们得以了解正义的否定性内涵。

那么现在的问题在于，传统的正义论为何错失了正义与法律的这种区分？或许首先是因为它没有正视“不正义”的问题。就字源学角度而言，从“调和，协调”（ajuster）去理解正义（juste/justice）是合情合理的，这也是

---

① Cf. *Force de loi*, *op. cit.*, p.59.

② Cf. *ibid.*, p.35.

为何德里达一直强调西方传统试图从“失调”(désajustement)来理解不正义(injuste)。正是由于缺乏对“脱节”的真正认识，传统的正义论无法充分理解“不正义”。为此我们可以援引美国政治学家朱迪斯·施克莱的观点。她认为，在以亚里士多德为代表的常规正义模式(normal model of justice)中，“不正义”仅仅被视为“正义的缺席”。① 也就是说，常规的正义范式仅仅将“不正义”视为一个纯粹逻辑的、空洞的理论前提，因而，人们实际上缺乏对“不正义”实质性的认识，尤其缺乏对“不正义感”(sense of injustice)这一心理现象的认识，后者“被视为我们道德结构的固有部分，以及对未经许可的社会剥夺所做出的恰当反应”。② 而施克莱对“不正义感”的洞见，有力地回应着德里达的解构路径。③ 她的问题意识可被视为分析哲学脉络下对自身思想遗产的批判性检视。

德里达的问题意识在某种程度上与施克莱相似：除了区分法律与正义，不正义与正义之间的差异与关联决定了我们如何重构正义。正如施克莱所揭示的，“不正义”的含义总是比“正义”更含混、更难以言喻，在德里达脉络中这意味着，事物的“脱节”(disjointure)比“接合”(jointure)更复杂。但德里达比前者在理论上更为激进：人们仅仅将不正义视为正义的“脱节”或“缺席”，并总能容忍一定程度上的消极不正义或道德的失调，恰恰是因为人们缺乏对另一种“失调”的认识。

德里达认为，始终存在着两种失调(désajustement)。一种失调是礼崩乐坏：它抹杀正义、引发犯罪，导向惯常意义上的“不正义”；而另一种失调恰恰提供正义一个可能性场域，它的思想资源很大程度上来自列维纳斯。列维纳斯在《总体与无限》第三部分第七节——其小标题为“人之间的不对称性”(L’asymétrie de l’interpersonnel)④——中说道：“在面容中呈现自己的存

① Cf. Judith N. Shklar, *The Faces of Injustice*. New Heaven: Yale University Press, 1992, p.15.

② *Ibid.*, pp.156—157.

③ 施克莱个人十分反感解构主义理论，这显然是分析哲学传统下的法学和政治学对解构主义的误解和偏见所致。

④ 这里用词上存在微妙的差异，但笔者认为，德里达在这里使用“dissymétrie”而非“asymétrie”乃因为他尝试勾连出“dissymétrie”与脱节(dis-joint)、解体(disjointure)的亲缘关系。

在者来自高处，来自一个超越的维度；在这个超越的维度中，他可以作为陌生人呈现出来，而并不像障碍或敌人那样与我对峙。”① 简言之，他者与我的独一无二的关系，并非势均力敌的平等关系；它本质上是不平等的，亦即“结构上”失调的关系：这正是列维纳斯“形而上学”（la métaphysique）的意涵，它恰恰预设着一种“总体的断裂”（ruputure de la totalité）。因此，这种“失调”预设了：其一，对既有的正义结构的颠覆；其二，从道德计算的经济学与几何学中的逃逸。简言之，一种计算性、二维空间性的思维的总体失效。

唯有在“脱节”“失调”的与他者的非对称性关系中，一种列维纳斯意义上的、形而上学的“非—空间”才得以建构，它是崇高的崇高，是崇高得以可能的条件。也正是在这种崇高的非—空间中，一种新的正义诞生了：“作为赠礼（don）的不可计算性和对他人的非经济学的、超—位置（ex-position）的独一性的正义。”② 也就是说，德里达赋予了“正义”新的内涵：首先，“从赠礼思考的正义”，③ 其次，这种正义与他者独一无二的关系。在《马克思的幽灵》中，它意味着“赠予”（donner）之过度（l’excès），后者首先指的是对可计算的（calculable）尺度本身的溢出，这种过度也是对放弃（abandon）或剥夺（privation）的逾越。④ 这里的“放弃”或“褫夺”仍然是某种计较得失之后的抉择，而“赠予”则在根本上逾越了，甚至说放弃了这种放弃。更重要的是，“赠予”意味着慷慨之为慷慨的可能性本身，这一可能性悖谬地来自赠予试图给予自己所没有的东西：“一个人所没有的东西，因此也是那人无需放弃的东西，但一个人给予他人，且是多于市场并越过市场、讨价还价、感谢、交易和商品地给予的东西，就是要留给他人这与自己的和谐（cet accord avec soi），亦即说这是他所独有的（ihm eignet），且使他得以在场。”⑤

---

① Emmanuel Levinas，*Totalité et infinité：essai sur l’extériorité*，Paris：Martinus Nijhoff，1971，p.237.

② *Spectres de Marx*，*op. cit.*，p.48.

③ *Ibid.*，p.55.

④⑤ *Ibid.*，p.54.

一个人给予自己所没有的东西——如何理解这一悖论呢？首先，“赠予”这一行为的正义性，乃由于它总已经越出了经济学意义上的需求（besoin）。赠予者从不是因为他或她拥有太多而进行捐赠——就像富人行善那样；恰恰相反，**大写的慷慨来自绝对的赤贫者**。赠予者本身是穷困的，但他或她仍然有源源不绝的赠予的欲望（désir）。需求与欲望、计算与慷慨之区分，是作为伦理行为的“赠予”之关键：这一行为“给出”了可能性本身，它本质是不可能的可能性，也正是德里达试图重构的正义。“赠予”作为大写的、绝对的慷慨，不仅越出了一切计算性思维，更为后者奠基。也唯有在大写的慷慨、作为赠礼的正义中，他者，作为绝对不可计算、不可表象、不可客体化的差异性面容（visage）本身，才能从总体之“断裂”和关系之“脱节”（out of joint）处作为不可能之可能而溢出。

对德里达“伦理与政治转向”存在一种流俗理解，认为解构主义招致了虚无主义的批评，这使得晚年德里达不得不开始思考重构（reconstituer）的问题。姑且不论这种理解是否有效、在何种意义上有效，无论如何，重构正义之可能性毋庸置疑乃晚年德里达思想的主导问题意识之一。“重构”，对德里达而言绝不意味一种弥赛亚情结的反刍。它在根本上指向对不可能的可能性（possibilité impossible）的期待、一种海德格尔意义上的“无所等待的等待”。“重构”，既意味着在历史中朝向某种尚未到来甚至永不到来的“khôra”，也意味着重新确立正义的不可解构性（indéconstructibilité），此所谓：基于解构的重构。

结语

> 解构即正义。也许正是因为法律（因此我将经常试图将其与正义区分开来）是可建构的（constructible），某种意义上，法律超越了惯例（convention）与自然（nature）的对立，也许正是由于法律超越了这种对立，它才是可建构的——因此也是可解构的（déconstructible），并且，更恰当地说，它使解构得以可能，或至少是行使一种解构，后者基本上

总是从法律问题和法律的主体出发的。

——德里达,《法之力》[①]

“解构即正义”，这恰恰是因为，正义本身是不可被解构的。正义的不可解构性（l'indéconstructibilité）与法律的可解构性（déconstructibilité）构成了正义与法律的基本差异。而“解构”本身正发生于这一异质之裂隙中，它区分了不可解构的正义与可解构的法律。解构，作为一种不可能性的经验，其不可能的可能性体现于，唯有“有”（*il y a*）不可解构的正义，解构才是可能的。[②]

在这里，德里达尝试回应针对解构的“虚无主义批评”：解构并不会解构自身，因为解构之正义性决定它自己是不可被解构的；也因此，“基于解构的重构”这一看似悖谬的工作才得以可能。也正是不可解构的正义，它化身为一种绝对的好客、友爱与慷慨，为可计算的正义——也就是作为法律的正义——奠基。更确切地说，可适用性要求着（demander）可计算性，但可计算性最终被不可计算性的正义所支配（commander）。通过解构复仇、法律与重构正义，德里达想要回答：人们该如何逾越“复仇与惩罚的经济学”，来到这样一种非经济学的、崇高又慷慨的、与他者的关系的正义——尽管，在最终意义上，德里达又承认，这种正义是不可预期的（imprévisible），是尚未甚至永远也不会到来的。此外，正如我们所见，当代英美分析哲学传统下的法学与政治学领域，也在思考着关于正义的新图景。双方的视域，以一种积极的眼光来看，或许也产生了某种新的共谋。然而，我们也必须承认，重构总是比解构更为困难。

① *Force de loi*, *op. cit.*, p.35.

② *Ibid.*, pp.35—36.

图书在版编目(CIP)数据

法国哲学研究.第5辑/莫伟民主编. —上海:上海人民出版社,2023
ISBN 978-7-208-18214-1

Ⅰ.①法… Ⅱ.①莫… Ⅲ.①哲学-法国-文集
Ⅳ.①B565.5-53

中国国家版本馆CIP数据核字(2023)第050791号

责任编辑 赵 伟 陶听蝉
封面设计 陈绿竞

法国哲学研究(第五辑)
莫伟民 主编

出　　版 上海人民出版社
(201101 上海市闵行区号景路159弄C座)
发　　行 上海人民出版社发行中心
印　　刷 苏州工业园区美柯乐制版印务有限责任公司
开　　本 720×1000 1/16
印　　张 35.5
插　　页 3
字　　数 512,000
版　　次 2023年4月第1版
印　　次 2023年4月第1次印刷
ISBN 978-7-208-18214-1/B・1682
定　　价 138.00元